suhrkamp taschenbuch
wissenschaft 1026

Thema dieser aufschlußreichen Arbeit sind die Auswirkungen, die die Epoche des Faschismus und der Zusammenbruch des »Dritten Reiches« auf die psychische Entwicklung der während des Krieges oder unmittelbar danach geborenen Kinder der Täter und Mitläufer gehabt haben. Dieses Buch verdient schon deshalb ein breites Interesse, weil sich Anita Eckstaedt auf ein auch von der westdeutschen Psychoanalyse bis heute weitgehend vernachlässigtes Terrain vorgewagt hat.

Anita Eckstaedts Beschreibung und Analyse der psychischen Deformationen, in denen die Ideologie des Nationalsozialismus nach dem Zusammenbruch des »Dritten Reiches« bis heute überlebt und ihre unheilvolle Wirkung entfaltet hat, ist zweifellos ein wichtiger Beitrag zu der von der Nachkriegsgeneration unterlassenen Aufklärungs- und Trauerarbeit. Ihre Untersuchung gehört daher gleichwertig neben Alexander und Margarete Mitscherlichs *Die Unfähigkeit zu trauern* gestellt. Während deren sozialpsychologische Analyse der Abwehr- und Verleugnungsmechanismen, mit deren Hilfe sich die Nachkriegsgeneration ihrer nationalsozialistischen Vergangenheit zu entledigen suchte, eher eine soziologische Bestandsaufnahme von außen war, entwickelt Anita Eckstaedt die gleiche Problematik aus der Situation der psychoanalytischen Behandlungsrealität heraus. Dadurch wird nachvollziehbar, wie die für die Kriegsgeneration von Alexander und Margarete Mitscherlich primär strukturell beschriebenen Phänomene und Symptome sich konkret auf die psychische Entwicklung der »zweiten Generation« ausgewirkt haben.

(Joachim Weiner)

1991 hat Anita Eckstaedt im Suhrkamp Verlag veröffentlicht: *Die Kunst des Anfangs. Psychoanalytische Erstgespräche.*

Anita Eckstaedt

# Nationalsozialismus in der »zweiten Generation«

## Psychoanalyse von Hörigkeitsverhältnissen

Suhrkamp

Die Deutsche Bibliothek – CIP-Einheitsaufnahme
*Eckstaedt, Anita :*
Nationalsozialismus in der »zweiten Generation« :
Psychoanalyse von Hörigkeitsverhältnissen /
Anita Eckstaedt. –
1. Aufl. – Frankfurt am Main:
Suhrkamp, 1992
(Suhrkamp-Taschenbuch Wissenschaft ; 1026)
ISBN 3-518-28626-9
NE: GT

suhrkamp taschenbuch wissenschaft 1026
Erste Auflage 1992

Satz und Druck: Wagner GmbH, Nördlingen
Printed in Germany
Umschlag nach Entwürfen von
Willy Fleckhaus und Rolf Staudt

1 2 3 4 5 6 – 97 96 95 94 93 92

# Inhalt

# Dank

Mein analytisches Sehen erweiterte sich entscheidend durch Orientierung gebende Hilfe aus dem Ausland. Die Aufnahme des Bezuges zu den historischen Ereignissen des »Dritten Reichs« und des Zweiten Weltkriegs verdanke ich Paula Heimann, M.D. (gest.), Judith S. Kestenberg, M.D. sowie Dr. med. Fritz Morgenthaler (gest.).

Meinen Patienten, mit denen ich zusammen diese tabuisierten Bereiche betrat, gilt mein ganz besonderer Dank. Sie alle haben mir mit ihrer Bereitschaft und Offenheit zu dem verholfen, was ich heute denken und aussagen kann. Ich wünsche, daß sie die Niederschrift des Materials und meiner Gedanken dazu nicht verletzen möge, und hoffe, daß sie mein Anliegen verstehen können, an der Erinnerung im Dienste einer Aufklärung für die zukünftige Zeit mitzuarbeiten.

Bei der Entstehung des Manuskripts begleiteten mich Freunde, deren Rat und Hilfen, deren Vertrauen, Zuspruch und Diskussionsbereitschaft für meine Arbeit hilfreich waren. So sage ich Gudrun Reinhard und Elisabeth Offermann meinen Dank.

Dr. phil. Norbert Weber besorgte zuverlässig über mehrere Jahre die redaktionelle Überarbeitung.

Meinem Lektor Friedhelm Herborth danke ich für das über Jahre eingeräumte Vertrauen und den großen, für die Darstellung der Arbeit zur Verfügung gestellten Raum.

Prof. Dr. med. Ernst Lührssen und Dr. med. Wolfgang Leuschner nahmen die große Mühe auf sich, das ganze Manuskript zu lesen.

Viele Anregungen und konstruktive Kritik wurde mir durch Freunde und weitere psychoanalytische Kollegen zuteil, die zu verschiedenen Zeiten des Entstehens Kapitel lasen, so Hermann Beland, Dr. med. Heinrich Deserno, Dr. med. Willi Baumann, Han Groen-Prakken, M.D., Dr. phil. Gisela Klausmeier, Prof. Dr. med. Dieter Ohlmeier, Prof. Dr. phil. Konrad Specht, Augusta Thürwächter, Jochen Toussaint, Dipl.-Psychologe, Antje Vaihinger, Diplom-Psychologin, Dr. med. Hermann Schultz und Dr. phil. Sigrid Weidlich.

Prof. Dr. med. Gerd Heising überließ mir einen spezifischen Ausschnitt von Fallmaterial, das eine ganz wesentliche Ergänzung zu meinen Erfahrungen erbrachte.

Frankfurt am Main, August 1989
Anita Eckstaedt

# Einleitung

*»Das Vergessenwollen verlängert das Exil, und das Geheimnis der Erlösung heißt Erinnerung.«* (Jüdische Weisheit)

»Erinnern, Wiederholen und Durcharbeiten« (Freud, 1914, GW X, S. 126ff.) sind die Grundpfeiler der Arbeit im analytischen Prozeß. Eigentlich müßte es heißen: Wiederholen, Erinnern, Durcharbeiten; denn der agierte Widerstand verdeckt das Erinnern in einer sprachlich mitteilbaren Form, wiederholt aber bereits als weitausgreifende Szene das kränkende Vergessene. Seit Beginn meiner analytischen Arbeit im Jahre 1968, zwei Jahrzehnte nach der Wiederbegründung der Psychoanalyse in Deutschland, konnte ich beobachten, daß meine Analysanden Folgen des Nationalsozialismus und seiner Auswirkungen, wie Verfolgung, Krieg, bedingungslose Kapitulation, Vertreibung, Nachkriegszeit und Zweiteilung Deutschlands, zu verarbeiten hatten. Das Geschehen spiegelte sich in der Objektbeziehung wider, doch die Eltern wie die Kinder konnten ihre Verletztheit oder ihr Betroffensein durch die nationalsozialistische Ideologie und ihre Folgen nicht sehen und schon gar nicht benennen. Meine Erfahrung mit diesen Erscheinungen stelle ich im klinischen Teil dieses Buches als Material allein aus der Arbeit der analytischen Praxis dar.

Zu der Zeit, als ich die Arbeit an diesem Buch aufnahm, begann sich die Aufmerksamkeit der Analytiker zwar dem Schicksal der von der nationalsozialistischen Gewaltherrschaft rassisch und politisch Verfolgten zuzuwenden, dabei wurde aber für mein Empfinden das Leid deutscher Mütter und Kinder während des Krieges und der Nachkriegszeit weitgehend übersehen. An sich waren diese unmittelbar durch den Krieg erlittenen Traumatisierungen verhältnismäßig leicht zu erkennen. Verletzung oder Tod eines Elternteils oder eines Geschwisters waren in ihren Folgen schwerwiegend genug. Aber bereits Flucht oder Vertreibung wurden nicht als etwas Außergewöhnliches gewertet – war es doch so vielen ähnlich ergangen. Vieles wurde in seiner jeweiligen individuellen Bedeutung zwar gesehen, auf einer allgemeinen Ebene jedoch in fast unmerklicher Weise verharmlost. Das war nichts anderes als Ausdruck einer jeweils partiellen Verleugnung und hatte letzten Endes einen Bedeutungsentzug zum Ziel. Mit der Zeit wurde die unliebsame Erinnerung ganz offen abgewiesen. Diese verkleinernde Umbewertung und schließlich bewußte offene Abweisung wurden zu bevorzugten Abwehrmodalitäten der Elterngeneration. Zum einen erlebte die »zweite Generation« diese Umwertung und Abweisung in der Beziehung zu ihren Eltern. Ihre eigene Abwehren stammten zum anderen oft aus gar nicht wirklichen oder aber überfrachteten Objektbeziehungen und waren vermittels der bisher gelehrten Neurosenlehre letztlich nicht zu verstehen. Scham und eine gereifte Moral, die für die Übertragungsneurosen als die verdrängenden Kräfte galten (vgl. Freud, 1897, Briefwechsel Freud/Fließ 1887–1902, S. 199), schienen für die Elterngeneration nicht mehr zuzutreffen. Wie ich mit der Zeit zu erkennen lernte, hatte dieser Bedeutungsentzug den Sinn, anderes, gleichzeitig Geschehenes zu verdecken, das ganz spezifisch durch den Nationalsozialismus ausgelöst und geprägt worden war. Die große Selbstsicherheit allein, die durch Umwertung und Abweisung zustandekam, hätte hellhöriger machen müssen. Die Dechiffrierung des solchermaßen Verdeckten war und ist wahrscheinlich so schwierig, weil diese ursprünglich schon je persönlichen, libidinösen und destruktiven, durch den Nationalsozialismus stimulierten und verstärkten Ziele von Abwehrmaßnahmen überlagert sind, die einerseits der verlorene Krieg mit dem Zusammenbruch des »Dritten Reiches« auslöste und die andererseits ein forcierter Wiederaufbau mit genügend Rationalisierungen aufgriff. In dieser Weise war ich mit Aus- und Nachwirkungen von Extremen beschäftigt, Ereignissen der Kriegs- und Nachkriegszeit wie der Prägung durch den Nationalsozialismus. Die Wiederkehr dieses bewußt Abgewiesenen und Abgespaltenen beschäftigte mich. Was sich hinter diesen komplexen Phänomenen verbarg, ließ sich wegen der mehrfachen Abwehren meist nur sehr schwer aufspüren – das Heranarbeiten in Analysen scheiterte oft oder nahm Jahre in Anspruch. Für mein eigenes Erkennen und Verstehenlernen waren die Hinweise zweier jüdischer Kolleginnen hilfreich, Paula Heimann und Judith S. Kestenberg, die ein ganz anderes Verhältnis zu diesem spezifischen Kapitel deutscher Geschichte hatten. Deutsche Psychoanalytiker waren alle in ähnlicher Form befangen und konnten die notwendige Distanz für das Erkennen nur in unzureichendem Maße aufbringen. Zu dem Widerstand gegen das Erinnern und Bekennen ganz allgemein trugen sie beispielsweise mit einer forcierten Treue gegenüber dem alleinigen Stellenwert des Ödipuskomplexes für die Neurosenlehre bei, indem sie diesen absolut vorrangig für die Genese neurotischer Störungen hinstellten. Das Aufgreifen neuer Theorien wurde höchst skeptisch beobachtet, galt als Verrat an der konfigurierenden Kraft des Ödipuskomplexes und wurde als Dissidenz gegenüber dem tradierten Wissen gedeutet. Doch gerade in den frühen Störungen der prägenitalen Entwicklungsepoche befindet sich ein destruktives Potential, das nicht integriert die entwicklungsmäßig später zu leistende konstruktive Bewältigung des Ödipuskomplexes nur unzureichend und verzerrt ermöglicht. Diese Entwicklungen finden sich jedoch als typische Verläufe bei narzißtischen Neurosen mit ihren agierten, inflationierten Phantasien und ihrer den anderen so verletzenden Abwehr.

Die gesellschaftlichen Veränderungen, für die der Analytiker – und zum Beispiel auch der Künstler – an sich sensibel ist, spiegeln sich auch in der jüngeren Geschichte der Deutschen Psychoanalytischen Vereinigung wider. Sie ist Ausdruck des von Erinnern, Wiederholen und Durcharbeiten geprägten Entwicklungsprozesses einer lange unterdrückten Auseinandersetzung mit dem Nationalsozialismus und seinen Folgen. Die 1951 durch Carl Müller-Braunschweig ermöglichte, in sich so notwendige Wiederangliederung einer Gruppe ganz weniger deutscher Analytiker an die internationale Analytikergruppe beinhaltete gleichzeitig eine Verführung im Sinne einer vorzeitigen Gratifikation und muß auf beiden Seiten Schuldgefühle ausgelöst haben, die jetzt allmählich, wohl erst im Verlauf von Jahrzehnten, zugänglich werden. H. Beland schrieb als Präsident der Deutschen Psychoanalytischen Vereinigung, daß eine vorbewußte Illusion über die Identifizierungen mit Lehranalytikern wie auch in einem identitätsbildenden Gruppenprozeß entstand: »die eigene Distanz zu den Nazi-Verbrechen sei dieselbe wie im deutschen Widerstand oder wie bei den nichtdeutschen Analytikern und man gehöre ideell auf die Seite der Verfolgten« (1987, S. 11). Der Analytiker schien damit von der Aufgabe, seine Geschichte zu erinnern, entbunden zu sein. Lange Zeit muß für die deutsche Analytikergruppe diese Anbindung an die internationale Vereinigung wie ein Freispruch gewirkt haben sowohl von der je persönlichen Tangiertheit durch den Nationalsozialismus als auch von der Tatsache, daß die Psychoanalytische Gesellschaft 1933 aufgelöst worden war. Durch diese Verleugnung wurde nicht nur der totale Abriß der Psychoanalyse in Deutschland abgeschwächt, sondern auch, daß zwei Jahrzehnte der internationalen Fortentwicklung der Psychoanalyse nicht mitvollzogen worden und so bald nicht einzuholen waren. Alexander Mitscherlichs und Margarethe Mitscherlichs »Die Unfähigkeit zu trauern« (1967) und »Der Kampf um die Erinnerung« (1975) machten deutlich, daß etwas fehlte. G. Appy schrieb 1987: »Vielleicht müssen wir auch die These von der ›Unfähigkeit zu trauern‹ erweitern und von der Unmöglichkeit zu trauern ausgehen. Denn der Verlust eines noch unerkannten idealisierten Objekts scheint sich hartnäckig zu perpetuieren und durch Ersatzidealisierungen wie Wirtschaftswunder, Größenwachstum der DPV, Idealisierung der psychoanalytischen Methode und deren polarisierende Aufspaltungen in einseitige analytische Psychotherapie oder kritische Kulturtheorie usw. abgewehrt zu werden.« (S. 38) Ein Tabu wäre zu durchbrechen gewesen, um in einem analytischen Seminar oder gegenüber einem Analysanden die geradezu zwingende Vermutung auszusprechen, daß sein Vater ein Nazi gewesen sei. Es konnte nicht direkt darüber gesprochen werden. Noch vor wenigen Jahren meinte ein angesehener Lehranalytiker, noch nie ein »Nazi-Kind« als Analysanden auf der Couch gesehen zu haben. Bereits in dem Begriff »Nazi-Kind« schlägt sich die Tragik der Verschiebung des eigentlichen Konflikts von den Eltern auf die Kinder nieder. Auf die dann folgende Krankheit in der »zweiten Generation« verwies M. Ostow in seinem Vortrag über die apokalyptischen Phantasien auf dem 34. Internationalen Psychoanalytischen Kongreß, der 1985 – und das ist zu betonen – erstmals nach dem Zweiten Weltkrieg wieder in Deutschland stattfand. Es gab emigrierte und ausländische Analytiker, die sich weigerten, deutschen Boden je wieder zu betreten, doch sollte es gerade auf diesem Kongreß in einem höheren Maße als zuvor eine Wiederbegegnung von emigrierten und deutschen Analytikern geben. Während der Kongreßvorbereitung, die wie sonst auch einem internationalen Gremium oblag, wurde das Thema »Nazi-Phänomen« vorgeschlagen und lange diskutiert. Es stellte sich heraus, daß es unumgänglich war, diesem Thema auf dem Kongreß Platz einzuräumen. Doch zeigte sich sowohl in den Vorgesprächen über das wissenschaftliche Programm als auch in den Beiträgen und Diskussionen auf dem Kongreß selbst, daß es eine Destruktivität, wie sie durch den Nationalsozialismus in Deutschland als ungeheuerliches, unbenennbares Unheimliches ausgeübt worden war, als »Nazi-Phänomen« nicht gibt. Eine solche Destruktivität, die ohne ein Unrechtsbewußtsein agiert, hat einen psychologischen Ursprung, gibt es – abgesehen von den qualitativen und quantitativen Ausmaßen, die diese deutsche nationalsozialistische Ausprägung mit sich brachten – überall und muß dringend Forschungsgegenstand der Psychoanalyse werden. Darauf hatte Ostow mit seinem Vortrag verwiesen, in dem er als erster Analytiker von »apokalyptischen Phantasien« sprach, ein Bild, das wenige Jahre später Psychoanalytiker und Germanisten als »Untergangsphantasien« aufgriffen. Klaus von Dohnanyi, der damalige Oberbürgermeister Hamburgs, hatte den Kongreß mit den Worten eingeleitet: »Wer sagt: ›Unser Bach‹ und ›Unser Beethoven‹, der muß auch sagen: ›Unser Hitler‹.«[1] Diese Formulierung war für damalige Begriffe mutig und berührte alle. Heute, drei Jahre später, möchte ich Hitler nicht mehr als negative Heldenfigur im Au-

1 Offenbar war die Zeit reif geworden; denn kurz zuvor, am 40. Jahrestag des Endes des Zweiten Weltkrieges – also zwei Generationen danach – konnte Bundespräsident Richard von Weizsäcker die Erinnerung an den Nationalsozialismus und den Krieg und die Verpflichtung gegenüber einer Zukunft in Analogie zu den Klageliedern des Jeremia (5,7) sagen: »Der ganz überwiegende Teil unserer Bevölkerung war zur damaligen Zeit entweder im Kindesalter oder noch gar nicht geboren. Sie konnten nicht eine eigene Schuld bekennen für Taten, die sie gar nicht begangen haben. Kein fühlender Mensch erwartet von ihnen, ein Büßerhemd zu tragen, nur weil sie Deutsche sind. Aber die Vorfahren haben ihnen eine schwere Erbschaft hinterlassen. Wir alle, ob schuldig oder nicht, ob alt oder jung, müssen die Vergangenheit annehmen. Wir alle sind von ihren Folgen betroffen und für sie in Haftung genommen. Jüngere und Ältere müssen und können sich gegenseitig helfen zu verstehen, warum es lebenswichtig ist, die Erinnerung wachzuhalten. Es geht nicht darum, Vergangenheit zu bewältigen.

ßen lassen, sondern von dem Hitler in uns je persönlich sprechen. Die mich damals tief erschreckende Deutung »Das ist der Hitler in Ihrem Patienten« gebrauchte Judith S. Kestenberg 1980, als sie einen meiner Fälle mit mir besprach.

Die Deutsche Psychoanalytische Vereinigung hatte sich eine lange Zeit vor jenem wichtigen, von ihr ausgerichteten 35. Internationalen Kongreß auf den Weg des Erinnerns begeben. Rückblickend kann man sagen, daß dies mit der Hilfe Außenstehender geschehen war. Am Anfang stand 1977 ein Nein der Mitgliederversammlung des Internationalen Kongresses in Israel zu Berlin als einem deutschen Kongreßort für 1981. Dieses Nein machte wach. Die Mitteleuropäische Psychoanalytische Arbeitstagung in Bamberg 1980 hatte sich dann erstmals mit den psychischen Auswirkungen von Verfolgung und Krieg unter dem Titel »Wiederkehr von Krieg und Verfolgung in Psychoanalysen« befaßt.[2] Dieses Thema hatte wie ein Katalysator für eine konkrete Wiederkehr auf der Tagung selbst gewirkt. Ich hatte die Geschichte der Herzkrankheit eines Mannes, die in dem brennenden Dresden ihren Ausgang genommen hatte, referiert, war allerdings mit meiner Fallvorstellung und ihrer Interpretation, daß nämlich die ihn bisher behandelnden Ärzte die tragische Thematik nicht gesehen und nicht verstanden hatten, ziemlich alleingeblieben. Später hatten mir einige gesagt, daß sie geweint hätten. Andere hatten sich ganz deutlich von mir distanziert, weil sie mein Referat als zu sachbezogen gegenüber einer direkten Äußerung von Betroffenheit ablehnten. Die Teilnehmer der Arbeitstagung waren nicht nur von meinem Referat und anderen Referaten, sondern von der Brisanz des Themas persönlich erfaßt gewesen. Es war insgesamt – so läßt sich heute, gut acht Jahre später, sagen – ein Wiederholen durch Inszenieren und Agieren wie in einem analytischen Prozeß geschehen.

»Bamberg« stellte nach dem »Nein« eine Zäsur dar, die die weitere Entwicklung der Deutschen Psychoanalytischen Verei-

Das kann man gar nicht. Sie läßt sich ja nicht nachträglich ändern oder ungeschehen machen. Wer aber vor der Vergangenheit die Augen verschließt, wird blind für die Gegenwart.« (1987, S. 18)

2 Dieses Thema ist die reduzierte Form des von holländischen Kollegen vorgeschlagenen, viel umfassenderen: »Auswirkungen des Nationalsozialismus und des Zweiten Weltkrieges auf die psychoanalytische Praxis und die psychoanalytische Bewegung«, dem von der älteren Analytikergeneration gegenüber Widerstand geleistet wurde. (vgl. Beland, DPV-Informationen Nr. 2, S. 12)

nigung in der Kenntnisnahme ihrer eigenen Geschichte und deren Bearbeitung in Gang brachte und prägte. Erstmals wurde eine solche Arbeitstagung dokumentiert. Im Vorwort sagten die Herausgeber H. Henseler und A. Kuchenbuch, die Beiträge seien sehr unterschiedlicher Natur gewesen, deshalb hätte ein Verleger sein Angebot der Herausgabe zurückgezogen. »Zum überwiegenden Teil waren die Beiträge eher Gedankenskizzen aus jeweils persönlicher Erfahrung.« (Henseler und Kuchenbuch, 1982) Diese innere Umorganisation war dem Unbewußten der Teilnehmer der Tagung entsprungen als nachdrückliches Zeichen des Beginns der Aufhebung einer Verdrängung, der Rückkehr von Abgespaltenem. Diese Wiederkehr des Verdrängten, das Wiedererscheinen des Abgespaltenen, die Destruktivität, drohte, den Kongreß doch noch unmöglich zu machen. Der Beginn von Wieder-Holen durch Inszenieren auf jenem Kongreß stellte nichts anderes dar als die bis dahin nicht zur Kenntnis genommene Dynamik von Extremen aus der Ideologie des Nationalsozialismus und führte eine gerade nicht mehr gelingende Verständigung vor, so daß viele sich danach zu einer Spaltung der Vereinigung genötigt sahen.

In der weiteren, bis heute reichenden Entwicklung konnten dann ausländische analytische Kollegen aus der Schule Melanie Kleins zu Arbeitstagungen eingeladen werden: so Herbert Rosenfeld, Warren Kinston, Pinchas Noy, bis 1988 auf der Wiesbadener Herbsttagung der DPV mit Ronald Britton, Michael Feldmann und John Steiner eine ganze Tagung dem Kleinianischen Konzept gewidmet wurde. Einmal erlaubte sich Herbert Rosenfeld aus- und nachdrücklich, der deutschen Analytikergruppe auf einer Arbeitstagung, also öffentlich, eine Deutung zu geben, um die Orientierung wieder herzustellen. Auch Hillel Klein aus Jerusalem war äußerst hilfreich für eine neu zu findende Identität bei aller Schuld und Scham, die wir bewußt und unbewußt als deutsche Analytiker tragen. In der Diskussion jener Herbsttagung 1988 noch wurde den englischen Gästen – so der Präsident der Deutschen Vereinigung als Diskussionsleiter – »zum Teil mit Militanz begegnet«. Diese Militanz war bei alten und auch jungen analytischen Mitgliedern durchaus vorhanden. Ohne diese Vorbereitungen, die sich seit 1980 angebahnt hatten, hätten die deutschen Analytiker

1985 jenen Internationalen Kongreß innerlich gar nicht ausrichten können. Möglicherweise ist mit der Arbeitstagung der DPV im Herbst 1988 für die Psychoanalyse in Deutschland erreicht worden, daß – abgesehen von der Öffnung zu dem psychoanalytischen Konzept von Melanie Klein und ihren Schülern – die Notwendigkeit erkannt wurde, daß Haß und infantile Destruktivität, Spaltung sowie die begleitenden Vernichtungsängste vorrangig in der Psychoanalyse in die Analysen selbst sowie in die Forschung gehören. Bleiben diese frühen Anteile in den Entwicklungen oder den Nachentwicklungen durch Analysen unbearbeitet, wird das Verleugnete und/oder Abgespaltene wiedererscheinen. Diese allgemeine Einführung in die Arbeitsweise Melanie Kleins auf jener Tagung wäre nicht ohne die Vorarbeit kleiner Gruppen mit Melanie Klein-Schülern, wie sie in den Jahren nach 1980 an verschiedenen Orten in Deutschland geschah, möglich gewesen. Die Suche nach besserem Verständnis erfolgte bei meinen Kolleginnen und Kollegen aus der schweren Erfahrung mit unbehandelbar erscheinenden Fällen.

Gegenüber diesem Zugang zum Verständnis destruktiven Verhaltens meiner Kollegen über Melanie Klein ging mein Interesse von der fehlenden Einfühlung, ja Einfühlungsverweigerung gegenüber Deutschen, die den Krieg erlebt und erlitten hatten, aus. Gleichzeitig war ich wie meine Kollegen auf bisher unbekannte und unbehandelbar erscheinende Pathologien gestoßen. Die Geschichten meiner Patienten, die eine ihnen unbekannte Last, eine diffuse Trauer unbekannter Herkunft trugen, waren die jeweils persönlichen Geschichten mit Eltern, die zur Zeit des »Dritten Reiches« Erwachsene waren und die den Krieg, den Zusammenbruch und die Zeit des sogenannten Wirtschaftswunders miterlebt und zum Teil mitgetragen hatten. Das Grauen und das Unrecht, welches das »Dritte Reich« hinterlassen hatte, war für alle so schrecklich, daß ich das oft zunächst gegen den persönlichen Widerstand Erinnerte einem Vergessen meinerseits nicht anheimgeben und diese Erinnerungen etwa als die Arbeit von gestern betrachten kann. In dieser Verlängerung des Grauens und des Unrechts des »Dritten Reiches« ist auch das Weiterwirken Hitlers enthalten, einer Person, die sich selbst zum Vorbild mit unendlichem Anspruch, unendlicher Anmaßung, unendlichem Haß und unendlicher Destruktivität erhoben hatte. Ich stieß auf diese Problematik, als ich Einschwörungen beobachtete. In mir unheimlich werdenden Übertragungsformen, die ich nicht erwartet hatte und auch nicht kannte, näherte ich mich dieser Pathologie. Es schien, daß meine analytische Identität mir vom Analysanden genommen werden und ich zu seinem Komplizen umfunktioniert werden sollte. Nicht er wollte erkennen, wer er war; ich sollte ihn hinbringen zu seinen Zielen. Ich erlag überraschend Abwehren, die ich nicht kannte, wie Auflaufen-Lassen, Zum-Narren-gehalten-Werden – insgesamt Formen, das Gegenüber klein und dumm, quasi kampfunfähig zu machen, um selbst dadurch vermeintliche Größe zu gewinnen. Ein Machthaber wohnte in diesen Strukturen. Ich sah, daß diese nun mich verformenden Kräfte auf meine Analysanden als werdende oder gar schon gewordene Persönlichkeiten gewirkt hatten. Den anderen in gleicher Weise zu behandeln, wie er behandelt worden war, war eine charaktereigen, ichsynton gewordene Haltung. Sehr wahrscheinlich waren es die gleichen Kräfte, die zuvor ihre Eltern gläubig gemacht, zum Mitläufer oder gar Täter verführt hatten. Das Totalitäre, das die Elterngeneration unter dem Nationalsozialismus erlebt, aber auch geduldet hatte, trat in der »zweiten Generation« in Übertragungen als eine Krankheit in Erscheinung. Ich lernte erkennen, daß auch anderes Überwältigende, das in gleicher Weise weitergegeben wird, Deformationen hervorruft. So befaßte ich mich mit den Aus- und Nachwirkungen von Extremen. Sowohl das Wiedererscheinen dieses Abgespaltenen als auch die totale Inbesitznahme einer Person, die eigentlich ein Tabu darstellen sollte, beschäftigten mich. Das Auffinden solcher Deformationen als falscher Anpassungen im je persönlichen Bereich ist deshalb so schwierig, weil wir alle eine Abwehr in Form der Anpassung, also eine Identifizierung, partiell oder auch weitgehend geleistet haben, so daß diese Phänomene in Sprache, Verhalten und vieles andere eingegangen sind. Die Anpassung ist ökonomisch gesehen wohl die leichteste Arbeit. Widerstand zu leisten ist schwieriger, mutiger. Doch wo Widerstand habituell wird, entsteht ein reaktiver Charakter, der sich selbst verloren gegangen ist. Winnicott spricht in solchen Fällen davon, daß das

»wahre Selbst« nicht vorhanden zu sein braucht. (1962, S. 76) Auch meine Kenntnis etwa von Theodor W. Adornos »Der autoritäre Charakter – Studien über das Vorurteil« half mir zunächst nicht, diese in Übertragungen agierten Identifizierungen und Abwehren zu erkennen und zu deuten. Die Schwierigkeiten, die einerseits in der Wiederaufnahme der Psychoanalyse lagen, und andererseits ein allgemein großes Bedürfnis nach Erkenntnis durch Psychoanalyse haben wahrscheinlich in der folgenden Zeit zu unmerklichen wechselseitigen Anpassungen der Analysanden und des Analytikers als Kollusionen geführt.

Bei Beginn meiner analytischen Tätigkeit waren die jüngsten Angehörigen dieser zweiten Generation gerade zwanzig Jahre alt; später bin ich ihnen in ihrem dritten, vierten und fünften Lebensjahrzehnt begegnet. Die meisten meiner Analysanden der »zweiten Generation« hätten sich selbst niemals als Kriegskind bezeichnet, vielleicht nur die, die während des Krieges geboren sind. Kriegskinder sind schließlich auch die, deren Väter bis 1955 aus russischer Kriegsgefangenschaft heimkehrten. Der Krieg aber ist beim einen Kind in seine frühe Kindheit gefallen, bei anderen in die ödipale Phase, das Latenzalter oder die Pubertät. Seit Anna Freud ist bekannt, daß alle diese Entwicklungsphasen mit gerade neu gewonnenen Strukturen für Traumatisierung empfindlich sind – zum Beispiel in der Pubertät mit ihrer Auflockerung von Struktur – und wie diese Phasen in sich sehr verschieden formiert, also in unterschiedlicher Weise verletzlich sind. Immer trifft es die jeweilige Trieborganisation und das Ich. Während des Krieges und danach wurden Kinder oft zu unfreiwilligen Zeugen aggressiv-destruktiver wie scheinbar libidinöser Akte, und schließlich sah die Generation dieser Kinder, manche gerade in ihrer Pubertät, plötzlich die Eltern nach der Währungsreform im manischen Rausch der neuen »Parties«. Diese Eltern, die sozusagen die »erste Generation« bildeten, blieben ihren Kindern gegenüber stumm, auch dann, wenn diese sich intensiv mit ihrem eigenen Schicksal und dem ihrer Eltern auseinandersetzten.[3] Eltern blieben in der

3 Die beginnende Auseinandersetzung mit der vorangegangenen Generation in der europäischen Studentenbewegung von 1968 kann nur Gegenstand einer eigenen Untersuchung sein.

Regel mehr oder weniger in einer Ideologie befangen, die diesen Krieg ausgelöst hatte. Sie konnten ihren Kindern nicht mehr unbefangen gegenübertreten; denn sie hatten sich im »Dritten Reich« Lebensziele aufoktroyieren lassen, hatten eine Ideologie mitgetragen und waren so in das Scheitern ganz konkret einbezogen, eine Tatsache, die sie zumeist später nicht mehr zugaben. Als Vorbilder und Erzieher fürchteten sie wohl, unmöglich zu werden. So wurde das Geschehene weder bekannt noch bedauert. Das Fehlen des Bekenntnisses und des Bedauerns schließt eine konstruktive Veränderung für die Zukunft aus. Im »Dritten Reich« war versucht worden, eine Kluft zwischen Eltern und Kindern einzurichten. Es war zum Beispiel die Parole ausgegeben worden: »Schenkt Hitler ein Kind!« Diese Kluft ist durch das spätere Schweigen der »ersten Generation« bestehen geblieben. In Deutschland war die Verständigung zwischen den Generationen nach dem Krieg besonders problematisch. Doch auch in anderen Ländern gelang sie nicht. Winnicott und Khan beschrieben 1959 und 1965 neue Strukturen, die im Grunde Reaktionen auf die voraufgegangene Generation sind.

Winnicotts Konzept vom »falschen Selbst« (1959) und Khans Übertragungsform der »omnipotenten Symbiose« (1965) sind Strukturkonzepte eines Individuums gegen und durch ein anderes Objekt. Es sind Strukturen, in die die Struktur eines anderen eingefügt ist, Strukturen sozusagen zu zweit. Damals wurde noch nicht explizit formuliert, daß der zweite Teil der Struktur aus der Generation zuvor stammt und wirkt. Der Teil, der sonst durch die Generationenabfolge in der Struktur erscheint, kann auch nach abgeschlossener Entwicklung unter enormer Machteinwirkung wie ein Implantat eingefügt werden. Mit Identifizierungsprozessen ist die Psychoanalyse vertraut. Doch die nur geringfügige Integration, die unbearbeitet gebliebene Übernahme des anderen in das »falsche Selbst« und die »omnipotente Symbiose«, in der der andere als Wirt zwingend vereinnahmt wird, wurden als besondere Strukturen beschrieben, noch ohne das Schicksal der voraufgegangenen Generation und die Modalität der Übergabe beziehungsweise der Übernahme zu berücksichtigen. Identifikation als aktive Einverleibung ist zwar bekannt, aber nicht der Vorgang, daß aufoktroyiert oder vereinnahmt wird. Judith S. Kestenberg hat

1982 die Übergabe einer Mission, also einer Aufgabe, am Phänomen des sogenannten »Zeittunnels«, eines Ineinanderschiebens der Zeiten, beschrieben, Haydée Faimberg 1985 die Übernahme abgelehnter Identität als Ineinanderschieben der Generationen. Während Judith S. Kestenberg klärt, was die nächste Generation im Sinne eines Auftrages tun sollte, beschreibt Haydée Faimberg das Nicht-Ich, dem all das von der vorausgehenden Generation zugeschoben wird, was nicht sein sollte und nicht sein durfte. Sie stellt dar, wie durch diesen Prozeß ein Unglücksmensch entsteht. Kohut nennt das 1971 in »Die Analyse des Selbst« téléscoping. In jedem Fall wird in der Generation zuvor etwas gewünscht, was zu haben nicht möglich ist oder was nicht in sich zu haben ebenso unmöglich ist. Das wird schließlich in den Nachfolgenden verlagert beziehungsweise ihm aufgebürdet. Die dazu notwendige Nähe erfährt eine Intimisierung. Damit erhalten solche Beziehungen einen inzestuösen Charakter. Wie das »Dritte Reich« gezeigt hat, ist es unter besonderen Umständen des Adressaten, des Empfängers, etwa seiner vorausgegangenen Demütigung, möglich, ihn beispielsweise auch als bereits geprägten Menschen unter dem großen Druck einer Verheißung oder einer Drohung zwingend zu verformen und ihn zu nötigen, etwas zu tun, was er unter anderen Umständen nicht getan hätte. Die destruktive Intrusion kann offen und dann laut und überrumpelnd geschehen, oder sie vollzieht sich unmerklich, verführerisch oder mitleiderheischend. Ein Beispiel für die Wirkungsweise und Kraft dieser Intrusion oder Infizierung ist ein historisches, winzig erscheinendes Detail. Die Reichswehr akzeptierte nur gegen ein leichtes Unbehagen, daß noch am Tag von Hindenburgs Tod eine neue Eidesformel mit zwei wesentlichen Änderungen eingeführt wurde: Nicht mehr auf die Verfassung, sondern auf die Person Hitlers wurde – und das ist gleichfalls neu gewesen – absoluter Gehorsam geschworen. Das war die Voraussetzung dafür, daß die vorbereitete, tödliche Maschinerie einer Diktatur in Bewegung gesetzt werden konnte. Ebenfalls mit einem nur leichten Unbehagen überspielte wohl auch Anna Freud wichtige Zeichen, als sie noch im Februar 1938 meinte, daß es zu früh wäre, um zu emigrieren.

Die Modalität der Übergabe, die nur unter Verleugnung von

inneren wie äußeren Realitäten geschehen kann, nenne ich ichsyntone Objektmanipulation. Die Objektbeziehung wird dabei zum Hörigkeitsverhältnis, sie wird in offener oder getarnter Weise mißbraucht, um eigene Grenzen, eigenes Unvermögen zu überschreiten. Der eine wird mit dem Wunsch des anderen schwanger gemacht. Dieser andere darf nur insofern wachsen, als er die Trägerfunktion für diesen Wunsch erfüllt. Der Weg in die Individuation ist damit verstellt. Letztlich sind es Illusionen, die als solche nicht anerkannt werden, auf deren Realisierung jedoch bestanden wird. Wie aber ein Mensch dazu kommt, den anderen in dieser Weise für sich zu vereinnahmen, versuche ich mit dem Abspaltungsprozeß zu erklären, der dann stattfindet, wenn etwas zu viel geworden oder das Ich nicht stark genug ist, es zu halten. Dabei kann es sich um einen unerfüllbaren lustvollen Triebwunsch und ein Nicht-Gewolltes, also Unlustvolles aus dem psychischen Innenraum handeln, aber auch um von außen kommende überwältigende Situationen, die ein Zuviel darstellen und dem anderen zugeschoben werden. Das, was auf diese Weise zuviel geworden ist, kann nicht in den freien Raum abgespalten werden, sondern braucht einen Adressaten. Immer werden gleichzeitig im Empfänger auch eigene innere Konflikte mobilisiert. Diese Form der Abwehr kann allein in der Objektbeziehung geschehen. Im theoretischen Teil, der sich an die Studien von Einzelschicksalen anschließt, stelle ich die Steigerung durch ein Zuviel oder die innere Unerträglichkeit eines zu schwachen Ichs, die folgende Abspaltung und die narzißtische Manipulation zur Herstellung eines Empfängers für das Abgespaltene dar. G. Appy, der sich intensiv mit der Kleinianischen Theorie und ihren Behandlungskonzepten auseinandergesetzt hat, schrieb über das Schweigen, das Hauptsymptom der Elterngeneration, das eine stille, unauffällige Art eines Zuviel darstellt: »[...], daß Schweigen im menschlichen Zusammenleben nie ›stumm‹ ist [...], ›beredtes Schweigen‹ kann Zustimmung wie Zurückweisung und Entwertung enthalten. Vor allem in konfliktreichen Situationen kann es intrusive Kräfte entfalten, die über projektive Identifizierungen und Reintrojizierungen zu gravierenden Veränderungen der Wahrnehmungs- und Denkfähigkeit und der Verständigungsbereitschaft nicht nur in den jeweils schweigenden, sondern auch in den diesem Schweigen ausgelieferten Personen führen. Schweigen besitzt offenbar, außer daß es das Ich vor der Konfrontation mit unerträglichen Konflikten bewahren soll, eine darüber hinausgehende virulente Wirksamkeit, die insgeheim auch die Abwehrfunktionen anderer Menschen infiltriert, sich ihrer bemächtigt und sie gezielt beeinflußt. Zur besseren Unterscheidung dessen, was gemeint ist, ziehe ich es daher vor, statt von Schweigen (im Sinne eines defensiven Vorgangs) von›Sprachlosigkeit‹ zu reden, um deren averbale besitzergreifende Qualität zu unterstreichen« (1987, S. 35).

Die Überfrachtung einer Objektbeziehung hat zwangsläufig Folgen für die nächste Generation. Im Winnicottschen Konzept des »falschen Selbst« ist im sogenannt »falschen« beziehungsweise dem als »falsch« angepaßt bezeichneten Aspekt das enthalten, was in der Generation zuvor als lustvoll, also gewünscht, erstrebt wurde, aber unerreichbar war. Es ist also nicht der eigene Entwurf, die eigene Intention, sondern die Anpassung an das einmal Erwünschte, aber Unmögliche, ein andermal an das Nicht-Erwünschte, aber Vorhandene, das vom Subjekt, akzeptiert wird. Das vom Objekt auf das Subjekt abgespaltene Wunschbild oder Nicht-Erwünschte ist in dem Teil des »falschen Selbst« beim Subjekt als eine Diaphanie im Sinne eines Positivs enthalten. Das Subjekt kann sich bei einer solchen Aufoktroyierung auch anders verhalten. Im Falle der Nichtakzeptanz wehrt sich das sogenannte »wahre Selbst« und bezieht im Trotz die Umkehrhaltung. Im »falschen Selbst« ist nun das umgekehrte Bild des vom Objekt Gewünschten enthalten, ein Negativ; in Reaktion auf das Objekt ist ein Anti-Entwurf entstanden. Diese Form des »falschen Selbst« möchte ich als »abwehrendes falsches Selbst« bezeichnen. Abgesehen davon, daß die Struktur mit einem akzeptierenden oder abwehrenden »falschen Selbst« mit negativ therapeutischen Reaktionen arbeiten muß und verleugnet, liegt ihre große Schwierigkeit darin, zwischen äußerer und innerer Wirklichkeit zu unterscheiden. Dabei ist in der inneren Wirklichkeit das Erbe ihrer Väter und Mütter mit den oft falschen Hoffnungen und Illusionen enthalten. Das Falsche droht innen wie außen gleichermaßen zu erscheinen. Da sie für den Absender Empfänger sind und etwas nicht zu ihnen Gehöriges tragen, ist ihr Gegenüber, das sich so gesteigert selbstsicher gibt, niemals vollständig und damit auch nicht echt; denn ein Teil ist in sie selbst abgespalten.[4] Das Falsche ist also innen wie außen, und der Klärungsprozeß muß sich zweiseitig ausrichten. Beiden Strukturen, dem akzeptierenden und abwehrenden »falschen Selbst«, steht durch diese Präoccupation ungenügend Energie zum Erreichen eigener Ziele zur Verfügung. In der Modalität der Heranziehung eines anderen Objekts – der ichsyntonen Objektmanipulation – versuchen diese Strukturformen erneut, sich die Kräfte des anderen zu eigen zu machen. Ein geeigneter anderer, wie der an sich für den anderen bereite Analytiker, wird nun total für das Subjekt eingespannt – was Khan (1969) als »omnipotente Symbiose« beschreibt. Die »zweite Generation« hat diese Modalität der Elterngeneration entlehnt, die die Kinder für das eigene Zuviel benutzte. Sie war überfrachtet, belastet, und ihr innerer Entwicklungsraum – die Zukunft – war vorbestimmt. Zwangsläufig tritt dann die gleiche Modalität der Beanspruchung eines nächsten anderen Objekts, das zu Hilfe genommen wird, ein, um Ziele zu verwirklichen. Beide Male handelt es sich um eine narzißtisch-destruktive Triebausrichtung, die zuerst einen wesentlichen Teil des anderen, dann den anderen total zu verbrauchen und damit zu zerstören sucht, also um Leben und Tod. Es geht jeweils um Grenzüberschreitungen. Oft mag auch der Neid über das noch offene Vermögen des anderen dabei eine Rolle spielen. Verleugnung, Konkretisierung und negativ therapeutische Reaktion sind die steten Begleiter dieser Modalität. Das implantierte Fremde und die irritierend fremdartige Verfügung erscheinen in der analytischen Behandlung in der Über-

4 Letztlich lassen sich diese Strukturen sehr wahrscheinlich auf Hysterie zurückführen. »Der Hysterische leide[t] größtenteils an Reminiszenzen.« (Freud, 1893, GW I, S. 86) Die Reminiszenzen hier sind offenbar zu einem Teil die fremdgebliebenen Implantate und Reaktionen auf das Stehengebliebene, Unerklärte, Unausgesprochene der voraufgegangenen Generation. Im klinischen Alltag bezeichnet man manche Erkrankungsformen aus Hilflosigkeit und Verzweiflung, in die der Behandler gebracht wird, letztlich als »maligne Hysterie«. In der Tat nehmen die geschilderten Erkrankungsformen einen malignen Verlauf, wenn sich der Analytiker nicht mit aller Kraft und Eindeutigkeit – was Verständnis nicht ausschließt – entgegenstellt, auf der »Suche nach Sinn als Wahrheit und die Suche nach Wahrheit als Sinn, diejenige Aufgabe, die es zu erfüllen obliegt« (W. Loch, 1976). Das führt in gelingenden Analysen, die im übrigen keiner Änderung in der Technik bedürfen, zusammen mit der Trennung vom Objekt zu der spät nachzuholenden Arbeit der Individuierung.

tragung und können von dort gedeutet und als etwas Fremdes oder Bekämpftes, in jedem Falle Wiedererscheinendes benannt werden. Die »zweite Generation« wird, wenn sie unwissend für sich bleibt, abermals mit der »dritten Generation« verfahren, wie mit ihr verfahren worden ist. Das dann Weitergegebene muß noch unverständlicher sein. Der einzelne Träger dieser narzißtischen Phantasien kann wieder verantwortlich werden, indem er sie als Wunsch oder gar Illusion in sich begreift, bekennt, mit seiner Geschichte verbindet und letztlich mitsamt der Geschichte seiner Eltern in sich als seine Geschichte beheimatet, ein Akt gleichzeitig der Erinnerung und der Verzichtleistung, des Bekennens und Bedauerns.

Es ist ein Ziel meiner Arbeit, die Übergabemodalität als eine Abwehr mit Hilfe eines anderen Objekts zu klären. Das Abgewehrte wird hierbei dadurch entstellt, daß es vom Ursprung losgelöst, unter bestimmten genannten Bedingungen der Akzeptanz oder Nicht-Akzeptanz, direkt oder umgekehrt in die Struktur eines anderen, dort fremd bleibend, eingebaut wird. Das Resultat eines solchen Abspaltungsprozesses und die anschließende Manipulation eines Objekts ist die Entfremdung des Subjekts von seinem eigenen Bewußtsein, die Inbesitznahme der anderen Person durch dynamisch wirksam gebliebene illusorische, unbetrauerte und unbenannte Fragmente der Vergangenheit, Anteile einer vorhergehenden Generation oder eines übermächtigen Gegenübers, die rücksichtslos auf ihre Verwirklichung mit Hilfe anderer drängen. Das heißt: Es handelt sich eigentlich um mehr als nur um Entfremdung – um Enteignung. Auf Hoffnung, auf gemeinsame Moral kann man sich nur verlassen, wenn Offenheit zum Konflikt besteht. Sonst kommt es zur Verleugnung, zur Naivität und folgend zur Torheit, weil aus dem Sich-Fügen Verfügbarkeit resultiert, derer sich ein anderer nur allzu gerne bedient. Dieser Gefahr sind Kinder, Jugendliche, natürliche und offene Menschen, der Analytiker aus professionellen Gründen in besonderer Weise ausgesetzt. Mögen meine Ausführungen dazu beitragen, besseren Widerstand gegen Entfremdung und Enteignung leisten zu können und Individualität zu fördern, die nur dann weiterführen kann, wenn sie sich selbst vertritt und auf den anderen bezogen bleibt.

# Klinischer Teil

# Darstellung der Traumatisierung durch Kriegs- und Nachkriegsereignisse in drei psychoanalytischen Erstgesprächen

Die Nationalsozialisten verfolgten und vernichteten Menschen, die anders als sie dachten oder von ihren Idealen abwichen. Auch der Krieg, aus dem dann der Zweite Weltkrieg entstand, war Bestandteil eines menschenverachtenden nationalsozialistischen Konzepts. Von diesem Krieg und der anschließenden Nachkriegszeit wurde auch jener Teil der Bevölkerung betroffen, der nicht verfolgt war. Soldaten und Zivilbevölkerung waren extremen Belastungen und traumatischen Situationen ausgesetzt, ob sie mitschuldig waren oder nicht. Tiefverdrängte Schuldgefühle und Scham mußten jedoch die Einsicht in diesen Umstand verzögern. Bei den in jener Zeit Geborenen machen sich in nahezu jeder Analyse Reaktionen und Auswirkungen auf diese Zeitumstände und wie ihre Eltern damit umgingen, bemerkbar. Sie sind langfristiger Art, eingegangen in die Entwicklungen der Kinder und treten daher fast nur verdeckt auf. Daß über die Leiden der Zivilbevölkerung weniger als über die der Verfolgten oder auch der Soldaten und Kriegsgefangenen gesprochen wurde, hat mit der unausgesprochenen Einschätzung zu tun, sie seien besser weggekommen. Mit dem Survivor-Syndrom hat Niederland (1961) schwerste unbewußte Schuldgefühle als das unerträgliche Gefühl einer Überlebensschuld für die Überlebenden der vom Naziregime verfolgten Juden beschrieben. Auf die Kriegsereignisse bezogen ist das in einer weit milderen Form übertragbar. Dennoch ist das Phänomen der gängigen und unbeirrbaren *Einfühlungsverweigerung* nicht leicht zu erklären. Ich beschreibe an einer späteren Stelle, daß es eine Abwehrform der betonten Normalität nach Traumatisierung gibt. Lorenzer (1965) nennt sie »Supernormalität«. Wenn sie durch Teilnahme am anderen irritiert oder gar erschüttert wird, kann derjenige unter Umständen sein eigenes Leid spüren. Das gerade wollte er als »Supernormaler« abwehren. Der Abwehrprozeß geht aber noch weiter. Im Fall der Überlebensschuld ist der andere eindeutig schlimmer betroffen gewesen. Er lebt nicht mehr, das ist das Äußerste. Lebt er noch, neigt man wohl zum Vergleich, wer es denn schlimmer hatte oder hat. Das ist nicht nur peinlich, es trennt. Das gleiche geschieht durch Schweigen. Noch schlimmer ist die Möglichkeit, daß Einfühlung in die Verletzung des anderen an den Täter in uns erinnert. Und das durfte gar nicht erst aufkommen. Daran durfte keinesfalls erinnert werden. Ernst Kris hat 1952 die Möglichkeit des Verständnisses für »die Person und ihr Verhältnis zu ihren Medien« im Zusammenhang mit den »*gegebenen historischen Umständen*[1]« gesehen und ganz eindeutig auf die notwendige Einbeziehung des zeitgeschichtlichen Hintergrundes hingewiesen. Wenn es um Folgen oder gar Spätfolgen des Krieges und des Nationalsozialismus ging, traf man allgemein vier Jahrzehnte lang auf die Reaktion – oft auch als unausgesprochene Behauptung –, das sei *damals normal* gewesen.

In die Problematik unterschiedlicher Traumatisierungen durch den Nazi-Terror, Kriegs- und Nachkriegsereignisse sowie alles, was zwischen Eltern und Kindern stand beziehungsweise vermittelt wurde, möchte ich anhand dreier psychoanalytischer Erstgespräche einführen. Solche Traumatisierungen als Ursprungspunkt beziehungsweise deren spätere Auswirkungen sind den Betroffenen in der Regel nicht bewußt. Auch einem Arzt sind die Ursachen für Klagen solcher Betroffener im allgemeinen unverständlich, weil sie nicht nur verschlüsselt, sondern auch in Strukturentwicklungen eingegangen sind. Mit der immerwährenden Arbeit der Abwehr, die also auch eine Frage der Zeit ist, wurde der Ausdruckscharakter der Symptome immer stärker im Sinne der Entstellung verwandelt. Traumatisierungen, die eine Abwehr in der Art der Anpassung nach sich ziehen, bilden zunächst keine Symptome, sondern werden ichsynton und gehen in eine pathologische Charakterbildung ein. Sie stören also ihren Träger nicht mehr und sind ihm im Laufe seiner Entwicklung selbstverständlich geworden. Etwas Fremdes liegt dann im Wesen eines solchen Menschen, das in der analytischen Erstuntersuchung durchaus spürbar ist. Eine dritte Form der Störung läßt sich ebenfalls in ichsyntonen, aber pathologischen Charakterentwicklungen finden, wenn Nicht-Verarbeitetes der Elterngeneration, die ihrer-

1 Hervorhebung von der Autorin

seits schwer durch die Ideologie des »Dritten Reiches, den Krieg und die Kapitulation betroffen war, an die nächste Generation weitergegeben wird. Diese Bilder wirken in der Regel besonders dramatisch, der Zusammenhang mit ihrem Ursprung ist verzerrt.

Die drei Erstgespräche, an denen ich solcherart pathologisches Material mit seiner spezifischen historischen Herkunft aufzeigen möchte, stammen von Patienten, die zum Psychoanalytiker[2] geschickt waren oder aber nach einer möglichst raschen Behebung ihrer Beschwerden strebten. Sie wiesen sich schon damit als ahnungslos aus, was also einmal die schwerwiegende Herkunft und dann den langen Weg einer Aufklärung betrifft. Ich erinnere daran, daß im analytischen Prozeß, also Aufklärungsprozeß, die Heilung nebenbei geschieht. In allen drei Interviews stehen Kriegs- oder Nachkriegserlebnisse beziehungsweise eine noch direktere Auswirkung des Nazi-Regimes so eindrücklich als Ursache für folgenschwere Entwicklungen im Mittelpunkt, daß ich mit der Vorstellung dieser sich in den Erstinterviews abbildenden Schicksalen in die unterschiedlichen, aber wohl doch spezifischen Problematiken der »zweiten Generation« einführen möchte.

Im ersten Fall erzählte der Patient ein Kriegserlebnis – die Bombardierung von Dresden –, das zu seiner Symptombildung in direkter Verbindung stand. Diese Ursache seiner schweren Herzattacken war beharrlich überhört und übersehen worden, obwohl das Symptom als eine Sprache des Körpers, als Ort der Reinszenierung, direkt auf die Herkunft des unerträglichen, ans Herz gehenden Schmerzes verwies. Im Erstgespräch ging es ganz um die Aufklärung dieses Symptoms. Es hatte einen ganz eindeutigen Anniversary-Charakter. Der Zeitpunkt des emotionalen Wiederauflebens einer unerträglichen Erinnerung mit einem geschichtlichen, vergleichbaren Zeitpunkt war zusammengefallen und hatte zur Ausbildung eines Symptoms geführt.

2 Damit Psychoanalyse nicht mit Psychotherapie verwechselt wird, zitiere ich Victor Smirnoff, der skizziert, was Psychoanalyse bedeutet: »[...] ihnen [den Patienten] während vieler Jahre, Tag für Tag, Woche für Woche, zuzuhören, sie zu verstehen, sie zu ertragen, ihre Stimme, ihre Ausdrucksweise, ihren Wortschatz, ihre Wesensart, ihr Aussehen, ihre Gerüche oder Parfums, ihre ›Probleme‹, ihre neurotische Dummheit, ihre Anmaßung, ihre Tränen und ihre Geschichten« (1988, S. 9 f.).

Im zweiten Fall, einem späten Flüchtlingsschicksal, gab es Klagen über Symptome, die späte, aber doch aktuelle Anzeichen einer generellen Störung der Beziehung zum Objekt, wie zu sich selbst waren. Diese Symptome waren ebenso nach einer langen symptomfreien und äußerlich betrachtet günstigen Entwicklung aufgetreten. In der Objektbeziehung zwischen Analytiker und Patienten schlug sich die Störung direkt nieder, indem der Analytiker projektiv mit dem fremden und feindlichen Außen gleichgesetzt wurde. Diesem Außen stand der beschützte, aber im eigenen Inneren wiederum bedrängte Innenraum des Patienten gegenüber. Der Patient war in der DDR aufgewachsen, wo sich seine Familie von den gesellschaftlichen Veränderungen abgekapselt hatte, indem sie sich jenen Innenraum schuf. Am Ende seines zweiten Lebensjahrzehnts hatte der Patient die DDR und jene familiäre Enklave verlassen. Die Konstellation eines feindlichen Außen und alles Gute bergenden Innen blieb für den Patienten als weiterhin notwendige Konstellation und damit als eine schwere Einschränkung für seine psychische Entfaltung bestehen, indem er diese Räume in seinem Leben wiedererschaffen mußte. Ich habe dieses Gespräch aufgegriffen, weil es mir prototypisch für Entwicklungen in einer feindlich erlebten Umwelt steht. Einem Kind wird diese tiefe Spaltung zwischen dem Zuhause und der feindlichen Umwelt deklariert. Doch die Aufteilung, die für die Erwachsenen damals weitgehend im Außen war und dort bewältigt werden mußte, sie sicher auch aufs äußerste innerlich bedrängte, wurde beim Kind zu einer Spaltung seines Inneren. In seiner Entwicklung bot sich diese Spaltung für die eigenen, »bösen« quasi feindlichen Triebaspekte an. Das Nicht-Aushalten der Ambivalenz und eine weitere Desintegration aggressiver wie libidinöser Triebanteile konnte der spätere, in der frühen Erwachsenheit stattfindende Wegzug aus der DDR nicht mehr aufheben. Das Erstaunliche an dieser Lebensgeschichte ist dann das, wie die alte Lebenskonstellation wieder eingerichtet wurde.

Das dritte Erstgespräch beeindruckt, weil dem Patienten das Schicksal seines Vaters im »Dritten Reich« unfaßbar und unheimlich blieb. Ich habe sehr lange über dieses Erstgespräch nachgedacht und zunächst gemeint, daß der Patient sein Leben daran setzte, das Unfaßbare und auch das Unheimliche am Schicksal seines Vaters zu fassen. Schließlich wurde mir das eigentliche Trauma des Patienten in der Weise durchsichtig, daß es die Interpretation und Verarbeitung der Mutter war, wie also sie mit dem Verlust eines Objektes, ihres Mannes beziehungsweise des Vaters ihrer Kinder, umging. Ihre Ideale und ihre Enttäuschungen, der Weg ihrer Entidealisierung, gingen für den Sohn, den Patienten, kumulativ traumatisch in den Prozeß seiner Identitätsbildung ein.

Die drei Erstgespräche werden im folgenden wiedergegeben, wie sie über die jeweils aktuelle Interpretation hinaus aufgearbeitet wurden, um sie besser nachvollziehbar werden zu lassen. Im Gespräch erfaßt der Analytiker ein Ganzes, auch der Verbindungen. Die Vielschichtigkeit und damit die weitere Bedeutung wird dem Analytiker oft erst in der nachträglichen Betrachtung und Nachbearbeitung zugänglich, was in der Natur eines immer gedrängten und gleichzeitig durch Inszenierung verdichteten Erstgespräches liegt.

## Das Schicksal eines Kindes bei der Bombardierung von Dresden[3]

In diesem analytischen Erstgespräch wird aufgerollt, wie die Ursache der Beschwerden, ein Kriegserlebnis, das dem Patienten als Kind widerfahren war, vom ihm selbst *und* seinen Ärzten auf im Grunde dramatische[4] Weise nicht erkannt wurde.

Ein zum Zeitpunkt des Erstgesprächs 32jähriger Patient, der glücklich mit seiner Frau verheiratet war und mit ihr und der fünfjährigen Tochter das langersehnte und in jahrelanger Arbeit

3 Vortrag auf der Tagung der Mitteleuropäischen Psychoanalytischen Vereinigungen, Bamberg 1980, unter dem Titel: »Ein Kindheitsschicksal aus der Kriegszeit«. Erschienen in PSYCHE 35, 1981 unter dem Titel: »Eine klinische Studie zum Begriff der Traumareaktion. Ein Kindheitsschicksal aus der Kriegszeit.«

4 Wenn ich sage dramatisch, so meine ich das wirklich ernst. Es ist das gute Recht des Patienten, Patient zu sein, und es ist die Verpflichtung von Ärzten, ein ärztliches Verständnis zu haben, wozu die Aufnahme, also Anhörung einer Anamnese gehört. Dieser Patient wurde lange nicht gehört. Läßt man dabei den Patienten frei sprechen, findet sich der diagnostische Weg beinahe schon, oder es ergeben sich sinnvollerweise aus dem Gesagten einige Anhaltspunkte für gezielte Fragen. Es wird von einem nicht psychotherapeutisch oder nicht psychoanaly-

selbst erbaute eigene Haus bezogen hatte, erlebte einige Zeit vor dem Einzug erstmals schwere Zusammenbrüche. Seine Symptome traten also kurz vor dem Zeitpunkt auf, an dem alle seine Beziehungen in seiner Familie und die äußeren Umstände dazu angetan waren, ihn glücklich zu machen. Wie er selbst sagte, hatte er doch alles, was er sich wünschte, als er sich der scheinbaren Sinnlosigkeit seines veränderten Gesundheitszustands gegenüber sah. Sehr plötzlich und stets auf der Straße hatte ihn ein Engigkeitsgefühl auf der Brust überfallen. Er bekam »wahnsinnige Herzschmerzen«, einen Schweißausbruch und sank jedesmal »nahezu besinnungslos« zusammen. Wenn er wieder zu sich kam, hätten sich die Beine »wie taub, wie abgeschnitten« gefühlt, seine linke Seite sei »wie leblos, wie nicht vorhanden« gewesen. Mehrfach hatten diese ernsten Zustände Passanten veranlaßt, den Notarztwagen zu rufen. Der Patient war dann jedesmal unter dem Verdacht eines Herzinfarkts mit Blaulicht ins Krankenhaus gebracht worden. Einen Infarkt hatten die klinischen Beobachtungen jedoch nie bestätigt; auch ein zu Rate gezogener Nervenarzt fand keine Erklärung. Den Ärzten machte die Wiederholung dieser Anfälle Sorge. Der Patient kam zuerst in eine diagnostische, dann in eine Herzspezialklinik und wurde mit allen modernen Methoden der Diagnostik einschließlich einer Herzkatheterisierung untersucht, ohne daß je ein pathologischer Befund hätte erhoben werden können. Ei-

tisch ausgebildeten Arzt kein irgendwie psychotherapeutisches Vorgehen erwartet. Doch die Zuleitung zu einem psychoanalytisch ausgebildeten Arzt sollte erfolgen können aufgrund der Unterscheidungsfähigkeit zwischen einer im Somatischen begründeten Klage oder Beschwerde, die in der Regel präzise mit nahezu klassischen Worten beschrieben wird, und der Beschreibung einer funktionellen Klage, die ausgreifender, oft geradezu »blumig« und appellativ (den Arzt als Menschen einbeziehend) beschreibend ist. Des weiteren wird etwas Dramatisches der in Technik hochentwickelten Medizin sichtbar, daß neben solcher vergeudeten Zeit bis zur Diagnosenstellung viel Geld für kostenaufwendige Krankentransporte und hochtechnisierte diagnostische Untersuchungen, wie in diesem Beispiel bei der Herzkatheterisierung, mit einem weiteren Gesundheitsrisiko bedacht, aufgewendet werden. Dazu treten schließlich auch ergebnislose therapeutische Bemühungen mit etlichen Operationen. Solche nicht indizierten Operationen können nur dem Zorn aus der Hilflosigkeit entsprungen sein, dem Patienten und seiner Klage nicht gewachsen zu sein. Der Patient wird also unbewußt bestraft, was seinem unbewußten Bedürfnis entspricht. Das Leiden des Patienten wird verlängert, durch den eingeschlagenen falschen Weg zementiert, und Ärzte werden sinnlos beschäftigt. Die sinnlose Überbeschäftigung – auch der Psychoanalytiker – fällt Deutschen bis über vier Jahrzehnte nach dem Krieg nicht auf.

nem der Ärzte war jedoch aufgefallen, daß der Patient wie nebenher gesagt hatte, er habe *»schon immer Angst«* gehabt. Das war der Anlaß, ihn zum Psychoanalytiker zu schicken. Die Wiederholung dieses Satzes differenzierte sich im psychoanalytischen Erstgespräch dergestalt, daß der Patient die Größe eines fünf- bis sechsjährigen Kindes andeutete und sagte: »Ab diesem Alter habe ich Angst vor allem Fremden und vor jemandem gehabt, der höher steht«.

Die Angstzustände waren aufgetreten, nachdem der Patient Familie und, wie er sagte, *»alles, was er sich wünschte«*, besaß. Wenn die Anfälle psychogener Natur waren, war für das analytische Verständnis eindeutig, daß der Patient das, was er sich im Leben geschaffen hatte, seinem unbewußten Verständnis nach nicht verdient hatte. Als ich ihm diese Vermutung unterbreitete, erzählte er von sich aus seine Geschichte: Sein Vater hatte einige Zeit vor Kriegsende auf einem Heimaturlaub von der Front seine Mutter gebeten, sie solle zusammenpacken, was sie könne, und aus Oberschlesien aufbrechen; es habe keinen Zweck mehr zu bleiben. Die Mutter hatte diesen Rat befolgt und war mit den beiden Kindern aufgebrochen. Der Patient war damals fast fünf Jahre alt, seine Schwester neun. Die Flucht führte die drei Flüchtlinge über Dresden, wo sie einen der furchtbarsten Luftangriffe des Zweiten Weltkriegs erlebten. Die Mutter hatte den Patienten an der rechten, seine Schwester an der linken Hand. Ein Phosphorkanister traf die Schwester und riß sie von der Hand der Mutter. Sie verbrannte vor den Augen der Mutter und des Patienten. Er sagte, »ein Rest blieb, den man nicht bezeichnen konnte«. Die Mutter wurde auf ihrer linken Seite von Phosphorspritzern getroffen, die für immer sichtbare Narben hinterließen. Der Patient erzählte dieses Erlebnis im Ton eines Berichterstatters. Viel bewegter schilderte er dagegen die schlimmen Zeiten, die sich anschlossen. Beim Bauern in einem Dorf hatten sie als »Polacken« gegolten, in der Schule war deshalb mit Fingern auf ihn gezeigt worden, und die Mutter hatte zu jener Zeit für sehr wenig Geld arbeiten müssen und wahrscheinlich auf diese Weise für ihn weder Zeit noch Trost gehabt. Möglicherweise erschien auch der Kummer des Kindes unwesentlich gegenüber den großen Schwierigkeiten, die das Überleben erforderte. Auch der Vater, der nach neunjähriger

Gefangenschaft schließlich nach Hause gekommen war, hatte – wie der Patient als guter Beobachter berichtete – lange Zeit nichts an der schweren Situation der Familie geändert. Der Vater sei einsam gewesen, und er selbst sei durch all das zum Einzelgänger geworden.

Bis zu diesem Punkt schilderte der Patient ein Geschehen, das diagnostisch als schweres psychisches Trauma bezeichnet wird. Lorenzer und Thomä (1965) beschreiben die zweiphasige Symptomentwicklung bei traumatischen Neurosen. Das Trauma wirkt als unerwartetes Ereignis beziehungsweise Erlebnis, wobei das Problem der Intensität traumatischer Reize mit der Frage nach der Verträglichkeit oder Unverträglichkeit einer Situation, also mit deren konfliktpsychologischem Aspekt für den traumatischen Reiz immer im Zusammenhang mit der dynamisch-ökonomischen Gesamtsituation, das heißt mit der Geschichte der gelösten und ungelösten Konflikte der Persönlichkeit zu sehen ist. Da die Struktur des traumatisch Neurotisierten nur im nachhinein sichtbar wird, versuchen Lorenzer und Thomä einen Einblick in die Entwicklung dieser Entgleisung zu gewinnen. Sie finden nicht nur, daß die von ihnen Untersuchten unmittelbar nach dem Trauma und in der Folgezeit in der Art und Weise und dem Ausmaß ihrer Reaktion auf das Trauma ganz und gar ohne Antwort und Reaktion bleiben, sondern auch, daß die Patienten bei oberflächlicher Betrachtung etwas wie »Supernormalität« zeigen, und fassen zusammen: »Wir finden in der Vorgeschichte dramatische traumatische Ereignisse, denen eine stumme pathologische Erlebnisreaktion folgt. Die auf das Trauma folgende Erlebnisverarbeitung markiert das Entstehen einer pathologischen Entwicklung. Die erste Phase der Krankheit ist stumm beziehungsweise fast völlig lautlos, nur spärliche Symptome oder Verhaltensbesonderheiten verraten die pathologische Dynamik. Bei einem weiteren Anlaß kommt es zum Ausbruch einer ziemlich lärmenden Symptomatik. Der Anlaß ist wenig oder gar nicht imponierend. Es ist eine banale Situation, deren Bedeutung erst im Gesamtzusammenhang erkennbar wird, dann aber umso deutlicher ins Auge springt. Sie steht nicht immer, aber *häufig*[5], in eindrucksvollem thematischen Zusammenhang mit

5 Hervorhebung von der Autorin

dem Erlebnisthema des früheren traumatischen Geschehens. Die angstneurotische Erkrankung ist die zweite Etappe in der zweiphasigen Symptombildung in diesem Krankheitsprozeß auf die erste Etappe der langjährigen stummen Verlaufsphase.« (S. 682)

Lorenzer (1965) selbst geht mit der differenzierenden Beschreibung dieser Pathologie noch weiter. Er konstatiert, daß im Verleugnungsmodus der ersten Phase eine besondere Komponente eingeschlossen war, nämlich gleichzeitiges *Entwerten* und *Überkompensieren*. Entwerten allein würde auf Vergessen hinauslaufen. Neben der beispielsweise beobachteten Wendung »Das hat mir gar nichts ausgemacht« weist eine Überbesetzung kompensierender Tätigkeiten darauf hin, daß nicht nur die Wahrnehmung der Beschädigung, sondern auch die des Beschädigtseins abgewehrt wird. Die Wahrnehmung als solche ist also erhalten. Die Einbuße betrifft den dazugehörigen Affekt. Sein energetischer Betrag findet sich in Einstellungen und Handlungen wieder, die in Reaktion auf das Trauma geschehen, auf der Suche nach bestimmten Themen und Werten. Lorenzer präzisiert die komplexe Abwehrform in einer Trias, die der Isolierung bei Zwangsneurosen nahekommt: erhaltene Realitätswahrnehmung, geleugneter Affekt, Ausrichtung des Vorbewußten oder auch der Gedanken durch den ins Unbewußte verschobenen Energiebetrag des Affekts auf »gewisse Werte, gewisse Themen«, die Lorenzer (1965) in der »Sehwelt« oder »Handwelt« beschreibt (S. 687), eine »Fixierung auf den verlorenen Wertsektor« (S. 681). Ich möchte diese Trias ergänzen: Die Ausrichtung des Vorbewußten auf Besetzungsmöglichkeiten geschieht im Sinne einer *Gegenbesetzung*, die unbewußt eine *Wiederbesetzung des Verlorenen* anzielt.

Trauma und Abwehr sind in dieser Weise wie bei der zwangsneurotischen Abwehr unmittelbar aufeinander bezogen, doch tritt der zwanghafte Zug in der Entwicklung der posttraumatischen Persönlichkeitsstruktur nur insulär auf. Lorenzer zieht dann Freuds Akropolis-Erlebnis mit dem gefährlich werdenden Übergang von der Möglichkeit zur Wirklichkeit heran. In dieser Situation - von Freud als Verstimmtheit und Derealisation statt Genuß des langersehnten Zieles beschrieben – ist für das Ich das Ziel enthalten, eine neue, dem Ich unbekannte, aber *unerträglich erscheinende Reizsituation* fernzuhalten. Wenn »Supernormalität« eigentlich als *Pseudonormalität* eine ernste Störung der Struktur anzeigt, dient sie in der Form von *Rigidität und Unbeirrbarkeit der unausgesprochenen Behauptung, nicht irritiert zu sein.* Damit erwehrt sich das Ich des Traumatisierten weiterer sein Ich überflutender Reize. Das Ich zeigt sich in diesen Fällen als bereits überlastetes System, in dem es keinen Spielraum mehr gibt. Für diesen Zustand des Ichs in der posttraumatischen Entwicklung benutzt Lorenzer zu jener Zeit die Bezeichnung »Defekt«. Er erinnert jedoch daran, daß die Antwort auf das traumatische Ereignis weit über eine bloß momentane Auseinandersetzung im Wahrnehmungsbereich hinausgeht und in eine Erlebnisreaktion überführt, in der das Ich in einen Konflikt aller Instanzen verstrickt »eine neurotische Traumareaktion« zeigt. Diese neurotische Traumareaktion wird 1987 von J. Sandler u.a. in dem weitumfassenden Begriff »Traumatopathie« gefaßt.[6]

Bezogen auf den dargestellten Fall dokumentierte sich die zweiphasige Abwehr im Interview selbst. Der Patient hatte das entsetzliche Ereignis wahrgenommen und gab es im Interview wieder. Beim Erzählen jedoch war kein Affekt mehr angeklungen. Es schien so, als kenne er den Zusammenhang, könne aber die psycho-logische, die affektive Hürde nämlich, nicht nehmen. Statt dessen verwies er auf seine frühere Körpergröße als Kind und verband mit ihr den Beginn seiner Angst. Aber von dem grauenhaften Ereignis berichtete er so, als sei er wie durch eine Zäsur getrennt vom Ursprung der Angst »vor allem Fremden und jemandem, der höher steht«. Im »Höherstehenden« konnte der Analytiker nur die Macht des feindlichen Angreifers beziehungsweise ihn selbst erkennen. Was nach dem Ereignis verblieb, »kann man nicht bezeichnen«. Das heißt, für die Realität des damaligen Geschehens mit der Schwester und das übergroße Entsetzen gibt es überhaupt keine Worte. Sie war so grauenhaft, daß der Patient den naheliegenden Ursprung seiner Angst mit dem zugehörigen auslösenden Ereignis nicht verbinden durfte. Den Zusammenhang herzustellen war ihm unmöglich; denn dann würde das Schreckensbild und sein Entsetzen

6 Hierauf wird im Kapitel »Einzelne spezifische Konstellationen aus Analysen von Kriegs- und Nachkriegskindern« ausführlicher eingegangen.

nahezu jeden Tag aktuell werden können. Kann ein Mensch das ertragen? Zu einem späteren Zeitpunkt im Interview sagte der Patient selbst, den damaligen Anblick der Schwester könne er im Grunde nie ganz vergessen; doch der Schrecken dieses Bildes sei vorbei.

Auf die Zeit nach diesem schrecklichen Ereignis in Dresden und nach der Flucht bezogen sich die heutigen Klagen des Patienten. Diese Zeit war gewiß schwer, aber nicht so überwältigend wie das Ereignis in Dresden. So kann der Patient für die darauf folgenden Geschehnisse heute Worte finden, um überhaupt klagen zu können. Vermutlich hatte er damals gar nicht so darüber geklagt wie jetzt im Interview. Ganz deutlich ist also eine stumme Phase erkennbar, wenn die lärmende Phase dem Einsetzen der Herzanfälle zugerechnet wird. Diese Phase begann, als der Patient eine eigene Familie hatte und die äußere Situation optimal geworden war. Auf dieses Optimum hatten sich die reparativen Kräfte der stummen Phase als ihr alleiniges und konkretes Ziel eingestellt. Sie waren offensichtlich nie auf das affektive Ziel gerichtet gewesen, das Gewünschte auch zu genießen. So erinnerte sich der Patient gerade zu dem Zeitpunkt, da er nach jahrelangem Einsatz aller Kräfte sein Ziel erreicht hatte, an das tragische Ereignis der Zerstörung seiner Primärfamilie, dies um so deutlicher und drängender, als seine Tochter gerade so alt war, wie er bei dem schrecklichen Ereignis in Dresden gewesen war. Er wollte, daß sie es im Leben besser als er haben und vor so Schrecklichem verschont bleiben sollte, eine Identifizierung der Tochter mit seinem Wunsch als Abwehr der Klage und Trauer über so Schweres. Zu diesem Zeitpunkt trafen eine Anniversary-Situation – seine Tochter war so alt wie er damals – und ein äußeres Optimum zusammen, was zu einer schweren psychischen Reaktion führte, die nun als Krankheit imponierte. Von da an war sein Leben erneut ganz akut vom alten Unglück überschattet; denn womit hatte er für einen unbewußten, sehr gerechtigkeitsempfindsamen Anteil seines Gewissens das im Hinblick auf seine Schwester verdient. Unbewußte infantile Schuldgefühle der Schwester gegenüber müssen den Boden vorbereitet haben, was auf dieser Interpretationsgrundlage für das Kind bedeutete, daß das nur Gewünschte Realität werden kann. In der auf diese Weise aus zweifacher Quelle gespeisten lärmenden Phase mit ihren alle beunruhigenden Angstanfällen war dann das alte Unglück neuerlich präsent und wurde mit einem massiven Affekt in Szene gesetzt: Der Patient stürzte zu Boden, Passanten und Ärzte fürchteten um sein Leben. Er selbst fürchtete das ebenfalls; er erlebte seine linke Körperseite wie abgestorben und verlor dabei fast die Besinnung.

Die Bedeutung dieses »Herzanfalls« war die szenische Darstellung (oder Inszenierung) des Schicksals der Schwester, das ihn so mit betroffen gemacht hatte. Die Narben im Gesicht der Mutter erinnerten bis heute an das entsetzliche Ereignis. Es schien, als sinke der Teil des Patienten, der sich mit der Schwester – sie ging damals an der linken Hand der Mutter – identifiziert, zu Boden. Der Patient versuchte in dieser zweiten Phase, das Trauma in neuer Weise zu verarbeiten. Die Verschiebung des Affekts auf den Körper – fast möchte ich sagen auf eine körperliche Verzweiflung – ließ diese Form der Verarbeitung, auch wenn sie eine Rücknahme des Affekts aus den Tätigkeiten in der Außenwelt, den Projektionen und Verschiebungen (die schlimme Behandlung durch andere Leute) als versuchte Verinnerlichung darstellte, vermutlich auch weiterhin scheitern, weil der Ursprung des Affekts dem psychischen Verständnis nach wie vor entzogen blieb.

Freud (1918, GW XII, S. 27–157) hat den Begriff »Szenen« gebraucht und ihm Darstellungen zugeordnet, die einerseits aus sehr früher Zeit stammen, andererseits mit einem Inhalt befrachtet sind, der eine außerordentliche Bedeutung für die Geschichte des Falles beansprucht. Er merkt an, daß solche Inhalte »in der Regel nicht als Erinnerung reproduziert (...), sondern schrittweise und mühselig aus einer Summe von Andeutungen erraten – konstruiert – werden« (S. 80) müssen. Dem Patienten erschien sein Schicksal dergestalt, daß er zum Zeitpunkt, da er alles erreicht hatte, plötzlich von einem neuen Leiden ereilt wurde. Das herbeigesehnte Glück, die Wiederherstellung des Verlorenen, der Familie, war angesichts des Todes der unschuldigen Schwester nicht zu ertragen. Doch das gerade wußte er ja nicht. Es ist anzunehmen, daß der Patient zum Zeitpunkt des Traumas oder auch schon vorher im Zusammenhang mit der Entwicklung von Konflikten bewußte und unbewußte aggressive Triebstrebungen gegen die Schwester hatte. Doch ihr tatsächlicher Tod, der vor seinen Augen eintrat, bedeutete eine so furchtbare Verwirklichung seiner unbewußt aggressiven und damit archaischen Wünsche, daß die Wiederherstellung des Verlorenen, die vollkommene Familie als Reparation, durch den langjährig abgespaltenen Schuld- und Traueraffekt unmöglich und unerträglich war. Betrachtet man das äußere Geschehen für sich, unabhängig von der Beeindruckbarkeit der kindlichen Psyche, so ist es als solches – für jeden einfühlbar – dazu angetan, einen Menschen unglücklich zu machen. Wenn aber eine innere phantasierte Situation hinzukommt, muß das an sich schreckliche Ereignis aufgrund der Verquickung mit der unbewußten Schuld noch entsetzlicher und damit noch schwerer zu bewältigen sein.

Leo Rangell (1967, S. 51) legt dar, daß die ökonomische Betrachtung beim psychischen Trauma Gegenstand der phasenspezifisch genetischen Entwicklung ist und in verschiedenen Epochen des Lebenszyklus unterschiedlich ausfallen muß. Anna Freud (1967, S. 237) führt diese Gedanken weiter: »Wir wissen, daß die Toleranz für den Einfluß äußerer, überwältigender Reize und innerer Sensationen für Unlust durch Enttäuschung, Entzug (Deprivation) schrittweise mit der Reifung und Ausstattung des Ichs und seinen Funktionen wächst. Wir wissen ebenso, daß das Individuum nach seiner Geburt und in seiner Kindheit am verletzlichsten ist, bevor also das Ich sich aus der Undifferenziertheit des gesamten Organismus herauskristallisiert.«

Zweimal hatte den Patienten eine Verwirklichung seiner Phantasien eingeholt: einmal, als ein *kindlicher Wunsch seiner Phantasie* in einem Alter, das viel zu labil ist, um Wunsch und Wirklichkeit unterscheiden zu können, *sich für ihn als Kind in einem unerhörten Geschehen außen realisierte*, und ein zweites Mal, als das *innere Ziel des Patienten, das Glück einer Wiederherstellung des früher Verlorenen, als ersehnte Verwirklichung Realität* wurde. Diese zweite Verwirklichung erschien für sein inzwischen »erwachsenes« Ich der erschüttert gebliebenen Affekte wegen ebenso unerträglich und überwältigend wie die erste Verwirklichung, als er noch ein Kind war.

Die Ärzte hatten nicht nach dem psychischen Erleben des

Patienten zu fragen gewagt, weder aktuell noch im Rahmen seiner Geschichte. Dies erscheint als ein Phänomen, das auch der Patient durch seine Ausstrahlung mitbedingt haben mußte: »Fragt nicht, es ist nicht aussprechbar«, so daß sein Gegenüber stumm blieb. Dennoch appellierte das ganze Verhalten des Patienten an den Arzt. Es mußten unerträgliche Schuldgefühle sein, die ihm nicht nur sein heutiges Glück vereitelten, sondern auch die Hilfe. Sie lag allein im empathischen Verstehen und der folgenden Bewußtmachung für den Patienten durch den Arzt. Solche Schuldgefühle sind die durch Niederland (1961–1980) im Survivor-Syndrom beschriebenen. Für den Patienten kann die innere Frage nur heißen: Warum hat es die Schwester getroffen und nicht mich! Warum habe ich es besser als meine Eltern, indem ich eine vollständige Familie habe! Womit habe ich all das verdient?

Anna Freud (1967, S. 243) bemerkt, daß nur eine Analyse entscheiden könne, ob die traumatische Neurose ursprünglich durch die Hilflosigkeit und Überschwemmung des Ichs durch innere Reize und Konfliktsituationen bedingt ist oder aber durch Reize der Umwelt hervorgerufen wird. Ich denke, daß es in der Analyse darum geht, *das Schreckliche von einst* als ein den Patienten damals Überforderndes *heute zu fassen*, das heißt *die Anerkennung der damaligen äußeren und inneren Wirklichkeit und zugleich deren unterschiedliche affektive Qualität für die Wirklichkeit und für die Phantasie*. Die »stumme« Phase in der neurotischen Traumareaktion möchte ich nicht als ausschließlich »stumm« bezeichnen, vielmehr sehe ich darin wie im geschilderten Fall einen Versuch des Wiederaufbaus des Ichs, wenn auch rigoros und unbeirrbar vertreten, dem der Charakter eines *Bewältigungsversuchs* beziehungsweise der *versuchten und verzerrt ausgehenden Reparation* zuzusprechen ist. Ekstein (1975, S. 1077 ff.) führt aus, daß ein Trauma als eine Art Organisationsprinzip wirken kann, das das gesamte Wachstum der Persönlichkeit einbezieht. Er schreibt, daß das Trauma im günstigsten Fall wie ein Stimulus für ein zweites Individuationsgeschehen wirke. Dafür müssen jedoch idealisierte Imagines erhalten geblieben sein. Der zum Zeitpunkt des Traumas fünfjährige Patient hatte diese ganz gewiß, wenn er sich in einer solch eindeutigen und alle seine Kräfte fordernden Weise auf sein Lebensziel, nämlich den Aufbau einer harmonischen und beschützten Familiensituation einstellte. Das Gefühl der Überlebensschuld, einer innerlich gefühlten *Todesschuld*, dem der Patient am Ziel seiner Reparation begegnete, verursachte erst die zweite, lärmende Phase, weil das Ich die eigentlichen Affekte nicht zu ertragen gelernt hatte beziehungsweise gerade daran gescheitert war.

Am Ende des Gesprächs berichtete der Patient spontan von ihn verfolgenden Angstträumen, hinzustürzen oder in sonstige schreckliche Situationen zu geraten. Zweimal hatte er sich in den beiden letzten Jahren das Bein gebrochen und sich zudem einen Schädelbasisbruch zugezogen. Er sagte, alles, was man entbehren könne, sei ihm wegoperiert worden: Blinddarm, Mandeln, Gallenblase, und meinte dazu: Mein Grips ist heute eingeschlafen. Er büßte und brachte alles zum Opfer. Solange der Patient sich vor seinem vermeintlichen Ziel befand, konnte er arbeiten, konnte er alles im Dienste dieses Zieles tun, solange er es noch als Ziel vor sich hatte. Nachdem er das Ziel erreicht hatte, traten die Anzeichen der traumatischen Neurose mit sich wiederholenden Angstträumen ein. Das Trauma drängte sich auf im Schlaf, im Traum oder wieder in körperlichen Symptomen. Während der Inhalt des Traumas zum Greifen und Begreifen nahe war, schlief sein Verstand, begriff nicht, weil er hierzu die Hilfe eines Wissenden brauchte wie damals beim Geschehen die Mutter, die in Entsetzen und Trauer überfordert war, um ihm Schutzschild zu sein. Jetzt mobilisierte der Patient Ärzte für seinen unerträglichen Schmerz, sie sollten helfen.[7]

## Ein Flüchtlingsschicksal

Ein dem medizinischen Beruf sehr nahestehender Akademiker, dessen besonders guten Ruf hinsichtlich seiner vorzüglichen Arbeit, Zuverlässigkeit und Freundlichkeit ich kannte, obwohl er weit von meiner Praxis entfernt wohnte, wandte sich mitten

7 Ich möchte zu dem Thema einer technisch orientierten Medizin eine Episode aus einer in diesem Jahr (1989) geführten Erstuntersuchung wiedergeben. Auch hier geht es um die Nicht-Anerkennung dessen, was »zu Herzen geht«. Eine bisher psychologisch unberührt gebliebene 48jährige, verheiratete, kinderlose Frau kam auf Empfehlung ihrer Nervenärztin. Der Verdacht auf multiple Sklerose bei

in den Weihnachtsferien telefonisch an mich. Er sagte, er hätte nur eine Frage, und zwar, ob es wohl schlimm sei, wenn er einmal ein Schlafmittel nähme. Gleich anschließend versicherte er, noch nichts genommen zu haben, er wolle vorsichtig sein. Lieber vergewissere er sich, was ich in solchen Fällen raten würde, denn er wolle auf keinen Fall *süchtig* werden. Bei allem Staunen über diese merkwürdige Art von Hypochondrie und Hilflosigkeit war mir der vorgeschobene Charakter seiner Frage deutlich, auf den ich in dieser Situation nicht eingehen konnte. So sprach ich mit ihm über das seinerseits genannte Medikament, wies ihn jedoch darauf hin, daß er mich in jedem Fall wieder anrufen könne.

Ein Vierteljahr später rief er wieder an und wünschte nun direkt, mich zu sprechen. Zu dem sehr kurzfristig eingerichteten Termin erschien er weit mehr als zehn Minuten zu früh, der Patient aus der davorliegenden Stunde war noch nicht gegangen. Nachdem er geklingelt hatte, mußte er ein paar Schritte von der Tür zurückgegangen sein, und aus diesem geschaffenen Abstand begrüßte er mich mit den Worten, daß ich einen sehr schön angelegten Garten hätte; das, obwohl es dunkel war. Er stellte

dem Gefühl von Schwindel, unsicheren Beinen, Nebel im Kopf und einem zu niedrigen Pulsschlag war aufwendig mit Klinikaufenthalt und der entsprechenden invasiven Diagnostik wieder aufgehoben worden. Früh im Gespräch wies die gesund und lebensfroh aussehende Patientin auf ihren Herzschrittmacher hin. »Die Ärzte« hätten ihr »gedroht«, sie könne ohne einen solchen bei ihrem niedrigen Pulsschlag im Schlaf sterben. Lange horchte ich auf einen möglichen Zusammenhang alles aus Beruf und Ehe Dargestellten hin. Schließlich erzählte sie, keinen Vater gehabt zu haben, beziehungsweise sie habe ihn 1950 zum ersten Mal gesehen, als sie schon zehn Jahre alt war. Immer habe sie bis dahin – so habe es die Mutter gewollt – abends des Vaters Photo geküßt, ihm »Gute Nacht« gesagt und für ihn gebetet. Eines Tages dann, da sei er unverhofft wiedergekommen und habe ihr einen von ihm selbst gemachten Puppenwagen aus Rußland mitgebracht. Ganz unwillkürlich sagte ich, offenbar, weil die Patientin das ohne Affekte erzählte, »da muß ihnen das Herz höher geschlagen haben«. Doch diese Geschichte, so erzählte die Patientin weiter, wandelte sich in nur wenigen Tagen. Ihre Mutter war bereits schwanger und sagte dem heimgekehrten Mann, daß sie den anderen Mann heiraten wolle. Es herrschte Stille an diesem Punkt ihrer Erzählung zwischen uns, und ich mußte den zweiten Teil meiner Informationen deutend ausführen und sagte: »Da ist Ihnen das Herz stehengeblieben.« Die Patientin war sehr bewegt, weinte. Sie hatte das Herz, das drohte stehenzubleiben, nie so gesehen oder verstanden. Später erzählte sie, wie der nun oft doppelte Herzschlag sie störe. Der psychische Behandlungsfortschritt wird demnächst zeigen, ob diese Frau die Konflikte, die mit dem Phantomvater, der Wiederkehr, dem traumatischen Verlust und der Mutter, die dies verursachte, verbunden sind, erträgt und sich ein Herzschrittmacher erübrigt.

fest, daß er wohl zu früh gekommen sei und damit einen üblichen Ablauf störe, und entschuldigte sich sehr, was mir wiederum peinlich war. Geradezu geflissentlich ergriff er die Tageszeitung, die ich ihm zur Überbrückung der Wartezeit anbot. Obwohl ich aus meiner Sicht so kurzfristig einen Termin ermöglicht hatte, mußte mich ein Schuldgefühl veranlaßt haben, dann meine Pause nicht in Anspruch zu nehmen, um mich ihm gleich zu widmen. Beim Betreten des Behandlungszimmers schaute er sich ein wenig um und äußerte sein Gefallen an einer ihm behaglich erscheinenden Atmosphäre: »Sie haben es aber schön hier.« Während dieses zweiten Bezeugens von Anerkennung spürte ich seine Verwunderung über das Sprechzimmer eines Analytikers, aber dahinter noch deutlicher sein Zögern, wobei mich erneut Peinlichkeit überfiel. Wieder entdeckte ich das Lächeln bei der Begrüßung an der Haustür, sah es immer wieder im Gesprächsverlauf in seinem Gesicht aufkommen und wie stehenbleiben, und mit der Zeit merkte ich meine sich darauf verändernde Reaktion. Das mit mir vorangegangene Telefonat setzte er wortlos, aber stillschweigend voraus und berichtete, die Schlafstörungen seien zwar besser, doch habe er nun Zitteranfälle bekommen, die ihn bei seiner Arbeit auf das empfindlichste störten; damit schäme er sich vor seinen Mitarbeitern. Obwohl der Internist ihm bescheinigt habe, gesünder als er könne man nicht sein, bekomme er auch Herzklopfen. Eigentlich müsse sich das alles legen können, meinte er, wenn er sich zwischen der Arbeit ganz einfach zehn Minuten Pause gönnen würde. Damit wie auch weiterhin mit der Schlaftablette drohte er eine ungemein konkrete Ebene für ein analytisches Gespräch einzurichten. Er erliege aber wie einem Zwang weiterzuarbeiten. Es erwies sich als Irrtum, an diesem sogenannten Zwang weiterzuarbeiten und ihn als Hinweis auf ein dahinterliegendes seelisches Problem zu verstehen, bei dem eine Pause nichts hilft; denn der Patient konnte das nicht in dieser Weise begreifen. Vielmehr entgegnete er, daß die »Schwierigkeiten doch jetzt alle vorbei« seien – als wüßte ich eigentlich alles von ihm. Die darin enthaltene brisante Pathologie eines selbstverständlichen Wissens durch den anderen, das nur durch eine vermutlich symbiotische Situation erklärbar war, deutete ich an dieser Stelle nicht. Weiter erwähnte er dann seine Scheidung, die vor Jahren stattgefunden hatte und von der ich freilich nicht wußte, und meinte, das habe sich jetzt alles beigelegt und geglättet, er sei damit fertig und auch mit der Art der Lösung zufrieden. Er müsse zwar viel arbeiten, doch das sei er immer gewohnt gewesen. Dabei brauche er sich keine Sorgen mehr zu machen, das Klima zu Hause sei gut; sie hätten sich alle gut aneinander gewöhnt, und seine geschiedene Frau werde mehr als ausreichend ausgezahlt. Dieses Mal erklärte ich, daß ich davon nicht wissen könne, und wies die gefährliche Rolle des Verfolgers von mir, der alles schon selbstverständlich weiß. So erst erfuhr ich, wer inzwischen alles bei ihm zu Hause lebte, wer sich dort so gut verstand. Der Patient erzählte, daß er, seine Frau, die Kinder seiner Frau und seine Kinder aus erster Ehe, die ihn sonntags in der neuen Familie besuchten, sich jetzt alle ausgezeichnet verstünden. Die Geschichte, in die mich der Patient bis dahin eingeführt hatte, beinhaltete keine Schwierigkeiten mehr. Deshalb waren ihm seine Beschwerden folgerichtig so unverständlich. Zögernd erzählte er jetzt von sich aus ergänzend die Beweggründe seiner ersten Heirat und der Scheidung. Seine erste Frau war wie er in der DDR aufgewachsen. Beide kannten sie sich von der Schule her, und beide waren, unabhängig voneinander, nach dem Abitur nach Westdeutschland geflüchtet. Während des Studiums hatten sie sich dann überraschend wiedergetroffen. Bald nach der Flucht hatten sie geheiratet. An dieser Stelle seiner Erzählung erschien mir ein Verstehen seiner affektiven Situation möglich. Weil ich es offenbar so notwendig fand, sagte ich: »Sie fanden bei Ihrer damaligen Frau ein Stück Heimat wieder.« Ich hatte gefehlt, wenn ich annahm, daß der Begriff »Heimat« und damit gemeint auch »zu Hause« ein gutes affektives Klima versicherten. Die Andeutung einer Verwunderung veränderte für einen Moment sein leichtes Lächeln, und er entgegnete entschieden, seine Frau und er hätten nicht zueinander gepaßt. Seine Frau habe die Ansicht vertreten, daß er weniger hätte arbeiten sollen, und habe ihn nicht in seiner Arbeit unterstützt. Ich spürte, daß er damit etwas zu dem von mir gebrauchten Begriff »Heimat« sagte, der ihm offenbar unerträglich war, und hörte zugleich, daß er weder gegen mich in meiner falschen Annahme noch gegen seine erste Frau eine eigentliche und direkte Kritik oder

Klage äußerte. Da ich die auslösende Situation für seine derzeitigen Krankheitssymptome suchte, um die Symptome zu verstehen, schienen mir Schuldgefühle der Scheidung wegen nahezuliegen, zumal der Patient auf die »ausreichende« Auszahlung seiner ersten Frau mit diesem Wort nachdrücklich hingewiesen hatte. Er verneinte jedoch entschieden. Da die aktuelle neurotische Symptomatik für mich im Interview weiterhin unerklärt war, entschloß ich mich, in all dem – Herzklopfen, Zittern, Schlaflosigkeit – ein Phänomen der Wiederholung einer früheren Situation zu sehen, und gab zu bedenken, ob er vielleicht früher ähnliches erlebt habe. Sofort berichtete der Patient, daß sein Vater mitten im Krieg gefallen war, als er drei Jahre alt war. Er habe keine Erinnerung an den Vater, er wisse auch nicht, ob er ihn möglicherweise auf einem Urlaub je gesehen hätte. Er sei der einzige Sohn gewesen und habe noch drei Schwestern gehabt. Seine sehr christlich eingestellte und lebenstüchtige Mutter habe das Unternehmen des Vaters weitergeführt. Dadurch hätten sie nicht unter extremer Not gelitten wie vielleicht andere, die wie sie nach 1945 in der sowjetischen Besatzungszone und späteren DDR lebten. Es war eine Zeit, in der eine Religion zu haben und nicht hungern zu müssen zu Klassenhaß aufreizte. Deshalb habe er sozusagen *draußen immer ein anderes Gesicht aufsetzen müssen.* Es sei ja nicht anders möglich gewesen, als daß er bei anderen nicht über das, was es zu Hause gab und man dort dachte, hätte reden dürfen. Es sei *zu seiner Natur geworden, draußen ein anderer zu sein.*

Plötzlich begriff ich hier das eigentliche Problem und seine ungeheure Tragweite. Der Patient, dessen beruflicher Aufbau längst abgeschlossen war, hatte jetzt etwas erreicht, was vollständig erschien und damit auch nach innen und außen harmonisch war. Sein Leben war bisher erfüllt von Sorgen, Unsicherheiten und Spannungen. Die Umwelt war jetzt weder feindlich noch irgendwie anders gesinnt, und in der Familie hatte sich Harmonie entwickelt. Die enorme Anstrengung zwischen fremden, in seiner Kindheit und Jugend sogar feindlichen Welten zu überbrücken, etwas, das er sogar mit Lächeln und Freundlichkeit scheinbar leicht bewerkstelligte, mußte zu einer Grundhaltung seines Lebens geworden sein, die sich aber jetzt erübrigte. Das Lächeln, das die Feindlichkeit des anderen unterlief, und die Freundlichkeit, die einen Streit gleich unterdrückte, waren mitsamt seinen Anstrengungen zu überleben, späterhin dann aufzubauen, überflüssig geworden. Ich versuchte ihm zu dieser seiner jetzigen Situation etwas im Sinne einer Klarifikation zu sagen. Bisher hatte sich wenig erlebbare Verständigung zwischen ihm und mir verbal niedergeschlagen. In dem von ihm Geschaffenen sah ich eine wichtige Entlastung und sagte: »Ihre Situation ist jetzt entlastet, eigentlich sogar glücklich, und das können Sie offenbar nicht genießen, das macht Sie krank. Schwierigkeiten tragen Sie dagegen lächelnd.« Der Patient wirkte daraufhin für mein Gefühl verstört. Er erwiderte lange Zeit nichts, so daß ich den Eindruck gewann, er weise solche Gedankengänge ab. Ich fühlte mich schuldig und in großer innerer Sorge um die Stabilität des Patienten, befürchtete, ihm den anscheinend so schönen Boden, auf dem er lächelnd durchs Leben ging, unwert gemacht zu haben. Er erzählte dann weiter, als beginne er ein neues Thema. Vor kurzer Zeit habe er abends beim Kegeln einen schweren Zitteranfall bekommen. Ein Kegelbruder, ein Arzt, habe ihm gesagt, er trinke wohl Alkohol. Er trinke aber gar nicht. Doch habe ihm das derart zugesetzt, daß ihn dort alle Kräfte verlassen hätten und er einen regelrechten Zusammenbruch erlebte. Seither sei das Zittern noch schlimmer geworden. Verständlich war mir zunächst, daß das väterliche Element hier, ihm völlig ungewohnt, für die Empfindung seines Überichs zum Zuge gekommen sein mußte. Im größeren Zusammenhang zeigte sich seine Reaktion auf Entlastung. Freizeit und Spiel beinhalten eine Wendung zur Trieblust, und das stand seiner Grundhaltung der Anstrengung entgegen. Die Anstrengung diente sehr wahrscheinlich der Triebvermeidung. Das Zittern machte ihm die Freude am Spiel unmöglich. Als zusätzlich eine Autoritätsperson sein Zittern auch noch mit dem möglichen Exzeß von Genuß, einer süchtigen Lust in Zusammenhang brachte, war die *Angst vor Trieblust* zentral getroffen. Die Symptomatik mußte größer werden, und da sie auch im Beruf auftrat, traf sie ihn strafend mit einer existentiellen Bedrohung. Der Patient hatte *in der Krankheit einen neuen Feind*. Im Rückblick ließ sich nun seine Frage nach dem Schlafmittel verstehen: Entspannung oder Erholung wünschte er als ärztlich verordnet; er sah darin gleich die Gefahr des Exzesses der Lust, die Sucht. Das müßte dann der Arzt verantworten. Das lief parallel zu der Ansicht seiner ersten Frau, er arbeite zuviel. Das entlastete ihn nicht, sondern wurde gefährlich. Wenn er sich selbst schon so diszipliniert hatte, dann hatte die Frage des anderen, der so sehr als Autorität auftrat, ein Stück seines imaginierten Vaterbildes plötzlich realisiert, und zwar nicht nur als eine Autorität, die an das Gewissen appelliert, sondern die bereits – was unempathisch war – Entgleisung unterstellte. Für den Patienten bedeutete Anstrengung gegen die Erschwernisse von außen ein Normalverhalten, Entlastung oder Erleichterung dagegen waren gleichbedeutend mit Lust oder gar Süchtigkeit als Abhängigkeit von Triebbedürfnissen.

Zum Abschluß des Gesprächs bestand meine Sorge um die Stabilität des Patienten weiterhin; ich fürchtete, daß er sich möglicherweise von mir entwertet sah, weil es keine Rückbestätigung einer wechselseitigen Verständigung auf einer direkten sprachlichen Ebene zwischen ihm und mir gegeben hatte. Der Eindruck, ein schlechtes Gespräch geführt zu haben, bereitete mir Schuldgefühle. Bemüht um seine Entlastung und darum, ihm etwas zu geben, was aber auch von der Gegenübertragung bedeutete, mich aufzuwerten, versuchte ich ihm zu sagen, daß ich verstanden hätte, daß sein Leben von sehr schweren Schicksalsumständen überschattet war. Ich wußte nicht, ob er durch die von mir aufgezeigte Sichtweise eine innere Erleichterung hatte gewinnen können. Erst später merkte ich, daß ich ein Fremder, ein Außenstehender geblieben war. Mein Peinlichkeitsgefühl beim Begrüßen und später zu Beginn des Gesprächs bedeutete, daß der Patient initial in seiner betonten Bewunderung etwas mit mir und meiner Umgebung machte, die er nicht als für einen Analytiker eigen beließ. Er kämpfte völlig ambivalent mit Nähe und Distanz. Als ich anbot, wiederkommen zu können, wenn er es wünsche, lud er mich überraschenderweise zu sich nach Hause ein. Sie hätten es schön, der Garten sei ein kleines Paradies. Mit einem Lächeln verabschiedeten wir uns. Ich begriff im nachhinein, daß es meiner Aktivität zugewiesen war, zum Freund, zum Nahestehenden zu werden; denn diese zugewiesene konkrete Aktivität war mir in der Rolle des Analytikers nicht möglich und daher für ihn fremd.

## Gedanken zum Erstgespräch

Im Rückblick auf das Erstgespräch als ganzes, auf die Klagen und die besondere Geschichte des Patienten sowie auf das, was sich zwischen ihm und der Analytikerin ereignet hatte, stellt die dem Patienten ichsyntone, ihm nicht erlebbare narzißtische Störung der Objektbeziehung neben der akuten Angstsymptomatik als den gravierendsten Befund dar. Wechselnde Distanz und Nähe, ein Befund der narzißtischen Problematik, zeigten sich initial an der räumlich geschaffenen Distanz und indirekt an der Distanz durch ein Lächeln, das von mir nicht geteilt werden konnte, den liebenswürdigen Anerkennungen, die inadäquat gegenüber dem Anlaß der Begegnung waren, der vermeintlichen Information über ihn und der plötzlich ganz im Gegenteil dazu angebotenen konkreten Nähe in Form der persönlichen Einladung. Es verwunderte dann fast nicht, daß eine verbale Verständigung ausfiel, weil wir nicht vereinbare Auffassungen für Krankwerden und Behandeln-Können hatten. Insgesamt ergaben sich bei dem Patienten in seiner Erkrankung drei miteinander verbundene Konfliktbereiche, die sich ursprünglich durch schwerwiegende Auswirkungen des Zweiten Weltkrieges konstelliert hatten: Zum ersten der Verlust des Vaters im frühen Lebensalter von drei Jahren und zum zweiten das Leben der Restfamilie in einer sich an die Diktatur des »Dritten Reiches« nach dem Zweiten Weltkrieg nahtlos anschließenden weiteren Diktatur. Äußere und innere Werte hatte die Mutter durch die eine Diktatur getragen, denen sie auch in der anderen entgegen den umfassenden, also auch geistigen Enteignungstendenzen der Umwelt treu zu bleiben versuchte. Das bedeutete den Versuch einer Abschirmung des Innenraumes der Familie wie in einer Enklave auf materieller wie geistiger Ebene gegen ein Außen, das feindlich gesonnen war und ständig zuzugreifen drohte. Der dritte Konfliktbereich des Patienten ergibt sich aus den Folgen der ersten und zweiten von außen gegebenen Konstellation, indem die Objektbeziehung zur Mutter in diesem Innenraum überlastig wurde. Entsprechend wünschte der Patient, daß seine erste Frau nicht an seine Heimat oder sein Zuhause erinnere. Als ich das sagte, war ich noch ahnungslos in Bezug auf die häusliche Überlastigkeit.

Die leicht einsichtige Triebproblematik des Patienten – bedingt durch die Vaterlosigkeit und zu große Nähe zur Mutter – erschien in den geklagten Symptomen, ihrer Verstärkung durch die autoritäre Frage nach Alkoholgenuß und auch in der unharmonisch regulierten Nähe zu mir. Doch diese Triebproblematik war permanent mit einer narzißtischen Problematik durch Aufspaltung verschränkt, die sich aus den äußeren Lebensbedingungen einer Polarisierung in eine Freund-Feind-Konstellation ergeben hatte, ebenso wie aus einem tiefen Selbstunwertgefühl, Lust oder Glück im Leben nicht ertragen zu können und so ein günstigeres Schicksal als seine Eltern zu haben, insbesondere seine Mutter, die er zurückgelassen hatte. Letzteres hatte sich im Interview nicht angedeutet, war aber sehr wahrscheinlich. Diese narzißtische Problematik überlagerte und verzerrte somit den eigentlichen und ursprünglichen Triebkonflikt. In seiner Umgebung wurde eine Spaltung zwischen Außen und Innen vorgelebt, die der Patient verinnerlichte.

Soweit es das Erstgespräch ermöglicht, möchte ich die Triebproblematik darlegen, die geprägt war vom Fehlen des im Krieg gefallenen Vaters. Die vom Patienten gar nicht weiter geschilderte Beziehung zu seiner Mutter ließ sich ein Stück weit ablesen an seiner massiven Kompetenzzuweisung zu mir und der Vertrautheit, die er zunächst mir gegenüber zu haben schien beziehungsweise in die er mich ziehen wollte, wenn er mich so direkt im ersten Telefonat fragte, ich angeblich alles über ihn wußte oder er mich schließlich einlud. Dabei jedoch waren die eigenen Befindlichkeiten und Bedürfnisse auf Sachlich-Konkretes wie Tabletten und ihre Wirkungen, notwendige Arbeitspausen verschoben und damit auf Distanz für das psychische Erleben gebracht. Es war mir zwar eine Form von Kompetenz unmittelbar zugesprochen, die Nähe und Vertrauen bedeutete, durch die verdinglichte Ebene indessen war gegenläufig eine Distanzierung eingeführt. Insgesamt bildete sich also eine Form ambivalenter Objektbeziehung aus. Ob eine ähnliche Ambitendenz insbesondere zu der ersten Ehefrau bestanden hatte, eine folglich hier eintretende Überlegung, war nicht sicher. Die erste Ehe scheiterte, nachdem Kinder da waren, in der zweiten Ehe brachen schließlich neurotische Krankheitssymptome aus. Ein wichtiger Grund für die nicht überwundene Ambivalenz des Patienten gegenüber der Mutter war der frühe Verlust des Vaters, wodurch die Beziehung Mutter-Kind beziehungsweise Sohn überlastig wurde. Diesen Lebensumstand nannte der Patient als erstes aus seiner Geschichte im Erstgespräch und schätzte damit die Wichtigkeit dieses Ereignisses richtig ein, ohne das bewußt wissen zu wollen. Die frühe und dann spätere Triangulierung war mit dem Fehlen des Vaters ausgefallen, was bedeutete, daß das frühe und damit archaische mütterliche Überich größeres Gewicht bekam. Wenn der Patient sagte, er habe keine Erinnerung an *den* Vater, könnte man das differenzieren im Sinne eines manifesten Textes, daß der *lebendige*, schließlich gefallene und der *tote* Vater auf ihn, das heißt auf seine Überichbildung, keinerlei Einfluß hatte – im Gegensatz zum latenten Bild des Vaters. Der Patient war nämlich ahnungslos, daß er sehr wohl ein unbewußtes Bild als eines Phantomvaters besaß, hätte er doch sonst nicht so stark auf die »Autorität« reagieren können. Aktuellen Einfluß im Sinne einer väterlich übergeordneten regulierenden Instanz hatte seine Mutter, die sich wahrscheinlich der Rolle dieses notwendigen Ersatzes bewußt war. Diese sehr traditions- und pflichtbewußte, verantwortungsvolle, religiöse und tüchtige Frau hatte die drei Kinder nach dem Tode ihres Mannes nicht nur allein zu erziehen, sondern auch den Unterhalt für die Restfamilie zu besorgen. Sie leistete das, indem sie das Unternehmen des Vaters trotz der nach dem Zweiten Weltkrieg veränderten politischen Situation mit ständig drohender Enteignung weiterführte. Mit dieser Grundhaltung der Mutter, die Väterliches und entsprechende Aufgaben mit vertrat, viel arbeitete und alles sehr ernst nahm, mußte sich der Patient identifiziert haben. Er besaß aus der Identifizierung mit dieser Mutter eine besondere Ich-Stärke, die schon an seinem Berufsfeld, wo ihm sein guter Ruf geradezu vorauseilte, und im zweimaligen Familienaufbau ablesbar war. Als »echte« Identifikation beschreibt W. Loch solche, »in denen das Dasein des anderen in Gänze oder in bestimmten Hinsichten den Charakter hat, ›unersetzlich‹, also nicht beliebig austauschbar zu sein (...). Ein solches Verhältnis kann aber nur gegeben sein, wenn ›Unersetzlichsein‹ eine Funktion ist, die in der Gegenseitigkeit der Beziehung gründet (...)« (1968, S. 278).

An späterer Stelle dieses Aufsatzes ergänzt W. Loch diesen Vorgang »durch ein besonders wichtiges Kriterium: Der soeben erwähnte ›need push‹ muß neben der affektiv-emotionalen eine (...) *triebhafte* Komponente gegenüber der als Vorbild dienenden Person als den entscheidenden Charakter besitzen.« (1968, S. 279) W. Loch (1985)[8] spezifizierte den oben erwähnten Komplex »in Gänze oder in bestimmten Hinsichten« als eine Identifizierung mit den *»Intentionen des Modells«* beziehungsweise *»Entwürfen als Gänze«*. Daß dieser Identifikationsprozeß des Patienten mit seiner Mutter stattgefunden hat, ist sicher. Bei ihr finden wir die Grundhaltungen der Zuverlässigkeit für die Familie, des Bewahrens und Sorgens im Dienste der Erhaltung und Entwicklung derselben. Ihre Überlebens- und Entwicklungsstrategie ging mit einer aus ihrer Einstellung notwendigen Abkapselung der Familie von der veränderten sozialen Umwelt einher, eine folgenschwere, sicher nicht voraussehbare Belastung für die innen geführte Konstanz und Interpretation der eigenen Identität und der Welt außen. Darüber hinaus war für diese Mutter der einzige Sohn nach dem Verlust ihres Ehemannes unmerklich, aber mit Sicherheit zu etwas Besonderem und Wichtigem geworden, das – lebendige – Erbe und Vermächtnis, welches ihr neben dem Unternehmen vom Ehemann geblieben war. Es war anzunehmen, daß sie ihn hochschätzte. In dieser Konstellation mußte die von beiden Seiten zu leistende Trennung wesentlich schwieriger gewesen sein, und die mangelnde Hilfestellung des Vaters wurde erneut an dem Punkt des Eintritts in das Erwachsenenalter nachhaltig wirksam. Der Mutter und dem Sohn selbst oblag die Aufgabe der Lösung. Die Situation der Abkapselung lief ihrerseits der Notwendigkeit der Trennung entgegen. In der Abruptheit der Distanzierungsversuche, wie sie in Übertragungsreaktionen – das Zurückschreiten an der Tür oder das Nicht-verstehen-Können oder -Wollen meines analytischen Angebots - zu beobachten waren, lassen sich die Trennungsversuche in Form prägenitaler Abwehrformationen (Verkennen und Verneinen) bemerken. In der Flucht nach Westdeutschland war ein sinnvoll planendes rationales Element voll zu erkennen, es verdeckte zugleich die notwendig gewordene Trennung von der Mutter.

8 persönliche Mitteilung

In der überstimulierten Beziehungssituation des Sohnes zur Mutter ist eine Regulierung von seiten der Mutter zu sehen, die für sie notgedrungen und selbstverständlich war. Ihre Auslastung mit Verantwortung und lebensnotwendigen Aufgaben für die Familie bedeutete fortwährende Arbeit, die sich gleichzeitig als Triebkontrolle auswirkte. Mit dieser Form der Triebkontrolle war der Patient ebenfalls identifiziert. Mit dem Symptom, daß er sich keine Pause gönnen konnte, nicht einmal um in der Arbeit Krankheitsanfällen vorzubeugen, hatte er das Übermaß an Triebkontrolle durch Arbeit selbst beschrieben. Das Symptom gab an sich dem Einbruch in die Scheingesundheit eine Chance. Es war so stark, daß sich auch die Analytikerin, indem sie ihre zehnminütige Pause überging, sofort damit identifizierte. Man konnte in dieser Zeit nicht ruhig quasi nebeneinander sein, das heißt der Patient drohte mit seiner Nähe libidinös zu verführen, was sofort Schuldgefühle auslöste. Verführung und Schuldgefühle wurden mit Arbeit reguliert. Beim Spiel begann der Patient zu zittern, und er brach als erwachsener Mann in dem Moment zusammen, in dem er noch auf Freundschaftsebene nach dem möglichen Exzeß von Genuß befragt wurde. An dieser Stelle wurde der Phantomvater für ihn lebendig. Seine väterliche Autorität besaß zwar eine beobachtende und beurteilende Funktion, war aber vom Kind, das der Patient gegenüber dem Phantomvater immer blieb, entfernt, dafür allmächtig im Himmel. »Autoritäten« mußten den Patienten erschrecken. Bei solchen Imagines von Phantomeltern handelt es sich um zusätzliche, externalisierte Überichanteile, die durch Formen früher Trauer von Kindern zu erklären sind. Der verlorene Elternteil wird »im Himmel« lebendig erhalten, der damit die Funktion des frühen Überichs übernimmt und »vom Himmel« ständig und überall verfolgend sich allwissend gebärdet wie ein archaischer Gott.

Früher Verlust des Vaters und alleinige Erziehung durch eine sehr redliche, arbeitsame, traditionsbewußte Mutter waren die Entwicklungsbedingungen, mit denen Überichformationen nicht durch die entwicklungstypischen und ausdifferenzierenden Stadien reifen konnten, so daß die Struktur des Patienten zu einer Polarität zwischen Es und Überich und damit zu betonten Triebkonflikten führte.

Die Symptome, über die der Patient klagte, lassen sich von der Triebebene aus als Konversion erklären, auf einer weiteren ist die Problematik aufschlußreich, die sich durch die besonderen äußeren Umstände ergab, wie sie die weitere Entwicklung der deutschen Geschichte nach 1945 mit sich brachte. Die strahlende Freundlichkeit, die dem Patienten schon in seinem Ruf vorauseilte, kostete ihn sicher viel. Sie diente der Überbrükkung. Mein Befremden über das ständige Lächeln war ein Anzeichen für die darin enthaltene Unangemessenheit beziehungsweise den verborgenen Gegensatz. Mich störte dieses Lächeln, und weil ich es nicht aufnehmen konnte, fühlte ich mich sogar schuldig. Nicht lächelnd blieb ich sozusagen draußen, damit fremd und letztlich feindlich. Das Unbewußte zu vertreten bedeutete für das Fremde eintreten, doch für den Patienten war das Fremde feindlich. Ich spürte im Lächeln eine vorweg gegebene scheinbare Gratifikation. In Wirklichkeit bedeutete es ein zum Schweigen verpflichtendes Garantieabverlangen. Wenn der Patient zur Analytikerin kam und noch vor der Begrüßung eine Anerkennung zusicherte, zeigte das die Ambivalenz, in der er um die Objektbeziehung rang, auch wenn er Distanz einlegte. Daß schließlich der zweite angebotene Termin nicht annehmbar war, sondern die Situation mit der Einladung in einen paradiesischen Garten in eine Aktivität von seiner Seite verkehrt wurde, was gleichzeitig eine Kontrolle bedeutete, beinhaltete die Frage, wer zur Enklave gehört und wer nicht. In der Enge der Enklave mußte man »Freund« sein. Folglich war dann eine Gegenüberstellung in der Beziehung zu mir unmöglich. Das auf ihn eingehende, aber gegenüberstehende Objekt, mit dem ihn ein Gespräch verband, war nicht annehmbar. So schloß sich eine wechselseitige Übereinstimmung auf der gleichen symbolisch verstehenden Sprachhöhe aus. Jede Form von Nähe war sofort in Frage gestellt, wahrscheinlich als konkret und damit gefährlich erlebte Nähe, etwas, das er selbst wahrscheinlich nicht mehr erlebte. Auf der Ebene eines logischen Gesprächsverlaufs, die neben der unbewußten Verständigungsebene als eine manifeste Verständigungsform im Erstinterview erarbeitet wird und das unbewußte Verstehen integriert, ereigneten sich folglich Abrisse in Form von trennendem Nicht-Verstehen. So war beispielsweise die am Ende des

Erstgesprächs vorgeschlagene konkrete Nähe in Form der Einladung in der analytischen Beurteilung doppeldeutig, weil sich darin ein Mißverständnis der abgelaufenen Situation, der Bemühung der Analytikerin, genauso gut äußern konnte wie ein Erfolg, indem der Patient den Fremden draußen zu sich in sein geschütztes Eigenes hereinließ, letztlich aber nur dann, indem auf einer konkreten Erlebnisebene verblieben wurde. Unter dieser Sicht mußte sich die narzißtische Instabilität im Verlauf des Gesprächs stabilisiert haben. Der Patient hatte mich zum Freund gemacht, der zwar eingelassen in den Innenraum, aber dann nichts Erhebliches, Konfrontierendes oder ähnliches sagen durfte. Von der Triebproblematik aus läßt sich die Einladung zusätzlich auch in anderer Richtung auffassen, und zwar als eine Reaktion auf eine im Gespräch bei mir letztlich zu dicht gewordene Nähe, die nun Triangulierung, den Dritten, konkret verlangt. Dann bekäme die Analytikerin vor Augen geführt, wer die wirkliche Frau des Patienten ist. Noch ein weiteres narzißtisches Problem war in meinem möglichen Besuch enthalten. Die Aufgabe des Fremden, der in seiner Familie sich bekannt beziehungsweise vertraut machen müßte, hätte dann ich. Das stellte eine Vertauschung der Aufgabe dar, mit der der Patient zum Analytiker kam, nämlich sich das eigene innere Fremde, das Unbewußte vertraut zu machen. Doch er tat so, als gäbe es in ihm nichts Fremdes. Ich hätte dann die Aufgabe, mit seinem Leben vertraut zu werden. Dies bedeutete eine projektive Identifizierung seiner Intention, sich kennenzulernen, auf mich. Dabei war es offenbar notwendig, den Inhalt der kontemplativen Aufgabe in Verschiebung auf ein Konkretes darzustellen. Insofern war eine symbolische Ebene erreicht, und es ließe sich sagen, sein innerer Garten mußte schön sein. Es war schade, daß er Angst hatte, ihn zu sehen.

Die nach der Flucht auffällige Lebensgestaltung mit zwei Ehen, wobei er in die zweite Ehe die Kinder der ersten Ehe mitbrachte und in die neue Ehe mitgebrachte Kinder der zweiten Frau annahm, steht eng als eine verdichtete Form mit der Kindheitssituation in Zusammenhang. Da diese Konstellation in ihrer inneren Dynamik und Bedeutung so ungewöhnlich, aber aufschlußreich für damalige Situationen ist, möchte ich den möglichen analytischen Verstehensversuch darstellen, der vom

Leser ein Stück Vorstellungskraft beziehungsweise geduldigen Mitgehens erfordert, weil das im Gespräch mit dem Patienten unter der konkret manifesten Oberfläche absolut latent blieb.

Im Fortgang der analytischen Erwägungen möchte ich für die narzißtische Unsicherheit des Patienten ein weiteres aus der Verlustsituation des Vaters verstehen. Da der Patient ein Jahr nach Beginn des Zweiten Weltkrieges geboren wurde, als sein Vater Soldat war, wird die Mutter immer innerlich ein Stück weit in einer existentiellen Unsicherheit gestanden und sich vor dem möglichen Tod des Vaters gefürchtet haben. Nachdem der Vater wirklich gefallen war, mußte sich diese partielle innere Unsicherheit mehr in eine noch andere Form von Abwesenheit durch die Trauerarbeit der Mutter verwandelt haben, die für das Kind in einer bestimmten Weise mangelnde Sicherheit und Kontinuität bedeutete. Die Trauer um den Vater konnte das kleine Kind dazu weder eigentlich begreifen noch selbst aufbringen, weil es das verlorene Objekt im eigentlichen Sinne nicht kennen und lieben gelernt hatte. Dennoch werden sich kindliche Phantasien über den Vater zu jener Zeit gebildet haben, wie sie erst in einer Analyse wiedergewonnen werden können. Sie bleiben hier unbekannt und werden nur aufblitzend bei der Begegnung mit dem Stellvertreter der väterlichen Autorität sichtbar. Diese kindlichen Phantasien wurden nicht an einem realen Vater abgearbeitet, das heißt in einer realistischen gerechteren Sichtweise korrigiert. Zusätzlich stellte sich dann dem Patienten eine im Grunde unerfüllbare Identifizierungsaufgabe mit dem, was in der Familie als das väterliche Erbe galt. All das bildet den Zustrom für die Phantom-Imago des Vaters. Soweit sichtbar leitete sich die narzißtische Problematik hier mit einer Wurzel aus dieser *defizitären* Situation heraus ab. Die in seinem frühen Lebensalter sicher nahezu unmerkliche, aber doch chronische partielle innere Abwesenheit der Mutter, die mit dem Vater innerlich beschäftigt war, wirkte sich neben dem Entbehren des Vaters als ein weiteres Defizit im Sinne eines kumulativen Traumas aus, der Grund, warum der Patient auf das Verstehensangebot nicht einzugehen vermochte. Aus einer solchen Situation heraus konnte es nur zu einer verstärkten Ambivalenz der Mutter gegenüber kommen. Später dann bedeutete der Sohn viel für sie, etwa Trost und Ersatz. Sie setzte auf ihn, schätzte ihn damit.

In einer solchen Situation mußte ein Sohn aber auch seine Mutter hassen, weil er – überfordert – den Vater nicht ersetzen konnte. Unmögliches war von ihm unausgedrückt gefordert. In seinem späteren Leben hatte er zusätzlich für andere, nicht eigene Kinder die Vaterrolle angenommen. Unbewußte Hoffnungen der Mutter mußten unerfüllt bleiben, belasteten aber den eigenen Weg des Sohnes. Das wird Vorwurf, vielleicht sogar Haß bewirkt haben, der deshalb so total abgewehrt werden mußte, weil er die Überlebensstrategie, in die das Überleben der Familie eingebunden war, getroffen hätte.

Die Bedeutsamkeit des Zeitpunktes beim Ausbruch der Erkrankung war einsehbar: Die erste Ehefrau des Patienten hatte ihn manifest aufgefordert, weniger zu arbeiten, was indirekt mehr Triebbefriedigung bedeutete. Die damit getroffene Triebabwehr weckte inzestuöse Ängste. Dabei erinnere ich an das Befremden des Patienten, das ich mit dem Wort »Heimat« ausgelöst hatte. Von dieser Gefahr trennte er sich. Solange für ihn Arbeit und Anstrengung bestanden, war nicht nur Triebregulierung gesichert, er war auch der Mutter in dieser Abwehr treu. Mit dem erneuten Aufbau einer Familie nach der Scheidung schuf sich der Patient viel Arbeit, vor allem fremden Kindern Vater zu sein. Diese aufgepfropfte Vaterrolle entsprach den früheren unbewußten und unausgesprochenen Erwartungen der Mutter, der Sohn möge die Rolle des Vaters ausfüllen. Gleichzeitig mußte er in dieser Situation sich in Fremdes eingemeinden. Dabei soll nicht vergessen werden, daß er das in seiner Kindheit ständig tun mußte, als er zur Schule ging wie bei allen weiteren Tätigkeiten und Unternehmungen, und daß er das bei seinem Berufsaufbau in der Bundesrepublik ebenfalls geleistet hatte. Als auch diese Aufgabe in der jüngsten Zeit seines Lebens weitgehend gelöst war, erkrankte er manifest. Nicht nur war an diesem Zeitpunkt für ihn unerträglich, daß er nun seine bisherige Lebensarbeit, seinen Aufbau und das erreichte Glück hätte genießen können, wie es bereits im ersten Fall geschildert wurde, was den möglichen Triumph über die Mutter oder auch beide Eltern hätte mit bedeuten können; das widersprach seinem moralischen Empfinden. Wesentlich dagegen war die Aufhebung eines »feindlichen Außen«, die er mit der Eingemeindung der eigenen und der fremden Kinder fertiggebracht hatte. Es gab nun keine Kanalisierung mehr für abgelehntes Eigenes, also aggressive Triebimpulse nach außen, niemanden, der mit dem Fremden in ihm hätte (projektiv) identifiziert werden können.

Auflösung und Wiederaufbau einer Familie stellen eine verdichtete Wiederholung einer Kindheitssituation und -phantasie dar. Eigentlich befand sich der Patient in der ersten Ehe schon einmal an dem Punkt, daß er es gut, sogar besser hatte als im Zuhause seiner Kindheit, wo er mit der Mutter das schwere Schicksal in der Abkapselung getragen hatte. Mit der Scheidung begann die Inszenierung seiner Phantasien um den Vater. Bei der Scheidung verlor die Familie ihn und er die Familie. Daß er in eine bestehende Restfamilie ging, bedeutete für ihn nicht nur, daß er sich neue Arbeit auferlegte, sondern stellte sehr wahrscheinlich die Inszenierung dar, wie er sich die mögliche Rückkehr des eigenen Vaters in die damalige Familie ausphantasierte. Die Familienmitglieder mußten sich durch die vergangene Zeit, alle in unterschiedlicher Weise, fremder geworden sein oder gar gänzlich fremd, wenn man wie er den Vater gar nicht kannte. Phantasien, der Vater käme doch zurück, werden ihm in der Bewältigung der ödipalen Situation geholfen haben. Auf diese Weise war er in der neuen Familie identifiziert mit der möglichen Rolle seines heimkommenden Vaters, womit er den Wunsch der Mutter erfüllte, also identifiziert mit dem eigen entworfenen Phantombild.

Wenn er auch diese Aufgabe erfüllt hatte und als Vater dazu die Außenstehenden, die Kinder aus erster Ehe mit den in der Enklave lebenden Kindern vertraut und harmonisch gemacht hatte, stand die eigene innere Welt ihm fremd gegenüber, das eigene innere Unliebsame oder Böse stand gegen ihn auf. Der in der Trennung eines Innen und Außen – womit die Situation der Abkapselung der Primärfamilie gemeint ist – offenstehende Weg für Abspaltungen war vom Patienten selbst geschlossen worden. Er hatte die Eingemeindung äußerlich bewältigt. Die Projektionen mußten jedoch nun auf ihn selbst zurückfallen. Das bedingte den Ausbruch der Krankheit. Die besondere Konstellation der Umwelt war in die Entwicklung des Patienten wie ein Parameter eingegangen. Es bestand eine von außen bedingte Aufspaltung für eine Welt außerhalb und innerhalb der Familie.

Diesem Außen und Innen konnten dann jeweils unterschiedliche Wertinhalte zugewiesen werden. Das Außen wurde mit dem Fremden, dem Bösen und Feindlichen verbunden, dem Innen wurde das Vertraute, Gute und Echte zugeordnet. Dabei wurde die im Innenraum größer werdende Inzestgefahr nicht berücksichtigt. Diese in der Umwelt seiner Kindheit vorgelebte Aufspaltung hatte die innerpsychische Entwicklung des Patienten überformt und erschien, wie Ekstein (1975) es nennt, als ein Organisationsprinzip des gesamten Lebensaufbaus bis in die aktuelle Objektbeziehung hinein. Seine erste Ehefrau hatte das in ihm Fremde, Triebhafte zu erwecken versucht, wodurch sie ihm fremd wurde. Das veranlaßte ihn dazu, in seiner zweiten Ehe gleich Fremdes einzurichten, indem er die eigenen Kinder zurückließ – sie kamen nur sonntags – und andere, ihm fremde Kinder dafür annahm. So hatte der Patient immer aufs neue Fremdes in seinem engsten Umfeld reinszeniert in einem reparativen Versuch der Bewältigung. Entsprechend einer parameterhaft eingeleiteten Bahnung für die Abwehr durch Projektion war er es gewohnt, dieses Fremde, als Böses und Feindliches Identifizierte, im konkreten Außen anzugehen. Mit der Harmonisierung in der Familie war ihm, ohne es zu wissen, jedoch die Abspaltung aggressiver Impulse zur Schuldentlastung nicht mehr möglich. Auch die erste Ehefrau war gut ausgezahlt, so daß sie keine – wie ich vermutete – Sündenbockfunktion übernehmen konnte. Der Ausbruch seiner Krankheit war geradezu unausweichlich. Im Erstgespräch stand er seinem eigenen Unbewußten als einem fremden Land, einer inneren Fremde, ahnungslos gegenüber und war hilflos, weder seine guten, starken, bewundernswerten Seiten noch alles das, was er in sich als böse erlebte, als ihm eigenes anzusehen: das unbewußte imaginierte Bild des Vaters, das, vom Ich-Ideal abgesehen, einen großen Anteil seines Überichs ausmachte, und die eigenen Es-Strebungen.

Die Übertragungssituation läßt sich noch um ein weiteres Stück verstehen. Solange ich als Analytikerin zu den Außenstehenden gehörte, von denen er wie in seiner Kindheit auch noch (abgesehen von der Mutter) annahm, sie wüßten, was die Familienmitglieder dachten und wie sie lebten, hätte er durch seine Erzählung auch einen *Verrat* an der Familie begangen. Dieser heute verinnerlichte Innenraum barg auch das Erbe der Mutter und des Vaters, das er mit verraten hätte, ganz abgesehen davon, daß eine Vertrautheit zu einer Frau, hinter der die ehemals übermächtige Mutterimago stand, die Gefahr des Inzests heraufbeschworen hätte. So konnte ich auch aus diesem Grund keine Rückbestätigung über eine Verständigung erhalten, obwohl sich die Dynamik unterhalb der verbal-konkreten, manifesten Ebene ganz sinnvoll latent entwickelte. Das ist im nachhinein erkennbar. Daß die Erarbeitung des eigenen Unbewußten nur in einer Analyse stattfinden kann und im Erstgespräch, in der probatorisch analytischen Situation, nur die wesentlichen Konfliktpunkte aufleuchten, sei angemerkt. Das Wiederkommen war dem Patienten angeboten worden.

Ich habe diesen Fall herausgegriffen, weil er prototypisch für ein Flüchtlings- und damit ein durch kriegsbedingte Umweltkonstellation entwickeltes Schicksal steht. Es ist die Entfremdung, die der Patient bei allen seinen schönen Möglichkeiten sich selbst gegenüber hat *und* die Entfremdung dem anderen, also auch mir gegenüber. Sie war im analytischen Gespräch hinter dem immerwährenden Lächeln nicht benennbar, was mich scheitern ließ, traurig machte und lange vor und nach dem Gespräch bewegte. Er arbeitete unermüdlich an der Vertrautmachung im Außen, wobei er sozusagen am falschen Platz den Wiederholungszwang nicht bemerkte. Die persistierende Unmöglichkeit einer Verständigung mit mir bedeutete letztlich einen Widerstand. Er lag im ersten Telefonanruf und zog sich bis ans Ende des Erstgesprächs. Die analytische Kompetenz, die allein hilfreich aus dem Circulus vitiosus hätte herausführen können, wurde jedoch in der Verkennung eines unverständlichen Gegenübers ausgeschlagen. Aus dem Umstand, daß der Patient Akademiker ist und aufgeklärter hätte sein können, wird die Nachdrücklichkeit der Verkennung der Möglichkeiten der analytischen Hilfe noch auffälliger. Es ist in der Bearbeitung des Gesprächs zum Ausdruck gekommen, daß ich mich damit bei allem Verständnis für die Motive in der von mir vertretenen Arbeitsweise auch entwertet fühlte. Insofern Objektbeziehung durch seine Krankheit in dieser Weise eingefärbt wurde, bedeutete das prognostisch ganz allgemein eine belastete Zukunft mit einer wahrscheinlich noch weiter verzerrten Verständigung und einem Abbruch der Beziehungen. Einsicht in die eigene Person kostet einen Arbeitsaufwand, gegen die immer auch Widerstand geleistet wird. An Arbeitsaufwand mangelte es nicht. Der Arbeitsaufwand an falscher Stelle begünstigte schließlich das naive, fast schon törichte Umgehen mit der analytischen Situation und dem analytischen Angebot und schob – zumindest während des Gesprächs – einen Riegel vor die Möglichkeit eines Anfangs von Bewältigung der inneren Problematik. Mangelnde Bewältigung gibt den Weg zu weiterer, jedenfalls freierer oder entlasteterer Entwicklung nicht frei. Der ökonomische Gewinn in dieser neurotischen Verarbeitung kann nur in der Abweisung der Annahme eigener innerer Bewegtheit, das heißt seelischen Lebens mit Lust- und Unlustgefühlen liegen. Ihre Aneignung kostet einen inneren Arbeitsaufwand, der bei der neurotischen Festgefahrenheit analytischer Hilfe bedarf, um Veränderung im Sinne von Reifung und Entwicklung zu ermöglichen. Wenn die Pathologie dieses Patienten auf einer allgemeinen Ebene gesehen wird, so dominiert die Spaltung, die Vorstellung und zugehörigen Affekt betrifft. Die Vorstellungsinhalte blieben beim Patienten, wurden jedoch von innen nach außen verschoben. Die zugehörigen Affekte – besorgt, beunruhigt und traurig, ja hoffnungslos – trug nun ich. Dieser Vorgang kann mit der Verschiebung verglichen werden, ein Mittel der Traumarbeit, die – so Freud – »im bewußten Denken nur als Denkfehler oder als Mittel des Witzes bekannt ist« (1915/16, GW XV, S. 21). Ich möchte Freuds Gedanken zur Traumarbeit wie auch seine Gedanken über den Witz in Erinnerung rufen, weil sie mir für den Befund der Entwertung, der Degradierung, der Verweigerung eines gleichen Sprachniveaus hilfreich erscheinen.[9] »In der Traumarbeit werden diese Vorstellungen von den an ihnen haftenden Affekten getrennt; die Affekte werden für sich erledigt, sie können auf anderes verschoben werden, erhalten bleiben, Verwandlungen erfahren, überhaupt nicht im Traum erscheinen. Die Wichtigkeit der vom Affekt entblößten Vorstellung kehrt im Traum als sinnliche Stärke der Traumbilder wieder, aber wir bemerken, daß dieser Akzent von bedeutsamen Elementen auf indifferente übergegangen ist, so daß im Traum als

9 A. Lorenzer würde letzteres als mangelnde symbolische Interaktionsform verzeichnen.

Hauptsache in den Vordergrund gerückt erscheint, was in den Traumgedanken nur eine Nebenrolle spielt, und umgekehrt das Wesentliche der Traumgedanken im Traum nur eine beiläufige, wenig deutliche Darstellung findet. Kein anderes Stück der Traumarbeit trägt soviel dazu bei, den Traum für den Träumer fremdartig und unbegreiflich zu machen. Die Verschiebung ist das Hauptmittel der *Traumentstellung*, welche sich die Traumgedanken unter dem Einfluß der Zensur gefallen lassen müssen.« (S. 21) Ich zitiere weiter Freuds Gedanken zum Witz und Komischen (1905), weil hier das Verständnis des Bedürfnisses nach dem Konkreten gegenüber dem Abstrakten berührt wird. Wir haben nämlich Lust am Witz, am Komischen. »Die ursprüngliche Lust am Wiederfinden des Gleichen (...) ist nicht das einzige Motiv, welches den Gebrauch der Vergleichung begünstigt; es kommt hinzu, daß das Gleichnis einer Verwendung fähig ist, welche eine Erleichterung der intellektuellen Arbeit mit sich bringt, wenn man nämlich, wie zumeist üblich, das Unbekanntere mit dem Bekannteren, das Abstrakte mit dem Konkreten vergleicht und durch diesen Vergleich das Fremdere und Schwierigere erläutert. Mit jeder solchen Vergleichung, speziell des Abstrakten mit dem Sachlichen, ist eine gewisse Herabsetzung und gewisse Ersparung an Abstraktionsaufwand (im Sinne einer Vorstellung, Mimik) verbunden, doch reicht dieselbe natürlich nicht hin, um den Charakter des Komischen deutlich hervortreten zu lassen. Dieser taucht nicht plötzlich, sondern allmählich aus der Erleichterungslust der Vergleichung auf. (...) Unzweifelhaft komisch wird die Vergleichung, wenn der Niveauunterschied des Abstraktionsaufwandes zwischen beiden Verglichenen sich steigert, wenn etwas Ernstes und Fremdes, insbesondere intellektueller oder moralischer Natur, in den Vergleich mit etwas Banalem und Niedrigem gezogen wird. (...) Ich gehe wohl dem Mißverständnis aus dem Weg, indem ich hervorhebe, daß die komische Lust beim Gleichnis nicht aus dem Kontrast der beiden Verglichenen, sondern aus der *Differenz der Abstraktionsaufwände* ableite. Das schwer zu fassende Fremde, Abstrakte, eigentlich intellektuell Erhabene, wird nur durch die behauptete Übereinstimmung mit einem vertrauten Niedrigen, bei dessen Vorstellung jeder Abstraktionsaufwand wegfällt, selbst als etwas ebenso Niedriges entlarvt. Die Komik der Vergleichung reduziert sich also auf einen Fall von *Degradierung.*«[10] (Bd. VI, S. 240)

In der Übertragungskonstellation hatte der Patient mir den Platz an der Schwelle zwischen Innen und Außen zugewiesen, damit konnte ich von ihm abgewiesen beziehungsweise hereingezogen werden. Ich konnte mich selbst nicht mehr bestimmen; ich war zum Manipulationsobjekt umfunktioniert worden. Die Abweisung geschah durch Verweigerung der Sprache auf einem gemeinsam abstrahierenden Niveau von symbolischen Interaktionsformen. Hätte der Patient diese Sprache geteilt, wäre nachvollziehbare Übereinstimmung über Bedeutungen ermöglicht worden. Indem der Patient auch unter veränderten äußeren Bedingungen, mehr als zwei Jahrzehnte nach seiner Flucht, absolut im Konkreten verblieb, bedeutete das, daß er die Spaltung und diese Kommunikationsform zur Abwehr von libidinösen wie aggressiven Trieben tief verinnerlicht hatte. Er lebte mit der Entfremdung/Entwertung anderer ständig aggressive Impulse aus. Die Verständigung mit dem Außen durfte nur ein Konkretes betreffen, damals eine Anpassungsleistung im positiven, heute im negativen Sinne, da sie permanent ein aktuelles Konflikterleben ersparte, was heute den Krankheitsgewinn darstellte. Die Ebene des Konkreten diente der Verneinung der symbolischen Interaktion und errichtete folglich Distanz auf psychischer wie geistiger Ebene. Der Affekt war beim Patienten in Lächeln verkehrt und in eine Abwehrformation geronnen. Das Lebendige erstarb somit, reduzierte sich auf ein Konkretes oder auf ein ebenfalls erstorbenes Zeichen. Das Verschiebungsobjekt, das Konkrete, erhielt wie das verschobene Traumbild eine sinnliche Stärke und Nachdrücklichkeit, beim Patienten die Arbeit am fremden anderen. Auf dieser Ebene des Konkreten wurde ein *funktionales Umgehen* möglich, ein scheinbar gekonnter Umgang mit dem anderen. Ehemals war die Einigung über ein Konkretes in dem fremd-feindlichen Umfeld ein wichtiger Schutz gewesen, heute bedeutete das die mangelnde Aneignung und Teilhabe an der jetzigen Um- und Mitwelt sowie den Ausschluß weiter Bereiche der eigenen Innenwelt. Über dieser ständigen Ausrichtung auf das außen Fremde ist dem Patienten der Zugang, die Belebung und der Einklang mit dem

10 Hervorhebungen von der Autorin

eigenen Innen ein weites Stück wie verloren gegangen. Vergleichbar der früheren Insel seines Zuhause in Kindheit und Adoleszenz ist nun sein unbewußtes innerseelisches Leben mit seiner Dynamik und seinen Möglichkeiten zur Enklave geworden, abgekapselt, das zu seinem Leben im heutigen »Außen« keine belebende Verbindung gewinnt.

Hierin drückt sich eine schwere Störung aus, die diesem Patienten durch die Kriegs- und Nachkriegszeit weitgehend vorbereitet worden war, die zunächst außerhalb seiner Person lag und an der er ständig reparativ arbeitete: ein ihm unbewußter Handlungsstil. Mit der Zeit wurde die äußere Konfliktkonstellation zwangsläufig verinnerlicht und zum Modell einer Objektbeziehung, die zur Entfremdung seiner selbst wie anderer im Sinne eines echten Gegenüber führte.

## Die Identifizierung mit einem Phantomvater[11] Eine Nicht-Identität

Bevor der kurz vor Ausbruch des Zweiten Weltkrieges geborene Patient zum Erstgespräch bei einem Kollegen kam, hatte er sich mehrfach an- und abgemeldet. Als er endlich dem Analytiker gegenübersaß, sprach er über sich in der Art eines Berichts, den er offenbar über lange Zeit innerlich vorbereitet hatte, also programmatisch. Beim ersten Anhören dieses Erstgesprächs spürte ich das eigentliche Leid hinter dem ganzen Text verborgen liegen. Das erklärte mir zunächst die Nachdrücklich- oder Eindringlichkeit der Klarifikationen und Fragen des Analytikers. Unvermittelt begann der Patient: »Ich würde meinen, es ist vor allen Dingen meine seelische Instabilität. Ich leide sehr stark unter Depressionen, Minderwertigkeitsgefühlen auf der einen Seite und Selbstüberschätzung auf der anderen – wie ich meine – und habe dadurch laufend Konflikte mit meiner Umwelt. Das beginnt in der privaten Gemeinschaft, es setzt sich fort, wenn ich mit anderen zusammenarbeiten muß.« Bis hierher war die Vor-Stellung seiner Beschwerden insofern ein-

11 Dieses Erstinterview wurde mir von einem Kollegen überlassen. Der Sprachstil des Dialogs ist diktiert vom Unbewußten des Patienten und mag, bis man ihn versteht, zunächst befremdlich erscheinen.

drucksvoll, als sie einen möglichen Ursprung – Minderwertigkeit und Selbstüberschätzung – und deren Auswirkungen – eine schon erworbene Einsicht – umfaßten. Erstaunlich war die Beschreibung des Gegensatzpaares der Gefühle Minderwertigkeit/Selbstüberschätzung, insbesondere deshalb, weil in der Regel nur eines dieser Gefühle voll bewußt ist. Es schien, als verfüge der Patient über eine ausgeprägte Selbstbeobachtungsgabe und Selbstkritik; denn Selbstüberschätzung wird fast niemals als etwas Störendes empfunden. Der Patient mußte eine starke innere Zerrissenheit oder eine Spannung wie zwischen zwei Polen erleben. Seine Einleitung »ich würde meinen« war konjunktivisch. Er sprach nicht direkt aus sich heraus, sondern von sich als einem anderen, den er beobachtet und über den er sich in dieser hochelaborierten Weise Gedanken gemacht hatte, und fuhr fort, indem er die Ursache nach außen verschob: »Ich glaube, verantwortlich dafür ist ein allgemeines Unbehagen an den gesellschaftlichen Verhältnissen, unter denen wir leben, die ich nicht für human halten kann. Je länger ich lebe, desto mehr empfinde ich sie als inhuman, und ich würde gern diese Verhältnisse zu ändern helfen, ich fühle mich aber nicht in der Lage, dazu einen Beitrag zu leisten, weil ich zu labil bin, weil man sich nicht auf mich verlassen kann.« Daß er initial seine nachdrucksvolle Beschwerde schildern und in ihrem Kausalitätszusammenhang mitteilen konnte, wurde verständlich, weil er sich, wie es aus der Folge hervorging, als ein Opfer der Zustände empfand. Die Schilderung der Umstände bedeutete eine Anklage, umfassend und total, und er deutete schon an, so sehr zum Opfer geworden zu sein, daß es ihm für Veränderung alle Kraft genommen habe. Da er sich von Inhumanität rings umgeben sah, mußte sein Lebensgefühl fatal sein. Obwohl er den Wunsch verspürte, für eine Veränderung und Verbesserung der äußeren Situation aktiv und mitverantwortlich einzutreten, nahm er sich zurück, indem er sich als labil und unzuverlässig beurteilte. Die Lähmung seiner Kräfte und deren eigentliche Impulsivität kamen in der Fortsetzung seiner Schilderung zum Ausdruck: »Ich trinke häufig. Daß ich unter Depressionen leide, habe ich schon gesagt. Ich bin häufig müde, habe keinen Tatendrang, keinerlei Aktivität – auf der anderen Seite platze ich dann wieder plötzlich und könnte Bäume ausreißen. Dann finde ich auf der anderen Seite keinen Widerhall, dann wirft man mir blinden Aktionismus oder ähnliches vor. Ich leide nun eigentlich schon, solange ich denken kann, an diesen Zuständen der Labilität und möchte sie auf irgendeine Art beseitigen. Meine eigenen Versuche dazu waren unzureichend, sie waren ganz einfach unsachlich. Ich habe in früherer Zeit oft Hand an mich selbst gelegt. Gerade in jüngster Zeit hatte ich einen Ausfall gegen mich selbst. Ich habe mir mit dem Rasiermesser einen Teil der Stirn und der Kopfhaut durchschnitten. Allerdings war ich in diesem Augenblick betrunken. Es ist diese lange schrägverlaufende Narbe.« An dieser Stelle bezog der Patient den Analytiker nachdrücklich ein. Er sollte sehen und versichert sein, daß es so war: Der Patient streifte das schräg in die Stirn fallende Haar weg, so daß die Narbe sichtbar wurde, die sich noch ein Stück weit parallel zur Stirn durch die Kopfhaut fortsetzte. Fast unwillkürlich schaute der Analytiker daraufhin auf die Hände des Patienten und fragte teilnahmsvoll, aber auch klärend: »Haben Sie da auch etwas?« Der Patient zeigte nun seine Hände und meinte: »Ja, innen, ich habe vor Zeiten mal versucht, es ist nun einige Jahre her, ich weiß gar nicht, ist das nun unwillkürlich?« Der Patient konnte die stilisierte Beschreibung rasch fallen lassen, als der Analytiker ganz konkret und bemüht auf sein Körperliches einging und fragte, wie weit diese Attacken auf ihn selbst gingen. Dem stellte der Patient seine brennende Frage gegenüber, ob das »unwillkürlich« sei, also nicht in seiner Verantwortung stand. Der Analytiker beruhigte ein Stück weit und ließ gleichzeitig etwas offen, wenn er dann sagte: »Wahrscheinlich ja.« Denn so konnte der Patient mehr von sich eröffnen, nämlich, daß er den Handteller und die Innenseite der Finger an einer seiner Hände stark zerschnitten hatte. Um etwas mit dem Patienten zu klären, sagte der Analytiker: »Das war ja kein Selbstmordversuch.« Daß der Patient das sofort bestätigte, gab dem Analytiker einen Ansatz, diese Zustände und Attacken zu befragen. Seine Frage »Konnten Sie sich nicht ausstehen?« erwies sich als hilfreich, und der Patient konnte nun viel direkter von sich berichten: »Ich konnte mich nicht ausstehen. Ich habe wirklich keine Ahnung, wie ich mit mir zu Rande kommen soll. Vor Zeiten dachte ich, ich wäre Alkoholiker. Aber das bin ich nicht. Ich brauche ihn nur ab und zu, eigentlich nur an dem

Punkt, wo mich ein Erfolgs- oder Mißerfolgserlebnis aus der Monotonie eines Tagesablaufes heraushol. Das können auch Menschen sein in einem Café, und ich gerate mit ihnen in einen Streit über weltanschauliche Dinge. Aus Wut über das Ohnmachtsgefühl, nicht überzeugen zu können, trinke ich dann und reagiere anschließend das Ohnmachtserlebnis ab, indem ich meine Wut nun an einem Bretterzaun auslasse, ich schlage auf ihn ein, zertrümmere ihn, oder, wenn mir nichts unterkommt, richte ich diese Wut gegen mich selbst.« Nachdenkend wiederholte der Analytiker laut, daß sich die Wut gegen Bretterzäune äußere – eine milde Form der Konfrontation, die das beschriebene agierende Verhalten zur Betrachtung und Nachempfindung hinstellt –, und erfuhr weiter, daß es stets Auseinandersetzungen mit Männern waren, in denen der Patient glaubte, sich nicht durchsetzen, nicht überzeugen zu können. Er charakterisierte diese Männergesellschaften in ihrer Haltung und seiner Reaktion darauf folgend: »Wenn ich den Eindruck habe, daß die Gegenseite bereit ist zuzuhören, sich etwas auseinandersetzen zu lassen, dann kann ich endlos darüber sprechen, kann ich endlos Fragen beantworten. Wenn von vornherein eine gewisse Abneigung darauf hindeutet, daß man nicht einmal bereit ist, das Argument anzuhören, geschweige denn zu diskutieren, dann kommt es bei mir zu diesen Entgleisungen. Die aber wenden sich dann von den Männern ab. Ich übe – merkwürdigerweise – keine Gewalt gegen Menschen aus.« Der Analytiker erkundigte sich, ob denn der Patient in den Auseinandersetzungen seine Empörung nicht mitteilen könne. Darauf antwortete dieser, daß er schon seine Meinung kundtue: »Aber natürlich mit Worten. Ich wende keine Gewalt gegen sie an. Ich schlucke also momentan den Ärger hinunter. Ich kann ihn aber nicht bei mir behalten, muß ihn ganz rasch auf irgendeine Weise loswerden, indem ich einen toten Gegenstand bearbeite oder mich selbst. Ich fange dann an, meine Zeichnungen zu zerreißen. Ich habe einmal mein Cello erschlagen.« Von der Wucht im Patienten, der das Cello als einen Teil seiner selbst erschlug, fühlte sich der Analytiker selbst etwas erschlagen und sich halb wiederholend, sagte er: »Offenbar können Sie sich nicht wirklich auseinandersetzen.« Auf der Suche nach einem Ursprung im Patienten fragte er, ob das in seiner Jugend mit den Eltern oder in der Schule auch schon so gewesen sei. Ausführlich äußerte sich der Patient daraufhin über seine Kindheitsgeschichte: »Von Eltern kann ich schwer sprechen. Ich kann eigentlich nur von meiner Mutter sprechen. Durch seinen Beruf war mein Vater meistens auswärts. Ich würde sagen, er hat sehr oft seinen Arbeitsplatz gewechselt. Meine Mutter hat ihn als einen äußerst schwächlichen Menschen geschildert und immer versucht, das Bild, das ich mir von meinem Vater gemacht habe, herabzusetzen.« Dieses Bild charakterisierte der Patient als etwas sehr Fremdes, Rätselhaftes. Auf den Kommentar des Analytikers – »ein fremder Vater« – hin konnte der Patient drei Erinnerungen an den Vater erzählen: Zum einen erinnerte er sich an den gemeinsamen Weg zu einem Forellenzuchthof, wo er den Vater gefragt hatte, wie die Tiere getötet würden, zum anderen an ein mit dem Vater gemeinsam zum Spielen im Hof gebautes Haus, das er wieder völlig auseinandergenommen hatte, weil er immer alles auseinandernahm, was er in die Finger bekam. Doch habe er das Auseinandernehmen des Häuschens damals sehr bereut, weil er es nicht mehr so hinbekam, wie es ursprünglich gewesen war. Die dritte Erinnerung betraf einen Zeppelin, den ihm der Vater geschenkt hatte und den man fliegen lassen konnte. Der sinnenhaften und symbolträchtigen Erinnerungen wegen versicherte sich der Analytiker, ob sich der Patient mit Psychoanalyse beschäftigt habe. Wenn er mehr Zeit dazu hätte, meinte er, würde er sich intensiver damit auseinandersetzen. Der Analytiker ging nicht deutend auf diese Erinnerungen ein, sondern blieb bei der Wirklichkeit der Umstände in der Kindheit des Patienten und fragte, ob er mit der Mutter denn allein gelebt habe. Das bejahte der Patient in gewisser Weise. Seine Geschwister seien ganz früh ausgewandert. Ein Bruder sei wohl durch eigene Schuld bei einem Unfall ums Leben gekommen, doch sei der Kontakt zu allen Geschwistern in Amerika und Australien schon vorher abgerissen. Zu seiner Mutter – so berichtete er weiter – hatte er seinerseits den Kontakt frühzeitig weitgehend abgebrochen, weil sie in ihrem unglücklichen Leben Zuflucht in einer Sekte gefunden hatte, die ständig andere mit dem Anliegen zu missionieren versuchte, der Mensch müsse das Böse in sich bekämpfen. Wenn er sie wirklich einmal ganz selten besuche, könne er es nicht länger als wenige Stunden mit ihr aushalten.

Die Erinnerungen an den Vater noch im Sinn fragte der Analytiker, ob der Vater denn tot sei. Der Patient antwortete, er sei direkt nach Ausbruch des Zweiten Weltkriegs in einem KZ ums Leben gekommen. Weil der Analytiker es sich nicht anders vorstellen konnte, fragte er bewegt, ob der Vater Widerstandskämpfer gewesen sei, worauf der Patient aber sagte: »Nein, ich muß sagen, er hat kleinere Betrügereien, Unterschlagungen etc.pp. begangen. Mir ist der genaue Grund nicht bekannt. Meine Mutter hat mir erzählt, daß er Verfolgten damals geholfen hätte, über die Grenze zu gelangen, aber es ist darüber nichts Aktenkundiges bekannt. Aus diesem Grunde nehme ich an...« Diesen Satz vervollständigte der Patient nicht, er erzählte dagegen etwas anderes vom Vater, das ihm tief zuwiderlief. »Da ist noch etwas, ich habe einen Brief gelesen, den er aus dem KZ geschrieben hat und in dem er die Machthaber um Begnadigung anbettelte. Er wolle sich wieder in den ›Volkskörper‹ einfügen. Das ganze faschistische Vokabular, das man kennt, hat er also gebraucht und sich erniedrigt.« Der Analytiker wiederholte fast ausschließlich den Tatbestand: »Ja, er war im KZ, nicht?« Das wohl mögliche »aber« ließ er fort, weil er den hochkonflikthaften Umgang des Patienten mit der Inhaftierung des Vaters spürte. Der Patient meinte: »Ich hoffe, daß ich, wenn ich selbst einmal in eine solche Situation kommen sollte, stark genug sein werde, sie durchzustehen. Ich weiß nicht, ob mein Vater politische Überzeugungen hatte. Als er dort umkam, war ich zu klein, um das zu begreifen.« Bewegt von dem schweren Konflikt, den der Sohn mit seinem im KZ umgekommenen Vater hatte, fragte der Analytiker auf Tatbeständen bestehend trotzdem: »Und warum kam er um, ist er erschossen worden?« Der Analytiker wollte offenbar die Realität wissen, soweit es eine gab, um ihre Verarbeitung in den Vorstellungen des Patienten verstehen zu können. Dieser fuhr fort: »Darüber ist nichts bekannt. Meine Mutter will erfahren haben, daß er gegen diesen elektrischen Stacheldraht, den Zaun, gerannt sei. Was genau passiert ist, weiß man nicht. Wir erhielten nur ein sehr lapidares Telegramm, in dem es hieß, er sei an einem Herzleiden zugrunde gegangen.« Aufgrund seiner insgesamt gewonnenen Eindrücke versuchte der Analytiker, dem Patienten ein anderes Verständnis dieser Tatsache anzubieten: »Sie haben so ein schlechtes Bild von sich einerseits, andererseits haben Sie so ein zwiespältiges Bild von der Mutter und ein dunkles Bild vom Vater, Sie könnten aus dem undurchsichtigen Schicksal Ihres Vaters auch eine Heldenfigur machen, denn Ihr Vater war immerhin im KZ, ist dort umgekommen, was auch im ›Dritten Reich‹ für einen Betrüger, wie Sie ihn nannten, ein ungewöhnliches Schicksal war.« Der Analytiker griff den Brief des Vaters auf und sagte, daß das andere auch gemacht hätten, weil es eine Möglichkeit gewesen sei, herauszukommen. Der Patient führte an, er habe eine Zeitlang krampfhaft versucht, ein Heldenbild vom Vater zu entwerfen, indem er alles vollständig unterdrückt habe, was diesem Heldenbild entgegengestanden hätte. Jetzt aber äußerte er seine Entrüstung: »Ich habe also auch das Schreiben in der Weise interpretiert, daß er sich in einer verzweifelten Situation befunden hat und nicht in der Lage war, seine Überzeugung aufrecht zu erhalten. Doch es hat Menschen gegeben, die das konnten, wie es Kurt Schumacher gekonnt hat.« Um die Forderung des Patienten an den Vater herauszuarbeiten, brachte der Analytiker den Inhalt des Gesagten zentrierend in einer indirekten Frage noch einmal zur Sprache: »Ihr Vater hätte es auch tun müssen, eigentlich.« Darauf meinte der Patient: »Es ist unbillig, so etwas zu verlangen, aber es wäre schön, einen solchen Vater zu haben. Im übrigen sind mir auch andere Tatsachen zu Ohren gekommen, aus denen ich schloß, daß keine politische Überzeugung Grund für die Einlieferung ins KZ war. Er war bei diesem Stahlhelmbund[12] einmal Mitglied. Ich nehme also durchaus an, daß er faschistoid war.«

Der Patient habe in seiner Pubertät nach dem Kriege eine Zeitlang ein Heldenbild gegen die Zweifel der anderen und gegen seine eigenen Zweifel aufrecht erhalten können, faßte der Analytiker zusammen, worauf der Patient erwiderte, daß es noch viel komplizierter gewesen sei. Nur seine Mutter hätte ja allein gewußt, daß der Vater im KZ gewesen sei. Er selbst habe das erst nach Kriegsende erfahren. Weil es während des Krieges als Schande hätte erlebt werden müssen, habe die Mutter mit

12 Stahlhelmbund, »Bund der Frontsoldaten«, im November 1918 von Seldte gegründeter Verband zur Stärkung des »Wehrgedankens« und zur Wiederherstellung der deutschen Wehrhoheit. Der Stahlhelmbund ging 1933/34 nach und nach in der SA auf.

großer Überzeugungskraft vertreten, daß der Vater nicht im KZ gewesen sei. In jener Zeit hatte sie ihn wohl als einen Schwächling geschildert. Demgegenüber habe sie ihre Pflichterfüllung in der Familie betont. Erst in der späteren Pubertät habe er sich ein heldisches Bild vom Vater machen können, meinte der Patient und fügte allerdings hinzu: »Ich war in einem Zwiespalt. Nach außen hin mußte ich natürlich sagen, mein Vater ist ein Held; nach innen war mir dunkel bewußt, mit diesem Heldentum ist es nicht weit her. Heute begreife ich das anders, als Konflikt eines Menschen mit den gesellschaftlichen Gegebenheiten, mit denen er nicht zurechtkommt, in dem er keine Möglichkeit hat, sich zu entfalten, weil es nur abhängig ist von Zufälligkeiten wie beispielsweise bei mir, daß ich einen solchen Status erreicht, das Abitur gemacht und die Universität besucht habe.« Um die Sichtweise des Patienten auf seine eigene Situation, die sich jetzt im Zusammenhang mit dem Vater darstellte, zu lenken, versuchte der Analytiker, die problematische Identität des Patienten in den Mittelpunkt zu stellen: »Sie beschreiben Ihren Vater jetzt eher als ein Opfer, ein Opfer der Verhältnisse, das seine Lage nicht objektivieren konnte. Würden Sie denn Ihre Schwierigkeiten, sich ›ganz oben – ganz unten‹ zu fühlen und sich nicht leiden zu können, zerschneiden müssen beziehungsweise diese Identitätsschwierigkeiten – Minderwertigkeitsgefühle oder Selbstüberschätzung – in Zusammenhang damit stellen, daß Sie sich Ihren Vater nicht zum Vorbild nehmen konnten?« »Ich habe darüber noch nicht nachgedacht,« erwiderte der Patient. »Ich bin gar nicht in der Lage, jetzt eine Antwort zu geben. Darüber müßte ich nachdenken. Einmal spielte das in meiner Partnerbeziehung eine große Rolle, als ich meinen Vater meiner Freundin gegenüber gegen das Bild der Mutter verteidigte.«

Zwischen dem Analytiker und dem Patienten entspann sich jetzt ein ganz dichter Dialog. Der Analytiker versuchte, dem Patienten gegenüber den Vater als einen Mann zu charakterisieren, der zwar Schwächen hatte, aber doch in Opposition zu dem damals herrschenden Regime gestanden hatte. Damit wollte er ihn gegenüber den ihm vom Patienten unterlegten faschistoiden Zügen aufwertend vertreten als einen Mann, der in gewisser Weise doch individuell und damit unabhängig gehandelt hatte:

»Vielleicht ein mittelmäßiger Mensch mit Stärken und Schwächen.« Dagegen vertrat der Patient, der Vater sei ein Versager gewesen, und erklärte gleichzeitig, eine Art Entschuldigung: »Nach gesellschaftlich vermittelten Kriterien mußte so jemand zwangsläufig zum Straucheln kommen, indem er die Mechanismen nicht durchschaut. Ich nehme dafür mich als Beispiel.« Nun ging der Analytiker auf den Identitätskonflikt des Patienten zu und formulierte: »Sie erleiden das Schicksal Ihres Vaters.« Sofort und eindeutig bejahte das der Patient. Doch nahm das Gespräch dann eine unerwartete Wendung; denn der Patient eröffnete die Sicht, die er von seiner Umwelt und Gegenwart hatte: Die Realisierung eines Faschismus in neuer Form stehe unmittelbar bevor, nicht an eine Person gebunden, sondern ein Faschismus, der sich einen humanen Anstrich geben werde und Verfahrensweisen entwickele, die Massen für sich zu begeistern. Weiter führte der Patient aus, daß er mit Sicherheit verfolgt und interniert würde: »In einer so eindeutigen Situation würde ich nicht gegen den Zaun laufen. Das wäre eine Kampfsituation, da wären die Fronten klar. Das wäre die Situation: Hier stehe ich und da die anderen.« Als der Analytiker daraus folgerte, der Patient habe einen Vorwurf gegen den Vater, im weitesten Sinne nicht stehengeblieben zu sein, also nicht zu sich gestanden zu haben, nahm der Patient das Wort »Vorwurf« zwar zurück, gab jedoch gleichzeitig seine Enttäuschung zu erkennen: »Er war nicht in der Lage, seine Situation zu objektivieren, deshalb hatte er kein Bewußtsein darüber, welcher Klasse er angehörte, wohin er gehörte. Er hatte nicht einmal ein politisches Bewußtsein, vielleicht war es ansatzweise vorhanden.«

An dieser Stelle wandte sich das Gespräch der Mutter zu. Auf die Frage des Analytikers, ob er ein gutes Verhältnis zu seiner Mutter gehabt habe, antwortete der Patient: »Ja, sie hat fortwährend betont, wie sehr sie ihre Pflicht erfülle und wie sehr der Vater seine Pflicht vernachlässige. Ich kann mich noch genau an den Augenblick erinnern, als das Telegramm von seinem Tode kam. Es war eine Geste, als sie es aufmachte, wie ›Gott sei Dank!‹ Sie hat mir auch später gestanden, sie wäre in diesem Augenblick erleichtert gewesen.« Aus der Zeit seines Zusammenlebens mit der Mutter erzählte der Patient weiter, seine Leistungen in der Grundschule seien äußerst schlecht gewesen.

Dies begründete er damit, daß er in einem System, in dem Befehl und Gehorsam herrschte, aufmuckerisch gewesen sei und nicht systemkonform habe reagieren können. Später im Gymnasium habe er beste Leistungen gehabt, auf die die Mutter sehr stolz gewesen sei. Den Stolz auf diesen Sohn griff der Analytiker auf und zeigte dem Patienten, daß Mütter in einer solchen Situation, wenn der Vater lange fort ist, sehr wahrscheinlich versuchten, sich am Sohn festzuhalten: »Sie müßten sich ja auch als Partner der Mutter gefühlt haben. Dann erlebt man ja den Tod des Vaters noch ein bißchen anders.« Das verstand der Patient nicht, bis ihm der Analytiker zeigte, daß er in der äußeren aktuellen Situation der hauptsächliche Partner der Mutter geworden war. Daraufhin konnte sich der Patient an eine eigene Wendung in dem Moment, als die Mutter die Todesnachricht den Kindern übermittelt hatte, erinnern: »Das macht ja nichts, Hauptsache ist: Du bist da.« Die schönste Zeit seines Lebens sei dann die gewesen, als er nicht mehr mit der Mutter zusammengelebt und das Gymnasium von einem Internat aus besucht hatte, schilderte der Patient und kommentierte die dort nach dem Krieg von ihm erreichten glänzenden Leistungen: »Als ich von ihr getrennt war, da ging plötzlich der Knopf auf.«

## Gedanken zum Erstgespräch

Als ich mehr durch einen Zufall, weil ich ein generelles Interesse an Erstinterviews habe, dieses Interview kennenlernte, hatte es mich einerseits erschüttert, andererseits fasziniert. Das Kainsmal wies geradezu auf ein besonderes Schicksal, wie es ein Kind unter der Nazidiktatur und in ihrer Folge erleiden konnte. Als ich um die Überlassung des Interviewtextes meiner Bearbeitung solcher Themen wegen bat, war ich mir der ungleich großen und andersartigen Schwierigkeit seiner Interpretation nicht bewußt. In einer früheren Fassung der Interpretation hatte ich die Bemühung des Interviewers herausgearbeitet, das Gute am Bild des Vaters zurechtzurücken, um damit für die Stabilisierung der Identität des Patienten eine Stütze zu geben; denn der Analytiker hatte die Identitätsfindung als das zentrale Problem des

Patienten gesehen. Im Zuge der Abwertungen des Vaters durch die Mutter zum Betrüger und Versager bis hin zur Verleihung von Nicht-Existenz, daß zu Hause über seinen Tod nicht gesprochen werden konnte, hatte sich der Patient vorzugsweise mit der Nicht-Identität oder der negativen Identität des Vaters identifiziert. Ein Reparationsversuch in der Pubertät des Patienten war die Aufwertung des Vaters zum Helden. Das war die eine Wurzel für das schwerkranke Zustandsbild des Patienten. Der Analytiker konnte im Gespräch die andere Seite noch nicht fassen, wie es zu der *Übernahme* dieser Identität gekommen war, und das liegt in der Beziehung zur Mutter, also in der Objektbeziehung, ähnlich dem Geschehen in dem vorangehend geschilderten Interview. Der Analytiker – wie auch im vorausgehenden Fall ich es wurde – wird unmittelbar in die Wiederauflage der pathologischen Objektbeziehung hereingenommen. Hier wird der Analytiker mit der intrusiven Mutter identifiziert. Das wird deutlich an seinen beharrlichen und etwas zurechtrückenwollenden Fragen. Mehrfach sind Patient und Analytiker unmittelbar an diesem inneren und eigentlich analytischen Punkt, beispielsweise, wenn der Patient im Zuge des Gesprächs über die Auseinandersetzung mit Männern sagt, er übe keine Gewalt gegen Menschen aus, er schlucke den Ärger der Empörung herunter und zertrümmere dann sein Cello oder zerreiße seine Zeichnungen. Die Gewalt ist Menschen gegenüber unsichtbar. Doch der Patient hat die Ichgrenzen des Analytikers durchschritten und verlegt in ihn den verständnislosen Teil seiner Mutter, der ihn formen will. Auf diese Weise bringt er ihn aus der Position des Analytikers in die des stützend helfenden Psychotherapeuten. Der Patient arbeitet also in einer Auseinandersetzung im außen, während er die innere Auseinandersetzung vermeidet. Den inneren ungeliebten und nicht akzeptierten *Teil* in sich möchte er zerschlagen, um einen anderen eigenen Teil zu befreien, was ihm nicht gelingt. Der fremde, falsche Teil ist die Identifizierung mit einem abgespalten negativen Selbstanteil der Mutter. Es ist der Teil, in welchem ihn die Mutter mit dem Vater, der sie enttäuschte, blamierte, identifiziert, eine Identifizierung, die er nicht stark genug abzuwehren ist, weil sie eine Nicht-Identität, jemand, der nicht sein soll, beinhaltet. Die Befreiungsversuche geschehen immerzu, er wandte sich von der Mutter ab, und es ging ihm danach sogar »der Knopf auf«, doch er konnte seine eigene Wirklichkeit, sein »wahres Selbst«, nicht eigentlich begreifen, weil unter den Abwehren der Verleugnung und Spaltung – Held und Faschist, der Analytiker deutet: ganz oben und ganz unten – Verschiebungen auf ein außen parallel erscheinendes, aber in eine andere historische Zeit Gehöriges die endgültige Erkenntnis für sein eigenes Inneres verstellten. Er lebt den Vater, ebenso bedroht wie dieser damals.

Ich hoffe, daß mir die Interpretation heute nach der Lektüre von Haydée Faimberg über »Die Ineinanderrückung (Télescoping) der Generationen – Zur Genealogie gewisser Identifizierungen« (1985) gelingt. Faimberg gibt einem klinischen Phänomen, dem Resultat eines Interaktionsprozesses, das ich in seiner Funktion ausführlich als Objektmanipulation beschrieben habe, einen Begriff, der es erleichtert, klinisch und theoretisch weiter zu operieren. Dieser Begriff der Nicht-Identität hilft, Gefühle, die das fremde Interview in mir auslöste, integrieren zu können und damit zu einem Verständnis für den Patienten beziehungsweise seine besondere Erkrankungsform, die seine Strukturbildung betrifft, zu gelangen.

Die Logik, die der Analytiker dem Patienten hilfreich nahelegen wollte, die Logik des Analytikers, zieht sich durch das ganze Interview. Sie erscheint aus heutiger Sicht realitätsgerecht. Doch ist sie nicht die Logik des Patienten. Damit wird deutlich, daß es dem Analytiker in der Situation mit dem projizierenden Patienten nicht gelang, das Verständnis des Patienten über sich zu klären, der sich in seinen einleitenden Sätzen geradezu wie in einem Urteil festlegte. Diese Festlegung bedeutet bereits, daß der Analytiker keine Chance hat, der Patient weiß es ja für sich schon. Der Analytiker ist dann bemüht und redet geradezu auf ihn ein. Unmerklich übernimmt der Analytiker damit immer mehr die aufoktroyierende Rolle der Mutter. Im Zureden wendet sich die beabsichtigte Hilfe des Analytikers, die Ermutigung in ein anderes: ein Zu-Reden im Sinne von Zudecken oder, noch weiter gegangen, etwas wie ein Ausreden. Auch wenn der Analytiker spürt, daß sich der Patient im Irrtum verfangen hat, ist er jetzt verfangen in der Hilfe, die als Behauptung vom Patienten erlebt wird, der Vater sei doch anders gewesen. Mit seinem besseren Wissen dringt der Analytiker in den Patienten ein. Der Patient kann den Analytiker mit seiner klärenden Funktion nicht gebrauchen. Er braucht ihn statt dessen zu seiner Bestätigung: Sein eigener, ihm verhaßter Anteil, ehemals von der Mutter an ihn weitergegeben, wird in den Analytiker verlegt. So kann er entlastet klagen, daß er mit den anderen, mit all den Männern in den Cafés beziehungsweise wie ehemals sein Vater in der Verfolgung, nicht sprechen kann, weil sie »nicht einmal ein Argument anhören«. Das Ende der ganzen Bemühung ist dann nicht nur eine trockene Verabschiedung, sondern auch die Eröffnung, daß die Zeit ganz anders ist, der Analytiker sie verkennt. Wie ich später von meinem Kollegen erfuhr, kam der Patient trotz eines Terminvorschlags nie mehr wieder.

Lange Zeit bewegte mich das Interview, und ich habe mehrere Interpretationen geschrieben. Zunächst konnte ich den Analytiker gut verstehen und den Patienten weniger gut. Es störte mich die *festlegende* Art seiner »Vor-Stellung«, in der mir die innere Beteiligung als Bewegtheit fehlte. Wenn ich meine Gefühle genau befragte, dann bekam ich sogar Schuldgefühle in dem Moment, als mir klar wurde, daß irgendwo im Interview eine gewisse Schamlosigkeit enthalten war, als ob der Patient aus dieser unverrückbar bleibenden Situation einen Gewinn schlage. Dem Patienten bei all dem Leid noch Schamlosigkeit als Mangel anzulasten, dagegen bestand aber eine Hemmung. Nach der Lektüre von Faimberg wußte ich plötzlich, wohin diese Schamlosigkeit gehört. Entsprechend läßt sich auch verstehen, daß Kollegen, denen ich dieses Interview zu lesen gab, um mit ihnen darüber Zugang zu gewinnen, mit Empörung über die – wie sie sagten – »Brutalität des Interviewers« reagierten. Sie lehnten seinen Stil als apodiktisch ab. Andere fanden ihn ganz besonders bemüht und einfühlsam, den Patienten doch zu verstehen und ihm zu helfen.[13] Der Interviewer muß ebenfalls einer Hemmung verfallen sein, wenn er die totale emotionale Bewegungslosigkeit des Patienten während des Gesprächs nicht

13 Freud hat längst vor der helfenden Intention des Analytikers gewarnt. Sie ist eine psychotherapeutische Identität, die die Problematik zudeckt und nicht analysiert. An diesem Beispiel wird sichtbar, wie die Nicht-Identität des Patienten zum Helfen verführt und die Problematik weiter konserviert.

*zur Sprache brachte* und ihm statt dessen durch *Zureden* hilfreich oder eben belebend sein wollte. Die Scham gilt dem intrusiven Verhalten des Patienten, heute als projektive Identifikation bezeichnet. Der programmatische Stil des Patienten ist bewegungslos, und hinter ihm steht eine Leblosigkeit. Dort ist er mit dem toten Vater identifiziert. In der Sprache spiegelt sich diese Bewegungs- und Leblosigkeit wider. Die Bewegungslosigkeit des Patienten löst jedoch die Bewegtheit und die Belebungsversuche des Analytikers aus. Diese Gegenüberstellung führt zur sichtbar gewordenen Objektbeziehung zwischen den Partnern Patient und Analytiker. Neurotiker neigen in besonderer Weise zu Übertragungen. Die sich zwischen beiden herstellende Beziehung darf als Abbild der Krankheit gesehen werden, wenn neurotische Erkrankung die Beziehung zum Objekt und die Beziehung zu sich selbst verfehlt. In dieser Beziehung hier *wußte* einer, der Analytiker, und einer *wußte nicht*, der Patient, jedenfalls dann nicht mehr, als er seine Auffassung eingangs dargelegt hatte. In seiner Geschichte wußte die Mutter um den Vater und er nicht. Zur Überraschung des Analytikers wußte der Patient es ganz zum Schluß besser als der Analytiker, wenn er die gegebene Realität als sublim getarnte Vorform zu einem neuen faschistischen Regime interpretierte. Das bedeutet latent die Verschiebung auf der Zeitachse, das télescoping, manifest verleiht es, nur zugespitzt, dem Ausdruck, daß ein Konsens zwischen beiden nicht stattgefunden hat. Sein Aufbegehren gegen eine Unterwerfung ist berechtigt. Doch Analytiker und Analysand können sich nicht darüber verständigen. Unterwerfung hat er als Objektbeziehung erlebt und faßt die neue Konstellation entsprechend auf. So ist er berechtigt, sich weiterhin davor zu hüten. Durch die vorangestellte unverrückbare Erklärung ist er von Anbeginn der Überlegene, der den Analytiker dazu braucht, sich selbst als den Überlegenen – auch in jener Beziehung, in der er eigentlich etwas brauchte, bedürftig war – zu bestätigen.

Bewußte Größengefühle liegen in der Manie und Hypomanie vor, narzißtische Erkrankungsformen, unter denen nicht die Patienten, sondern andere leiden. Die Klage über Größenphantasien und Minderwertigkeitsgefühle gibt ein Rätsel auf. Daß das »zu Konflikten mit der Umwelt« führt, gibt der Patient als

Folge sogar an. Wenn der Patient mit dieser dezidierten Klage bereits in einer Fachsprache des Analytikers spricht – eine Anpassung –, stellt das an sich eine Selbstüberschätzung dar, dem Patienten hier nicht bewußt, aber bereits von Symptomwert. Seine Klage über Minderwertigkeits- und Größengefühle muß als etwas Manifestes aufgefaßt werden, was einen noch anderen Sinn verbirgt. Wenn der Patient für immer vom Analytiker weggeht, sich strikt von der Mutter abgewandt hatte, dann steht ein Trennungsproblem im Raum. Es bestätigt sich äußerlich, indem die älteren Geschwister früh ausgewandert waren, Trennung durch große Entfernung, Nicht-mehr-von-sich-hören-Lassen, in der Familie geschah. Es bestätigt sich darüber hinaus, indem es zwischen Patient und Analytiker zu keiner wirklichen Evidenz oder keinem wirklichen Konsens gekommen war. Das trat trotz aller Bemühungen nicht ein. Die Mutter – so wie ich sie mir versuche vorzustellen – hat ihren Mann einige Zeit nach der Geburt ihres letzten Kindes, des Patienten, verloren. Sie wußte noch eine Zeit um seinen Verbleib im KZ, bis sie die offizielle Todesnachricht erhielt. Vorher oder nachher hatte sie eine inoffizielle Nachricht über den Tod erhalten (oder aber selbst gebildet), die seine Selbsttötung am Stacheldraht beschrieb. Ihre Hoffnung, (ihre Liebe?) oder auch Einstellung auf ein langes Familienleben und ihre Erwartungen an ihren Ehemann als Mitträger dieser Familie wurden also aufs tiefste erschüttert und enttäuscht. Ihr Mann war deportiert, nicht mehr anwesend und schließlich durch andere als tot deklariert. Abschiednehmen, etwa auch bei einer Beerdigung, das alles war nicht möglich. Haß auf ihre enorm erschwerte Lebenssituation muß sie schließlich, wahrscheinlich neben der Liebe zum Ehemann, erfüllt haben, wenn sie betrachtete, daß seine wie auch immer geartete Andersartigkeit, sein Sich-Herausstellen im »Dritten Reich«, seine Besonderheit diese Folgen für sie hatte, die nicht nur im Verlust des Ehemannes bestanden, sondern zu einer generellen Erniedrigung geführt hatten. Um ihn zu trauern war unter diesen Umständen unmöglich. Die Mutter suchte später in einer Sekte, das Böse in der Welt zu bekämpfen, missionierte also. Das weist darauf hin, daß sie ihren eigenen Haß wohl schwer aushalten konnte. Der Patient berichtete nicht von Trauer über den Tod des Vaters in der Familie, sondern einem »Gott sei Dank«, daß angeblich die Geschichte mit dem Vater erledigt war. Daß dem nicht so war, war dem Analytiker unmittelbar am Kainsmal und den zerschnittenen Handflächen sichtbar. Mit diesen Körperflächen mußte der Vater den elektrischen Zaun berührt haben.

Faimbergs Begriff »Nicht-Identität« beschreibt zutreffend die Struktur des Patienten. Er selbst beschreibt sich in einer unaufhörlichen Folge von *Un*möglichkeiten: *un*belastbar und instabil, *un*fähig – wie sich im Interview ergibt – zur Auseinandersetzung, *un*fähig trotz Begabung und guter Ausbildung zur Tätigkeit, *un*berechenbar im sozialen Raum, weil *un*verläßlich. Er ist – wie im Interview herausgestellt – auch *un*fähig, sich umzubringen. Der Schluß kann nur sein: Er ist lebendig tot, so wie es der Vater nach der Deportierung für die Familie war und wahrscheinlich auch nach der je unterschiedlichen Erklärung seines Todes. Daß der Patient sich unsachlich umzubringen beabsichtigt, stellt einen Rettungsversuch des noch lebendigen, eigenen Teils in ihm dar, ein Einswerden mit dem sich rettenden und nicht-retten-könnenden Vater.

Faimberg beschäftigt sich mit der Ineinanderrückung der Generationen. Als ihrem Patienten »Mario« drohte, wegen Geldmangels von ihr gehen zu müssen, deutete er, mit nur einer kleinen Geste, an, daß er bleiben wollte. Darin zeigte sich erstmals eine eigene Präsenz für die Analytikerin. Abwesend war er in dem, »was wir als materielle Realität bezeichnen könnten: Es gelang ihm nicht, zu verteidigen, was er sich wünscht«. Faimberg entwickelt, daß Mario woanders war. Dadurch entsteht in der Tat der Eindruck einer psychischen Leere, die sich aber aus einem Zuviel erklärt, dem Eindringen der Geschichte eines anderen. »Wenn die Identifizierung eine Verbindung zwischen den Generationen darstellt, ist das Objekt der Identifizierung selbst ein historisches.« (1985, S. 122) Bei dem Patienten, um den es hier geht, hatte der Interviewer das unmittelbar am Kainsmal auf der Stirn erkannt. Dieser Typus von Identifizierungsprozessen stellt eine *verdichtete* Geschichte dar, so Faimberg, »die zumeist teilweise nicht der Generation des Patienten angehört. (...) Sie stellt eine Verdichtung von drei Generationen dar als eine Ineinanderrückung (télescopage) der Generationenabfolge.« (S. 122) Die Enthüllung der unbewußten Identifizierung ist in der Übertragung möglich. Die Frage gilt folglich dem Motiv der *Aufpfropfung*, die Faimberg wie ich im Narzißmus der Eltern gegenüber dem Kind sieht. Der Narzißmus ist immer bestätigungs*süchtig*. Im Augenblick, wo er der Bestätigung des anderen bedarf, kann er sich sogar als selbstgenügsam ausgeben, ein Verhalten, das Faimberg als die dem Narzißmus scheinbar widersprüchliche eigene illusorische Selbstbestätigung beschreibt. Die Mutter des Patienten hat sich ganz der Mission verschrieben. Die narzißtische Objektbeziehung toleriert nur, was Lust verschafft, so daß das Ich ein Äquivalent der Lust, das Nicht-Ich ein Äquivalent der Unlust ist. Das Nicht-Ich, längst dem Externalisierungsprozeß unterlegen, wird für die narzißtische Objektbeziehung dann zum Vorläufer des Objekts. Vom Kind wird alles, was annehmbar und zu lieben ist, dem Ich des zugehörigen Elternteils als zugehörig empfunden, wenn es einer narzißtischen Elternliebe ausgesetzt ist. Das ist die *Aneignung*, die Faimberg beschreibt. Die Funktion des *Eindringens* ist gleichzeitig die Kanalisierung des Hasses in das Kind an den Stellen, wo es als anders, mit allem, was vom Kind stammt, erkannt wird. Dieser Kanal wird zusätzlich genützt, um das Eigene, nicht für gut Geheißene im Kind zu placieren, wodurch das Kind zum *Nicht-Ich der Mutter* wird.

Trotz aller Mühe der Mutter um die Bildung des Patienten – beispielsweise besuchte er das Gymnasium, sie hatte nur die Volksschule besucht – ist in dem Patienten, dem früheren Kind, das das Vermächtnis und Erbe des Vaters darstellte, der Haß der Mutter auf diesen Vater eingegangen, so weit, daß der Patient aus seinen ausgebildeten Begabungen nichts machen kann, er unfähig bleibt. Seine eigene Person ist wie stumm, versteinert und – hinter dem Bild eines versagenden Vaters – selbst als Versager dargestellt. Die Rettung des Vaterbildes als eines Helden nach dem Zusammenbruch der Nazidiktatur in der Pubertät des Patienten durch ihn selbst kam zu spät. Die Auseinandersetzung unter den Männern – der Vater in ihm und er selbst – gelang nicht; denn er hatte ein Zuviel vom Vater aufoktroyiert erhalten. Er konnte sich selbst nicht vom eigenen unterwürfigen, hörigen Anteil, den er vom Vater und der Mutter hat, trennen. Die Geschichte war für den Patienten stehengeblieben, weil ihn dieses Bild des Vaters traf, und so lebt er den Begabten, Aufbegehrenden, aber gleichzeitig vom Dahinsiechen in einer Kasernierung betroffenen Vater, der sich unterwarf, der nichts mehr machen konnte als sich selbst umzubringen. Es ist das, was Faimberg als das Zuviel bezeichnet, das in ihm Placierte, das sein Eigenes verdeckt oder erstickt. In der Objektbeziehung zum Analytiker zeichnet sich die Unterwürfigkeit des Patienten ab. Er antwortet auf alles, was der Analytiker fragt, er fügt sich ihm und seinem logischen Ductus äußerlich, innerlich bleibt er unerreichbar und *Träger des* vom Analytiker *Unausgesprochenen*, was etwa lauten könnte: »Das ist doch alles Unsinn, wie Sie sich das zurechtgelegt haben.« Sonst nämlich könnte der Analytiker gar nicht in der Weise auf seiner besseren Logik *bestehen*. Der Patient haßt diese Unterwürfigkeit, die Unfähigkeit, die Überzeugung aufrecht zu erhalten. Er wirft sie dem Vater vor, der nicht zu seiner Überzeugung habe stehen können und sogar gebettelt habe, wieder in den »Volkskörper« aufgenommen zu werden. Der Patient hat mit seiner programmatischen Unbeirrbarkeit den Analytiker allerdings auch zu seinem eindringenden Verhalten genötigt, so wie er es einstmals – damals war er als Kind hilflos – es bei seiner Mutter als gegeben erlebte. Die *eigene* und damit auch nicht genötigte Aussage ist die, die man fast als die gesündere bezeichnen kann, daß er derzeit wieder in einer besonderen Umwelt lebe, in der ein faschistisches Regime unmittelbar drohe. In dieser Aussage trennt sich der Patient vom Eindringen des Analytikers, insofern ist diese enthebende Aussage geradezu »gesund«. Zugleich ist in ihr die Zeit und das Schicksal des Vaters in einer Behauptung in Abwehr gegen das für ihn eindringende Verhalten des Analytikers wiedergekehrt. Nun ist der Analytiker unwissend, wenn er den Zustand nicht erkennt. Damit kann sich der Patient vom Analytiker trennen, was ihn zwar die Nicht-Verständigung kostet, die er wahrscheinlich suchte. Im Verhältnis zur Mutter ging ihm an dieser Stelle der Trennung »der Knopf auf«. Die Verständigung über diesen Graben des Nichtverstehens, weil der Patient eine Nicht-Identität besitzt, seitens des Analytikers zu leisten ist als analytische Aufgabe unvertraut und verwirrend. Im Erleben des Patienten ist der Analytiker so schwach wie der Vater, so daß man sich äußerlich scheinbar leicht trennen kann. So wie der Patient sich über den Vater empörte, der sich anpaßte, empört er sich über sich selbst und versucht verzweifelt, diesen anpasserischen, hörigen Teil im scheinbar Konkreten von sich – das Cello, die Zeichnungen – loszuwerden. Der Patient hatte sich der Intrusion der Mutter geöffnet und angepaßt. Die Trennung davon ging nur gewaltsam und blieb äußerlich. Die Geschwister hatten es ähnlich gemacht, und im Interview geschah es zum Abschluß. Er befreite sich damit nicht von den inneren Bildern des Vaters, was das dominierend interpretierende Mutterbild einschloß. Abschließend nehme ich meinen Affekt nochmals auf: Die Schamlosigkeit gehört zur Mutter, die dem Patienten eine Bürde auflastete, die in der Klage über ihr Schicksal mit ihrem Mann enthalten war. Das gehörte weder zum Patienten, noch war es von ihm tragbar. Es deformiert ihn, läßt ihn lebendig tot sein, weil sein eigenes Potential damit keinen Raum bekommt. Wie eine Mission[14] – er trägt und erleidet das Schicksal des Vaters – ist dem Patienten dieses unentrinnbare Schicksal auferlegt, aus dem ihm nur die Bewußtwerdung durch analytische Hilfe führen kann.

14 Daß dieses Wort bei Judith S. Kestenberg (1982) und Ilse Grubrich-Simitis (1979) in diesen Zusammenhängen verwendet wird, darauf gehe ich in einem späteren Kapitel ein.

# Opfer und Täter
# Bericht aus einer Analyse[1]

*»Ich habe saubere Hände*
*sie griffen nirgends ein*
*die weiße Weste blieb mir*
*eingemottet rein.*

*Ich kehre den Mördern den Rücken*
*und seh' ihre Opfer nicht*
*Ich schließe die Augen, erblicke*
*die Welt in rosigem Licht.*

*Am Verdienstkreuz hängen die*
*Balken, gezimmert aus Leben und Tod*
*Ich öffne die Augen und sehe:*
*Meine Hände rot.«*

(Ulla Hahn: »Lied von den sauberen Händen«)

Die im folgenden dargestellte Behandlung eines Patienten, der bei Analysebeginn am Anfang seines vierten Lebensjahrzehnts stand, war einerseits gekennzeichnet von einem Tabu und andererseits einer nicht ausreichenden Entwicklung der psychoanalytischen Theorie und folglich ihrer Technik. Die Frage nach den Eltern des Patienten und ihrer Position im und zum »Dritten Reich«, die gerade für diese Analyse von großer Bedeutung war, wurde – vom Patienten und zunächst auch von mir – weder gestellt noch problematisiert. Denn sie fiel unter das Tabu, das für alle Deutschen galt: Niemand wollte eine Ahnung davon haben, daß die Tatsache, daß Eltern passiv oder aktiv die nationalsozialistische Ideologie teilten, eine ungeheure Auswirkung auf die Entwicklung ihrer Kinder haben würde.

Als der Patient in den frühen siebziger Jahren zur Behandlung kam, waren die heute geläufigen Theorien über den Narzißmus (Kohut, Winnicott, Khan, Kernberg, Grunberger, Rosenfeld, und Faimberg) gerade in ihrer Entwicklung. Die Ausläufer der international angelaufenen Diskussion erreichten Deutschland

1 Erstmals 1982 erschienen unter dem Titel: A Victim of the Other Side, in: Bergmann/Jucovy (edd.): Generations of the Holocaust, S. 197-227

im Herbst 1971, als Heinz Kohut im Sigmund-Freud-Institut in Frankfurt am Main seine Thesen über die narzißtischen Übertragungen vortrug. Diesen Theorien kritisch, aber offen zu begegnen bedeutete zunächst selbst an den als aufgeschlossen geltenden psychoanalytischen Instituten einen Verrat am Ödipuskomplex. Deshalb konnte die Andersartigkeit der Struktur, wie sie bei diesem Patienten beispielsweise vorliegt, zunächst nicht gesehen werden, was für die technische Führung der Behandlung von Bedeutung war. Denn wenn ich eine Struktur nicht verstehe und sie in die bisher bekannte Krankheitslehre und darin typische Strukturen zwänge, kann ich sie nicht behandeln. Die Erwartungen für den Analyseverlauf erweisen sich dann als falsch. Sehr einleuchtend hat Khan dieses eigene jahrelange Scheitern an Fällen in seiner Arbeit über »On Symbiotic Omnipotence« aufgezeigt. Er behandelte diese Patienten lange den klassischen technischen Regeln getreu, bis er seine Gegenübertragungsreaktionen ernst nahm und sie wegweisend für die Erkenntnis der andersartigen Strukturen und notwendig für eine veränderte Behandlungskonzeption nahm. Um die Schwerbeweglichkeit in der analytischen Wissenschaft zu kennzeichnen, weise ich darauf hin, daß ich 1982 diese Behandlungsgeschichte in der internationalen Literatur veröffentlichte, was auch Jahre danach niemand in Deutschland zur Kenntnis nahm. Durchaus ernstzunehmende Lehranalytiker behaupteten in der Mitte der achtziger Jahre, in ihrer ganzen analytischen Arbeit nie einen Patienten gesehen zu haben, bei dem sich das Problem gestellt hätte, daß seine Eltern Nazis waren. Eher noch definiert man die Kinder dieser Eltern selbst als »Nazi-Kinder« und lastet ihnen damit das Erbe unbewußt an.

Sowohl in der Psychoanalyse als auch im Hinblick auf das Tabu der nationalsozialistischen Vergangenheit so treu, »loyal« zu bleiben bedeutet eine vorgeprägte Erwartungseinstellung für die Gegenübertragung, die Andersartiges zwar spürt, aber nicht zum Ausdruck bringen kann. Die Gegenübertragungsschwierigkeiten waren es, die mich Hilfe suchen ließen. Ich fand sie einerseits in der Lektüre von Khan, andererseits bei Judith S. Kestenberg, mit der ich den Fall etwa im letzten Drittel der Behandlung direkt und auch im Briefwechsel diskutierte. Nicht nur ihr eigenes Forschungsanliegen, das das

Schicksal jüdischer Verfolgter und ihrer Kinder betrifft, auch ihr Außerhalbstehen gab ihr den Blick auf die teilweise absurde Pathologie frei.

Obwohl ich von Anfang bis Ende der Analyse viel von der mich befremdenden Eigenart meines Patienten und seiner Situation bemerkt und erlebt habe, konnte ich gerade mit diesem Material und den dadurch berührten Gefühlen nicht in dem Maße arbeiten, wie es der Forderung einer möglichst weitgehenden Nutzung der Gegenübertragung in der analytischen Situation entsprochen hätte. Viele Einstellungen und Ideale des Patienten waren mir auch deshalb so unbegreifbar, weil sie nicht nur zur Idolatrie des »Dritten Reiches« gehörten, sondern auch, weil ich mir nicht vorstellen konnte, daß hier »die Wohltaten einer guten Kinderstube«, wie Kohut es nannte, absolut fehlten. Die Aufhebung von Erziehungszielen, die Entbindung von Unlust, ermöglicht ihrerseits den Anschluß an solche Idolatrie. Ich tendierte dazu, stumm zu bleiben, wie es anderen Analytikern in ähnlichen Situationen ergangen war, ohne daß mir das recht bewußt gewesen wäre. Ich hoffte offenbar auf Einsicht, ein Eintreten des Patienten in das Arbeitsbündnis, ich hoffte auf eine kontemplative Einstellung.[2] Was mir so befremdlich vorkam, bei meinem Patienten aber fortwirkte, kommt beispielhaft

2 Im Rahmen ihres Untersuchungsprojekts über Psychoanalysen der Kinder von Überlebenden der Massenvernichtung von Juden bemerkt Judith S. Kestenberg (1979), daß viele Analytiker das Material, das die Angehörigen dieser »zweiten Generation« in den analytischen Behandlungen erzählten und darstellten, und auch deren Ängste nicht in jenen Zusammenhang bringen konnten, der für einen Dritten, einen späteren analytisch verstehenden Zuhörer oder Supervisor, offenkundig war. Es handelte sich um Erinnerungsmaterial, das in direktem Zusammenhang zu dem stand, was die Eltern dieser Kinder im »Dritten Reich« erlebt haben mußten. In der aktuellen analytischen Situation konnten jene Analytiker das Verständnis nicht aufbringen, welches das heilsame analytische Agens gewesen wäre. Beispielsweise berichtet sie von einem Jungen, der Angst hatte, in einem Tunnel steckenzubleiben und durch Gas sterben zu müssen. Mit Erstaunen, ja vielleicht sogar Empörung (was verständlich ist, bedenkt man, daß sie zu den von den Folgen der Massenvernichtung Betroffenen gehört) beschreibt sie, wie – offenbar durch Gegenübertragung hervorgerufen – diese Angst des Jungen *nicht* gedeutet worden war. Auf ähnliche Schwierigkeiten, zu wenig dazu oder dagegen zu sagen, weist Erich Simenauer hin: »Wenn unverhüllte Gewaltphantasien und extreme Entwertung dem Analytiker entgegentreten, kann es passieren, daß ihm die allgemein anerkannte psychoanalytische Welt zusammenzubrechen droht, besonders wenn technische und theoretische Adaptierung nicht vorhanden sind.« (1981, S. 16) Die Beobachtung dieses Gegenübertragungsphänomens möchte ich als Aufgabe aufgreifen, einen Beitrag zur Klärung dieser Sprachlosigkeit zu versuchen.

in einem Kommentar Hitlers den Oberbefehlshabern und kommandierenden Generälen der Wehrmacht gegenüber in den Tagen vor Ausbruch des Zweiten Weltkrieges zum Ausdruck: »Ich werde propagandistischen Anlaß zur Auslösung des Krieges (gegen Polen) geben, gleichgültig ob glaubhaft. Der Sieger wird später nicht danach gefragt, ob er die Wahrheit gesagt hat oder nicht. Bei Beginn und Führung des Krieges kommt es nicht auf das Recht an, sondern auf den Sieg.« (Gebhardt, 1962) Dieser Trugschluß besteht fort mit dem fehlleitenden Sprichwort: »Der Zweck heiligt die Mittel.«

Bei einer Struktur wie der des in diesem Kapitel vorgestellten Patienten werden *Phantasien* gelebt, was der Analytiker immer noch gern als Widerstand in Form des *Ausagierens* bezeichnet. Doch der Patient hat keine andere Wahl, weil er nicht über sich sprechen kann. Grundsätzlich gesehen kann es kreativ sein, Phantasien zu verwirklichen; daß es problematisch ist, Phantasien zu leben, wird ablesbar am Mißlingen. Es kommt zu einem *Als-ob*-es-so-wäre. Die Realität muß umgemodelt, uminterpretiert werden, woran das Mißlingen für andere sichtbar wird. Die ganze Energie des Ichs richtet sich in der Folge auf die Defensive aus, um das Als-ob-Gebäude zu erhalten; denn diese narzißtische Entwicklung bereitet Angst, ob die stetig anwachsende Vorgabe gegenüber der Realität erhalten bleiben kann. Dabei darf nicht einmal die Angst als solche oder ein Leiden an ihr offenkundig werden. Von den klassischen Neurosen und ihrer Behandlung sind unbewußte Phantasien und ihre Bewußtmachung, die klärend wirkt und damit erlöst, bekannt.

## Beschreibung der Analyse

Die Analyse des Patienten hatte einen charakteristischen Beginn: Nachdem sich der Patient erstmals auf die Couch gelegt hatte, erhob er nach wenigen Minuten des Schweigens seine Hände, zeigte sie mir und sagte: »Das sind meine Hände, das sind die Hände meines Vaters. An den Händen meines Vaters ist Blut.« Als ich nichts erwiderte, sagte er, sein Vater sei mit dem Ritterkreuz Erster und Zweiter Klasse und der Nahkampfspange ausgezeichnet worden. Die Nahkampfspange habe bekommen, wer fünfmal das Weiße im Auge des Feindes gesehen habe. Diese Erläuterung gab er wie eine Deklaration wieder. Ich fühlte mich dadurch beeindruckt, doch nahm ich nicht wahr, daß ich eigentlich zutiefst erschrocken war. Lange Zeit später konnte ich den Satz mir erst verdeutlichen. Er sagte ja, fünfmal ganz direkt einen Feind umgebracht zu haben. Innerlich beschäftigte ich mich mit dem widersinnigen Gleichsetzen seiner Hände mit denen seines Vaters. Angesichts dieses Konkretismus befielen mich erste Zweifel an seiner Fähigkeit, logisch zu denken. Indem ich mich theoretisch mit dieser Abwehrformation befaßte, verschob beziehungsweise milderte ich für mich den ersten Schrecken. Da ich mein Erschrecken nicht äußerte, erhielt der Patient auf seine erste Konstellation einer Beziehung zu mir keine Antwort, die insbesondere den affektiven Anteil dieses Ereignisses zunächst nur herausgehoben hätte. Er selbst sagte nichts weiter dazu, und ich hoffte, daß er eine so wichtige Aussage im Sinn behalten würde und sie zu einem späteren, ihm erträglicheren Zeitpunkt selbst wieder aufnähme. Zunächst hatte ich daran gedacht, daß mit den blutigen Händen selbstverständlich Schuld verbunden sei, und hatte mich mit diesem Gedanken in dem Sinne beruhigt, der Patient wisse von solch gravierender Thematik. Während ich jedoch diese Sentenz nie vergaß, konnte sich der Patient später, als ich darauf zurückgriff, nicht daran erinnern. Viel später erst erkannte ich, daß diese Eingangsszene – mich in die Betrachtung der Objektbeziehung einbezogen – eine potentielle Morddrohung bedeutet hatte. Andererseits hatte der Patient – ebenfalls von der Objektbeziehung her gesehen – mich zur affektiven Entlastung benutzt: Ich trug still das Erschrecken, und der Patient kümmerte sich nicht mehr darum. Dieser Umgang mit jener Szene ist nur ein Abbild für die gesamte Übertragungskonstellation, die die Analyse determinierte, weil ich mich dem Patienten nicht entgegengestellt und das affektive Erleben in Sprache umgesetzt hatte. Damals hatte ich noch keine Kenntnis davon, daß Patienten die Analyse zur eigenen Abwehr und nicht als Erkenntnis zur Auseinandersetzung mit sich suchen. Bei einem sogenannten »motivierten« Patienten rechnete ich entsprechend meiner Ausbildung auch mit einem Ich, das die Auseinandersetzung und Reflektion wirklich sucht. Ist das Ich bereits geschädigt, ist es dazu freilich unfähig. Unversehens war ich in eine passive Situation und eine aktive Mitwisserschaft seiner möglichen Gewaltsamkeit geraten. Der Patient erlebte das als einen ersten Sieg im Sinne seiner für ihn notwendigen Abwehr. Heute weiß ich, daß die Nicht-in-Frage-Stellung, das Nicht-aufmerksam-Machen auf einen erheblichen affektiven Dissens, von Patienten als eine Bestätigung ihrer Art des Denkens, Fühlens und Handelns erlebt wird. Für einen kontemplativen Zugang – wie ich ihn in einer Analyse voraussetze – hatte mein Patient gar keinen Sinn. An und mit diesem Patienten mußte ich lernen. Meine bisherige Technik, die ich in der Ausbildung an sich gründlich gelernt hatte, und mein Verstehen reichten nicht aus.

Bei erneuter Beschäftigung mit dieser Analyse ließ sich die Überdeterminiertheit jener Anfangsszene erst entschlüsseln: Er war wie der Vater, und den Vater zeichnete die Macht aus, einem das Leben nehmen zu können. Als die Analyse begann, drei Jahrzehnte nach dem verlorenen Zweiten Weltkrieg, brüstete sich niemand mit Kriegsauszeichnungen, erst recht nicht mit solchen des Vaters. Der Patient war offenbar ganz aktuell mit einem siegreichen Vater der Kriegszeit – einschließlich eines mörderischen Anteils – identifiziert. Die angeblich bewundernswerte und zugleich bedrohliche Größe des Vaters hatte er mir kundgetan. Meine Auseinandersetzung mit ihm auf dieser Ebene oder seine mit dem Vater konnte nur einen Ausgang nehmen: Es würde einem das Leben kosten. Der Patient fürchtete sich also davor, ermordet oder selbst zum Mörder zu werden. Akut hatte das Übertragungsgeschehen eingesetzt, dessen Form meinem quasi klassischen Erwartungsgefühl und der kontemplativen Einstellung als Analytikerin widersprach; denn der Patient forderte unmittelbar in ungewöhnlich direkter und bedrohlicher Weise zum Kampf auf. Ein Analytiker erwartet, daß er von seinem Patienten gebraucht wird, um über die Zwischenglieder des Empfindens, Erlebens und Beschreibens Verständnis aufzufinden und vermittelt zu bekommen. Einsicht ist dann gleichzeitig emotional befreiend und intellektuell befriedigend. Psychoanalyse ist traditionell eine »talking cure«. Seit mehr als zwei Jahrzehnten suchen andere als die sogenannten klassischen Patienten die Analyse mit dem Wunsch nach Heilung auf, nämlich Patienten, die ein insbesondere zur therapeutischen Ich-Spaltung weitgehend unfähiges Ich haben. Ihre Diagnostik und Behandlung hat die Psychoanalytiker in der Welt vor neuartige Probleme gestellt. Das Überraschende ist, daß es letztlich bei der »talking cure« bleibt. Nur die Gegenübertragung, das, was im Analytiker durch den Patienten bewirkt wird, muß wesentlich deutlicher als Frage, Erstaunen, also seine Andersartigkeit des Denkens und Fühlens in den Dialog mit dem Patienten einbezogen werden; denn das Anders-geworden-Sein ist diesen neuen Patienten ichsynton. Per definitionem waren den sogenannten klassischen Patienten ihre Symptome, weswegen sie die Analyse suchten, ichdyston. In diesem Falle wurde die Analytikerin initial überfallartig dazu gezwungen, sich stellen zu müssen. Ich hielt den Atem an und verlor die Sprache. Mein Reagieren ließe sich mit einem Totstellreflex im Dienste momentanen psychischen Überlebens einer Äußerung des Wahnsinns gegenüber vergleichen. In äußerster Bedrängnis hatte ich mein analytisches Werkzeug aufgegeben. Erst aus nachträglicher Betrachtung gewann ich über diese überrumpelnde Szene Klarheit, wie ich sie jetzt wiedergeben und entfalten kann. Krieg war es, der sich durch die ganze Analyse zog, Kriegsdrohung hatte meine initiale Einschüchterung bewirkt.

Beim Erstinterview hatte mir die Stärke des Körpers des Patienten durch kraftvoll-dynamische Bewegung, die ihm eine Agilität verlieh, imponiert. Stark und motorisch agil zu sein waren die Ziele für die männliche Jugend im »Dritten Reich« gewesen, die Kraft und Überlegenheit garantieren sollten. Dagegen wirkte er sitzend eher devot, blaß und hilflos. In seiner Kleidung, die er später »naturburschenhaft« nannte, sah er aus wie ein Knecht aus vergangenen Zeiten. Der unterwürfige Eindruck wurde durch eine Jungenhaftigkeit in seinem Gesicht unterstrichen, zu der auch die Frisur seines blonden Haares paßte. Ich merkte damals nicht, daß diese Frisur bereits dreißig Jahre lang aus der Mode gekommen war. Die devote Haltung deutete ich für mich als Schüchternheit und merkte so nicht, daß diese Haltung sein Mißtrauen überspielte. Er hatte einige Zeit vorher mehrere Monate lang an einer schweren Depression gelitten. Aber nicht nur aus diesem Grunde kam er zu einer Psychoanalyse, sondern – was er zu jenem Zeitpunkt nicht sagte

–, weil er selbst »Therapeut«[3] werden wollte, Ausdruck eines messianischen Gefühls und eines Wunsches, in dem die Umkehr der eigenen Bedürftigkeit lag. Er brauchte andere, um am realen Leben zu partizipieren. In dem Satz, eine solche Depression wolle er nicht wieder aushalten müssen, äußerte sich eine Auffassung, die seine projektive Abwehr verdeutlichte, als sei die Depression ihm von außen auferlegt worden.

Vor Beginn der Analyse war ihm erstmals in seinem Leben ein Berufsziel verweigert worden. Das hatte ihn enorm gekränkt und wahrscheinlich die Depression ausgelöst. Das Ausmaß seiner Betroffenheit erweckte Mitleid in mir und vielleicht auch das Gefühl, eine solche Depression dürfe ihm wirklich nicht mehr widerfahren. Ich wurde also mitgerissen und merkte nicht, daß das präverbale Verständnis das verbale übertraf. Obwohl der Patient seine Geschichte in einem kurzen Abriß darstellte und mir manches davon befremdlich klang, verband ich mich offensichtlich mit einem Stück Wärme und Offenheit in seinen blauen Augen, auch wenn sein Blick zunächst gespannt war. Bei einem von der körperlichen Erscheinung so imponierenden und stabil erscheinenden Mann übersah ich die Anklammerungstendenz und Naivität. Da ich eine Hoffnung und unausgedrückt gebliebene Sehnsucht des Patienten, ein anderer zu werden, spürte, gab ich meine Zusage zur Analyse. Er hatte eine Ausbildung zum Sozialpädagogen absolviert, und seine beiläufige Bemerkung, er würde gern auch ein Psychiater sein, nahm ich nicht so ernst, wie der Patient es hatte zum Ausdruck bringen wollen. Damit verkannte ich seine krankhafte Bereitschaft zur Identifizierung mit einem ihm als höherwertig erscheinenden Objekt, das für hilflos Abhängige zum wichtigen hilfreichen oder auch potenten Objekt werden kann. Zugleich war für die Analyse in dieser Identifikationsbereitschaft seine gesunde Seite vertreten, nur wünschte er, es zu haben, anstatt eine Identität zu erwerben und aufzubauen. Das entsprach dem Motto in seiner Familie: »Entweder man hat es, oder man hat es nicht!«

Der Patient war wenige Tage vor Kriegsausbruch als erstes Kind seiner Eltern geboren worden, für die die Geburt eines »Stammhalters« in vollem Einklang mit nationalsozialistischer

3 Heute umgangssprachlich für Psychotherapeut oder gar Psychoanalytiker

Idolatrie stand. Blond und blauäugig muß er der Mutter wie ein Kronprinz vorgekommen sein. Wie der Patient erzählte, gehörte sie zu den »Deutschen Christen«, für die das »Völkische« Maßstab für Glauben und Handeln in der Kirche war. Zu der von der Mutter zugedachten Kronprinzenrolle paßte nicht nur die angeblich weniger günstig verlaufende Entwicklung seines um gut ein Jahr jüngeren, ganz allgemein wohl als schmächtig angesehenen Bruders, sondern vor allem, daß der Patient in seiner Erziehung wenig Eingrenzung erfuhr. Die Mutter stimulierte alle seine Unternehmungen, umgekehrt aber griff er die Idole seiner Mutter auf. Wie der Patient sagte, war sein Vater schon vor Kriegsausbruch im Kriegsgerichtsrat tätig, und zwar weit von seinem Wohnort entfernt. Die genaue Tätigkeit des Vaters mit und für den Patienten zu klären, unterließ ich schon zu diesem Zeitpunkt aus einer Befangenheit, die ich nicht einmal spürte. Diese Tätigkeit entnahm ich erst später meinen Aufzeichnungen. Ich teilte also mit ihm ein Tabu. Bei der Mobilmachung hatte der Vater sich für den Fronteinsatz gemeldet und war dann, wie der Patient sagte, ebenfalls Kriegsgerichtsrat im Feld, wo er neben der Kampftätigkeit sogenannte »Standgerichte« abzuhalten hatte. So war er bis zum achten Lebensjahr des Patienten im Krieg beziehungsweise in der Kriegsgefangenschaft. Das alles erzählte der Patient wie beiläufig, so daß ich die eigentliche Bedeutung nicht ermaß. Dieses Herunterspielen wirkte damals wahrscheinlich verstärkend auf meine Befangenheit. Ich ließ mich von der Unterwürfigkeit des Patienten täuschen und übersah den nicht zur Verwirklichung gekommenen Anspruch und dadurch bedingten Haß. In manipulativer Weise war es dem Patienten offenbar gelungen, in mir ein Übermaß an Einfühlung beziehungsweise ein inneres Mitgehen zu mobilisieren, das seine Schwächen wie selbstverständlich zu überbrücken bereit war.

Nach der Szene in der ersten Analysestunde machte mich der Patient für lange Zeit zur staunenden Zuhörerin der nicht enden wollenden Erzählungen aus seiner Kindheit. So wurden mir die Gebäude seines Zuhause in ihren äußeren und inneren Dimensionen viele Male vorgestellt. Da ich mir über diese zudiktierte Funktion der Bewunderung nicht klar wurde, aber auch sein auftrumpfendes und prahlendes Verhalten nicht deutete, wiederholte sich die Vorstellung mit noch mehr Eindringlichkeit. Ich hatte Angst, mit seinem Herrschaftsbewußtsein auch die Welt seiner Kindheit in Frage zu stellen und ihn damit zu verletzen, fürchtete letztlich um die Vertrauensbasis, die ein Analytiker gewöhnlich zu erhalten bestrebt ist. So wurden mir unter anderem die wertvolle Einrichtung des großen Gutes, die zahlreichen Kunstschätze, die unzähligen Bewohner des Hauses, das Personal und die wissenschaftliche Tradition sowie die direkte Verbindung und Freundschaft mit Angehörigen des europäischen Hochadels präsentiert. Auch gab es in dem Haus eine antike Waffen- und Rüstungssammlung, vor der er sich selber niemals gefürchtet, mit der er aber andere das Fürchten gelehrt hatte. Es wurde deutlich, daß das Gut ein Reich für sich beziehungsweise eine Enklave dargestellt hatte. Seine Bewohner waren kaum auf Außenstehende angewiesen. Das trug einerseits zu Gefühlen wie Stolz, Unabhängigkeit bei, andererseits aber bedeutete diese Autarkie äußere und innere Isolation, was die Bewohner selbst nicht bemerkten. Der Stolz überwucherte ihre Unfähigkeit zur Verbindung mit anderen. Indem sie die anderen verachteten, wuchs ihr Stolz noch. In der Darstellung dieser dreißig Jahre vergangenen Zeit lag der Versuch einer Beschwörung, als wolle der Patient jene Zeit, die von allen Familienmitgliedern in einem gleichsam bewußten Familienroman kollektiv gepflegt worden war, belebt erhalten. Ich erkannte diesen Versuch nicht, vielmehr maß ich seiner Darstellung lediglich Erinnerungscharakter bei.

Zu wirklichen Assoziationen, deren Aussagegehalt oder Funktion als Brückenglied zu einem latenten Thema vom Patienten in der therapeutischen Ichspaltung betrachtet werden kann, war der Patient nicht in der Lage. Die Darstellungen seiner Kindheit blieben manifest. In ihrem meist eidetischen Charakter[4] standen sie inselartig und absolut konkret nebeneinander. Diese Unfähigkeit, im eigentlichen Sinne unmittelbar zu erzählen, sowie eine gegenseitige stumme Übereinkunft mit der Mutter machte ihn für ihn selbst sprachlos. Von seiner in der

4 Die eidetische Wahrnehmung, wie sie auch in der Beziehung zu meiner Person sich auswirkte – jeder Anflug von Blässe etwa wurde wahrgenommen –, stand ganz offensichtlich im Dienste der ständig auf Wachsamkeit eingestellten Abwehr.

Analyse Hilfe suchenden Seite aus betrachtet, versuchte der Patient mit seinen Wiederholungen nicht nur unbewußt zu imponieren und sich so vor Einsicht, sogar eigener Kritik zu schützen, sondern auch Verständnis beziehungsweise die Interpretation dieser so erstarrten Welt seiner Kindheit zu finden, die er nur gleichermaßen erstarrt vorstellen konnte. Er brauchte mich – und das verstand ich mit der Zeit –, um diese Assoziationsbruchstücke wieder zu verbinden, sie also in ihrer affektiven Bedeutung aus der Isolierung zu heben und aggressive wie libidinöse Affekte zu beleben, damit er schließlich selbst Stellung nehmen könne. Die vorläufige Aufnahme und Bewahrung und stückweise Rückgabe, Bearbeitung wird in der Klein'schen Schule die »Containerfunktion« des Analytikers genannt. Das heißt auch probeweises Bewerten, damit letztlich Vorstellung und zugehöriger Affekt zu einer Beurteilung führen. Ich sah in diesen Wiederholungen, indem er die ganze alte Geschichte vor mich hinstellte, auch die Aufforderung, endlich die wirklichen Proportionen zwischen ihm und dem idolisierten Anspruch seiner Herkunft in Betracht zu ziehen. Nur er begann damit nicht. Das betraf besonders die menschlichen Beziehungen in diesem Haus, in dem es weder Geselligkeit noch Gesellschaft, nicht einmal ein Miteinander der Bewohner gegeben hatte. Die um den Vater als Haupt verkürzte Restfamilie stand unter dem Diktat des Krieges und rechnete mit Hitlers Sieg. Am Heiligabend zog der Großvater, gefolgt von der Kinderschar, polternd durch die Krippe, die ein ganzes Zimmer einnahm. Das Lied »In Austerlitz, da hat es gedonnert und geblitzt, die Preußen haben ihr Blut geschwitzt« singend, zertrampelte er nicht nur die Krippe, er zertrampelte auch die Gefühle der Kinder, und statt zu weinen lachte man und war stolz, solchen Krach machen zu können und für die anderen gültige normative Erwartungen zu verletzen. Mit der ungewöhnlichen Größe der Krippe und der Größe des imponierenden Gehabes stellte der Patient die unsägliche Entwertung dar, der gegenüber er selbst – als Kind wie auch heute – stumm blieb. Er suchte Hilfe von mir, all das zu bewerten beziehungsweise in Frage zu stellen und neue Normen und Werte zu konsolidieren, und erwartete, daß ich Begriffe fände, seine Wirklichkeit, die aus Verwirrungen bestand, auszudrücken, was mir erst im Verlauf der Analyse klar wurde.

Der Patient war von Anfang seiner schulischen Entwicklung an ein Versager gewesen. Bereits in der Grundschule war er zweimal sitzengeblieben. Das Abitur hatte er zunächst nicht erreicht. Erst als er sich aus der Familie gelöst hatte und auch seine Karriere in der Bundeswehr gescheitert war, wo er Berufssoldat werden wollte, konnte er auf einmal in einer nahezu blindwütigen Einstellung auf geistige Arbeit das Abitur ohne jede fremde Hilfe nachholen. In der Analyse erkannte er selbst, warum er in der Bundeswehr gescheitert war: Es war ihm unmöglich, die Hand um das Gewehr und einen Finger an den Abzug zu legen. Diese Unfähigkeit, in der seine Tragik gegenüber der Familie enthalten war, hatte er kaschiert, indem er durch einfache Prüfungen fiel, die zur Aufstiegskarriere als Berufssoldat gehörten. Doch hatte er seine Menschlichkeit, die in dieser »Unfähigkeit« lag, nicht begriffen. Nach dem Abitur studierte er, entgegen der Familientradition, Sozialpädagogik und konnte sich über sein Diplom, mit dem er sein Studium abschloß, freuen. Im ersten Jahr der Analyse, während wir in der Analyse daran arbeiteten, sein aufgeblähtes Größenselbst – wie Kohut das zu jener Zeit bezeichnet hätte – schrittweise zu verkleinern und zu entlasten, schrieb der Patient an seiner Dissertation.

In der beschriebenen Weise seiner Darstellung schilderte der Patient auch seine frühe Beziehung zur Mutter: Ich sollte staunen, betroffen sein und das Erzählte als Tatsache quasi »schlucken«. Wieder trugen seine Aussagen den Charakter einer Deklaration und galten als Erklärungen grundsätzlich und unumstößlich. Nachträglich wurde mir klar, daß es dem Patienten so ergangen sein mußte, wie ich es zunächst erlebte. Er mußte Situationen mit der Mutter erlebt haben, in denen er selber unfähig geworden war, Sinnzusammenhänge zu verstehen. Auf die Frage »warum?« hatte die Antwort gelautet: »Weil ich es so sage!« Damit war ihm die Möglichkeit zum Nachvollziehen, zur Verständigung mit anderen und zum geistigen und emotionalen Wachstum genommen worden. Eine solche Situation war ihm später erzählt worden, und er hatte sie nie vergessen: Als knapp eineinhalbjähriges Kind hatte ihn die Mutter auf das elterliche Bett gelegt, wo ihn die Hausdame zu übernehmen hatte. Offenbar mußte die Mutter sich um den jüngeren Bruder, der damals ein Säugling war, kümmern. Dieses Hingelegt- oder Abgelegtwerden mußte der Patient als exemplarisch für die Haltung seiner Mutter verstanden haben, die er als sehr schlimm empfand. In der Analyse drehte er diese mit wahrscheinlich überwältigenden schlechten Gefühlen verbundene Erfahrung um, indem er mir die Geschichte hinlegte. Er vermied dadurch die innere Beteiligung, brauchte nicht zur versteckt in der Erzählung enthaltenen Anklage zu stehen und übergab mir die Arbeit. In der gleichen, scheinbar distanzierten Weise erzählte er eine andere libidinöse, aber in sich abbrechende und damit unverständlich bleibende Situation, in der er als Kleinkind auf dem Schoß seiner Mutter stand und ihr um den Hals fallen wollte. In diesem Moment mußte sie ihm unter die Arme gegriffen und ihn in einem Schwung neben sich auf die Erde gestellt haben. Auch diese Erinnerung, eine Deckerinnerung, stand für eine Einstellung der Mutter, die als Haltung kumulativ traumatisch wirkte.

Die Mutter ertrug den kleinen bedürftigen »Mann« nicht. Kurze Zeit später berichtete der Patient innerlich folgerichtig davon, daß er am Blitzableiter entlang auf das hohe Dach des Hauses hinaufgeklettert war, um oben neben dem Schornstein auf einem kleinen Podest zu stehen. Damit brachte er mich wieder zum Erstaunen vor seinem Können und seinem Mut. Allmählich fand ich aus der Verwirrung meiner Situation heraus, um die kontraphobische Natur dieser Unternehmungen, den zwanghaften Übermut, zu deuten. Der Patient wußte zu faszinieren und lähmte so immer wieder meine analytische Haltung. Seine Mutter mußte er faszinieren, wenn er sie für sich gewinnen wollte, wenn er so groß sein wollte und sollte wie sein Vater. Lange Zeit war ich so befangen, wie man es einem Schlafwandler gegenüber erlebt: Ich hatte Angst, daß er beim Aufwachen stürzen würde.

Der Patient hatte sich im Laufe der Zeit – von mir unbemerkt – in subtiler Weise dem Setting der Analyse angepaßt. Äußerlich erschien alles in Ordnung: Er kam niemals zu spät, zahlte selbst und pünktlich, schien Assoziationen zu haben, jene »Tatsachenbeschreibungen«, und ging – vordergründig – auch auf Deutungen ein, ein Eingehen, das stets und rasch mit einem nächsten Schritt der Abwehr wieder aufgehoben wurde. Diese zunächst subversive Form des Umgangs mit dem anderen war als Strategie konsolidiert. Zwischen ihm und mir breiteten sich, wie er dieses Ringen um Deutung nannte, »Turbulenzen« aus. Er wollte ja nicht berührt werden. In kleinen Schritten versuchte ich, ihn zur Realität hinzuführen.

Bei der Dissertation beispielsweise, die er im ersten Jahr der Analyse begann, fühlte er sich erstmals zu einer schrittweisen Entwicklung einer Arbeit gezwungen und sah sich ständig mit seiner Ungeduld konfrontiert. Dennoch bewerkstelligte der Patient einiges selbst: Er blieb bei dieser Arbeit, auch wenn ihn schier unerträgliche innere Zustände überfielen. Dazu begann er, um eines Tages mehr Geld verdienen zu können, eine kaufmännische Ausbildung. Während ich meinerseits mit diesem Fortschritt zufrieden war, weil ich das Gefühl hatte, schwere Arbeit geleistet zu haben, indem ich bei ihm geblieben war, ihn ermutigt und die Durststrecken mit ihm ausgehalten hatte, bedeuteten ihm seine Fortschritte nachher nichts. Er nannte seine schließlich abgeschlossene Dissertation einen »Kotau vor der Gesellschaft«. In dieser Situation wurde ich meiner Funktion eines *Lastenträgers* ansichtig, der nicht nach dem Ziel zu fragen hat – der Funktion eines *Wirtes in einer parasitären Beziehung*.

Diese Erkenntnis ermöglichte mir die Deutung der Objektbeziehung und damit die Rückkehr zu meiner analytischen Haltung oder Position, die aber noch viele Male im Fortgang der Analyse schwer in Frage gestellt werden sollte. Um erste Einsichten in Veränderungen umzusetzen, brauchte der Patient lange Zeit. So dauerte es ein Jahr, bis er die Holzpantinen, die er stets getragen hatte und die zu dem vordergründigen Knecht paßten und nicht zu seinem wirklichen Anspruch, mit Lederschuhen vertauschte. Diese allerdings hatten seinem Vater gehört, der, wenn sich erste Falten bildeten, seine sonst noch guten Schuhe abzulegen pflegte. Die ersten eigenen Schuhe, die sich der Patient in der Zeit seiner Analyse selbst kaufte, verursachten schmerzhafte Blasen; er erlebte dabei aber, in seinen eigenen Schuhen, »auf eigenen Füßen« zu stehen.

Den Bedürfnissen und dem Triebdrang des Patienten war in der Erziehung kein Einhalt geboten worden, ganz im Gegenteil: Als Kind wurde ihm gezeigt, wie Realität bis zum äußersten zu verleugnen, gewaltsam zu verbiegen sei. Niemand hatte die beschriebenen Kletterpartien auf das Dach als gefährlich angesehen oder auf die Gefährlichkeit aufmerksam gemacht. Verbrannte er Eigentum des Nachbarn in dessen Garten, bekam er statt Schelte Geld zur Wiedergutmachung, als sich der Nachbar beschwerte. Beim Ausheben von Gräben im Garten und beim Graben von Tunneln unter der Grenze hinweg identifizierte er sich wahrscheinlich mit seinem Vater, der in Schützengräben oder Unterständen stand und schließlich Grenzen unterminierte. Auch dieses expansive und gleichzeitig invasive Verhalten wurde nie gerügt. Er erinnerte sich an seinen Stolz bei dem unbemerkten Übertritt auf fremdes Eigentum. Erzählte der Patient in der Analyse solche Szenen, wartete ich vergebens auf einen Kommentar; denn früher hatte wohl niemand aus seiner engeren Familie eine kritische Stellung eingenommen. Die Verwegenheit seines Tuns machte mich oft sprachlos. Ich sah damals nicht, daß der Patient auf meine Zustimmung oder Warnung wartete. Sein kritischer Anteil war zu gering, um sich zu regen. Irgendjemand – wahrscheinlich die Hausdame oder jemand vom Personal, dem er letztlich nicht zu folgen hatte – mußte ihn dennoch auf das Verbotene seines Tuns und die anderswo geltenden Regeln des Lebens hingewiesen haben. Wieder jemand anderes mußte ihm dann gezeigt haben, daß man sich darum nicht zu kümmern brauchte. Den Unterschied zwischen solchen echten und unechten Ansprüchen eines Gewissens mußte er als Kind gespürt haben; denn obwohl er sich an keine Einzelheiten des Umgangs mit der Hausdame erinnerte, besuchte er die einfache, spontane, inzwischen hochbetagte Dame nach Aufnahme seiner Analyse häufig. Häusliche, zusätzlich aber auch Erziehungsideale des »Dritten Reiches« hatten die emotionalen Beziehungen des Patienten verformt, etwa, daß ein Kind »früh abgehärtet« werden sollte. Dieses Abhärten bezog sich nicht allein auf Stärkung körperlicher Widerstandskraft, sondern ebenso auf das psychische Wachstum. Gefühle galten als Verzärtelung, die der Ertüchtigung entgegenstand, und wurden so lange unterdrückt, bis sie gar nicht mehr erlebt wurden: Man fror nicht, man schob den Gang zur Toilette auf, ein Junge weinte schon gar nicht, man fürchtete sich nicht, sondern zeigte Mut, Stärke und Unerschrockenheit. Es galt, seine Motorik zu beherrschen, um ein Ziel über alle innere Bewegtheit hinweg erreichen zu können. Gefühle hätten Mitleid, Mitfühlen mit einem anderen, einem Betroffenen, bedeuten können und damit den Helden aufgehalten. Solch kämpferisches Verhalten wurde als Tugend ausgegeben und mit der Prämie »Mut« oder »Tapferkeit« bedacht.

Den Konflikt zwischen unmittelbarem Tun und Nicht-Tun, Weinen-Müssen und Doch-nicht-Weinen-Können, in dem sich der Patient befand, fühlte er selbst fast nicht. Er beschrieb schließlich sein Verhalten als stets nur mittelbares, nie direkt und damit eindeutig, und stand gleichsam auf einer Kippe zwischen Bejahung und Verneinung, drohte ständig, in die Richtung des alten Ideals, alles darstellen zu müssen, zurückzufallen. Er wünschte ein Eingrenzen seines überschießenden Handelns durch die Analytikerin, sonst hätte er nun als Erwachsener sein Verhalten letztlich nicht in Frage stellen wollen. Ihm zu einem so späten Zeitpunkt die Schmerzen einer Eingrenzung zuzufügen war schwer. Es bedeutete, daß ich Empörung und Vorwürfe, Ausdrucksformen seiner Aggression aushalten mußte. Das Normale mußte ich wie eine Zumutung vertreten. Als Schulkind hatte er zum Trost für eine schlechte Note vom Großvater, dem es angeblich in der Schule nicht anders ergangen war, Geld bekommen. Der Großvater hatte zwar die Rolle des Vaters übernommen, doch nicht in dem Sinne, daß er das väterliche Prinzip mit einem Nein im fördernden Sinne vertreten hätte. Sein scheinbar von anderen völlig unabhängiges Leben demonstrierte der Großvater, indem er immerfort sagte: »Haltet mir die Leute vom Leib!« Er tat so, als gäbe es für ihn kein Geben und Nehmen. Daß der Patient in der Grundschule von Anfang an erfolglos war, bekümmerte die Mutter zwar sehr, doch die gemeinsamen Bemühungen um die Schularbeiten verliefen fruchtlos. Als er sich für eine Hauslehrerin begeisterte und nach kurzer Zeit Erfolge zeigte, wurde diese entlassen; denn die Mutter wollte es sein, die ihn »liebte« und »förderte«, das heißt sie nannte die Erfolge ihres Sohnes ihr eigen. Die mit roter Tinte geschriebenen schlechten Zensuren in seinen Heften radierte sie mit einem Messer weg und änderte sie in bessere. Es galt als unmöglich, daß jemand in dieser Familie schlecht sei: Eindeutig lag es an den Lehrern. So standen zwei

Wertmaßstäbe nebeneinander: einer, der draußen in der Schule galt, und ein anderer, der zu Hause galt. Als der Patient einmal als Schwarzfahrer vom Kontrolleur erwischt worden war und zu Fuß gehen mußte, hatte die Mutter vorwurfsvoll gesagt: »Hast du nicht gesagt, daß du ein ›von N.‹ bist?« Der Familienname, so die Mutter, mußte doch überall wie ein Schlüssel wirken. Alle, die etwas erwarteten oder gar forderten, die Lehrer, der Schaffner und auch der Kontrolleur wurden für ihn zum Verfolger. Man selbst war dagegen jemand Besonderer.

Die Abwesenheit des Vaters hatte in den ersten acht Lebensjahren des Patienten viel Verwirrung gestiftet. Als der Vater zur Taufe des Bruders aus dem Feld kam, war der Patient fünfzehn Monate alt. Diese erste Begegnung mit dem Vater, an die er sich angeblich zu erinnern wußte, war offensichtlich nicht sonderlich beeindruckend gewesen, hatte dem Patienten aber bewußt werden lassen, daß der Platz, den er mittlerweile eingenommen hatte, einem anderen gehörte. Er mußte sich erneut ausgeschlossen beziehungsweise danebengesetzt gefühlt haben, wie es zuvor die Mutter mit ihm gemacht hatte. Obwohl der Vater dann wieder abwesend war, bekam der Patient dessen Anwesenheit noch viele Jahre lang vielfach in indirekter Weise zu spüren. Er berichtete zum Beispiel von ihm zunächst nahezu unerklärlichen Stimmungsveränderungen der Mutter durch die täglichen Feldpostbriefe des Vaters, in denen sich eine ihm unfaßbare Beziehung des Vaters zur Mutter niederschlagen mußte. Obwohl diese Beziehungsform für sein Erleben phantomartig war, konnte er nicht dazwischentreten. Dagegen setzte ihn die Mutter bei den Mahlzeiten auf den Platz des Vaters, und seine Serviette steckte in dessen Serviettenring. Klugerweise ahnte er, daß dieser Platz ihm eigentlich nicht gehörte und ihm irgendwann erneut streitig gemacht werden würde. In der Orthographie zeigte er in der Schule seine schlechtesten Leistungen. Möglicherweise war das Ausdruck seines Neides auf die Beziehung zwischen seinen Eltern, die in den Feldpostbriefen zum Ausdruck kam: Er verweigerte jedwede schriftliche Äußerung und bestand damit auf einer unmittelbaren Beziehungsform, was mit der Hilfe bei den Hausaufgaben geschah. Es war ein Anspruch, der auf unmittelbare Befriedigung drängte. Nachdem sein Bruder zur Welt gekommen war und er mehr der

Hausdame anvertraut wurde, war er zwar der Mutter körperlich nicht mehr so nahe, aber ihr doch über insgeheime Idole verbunden, wie folgende Szene zeigt: Vor dem Haus, in dessen ersten Stockwerk die Mutter wohnte, stand ein Kastanienbaum. Auf diesen Baum pflegte der Patient zu klettern, sich auf den relativ starken Ästen weit nach vorn zu wagen, die Blätter auseinanderzuschlagen und dicht vor dem Fenster der Mutter zu erscheinen. Dieses wagemutige Verhalten brachte ihm zwar nicht körperliche Nähe, aber über einen Abgrund hinweg den Glanz in den Augen und das Lächeln im Gesicht der faszinierten Mutter. Sie mußte dieses gefährliche Spiel begrüßt haben, sonst hätte der Patient es nicht so oft wiederholt. In der Bestätigung, die er empfunden haben mußte, wenn die Mutter über ihn strahlte, war zugleich Übereinstimmung enthalten, so daß er ehrgeizige und wagemutige Ziele verinnerlichte. Außerdem zeigte dieses Beispiel, daß Mut und körperliche Gewandtheit allein nicht zählten, sondern erst übermäßig eingesetzt reizvoll erschienen. Die sportbegeisterte und aktiv Sport treibende Mutter hatte den kleinen Jungen einmal beeindruckt, als sie auf einen Pfahl gesprungen war, der, oben zugespitzt, die Einfahrt zu einem Weg versperrte, und darauf mit einem Bein balancierte, möglicherweise eine Deckerinnerung für die sexuelle Beziehung der Eltern. Dennoch imponierte dem Patienten die ungeheuerliche Geschicklichkeit der Mutter, die ihn damals zu Tränen veranlaßt haben soll, weil er es ihr nicht nachtun konnte. Die Erwartung der Mutter legte den Patienten so fest, daß eine Verfehlung der Ziele für sie und für ihn, der er so abhängig von ihr war, eine Kränkung bedeutete. Auf diese Weise wurde aus Mut Waghalsigkeit. Dazu kam die Auffassung, man habe eine körperliche oder geistige Eigenschaft, oder man habe sie nicht. Eigenschaften waren angeboren, also ererbt. Solche Begabungen zeichneten einen aus und verpflichteten gleichzeitig zu Ungeheuerlichem. Üben war verpönt. Es genügte dem Patienten beispielsweise, daß er angeblich zur Olympiamannschaft vorgeschlagen wurde. Mir gegenüber gab er in der Analyse an, die Bestzeit im Eintausendmeterlauf zu erreichen. Später erfuhr ich zu meinem Erstaunen von ihm, daß es sich um die Zeit für Frauen gehandelt hatte, was er mir unterschlagen hatte und für ihn wie selbstverständlich war.

In der Übertragung spiegelte sich die Verbundenheit von Mutter und Sohn in einer Begebenheit wider, die analog zu der Geschichte mit dem Kastanienbaum verlief: Einmal sah ich vor seiner Analysestunde aus dem Fenster im zweiten Stock. Etwa zwanzig Meter entfernt von diesem Fenster befand sich am Straßenrand ein Kastanienbaum. Der Patient kam auf dem Fahrrad. Als er noch nicht ganz am Kastanienbaum vorbei war, kam ich in sein Blickfeld, und wir sahen uns. Eine Sekunde später rutschte er auf der gerade regennassen Straße, stürzte aber nicht. Nachdem er sich auf die Couch gelegt hatte, erwartete ich, daß er das eben Geschehene zur Sprache bringen würde. Da er es nicht tat, sprach ich die Situation an. Er brachte seinen Beinahe-Sturz keineswegs mit einer Verunsicherung durch den Blickkontakt in Zusammenhang, sondern behauptete, ihm stehe deutlich vor Augen, daß ich unsicher dreingeschaut hätte. Seine Unsicherheit war nur in der Projektion zu entdecken. Die Enttäuschung darüber, daß ich angeblich nicht gelächelt hätte, überspielte er glatt. Das alte Spiel, zwischen ihm und mir neu aufgelegt, war für sein Erleben fehlgelaufen. Während er nach seiner Beschreibung direkt aus dem Kastanienbaum gekommen war, war er für meine Wahrnehmung über die Straße gekommen, an der, einen Teil der Straße verdeckend, der Kastanienbaum stand. Er sah sich selbst also nur in der Weise, wie er sich aus meiner Sicht vorstellte. Das war die alte Perspektive, aus der er sich aus den Augen der Mutter heraus sah. Da er Beifall gewohnt war und darauf rechnete, ihm lediglich eine milde Übereinstimmung mit mir, nur ein leichtes Lächeln nicht genügte, wurde er unsicher, hielt diese Unsicherheit nicht aus und schrieb sie sofort mir zu, womit er wieder eine Sicherheit erreichte. Mit dieser Episode konnte ich erstmals die Tragweite der Verschmelzung mit den Idealen der Mutter im Sinne einer symbiotischen Omnipotenz und den frustranen Trennungsversuch von ihr nachvollziehen. Der Patient hatte ein *»falsches Selbst«*, er sah sich nur durch die Augen der Mutter und zwar so lange, wie die aufeinander eingestimmten ehrgeizigen Wünsche erfüllt wurden.

Als ich ihm diese komplexe Natur seiner Beziehung zu mir und der Mutter aufzeigen konnte, rief das einen Haß auf die Wünsche und Ziele der Mutter hervor. Sie habe ihm Ideale vorgehalten »wie kalte Lichter«, »weit ausgereckt vor ihm, so daß er die Lichter nie erreichen« konnte. Sein Haß nahm zeitweise ein übergroßes Ausmaß an. Die Haßtiraden in der Analyse wollten nicht enden. In jeder Handlung der Mutter, beispielsweise mit den Enkelkindern, entdeckte er »falsches« Verhalten im weitesten Sinne und stellte die Mutter ständig vor der Familie bloß. Gleichzeitig war er tief verzweifelt; denn es war auch der Haß auf sich selbst, daß er der Verführung erlegen und zu einer Zeit verführt worden war, als er noch keine Widerstandskraft hatte.

Der Patient ahnte, daß der Vater der notwendige Dritte war, der ein anderes, das väterliche Prinzip vertreten hätte, das Unlust ertragen lehrt, indem einem Dritten der Platz eingeräumt, auch Verzicht auferlegt wird. Das bestätigte sich, als ausgerechnet an dem Tag, als die angekündigte Heimkehr des Vaters unmittelbar bevorstand, er kurz bevor dieser das Haus erreichte, das einzige Mal vom Kastanienbaum stürzte und den Unterkiefer brach. Der Patient hatte den Sturz vom Platz des Vaters, den er lange befürchtet hatte, weil die Mutter immer wartete, vorweggenommen und konkret vollzogen. Des Vaters Rückkehr und alle damit verbundenen freudigen und traurigen Gefühle wußte er nicht auszuhalten. Auch in der Folgezeit, damals wie in der Analyse, wurde die Heimkehr des völlig erschöpften Vaters, der keinen Sieg errungen, sondern verloren hatte, verleugnet, so daß sie keine Gefühlsbewegung oder Auseinandersetzung in die bestehenden Beziehungen brachte. Die Beziehung zwischen Mutter und Sohn bestand fort und wuchs zu einer unerschütterlichen symbiotischen Omnipotenz an, die den Vater ausschloß, der außerhalb der bestehenden häuslichen Gemeinschaft und nicht in sie integriert leben mußte. Die niemals zugegebenen Ängste des Patienten wurden durch die Verleugnung des Anspruches des Vaters nur erweitert. Schließlich wußte der Patient, daß der Vater Standgerichte zu halten und Deserteure exekutieren zu lassen gehabt hatte. So erinnerte sich der Patient an Erzählungen, der Vater habe einmal drei Akademiker erschießen lassen. Der eine sei Pfarrer, der andere Student gewesen, was der dritte gewesen war, das wußte er nicht mehr. Es wurde ihm und mir verständlich, daß er sich fürchtete, daß er das hätte sein können. In der Abwehr seiner Angst teilte der Patient die Verachtung der Mutter für den Vater, der nicht als Sieger heimgekehrt war. Man konnte über ihn lachen, wenn man wußte, daß dieser zum Beispiel vor wichtigen Terminen und unter Umständen mitten auf der Straße dringend auf die Toilette mußte. Die Verachtung des Patienten verhinderte nicht, daß er in der inneren Annäherung an seine extrem abgewehrte Angst selbst im Verlauf der Analyse ein gleiches Symptom erwarb und zudem schwere Durchfälle bekam, wenn er unlustvolle Bewegungen seiner Gefühlswelt und Verschiebungen seiner Maßstäbe erlebte. Letzteres bedeutete auch den Versuch der Externalisierung. Er war dazu mißbraucht worden, stellvertretend für die häusliche Familie in der großen Desillusionierung dem Vater Verachtung entgegenzubringen; denn dieser war nicht siegreich gewesen, hatte Anteil am Zusammenbruch der verheißenen Grandiosität des »Dritten Reiches«. Die Familie war unfähig, von den Illusionen zurückzutreten, die ungezügelten Größenphantasien zu korrigieren, Werte, die der neuen Realität entsprachen, zu errichten und schließlich den heimgekehrten Vater wieder einzugliedern, der ja lebte. Wäre der Vater gefallen, hätte er – im Sinne der Familie – wenigstens einen Heldentod gefunden. Die Mutter versagte in ihrer Funktion, dem Kind zur Integration des wirklichen Vaters entgegen dem Phantombild zu helfen. Insgesamt war zu jenem Zeitpunkt eine Umstrukturierung von Ichideal und Überich notwendig. Auf dieses Phänomen weist auch Simenauer (1980) hin. Im Falle einer *Reintegration des Überichs* müssen zuvor abgespaltene und an einen Führer delegierte Teile ins Ich zurückgeholt werden. Da libidinös besetzte Objekte hier nicht verlorengegangen waren, handelt es sich nicht um eine direkte Trauerarbeit, sondern Einsicht und Einholung der Größenphantasien.

Wichtigste Bezugspersonen für den Patienten waren Mutter, Großvater und, negativ besetzt, der Vater. Alle anderen Menschen waren hinter diesen zurückgetreten. Bruder und Vettern in dem großen Haus hätten Spielkameraden sein können. Doch der Patient spielte eigentlich nicht, sondern zog in Haus, Garten, Feld und später im Wald umher. Gelegentlich, aber gern half er bei der Gartenarbeit und pflegte auch als Erwachsener seinen Garten. Das war das Refugium seines »wahren Selbst«. Mit Stolz erzählte er dagegen, wie er zu Gruppen anderer Kinder Kontakt aufzunehmen pflegte, was sich immer in der gleichen Weise vollzog: Er überrumpelte sie, indem er sie ohne Anlaß »verhaute«, und konnte dann für kurze Zeit zum Anführer werden, zu einem längeren Miteinandersein hatte er gar keine Lust. Nur diese Aktion des Unterwerfens war für ihn als Bestätigung wichtig. List, Tücke und Taktik einzusetzen war die Devise dieser Fertigkeit. Eigentliche Freunde hatte er nie besessen.

Mädchen beurteilte der Patient wie sein Vater, der ihm gesagt hatte: »Es gibt zwei Sorten Mädchen, die einen nimmt man, die anderen heiratet man.« Nach diesem Motto hatte er früh ihn zufriedenstellende sexuelle Beziehungen. Nur eine seiner Freundinnen erwähnte er in der Analyse mit ihrem Namen. Seine leidenschaftlichen Gefühle hatten ihn damals verwirrt. Erst in der Analyse entdeckte er in diesem Mädchen seine erste Freundin. Nach langer Zeit der Freundschaft war sie zu einer sexuellen Beziehung bereit gewesen. In diesem Moment erlebte er sich erstmals als impotent und brach die Freundschaft abrupt ab. Zwei Jahrzehnte später lernte er verstehen, wie dieser Bruch zustande gekommen war. Die Freundin hatte ein Begehren geäußert, das er nicht befriedigen konnte; denn es hätte zugleich ein Beschenken bedeutet. Er hatte sich mit dem »Führer« identifiziert, und der »Führer« machte keine Geschenke, sondern forderte ein und gab Befehle.

In den ersten Jahren der Analyse zog mich der Patient in seine egozentrische Welt. Er betrachtete mich wie selbstverständlich als einen Akklamateur und sagte später aus tiefer Überzeugung, indem er mich anläßlich einer Deutung auf meinen zugedachten Platz verwies: »Sie sind *nur* mein Zuschauer.« Meine Interventionen waren zu behutsam, zu feinfühlig, auf die Mehrdimensionalität einer Aussage oder einer Frage ausgerichtet, einen dahinterliegenden Sinn zu erschließen. Dennoch war die Not der Verständigung ihm und mir offenkundig. Aus einem unguten Gefühl und immer größer werdenden Ärger und Enttäuschung heraus merkte ich, daß ich viel konkreter, viel unmittelbarer und direkter sein mußte. Er brauchte ein klares Urteil, ein Ja oder Nein. Immer leidvoller klagte er selbst darüber, daß er sich nur »mittelbar« ausdrücken könne. Oft erklärte er mir – wie »es bei ihm ginge« – anschaulich mit den

Händen, ohne Sprache. Er schlug mit der zur Faust geballten linken Hand in die rechte hohle Hand. Erst verstand ich nicht, was er damit meinte. Doch dann wurde mir das Bild der eigentümlichen Handbewegung klarer: Es stand für seinen Triebvollzug und auch für sein Denken. Jeder Wunsch sollte sofort erfüllt, jede Idee sofort verwirklicht werden. Ein Beispiel für diese unmittelbaren Umsetzungen war seine Erklärung für die schweißnassen Hände, die er in der Analyse neuerdings bekam. Da ihm psychische Prozesse unverständlich waren, Ergebnisse der Verhaltensforschung der Tiere ihm in seiner biologistischen Auffassung näher lagen, verglich er diese Schweißabsonderung mit einem Reflex der Affen. Sie sei dem Klettern nützlich, meinte er und führte es mir am Beispiel des In-die-Hand-Spuckens beim Umgraben vor Augen. Entsprechend konkret erklärte er seine nassen Hände, doch hatte er dabei übersehen, daß sowohl beim Klettern, einem Fluchtreflex, als auch in seinem Falle Angst eine wesentliche Rolle spielte. Angst zu haben hätte ihn gekränkt. Mit der Symptomausbildung war die Verleugnung jedoch schon aufgehoben. Seine frühere Tapferkeit war ganz generell in Wehleidigkeit, teilweise auch in Selbstmitleid aufgegangen. Auch hier mußte ich den Ausdruckssinn des Schwitzens, des Angstschweißes, ihm wie eine *Zumutung* anheimstellen, da er gewaltsam auf »guten Erklärungen«, das heißt der weiteren Rationalisierung als Abwehr bestand. Das Darauf-Bestehen war die letzte Form eines Doch-Rechthabens, Unabhängig-Seins – wie er es zu Hause erfahren hatte, eine Starrheit, die dem Lebensvollzug und seinen Veränderungen widersprach. Zu späterer Zeit verstand der Patient das Schwitzen der Hände besser. Er hatte inzwischen akzeptieren können, daß es unmittelbarer Ausdruck seiner Angst war, die den Schweiß hervortrieb. Er konnte selbst diese Angst spezifizieren. Im Vergleich zu seinem Vater fühlte er sich als Feigling, seine Angst war die des Feiglings, wenn er in dem Konflikt zwischen Tun und Nichttun stand. Immer hatte er jenen Vers aus der Kinderzeit aufgesagt: »In Austerlitz, in Austerlitz, da hat's gedonnert und geblitzt, die Preußen haben ihr Blut geschwitzt.« Jetzt fiel ihm das Ende dieses Spottverses auf die Preußen ein. Es heißt: »Da haben sie aus lauter Kartoffeln und Sauerkraut eine Mauer gebaut.« Das bedeutet, sie haben sich verschanzt hinter ihrem

Essen, sie zogen nicht in die Schlacht und waren feige. Da an den Händen des Vaters Blut war, war dieser mutig, aktiv. An seinen eigenen Händen lief nur der Schweiß herunter. Im Vergleich zum Vater war er als Feigling ein Nichts.

Immer wieder trug der Patient monoton seine vorwurfsvolle Klage vor, »er müsse nur Gefühle haben«, die mich mit der Zeit immer ärgerlicher stimmte. Da er wirklich nur wenig imstande war, innere Bewegung zuzulassen, hatte er recht, doch fiel es mir schwer, ihm diese Klage zu glauben; denn so, wie er Gefühle einforderte, beinhaltete die Klage für mich etwas scheinbar »Machbares«, ein Anspruch, der mich abstieß, weil ich mich genötigt beziehungsweise nahezu erpreßt fühlte. Dazu gab es so viel, was ich ihm nicht glauben konnte, so daß es mir nur schwer möglich war, die Not hinter dieser Klage anzunehmen. Seine Klage über die mangelnden Gefühle traf zu; die ihm gewiesene Gefühlsunterdrückung stand im Dienst einer sogenannten Willensstärkung. Diese unreife Selbstkontrolle sollte in Wirklichkeit im Kampf dann Widerstandskraft verleihen. Die omnipotenten Vorstellungen hatten zudem der Regulierung und Orientierung durch Gefühle die Durchsetzung genommen. Die Klage über mangelnde Gefühle wurde später von einer anderen abgelöst, ihm fehle »ein bestimmtes Etwas«, als wäre das leicht zu bewerkstelligen und ich würde es ihm lediglich vorenthalten. Dieses »bestimmte Etwas« war ödipaler Natur. Seine Mutter hatte sich nach dem Lesen der Feldpostbriefe jeweils in ihrer Stimmung verändert. Er hatte eine Ahnung davon, daß sie auf den Vater anders eingestellt war, ihm mit anderen Gefühlen begegnete als ihm. Er wollte diese bevorzugte Stellung, erkenntlich an einem »bestimmten Etwas«, einer besonderen Zuwendung, bei mir haben. Das deutete ich ihm. Trotz der Intensität meiner Bemühungen und trotz der Dauer der bisherigen analytischen Arbeit war sein emotionales Wachstum nur gering fortgeschritten. Er hatte keine Freunde gefunden, und die Beziehung zu seiner Frau, zu seinen Kindern, das Verhalten in seinem Beruf erschienen unverändert. Es erschien, daß sehr oft die vielen Kinder, die der Patient in der Zeit seiner Analyse gezeugt hatte, die Kosten zu tragen hatten. Die Zahl der Kinder stand in direktem Verhältnis zur Größe seiner Angst, nicht überleben zu können. Ähnlich der Ehefrau, die Kinder, Haushalt und Studium bewältigen mußte, wurde auch ich als geschlechtlich neutral erlebt und diente nur in der entlastenden und bestätigenden Funktion oder sollte – wie ich an den Klagen schließlich begriff – die Arbeit, auch die innere Arbeit des Patienten übernehmen.

In der Gegenübertragung während der Anfangsphase der Analyse fühlte ich mich vom Patienten unter Druck gesetzt. Obwohl es oberflächlich so aussah, als ob er die analytische Arbeit unterstützte, war er in Wirklichkeit auf ein privates, vor mir geheimes Ziel hin ausgerichtet. Das verstellte mir lange Zeit den Überblick über die neurotische Struktur und den psychoanalytischen Prozeß. Mehr als ein halbes Jahr hatte es beispielsweise gedauert, bis der Patient keine Erektion mehr bekam, wenn er am Ende der Stunde von der Couch aufstand, um sich zu verabschieden. Als ich schließlich mit ihm darüber sprach, hatte er keine Idee, warum er dem hätte Beachtung schenken sollen; er faßte es als eine natürliche Reaktion auf, die ihm vertraut war, zum Beispiel, wenn er mitten in der Nacht ein weinendes Kind aus seinem Bett aufhob. Ich deutete diese Reaktion als einen konkreten somatischen Vorläufer eines Affekts, der noch nicht psychischer Erfahrung zugänglich war. Seine Erklärung war einfach die eines Babys, das automatisch eine Erektion bekommt, wenn die Mutter es badet oder die Windeln wechselt. Nach mehreren Jahren erst stellte sich ein Ausdruckssinn heraus, der etwa lautete: »Präsentiert das Gewehr!« Dies ist ein typisches Beispiel für eine als ichsynton erlebte Konvertierung psychischer Erregung als archaisches Ausdrucksmittel, für die keine andere Möglichkeit der Symbolisierung, erst recht nicht in der Sprache, bestand. Ebenso konkret war der Patient in seinem Körpererleben, wenn er zu seiner Ertüchtigung hungerte, was er als für seine psychische und geistige Entwicklung notwendig bezeichnete.

Khan (1969) beschreibt in seinem Aufsatz »On Symbiotic Omnipotence«, daß ihm erst nach Jahren der Ärger über einen Patienten bewußt geworden sei und er sich die Einsicht erlauben konnte, daß bisher alle analytische Arbeit – getreu dem analytischen Arbeitsmodell - uneffektiv verlaufen sei, betrachte er die aktuelle Lebensweise des Patienten. Die Technik für das Infragestellen der installierten Übertragung einer symbiotischen

Omnipotenz bezeichnet Khan als ein aktives Sich-Entgegenstellen. Das bedeutet, daß eine weitere Übertragung, die nur ein Ausagieren einer gelebten Phantasie darstellt, verweigert wird. Damit werden die sich ständig weiter entwickelnden Größenphantasien aufgehalten. Der Analytiker kann dann den ichsyntonen Charakter dieses Verhaltens in Frage stellen, den Patienten sozusagen zur Einsicht nötigen; denn diesen zweiten Teil des Arbeitsbündnisses übernimmt der Patient bei solchen Strukturen nicht freiwillig. Dann erst nimmt er seine Phantasien und die Art wahr, wie er den anderen in seinen Dienst stellt. In der Situation der Behandlung einer klassischen Neurose zeichnet der Analytiker zunächst sozusagen nach, um unbewußte Konflikte herauszuheben und letztlich eine unbewußt gewordene Phantasie und ihr früheres Verständnis beziehungsweise eine davon hergeleitete dauerhafte Abwehreinstellung, die sich im Erwachsenenalter als Mißverständnis herausstellt und erübrigt, deuten zu können. Die von Khan beschriebenen Patienten benötigen nicht die Aufdeckung unbewußter Phantasien, sondern – so Khan – geradezu ihre Bildung; diese erfolgt durch Zurückweisen der beschriebenen, ausagierten und nicht verbalisierungsfähigen Intentionen und bereits erfolgtes Tun. Heute spricht man davon, dem Agieren durch Deuten Einhalt und in der Folge Verstehen dieses Tuns zu bieten.

Indem er in der symbiotischen Omnipotenz verharrte, hatte sich mein Patient um die Verwirklichung seiner eigentlichen intellektuellen Fähigkeiten gebracht. Einerseits krankte er an einer *Pseudodebilität*, die er im Sich-dumm-Stellen als Abwehr geschickt einzusetzen wußte. Andererseits hatte er seine ganzen intellektuellen Anstrengungen auf die Ausbildung der Durchsetzung seiner Phantasien gesetzt, indem er *List*, vielfache *Manöver*, *Manipulationen* entwickelt hatte, andere zu gebrauchen, zu täuschen. Ebenso viel Energie mußte er zu Tarnung und Schutz seines vorgetragenen Lebens, das nicht eigentlich echt war, aufwenden. Wenn ihm dieses Konglomerat von Abwehr gelang, war er stolz, doch es gab nie Ruhe oder Zufriedenheit. Er brauchte von der Analytikerin eindeutige Standpunkte; denn er kannte ja beispielsweise die Bedeutung eines Ja und eines Nein nicht. Mein Gefühl des Unbehagens über diese Last, das Gefühl des Mißbraucht-Werdens und des

Genarrt-Seins, wurde immer größer. Außerhalb der Analyse trieb der Patient ungestört sein »Unwesen« weiter. Unreflektiert setzte er das, was er vermeinte, aus der Analyse gelernt zu haben, in Handlungen um, die mir nicht mehr vertretbar erschienen, zumal sie die Existenz seiner Familie gefährdeten. So bekümmerte es nicht ihn, sondern immer wieder nur mich, wenn er beispielsweise in wichtigen Briefen für seinen Chef eine Unmenge von Fehlern schrieb und das mit »Legasthenie« erklärte. Er hatte kein Gefühl für Signale. Obwohl er auch Briefe ohne Fehler schreiben und Prüfungen schwierigen Grades ohne fremde Hilfe bestehen konnte, änderte das wenig daran, daß ihm die Fehler nichts ausmachten. All das blieb belanglos, weil es für ihn kein Ja und kein Nein, kein Richtig und Falsch, kein Möglich und Unmöglich gab und er also im primärprozeßhaften Denken verblieb. Für den Aufbau und die Absicherung dieser Scheingröße allerdings sorgte der Patient mit allen nur möglichen, selbst unglaublichen Mitteln. Das entsprach jenem eingangs zitierten Kommentar Hitlers unmittelbar vor Beginn des Zweiten Weltkrieges, daß nämlich niemand nach dem Recht fragt, solange nur der Sieg zählt. Am Schluß der Analyse, als der Patient sein Tun immer mehr erkannte, hatte er ein Märchen seiner Kindheit wiederentdeckt und etwas begriffen: Indem er es fand und mir zeigte, hatte er endlich die Arbeit an sich selbst übernommen. Er sprach über sich. In dem Märchen kam die gleiche Einstellung zu Werten und Menschen zum Ausdruck, die sein Leben bestimmt hatte: Dort gibt es einen König, »der ein rechter Kindskopf war und alles haben wollte, was ihm einfiel,« und eine königliche Familie, die »ganz dumm von lauter Betrachten und Bewundern« wurde. Auf dieses Märchen gehe ich später noch ausführlich ein.

Bevor der Patient schließlich eigenständig nach seinen Grundsätzen und Werten suchen konnte, von denen seine Gefühlsentwicklung abhängig war, war ein entscheidender Einschnitt in meiner jahrelangen Arbeit gegen seine tiefgehende Verblendung, in der er sich mancherlei unbesorgt hatte anmaßen können, notwendig. In unvertretbarem Ausmaß stellte er seine beruflichen Verpflichtungen zurück, um sich stundenlang mit psychoanalytischer Lektüre zu beschäftigen. Es war der Versuch einer Identifizierung und gleichermaßen eine Provokation: Zusätzlich zur Sozialpädagogik hatte der Patient neben den kaufmännischen Aktivitäten einen Heilpraktikerlehrgang mitgemacht und eine Praxis eröffnet, um dort letztlich mir ähnlich psychotherapeutisch tätig zu sein. Er berichtete von einer Patientin, die ihr Leid erzählt und ihn dann angeschaut habe; dabei habe er in ihrem Gesicht und bei sich selbst »die Übertragung« gespürt. Das alles war wahnhaft. Nach langen Zweifeln entschloß ich mich dazu, wie es Khan beschrieb, mich dem Patienten entgegenzustellen und ihn damit meinen Ernst erleben zu lassen. Ich stellte ihn vor die Alternative, entweder seine Analyse bei mir oder diese seine Praxis zu machen. Dabei entdeckte ich, daß ich der Träger für die unangenehmen Zweifel des Patienten und seine Verantwortung geworden war, die eigentlich er zu tragen hatte. Das sagte ich ihm und agierte gleichzeitig Gegenübertragung, indem ich ihn vor jene Entscheidung stellte. Der Patient entschied sich sofort für die Analyse, stürzte – für mich unerwartet – dadurch aber in eine psychotische Episode. Aufgrund seiner offensichtlich festen und verläßlichen Bindung an mich ließ sich der Zustand in einer etwa vierzehntägigen Zeit in der Analyse auffangen – mit dem einzigen Parameter, daß ich ihn bat, sich zu setzen. Diesen Parameter nahm der Patient selber zurück, als er sich besser fühlte und mich offensichtlich wirklich verstanden hatte. Dabei sagte er, er nehme die Analyse jetzt in seine Verantwortung. Obwohl ich sehr unsicher war, mochte ich diese Wende mit ihrer Entwicklungschance nicht durch mein Bestimmen oder Besserwissen aufhalten. Außergewöhnliche Inhalte kamen während dieser Zeit niedrigster Ich-Kontrolle zum Vorschein. Der bereits zitierte Satz, ich sei nur Zuschauer, war die erste unter dieser Veränderung ausgesprochene Empörung. Er war entsetzt und konnte nicht verstehen, daß ich mich nicht länger »loyal« verhielt. Wörtlich meinte er, daß ich doch mit ihm schwanger gegangen sei, wie ich ihn denn fallenlassen könne. Obwohl ich zunächst erschrak, bestätigte sich die von mir seit längerem vermutete Übertragung in Form einer symbiotischen Omnipotenz, ich hatte Träger- und Entsorgungsfunktion. Panische Angst ergriff ihn über dem Gefühl, sein Penis sei nicht angewachsen, er befinde sich lose in seiner Vagina. Jeden Moment befürchtete er, daß ich nach seinem Penis greifen und ihn mir aneignen würde. Trotz seiner Machtausstrahlung hatte er bis zu dieser Zeit verborgen, wie unsicher seine geschlechtliche Identität war und wie bedroht er das Verhältnis zwischen sich und mir erlebte. Es war ein Bild für die Beziehung zwischen ihm und seiner Mutter. Als ihr Phallus durfte er wie ein Rumpelstilzchen herumspringen. Mir hatte er die Rolle als Nur-Trägerin zugeschrieben. Er befand sich jetzt in einer Polarität zwischen Macht und Ohnmacht. Bis zu jener Zeit hatte er keine Ängste gekannt. Jetzt waren sie für ihn ganz elementar, konkret und überwältigend. Die Rettung konnte für ihn nur der *Kampf* sein. Er hatte Phantasien und wußte nicht, ob er sie früher je gehabt hatte, so aktuell fühlte er sich darin gefangen. Plötzlich sah er das Analysezimmer in einen Kampfplatz verwandelt, sich selbst hinter einem Vorhang mit einem Gewehr versteckt. An der Wand vorbei wollte er dann hinter einen anderen Vorhang »in Deckung herüberrobben«, um mir den einzig möglichen Fluchtweg, durchs Fenster, zu nehmen. Außerhalb wähnte er einen Kameraden, der mich, sollte ich ihm wirklich davonkommen, dort erschießen würde. Hätte man ein Kind gegenüber gehabt, man hätte diese Inszenierung ein Spiel genannt. Doch hätte ein Kind, sich seines Spiels bewußt, sich dadurch von dem Patienten unterschieden. Für den Patienten lagen Phantasie und Realität auf einer Ebene, ein Zeitschacht oder Zeittunnel, wie ihn Judith S. Kestenberg (1982, S. 148) beschreibt. Früher bereits hatte er mir die Geschichte erzählt, daß der Bursche seines Vaters diesem im Krieg das Leben gerettet habe, indem er sich vor ihn geworfen, dabei allerdings einen Arm verloren habe. Demgemäß konnte ich nun seine Identifizierung mit dem Vater im Nahkampf aufweisen, in dem er jetzt mit mir lag, seinen Burschen draußen wähnend. Er war erstmals mit seinem Vater identifiziert, im erfolgreichen Kampf, ein anderer würde den »Arm« verlieren, ein anderer sogar das Leben. Das war das Bild vom Heldenvater. Und dieser war mit Hitler identifiziert, es war also der Hitler in dem Patienten, für den einzig »der Sieg« Leben bedeutete. Doch in dieser singulären Identifizierung war er absolut einsam. Meine Deutung, das sei der Hitler in ihm, die ich nur mit Herzklopfen gab, verwunderte ihn nicht, er empfand sie als zutreffend.

Die psychotische Episode klang rasch ab, und seit jener Zeit konnten wir uns in Krisen leicht darüber verständigen, daß Krieg zwischen ihm und mir herrschte. Der enorme Arbeitsaufwand, gemessen an der Geduld und Verständnissuche oder -bemühung, den dieser Prozeß für den Patienten und mich bedeutete, hatte mich vergessen lassen, daß man auch in einem sozialen Beruf sein Gegenüber als einen klar definierten Feind ansehen kann. Wenn ich die Initialszene früher verstanden hätte, wäre ich von dem Inhalt der psychotischen Episode nicht so überrascht gewesen. Nach dieser Zeit der schweren, aber heilsamen Erschütterung war der Patient nicht mehr so abhängig von konkreter, unmittelbarer Erfahrung, konnte erstmals vorbewußte Phantasien erzählen und merkte auch, daß er Träume hatte. Seine ersten Träume verschwanden zunächst beim Aufwachen, oder ihre Reste gingen sofort in etwas ein, das wie *forcierte Phantasien* imponierte. Das kam dadurch zustande, daß der Patient sich in eine *zweite Realität* gleiten lassen konnte. Gleichsam bewußt wurden diese Traumreste im Wachen in der Analyse wie ausgewalzt, und Traum- und Wachbewußtsein schoben sich ineinander. Eine solche elaborierte Phantasie über Krieg schilderte er wie ein aktuelles Zeitgeschehen, als sei diese andere Welt, die zweite Realität, ihm wie seit langem selbstverständlich und als sei seit dem Zweiten Weltkrieg keine Zeit vergangen. Den Unterschied zwischen den beiden Welten konnte er nicht wiedergeben. Bis dahin hatte ich nicht gewußt, daß Militaria zu seiner Lieblingslektüre gehörten. Da er kein inneres Zeitempfinden hatte, mag sich dieses Interesse kurzfristig eingestellt haben. In jener Phantasie stand ganz Süddeutschland unter seinem Kommando. Er hatte zwischen weit voneinander gelegenen Gebirgszügen Schützengräben aufgeworfen, in denen nicht nur Soldaten saßen, sondern auch Helme als Täuschungen für den Feind auf bewegliche Balken montiert waren. Ganze Divisionen verschob er, und Rückzugspläne allein für ihn sollten wie Hintertüren sein Überleben garantieren.

Der Patient lebte – wie ich im Laufe des Geschehenen entdeckt hatte – partiell in einem Wahn. Judith S. Kestenberg nennt dieses psychopathologische, bei Kindern der Verfolgten auftretende Phänomen einen *Pseudowahn*, den sie mit der Aktualisierung der Vergangenheit durch die darauf fixiert gebliebenen Eltern erklärt. Sie nimmt sogar eine »transmitted traumatic neurosis« (1982, S. 155) an. Mein Patient durfte nicht Verlierer sein. Die Wahrheit über die Vergangenheit galt nicht. Der Kriegswahn ließ für ihn den Sieg offen. Ein Verlierer war sein Vater gewesen. Nicht nur er, wahrscheinlich die ganze Familie, hatte damals die Kapitulation verleugnet, weil sie sich mit ihrem Ideal nicht vertrug. Der Sohn versuchte ständig, den Sieg in einer Scheinwelt in der Gegenwart noch einzuholen. Die Niederlage im Zweiten Weltkrieg war für sein Erleben im partiellen Wahn überhaupt nicht vorhanden. Diese Verleugnung hatte auch seine Gefühle bei der Rückkehr des Vaters aus dem Krieg mitgerissen. Es gab weder Freude noch Mitgefühl mit dem Vater, der, als er heimkehrte, abgemagert und krank auf einem kleinen Leiterwagen saß. Das Paradoxe einer solchen Erlebensweise war dem Patienten zugänglich. Was nicht wahr sein sollte, durfte auch nicht sein. Das Pseudowahnsystem, in das die eigenen Konflikte des Patienten eingingen, zeigt, wie kreative Kräfte festgelegt werden. Ich bemerkte, daß ich selbst ständig gegen eine Verleugnungsarbeit anzukämpfen hatte, die die zweite Realität, die Aktualisierung der Vergangenheit, in ihm nicht anerkennen wollte. Ohne das Wissen über die doppelt von den Eltern vermittelte Realität gibt es gar keinen Zugang zu dieser Pathologie, in der ein zweiter Teil des Ichs mit ganz aktuellem Bewußtsein auf der Wiederbelebung einer vergangenen Zeit besteht. Kohut nennt dieses Phänomen »telescoping« und Judith S. Kestenberg »Zeittunnel«. Dadurch wird eine »*Transposition*« (1982, S. 148) möglich.[5] Die Vergangenheit schließt sich nicht ab. Der Patient führte ein Doppelleben, nicht alternierend, sondern ineinander. Jenes zweite Bewußtsein ragte partiell in sein aktuelles Bewußtsein, das das gegenwärtige Leben zu bewältigen hatte und verzerrte damit auch die aktuelle

5 Judith S. Kestenberg nennt dieses Phänomen einen »Pseudowahn« und die Identifizierung mit einem vergangenen Stück Zeitgeschichte der Eltern eine »Transposition«. Die tiefe Verzweiflung ist bei jenen Kindern sowohl jüdischer als auch nationalsozialistischer Eltern spürbar. In den von Judith S. Kestenberg geschilderten Fällen und auch im Fall der von Ilse Grubrich-Simitis in Deutschland ausführlich dargestellten Behandlungsgeschichte einer Jüdin der »zweiten Generation« ist eine tiefe Verzweiflung zu spüren. Ilse Grubrich-Simitis (1979) beschreibt die »Mission« der Kinder der »zweiten Generation« bei den Verfolgten, daß sie das Ansehen der Eltern wiedergutmachen sollten oder zum immerwährenden Mahnmal versteinern.

Realität. So kaufte sich der Patient ein Haus, das weit entfernt vom Ort seiner beruflichen Beschäftigung lag. Er begründete das damit, daß die verhältnismäßig große Entfernung von einem Flughafen und der dazwischenliegende mitteleuropäische Gebirgszug ihm im Kriege Sicherheit gegenüber einem Angriff bieten würde. Denn würde dieser Flughafen aus strategischen Erwägungen zuerst eingenommen, könnten ihn bestimmte taktische Waffen nicht erreichen, ein strategisches Denken aus dem Zweiten Weltkrieg.

In der Analyse konnte der Patient allmählich sein Leben in zwei Wirklichkeiten erkennen. Er verstand, daß er Krieg als eine Situation inszenierte, in der es nur Verfolgen und Verfolgtwerden, *Siegen* und *Besiegtwerden* gab. *Siegen bedeutete Leben, Besiegtwerden den Tod*, eine Realität, die aus der Angst des Patienten heraus unausgesprochen geblieben war. Vielfach mußte die Erkenntnis einer solchen Polarität zwischen uns durchgearbeitet werden. Seine psychotische Dekompensation wurde ihm nach und nach einsichtig: Als ich mich mit meinem einmaligen Nein zu seinem unmöglichen Vorhaben in seinen Augen als Sieger aufgeführt hatte, hatte er geradezu wörtlich den Verstand verloren. Fünf Jahre nach Beginn seiner Behandlung knüpfte ich an die initiale Szene mit den erhobenen und blutigen Händen an, die der Patient vergessen hatte. Als ich sie ihm wieder erzählte, glaubte er sie mir und durchschaute – überraschend für mich – sofort die in ihr enthaltene Drohung. Er war betroffen; denn er spürte mehr – nämlich, daß heute, lange nach dem Krieg, »Töten« Morden bedeuten würde. Er versuchte auch, mit seinen Eltern über die Vergangenheit zu reden. Doch es war nicht mit ihnen zu sprechen, es erschien ihm, als würden sie alles offen halten. Dagegen wurden ganz einzelne inselartige Erzählungen, wie beispielsweise die Lebensrettung, stereotyp wiederholt. Der Rest der sprachlichen Kommunikation erschöpfte sich in Alltagsbanalitäten.

Eine weitere schmerzvolle Einsicht folgte: Nach allem war sein Verstand nicht länger gefesselt, und mit Bestürzung stellte er fest, daß er alle seine bisherigen Werte *umwerten* mußte. Das bedingte eine lange Zeit des Maßnehmens; denn seine Normen und Werte entstammten jener doppelten Moral seiner Erziehung. Zu diesem Maßnehmen gehörte Eindeutigkeit, und oft fühlte er sich dabei durch mich bedrängt, die ich ihn immer wieder auf den noch nicht sicheren Boden der Wirklichkeit und Wahrhaftigkeit sich selbst gegenüber führen mußte. Er erlebte mich dann, weil ich ihm etwas zumutete, als aggressiv und verfolgend und geriet in schweren Trotz wirklichen Erkenntnissen gegenüber. Entweder wich er aus, indem er, ohne es zu bemerken, »Maßregelungen« plötzlich unnachgiebig an seine Kinder weitergab, oder aber er bekam Magenbeschwerden und heftige Durchfälle als Ausdruck der Weigerung, Einsichten zu verinnerlichen. Diese Beschwerden kannten der Patient und ich seit längerem aus der Analyse, nun waren sie aber viel greif- und verstehbarer. Er fühlte sich von dieser Arbeit, die er für sich leisten mußte, überfordert, von Reizen überflutet, und ließ oft alles im körperlich oder psychisch analen Modus fallen. Das Thema der *Grenzen* und der *Begrenztheit* stellte sich in diesem Zusammenhang wie von selbst.

Sein erster Traum, den er dann hatte, setzte sich aus drei großen Traumbildern zusammen:

1. Bild Ich, seine Analytikerin, hatte ein Kind bekommen. Über Tag war es fort, solange die Patienten anwesend waren. Nur an Mittwochnachmittagen, wenn ich frei hatte, hatte ich dann das Baby geholt. Im Traum hatte er das Gefühl, daß er das alles nicht mochte.

2. Bild Er befand sich in einem Gefangenenlager, das aus lauter Baracken bestand und weit draußen von Stacheldraht umgeben war. Warum er Gefangener war, warum er in diesem Lager steckte, wußte er nicht. Mit aller Kraft entschloß er sich zu fliehen. Es kam ihm vor, als gelänge es ihm, aus dem Lager heraus in den angrenzenden Wald zu entkommen. Aber etwas anderes war der Fall: Es war, als ob er im Traum aufwachte und innerhalb der langen Reihe von Baracken nur eine einzige weiter aufgerückt war. Bei diesem Erwachen befand er sich auf einer Pritsche, im gleichen Lager unter den gleichen ausgehungerten Gestalten.

3. Bild Unter einem Baum vor einer Mülldeponie, in der leere Dosen und Verpackungsmaterial – alles in allem ein Wohlstandsmüll - sich auftürmten, befanden sich nochmals zwei große Müllbehälter. Die Blätter des Baumes

waren alle abgefressen. Auf ihm saßen lauter ausgehungerte Vögel, die sich kaum auf ihren Beinen hielten. Ein fetter junger Vogel saß auf einem Ast und schien als einziger eigentlich zu leben. Neben ihm hockte eine ausgemergelte Mutter, die fast ihren ganzen Kopf in den aufgesperrten Schnabel des Jungen steckte.

Diese Traumserie überraschte mich und stimmte mich für die weitere innere Entwicklung des Patienten hoffnungsvoll, weil wir in einen echteren Dialog kamen.

Im ersten Traum sah sich der Patient selbst. Er wollte mein Baby sein. Erstmals gestattete er sich, seiner Sehnsucht Ausdruck zu geben, und konnte sich Vorstellungen seiner Geborgenheit bei mir, selbst am Mittwoch, wenn wir keine Stunde hatten, hingeben. Das Verlassen- und Abgesetztwerden, das ihn in seiner Kindheit offensichtlich empfindlich getroffen hatte, wurde dadurch um so deutlicher. Aber auch die Position des Geschwisters konnte der Patient in dem Baby entdecken, auf das er eifersüchtig war und das er von mir im Stich gelassen wünschte.

Aus Anlaß des Traums vom Gefangenenlager fragte ich den Patienten, was er über die Vergangenheit seines Vaters wisse. Obwohl der Patient schon früh aus eigener Initiative mit seinen Eltern über die Kriegszeit und das »Dritte Reich« zu sprechen versucht hatte, erlebte er immer wieder, daß die Eltern verstummten. Nur ganz bestimmte, wie ausgestanzte Kriegserlebnisse, die in diesem Bericht zumeist schon erwähnt wurden, wurden stereotyp wiederholt. Bisher hatte der Patient sich geweigert, das Schicksal seines Vaters zu verstehen. Jetzt konnte er sich eher ein Stück weit einfühlen. Er sah sich in diesem Traum auch selbst, ausgehungert und gefangen gehalten in seiner Seele und dadurch vereinsamt. Doch in der Situation des Gefangenen ist die Abbuße großer Schuld enthalten. Er schauderte, als er äußerte, das könne die Bestrafung für seine Überheblichkeit und seine Selbstüberschätzung sein. Mit dem Schauder, der seit seinem Zusammenbruch in der Analyse häufiger seinen Körper überzog, kehrte, noch ganz an das körperliche Erleben gebunden, seelische Bewegung in ihn zurück.

Im dritten Traum erkannte er sich in dem jungen dicken Vogel voller unendlicher Gier, der wohl Blätter abgegessen, Berge von

Dosen verzehrt und auch die Mutter ausgesaugt hatte. Der Vogel hatte seine eigene Welt vollständig aufgezehrt und war – wie der Patient selbst deutete – unfähig, sich zu trennen, da er bei allem Fressen nicht die Kraft entwickelt hatte, etwas Belebendes und Eigenes mit Menschen oder Dingen zu beginnen. Das entsprach einem Gegenübertragungsgefühl, daß der Patient sozusagen genommen und genommen hatte, meiner Furcht, *er nähme mir auch meine Seele*. Durch die orale Einverleibung glaubte er immer noch, das »bestimmte Etwas« bekommen zu können. Zu den ausgehungerten Vögeln aber gehörte der Vater, der sich wie seine Kriegskameraden nicht mehr auf den Beinen halten konnte. Die Angst hatte zwei Richtungen. Einmal fürchtete er, daß er so schwach wäre wie der Vater, und zum anderen hatte er die ödipale Angst vor der Schuld, daß er zu Hause – auch dem Vater – »alles« weggefressen hätte.

Die ständige Klage des Patienten, ihm fehlten nur »die Gefühle«, hatte sich – wie bereits beschrieben – in die Klage verändert, ihm fehle jenes »bestimmte Etwas«. Mit diesem unfaßbaren »Etwas« quälte er mich für mein Gefühl, ein Phänomen, das auch Khan beschrieben hat. Im Traum stellte der Patient sich die orale Einverleibung vor und wünschte offensichtlich, das »Etwas« zu bekommen. In seiner Kindheit war ihm die Entfaltung seiner Seele genommen worden. Man hatte ihn mit falschen Wertmaßstäben und einer doppelten Moral betrogen, um ihn in eine scheinbar autarke, grandiose Welt der Mutter zu (über-)führen. Sein »bestimmtes Etwas« mußte auch die mangelnde innere Lebendigkeit bedeuten. Nachdem er seine Träume verstanden hatte, empfand er erstmals *Schuld und Scham* mir gegenüber. Auf seiner unendlichen Suche nach einem vermeintlich konsumierbaren Etwas begann es, zunächst mit dem Schaudern des Körpers, dann indem sich das Gefühl von Schuld und Scham zeigte, in ihm selbst lebendig zu werden. In der Folge begann er eigenes Tun zu entdecken. Parallel formierte sich, daß er vom Haß auf die Eltern langsam Abstand nahm, bedauerte und einen Hauch von Trauern zu spüren war, während er versuchte, seine Geschichte anzunehmen. Die drei Träume hatten also die letzte Phase der Behandlung eingeleitet. Der Patient gewann Initiative und konnte es sich erlauben, etwas auszuprobieren. Er beobachtete einmal einen Dachdecker, der seine Leiter ans Haus lehnte und hochstieg. Der Lehrling folgte wohl, jedoch nicht gleich, sondern bewegte die Leiter, bevor er auf sie stieg, ein wenig hin und her. Der Patient hatte sofort den Prüfcharakter hinsichtlich der Standfestigkeit erfaßt. Der Lehrling wiederholte das – zum Erstaunen des Patienten – kurz auf der dritten oder fünften Stufe. Der Patient verstand, daß es *keine Schande* war, zu proben, zu prüfen und zu lernen. Dann war er schließlich imstande, einen wichtigen Teil seiner Geschichte selbst zu rekonstruieren. Im Angebot eines Antiquariats fand er zufällig ein Märchenbuch seiner Kindheit. Obwohl es nicht sehr viel kostete, mußte er sich zu diesem Kauf überwinden. Daraus erzählte er mir Clemens Brentanos »Märchen von dem Witzenspitzel«:

Der König von Rundumherum liebte einen der Edelknaben, den Witzenspitzel, ganz besonders und überhäufte ihn mit Geschenken, weil er klug und artig war und »jeden Befehl glücklich zu Ende brachte«. Dieser Kunst wegen waren die anderen Edelknaben und Hofdiener neidisch. Der König wollte noch mehr von den ihn umgebenden Ländern besitzen und deshalb die Königin zur Frau nehmen, der diese Länder gehörten. Diese, Frau Flugs, hatte eine Tochter, Fräulein Flink. Um Frau Flugs zu gefallen, mußte er an einem bestimmten Tag, wenn sie zur Kirche ging, als erster bei ihr sein, um den anderen Freiern zuvorzukommen. Dieses Ziel, so rieten ihm die Diener, könne er erreichen, wenn Witzenspitzel dem Riesen Labelang, dem einzigen Feinde des Königs, das Pferd stehle. Witzenspitzel löste diese Aufgabe, nicht, wie alle dachten, indem er den Riesen umbrachte, vielmehr spielte er mit List die Tiere gegeneinander aus, die dem Riesen dienten, und konnte so dem König das Pferd bringen. Auf diese Weise war der König als erster bei der Königin, Frau Flugs, und konnte sie heiraten. Die Diener mißgönnten dem Witzenspitzel seinen Erfolg und brachten den König auf die Idee, die kostbaren Kleider des Riesen würden ihm gut stehen, Witzenspitzel solle sie direkt aus des Riesen Schlafgemach holen. Witzenspitzel erfüllte auch diesen zweiten Auftrag, indem er die wachenden Tiere des Riesen nicht einfach tötete, sondern es listig einfädelte, daß sie ums Leben kamen, und brachte dem König die Kleider. Die königliche Familie wurde ganz dumm vor lauter Betrachten und Bewundern, und

Witzenspitzels Neider platzten vor Zorn, weil er wieder dem Riesen so glücklich entgangen war. Nun setzten sie dem König in den Kopf, auch das Schloß des Riesen stünde ihm gut an. Der König, der ein rechter Kindskopf war und alles haben wollte, schickte Witzenspitzel ein drittes Mal mit dem Versprechen, er werde ihn dafür belohnen. Dieses Mal tötete Witzenspitzel auf grausame Weise alle Bewohner des Schlosses, die Riesin, ihr Kind und schließlich den Riesen selbst. Den Schlüssel des Schlosses brachte er dem König und wünschte sich als Belohnung die Prinzessin, Fräulein Flink, und das Schloß, was er auch erhielt.

Ich möchte dieses Märchen interpretieren: Keiner der Charaktere bekennt sich zu seinen Zielen. Dem König werden sie durch die Edelknaben zugeflüstert. Witzenspitzel überfällt den König plötzlich mit seinem eigenen großen Ziel, der Belohnung, die er auch erhält. Alle Wünsche, die er dem König ermöglicht, erfüllt er sich eigentlich selbst. Alle Motive bleiben verborgen beziehungsweise bleiben hintereinander verdeckt. Der Held, Witzenspitzel, zeichnet sich zunächst durch drei Fähigkeiten aus: Artigkeit, Schlauheit und Geschicklichkeit. Mit diesen Fähigkeiten erwirkt er alles für den König; sie dienen seiner totalen Anpassung an den König, in dessen Dienst er sie stellt. Seine eigenen Wünsche bleiben dahinter bis ans Ende der Geschichte ungenannt. Es sieht so aus, als habe er keine Wünsche. So wird er vom König geliebt und darum wieder von den Edelknaben beneidet. Diese können den Neid nicht aushalten und wünschen, das Verhältnis zu stören, wobei die klarste Lösung die ist, daß er bei der Unternehmung für den König umkommt.

Der König will durch Heirat Ländereien erwerben, nimmt aber das mit diesem Wunsch verbundene Risiko der Werbung nicht auf seine Schultern. Er scheint nicht bedürftig. Die neidischen Edelknaben durchschauen das tiefere Motiv des Königs nicht und verführen den König dazu, die Aufgabe der erfolgreichen Werbung auf seinen Günstling zu schieben. Durch Besitzgier und mangelnden eigenen Einsatz veranlassen sie den König, den Helden, Witzenspitzel, zur äußersten Waghalsigkeit zu verleiten. Der König kann also kein Maß halten und kennt keine Rücksicht auf die Person eines anderen, nicht einmal auf den von ihm geliebten und begünstigten Witzenspitzel, der für ihn den Kampf mit dem Riesen aufnehmen soll. Witzenspitzel seinerseits ist begeistert, seine Kräfte einsetzen zu können, sich zu zeigen und so mehr Liebe und schließlich eine Belohnung zu erwirken. Angesichts der Unmöglichkeit der Aufgabe verstärkt er seine Kräfte um den Einsatz von List und Tücke. Dabei ist ihm letzten Endes das Leben der anderen gleichgültig. Obwohl der Held Fähigkeiten besitzt, verwendet er sie aufgrund seiner Abhängigkeit nicht in eigener Regie und Verantwortung. Seine Abhängigkeit besteht darin, daß er Günstling des Königs bleiben will. So wird er schließlich wie der König, nimmt sich rücksichtslos das Gut eines anderen, mordet, und läßt sich schließlich vom König schenken, was er für ihn gestohlen hat, indem er die Freiheit zu wünschen absolut und überraschend als die sogenannte Belohnung ausnützt. Was er für den König erobert, erobert er in Wirklichkeit für sich. Wunsch und zur Wunscherfüllung führende Handlung sind auf zwei Personen aufgespaltet. Dadurch ist keiner verantwortlich, weder für den Wunsch noch für die Handlung. Jeder kommt somit »schuldlos« zum Ziel. Die Spaltung zwischen Wunsch und ausführender Handlung, die Vermeidung komplexer synthetischer Funktionen, erbringt den Ausfall von Schuld- und Schamgefühl und sozialer Rücksicht. Selbst der Wunsch wird hier abgespalten und in den anderen implantiert. Der König wird damit projektiv identifiziert. Unter dieser Schicht befindet sich jedoch ein homosexuell getönter Wunsch nach Identifizierung mit der mächtigen Figur, in deren Gunst der Wünschende bereits steht, sowie nach passiver Inthronisation durch dieselbe. Was immer Witzenspitzel tut, tut er im Auftrag und dadurch nicht wirklich selbst. Er kann sich daher nicht selbst als berechtigt fühlen. Der König mißbraucht die Liebe des Jungen, indem er sie für seine Ziele ausbeutet. Die aneinander bindende wechselseitige Wunscherfüllung übertönt dann den initialen Mißbrauch. Witzenspitzel äußert zwar sein Begehren nach Bedürfnisbefriedigung nicht manifest, erhofft es aber insgeheim. Das zeigt sich am Ende des Märchens, als er gleich weiß, was er haben will. Der Neid der anderen auf ein solches libidinöses Verhältnis treibt diese Beziehung schließlich zu einem Exzeß. Der König will vom Vater, dem Riesen Labelang, das Pferd haben, das schneller läuft als alle anderen. Witzenspitzel ahmt dieses Habenwollen nach, der Riese Labelang wäre so quasi als Witzenspitzels Großvater zu deuten. Diesen König von Rundumherum, dessen Name bezeichnet, daß er im Mittelpunkt steht und alles zu ihm gehört, verfehlt die Vorbildfunktion sowohl für Beherrschung als auch für Gerechtigkeit, Mäßigung oder Maß.

Das Märchen war meinem Patienten oft vorgelesen worden, es war sein Lieblingsmärchen. Jetzt war er erschüttert über den Neid und die schließlich daraus entstehende Brutalität und Gewaltsamkeit gegenüber Leben. Indem er diese Themen in der Analyse bearbeitete, war für ihn nicht nur Menschlichkeit zur Sprache gekommen, sondern er hatte sich selbst über die Kehrseite, die Unmenschlichkeit, erschüttert gefunden. Die ödipale Konstellation mit der Toleranz und Anerkennung gegenüber dem Dritten bildete den Abschluß der Analyse. Kurz vor ihrer Beendigung leuchteten viele Symptome noch einmal auf, indem das Ende in sich zur Frage wurde, wer hier als Sieger oder Besiegter, Held oder Opfer, lebend oder ermordet, hervorginge.

Ein Jahr nach Beendigung der Analyse lag vor meiner Haustür ein Blumenstrauß mit seiner Adresse und einem Gruß auf einem Zettel. Er schien mir wie ein Feldpostbrief, aber in einer anderen Art, als sein Vater sie geschrieben hatte. Der ehemalige Patient hatte seinen Gruß mit einem ersten Geschenk verbunden.

## Zusammenfassende Betrachtung

Ich hoffe, daß ich die besondere Schwere dieses Schicksals deutlich machen konnte. Drei Gegebenheiten hatten entscheidenden Einfluß auf die Struktur der Persönlichkeit und ihre Triebentwicklung: die *Dominanz der anwesenden Mutter*, die *gleichzeitige Abwesenheit des Vaters im Kriege* und *der historische Hintergrund*, vor dem sich beide Eltern betont definierten. Ohne diesen historischen Hintergrund wäre der Sinn der Psychopathologie des Patienten und der zum Teil grotesk-tragisch anmutenden Erscheinungsbilder, der Einstellungen und Haltungen innerhalb dieser Struktur, im Rahmen des analytischen Prozesses nicht verständlich. An dem extremen Schicksal des

Patienten wird ein Stück des Weges zu der verheißenen Grandiosität des »Dritten Reiches« sichtbar. Dieser Weg umfaßte *Entindividualisierung versus Massenwahn.* Entindividualisierung aber ist gleichbedeutend mit *Entstrukturierung* und *Entkultivierung*, und das wiederum bedeutet *Entbindung von Aggressivität.*

Im einzelnen zeigt sich die Verknüpfung der Objektbeziehung meines Patienten mit der nationalsozialistischen Ideologie folgendermaßen. Die Mutter wird sich ausgezeichnet gefühlt haben, als erstes Kind einen blonden, blauäugigen und kräftigen Jungen, der dem Ideal des »Arischen« entsprach, geboren zu haben. Sie achtete im Einklang mit nationalsozialistischen Erziehungsmaximen auf körperliches Wachstum und Stärkung bei gleichzeitiger psychischer »Abhärtung«, das heißt Vermeidung und Unterdrückung aller zärtlichen und als Weichheit verpönten Gefühle. Es läßt sich schwer beurteilen, ob das erste Lebensjahr des Sohnes für diesen zufriedenstellend verlief, zumal die Mutter vier Monate nach seiner Geburt erneut schwanger war. Die Komponente der oralen Stärkung findet sich im Vogeltraum des Patienten wieder. Die vom Patienten erzählte Szene der ihm unangenehmen plötzlichen Veränderung seiner Welt – die Mutter legt ihn ab aufs Bett – und die Szene, als er der Mutter um den Hals fallen wollte, aber auf den Boden gestellt wurde, sprechen für abrupte und daher uneinfühlsame Abstill- und Trennungsvorgänge. Bereits dort wird an den Bedürfnissen, auch dem der Orientierung über den derzeitigen Zustand, vorbeigegangen. Was sich dann ereignet, beschreibt Khan (1979), den ich wegen der Wichtigkeit dieser Entwicklungsgänge ausführlich zitieren möchte: »Im Verlauf intensiver analytischer Behandlung zahlreicher Fälle von Perversion während der vergangenen zwanzig Jahre kristallisierte sich für mich allmählich ein bestimmtes Muster früher Mutter-Kind-Beziehung heraus, das zu einer Reihe perverser sexueller Praktiken (heterosexuell und homosexuell) führt. Alle diese Patienten sind als Säuglinge und Kleinkinder von ihren Müttern sehr geliebt worden. Es ist bezeichnend, daß der Vater in der Erfahrung dieser Kinder nicht als wichtige Gestalt oder Person registriert worden ist, obwohl er in allen Fällen mit in der Familie lebte. Die Fürsorge der Mutter für das körperliche Gedeihen des kleinen Kindes war übergroß und intensiv, aber von eher unpersönlicher Natur. Das Kind wurde von der Mutter mehr als ihr ›Ding-Geschöpf‹ (›thing-creation‹) behandelt als eine im Entstehen begriffene, heranwachsende eigenständige Person. Gerade diese Idolisierung des kleinen Kindes möchte ich ganz besonders betonen und eingehender beschreiben. Ich verwende absichtlich den Begriff der Idolisierung und nicht den der Idealisierung, denn ich bin der Meinung, daß es sich dabei um zwei gesonderte und voneinander verschiedene Prozesse handelt. Die Idealisierung ist ein intrapsychischer Prozeß und wird sehr stark von Phantasien beeinflußt. Im Gegensatz dazu ist die Idolisierung eine deutliche Über-Besetzung eines äußeren wirklichen Objekts und wird von mühsam erarbeiteten Ich-Haltungen und Ich-Funktionen aufrechterhalten, die Es-Investitionen umfassen und diese im Dienste der Idolisierung intensivieren. Die Idolisierung bedeutet daher eine seelische Ausbeutung triebhafter Komponenten und primitiver psychischer Prozesse in der Beziehung zu einem äußeren wirklichen Objekt, in diesem Falle also des kleinen Kindes.« (S. 11)

Im Alter von dreizehn Monaten, der Zeit seiner ersten Loslösung und Individuation, war der Patient infolge der Geburt seines Bruders einer Kinderfrau anvertraut worden, was die äußere Separation von der Mutter forcierte und ihn zugleich verunsichert und gekränkt hatte. Zur gleichen Zeit, als der kleine Junge sich von der Mutter verlassen fühlte, bestand jedoch die mögliche Kompensation durch übermäßige Aufwertung in Form eines Lückenbüßers; denn es ist denkbar, daß die jungverheiratete Mutter das erstgeborene Kind als Trost für den weggegangenen Vater ansah. Am Eßtisch setzte sie ihn beispielsweise bildlich an dessen Platz. Ganz offensichtlich pflegte sie im Wesen ihres Kindes das, was sie von ihrem Ehemann, der sich im Krieg befand, erträumte: Tapferkeit und Heldentum. Diese mußten auf Eigenschaften wie Unerschrockenheit, Schlauheit und Gewandtheit im seelischen, im geistigen und im körperlichen Einsatz basieren, der jeweils einseitig gesteigert und damit immer auf Kosten anderer Funktionen möglich war. Eine Steigerung der geistig-motorischen Gewandtheit ist möglich, beispielsweise durch den Überfall, bei dem die Regeln des Kampfes primitiviert und Überichanforderungen herabgesetzt worden sind. Damit geht eine Tugend in Untugend über. (Judith S. Kestenberg, 1977) Es liegt nahe, daß die Mutter solche »Tugenden« und »Untugenden« in ihrem Kind nicht nur pflegte und förderte, sondern auch darauf insistierte. Als kleines Kind wird der Patient damals solche Erwartungen gespürt haben, die außerdem durch Prämiierungen immer nachdrücklicher in ihn eingeprägt wurden. Die Mutter erwartete von dem kleinen Kind Eigenschaften, die eigentlich der Vater erfüllen sollte, und vernachlässigte darüber die Begabungen und entwicklungsspezifischen kindlichen Bedürfnisse des Patienten. Seine Seele wurde, wie Khan es beschreibt, ausgebeutet, so wie ich es meinerseits in der Gegenübertragung befürchtete.

Khan definiert diese *Idolisierung* zunächst für sich allein als eine im Gegensatz zur *Idealisierung* stehende deutliche Überbesetzung eines äußeren wirklichen Objekts. »Im Klima einer solchen Mutter-Kind-Beziehung beginnt das Kind schon sehr früh zu fühlen, daß das, was die Mutter besetzt hat und was sie fordert, zugleich *etwas ganz Besonderes* in ihm ist *und doch nicht es selbst* als Gesamtperson. Das Kind lernt, die Dissoziation in seiner Erfahrung des Selbst zu tolerieren und macht allmählich die Mutter zu einem Komplizen bei der Aufrechterhaltung dieses besonderen erschaffenen Objekts.« (1979, S. 12) Ich fasse die weiteren Ausführungen zusammen: In der Folge *internalisiert* das Kind selbst dieses »Dinggeschöpf«, und noch später, in der verspäteten Trennung, wird sich die Mutter plötzlich ihrer intensiven Bindung und ihrer Investition in dieses Kind bewußt und trennt sich in der Regel in der ödipalen Phase abrupt, was als Panik und drohende Vernichtung, vor allem als Verlassensein vom Kind unbewußt wahrgenommen wird. Mit einem Zitat von Janine Chasseguet-Smirgel (1986) möchte ich beschreiben, wie das durch diese Beziehung ausfallende Moment beschaffen ist: »An Freuds Arbeit ›Formulierungen über die zwei Prinzipien des psychischen Geschehens‹ (1911b) habe ich gezeigt, daß das Denken mit dem Realitätsprinzip verknüpft ist, also mit der väterlichen Welt, und daß es heftig bekämpft, ja sogar zerstört werden kann, um sich so wieder Zugang zum glatten mütterlichen Schoß zu verschaffen. Dann kann das Wachdenken in bestimmter Hinsicht nach den Gesetzen des Lustprinzips und des Primärprozesses funktionieren. Dies führt zu einer totalen Konfusion der Werte, zum Chaos und zur Anomie[6] zurück. Die Vernunft ist ein Repräsentant des Vaters und des Gesetzes. Ihr Untergang bedeutet den Sieg über den Vater und eine sich vollziehende Vereinigung mit der archaischen Mutter.« (S. 59)

Für die Mutter bot sich in ihrer Verlassenheit an, die eigentlich dem Vater zugeschriebenen Idole auf das Kind zu *verschieben*. Damit wurde die Person des Kindes und seine Entwicklung mißverstanden und mißbraucht. In der Kastanienbaumszene wiederholt sich dies: Befriedigung und Erlösung vom übermäßigen Einsatz, etwa, daß ihn die Mutter in die Arme geschlossen hätte, stillende körperliche Nähe, gab es nicht. Die tiefe und unüberbrückbare Kluft wird sichtbar im Abgrund zwischen der Höhe des Kastanienbaumes und dem Fenster. Dabei hatte es den Anschein, daß sich beide Auge in Auge gegenüberstünden, sich also körperlich ganz nahe wären. Erst im Angesicht dieses gefährlichen Abgrundes erntete der Patient das, was er für sein psychisches Wachstum brauchte: Glanz und Lächeln auf dem Gesicht der Mutter. Dieses unausgesprochene Einverständnis garantierte ihm aber Größe, allerdings durfte er von dieser Übereinkunft nichts verraten. Das erklärt seine Stummheit nach außen, einem Dritten gegenüber, sowie seine Unfähigkeit, mit sich selbst zu sprechen oder in der Analyse über sich zu sprechen. Es war ihm vertraut, sich scheinbar an die Analytikerin und ihre »Forderungen« anzupassen, eine Art Teilhabe.

Der Patient war von der Mutter einerseits verwöhnt und auf einen hohen Sockel gestellt worden, was dem Ausdruck gibt, daß er durch ihre Erwartungen überfordert war. Wäre der Vater leibhaftig gegenwärtig gewesen, hätte der Patient unter Umständen vieles von den Größenphantasien an der Realität des Vaters selbst, mit seiner Hilfe und in der rivalisierenden Auseinandersetzung mit dem Vater mäßigen können. Heinz Kohut (1971) hat auf eine solche *pathologische Persistenz kindlicher Grandiosität* der Persönlichkeitsstruktur aufmerksam gemacht. Die Gegenwart *des Vaters als Phantom* und seine heldische Überbesetzung durch die Ideologie des »Dritten Reiches« führte zu einer absolut übermäßigen Idealisierung des Vaterbildes.

6 Begriffslosigkeit

Alle Hoffnungen und Vorstellungen über eine Zukunft nach dem Sieg waren verzerrt. Da psychische »Härte« bei diesen Hoffnungen geboten war, hätte das Zugeben der Angst Weichheit bedeutet und die Realisierung der Hoffnung bereits geschmälert. Die psychische »Härte« bedeutet in Wirklichkeit psychische Abwehr durch *Verleugnung*. Die Idealisierung extremen rücksichtslosen Verhaltens ermutigte das Kind zu erproben, was vom Vater erzählt wurde, auch wenn es über die seinem Alter entsprechenden Fähigkeiten hinausging.

Indem es von der Mutter auf diese Weise verwöhnt wurde, wurden für das Kind die eigene Scheingröße und die Aggressionsausuferung selbstverständlich, charaktereigen, also *ichsynton*. Die Situation der Verführung und Verwöhnung ist für die Triebentwicklung von entscheidendem Einfluß. So fanden Triebansprüche keine Regulierung und Mäßigung, das Ich konnte sich nicht entfalten und festigen. Als dem Patienten etwas verweigert wurde, was er auch nicht mit Täuschung und List aufzuheben vermochte, wurde er verdrießlich, ein Ausdruck seiner unterentwickelten Ichfunktionen, insbesondere seiner Unfähigkeit, Unlust auszuhalten. Omnipotenz nährt sich vom Lustprinzip. Diese Frustrationsintoleranz versuchte er mir deutlich zu machen, indem er seine geballte Faust in die hohle Hand klatschte, um sein inneres Erleben zu schildern. Diese Geste bedeutete, daß ein Impuls, ein Begehren, eine Idee sofort ihre Befriedigung oder Verwirklichung finden mußten. Damit aber ist die Strecke zwischen Triebwunsch und Befriedigung nahezu aufgehoben beziehungsweise so kurz wie nur eben möglich. Das bedeutet einen völligen Wegfall der begleitenden Affekte und der Steuerung durch das Ich, die einen Trieb erst auf die Ebene psychischen Erlebens heben. Warten, Hoffen, Phantasieren über Ersatzbefriedigungen, bezähmende Geduld und das schließliche Erleben von Befriedigung zum Beispiel waren ihm unbekannt. Durch die vorzeitige Befriedigung oder sogar Vorabprämiierung war eine Kultivierung seiner Gefühle und die Ausdifferenzierung seiner Ichfähigkeiten unterbunden worden. Er war nicht fähig zu hoffen, zu warten, abzuwägen, zu modulieren und zu variieren. Auf diese Weise blieb die Triebbefriedigung körpernah, dumpf-elementar und überwältigend. Seine Gedankengänge litten unter einer unausgebildeten Fähigkeit, realistische und stabilere Repräsentanzen und Symbole zu bilden. Er baute auf Konkretismen oder falschen Abstraktionen auf. Die übliche Entwicklung von Scham, Schuld und sozialem Bewußtsein konnte nicht stattfinden. Im Gegenteil, invasives und expansives Verhalten sowie Rücksichtslosigkeit anderen, deren Würde, ihren Gefühlen, ihrem Besitz gegenüber wurden eher belohnt als bestraft, weil das »Ziel« galt und nicht der Weg. Das Ziel war, der Besondere, der Grandiose zu sein, der Held, dessen Kehrbild das Opfer war.

Das isolierte Leben in der *Enklave* des Gutes war dazu angetan, die Ausrichtung auf eine eigene Besonderheit zu unterstreichen. Jenes Gut erscheint wie ein Abbild des damaligen Deutschen Reiches und seines Bewußtseins. Die subjektive Größe dieser Ideologie bestand in einer wahnhaften Gewißheit, Unmögliches erreichen zu können. In jener Enklave fühlte man sich nicht nur unabhängig und auserwählt, sondern lebte auch nach eigenen Gesetzen, in der *Illusion einer Autonomie*. Für dieses beinahe paranoide System galten Menschen außerhalb der Enklave als Feinde oder wurden verachtet. Durch diese Verkleinerung der anderen wuchs die eigene Größe. Zur Aufrechterhaltung einer solchen Mentalität stellten Fälschungen nur eine »andere Wahrheit« im Dienste der Erhaltung der erhofften besseren Wirklichkeit, der *Grandiosität*, dar und bereiteten weder Scham noch Schuld. Damit wurden tradierte ethische Werte zerbrochen. Hitler hatte zum Beispiel in einer Rede zur Reichstagswahl 1933 das Vaterunser zu einem Gebet um die Verwirklichung aller Hoffnungen in dieser Welt verfälscht.[7] In jener Enklave wurden auch andere Gefühlswerte zerbrochen, wie etwa bei dem erwähnten Umzug am Heiligabend, der Tradition hatte. Im Grunde hatte eine Leere und Öde das Haus ergriffen. Die Bewohner lebten in einem Wartestand, etwa wie in Becketts »Warten auf Godot«, hofften auf den Sieg, der sich niemals einstellte – und wurden dabei innerlich leblos.

7 »Für den Schluß seiner Rede am 10. Februar 1933 aber hatte sich Hitler noch etwas Besonderes ausgedacht. Er beendigte seine mehrstündige Ansprache im Stil des Vaterunsers evangelischer Lesart (Das evangelische Vaterunser nach Matthäus verwendet den Zusatz (Doxologie): ›Denn dein ist das Reich und die Kraft und die Herrlichkeit in Ewigkeit. Amen.‹), wohl um als Katholik den evangelischen Christen zu imponieren, und gebrauchte die Worte: ›Denn ich kann mich nicht lösen von dem Glauben an mein Volk, kann mich nicht lossagen von der Überzeugung, daß diese Nation wieder einst auferstehen wird, kann mich nicht

Aus psychoanalytischer Sicht hätte es der Vater sein können, der Gegenwart und Zukunft, Integration und Sinngebung in das Familienleben gebracht hätte. Da dieser an der Front stand, war mein Patient unfähig, sich mit dem realen Vater zu identifizieren, er identifizierte sich mit dem *Phantom des siegreichen Vaters*, jenem *narzißtischen Ideal der Mutter*. Aus dieser von der Mutter vermittelten männlichen Identität heraus war Witzenspitzel seine Lieblingsfigur aus dem Märchen, der sich danach sehnte, durch eine passive Inthronisation durch den Vater, seine Majestät, groß gemacht zu werden. In dieser homoerotischen Einstellung findet sich die unsichere Geschlechtsidentität des Patienten wieder.

Hinter dem angedichteten Heldentum des Phantomvaters zeichnete sich eine umfassendere zeitgenössische Vision ab: Hitlers Sieg und die Errichtung eines »Tausendjährigen Reiches«. So entwickelte der Patient »Führer«-Eigenschaften, zwang anderen Kindern seinen Willen auf. Tapferkeit und Heldentum müssen bei der Beschwörung solcher Zukunft auf verschiedenen Eigenschaften, wie Unerschrockenheit, Schlauheit, Dreistigkeit und intellektuelle und körperliche Gewandtheit, basieren. Körperlicher Angriff wurde angesehen als eine gesteigerte Version von psychomotorischer Gewandtheit. Hierauf waren die Rolle des Kampfes bezogen, die Forderungen des Überichs reduziert, was einen Übergang von Tugend zum Gegenteil bedingte. Offenbar erweckte die Mutter das in ihrem Kind. Von ihr sagte der Patient später, als er sehender geworden war, sie »trüge kalte Lichter vor ihm her«, um ihn aufzureizen. Er wagte nicht zu versagen – das war seine ständige unbewußte Obsession und sein äußerstes existentielles Anliegen, dem ein Paradox zugrunde lag: Zu werden wie der Vater zwingt in die Position, wer nun von ihnen den ersten Platz findet, das heißt auch zu Hause überlebt.

Der existentielle Charakter dieser Identifizierung mit dem Sieger ist augenscheinlich in der *Annahme ererbter Größe* im

entfernen von der Liebe zu diesem meinem Volk und hege felsenfest die Überzeugung, daß eben doch einmal die Stunde kommt, in der die Millionen, die uns heute hassen, hinter uns stehen und mit uns dann begrüßen werden das gemeinsam geschaffene, mühsam erkämpfte, bitter erworbene neue deutsche Reich der Größe und der Ehre und der Kraft und der Herrlichkeit und der Gerechtigkeit. Amen.‹« (Domarus, 1962)

»Dritten Reich«: »Entweder man hat es, oder man hat es nicht.« Wollte man zu den Ausgezeichneten gehören, war man zur Tollkühnheit gezwungen. Das Versprochene war immer schon im vorhinein belohnt worden. Bei der vorweg zugesprochenen Größe, wie sie sich bildhaft im Platz des Vaters darstellte, handelte es sich um eine Prämie, die noch gar nicht verdient ist und deshalb zwangsläufig zur mangelnden Einschätzung der eigenen Triebkräfte und mangelndem Tun oder Üben verführt. Dieses »Vorabgeschenk« enthält nicht nur eine Verführung, sondern *zwingt* sogar in verdeckter Weise, diese Größe zu erreichen, ein *Erfüllungszwang*, eine Nötigung. Will der so Beschenkte sich nicht selbst verachten, verbietet sich ein Scheitern. Mein Patient hatte sich zwangsläufig und vorzugsweise mit dieser Ideologie identifiziert, der unerfüllten Phantasie der Mutter, auf deren Erfüllung sie bestand. Auf Grabinschriften für im Zweiten Weltkrieg gefallene junge Soldaten wird jener Ideologie entsprechend zuweilen ein Rang genannt, den sie in ihrem Leben noch gar nicht erreicht hatten, so zum Beispiel »Offiziersanwärter« und andere. Als das »Dritte Reich« untergegangen war und der Vater als ein Verlierer aus dem Krieg heimkam, zerfiel auch die Welt jener Enklave auf dem Gut. Auch für den Patienten änderte sich etwas, er wurde mit dem realen Vater und der Realität überhaupt konfrontiert. Dieser Vater entsprach nicht dem, mit dem der Patient sich identifiziert hatte. Mit seinem Fall vom Kastanienbaum hatte er den Sturz des Bildes, das er vom Vater hatte, und seinen eigenen konkret vorweggenommen; denn seelischen Schmerz konnte er nicht ertragen. Den Vater traf nun die volle Verachtung als Kehrseite der Glorifizierung. Der Patient hatte die Rolle des Verächters in seinem Erwachsenenleben aktiv übernommen, möglicherweise als einen Auftrag der Familie. Narzißtische Wut aus der Enttäuschung kanalisierte sich bei ihm als Haß auf den Vater. Dabei ahnte der Patient nicht, daß er auf diese Weise seine eigene Selbstachtung untergrub.

»Eine Ideologie, die Menschen überreden und mobilisieren muß, kann ihr Opfer nicht willkürlich wählen. Die Tatsache (...), daß eine Erdichtung und Fälschung *geglaubt* wird (...), ist wichtiger als der Umstand, daß es eine Fälschung ist.« (Hannah Arendt, 1958, S. 7) Um eine Situation zu erzeugen, in der eine

Ideologie gedeihen kann, muß in den Massen die Sehnsucht nach Regression geweckt werden, eine *Regression zu einem unreifen symbiotischen Zustand grandioser Omnipotenz*. Kinder sind verletzlicher, dafür empfänglicher als Erwachsene. Die Kinder der »zweiten Generation«, deren Mütter die Ideologie durch die frühe Objektbeziehung vermittelten, waren nicht nur beeinflußt, sondern kumulativ traumatisiert. Martin Wangh hat 1962 unter dem Thema »Antisemitismus und Nazismus«[8] die Gefolgschaft auf die Gefühlsspaltung zurückgeführt, die eine *Abspaltung des Hasses* bedeutet. Gefolgschaft, nach nationalsozialistischem Sprachgebrauch *»Führertreue«*, kam einem Glauben gleich, forderte *bedingungslose Loyalität*. Die Individuen ähneln nach Wanghs Ansicht ihrem »Führer«, indem sie auf Angst und Schuld mit massiven Abwehrmechanismen reagieren. Die Bereitschaft einer ganzen Gruppe, die Haßproklamationen und ihre Verantwortung einem Führer zu übergeben, müsse innerhalb dieser Gruppe durch bestimmte Frühschicksale vorbereitet gewesen sein. Wenn es solche Pathologie bereits für die »erste Generation« gegeben hat, was ich hier nicht behandle, so wird sichtbar, wie eine Pathologie mit der hohen Bereitschaft *zu spalten* und *zu verleugnen*, sich in der »zweiten Generation« bei meinem Patienten in der Kindheitsgeschichte als frühes Schicksal fortsetzt.

Die von Wangh beschriebene *Abspaltung* ist auch in dem vom Patienten erzählten Märchen enthalten: die Trennung zwischen Triebwunsch und Triebhandlung als Triebaufteilung interpersonell, also zwischen mindestens zwei Personen. Das Märchen erzählt von einer symbiotischen Beziehung, welche von einer ausgedehnten Reihe von *Delegierungen* abhängt, sogar eine Delegierung bis in die Tierwelt. Die Delegierung ist ein Bewirken, bei welchem man sich selbst heraushalten kann. Belohnungen dienen der Verführung in Abhängigkeitsverhältnisse, und diese wiederum der Ausbeutung. Das wird möglich, indem dem Aktiven, einem Täter, Schuld, Scham und Verantwortung erspart oder abgenommen werden. Wegen der zwangsläufigen Identi-

8 Wangh zeigt, daß die Juden der »zweiten Generation« viel tiefer und basaler in ihrer Hoffnung erschüttert sind. Ihre Einstellung zu ihrer Generativität ist zutiefst betroffen. Wangh weist darauf hin, daß das Christentum und das Judentum ein kulturelles Paar seien und daß die Judenverfolgung, wie sich unter Hitler erwiesen habe, am Ende die Existenz des Christentums selbst bedroht.

fizierung muß sich das Verhältnis umkehren, und der Täter bekommt in einem zweiten Schritt ohne Schuld alles, was er sich wünscht. Die ursprüngliche Schuld aber liegt in der uneingestandenen Besitzgier, der Größenphantasie des Königs von Rundumherum. Dabei drängt das Volk, drängen die Edelknaben auf Erfüllung. Schon im Märchen lebt die Elternfigur, der König, parasitär, was sich im Leben in einem circulus vitiosus verstärkt fortsetzt. Der Neid als auslösendes Moment für die Verschiebung aller Triebbedürfnisse wird am Anfang des Märchens in unbedeutende Nebenfiguren verlagert und führt später zur absoluten Vernichtung. Beteiligte Figuren haben nur Werkzeugfunktion, auch die Frau, die geheiratet wird, um Ländereien zu erwerben. Das Märchen bildet insofern die absurde soziale Interaktion ab, wie sie im »Dritten Reich« ablief.

Auch mein Patient brauchte einen anderen, um nach und nach jene symbiotische Omnipotenz zu installieren. Dieser andere diente wesentlich der *Ergänzung seines Selbst*. Das war vielleicht der Grund für seine Berufswahl. Er brauchte seine Klienten, um von ihnen Leben und Aufwertung zu gewinnen, wie einst seine Mutter von ihm, unter den sozial Schwachen galt er als der Starke. In diesem Entwicklungsprozeß hatte das Denken des Patienten durch eine mangelnde Repräsentanzenbildung und damit unzureichenden Symbolbildungsprozeß gelitten. Die Errichtung seines »falschen Selbst« – in der Winnicottschen Terminologie – war nur durch Abspaltungsmechanismen möglich. Sein eigenes Tun war ihm als von der Mutter determiniert entglitten. In seiner naturburschenhaften Kleidung, die der Familientradition entgegenstand, vertrat er ein Stück seines »wahren Selbst«; denn er liebte die Natur, die Pflanzen und in seinem Garten die Kultivierung von Natur. Dennoch liegt in der Beschreibung der Kleidung auch der Gebrauch von Vater und Mutter, die sich des Burschen im Kriege, des Knechtes zu Hause bedienten. Die zweite, ihm so eindringlich angebotene Realität gewann durch Agieren in der aktuellen Realität Wirklichkeitscharakter, deren Bezug jedoch nicht durchschaubar ist. Somit leidet ein solches Kind der »zweiten Generation« unter *mangelnder Verdrängung*. Aus der Identifizierung mit den Eltern und ihrem Auftrag der Wiedergutmachung oder Vergeltung heraus wird es zu beidem, *Opfer und*

*Täter*. Diese gegensätzlichen Identifizierungen stehen nebeneinander als Doppelrolle und bedingen nicht nur eine große intrapsychische Spannung, sondern auch Ichverzerrungen. Um diese zweite, das Schicksal der Eltern wiedergutmachende Realität bewältigen zu können, darf der Kampf und die Verfolgung nicht aufhören, bedarf es der persistenten Verleugnung der Aufforderungen der Gegenwart, damit das alte Geschehen in sie hineingeschoben werden kann. Die Illusion einer ungebrochenen Omnipotenz ist quasi die Belohnung.

Der Weg über die Analyse zu seinem eigenen Leben war von ihm richtig wahrgenommen, doch lange setzte sich hier seine gewohnte Lebensart in der Übertragung als Wiederholung der installierten symbiotischen Omnipotenz fort. Die Initialszene verstehe ich bei nochmaliger Betrachtung letztlich als Versuch, mich bei der Rekonstruktion der archaischen symbiotischen Beziehung zum Komplizen – wie Khan es nennt – mit vertauschten Rollen – einem, der unterworfen wird, und einem, der dominiert – zu machen. Als er mir seine – sogar zum Blutopfer bereiten – Hände entgegenhielt, war er auch mein Held, ein zum Heldentum bereiter Untertan. Ich hätte die Hände ergreifen sollen oder können, um für ihn Führer, gleichgültig ob im guten oder schlechten Sinne, zu werden. Der Patient erwartete von mir, stolz über sein Selbstopfer zu sein, aus dem er seine Existenzberechtigung bezog. Er war es gewohnt, sich selbst aufzugeben und dafür die Zuwendung zu bekommen, die er brauchte, nämlich, daß der andere stolz auf seine Bereitschaft war.

Noch einmal möchte ich auf die Schwierigkeiten der Gegenübertragung eingehen. Herbert Rosenfeld hat darauf hingewiesen, daß die oft zu frühe Grenze für die Einfühlung dort liegt, wo ein eigener psychotischer Kern berührt zu werden droht (vgl. 1964, S. 237). Das Problem liegt meines Erachtens ein wenig anders, nämlich dem Patienten die von ihm evozierte totale Erschütterung zu zeigen und ihn gleichzeitig miterleben zu lassen, daß der Analytiker sie durchsteht, ohne seinen Boden zu verlieren. In der in Deutschland bis zu jener Zeit vertretenen Psychoanalyse war über die psychische Struktur eines solchen Patienten wenig bekannt, so daß ich lange Zeit keine ausreichenden theoretischen Grundlagen hatte, auf die ich zurückgreifen konnte. Ich fühlte mich zu dem notwendigen aktiveren Stil, der infragestellt, bezweifelt und klärt, auch Stellung nimmt und damit Eindeutigkeiten vertritt, nicht berechtigt. Bloßes Aufzeigen reicht hier nicht. Der Patient braucht wirkliche Aussagen, er braucht Zweifel, Werte, Normen, um Wahrheit zu finden. Meine Haltung war, mich eher still, abwartend und überlegend zu verhalten, wie es bei der Behandlung einer Neurose notwendig ist. Hier bedeutete das, den Patienten nicht in die Frage und Arbeit einzubeziehen. Damit nahm ich Arbeit und Verantwortung einseitig auf mich. Haydée Faimberg (1977) wirft in der Arbeit »The Snark was a Boojum«, der Interpretation einer Geschichte von Lewis Carroll über die Aufhebung der Regeln, ganz kurz einen Blick auf die magische Modalität: Wenn etwas dreimal gesagt ist und niemand Einspruch erhoben hat, ist es wahr. Dem gilt es bei der narzißtischen Neurose mit dem Zweifel zuvorzukommen. Von dem absoluten, im Agieren des Patienten enthaltenen Entweder/Oder-Charakter, einem ständigen Ausüben von Druck, die archaischen Beziehungsformen auszutragen, war ich erschrocken und gelähmt; denn es bedeutete, einer von uns mußte zum Opfer, der andere zum Mörder werden. Ich wehrte mich, Opfer zu sein und fühlen zu müssen, ich sei ein potentieller Mörder. Es bedeutete die Angst und Abwehr vor der jeweils zugewiesenen Rolle in der Gegenübertragung, eben auch, mit der nationalsozialistischen Ideologie identifiziert zu werden. Ich hätte mehr auf dem Bekennen der »wahren« Geschichte seiner Eltern bestehen müssen. Doch hätte mir dann die Rolle des Verfolgers gedroht. Die Identifizierung mit den Größenvorstellungen ist ebenfalls nicht selbstverständlich. Ich mußte mit Zulassen und Verweigern kämpfen, um ihm weit genug mit meiner empathischen Identifizierung zu folgen. Schließlich wird es noch einen Widerstand für die Gewährung der vollen Ausbildung meiner Gegenübertragung gegeben haben. Auch wenn mein persönliches Schicksal ein anderes war, trug ich trotzdem mit an der Last der immensen Schuld, die das »Dritte Reich« hinterlassen hatte. Auf der Seite der Verurteiler zu stehen wäre entlastend gewesen und hätte Stabilität bedeutet. Das hätte dann eine Kluft zwischen mir und dem Patienten aufgeworfen, die die gefährliche Kluft, wie es sie zwischen ihm und seiner Mutter gegeben hatte, wiederholt hätte. Es liegt am Mut des Analytikers, dies zur Sprache zu bringen. Das zeigt dieser Fall eindringlich, der exemplarisch für die Pathologie entsprechender Fälle steht, was sich in späteren Analysen neu bestätigte.

# Die Tragik von Identifizierungsprozessen in der »zweiten Generation« – eine Gegenüberstellung[1]

## Einleitung

Die meisten derjenigen, die als Mitläufer die nationalsozialistische Ideologie akzeptiert hatten oder gar aktiv daran beteiligt waren, haben sich nach dem Zusammenbruch des »Dritten Reiches« gegenüber ihren heranwachsenden oder bereits erwachsenen Kindern über ihre Einstellungen, ihre Wertordnungen, ihre Idealisierungen, ihre Gefühle, ihre Hoffnungen und erst recht über ihre dann folgende schwerste Enttäuschung nicht geäußert. Sie tabuisierten all das, indem sie schwiegen. Spätestens mit der Kapitulation stand fest, daß sie mit ihrem Glauben an ein Tausendjähriges Reich geirrt hatten. Ihre Einstellung mußte sich an diesem Punkt zwangsläufig auf ein Vorher und ein Danach ausrichten. Es gab nur zwei Wege, auf denen diese Väter und Eltern überhaupt ihre Identität wahren konnten, entweder indem der Irrtum bekannt worden wäre – oder nicht. Ein Bekenntnis erforderte Betroffenheit, Einsicht, Trauer über die Verluste mit der folgenden Veränderung der inneren Wertordnung. Aber selten wurde wirklich zugegeben, daß man dem Nationalsozialismus angehangen hatte und nun seinem totalen Untergang gegenüberstand. Dagegen wurde auf die Niederlage mit Ableugnung reagiert, im Grunde mit Trotz,[2] und folglich wurde am Gewesenen festgehalten. Daß offen auf den Werten der Vergangenheit beharrt wurde, war die Ausnahme und diente

1 Erstmals vorgetragen auf dem 34. Internationalen Psychoanalytischen Kongreß, Hamburg, Juli 1985, unter dem Titel: »Darstellung der konträren Identifikationsschicksale zweier Kinder von Vätern aus dem Dritten Reich«. Dos contrarios destinos de identificación con padres del »Tercer Reich«, 1985, Revista de Psicoanalisis, Argentinische Psychoanalytische Gesellschaft. Two Complementary Cases of Identification Involving »Third Reich' Fathers«, in: International Journal of Psycho-Analysis, 1986, 67, 317-327.

2 »Vorwärts, vorwärts schmettern die hellen Fanfaren. Vorwärts,vorwärts, Jugend kennt keine Gefahren. Deutschland, du wirst leuchtend stehn, mögen wir auch untergehn.« – »Es zittern die morschen Knochen [...] wir werden weiter marschieren, wenn alles in Scherben fällt, denn heute gehört uns Deutschland und morgen die ganze Welt!« Solche Lieder hatte die Hitlerjugend gesungen.

zwei Ausrichtungen gleichzeitig: Das Alte blieb gültig, und die neue Realität wurde entwertet. Ich schildere im folgenden einen solchen Fall, weil er für die »zweite Generation« einen klaren Abgrenzungs- oder Angriffspunkt und dadurch für den notwendigen Identifizierungsprozeß andere, eindeutige Voraussetzungen bot, als es sonst wohl üblich war; denn das Festhalten am »Vorher« und Entwerten des »Danach« geschah stillschweigend, wahrscheinlich zunächst noch bewußt, und wurde wohl zunehmend dem Bewußtsein entzogen. Weil die Betroffenheit, das Gefühl, so getäuscht, betrogen verführt worden zu sein, nicht ertragen werden konnte, wurde dem Verlorenen treu geblieben. Diese abgewehrte Form des Protestes war nicht offen, sondern schleichend und getarnt. Wahrscheinlich wurden immer partielle Bereiche der inneren wie äußeren Realität verleugnet. Die Abwehrform der Verleugnung richtet sich, wie B. Lewin (1950) zeigt, auch gegen die äußere Realität und kann sich wie bei Trieben gegen die intellektuelle Repräsentanz und ihre emotionale Bedeutung richten. Wahrscheinlich endet die fortschreitende Leugnung der nationalsozialistischen Vergangenheit mit Abspaltung und weiteren sie schützenden Abwehrformen. Ich wage nicht anzunehmen, daß diese Wünsche und Impulse verdrängt worden sind, weil Verdrängung eine sehr reife Abwehrform darstellt und sich allein im eigenen innerpsychischen System entwickelt. Die Abspaltung, eine Externalisierung, erleichtert die Abwehrarbeit durch Einbezug der Umgebung, und das Wiedererscheinen des Abgespaltenen erfolgt dann nicht unbedingt in den Betroffenen selbst, sondern auch oder sogar eher in der »Außenwelt«, hier in der »zweiten Generation«. Über diesem Ausbleiben eines Bekenntnisses, eines Bedauerns, das allein die innere Wertordnung tiefgreifend korrigiert hätte, mußte ein bewußtes und umfassendes und letztlich verantwortliches Beginnen der neuen Epoche leiden.

Was jemanden an Hitler glauben und in seinem Namen handeln ließ, läßt sich vielleicht erst heute beschreiben. Sich einem Führer zu überlassen, ohne zu bemerken, daß er zugleich ein Verführer ist, wurde möglich, indem der Führer *scheinbare Idealisierungen vorgab*, nicht nur einer *verheißungsvollen Zukunft*, sondern auch eines *Auserwähltseins*. In Wirklichkeit nutzte er diese geweckten Wünsche für ein Hörigkeitsverhältnis zu ihm aus. Ich möchte den Aspekt einer *Gefolgschaft* von Hitler hier aufgreifen. Neben die Verheißung – heute würden wir das als grandioses Selbst in grandioser Zukunft beschreiben – setzte Hitler die Forderung nach *absolutem Gehorsam*. Damit bot er sich als Wahrer und Verwalter des *Gewissens* zunächst selbst an. Er forderte diesen absoluten Gehorsam in dem Glauben, die Wahrheit zu besitzen.[3] Wie zum Beispiel die Kritik Nietzsches an Platon zeigt, macht dieser Glaube, das Wahre erkannt zu haben, stets *fanatisch*. In dem Fanatismus bemerkten die Anhänger offenbar nicht, daß Hitler sich der Funktion als Träger dieses proklamierten Gewissens wiederum *entzog* und dafür »das Volk« oder »die Nation« einsetzte. Erfüllten sich die Verheißungen nicht, tauschte er seinen Namen gegen den Namen des »Volkes« aus. Diese Verführung ist möglich durch höchste, geradezu intime Spezifizierung oder aber durch Verallgemeinerung. Indem er dem »Volk« so das Versagen zuschob und mit dieser anonymisierten Gewissensinstanz drohte, entlastete er sich von der Schuld und schwor die Anhängerschaft auf ein neues, nun eigenartig eigenes Gewissen, das durch ihn zum Volksgewissen verändert, überdimensioniert, auf idolhafte Ziele ausgerichtet und von jeder Person gelöst worden war. Als schließlich alles sukzessiv zusammenbrach, höhnte er, daß es das Volk nicht besser verdient habe.

3 Die Eidesformel, auf die Hitler seit dem 2. August 1934, dem Todestag Hindenburgs, alle Soldaten und Offiziere der Wehrmacht und der Verfügungstruppe, der Vorläuferin der Waffen-SS, schwören ließ, lautete: »Ich schwöre bei Gott diesen heiligen Eid, daß ich dem Führer des Deutschen Reiches und Volkes, Adolf Hitler, dem Obersten Befehlshaber der Wehrmacht, unbedingten Gehorsam leisten und als tapferer Soldat bereit sein will, jederzeit für diesen Eid mein Leben einzusetzen.« Vor 1933 hatte die Eidesformel gelautet: »Ich schwöre Treue der Reichsverfassung und gelobe, daß ich als tapferer Soldat das Deutsche Reich und seine gesetzmäßigen Einrichtungen jederzeit schützen, dem Reichspräsidenten und meinen Vorgesetzten Gehorsam leisten will.« Nach der Machtergreifung war der Wortlaut wie folgt geändert worden: »Ich schwöre bei Gott diesen heiligen Eid, daß ich meinem Volk und Vaterland allzeit treu und redlich dienen und als tapferer und gehorsamer Soldat bereit sein will, jederzeit für diesen Eid mein Leben einzusetzen.« Unter scheinbarer Beziehung auf den Fahneneid der Monarchie waren die Begriffe Verfassung, Volk und Vaterland vom unbedingten Gehorsam abgelöst worden. Die SS leistete einen besonderen Eid: »Ich schwöre Dir, Adolf Hitler, als Führer und Kanzler des Deutschen Reiches Treue und Tapferkeit. Ich gelobe Dir und den von Dir bestimmten Vorgesetzten Gehorsam bis in den Tod, so wahr mir Gott helfe!« (Hermann, S. 454 f. beziehungsweise S. 540)

Theodor W. Adorno fordert in seinem Aufsatz »Erziehung nach Auschwitz« (1967), »die Nazis müßten sich analysieren lassen; wenigstens das wären sie der Nachwelt schuldig«. Diese Forderung mußte unerfüllt bleiben, weil Nationalsozialisten in ihrer Selbstüberzeugung nicht analysierbar waren. Sie sahen keine Veranlassung, sich in Analyse zu begeben. Auch nach der Kapitulation war ihre individuelle Neurose im »allgemeinen Elend« (Simmel, 1946) aufgehoben. Zur Gegenbesetzung dieser ins Allgemeine verschobenen Abwehr gebrauchten sie sehr wahrscheinlich den an sich notwendigen Wiederaufbau als weites Feld für Agieren. Sie deklarierten alles als *jeweils derzeit »normal«*, eine Form von Isolierung und damit Unterbrechung des geschichtlichen Zusammenhangs, und erfaßten nicht, daß sie mit dieser Einstellung einem Massenwahn von Pseudonormalität erlagen. Ihr Problem ließen sie auf diese Weise nicht zu einem persönlichen werden, sondern verallgemeinerten auch nach dem Zusammenbruch ihre Ideologie in einer Neuauflage kollusiver Intellektualisierung, was dem behauptenden Festhalten entspricht, das das jeweils Vorhandene isoliert als »normal« oder allenfalls als eine zu bewältigende Durchgangsstation zum Gewünschten deklariert. Der Wiederaufbau galt, ausgegrenzt aus der Kontinuität der Geschichte, als eine »normale« Realität, und in ihm konnte sich meines Erachtens eine schleichende Verleugnung beziehungsweise ein Protest, eine Gegenbesetzung, finden, ein Protest mit austauschbarer Adresse, in dem man sich nicht mehr klar war, gegen wen protestiert wurde, gegen Hitler, den Betrüger, oder gegen die Befreier, die ja auch alles zerstört hatten.

In Analyse begeben sich einzelne der »zweiten Generation« Angehörende, Kinder von sogenannten »Nazis«, den Nationalsozialisten. Doch sie wissen in der Regel nicht, daß oder ob und inwieweit ihre Väter und Mütter an die nationalsozialistische Ideologie geglaubt hatten.[4] Es ist dabei nicht nur die Tatsache, daß dieses Wissen fast durchgängig nicht vorhanden ist, es brauchte genau zwei Generationen, also vierzig Jahre danach, bis sich die Frage nach der Vergangenheit der Väter und Mütter erheben durfte. Zwei solcher sehr eindrucksvoller und konträ-

4 Ausnahmen sind die Kinder, deren Väter ranghöchste Posten bekleidet hatten.

rer und doch zugleich komplementärer Identifizierungsschicksale sind mir aus der analytischen Arbeit bekannt. Als ich ihren Strukturentwicklungen, wie sie sich in ihren Analysen zeigten, noch einmal nachging und sie gegenüberstellte, zeigte sich, wieviel in Abhängigkeit und Reaktion auf die Väter und ihre Geschichte in die Entwicklung der »zweiten Generation« eingegangen ist. Da in beiden Fällen die Mütter eine ausharrende, den Vater direkt oder indirekt bestätigende Rolle spielten und die Haltung der Väter das Klima der Familien bestimmte, konzentriere ich mich vorzugsweise auf die Erarbeitung der Auseinandersetzung der beiden Patienten mit dem Schicksal ihrer Identifizierung mit den Vätern, als sie in der Analyse besser verstanden, warum sie so geworden waren. Diese beiden Väter meiner Patienten erscheinen nahezu wie Exponenten der »ersten Generation«, die ihre Jugend und junge Erwachsenheit im »Dritten Reich« erlebte. Die Kapitulation 1945 sowie die allmähliche Herausbildung zweier neuer Staaten hatten sie nicht in der tiefgreifenden und umfassenden Bedeutung angenommen. Für ihre während des Zweiten Weltkrieges geborenen Söhne war die je aktuelle Haltung der Väter innerhalb ihres Identifizierungsprozesses unumgänglich maßgeblich. Ein großer Teil der so einseitigen und damit überlastigen Identifizierung erklärt sich aus der Massivität des Überichs ihrer Väter, das der Totalität ihrer inneren Anhängerschaft an die Ideologie des »Dritten Reiches« entspricht. Eine solche archaische Züge tragende, scharf zwischen gut und böse polarisierende Identifizierung ist sonst nur mit einem *frühen mütterlichen Überich* vergleichbar. Die »tugendhaft« ausharrenden Mütter hatten im Gegensatz zu ihren Ehemännern offensichtlich keine wirklich eigene Meinung und nutzten ihre Fähigkeiten und Eigenständigkeiten, indem sie sich um die vitalen Lebensnotwendigkeiten der Familie kümmerten, kümmern mußten, worin sie sich geradezu verbrauchten. Darüber hinaus waren sie nicht in der Lage, einen Einspruch zu erheben, und blieben in einem nationalen Mutterideal befangen. Variation, Verständnis, Vermittlung waren bei der nationalen Indoktrination nicht erwünscht.

Beide Patienten kamen in ihrem vierten Lebensjahrzehnt zur Analyse, die jeweils viele Jahre dauerte. Zu ihrer Unterscheidung nenne ich sie Patient A. und Patient M. Das gesamte Bild ihres manifesten Verhaltens erschien konträr: Patient A. war ein äußerst arbeitsamer, ehrgeiziger und erfolgreicher Mann, gequält von einer Fülle unterschiedlicher Symptome. Patient M. dagegen kann bis zu seiner Analyse als ein Müßiggänger geschildert werden, noch ohne Beruf und im Grunde arbeitsunfähig. Er klagte lediglich über ein gar nicht so wesentliches Symptom, ihn führte eher das Gefühl in die Analyse, daß irgendetwas nicht stimme. Daß er über mehr Potentiale verfüge, glich eher einer vagen Ahnung; denn zur Sprache gebracht, hätte das den derzeitigen Zustand in Kontrast gestellt. Das wollte und konnte er zum damaligen Zeitpunkt nicht sehen. Nach Abschluß der Analysen zeigten sich bei einer vergleichenden Betrachtung die beiden Strukturentwicklungen jedoch komplementär. Sie enthielten mehr oder weniger große Anteile nationalsozialistischer Ideologie, die sich aber auch bei jeder anderen Form von Machtmißbrauch finden, in ihrem manifesten Verhalten oder aber in ihren unbewußten Motiven: ein annihilierender Sadismus, Maß- beziehungsweise Grenzenlosigkeit und eine ungeahnte Selbstgerechtigkeit. Diese Selbstgerechtigkeit stand ihrer Neigung zur Reflektion nicht mehr so absolut im Wege wie ihren Vätern, wären sie doch sonst nicht in Analyse gekommen. Doch auch sie trugen Züge eines von diesen Schuldgefühlen abgeleiteten verzerrten, einmal heimlichen, einmal offen getragenen Elitebewußtseins.

Unterschiedlich verhielten sich die Väter von Patient A. und Patient M. nach dem Zusammenbruch des »Dritten Reichs«, was für die unterschiedlichen Strukturentwicklungen von ganz maßgeblicher Bedeutung war:

Der Vater von Patient A., ein Akademiker, besaß eine niedrige Parteinummer, das heißt, er war ein frühes Mitglied der NSDAP. Er verbarg seine totale Enttäuschung über den Zusammenbruch keineswegs. Seinem Sohn gegenüber artikulierte er jedoch nur seine Entwertung der Gegenwart, die durch sein Handeln beziehungsweise Nicht-Handeln drastisch unterstrichen wurde. Denn er verweigerte jede weitere Ausübung seines Berufs. Damit legte er auch die Verantwortung der Familie gegenüber nieder und lehnte sogar die Sozialhilfe aus dem »Adenauer-Staat« ab. Er war von Hitler und der nationalsozialistischen Ideologie *abhängig* geblieben, auch wenn er nicht darüber sprach. Dennoch war sein Verhalten vom manifesten Erscheinungsbild des Vaters von der Oberfläche her gesehen für den Sohn zunächst als trotzige Verweigerung durchschaubar und eindeutig. *Die große Angst, die sein Sohn* vor der Analyse *äußerte, war die vor »Abhängigkeit«.*

Der Vater von Patient M. dagegen hatte nie über seine Auffassung der Vergangenheit gesprochen, selbst dann nicht, als er von seinem Sohn häufiger – wie es später in der Analyse geschah – dazu aufgefordert wurde. Er gab sich dem Sohn gegenüber als ein immer Gleicher aus, als hätte es keinen Einschnitt gegeben, und erschien so *unmerklich der neuen Zeit angepaßt*. Damit war der Vater für den Sohn nicht eigentlich faßbar. Vermutungen des Sohnes über des Vaters Geschichte und Wertauffassung führten zu Provokationen und heftigsten Gegenreaktionen unter dem Anschein großer Moralität. Die Verschlossenheit einerseits und der gelebte Anspruch auf der anderen Seite machten ihn zu einer autoritären Figur. Es folgte ein ständiges Aufeinanderprallen und Unverständnis, trotzdem war es dem Sohn unmöglich, allein schon aus den Leiteigenschaften des Vaters einen Schluß oder eine Klarheit für sich zu finden. Die Haltung der Eltern bezeichnete er später als konservativ deutsch-national, antiparlamentarisch, die das Volk stets als dumm deklariert. Er klagte fortgesetzt über die Ungerechtigkeit des Vaters ihm gegenüber, die er als selbstherrlich und selbstgerecht empfand. Sein Wunsch, der Vater möge sich ändern, wurde mit Beginn der Analyse immer größer. Selbst hatte er eine ausgesprochene Angst vor der Analyse, weil *er fürchtete, ein »Angepaßter« zu werden.*

Die Patienten hatten wohl in ihren Ängsten vor eigener Abhängigkeit und Anpassung das Problem ihrer Väter verstanden, konnten es zwar für sich benennen und fürchteten sich davor, kannten aber seine eigentliche Herkunft nicht und wehrten es an verschobener, das heißt falscher Stelle für sich ab.

## Die beiden Patienten

### *Die Struktur des Patienten A.*

Patient A., promovierter Mathematiker in gut dotierter Stellung, kam einerseits fest entschlossen zu einer Analyse, weil er unter einer Fülle von Beschwerden litt: Ängste und Hemmungen, sexuelle Schwierigkeiten, Erröten und Schwitzen, Schlafstörungen, Magenbeschwerden, Augenschmerzen und Schlafwandeln. Andererseits zeigte sich sofort seine Ambivalenz; denn er war in der kurzen Wartezeit bis zum Beginn der Analyse in eine therapeutische Gruppe eingetreten und hatte eine ältere Freundin gefunden, bei der er ein nie gekanntes Glück zu erleben glaubte. Damit schien die Analyse überflüssig zu werden. Jedoch dieses Glück verblaßte sehr bald. Für die Fülle der Beschwerden gab es – wie ärztliche Untersuchungen schon vorher ergeben hatten – kein organisches Korrelat. Er war sehr mager, und sein Gesicht erschien von tiefem Ernst und Sorge durchfurcht, doch seine Augen konnten zu leuchten beginnen, wenn er mich ansah. Die Wadenschmerzen zum Beispiel, die er in der ersten Zeit der Analyse insbesondere auf der Couch bekam, ließen sich als Ausdruck seines inneren Befindens verstehen, daß sein ganzer Körper quasi zum Gefängnis geworden war, aus dem es kein Weglaufen gab. Denn die Deutung, meinerseits geradezu aus der Not einer Fesselung von so vielen, konkrete Hilfe erwartenden Klagen gegeben: »Sie dürfen auch ohne Beschwerden zu mir kommen«, führte seinerseits über eine Verwirrung zu tiefem Erstaunen und Erleichterung. Er hatte – ganz im Widerspruch zu seinem ehrgeizigen Verhalten – Angst vor jedem Schritt, insbesondere »vor einem möglichen Aufstieg«. Er sei eine enorm gehemmte Natur und dadurch daran gehindert, sich selbst zu entfalten, waren seine eigenen Worte. Seine Augenschmerzen beschrieb er als ein schmerzhaftes Nicht-sehen-Können, während er beim Schlafwandeln, wie sich später herausstellte, erstaunlich gut sah. Von seinen Beschwerden erlebte er das Erröten und Schwitzen als besonders peinlich. Weil das Schwitzen ihn in seiner Arbeit isoliere, zog er sich mehrmals täglich um. Darin schien ein sich ständig wiederholender und nicht gelingender Versuch des Neubeginns zu liegen, eine Art von Geburt. Doch zu jener Zeit war es zu früh, daß er hätte sehen können, wie er sich selbst aus dem Wasser zog. Für seine Magenschmerzen hatte er eine eigene Behandlung entwikkelt, die er »Diät« nannte, nämlich »Wasser und Brot« – als habe er nie von der Bedeutung dieses Ausdrucks gehört. In ähnlicher Weise deutete er sein Erröten als Scham, in Wirklichkeit war es ein Zwiespalt, eine Bewegung in die Beziehung zu machen und sie gleichzeitig zu hassen.

Obwohl Patient A. so zielstrebig in die Analyse kam, war er – wie erwähnt – anfangs besorgt, nur nicht abhängig zu werden. Dem entsprach, daß seine sonstige Lebensführung asketisch war. Er wohnte in Untermiete, nur mit dem notdürftigsten Eigenen; dabei war sein sehnlichster Wunsch, ein eigenes, »biologisches« Haus zu bauen. Er kleidete sich jungenhaft, ärmlich und ungekonnt. Seine zweihundert Kilometer entfernt lebende Freundin sah er höchstens alle vierzehn Tage. Diese Zusammentreffen verliefen qualvoll und enttäuschend. Freunde hatte er sonst nicht.

Mir gegenüber benahm sich Patient A. äußerlich gesehen auffallend taktvoll. Er besaß einen hochelaborierten Sprachschatz, und seine rasche Auffassungsgabe und Lust am analytischen Denken wurden zum Band zwischen uns. Seinerseits wunderte er sich, daß er sich so auf das analytisch-kontemplative Betrachten einlassen konnte, war es doch zu einem Lebensprinzip bei ihm geworden, »auf alles Berechenbare zu setzen« beziehungsweise »allein auf Sicherheit zu gehen«. Außer Schmerz und – wie sich bald herausstellte – der ebenfalls schmerzenden Eifersucht kannte er keine Gefühle. Er selbst charakterisierte sein Verhalten und seine Reaktionen anderen gegenüber als »eckig und zackig«.

Die Eltern von Patient A. entstammten traditionsreichen Familien, der Vater einem Pfarrhaus, die Mutter einem Elternhaus mit naturwissenschaftlicher Tradition. Als Chirurg und Geburtshelfer hatte sich der Vater während des »Dritten Reiches« in Ostpreußen niedergelassen. Daß er zu den ersten Mitgliedern der NSDAP gehörte, teilte Patient A. gleich zu Beginn der Analyse in völlig affektlosem Ton mit: »Er hatte eine niedrige Parteinummer.« Es mußte für ihn, was ihm nicht klar war, eine grandiose Bedeutung haben, daß der Vater ein »Mann der ersten

Stunde« gewesen war. Während der ersten beiden Lebensjahre von Patient A. befand sich der Vater bei der Familie, dann wurde er durch die Kriegs- und Nachkriegsereignisse von ihr getrennt. 1944/45 brach die Mutter allein mit ihren beiden Söhnen auf, um vor den Russen zu fliehen. Patient A. erinnerte sich in der Analyse, daß er auf der Flucht immer wieder laufen mußte, während sein um ein Jahr jüngerer Bruder getragen wurde. Auf nur noch aus einzelnen Trägern bestehenden Brücken mußte er allein vorgehen, und in den Taschen der am Straßenrand liegenden Toten suchte er nach etwas Eßbarem. Nach mehrjähriger Odyssee wurde die Familie zunächst in einer Wellblechhütte, später in einer Baracke in einer der kärgsten Gegenden Westdeutschlands ansässig, was den Vater niemals veranlaßte, den Wohnsitz zu verbessern. Patient A.s einziges Hobby, das Reparieren des Autos, das ihm ja permanente Eigenständigkeit garantierte, mußte mit der Flucht und der langjährigen Bedrohung des äußeren Zuhause zusammenhängen.

Der Vater von Patient A. hatte den Zusammenbruch des »Dritten Reiches« und die Nachkriegsrealität nicht akzeptieren können. Wieder bei der Familie, lebte er fortan in sich zurückgezogen, arbeitete nicht mehr und verfiel allmählich dem Alkohol. Seine Verweigerung ging so weit, daß er jede finanzielle Unterstützung seiner inzwischen kinderreichen Familie ablehnte. So mußte die Mutter als Ernährerin einspringen. Sie vermochte die Not zwar nicht abzuwenden, sorgte aber dafür, daß alle Kinder einen Beruf erlernten, zwei sogar studieren konnten. Sie war es, die die Kinder erzog. Von ihr, die bei aller Arbeit immer auch noch ein Buch las, mußte Patient A. seinen differenzierten Sprachschatz, einen Teil seiner inneren Bildung und seine guten Umgangsformen erworben haben. Für ihn äußerte sich beispielsweise die unangefochtene Hoffnung der Mutter darin, daß sie alljährlich im Frühjahr Restaurierungen durchführte, obwohl sich der Schimmel in der Baracke rasch wieder ausbreitete.

Seit der Pubertät grüßte Patient A. seinen Vater nicht mehr und redete auch nicht mehr mit ihm. Er verachtete ihn aufs tiefste und verweigerte jedwede Gemeinsamkeit wie beispielsweise das Essen. Er mokierte sich über das einsame Schachspielen des Vaters und spürte die darin enthaltene Verbissenheit, die Abkehr von der menschlichen Beziehung, den Fanatismus in einem Spiel zum Schein. Auch daß der Vater daneben, wie er später erzählte, klassische Musik hörte und Partituren mitlas, trug nur zu seiner Ablehnung bei; denn er erlebte es übertrieben eindringend und vermißte den Genuß. Der ohnmächtige Haß auf den Vater verknüpfte sich dazu noch mit Haß auf die Mutter, als ihm mit der Zeit klar wurde, daß die Mutter die »Ernährerin des Vaters« war. Sein Neidgefühl wehrte er ab, indem er nicht *sehen* konnte, daß sich darin eine Zuwendung der Mutter zum Vater zeigte. Das Bild vom »bösen« Vater blieb in der Analyse lange Zeit als ein Diktum stehen. Patient A. rang zum Beispiel in der Analyse, wie er es fertigbringen könnte, der Mutter ein Heißwassergerät zu Weihnachten zu schenken, das nur sie allein benutzen können sollte. Einmal erinnerte er sich in der Analyse einer versuchten Annäherung an den Vater. Er hatte sich als Kind an dessen Bein geklammert und verzweifelt versucht, ihn zu schütteln. Die dringlich gewünschte auf ihn eingehende Reaktion war offenbar ausgeblieben. Bewußt erwartete er nichts mehr vom Vater, in seinem Phantasieleben hatte er ihn längst totgesagt beziehungsweise umgebracht.

In Reaktion auf den untätigen Vater, verschärft durch die ödipale Rivalität, hatte Patient A. enormen Ehrgeiz entwickelt. Als er etwa 16 Jahre alt war, hatte der Kosmonaut Gagarin als erster Mensch die Erde in einem künstlichen Satelliten umkreist. Dieses Zeitereignis löste den Wunsch aus, Astronaut zu werden; die Alternative zu diesem »Berufsziel« war Künstler. Auf sehr einsamen Wegen wurde er extrem arbeitsam und schließlich auch sehr erfolgreich, jedoch ohne daß ihn das zufriedengestellt oder er darauf Stolz entwickelt hätte. Er hatte recht damit, wenn er die Unfreiheit seiner Leistungen spürte, die im Kontrast zum Verhalten des Vaters standen und somit den Charakter des Besonderen, ja Großartigen, erhielten. Sie hatten zunächst reaktiven, dann aber auch rivalisierenden Charakter. Freilich war ihm zunächst nicht einsichtig, daß seine Erfolge das Versagen des Vaters ersichtlich machen sollten, aber auch an eine vergangene Grandiosität des Vaters, des Mannes der ersten Stunde, anknüpften. Unbewußt war ihm auch die Vorstellung des Zieles seiner Arbeit als Todesstoß für den Vater. Als Kind schon hatte er häufig die ihn, wie er sagte, nicht ängstigende Vorstellung, den Vater eines Tages hinterrücks die Treppe hinunterzustürzen.

Gegenüber diesen aggressiven und ihm weitgehend bewußten Impulsen waren seine libidinösen Impulse für den Vater völlig verdrängt. Doch alles gibt Grund genug für seine bewußten und geklagten Minderwertigkeitsgefühle, deren Herkunft er nicht verstand.

In seinem Beruf stand Patient A. – nicht von ungefähr – zwei Chefs gegenüber, dynamischen, für ihn eigentlich idealen Pionieren, die er unbewußt in die reparative Inszenierung seiner Konflikte einbezog. Während der eine Chef alle »guten« Möglichkeiten für Patient A. verkörperte, bekämpfte und entwertete er den anderen, entsprechend der Spaltung seiner libidinösen und aggressiven Impulse seinem Vater gegenüber. Der in Aussicht gestellten Beteiligung an dem Unternehmen und der damit verbundenen Gleichstellung zog er den Krankheitsgewinn vor, in seinen Chefs ideales Vorbild und Feind in einem zu sehen. Er kannte nur Freund und Feind und nicht ein Miteinander. Er arbeitete auch sonntags, nicht um mit den Chefs Schritt zu halten, sondern um sie – was er in der Analyse lange geheimhielt – zu übertreffen. Er hatte größte Angst vor offener Aggression und provozierte heimlich. Sein unermüdliches und zuverlässiges, gleichzeitig aber auch gequältes, durch Pedanterie mühsames und eingeschränktes Arbeiten erwies sich in der Übertragung letztlich auch als Sturheit. So trugen seine Handlungen und effektiven Leistungen letztlich etwas Zwiespältiges. Mit seiner Sturheit unterdrückte er die Angst, sich aktiv phallisch zu zeigen, und ließ, ich möchte sagen in der phallischen Verkrampfung, den anderen gleichzeitig auflaufen, ein ihm nicht bewußtes aggressives Verhalten. Ein Jahr nach Analysebeginn äußerte er verwundert, er habe erwartet, Tricks zu lernen, doch es verhalte sich wohl umgekehrt, seine Tricks lösten sich auf, sie wurden überflüssig. Er kannte bisher den Wechsel zwischen Geben und Nehmen nicht. Bei der unmittelbaren Zusammenarbeit, Abstimmung, Beratung und Weiterplanung mit seinen Chefs traten seine Beschwerden – das Schwitzen, die Magenkrämpfe, unerträgliche Kopf- und Augenschmerzen – auf, bis er erkannte, daß es seine Eifersucht und seine Wut waren, die zum Ausdruck kamen. Die Verschiebung dieser Gefühle vom Vater auf diese aktuell für ihn bedeutsamen Menschen war für ihn schwer einzusehen und aufzugeben, weil er glaubte, mit dem Vater abgerechnet zu haben. Er berichtete schließlich von seiner Phantasie eines »tödlichen« Übertreffens seiner Chefs. Er habe ständig die »geballte Faust« in der Tasche oder hoffe auf etwas, das er »wie eine Bombe« aus der Tasche ziehen könne. Er war fixiert auf den *Sturz der Autorität*. Dafür erschien ihm die Übernahme eines Lehrstuhles angemessen, und dieses Ziel kostete ihn all seine Kräfte, seine Zeit und seine innere Ausrichtung; denn er arbeitete nicht wirklich an einer Habilitation.

Früher mußte er schlafwandelnd wohl aus dem Fenster gegangen sein, und bei der Rückkehr in sein Zimmer ließ er die Schuhe vor dem Fenster stehen. Er hatte sich selbst besucht. Als dann seine Abwehren in der Analyse gelockert waren, kam die Ambivalenz seiner Gefühle zum Tragen, und libidinöse Sehnsüchte, die er so verabscheute, wurden sichtbar: Im Kontrast zu der quälenden geheimen Rivalität fand er sich auf Geschäftsreisen, auf denen gemeinsam übernachtet wurde, mehrfach völlig verwirrt morgens im Bett eines seiner Chefs, in das ihn »sein Schlafwandeln geführt« hatte.

Die innere Dynamik wies in der Analyse auf ein Geschehen, das sich in der Übertragung wiederholte. Das erste für Patient A. traumatische Erlebnis schien die Geburt des Bruders gewesen zu sein, die quälende Eifersucht mit Todeswünschen ausgelöst hatte. Dieser Bruder war in seinem ersten Lebensjahr auf der Flucht sehr krank. Der Initialtraum von Patient A. zeigte das Bild des Schwachen, der für ihn so selbstverständlich bekommt, während er zuschauen muß. So herzte und wickelte ich in seinem Traum ein Baby auf dem Tisch meines Wartezimmers, und er stand zuschauend am Rand. Auf der Flucht hatte er sich durch die Mutter vernachlässigt gefühlt, die sich mehr um den kleinen Bruder hatte kümmern müssen. Eine Situation von damals zeigt einen Bewältigungsversuch und wurde in der Analyse zu einem Schlüsselverständnis: In einer Massenunterkunft für eine Nacht war er »verlorengegangen«, während die Mutter den kleinen Bruder versorgte. Wie er hätte der kleine Bruder verlorengehen sollen. Als die Mutter ihn schließlich auf dem

Schoß einer Rotkreuzschwester wiederfand, lachte er zum Erstaunen der Mutter. Noch viele Jahre später erzählte sie von diesem Lachen, das sie als so befremdend in Erinnerung hatte. Weil die – sicher überforderte – Mutter das Lachen nicht verstand und die ihr zugespielte Eifersucht weder erkannte noch aufnahm und in der Beziehung zwischen ihnen zurechtrückte, gewann eine narzißtische, über die Mutter triumphierende Form der Abwehr, die Ausbildung einer Omnipotenzphantasie, die Oberhand. Patient A. hatte es in jener Situation fertiggebracht, daß er sich einerseits *selbstzerstörerisch* mit dem, der verloren gehen sollte, identifizierte und daß andererseits die Mutter, um ihn besorgt, suchte. Damit konnte er erstmals erfolgreich seine *Abhängigkeit leugnen* – er lachte auf dem Schoß der anderen Frau, die kein anderes Kind als ihn hatte –, die Mutter *irritieren* oder gar eifersüchtig machen und damit das Liebesobjekt *zur Liebe zwingen*. Das stellt eine komplexe Abwehrmaßnahme dar, die den seelischen Innenraum überschreitet und das Objekt voll in den Abwehrvorgang einbezieht: die Umkehr der phantasierten Bedeutung der Situation – die Mutter liebe den Bruder –, die ihn veranlaßte, zum versteckten Aggressor gegenüber der Mutter und dem Bruder zu werden.[5] Für ihn, der sich fortan als »Stehengelassener« fühlte, bedeutete schon der Alleingang die Umkehrung der Situation: Scheinbar unschuldig hatte er die *Macht* und den *Triumph*, den anderen – quasi als Liebesbeweis – folgen zu lassen und ihn zu verachten. Letzteres ist ebenfalls eine Umkehr. Er fühlte sich von der Mutter nicht beachtet und verachtete sie dafür. Als Stehengelassener, der von nun an im Alleingang sein Heil zu finden hatte, war er jedoch gleichzeitig dem Schicksal des Vaters nah. Diese in sich trickhafte Umkehr und komplexe narzißtische Abwehr bedeutet eine Regression des Ichs in eine erzwungene unechte Passivität. Dabei wird der Aktivität, indem sie dem anderen zugespielt wird, ebenso der spontane und eigentliche Charakter entzogen. Die eigene Abhängigkeit bekommt eine manipulative oder selbstzerstörerische Ausrichtung.

5 Ein solches Einbeziehen des Objekts in Abwehrprozessen bei kontinuierlichen Wert- und Realitätsbedingungen steht im Gegensatz zur reifen Abwehr der Verdrängung, wo Phantasien ins eigene Unbewußte verdrängt werden. Hier wird das Objekt nicht tangiert.

In dieses frühe prägenitale Konfliktmuster war – sie konsolidierend – die Beziehung zum Vater eingegangen, dem *»schwachen«* Mann, dem »Nichtstuer«, der – wie der kleine Bruder – die Mutter als Ernährerin und Liebesobjekt voll beanspruchte. Als Kind konnte Patient A. die Unangepaßtheit des die Realitätsansprüche negierenden Verhaltens des Vaters erkennen. Doch spürte er in der Beharrlichkeit dieses Verhaltens auch eine *Stärke*, zwar negativer und damit destruktiver Natur, mit der er sich aber identifizierte. Wenn der Vater über seine Abhängigkeit von Hitler und seine Enttäuschung über den Zusammenbruch des »Dritten Reiches« nicht sprach und sich in seinem maßlosen Aufbegehren und Festhalten am Alten, also trotziger *Verweigerung*, eine Scheineigenständigkeit errichtete, verleugnete er nicht nur das Vergangene, sondern auch seine dabei entstehende Abhängigkeit, die nun seine Frau voll befriedigen mußte. Dennoch lag in all dem eine offen zutageliegende Eindeutigkeit und ein Bekenntnis, das Patient A. auf nichtverbaler Ebene verstanden hatte. Mit seinem späteren Alleingang und seinen Leistungen konnte er im Triumph die Abhängigkeit vom Vater und von der Mutter verleugnen, deren Erfüllung eine nicht zu ertragende Seligkeit bedeutet hätte. Er irrte nämlich in der Annahme, *alles* bekommen zu können. Mit dem totalen Sieg glaubte er, auch die Stellung des Vaters bei der Mutter einnehmen zu können, ein ödipaler Sieg. Er glaubte sich dann als der Größte, die Thematik, die der Vater nie bewältigt hatte, die aber auch dem Patienten in der Analyse noch glaubhaft erschien. Ein Traum aus der ersten Analysezeit zeigte die Polarisierung zwischen Eigenständigkeit und Abhängigkeit: Er ging auf übergroßen Stelzen durch seine Stadt und konnte in die Fenster und über die Dächer hinwegsehen. Plötzlich hing und klammerte er an einem First, von wo aus er nicht weiter konnte. Darin, daß er als früher Miternährer der Familie mit monatlichen Zahlungen seine Stärke unter Beweis stellen konnte, lag ein Stück der besonderen Tragik wie eine Verfügung, den Vater schon immer besiegt zu haben.

In der Verleugnung der Abhängigkeit waren sich Vater und Sohn völlig gleich. Der Vater verleugnete vorwiegend die äußere, der Sohn die innere Realität. Beim Sohn war die Eifersucht in völligem Haß aufgegangen, der seine reaktiven Kräfte schürte, sich weit über den Vater zu erheben, um ihn glanzvoll zu stürzen – als gäbe es nur Sieger und Verlierer. Der Vater hatte ihm die Möglichkeit der echten Triangulierung, die ödipale Situation zu bewältigen, genommen. Er hatte sich aus der väterlichen Verantwortung herausgeschlichen. Der Sohn, der also leicht für sein Empfinden obsiegte, lernte die Ambivalenz nicht auszuhalten. In der Übertragung dann stürzte Patient A. *mich* bei der Verabschiedung nach jeder Stunde mit seinem hämischen Lachen aus der Beziehung, insbesondere dann, wenn wir ein gutes Verständnis erarbeitet hatten. Er *annullierte*, eine Form der totalen und destruktiven Verleugnung, mit dem hämischen Lachen jede bereits erfolgte Verständigung. In Sekundenschnelle blieb nichts von ihr beständig oder gültig. Selbst eigene Erfahrung, gute oder schlechte, wurde somit für ihn und sein weiteres Verhalten unverbindlich. Er gönnte weder sich noch mir den Erfolg einer echten und gemeinsamen Arbeit, einen Punkt von Übereinstimmung. Dagegen sollte ich eine Einsicht wie hinter ihm hertragen. Auf diese Weise war *ich von seiner Macht abhängig*, und er sicherte sich erneuten Alleingang und scheinbare Unabhängigkeit. Dies stellt seinen selbstzerstörerischen Anteil, dar, der alles beherrscht, alles selbst kann, niemanden braucht, abgesehen davon, daß er einen braucht, auf den er sein Leiden abschieben kann, indem er es wie unschuldig anderen zufügt. Doch so war es ihm und seiner Mutter durch den Vater geschehen. Dieser mit der Zeit entwickelte omnipotente Selbstanteil, ein Erbe vom Vater, tolerierte keine Bedürftigkeit, keine Abhängigkeit und nährte sich von der Verachtung der anderen. Er wußte nur nicht, daß solches Verhalten – wie bei seinem Vater und ihm – den anderen mitzerstört. Er lehnte es ganz bewußt ab, einfühlsam zu sein. Als Patient A. in der Analyse auf sein merkwürdiges Lachen, mit dem er sich verabschiedete, aufmerksam gemacht wurde, empfand er sein Lachen zunächst als selbstverständlich, erst allmählich wurde es ihm fremd, und er fühlte, daß es zwanghaft beim Abschied über ihn falle. Als er es als »Grinsen« bezeichnete, hatte er begonnen, der Spur dieses unechten, wie von einem Fremdkörper ausgelösten Lachens nachzuforschen. Dieser Fremdkörper war der Vater, der auch Introjekt war. Es dauerte lange, bis der Patient dieses Lachen als für die Beziehung leidvoll erfuhr.

Auch wenn es für Patient A. eine schwere, seine *reaktive Identifizierung* erschütternde Auseinandersetzung mit der Analytikerin bedeutete, so war er doch in der Lage, während der Analyse, die ihm zutiefst ein ernstes Anliegen war, Zug um Zug mit der Auflösung pathologischer Abwehr seine Lebensweise und seinen Lebenskreis auszudifferenzieren. Langsam überließ er sich in Gefühlen, Meinungen und Urteilen einer gewissen Unmittelbarkeit. Er gewann Freunde, und seine Arbeit fiel ihm leichter, weil er sich von der Sturheit in Kleinarbeit entbinden und integrativer auf größere Übersichten und Planungen umstellen konnte. Das bestätigte sich durch seine Umwelt, indem er andere Aufgabenstellungen erhielt, die sogar die Leitung größerer Arbeitsteams einschlossen. Seine Symptome lösten sich langsam auf, er konnte Essen auf einmal genießen und bekam Freude an der Kraft und Bewegung seines Körpers, lernte Tanzen und Segeln, akzeptierte also Lehrer. Mit offensichtlichem Geschick begann er sich sein eigenes Zuhause einzurichten, wobei er sich von einem Schreiner unterweisen ließ. In der Analyse hatte er Trennungen lange mit scheinbarer Gelassenheit hingenommen, bis er in den Ferien ihn belastende neurotische Symptome bekam und zu verstehen begann, daß er sich seelischen Schmerz bei Trennungen ersparte beziehungsweise zu ersparen versuchte. Er erkannte schließlich darin seine Abhängigkeit und lernte sie mit ihren Auswirkungen nicht nur zu dulden, sondern ihr in seinem Leben einen Platz zuzugestehen.

### *Die Struktur des Patienten M.*

Wie Patient A. war Patient M. mitten im Zweiten Weltkrieg geboren, wie dieser war er Akademiker. Im Gegensatz zu Patient A. brauchte Patient M. mehrere Jahre, bis er seine Absicht verwirklichte, eine Analyse zu machen. Er stützte sich auf die Empfehlung eines meiner Kollegen, den er – ihn vergrößernd – »Professor« nannte, was sein Begehren und den Einsatz der von ihm magisch erlebten Macht des Vaters widerspiegelte. Zwischen dem Erstgespräch und dem Beginn der Analyse lagen schließlich vier Jahre, wovon nur ein geringer Zeitanteil zu Lasten dessen ging, daß ich nicht sofort mit ihm beginnen konnte.

Zunächst kam er, klagte lediglich über Kopfschmerzen und sprach seinen Wunsch nach Analyse ganz pauschal aus. Im Erstinterview verhöhnte er mich offen und bezeichnete Psychoanalyse als eine Methode der *»Anpassung«*, ohne die aggressive Bedeutung dieser Bemerkung und seines Verhaltens mir gegenüber eigentlich wahrzunehmen. Die Bezeichnung »Anpassung« entsprach seiner uneingestandenen Angst vor einer Abhängigkeit mit der bereits spezifischen Auswirkung und Prägung des Abhängigen als einem Angepaßten. Da in der Abhängigkeit eine orale Thematik enthalten ist, greife ich auf, daß Patient M. im Gegensatz zu Patient A. zwar gern aß, aber peinlichst darauf achtete, ja »kein Gramm Fett zu viel« am Körper zu haben. Mir fiel ein betontes Selbstwertgefühl auf, vorgetragen mit der dafür typischen Überheblichkeit und dem spürbaren falschen Stolz, was auf das Gegenteil schließen ließ. Seine Erwartung an die Analyse war, als sie begonnen hatte, überraschenderweise die, sein Vater möge sich ändern. Seine eigene reale Gestalt und das Bild, das er im Beginn der Analyse von sich entwarf, waren konturlos. Sein Gesicht wirkte verfließend. Auffällig war sein tänzelnder Gang, der den Eindruck vermittelte, er schwebe und seine Beine brauchten die Schwere des Körpers nicht zu tragen. In Wirklichkeit stand er nicht auf eigenen Beinen, sondern lebte in einer symbiotisierenden Beziehung zum Vater, der das Erbe seiner frühen Mutter-Kind-Beziehung übernommen hatte, als der Bruder des Patienten schwer erkrankte und der Mutter voll bedurfte. Patient M. befürchtete, durch die Analyse eine »Profilneurose« zu bekommen, als litte er unter übersteigertem Ehrgeiz. Dabei verfügte er weder in seinem Beruf noch sonst über ein tieferes oder profiliertes Wissen oder eine Einsatzbereitschaft, was dem Begriff der Profilneurose überhaupt hätte entgegenkommen können. Für ihn bedeutete dieser Begriff Eigenständigkeit, die er noch fürchtete. Symbiotisch führte er sein Leben mit seiner Frau. Angesichts seiner raschen intellektuellen Auffassungsgabe und seiner Abstraktionsfähigkeit schien diese Befürchtung unverständlich. Doch das war Ausdruck einer paranoiden, rasch an der Oberfläche arbeitenden Intellektualität. Er hatte gerade sein zweites Staatsexamen abgelegt und trat in die vorläufige Beamtenlaufbahn ein. Den acht- bis zehnjährigen Rückstand für diese Laufbahn hatte er sich nie klargemacht; er lebte *zeitlos*. Bislang hatte er es abgelehnt, Bücher zu lesen. Gelernt hatte er mit Hilfe von Gruppen, durch die er auch geschult war, Prüfungssituationen zu bestehen. Direkt gefragt zu werden, erlebte er in der Form, »gestellt« zu werden. Gegenüber jedweder Anforderung empörte er sich heftig und griff den anderen trotz seines ausgeprägten Gerechtigkeitsempfindens verbal oder gar tätlich an. Zu Beginn der Analyse war er sich völlig sicher, promovieren zu können. Dabei erfüllte er nicht einmal die täglichen beruflichen Aufgaben. Die daraus erwachsenden Schwierigkeiten mit Vorgesetzten löste er, indem er diese auf psychologischer oder politischer Ebene zu »entlarven« oder »enttarnen« glaubte.[6] Mit Angriffstaktiken wie Empörungen und moralischer Entrüstung, in ungeheurer Schnelligkeit in Bausch und Bogen vorgetragen, verteidigte er das instabile Selbstwertgefühl. Er entging damit der Bedrohung, sich selbst zu sehen, und kehrte die vermeintliche Angriffssituation um. Dagegen konnte es ihm auch geschehen, daß er in einer gespannten Atmosphäre der Auseinandersetzung einfach einschlief, die Verleugnung auf die Spitze treibend. Seine Ehefrau hatte bisher den gemeinsamen Unterhalt verdient. Das Paar war kinderlos und hatte sich gegenseitig den gleichen geschlechtsunspezifischen Kosenamen gegeben, ein Hinweis auf die symbiotisierende Beziehung unter wechselseitiger projektiver Identifizierung.

Der Vater von Patient M. war Pfarrer gewesen, später in anderer Weise tätig. Patient M. hatte einen älteren Bruder und noch viele jüngere Geschwister. Er erzählte, daß er oft wegen Nichtigkeiten – für sein Empfinden also ungerecht – hart geprügelt und anschließend in einen dunklen Verschlag eingesperrt worden war. Das »hämisch erstarrte« und für ihn »entrückte« Gesicht des prügelnden Vaters war ihm in eindringlicher Erinnerung geblieben. Er fühlte sich in seiner Kindheit und Jugend wegen seiner Unzulänglichkeiten als immer wieder Schuldiger und Verfolgter. Einmal habe der Vater einer zerbrochenen Brille wegen ein *Geständnis* aus ihm herausprügeln wollen. Dabei sei er erstmals wie vom Schmerz weggetreten.

6 Es ist überraschend, wie oft sich in Redewendungen Begriffe finden, die ebenso auf der Begriffsebene der Verständigung im Krieg und über Kriegsstrategien und -taktiken liegen.

Der Vater habe das gemerkt und sei außer sich geraten. Nachfragen meinerseits über die Berechtigung der Strafen waren unmöglich. Sie hätten mich unvermeidlich in die Rolle des mit dem Strafenden Verbündeten oder noch mehr eines Verfolgers gedrängt. In meiner Gegenübertragung fand ich mich bei diesem sich naiv schuldlos gebenden Mann auf der Suche nach der Schuld. Gerade an dieser Stelle merkte ich die Gefahr, ihn allein realistisch zu sehen und damit zu konfrontieren, statt ihn zu verstehen. Ich verstand dann, daß er nie mit dem Vater über wirkliche Verfehlungen in einen Konsens gekommen war, was ihm half, die Strafen des Vaters für nichtig zu erklären. Immer wieder zur Verständigung zwischen ihm und mir zu kommen, diese beiderseitig aktive Arbeit zu leisten, war eine der wichtigsten Aufgaben; denn in seiner symbiotisierenden Haltung wohnte ihm ja die Tendenz inne, mich einfach zu vereinnahmen oder anzunehmen, ich wisse ja alles von ihm. Was das Lernen anbetraf, spielte der Vater für ihn – erst als Jungen und später als Heranwachsenden – offenbar eher eine destruktive Rolle. Der Vater handelte nach dem Leitsatz: Entweder man hat es, oder man hat es nicht; eine typische Ideologie des »Dritten Reiches«. Wachsen und Werden, Arbeiten und Erlernen waren Begriffe, die der Sohn nicht von seinem Vater vermittelt bekam. Das bedeutet, daß ein Ziel ungeachtet jedweder Einschätzung des Weges stets als erreichbar galt. Auf diese Weise konnte *Unmögliches als möglich deklariert* werden, ein Verhalten, das sich unter Verleugnung der Realität nach Omnipotenzphantasien ausrichtet, magische Macht besitzt. Der Sohn hoffte infolgedessen auf sein Großsein. Er erwartete es und maß es daran ab, ob die Größe der Platten des Bürgersteigs oder die Fugen einer Bordsteinkante endlich für seine Wahrnehmung kleiner würden; dann nämlich – so glaubte er – war er gewachsen. Es war eine den Wachstumsprozeß verkennende, konkretistische Vorstellung, im Gegensatz zur spielerischen und offenhaltenden Phantasie. Die unbewußte Phantasie dahinter kann nur die einem Riesen beigemessene kindlich konkrete Größe sein. Zeigte beispielsweise der Sohn dem Vater seine Aufgaben, so tat dieser so, als habe er sie immer schon spielend lösen können, als habe er die auswendig zu lernende Ode immer schon auswendig gekannt, als müsse der Sohn es können wie er und als gäbe es keine

Mühe. Die Achtung der notwendigen Mühe in einer Arbeit oder die Anerkennung der Arbeit selbst fehlte. Der Vater besaß ein Lösungsbuch für Mathematikaufgaben – nur so konnte man es ja »haben« – und unterstellte dem Sohn einmal, es ihm entwendet zu haben. Unter dem Motto »Man hat es« reichte der Vater dem Sohn eines Tages seine Geige und versprach zehn Mark, wenn er morgen die Tonleiter darauf spielen könne. Er verlangte also Unmögliches und schien es auch sonst zu erwarten. Im übrigen neigte der Vater dazu, klare Interpretationsmöglichkeiten durch eine Unzahl von Sprüchen oder Versen zu verstellen, die er für jede Situation parat hatte. Eine seiner beliebtesten und oft gebrauchten Floskeln kennzeichnete seine Haltung in Konfliktsituationen als eine *verneinende Verharmlosung*: ein langgezogenes »ooch wat«. Alles habe nichts ausgemacht, schloß Patient M. eines Tages in der Analyse. Daß es letztlich doch nicht so war, entnahm er mit der Zeit der Tatsache, daß sein Vater – auch bei der Arbeit – zum Alkohol griff. *Die Wahrheit zu sagen* bedeutete für den Vater so viel wie *dumm zu sein*. Die passende Redewendung dazu hieß: »So etwas bindet man den Leuten nicht auf die Nase.« Patient M. war lange mit diesem Verhalten der Realitätsverleugnung identifiziert, bis sich aus der Analyse die neue Sicht ergab, daß in seinem Elternhaus nicht nur seine nicht verstandenen Kümmernisse, sondern *alles heruntergespielt* worden war.

Zum Vater von Patient A. verhielt sich der Vater von Patient M. konträr: Im Laufe seiner Analyse erfuhr Patient M., daß sich die evangelische Kirche im »Dritten Reich« sehr früh in die Gruppe der »Bekennenden Kirche« und die der »Deutschen Christen« gespalten hatte. Schon 1933 waren Pfarrer aufgrund von Denunzierung und Verfolgung durch nationalsozialistisch gesinnte Amtsbrüder inhaftiert worden. Obwohl das eigentlich in jedem Pfarrhaus bekannt war, hatte Patient M. bis in die Analyse hinein nie etwas davon gehört. Als er dann seinen Vater daraufhin ansprach, stellte dieser die Unterscheidung der beiden Gruppen als im Grunde bedeutungslos hin. Das Insistieren auf dieser Frage, Fragen nach seiner Einstellung zum »Dritten Reich«, zu aktuellen politischen Ereignissen oder zu Entwicklungen einzelner Familienmitglieder, die auf eine Einstellung, eine Einfühlung, sein Gerechtigkeitsempfinden, im Grunde auf

Eindeutigkeiten und weiter auf eine Identität des Vaters drangen, lösten jeweils ein gereiztes Verhalten aus. Sein Vater hatte weder über den Zusammenbruch geklagt, Sorge geäußert, noch für den Sohn Anzeichen von Enttäuschung oder Trauer über Verlorenes, Scham oder Schuld, noch Hoffnung für eine neue Epoche bekundet. Vielleicht – das schlug ich als Verständnishilfe in der Analyse einmal vor – faßte er rationalisierend es als Gottes Gebot auf, alles so zu nehmen, wie es gegeben war. Gott und Hitler durften nicht angeklagt werden. Dagegen erregte sich der Vater dann über heutige Mißstände aus anderen Bereichen. Bei Patient M. führte das zunächst zu einer Art Zwang zur Nachfrage, was der Vater nicht als Not des Sohnes, sondern primitivierend als Provokation empfand. Es war, als lastete der Druck der Anklage übermächtig auf der Familie. Der Vater sollte seine Identität wie ein Bekenntnis oder – analog zum Kindheitserlebnis des Patienten mit der zerbrochenen Brille – wie ein Geständnis darlegen. Wenn bei gegenseitigen Besuchen dieses Thema für den Sohn immer wieder aktuell wurde, reagierte der Vater, indem er entweder in Gereiztheit ausbrach, heftige körperliche Schmerzattacken bekam, fast eine Flasche Cognac leerte oder den Kontakt plötzlich abbrach. Der Sohn blieb dabei stets in verzweifelter Empörung und Wut als der Schuldige zurück. Er fühlte sich rechtlos und ohnmächtig und sah die einzige Chance, sein Selbstbewußtsein zu untermauern, in der Verweigerung. Am Ende der Analyse war es Patient M. möglich, den Vater mit all seinen Unfähigkeiten zu akzeptieren, der nicht imstande war, seine Haltung gegenüber dem Nationalsozialismus offenzulegen und sich zur eigenen Person zu bekennen, wie immer seine Einstellung auch gewesen sein mag, selbst wenn sie nur aus Ahnungslosigkeit oder Furcht vor Mitwisserschaft bestanden hatte. Der Sohn war sogar – was nach der Analyse geschah – in der Lage, den Vater auf seinem Kranken- und Sterbebett körperlich und seelisch zu trösten. Er hatte ihm längst die Versöhnung angeboten. Dabei erschien es ihm ständig so, als wolle der Vater jetzt noch das Geständnis ablegen. Es ist dabei bemerkenswert, daß die Mutter die Schwere der Krankheit, die der Arzt genannt hatte, und den kommenden Tod ständig leugnete.

Völlig anders erlebte Patient M. in seiner Kindheit dagegen

einen Satz seines Großvaters, den er nie vergessen hatte: »Geh nicht zum Chinesen, der wirft nichts weg!« Er zitierte ihn in der Analyse mehrfach. Dieser Satz, der für Patient M. ebenso als anpasserisch hätte klingen, als ein Gebot hätte verstanden werden können, war für ihn deshalb so wertvoll, weil er damit überhaupt einer *Erklärung* für würdig gehalten wurde. Er entnahm daraus einen Hinweis auf die Sorge und Fürsorge des Großvaters für den Enkel, aus dem seine Liebe für ihn hervorging. Die Unfähigkeit des Vaters, sich zur eigenen Person zu bekennen, seine Geschichte zu erzählen, bedeutete für den Sohn einen ständigen Zweifel an der »Wahrheit« bis zu dem Grad, daß es »Wahrheit« und Eindeutigkeit nicht gibt. Auf dieser Grundlage fand der Identifizierungsprozeß von Patient M. statt. Das mangelnde Bekenntnis des Vaters zu sich selbst, das gereizte Ablenken auf allgemeine Thesen und Maximen, die schlaglichtartige Kritik an der Gegenwart, die statt einer Antwort auf die Fragen nach der Vergangenheit erfolgte, all das verstand Patient M. in seiner Analyse zunehmend als ein Ausweichen des Vaters, nicht wissend wovor und warum. Er hatte diese Vagheit als eine Abschirmung der eigentlichen Person des Vaters zuvor ganz dumpf geahnt. Unter der Scheinsicherheit und Selbstgerechtigkeit des Vaters hatte er als Kind gelitten. Angesichts dieser Undurchsichtigkeit war es ihm unmöglich gewesen, für sich selbst Eindeutigkeit zu finden. Er hatte gespürt, daß das Verhalten des Vaters den Versuch darstellte, sich im Dienste einer Ideologie die Wirklichkeit frei von Widersprüchen zu bewahren. Mit *Umwertungen* hatte der Vater erreicht, sich selbst glauben zu machen, daß die »Wahrheit« zu sagen »schön dumm« sei. Die Ahnung von der Irreleitung hatte Patient M. in die Analyse geführt, ohne gleichzeitig zu ahnen, daß er in weiten Bereichen zum Abbild des Vaters geworden war. Mit Beginn des letzten Drittels der Analyse vermochte er von seinem Wunsch nach Veränderung des Vaters ablassen und hinter der mangelnden Klarheit des Vaters eine eher hilflose und ängstliche Natur zu erkennen, so wie ihm seine eigene Angst lange verborgen geblieben war. Mit seiner raschen Auffassung konnte er später sofort sehen, daß er ausgewichen war, daß mangelnde Klarheit, also mangelnde Eindeutigkeit, Vorbedingung für Grandiosität ist.

Bisher wurde insbesondere die Art seines Vaters für den Entwicklungsprozeß von Patient M. als wesentlich geschildert. Seine weitere Struktur ist vorzugsweise aus der Übertragung in der Analyse zu entnehmen. Deshalb werde ich im folgenden Bruchstücke aus dem Behandlungsverlauf aufgreifen. So hatte Patient M. sich bei Analysebeginn unmittelbar mit mir angelegt. War doch schon seine Aussage, er würde in der Analyse zu einem »Angepaßten«, ein Vorwurf, so wurde er mit einem weiteren in seiner Anklage wesentlich konkreter, als er mir die Schuld zuschob, daß seine Krankenversicherung für die Kosten der Analyse nicht aufkommen wollte. In Wirklichkeit war er erst unmittelbar vor der endgültigen Aufnahme der Analyse in eine Krankenversicherung eingetreten, der ich auf ihre Anfrage wahrheitsgemäß mitgeteilt hatte, daß Patient M. schon mehrere Jahre zuvor meine Konsultation in Anspruch genommen hatte. Patient M. hatte sich vorher nicht über diese Angelegenheit mit der Krankenversicherung mit mir verständigt. So war der Beginn der Analyse durch seine Aufforderung bestimmt, »daß ich dieser Sache wegen vor Gericht Aussage leisten« sollte. Er drangsalierte mich mit Terminverschiebungen, nicht nur um meine Einsicht und Eingehen auf ihn zu testen, sondern auch meine Grenzen. Meine erste Rechnung zahlte Patient M. lange nicht. Als er schließlich den Betrag auf den Tisch warf und ging, stellte ich erst später fest, daß der Betrag nicht stimmte. Ich fühlte mich *für dumm verkauft*, ein Gegenübertragungsgefühl, erahnte aber, wie betrogen er sich in seinem Leben gefühlt haben mußte. Am nächsten Tag legte ich ihm das Geld vor mit den Worten: »Ich weiß, was ich tue,...«, was bedeutete, daß ich nichts von dem Geld genommen hatte. Als er feststellte, daß der Betrag nicht reichte, fiel er über mich her, wie kleinlich ich sei, wie sehr ich *hochspiele*, wir seien doch *»Freunde«*, der Einschwörungsversuch auf meine Bereitschaft zur symbiotisierenden Gemeinsamkeit. Am folgenden Tag erklärte er – die Schuld also verschiebend –, seine Frau habe aus dem abgezählten Geld, das er tagelang in der hinteren Hosentasche getragen hatte, mehrere Scheine herausgezogen. Wahrscheinlich hatte er das Geld so lange mit sich herumgetragen, weil er empfand, daß ich es nicht verdient hätte. Obwohl Patient M. mir nachdrücklich zeigte, wie er betrogen wurde, fühlte ich mich subjektiv zunächst wie meiner analytischen Mittel entmachtet und kontrolliert, bis ich verstand, daß er nur über die *konkrete* Prüfung meiner Person beziehungsweise meiner Identität Vertrauen aufbauen konnte. Dahinter aber stand Mißtrauen und ein unbewußtes Streben, die »Täter« zu überführen. So glaubte er, meine Identität prüfen zu müssen. In der Analyse äußerte sich seine Macht zunächst in *Handlungsaktionen*, was *Agieren* bedeutet. Er ging bis zum Direktor des Analytischen Instituts, um sich eine angeblich notwendige Bescheinigung ausstellen zu lassen, daß er bei mir in Analyse sei. Dann ging er in analytische Seminare, um zu sehen, daß ich wirklich ein Mitglied der Psychoanalytischen Vereinigung war und was ich dort sagte. Er wollte dazu sehen, daß ich angstfrei und mutig zu meiner Sache stand.

Auf die Macht in Handlungen folgte eine Machtausübung in der Sprache und im Reden. Abgesehen von der Prüfung meiner Echtheit war dies die Umkehrung seiner Situation in der Analyse. Während er mich geringschätzig behandelte und kontrollierte, verbarg er seine wirklichen Belange. Ich rang mit ihm unausgesprochen wie um seine Beichte, die für ihn wie für seinen Vater – entsprechend einer frühen Schuldfrage aus seiner Kindheit – quasi einem Geständnis gleichkam. Schon diese Tatsache, er habe in der Analyse etwas zu »beichten«, durfte nicht ausgesprochen werden, sie hätte ja verraten, daß er zu beichten hatte. Bei jener Schuldfrage aus der Kindheit war damals für ihn unklar geblieben, ob er an einem folgenschweren Unfall des älteren Bruders, einem Sturz von der Treppe, schuldig war. Schuld war unerträglich, und deshalb machte Patient M. Deutungen unmöglich, weil er ahnte, daß Schuldfragen aufkommen würden. Statt dessen spielte er mir die Rolle eines quasi sadistischen Überführers zu. Das »Normale« und »Wahre« mußte ihm gegenüber wie eine Zumutung vertreten werden. Vieldeutigkeiten stellten eine Abwehrformation im Sinne von Ausweichen dar und waren in der Analyse zunächst auf Eindeutigkeiten zu reduzieren. Das stand in engem Zusammenhang mit seiner einzigen Beschwerde, den Kopfschmerzen. Es zeigte sich, daß sie vielmehr Konzentrationsstörungen waren, Ausdruck seiner erregten Abwehr unter der *Vermeidung*, klar zu denken oder ursprünglich zu fühlen. Diese Abwehr half einerseits zu verschleiern, andererseits alles im Diffusen offen und damit als möglich zu erhalten. Anstelle klaren und eindeutigen Denkens standen aufgeblasene *Behauptungen*. Diesen war der defensive Charakter leicht anzuspüren durch den nachdrücklichen Tonfall wie das unausgedrückte Gebot, sie so und nicht anders zu akzeptieren. Andererseits zeigte sich in den Kopfschmerzen die starke Belastung seiner rationalen Funktionen, auf die er von Kindheit her angewiesen war, um selbst Orientierung zu erreichen. Möglicherweise hat diese Not seine rasche Auffassungsgabe geschult. Seinen Selbstwert aus seiner Verweigerungshaltung leitete Patient M. quasi von einer Parteizugehörigkeit ab, die ihm ein Elitebewußtsein vermittelte, was weder echter Leistung noch Verdienst entsprang, und die auf einer Art Gesinnungsteilung basierte. Er gab sich betont als »sozial« aus, sein Begriff von Gerechtigkeit und Glück. Sein eigener Anspruch in dieser Hinsicht legitimierte sich im sozialen Engagement für entfernte Kollektive, in denen er gar nicht lebte, mit denen er nie direkten Kontakt hatte. Sein nicht neutralisiertes Denken beeinflußte noch in einer anderen Weise die Analyse. Einfaches Erzählen, die eigentliche Aufforderung und einzigartige Möglichkeit in der Analyse, hätte gleichzeitig *ursprüngliches* Erzählen bedeutet, was ihm in seiner Verteidigung unmöglich war. So meinte er anfänglich, mit mir »die Analyse *machen* zu wollen« oder – um ein anderes Beispiel zu geben – »jetzt den Ödipuskomplex zu bewältigen«, eine auch in der Sprache *konkretistische Aktion*. Seine Berichte behandelten nur scheinbar Anschauungen, die doch festgefügt waren, unumstößliche Tatsachen und Behauptungen, die seiner Empörung Luft machten oder aber mich belehren und mich unmerklich *zum Komplizen einschwören* sollten. Form und Inhalt seiner Reden mußten mit der Zeit als etwas Erstelltes, Künstliches gedeutet werden. Sie waren metaphorisch entlehnt und nicht auf einer Grunddefinition erwachsen und klangen häufig wie eine Indoktrination oder eine moralisierende Predigt.

Während ich mich in der Gegenübertragung wie totgeredet fühlte, war zu entdecken, daß Patient M. wie sein Vater sprach und Floskeln und Parolen nur anderen Inhalts verwandte. Er ließ mich erleben, was er in seiner Kindheit im Bezug zu seinem Vater erlebt hatte. Das Erscheinen meiner Person in Träumen sexuellen Inhalts zu Analysebeginn, die er in seiner pseudoanalytischen Aufklärung ohne Scham erzählte, zeigte die vorzeitige Sexualisierung in der Kindheit an, so wie sie Khan (1979) für diese Pathologien mit mangelnder Separation beschreibt. Diese Träume dienten gleichzeitig der Beruhigung, weil ich in Wirklichkeit abstinent war.

Patient M. und seine Frau hatten das Ziel, »'was vom Leben zu haben«, und so hatten sie jahrelang Spätnachmittage und Abende in der Kneipe verbracht. Es war für ihn selbstverständlich, daß er dann im Dienst »später« kam. Nach Ferien klagte er jedesmal über Schwäche, Müdigkeit und Gereiztheit, bis ich verstand, daß er Ferien als das Normalleben betrachtete. Seine Ideale lagen damit außerhalb seiner Person in einer scheinbar konkretisierbaren glücklichen Zukunft. Orientierende Ausrichtungen auf eine Zukunft hatte er nie von seinem Vater gehört. Es reichte nicht aus, seine Vorstellung zu deuten, in einem »richtigen Leben« paradiesische Zustände haben zu können, vielmehr waren Erklärungen und Darstellungen notwendig, daß Glück nur erlebbar ist, wenn auch Schweres oder Trauriges erfahren worden ist. Er hatte die immer wieder auch schmerzhafte Objektbeziehung zu umgehen versucht, indem er sich bei jeder Enttäuschung durch einen anderen gesagt hatte: »Wer nicht mein Freund ist, ist mein Feind.« Sein Initialtraum bereits hat diese unwirkliche Welt gezeigt: Er schwebte mit Schwimmflossen ausgerüstet über den Menschen einer großen Einkaufsstraße, die er durch eine Kamera beobachtete.

Als all diese Stadien nach mehreren hundert Stunden durchschritten waren, konnte Patient M. seine inzwischen erlebbare Not formulieren: »Ich glaubte, ich wäre wer, aber ich war keiner und mußte so tun, als ob ich einer wäre.« Er habe sich immer geschämt, das vor mir einzugestehen; denn er habe sich selbst seiner Scham geschämt und versucht, »die Fassade wenigstens an den Einbruchsstellen zu decken«. Über die langwierige Klärung dieses Selbstbildes kam Patient M. zu der Einsicht, er habe einen *Defekt* an seiner Seele, er sei wie amputiert, ihm fehle etwas. Er gebrauchte das Wort »Defekt« als eine Metapher für die Stelle, an der er mit dem Vater bisher verbunden war, an der er nicht aus der Bindung entlassen oder gegangen war und seine eigene Art entwickelt hätte. Die Verständigung über dieses Leid war in der Analyse wie zu einer Brücke zwischen ihm und mir geworden, die wichtig für den mühsamen Nachholprozeß der Entwirrung und Einschätzung seiner Kräfte und Möglichkeiten, das heißt seiner inneren wie auch äußeren Realität, war. Neutralisierung und Konsolidierung von Ichfunktionen mußten nachgeholt werden. Er, der zeitlos gelebt hatte, erkannte jetzt, viel Zeit verloren zu haben. Seine Sprache veränderte sich, und er konnte unmittelbarer von sich erzählen. Mit dem Erleben von für ihn neuen Gefühlen – zum Beispiel Erschrecken bei einem Beinahe-Unfall in der Straßenbahn, als alle aufschrien – entdeckte er seine bisherige Gefühlsabwehr. Die Haltung, sich total zu beherrschen, unbeeindruckbar zu sein, galt als das Idealbild des Umgangs mit seinen Gefühlen. Totale Beherrschung, die Haltung, nicht mehr beeindruckt werden zu können, war sein anerzogenes Ideal. Als sich Scham in ihm regte, stellte er fest, daß er sich seit seiner Kindheit nicht mehr geschämt hatte. Nach der jahrelangen Analysearbeit griff Patient M. einmal die geschilderte Szene der ersten Bezahlung auf. Er war inzwischen *einfühlungsfähig* geworden und meinte, das müsse mir ja wie ein Betrug vorgekommen sein. Immer mehr entstand das echte Bedürfnis, sich nun in der Analyse mitzuteilen. Phobische Angst vor verschiedenen Situationen, sexuelle Schwierigkeiten, die schweren Kontroversen im Beruf gestand er jetzt ein. Er konnte auch erklären, wie er bis dahin das alles ertragen hatte: Wie der Vater hatte er alles heruntergespielt, was mit Hilfe der Abwehrformen der Verneinung, der Verharmlosung und der Entwertung des anderen in Kombination möglich war.

Bei der analytischen Arbeit waren Haltungen und Grenzaufweisungen von seiten der Analytikerin wichtig gewesen. Diese Mühe hatte sich gelohnt; denn Patient M. begann etwa in der Mitte seiner Analyse, wirklich zu seiner Arbeit zu stehen, und wurde darüber mit sich zufrieden. Er vertrat nun, was er wußte, und er tat, was er konnte. In seiner beruflichen Position war er aufgerückt, das heißt mit umfassenderer Verantwortung betraut worden, was er mit den Worten kommentierte: »Ich bin jetzt ganz in meinem Element.« Im letzten Drittel der Analyse begann er, Bücher zu lesen, und war erstaunt, nie gewußt und nicht geglaubt zu haben, daß Literaten und Philosophen Fragen, mit denen er sich jetzt beschäftigte, schon vor ihm gestellt und zu beantworten gesucht hatten. Neben seiner Alltagsarbeit besuchte er nun Literaturvorlesungen und begann zu malen. Er entdeckte die darstellende Kunst für sich und ließ sich durch Kurse und Führungen mit Übersichten wie mit Details vertraut machen. Patient M. hatte zu Recht vor der Analyse andere Potentiale in sich verspürt, deren Verwirklichung ihm bis dahin durch reaktive Identifizierungen mit seinem Vater verwehrt waren. Jetzt konnte er seine eigenen Möglichkeiten ausdifferenzieren. Bemerkenswert war die Art und Weise seiner Verinnerlichungsarbeit während der Analyse: Er spazierte oft vor und regelmäßig nach der Analyse durch die Gegend, in der sich meine Praxis befand, schrieb sich dort auf, was er behalten wollte, kaufte sich dort angebotene Früchte, beobachtete Tiere, Pflanzen und Blumen und erzählte mir mit der Zeit immer mehr, wie er vom Rhythmus der Jahreszeiten und den Schönheiten von Landschaft und Natur beeindruckt war, ja sich sogar getragen fühlte. Diese Aufgeschlossenheit der Natur gegenüber ist übrigens eine Beobachtung, die ich mehrfach im Zuge wesentlicher Besserung in Analyseverläufen machte. In Patient M. fanden diese sinnlichen Erlebnisse Anschluß an ein frühes Potential seiner Kindheit, in der er es geliebt hatte, durch die Wiesen zu streifen, an einem kleinen Fluß zu sitzen oder zu spielen und wo er später eine Freundin hatte. Gegen Ende der Analyse wurde ihm der Handkoffer mit seinen Tagebüchern aus der Analyse gestohlen. Das führte zu tiefem Erschrecken, alles verloren zu haben. Über Betroffenheit und Trauer gelangte er in der Analyse zu der Entdeckung, daß er das, was er niedergeschrieben hatte, ebenso in sich trug. Seine Geschichte, also auch die seiner Analyse, brach damit nicht ab, sein Umgang damit wurde noch nachdrücklicher aus einem konkreten Außen nach innen verlagert.

Lange Zeit jedoch verblieb eine schwere Spaltung. Seine Ehefrau hatte Patient M. einstmals aus belastenden Umständen »gerettet«, um mit ihr in einer paradiesischen Welt ohne wesentlich beeinträchtigende Arbeit etwas vom Leben zu haben. Projektiv sah er den zu Rettenden im anderen, während er die Rettung brauchte und schließlich in der Analyse fand. Als er sich unter Schmerzen änderte, erfolgreich und mit Lust Arbeiten und Aufgaben übernahm, um seinen eigenen Sinn zu finden, blieben seine – wie er sich ausdrückte – »Unseiten« lange als Gegenpol in seiner Frau erhalten: Einerseits wurde in ihr seine Art konserviert, andererseits konnte er sich in seiner gewonnenen Größe und Sicherheit erhaben über sie stellen. Ganz am Ende der Analyse war Patient M. schließlich bereit, die Unvollkommenheiten, die Bedürfnisse und Verletzbarkeiten seiner Ehefrau anzuerkennen und entwickelte vor allem Fürsorge und eine Verbundenheit, die dem Kern seiner christlichen Erziehung entstammen mußten.

## Vergleichende analytische Betrachtung über die unterschiedlichen Identifizierungsprozesse

Hitler hatte sich über das ausdrückliche Tabu an Zweifel und Kritik und der Forderung nach absolutem Gehorsam und Treue eine Anhängerschaft wie Gläubige geschaffen und konnte so in indoktrinierender Weise darauf bestehen, es gäbe *nur den Sieg*, eine verführerische Verheißung von Grandiosität. Als spätestens mit der Kapitulation die verheißenen Ideale sich als Idole demaskierten, wurden jene Überzeugten oder Gläubigen, jene »überzeugten Nationalsozialisten«, wie es mit Stolz nach damaligem Sprachgebrauch hieß, mit dem folgenschwersten Irrtum ihres Lebens konfrontiert. Sie hatten Hitler zu ihrem Führer gewählt, der damit bei ihnen erreicht hatte, daß sie ihre psychische Idealvorstellung nach außen verlagerten. Widlöcher (1985) beschreibt diesen – von Freud (1921) in »Massenpsychologie und Ich-Analyse« dargestellten – Vorgang so, daß es sich »nämlich um den Entzug eines inneren Ideals zugunsten eines äußeren Objekts handelt«. Es ist hinzuzufügen, daß diese Verlagerung eine gleichzeitige *Konkretisierung* in Form der Idolisierung bedeutet, also zu scheinbaren Zielen *verdinglichten »Idealen«*. Der Glaube oder die Überzeugtheit, Hitler sei der Führer, ist zu beschreiben als eine Extremform von Abhängigkeit, spezifischer noch als ein *Hörigkeitsverhältnis*. Vom Dulden dieser Ideologie geht die Zustimmung über den Gehorsam hin zum Teilen, also zur aktiven Aufnahme der Ideen. Dabei ist den Motiven des Gehorsams (Waelder, 1967, S. 854 und S. 858) eine besondere Stellung einzuräumen. Gehorsam kann geleistet werden aus Furcht vor Strafe, aus Liebe zu der Person, die ihn fordert, weil man ihr nicht mißfallen will, oder es wird aus einem *Vertrauen* heraus, der andere wisse und vertrete nur das beste, ein Gefühl von *Treue* entwickelt, *die man zu schulden glaubt*. Die für jene Gläubigen oder Überzeugten schlagartige Auflösung des Hörigkeitsverhältnisses mußte Reaktionen auslösen. Unmittelbar ableitbar sind Orientierungslosigkeit beziehungsweise panikartige Angst, daneben Wut, so getäuscht worden zu sein und sich haben täuschen lassen. In der grundlegend veränderten äußeren Realität, in der die Verantwortung an die Individuen zurückgegeben wurde, konnte es nicht leichtfallen, neue Werte, Ziele beziehungsweise neuen Sinn zu finden, weil alles das an internalisierte Objekte gebunden ist. Der defizitäre Zustand katastrophalen Ausmaßes nach der Kapitulation mußte sich auf die Familienstrukturen auswirken. Die Überfälle freier Affekte und nicht kanalisierter Phantasien verursachten schließlich Aktionsdruck.

Der Vater von Patient A. versuchte – nach dem aus den Erzählungen seines Sohnes vermutlich in seiner innerseelischen Dynamik rekonstruierbaren Bild –, die neue Realität in Wert und Bedeutung angesichts der Irrelevanz seiner von Hitler übernommenen Omnipotenzphantasien zumindest partiell zu *verleugnen*. Das bedeutet, dem Vergangenen, den genannten Phantasien wie der führenden Person sowohl treu bleiben zu können, als auch eine aus seinem Verhalten ablesbare Einstellung, der *Verneinung* des Aktuellen. Eine solche sich chronifizierende Verneinung wird zur *Verweigerung* überhaupt. Mit diesem *Bedeutungsentzug* der Gegenwart konnte die innere Realität, die einer Vergangenheit angehörte, ein weites Stück erhalten bleiben. Auf diese verleugnende Weise verlangte der Vater von Patient A. nach dem Zusammenbruch des »Dritten Reiches« totale Versorgung von seiner Ehefrau, was ihm in seiner Ohnmacht eine neue Macht erlaubte. Seine Omnipotenzphantasien erfüllten sich dann damit wie bei einem kleinen Kind. Für ihn hatte Hitler in doppeltem Sinne versagt: Er hatte seine Verheißungen nicht nur ihm gegenüber nicht eingelöst, ihm versagt, sondern auch selbst versagt. Hitler aber hatte die Versager durch seine höhnische Geringschätzung gestraft, als er kurz vor dem Zusammenbruch sagte, dann eben habe das Volk es nicht anders verdient. Des Vaters Wut auf den »Versager« bekam seine ganze Familie zu spüren; in seiner mangelnden Sorge für die Existenz der Familie lag eine enorme *Verachtung*, also *Geringschätzung*, die weitergegeben wurde, gegen die die Mutter und der Sohn sich beweisen mußten und die den Sohn gleichwohl so wütend machte. Derart genötigt, hoffte er, wichtiger als der Vater zu werden. Die Ichregression konnte der Vater sich nur erhalten, wenn sich die Verleugnung der Realität in ihrer kognitiven und emotionalen Bedeutung nach außen und innen gleichzeitig richtete. Die Abhängigkeit von einem Objekt blieb erhalten und wurde vom »Führer« auf die Ehefrau als Familienvorstand und Ernährerin verschoben. Damit wurde der Vater von Patient A. endgültig zum Opfer eines irrigen Glaubens in einem weiter bestehenden, nun eindeutig parasitären Abhängigkeitsverhältnis, das er offensichtlich nicht bemerkte, weil er Schmerz und Erkenntnis immer wieder betäubte.

Der Vater von Patient M. – ebenfalls nach dem aus den Schilderungen seines Sohnes entwickelten Bild – verleugnete in anderer Weise, diffuser und im Grunde heimlich. Die *Verleugnung* umfaßte in der äußeren Realität bei ihm Gegenwart und Vergangenheit gleichermaßen: Er tat so, als ob die veränderte Realität für ihn nicht so neu sei, das heißt die vergangene war nicht so anders. Da Verleugnung in der Objektbeziehung gegenüber einer gemeinsam geteilten Realität immer auch eine *Entwertung* demjenigen gegenüber einschließt, der sie realitätsnäher beziehungsweise realitätsgerechter beurteilt oder – als Heranwachsender schließlich – beurteilen kann, diente die partielle Entwertung des Neuen der Familie gegenüber einem Versuch der Aufhebung der endgültig sichtbar gewordenen schweren Verfehlungen der Vergangenheit. Damit erreichte er für sich eine *Verharmlosung*, die von einer weiteren Abwehrformation unterstützt wurde, indem er sich dem Geschehenen und Geschehenden gegenüber für das Erleben des Sohnes *gleichgültig stellte*. Da auf das Neue ja eingegangen wurde, stellt diese Haltung eine Form doppelten Bewußtseins dar, in dem es zu einer fortwährenden Verweigerung kommen muß. In dieser Kombination – erinnert wird an das »ooch wat« – äußerte sich die Verneinung ganz deutlich. Für den Sohn – als Kind für ein eigenes Urteil noch zu klein – zeigte sich in der Verleugnung etwas Uneingestandenes. Der Vater hatte sich so Vergangenheit und Gegenwart passend gemacht. »Anpassung« verabscheute der Sohn als eine veränderte, spezifizierte Form von Abhängigkeit, die die Anpassungsleistung als eine Form von Mimikry, dann jedoch als Autonomie, sogar als Macht vorgeben konnte. Betont gab sich der Vater für den Sohn in der Erziehung als Wissender und Mächtiger. Abhängig war der Sohn, dessen Fähigkeiten und Wissen geringgeschätzt wurden, während der Vater die Bewunderung seiner Person und dessen, was er selbstverständlich beherrschte, in überwältigender Weise in den Mittelpunkt rückte. Rangell (1984) zeigt ein trieb- und zwanghaftes Machtstreben für Menschen auf, deren Bedürfnis, gesehen, betrachtet und geschätzt zu werden, in den frühen Bindungs- und Loslösungsstadien unbefriedigt geblieben ist. Diese narzißtische Unbefriedigtheit führt zu einem lebenslänglichen unwiderstehlichen Zwang, bewundert sein zu wollen. Weder das Kind noch der Erwachsengewordene kann das in einer Eltern-Kind-Beziehung leisten, es sei denn, der Vater ist wirklich etwas Besonderes. Die einstmalige Bewunderung des Kindes nicht richtig einzuschätzen muß dann dem Irrtum des Erwachsenen zugerechnet werden. In der Bibel heißt das Gebot: »Du sollst deine Eltern ehren!« (2. Mos. 20,12) Die Enttäuschung, die bewunderungsbedürftige Eltern auch erwachsenen Kindern immer noch antragen, ist doppelt groß.

Sowohl Patient A. als auch Patient M. erlebten ihre Väter im zum einen aus der Ohnmacht geborenen, zum anderen direkt vorgegebenen Kampf um die Gewinnung erneuter Macht. Dieser Kampf stand für die Väter im Dienste der narzißtischen Aufwertung beziehungsweise *Wiederaufwertung*, für den Identifizierungsprozeß der Söhne war er jedoch tragisch. In beiden Familien hätte die neue Situation auch für die »zweite Generation« nur dann als gültige Realität genützt werden können, wenn Wut und Empörung über sich selbst angenommen worden wären, und Scham und Schuld schließlich an ihrer Stelle Platz gefunden hätten. Trauer beispielsweise, ein Empfinden beim Verlust eines geliebten Objekts, hatte Hitler versucht umzufunktionieren, ein Opfer gebracht zu haben. Das aber stellt den Versuch einer *Depersonalisierung* im anderen dar, ein Übergriff, eine Manipulation. Wenn der Vater von Patient A. ganz eindeutig den *Wert* und die darin enthaltene *Aufforderung der Realität* ausschaltete, eine schon bizarre Icheinschränkung, so zielte das Verhalten des Vaters von Patient M. auf das gleiche. Seine Pathologie läßt sich eher dadurch als allgemeinere Ichverzerrung auffassen, daß er sich durch Erniedrigung und Verschiebung der Werte im Außen diese passend machte, die dann für die Orientierung der »zweiten Generation« keinerlei Eindeutigkeit bereithält. Da zuvor kein Zweifel zugelassen war, stellten sie ihre Kinder einer von ihnen vertretenen Realität gegenüber, die für diese nur noch zu bezweifeln war.

Beide Väter behandelten ihre Söhne *geringschätzig*, indem sie sich entweder ihrer überhaupt nicht annahmen oder wie Patient M. sich keiner Erklärung würdig fühlte. Indem beide Väter mehr oder weniger offen am Idol festhielten – mit der Anerkennung des realen Sturzes, der Kapitulation also, wäre die Geringschätzung auch auf sie gefallen –, versuchten sie, der Beschämung zu entgehen. Da sie dennoch vorhanden war, wurde sie dann als Geringschätzung auf die Söhne verschoben oder weitergegeben. Die Söhne in der »zweiten Generation« erlebten eine Geringschätzung durch ihre Väter, was die Entfaltung ihrer Entwicklung enorm hemmte, doch hatten sie immer noch einzelne Lehrer, Freunde und andere, bei denen sie eine andersartige Einschätzung ihrer Person erleben konnten. Die Mütter gerieten in eine Rolle, in der sie den weiteren Kampf, die Auseinandersetzung zu Hause vermieden, sich unwissend in größeren Bezügen stellten, sich im Konkreten, der Erhaltung der Familie dauernd bewähren mußten, wollten sie nicht der Versager sein. Wie total mußte die Enttäuschung und innere Stagnation für die Elterngeneration ausgefallen sein, als ihre innere Ausrichtung und das Ziel all ihrer Handlungen an einem als Idol verkannten Ideal scheiterten.

Wenn die beiden Väter völlig unterschiedliche Einstellungen zur neuen Realität entwickelt hatten – Ablehnung und Scheinanpassung –, dann rangen sie auch um *Macht*. Verleugnungen im Zuge ihres Einschleifens als gewohnte Abwehr beeinflussen die *Wahrnehmung* und in deren Folge die *Denkvorgänge*. Hinter der damit gegebenen Uneindeutigkeit und dem unrealistischen Verhalten der Väter war die Unfreiheit, die verbliebene

Abhängigkeit und die Persistenz alter Hoffnungen spürbar. Die Söhne mußten ständig an der Wahrheit in der Objektbeziehung zweifeln. Sie hatten damit keinen festen Boden. Für den Identifizierungsprozeß mit der Ausbildung von Repräsentanzen wurde folgenschwer den Söhnen das Bild der Väter als eindeutiger Elternimagines vorenthalten, das für die integrale und konstante innere Gültigkeit von Vergangenheit, Gegenwart und Orientierung für die Zukunft notwendig ist. Ihre Möglichkeit war, sich mehr oder weniger bewußt als Opfer ihrer Väter zu begreifen. Als die Grandiosität ihrer Opferrolle – in solchen sahen sie sich schließlich ihren Vätern gegenüber – absurd zu werden begann, kamen sie in Analyse. In beiden Fällen war bei aller Thematik analen Machtstrebens für ihre Strukturentwicklung die orale Abhängigkeit die libidinöse Fixierungsstelle. Aus überwältigender Kränkung aus einer wahrscheinlich schon sehr frühen unzureichenden Annahme durch ihre überforderten Mütter, die sich in der frühen wie späten Triangulierung durch die Väter in krasser Form wiederholte, waren narzißtische, insbesondere anal-narzißtische Abwehren mit starken *selbstzerstörerischen* Auswirkungen entstanden. Dennoch sind die Strukturen der beiden Patienten *konträr*, und das ist bedingt durch die *fast gegensätzlich geschehene Interpretation äußerer Realität, die jeweils zur inneren Realität der Vaterfiguren nicht passen konnte*. Während für ihre Väter als Erwachsene im »Dritten Reich« kein Zweifel geduldet worden war, ein Gehorsamsdiktat, dem die Väter wohl gefolgt waren, war für die Söhne als Angehörige der »zweiten Generation« aufs neue Realität zu bezweifeln. Als Kinder waren sie jedoch überfordert, einen konstruktiven Zweifel zu erheben. Später – und das stellt die Tragik dar – konnte sich der *Zweifel* nicht am eigentlichen Ort, sondern nur noch *an verschobenen Punkten festmachen*. Die Verschiebung hier stellt keine Abwehr dar, sondern ist eher eine *Verkennung*, weil eine eindeutige Wahrnehmung nicht möglich beziehungsweise nicht zugelassen war. Für Patient A. ist die Orientierung nach innen wie außen ungleich günstiger ausgefallen, weil aus dem Verhalten des Vaters eine Eindeutigkeit ablesbar und die Mutter in den kleinen Alltagsdingen und großen Zielausrichtungen – die Kinder sollten einen Beruf lernen, ja möglichst studieren – sehr hilfreich war. Bei Patient M. war die

Verkennung seiner inneren Realität und damit die Fehleinschätzung eigener Möglichkeiten im Verhältnis zu den gegebenen äußeren viel genereller. Seine Fähigkeiten wurden statt gefördert einfach gefordert, was durch Strafen zu beeinflussen versucht wurde. Er war somit überschätzt und überschätzte sich infolgedessen auch selbst. Ihm fehlte die fördernde Umwelt im Winnicottschen Sinn. Die Integration seines Narzißmus in die Triebentwicklung wurde – wie auch bei Patient A. – dadurch schwer getroffen und sein unbestätigter, traumatisierter Narzißmus zu extremen Abwehrbewegungen, vorwiegend nach außen gerichtet und sich stets eines Objektes bedienend, gereizt. Patient A. überschätzte sich selbst, doch handelte er alles in sich ab und forderte sich bis ins Extrem heraus. Die Mütter waren nicht imstande, die für die Kinder notwendige narzißtische Zufuhr bei dem traumatisierenden Einfluß der Väter ein wenig zu kompensieren. Sie hatten ihre Kinder in der Notzeit des Krieges bekommen, in beiden Fällen in dichter Folge, wobei die Geschwister zudem unter schweren chronischen körperlichen, für Notzeiten typischen Erkrankungen litten. Während des Krieges mußten die Mütter ihre Eigenständigkeit erproben. Nach dem Kriege waren sie von ihren Ehemännern, die in ihrer ideologischen Abhängigkeit enttäuscht worden waren, nicht mehr aus dieser Eigenständigkeit entlassen worden, was aber weder sichtbar noch anerkannt wurde. Sie selbst wurden sich offenbar ihrer Leistung und Fähigkeit nicht bewußt und waren bereit, mit diesen Fähigkeiten der Vormundschaft der Ehemänner zu dienen, ohne ein kritisches Bewußtsein für den Partner und für die geschehenden Verzerrungen ihrer eigenen Person in Form der Mitläuferschaft.

Im Hinblick darauf, wie sich beide Patienten in ihrem Leben bisher einrichten konnten und was sie für Lebensplanungen hatten beziehungsweise sich erhofften, wozu ihr Ich fähig geworden war und wie sie ihrerseits mit Realität umgingen, läßt sich folgendes gegenüberstellen: Während Patient A. durch den extremen Entzug seiner Libido aus Objektbeziehungen *icheingeschränkt* und in *forcierter Autonomie* auf schmaler Basis leistungsstark war, *vermied* Patient M. *jedwede Festlegung*, sein Ich war bis zur Arbeits- und Lernunfähigkeit *inflationiert*. Eine Festlegung bedeutete für ihn die absolute Aufgabe von Möglichkeiten. Das Gleiche erschien in seinem Wahlverhalten. Er konnte nicht wählen; denn eine Wahl bedeutet Verzicht auf das jeweils andere. Somit aber gab es für ihn *kein Ja und kein Nein*, ähnlich dem Zustand des Unbewußten mit seiner Aufhebung von Gegensätzen. Auf diese Weise machte er keine Fehler und brauchte auch nichts zu erfüllen. Der Krankheitsgewinn seiner Konzentrationsstörung schützte ihn vor klarem Erkennen. So wird verständlich, daß Patient A. arbeitsfähig war und umschriebene und großartige Ziele – wie etwa Künstler oder Astronaut – für seine Person als Wunsch entwickelt hatte, Patient M. dagegen sich großartig fühlte, arbeitsunfähig war, was ihm in der Analyse erst langsam bewußt wurde. Sein diffuser Wunsch, etwas vom Leben haben zu wollen, bedeutete an sich eine aggressive Forderung, verallgemeinert, wie einstmals sein Vater Konkretes einfach einforderte. Die Ziele und Wünsche von Patient A. dagegen trugen durchaus menschliche Konturierung wie das »biologische Haus«, in dem er mit seiner Familie gesünder leben wollte, und berufliche Entwicklung. Gehindert war er an der Verwirklichung seiner Ziele durch die Suche nach seinem regressiven und reparativen Glück, wie es »Hans im Glück« bei seiner Mutter tat. Damit hatte Patient A. ein ödipales Problem, wenn er nämlich gleichzeitig mit seinem Tun seiner Mutter imponieren sollte. Das alles war immer wieder objektbezogen. Demgegenüber führte das Glücksstreben von Patient M. zu einer indifferenten Einstellung seinen paradiesischen Lebenszielen gegenüber. In dem Ausdruck »etwas vom Leben haben« konnte sich sowohl der Wunsch der Eltern äußern, um den sie sich in ihrem Leben durch die historischen Ereignisse betrogen fühlten, als auch der des Sohnes, der in seiner Entwicklung um die Erfahrung eindeutiger Werte und Grenzen betrogen worden war. Er hoffte auf dieses besondere Leben als einen Lohn für einen ihm bisher nicht klar bewußten Masochismus, der in der Verfehlung seiner Individuation lag, womit sich die ödipale Situation für ihn noch gar nicht konstituiert hatte.

Das *Problem der Schuld* und der dazugehörigen Gefühle ist eng mit der Realitätsbewältigung verbunden. Es kam sowohl in der Analyse von Patient A. als auch von Patient M. als erstes zur Darstellung. Während Patient A. bewußt dem Vater alle Schuld zuschob, war ihm unbewußt, daß er gleichsam für den Vater und sich bei »Wasser und Brot« im Gefängnis saß. Daher war seine Askese zwiespältig, sie bot den Triumph, der Mutter, und über sie auch dem Vater, monatlich Geld geben zu können, sie also zu ernähren, ebenso, daß er noch anspruchsloser erschien als der Vater. Wenn der Schmerz aus seiner Seele kam, ließ er ihn wie der Vater als solchen nicht zu, sondern konkretisierte ihn in seinem Körper, dem er peinigend wie der Täter seinem Opfer gegenüberstand. Er erlebte ihn geradezu als das eigene Gefängnis, in dem er überall anstieß. Mit seiner als Diät deklarierten Gefängniskost behandelte er den Körperschmerz wie einen Seelenschmerz, letztlich also seine Schuldgefühle mit einer Maßnahme der Buße, deren Charakter er ebenso verkannte. Er konnte den seelischen Schmerz auch deshalb verleugnen, weil er nicht ganz seiner und die Schuld des Vaters ihm wie aufoktroyiert war. Er spürte nur, daß er schlecht behandelt worden war. Mit dem unbewußten Gefühl eigener Schuld kam es zu einem ähnlich doppelten Bewußtsein wie bei seinem Vater: Er fühlte sich bewußt schuldlos, während er in totaler Askese lebte, ein Ausdruck unbewußter Schuldgefühle. Obwohl er den Vater weit überflügelt hatte, blieb er am Sturz der Autorität, also Vatermord, fixiert, sein Lösungsversuch aus Abhängigkeit, dem das Ziel, der Beste zu sein, alles und auch allein die Macht zu haben, innewohnte. Dies stellte die Quelle unbewußter Schuldgefühle aus der geronnenen ödipalen Konfliktsituation dar, die ihre prägenitalen Vorläufer bereits in der frühen Mutter-Kind-Beziehung hatte, wo er vorzeitig in der nicht zu ertragenden Eifersucht gegenüber dem Bruder in eine unwirkliche, forcierte Autonomie geriet. Den ödipalen Konflikt zu lösen war ihm unmöglich, weil sein Vater in seinen Augen ein Nichtstuer war und er in der Rivalität zu ihm dazu leicht obsiegte. Durch die unausgedrückte familiäre Schuldlast hatte sich das Schuldgefühl von Patient A. vergrößert, ein Teil seiner Neurose war wie *aufgepfropft*, zumindest deshalb, weil er in der Familie keine Wege zum Entschulden und Versöhnen vorgelebt fand. Sein Gefängnis glich der freiwilligen Isolation des Vaters beziehungsweise war noch schlimmer. Der Vater war isoliert, isoliert auch von seinen Fähigkeiten, doch er betäubte sich mit Alkohol und ließ sich versorgen. Der Sohn konnte keine Freude und vor allem weder an seiner Arbeit noch in der Objektbeziehung Zufriedenheit finden. Seine Identifizierungen ließen ihn wie zu einem Märtyrer werden. In einem »Spiel von Identifizierungen« (Widlöcher, 1985) hatte sich der Patient auch in narzißtischer Weise mit dem Vater identifizieren müssen. Widlöcher, der eine Entwicklungsgeschichte des Begriffs der Identifizierung gibt, definiert die narzißtische Objektbesetzung folgendermaßen: »Man verfährt so mit sich selbst, wie man mit dem Objekt verfährt oder wie das Objekt mit uns verfahren ist.« (S. 84) Hierzu gehört die Erklärung Freuds (1916), »daß die Identifizierung die Vorstufe der Objektwahl ist und die erste, in ihrem Ausdruck ambivalente Art, wie das Ich ein Objekt auszeichnet« (S. 85 bei Widlöcher). Die Rache am den Patienten geringschätzenden Vater fiel wie im melancholischen Prozeß auf Patient A. selbst, wenn er sich traktierte. Er war dem Vater zugleich nahe, wenn der Schatten des Objekts auf sein Ich gefallen (vgl. Freud, 1916, GW X, S. 435) war. Patient A. hatte, obwohl völlig gequält erlebt, insofern aus seinen Symptombildungen einen Gewinn, als offen aggressive Handlungen nach außen gerichtet vermieden wurden, die für ihn die Anrüchigkeit des Sadismus erhalten hätten. Bewußt strebte er das Gegenbild zum Vater an und war dabei in seinen Phantasien mit dem »Fertigmachen« und dem Sturz des anderen, väterlichen Autoritäten, beschäftigt. In Wirklichkeit hätte beispielsweise seine Habilitation niemandem geschadet. Sie hatte zwei Gesichter. Neben dem Übertrumpfen der »Väter« hätte ihn die Habilitation aus der freien Wirtschaft, in der er arbeitete, in eine so von ihm interpretierte »gesicherte« Stellung geführt, also in übergeordnete, anonymisierte Abhängigkeit des Staates. In seinen Symptomen war der Versuch enthalten, Schuld zu fassen und zu konkretisieren, die er in der neurotischen Entstellung nicht erkennen konnte. So war er in Ahnung seines Grundproblems in die Analyse gekommen, weil diese Stagnation trotz allen Einsatzes ihn hinderte, »sich selbst zu entfalten«.

Patient M. ging mit Schuld völlig anders um: Ihm war sie unerträglich. So wehrte er Schuldgefühle sofort durch die Verlagerung nach außen ab und suchte ständig anderen Schuld nachzuweisen, was ohne *manipulative Techniken in der Objektbeziehung* nicht geht. Bei den Adressaten für seine Schuld war es gleichgültig, ob es sich dabei um ein Objekt oder ein entindividualisiertes, übergeordnetes System handelte. Ein Objekt, das als anders denkend »enttarnt« wurde, wurde radikal bloßgestellt, verfolgt und verhöhnt. Diese Bloßstellungsversuche stellten in ihrer wirklichen Bedeutung die Suche nach dem Uneingestandenen seines Vaters dar. Dabei war ihm Verfolgung ein Stück weit *aufgepropft*, vergleichbar Patient A. Der Vater von Patient M. hatte seine Proteste gegen die Vergangenheit wie die Gegenwart nicht zur Sprache kommen lassen. Patient M. betonte seine soziale Einstellung, die als eine Gegenbesetzung wirkte. Die Erleichterung der Durchsetzung aggressiver Triebe durch *Entindividualisierung* des anderen oder seine *Anonymisierung* und Übersetzung in *übergeordnete Systeme* – wie beispielsweise »die Gesellschaft«, »die Klinik«, »die Psychoanalyse« – hat Ohlmeier (1985) als Besonderheit in der Abwehr der Verleugnung dargelegt. Diese Abwehrformationen arbeiten mit *Verallgemeinerungen*. Indem Patient M. die Schuld nach außen verlagerte, mußte er weder leiden noch etwa büßen. In der initialen Reinszenierung in der Analyse mit dem Verlangen, mit ihm vor Gericht zu gehen, stellte sich seine durchschlagende aggressive Problematik dar, die Überführung eines Schuldigen, die in dem zentralen Problem zwischen ihm und seinem Vater gründete. Es blieb unklar, was er vor Gericht wollte oder sich erhoffte, es sei denn, ich hätte vorher – an ganz anderer Stelle also – keine Aussage gegenüber der Versicherung gemacht. Das aber hätte etwas anderes bedeutet, nämlich daß ich schon damals *mitgeschwiegen* hätte, und das wäre der wirkliche Betrug gewesen. Die Analyse begann unter einer Prämisse seiner Kindheit – mitzuschweigen. Er durfte als Kind die gespürten Verzerrungen in Handlungen und Haltungen nicht in Frage stellen. Gegen dieses *unausgesprochene Diktum mitzuschweigen* hatte ich in seinem Sinne verfehlt. Und das war der Grund, mich vor den Richter zu stellen. Zu jener Zeit in der Analyse konnte das noch gar nicht verstanden werden. Die Unerträglichkeit der »Wahrheit« war weder mir noch dem Patienten M. bewußt. All das geschah damals und konnte sich erst später klären, als er langsam aus dem Zustand seiner organisierten Unschuld (Khan, 1979, S. 13) heraustrat und sein Rechtsdenken als ein privates erkannte. In Situationen, in denen er die Möglichkeit für seine

Entäußerung, Externalisierung, oder Abspaltung nach außen suchte, war er außerordentlich gut in den Gesetzen beschlagen, fand schnell kleine, im alltäglichen Umgang belanglose Formfehler, die er *hochspielte*, und bekam so im Reden und Handeln eine Stärke, die vielleicht noch größer war als die seines Vaters. In jener frühen Phase der Analyse war ich in meinem Verstehen so überfordert, undurchschaubare Auffassungen zu verstehen, wie er früher als Kind. Die Verlagerung der Schuld, die der Patient übte, bedeutete jedoch *Unterstellung* beim anderen, der dabei nicht selten *unter Druck gesetzt* wurde. In diesem Wunsch und der Intention des Nachweisens von Unrecht war er permanent der Verfolger, so wie er den Vater als seinen Verfolger erlebt hatte. Er schien damit auch ein Vermächtnis übernommen zu haben, einen *nicht ausgedrückten Protest des Vaters zu konkretisieren*. Darauf hat Kestenberg (1982) aufmerksam gemacht. Im Vergleich zu Patient A. stellt das ebenfalls eine Aufpfropfung der Neurose dar. Seine Identifizierung läßt sich vorzugsweise als eine hysterische Identifizierung beschreiben, bei der im Gegensatz zur narzißtischen Identifizierung Objektbeziehung bestehen bleibt. »Die Identifizierung ist ›Ausdruck einer Gemeinschaft, welche Liebe bedeuten kann‹. (Freud, 1916)« (Widlöcher, 1985, S. 76ff.) Daher war auch der Wunsch von Patient M. verständlich, sein Vater möge sich ändern, damit wie in der Folge auch er sich ändere. Aus der ungelösten symbiotischen Einheit entsprangen jedoch narzißtische Abwehren und narzißtische Ziele. Die reale Schuldlast, um die Vater und Sohn rangen, bestand für den Sohn vom Vater aus gesehen in angeblich bösen Taten und Verfehlungen, von der Seite des Sohnes auf den Vater gesehen in mangelndem Geständnis. Die »Taten« des Sohnes, gemessen an überdimensionierten Strafen, waren für den Sohn kränkend und verachtend, und er erklärte sie daher als irreal. So kam es zustande, daß erlittene Bestrafungen in einem Machtgefälle wie zwischen dem Vater und ihm weitergegeben werden mußten – eine Kette ohne Ende. Sein Vater mußte sich – was dieser nicht wahrhaben wollte – durch den Zusammenbruch bestraft gefühlt haben im Gegensatz zum Vater von Patient A., dem das Versprochene versagt geblieben war. Die nicht eben unbegründete Deklaration der Ungültigkeit von Strafen hatte zur Folge, daß Patient M. sich völlig schuldfrei fühlte. In dieser Unschuld brauchte er die Wirkung seines aggressiven Verhaltens nicht einzuschätzen. Das erklärt die Tragik dieses Verhaltens und die Überraschtheit, die der andere bei der Naivität, mit der Patient M. aggressiv war, initial erlebte. Sein zwanghaftes Interesse an Berichten über Folterung gehört an diese Stelle. Unter voller und berechtigter Empörung konnte er sich gleichzeitig unbewußt innerlich aktiv beteiligen. In der Identifizierung mit dem Vater kam es nicht zu einer Ablösung im Sinne der Separation und Individuation, sonst hätte Patient M. in der Analyse nicht eigene Veränderung über den Weg der Veränderung seines Vaters erwartet. Weil er vom Vater immer noch Besonderes erwartete, was auch auf irgendeine Weise – wie einstmals für den Vater – verheißen war, klebte er ergründend am Vater, das heißt er konnte sich von *illusionären Erwartungen* nicht lösen. Dem Vater war dadurch umgekehrt Größe zugesprochen. Diese unaufgelöste Bindung an den Vater bedeutete eine Blockierung eigener Bedürfnisse und Intentionen, eine *Präoccupation*, durch Fremdes, was allgemein gesehen die freie Wahl und Funktion des Kindes enteignet. In dieser Folge lebte der Sohn einen vom Vater nicht gelebten *Protest* und eine *Anklage*, die der Vater gegen den alten oder die neuen Führer hätte verbalisieren müssen. Patient M. war damit zwei Jahrzehnte über seine Pubertät hinaus befangen. Diese Präoccupation ließ weiterhin nicht zu, daß er Neues für sich lernte beziehungsweise seine Erfahrungen für ihn gültig wurden. Weil sein eigener und überhöhter Anspruch, der nicht durch Erarbeiten eingelöst oder auch korrigiert worden war, und sein wirkliches dadurch verkümmertes Vermögen auseinanderklafften und der Schmerz dieser Diskrepanz ihm unerträglich war, war er ein Meister im *Ablenken*, das heißt im *Verschieben* von *notwendigerweise Konkretem auf Übergeordnetes und umgekehrt von Bedeutungsbegriffen auf andere erniedrigtere Inhalte.* Bedeutung war nicht festgelegt. Er kannte nur *Entziehen oder Vergrößern von Bedeutung* – je nach seinen Bedürfnissen, das heißt er war am Lust- und nicht am Realitätsprinzip orientiert. Doch war das auch eine narzißtische Notwendigkeit, um Sicherheit zu erleben. Somit war er überempfindlich für jede Anforderung oder Kritik von außen und begegnete ihr, indem er sie mit Empörung abwies. Er hatte sich narzißtisch unversehrbar gemacht, abgeschottet wie in einem »Kokon«– so bezeichnete er seine Gefühlsunempfindlichkeit. Diese entsprach sogar der totalen Gefühlsbeherrschung, genauer gesagt -unterdrückung, die im »Dritten Reich« als eine männliche Tugend angestrebt wurde. Patient M. mußte sich als Kind dem Vater ähnlich Patient A. zugewandt haben, aus einer unbefriedigenden Mutter-Kind-Beziehung heraus, die durch Eifersucht einem sehr kranken und nur wenig älteren Bruder gegenüber bestimmt war. In derartigen unbefriedigenden Mutter-Kind-Beziehungen sieht Khan (1979) bei aller guten körperlichen Versorgung eine aus psychischer Ebene herausgenommene, *verdinglichte* Beziehung zum Kind, das nicht als eigenständiges Wesen anerkannt wird. Mit diesem ungesättigten Bedürfnis nach Annahme wandte er sich, was eine Begabung bedeutet (Greenacre, 1957), dem Vater zu, der auf diese Weise Erbe der frühen Mutter-Kind-Beziehung wurde. Seinerseits erhoffte sich Patient M. in dieser Beziehung zum Vater noch alles. Neben dem Erhoffen der Teilhabe an der magischen Macht stand auch eine Hoffnung, etwas Eigentliches und Echtes mit dem Vater zu teilen. Ich habe früher darauf hingewiesen, daß sich die symbiotisierende Form der Beziehung in der Ehe wiederfand und auch die Übertragung diktierte. Für den Vater aber stand im Gegensatz zu Patient A. diese offene Haltung des kleinen Kindes in seiner mangelnden Separation im Dienste der *Zuweisung* seinerseits. Für ihn mußte der kleine Sohn in seiner Abhängigkeit und Unfertigkeit seine, des Vaters, Mächtigkeit konstatieren, für seine enttäuschten Hoffnungen, sein Nicht-Geständnis, die Bestrafung, die Auffindung der Täter, die Rache als Adressat bereit stehen. In dieser Weise wurde der Sohn zwar als eine Brücke zwischen Vater und Sohn, doch vorzugsweise einseitig zur Verlagerung gebraucht, wie es sich letztlich erwies. *Gebraucht zu werden* bedeutet auch einen (narzißtischen) *Wert* beziehungsweise Aufwertung. Von der engen Beziehung zum Vater her läßt sich auch die Großartigkeit verstehen, in welcher sich Patient M. vor der Analyse fühlte, in einer Hochstimmung, die durch manische, also vorzugsweise verleugnende Abwehr entsteht (vgl. Lewin, 1950, S. 67). Mit dieser Hochstimmung, die typisch mit arroganter Überheblichkeit vorgetragen wird und doch so vom ständigen Einbruch gefährdet ist, stand das in

Gegensatz zu dem vorherrschenden Minderwertigkeitsgefühl von Patient A., dessen Größenphantasien teils geheim gehalten teils sogar ganz unbewußt waren. Während Patient A. seinen *Körper und seine Gefühle* in der Beziehung zum Vater *geopfert* hatte, so hatte Patient M. seine *seelisch-geistigen Funktionen* geopfert. Seine scheinbare und für sein Erleben doch instabile Großartigkeit zeigte sich in einem Traum – nun ins Innere genommen – gegen Ende der Analyse in einem aus der Wand herausklappbaren goldenen Thron.

Für Patient A. lag die Tragik seines Schicksals darin, daß er den Vater immer schon partiell, aber doch sehr weitgehend besiegt hatte. Für Patient M. dagegen schien der Vater mit einer als Autorität vorgegebenen magischen Macht ausgestattet, die für ihn verheißungsvoll geblieben war, mit der er sich geradlinig – im Sinne der Identifizierung mit dem Aggressor – identifiziert hatte und weiterhin zu identifizieren wünschte, so daß ödipale Rivalität ausblieb.

Neben der so starken Verknüpfung der Identifizierungsschicksale mit den Vätern durch die Weitergabe unbewältigt gebliebener aggressiver Triebstrebungen ist das Schicksal der libidinösen Impulse zu erwähnen. Sie wurden von Patient A. in der Verachtung seines für ihn libidinös hemmungslosen und damit abhängig gewordenen Vaters verabscheut und waren an der Ausbeutung der Mutter durch den Vater wie an seiner Abhängigkeit vom Alkohol sichtbar. Das libidinöse Begehren, mit Aggression vertreten, war bereits eine Charakterhaltung des Vaters, gegen die sich die ganze Aversion des Sohnes richtete: Abhängigkeit. Die Abtrennung libidinöser Aspekte diente darüber hinaus dazu, die idealisierten Wünsche gegenüber dem Vater nicht korrigieren zu müssen, sie gleichsam ewig zu erhalten, wie es sein Vater getan hatte – wie es Patient M. tat. Seine ins Ich zurückgezogene Libido führte ihn in einer *Gegenidentifizierung* zu seinen extremen Leistungen. Nicht unerhebliche Reste seiner libidinösen Strebungen waren in seiner Eifersucht spürbar. Doch damit war die phallische Aktivität mit Sadismus verknüpft geblieben, was ihn unfrei machte. Kreative und generative Kräfte im eigentlichen Sinne blieben stecken, verwirklichten sich nicht über seine Phallizität. Das Zuspielen von Aktivität an einen anderen als auch eine manipulative Abwehr komplizierte die nicht voll verwirklichte phallische Entwicklung. Im Rahmen der Verdrängung wurde Patient A. *sich selbst entfremdet, und andere blieben ihm lange fremd.* Patient M. dagegen lebte seine libidinösen Impulse zwar mit seiner Frau aus, er bestand sogar sehr darauf, denn er fühlte sich lange Zeit selbstverständlich als »Herrenmensch«, ohne sich der Herkunft und Aggression dieses Wortes bewußt zu sein, während er gleichzeitig in nicht nachvollziehbarer Weise auch seiner Frau diente wie ehemals dem Vater. Doch auch diese Beziehung blieb vor dem Schritt zur Generativität und Kreativität lange Zeit stehen. Er blieb in seinen Liebesstrebungen immer wieder enttäuscht wie ehemals bei seiner Mutter und seinem Vater. Eigentlich war er ständig auf Suche nach Liebe, die aber sofort ein Paradies hätte einrichten sollen. In diesem paradiesischen Zustand wäre er nicht mehr vom Objekt enttäuscht worden oder hätte keine Schmerzen durch Enttäuschungen mehr von ihm zugefügt bekommen. *Auf diese Weise war er zuerst den anderen und über den Austausch mit den anderen sich selbst entfremdet.* Eigentlich war die Libido sowohl bei Patient A. als auch bei Patient M. ständig auf die Reparation ihres traumatisierten Narzißmus ausgerichtet. So waren sie für andere uneinfühlsam, was zerstörerisch ist und sich letztlich selbstzerstörerisch auswirkt. Ihre libidinösen Ziele waren aus der früheren Not heraus narzißtisch verkehrt in Gefühle des Triumphes als Ausdruck ihrer Mächtigkeit.

Patient A. und Patient M. unterschieden sich in einem jedoch ganz wesentlich von ihren Vätern, indem sie ihre mangelnde innere Freiheit spürten. Der Unterschied bestand vor allem darin, daß sie bereit waren, zu suchen und sich in Frage zu stellen. So suchten sie die analytische Hilfe, um diese Arbeit als Erkenntnis anzunehmen, wobei sich Reifungsschritte wie von selbst ergaben. Unbewußt waren in ihren Lebensentwürfen Triebstrebungen ihrer Väter und das damit verbundene Konfliktverhalten enthalten, das nach außen manifest erschien. Das nahezu erzwungene, reaktive Eingehen der Söhne auf die Konflikte der Väter war durch die ausgebliebene wirkliche Auseinandersetzung der Väter mit ihren Söhnen geschehen, *die um das Eingeständnis des Vaters zu sich und das Verständnis der Väter für sie gekämpft hatten.* Die Übertragung brachte in beiden Analysen die Abhängigkeitsthematik zu mir und damit die konflikthaften Identitäten der Väter zur Sprache. In den Analysen waren Patient A. und Patient M. ernsthaft und in der Objektbeziehung zunehmend zuverlässig, liebenswert und liebesfähig geworden. Sie ertrugen es, schuldig zu werden, weil sie sich von infantilen Zielvorstellungen lösen konnten. Damit war ihnen möglich geworden, Verantwortung in größerem Maße als bisher zu tragen und auszuüben. Variabilität, Differenzierung und neue Dimensionen konnten in ihrem Leben Platz finden. Sie konnten mehr und mehr selbst die alten neurotischen Verzerrungen sehen und gewannen Anschluß an ihre Gefühlswelt. Sie mußten nicht länger machen oder mitmachen, was sie selbst eigentlich nicht wollten oder persönlich nicht hätten vertreten können. Sie bestimmten ihr Leben und ihr Verhalten selbst. Ihre veränderte Identifizierung verlieh ihnen Eindeutigkeit und Konstanz.

## Die Hörigkeitsthematik

Während sich auf manifester Ebene die Identifizierungen der beiden Patienten als Kindern der »zweiten Generation« so konträr gestalteten, verhielten sie sich in ihrer Abhängigkeitsthematik komplementär zueinander. Die anale Bemächtigungsthematik war ambivalent geblieben und beeinträchtigte ihre Fähigkeiten zur Objektbeziehung. Machtausübung und Mächtigkeit standen als Trieb- wie narzißtische Konflikte im Vordergrund, reparativ motiviert im Kampf gegen jede Form von Abhängigkeit oder Anpassung. Die Strukturelemente der Machtausübung lassen sich in einem dynamischen Bogen zwischen Führer und Geführtem einzeln in dieser von mir als Hörigkeitsverhalten bezeichneten Beziehung für beide Beteiligte mit der je gleichen Gültigkeit Element für Element nachweisen. Wo die innere Abhängigkeitsthematik mit ihrer ursprünglichen Hilfsbedürftigkeit – hier in den Personen selbst, wahrscheinlich im »Dritten Reich« in Kollektive verschoben – massiver Verdrängung oder Verleugnung unterliegt, ist der Weg für pathologische Ausbildungen mit *Unterwerfung*, *falscher Duldung* und *Gehorsam* frei oder kommen gegenteilige Formen der Identifikation mit dem Aggressor zur weiteren Abwehr ins Spiel: Letzteres heißt dann *Beherrschung* und *Ausübung von Macht*. Die Massivität solcher Verdrängungen und Kränkungen, die den Umschlag zur Identifizierung mit dem Aggressor vorbereiten, erklären im Grunde nur vorausgegangene Kränkungen. Sie bereiten den Boden für die als grandios prophezeite (Wieder-)Herstellung des Selbstgefühls durch einen charismatischen Führer. Unter der Vorherrschaft der Besetzungsbeträge von Verdrängung und Verleugnung für diesen Antagonismus von Beherrschung und Beherrschtwerden hat »Wahrheit« als Integral der Verläßlichkeit in der Objektbeziehung keinen Raum, denn sie ist an eine freie Verfügbarkeit der Realität in der Objektbeziehung gebunden. In den Geschichten der beiden Patienten war für sie selbst deutlich, daß einmal *äußere wie innere Not* in einem nicht notwendigen Maße *erduldet* werden mußte und andererseits eine Form extremer Abhängigkeit beziehungsweise *Unterwerfung* von einer Vater-Autorität *gefordert* wurde. Der traumatisierte Narzißmus, der immer durch den einen *Übergriff* in der Objektbeziehung entstehen muß, führt zu Verletzungen und Kränkung dessen, was einem Menschen zu innerst eigen ist, was Khan »Privacy of the Self« nennt, und folglich zu Reparationsversuchen führt, die Rangell (1984) mit einer Doppelfunktion beschreibt: Neben dem Zwang zum Wiederholen und damit Ausleben der Triebe, was *selbstzerstörerische und aggressive Impulse* einschließt, wirkt sich zusätzlich eine *zwanghaft mißtrauische Fähigkeit* aus, die einen traumatischen Zustand zu vermeiden oder fernzuhalten versucht. Dieses Mißtrauen kann die Objektbeziehungen im weiteren nur belasten. Neben dieser lebenslänglichen, geradezu suchtartigen Suche nach Bestätigung geschieht Reparation durch Identifikation mit dem Aggressor. Diese Suche nach Bestätigung und Mächtigkeit kann in der Wendung, selbst zum Aggressor zu werden, bereits aufgehen. Diese Beanspruchung geschieht auf Kosten der eigenen kreativen Kräfte, die folglich nicht zur freien Entfaltung kommen. Für die Kinder der »zweiten Generation« hat sich aber dazu gezeigt, daß sie außerdem mit den für die Eltern offengebliebenen Wünschen wie Enttäuschungen präoccupiert sind und eine Enteignung der freien Funktionen des anderen bedeuten. Infolge der *Unfähigkeit oder des Unwillens, die eigenen uneingestandenen Gefühle und Konflikte selbst zu tragen und zu ertragen, wurden diese unausgesprochen in der Generationenfolge weitergegeben als Auftrag, Mission*, wie das von Judith S. Kestenberg für die jüdischen Kinder der »zweiten Generation« erforscht und beschrieben wurde. In den gegenübergestellten Krankengeschichten wurde einmal *sadistische Machtausübung* aus *Angst* vor ihr *vermieden*, folglich mußten diese Triebimpulse *innerlich* ausphantasiert werden und führten zusätzlich zur Symptombildung, und einmal wurde *Machtverhalten*, ohne daß es wirklich begriffen wurde, *agiert*, während die *wirkliche Angst verdrängt* gehalten wurde.

Für eine Hörigkeitsthematik erscheinen auch die in beiden Krankengeschichten enthaltenen Ausformungen des Überichs komplementär, einmal skrupulös, pedantisch und strafend gegen sich selbst, einmal in einem korrupten Sinne, wenn Überichentlastung als lohnendes Ziel mit der Rationalisierung eines Gewissens, vergleichbar dem des Zwangscharakters, eingeführt wurde und sich der verfolgende Charakter des Überichs nach außen wandte, Schuld also projiziert wurde. Ein wichtiges weiteres Element in der Hörigkeitsthematik stellt die *Verführung* dar, wie ich ausgeführt habe, ermöglicht unter faszinierender Verheißung oder Nötigung. Ein Kind ist infolge seines noch nicht voll ausgebildeten Realitätssinnes und Kritik *verführbar*, ein Erwachsener dagegen muß etwas *verkennen*, wenn er verführt werden soll. Da die beiden Patienten als Angehörige der »zweiten Generation« früh in ihrer schwierigen Strukturentwicklung sich selbst zu einem Teil entfremdet waren, verkannten sie sich, ihre eigenen Möglichkeiten und ihr Handeln bis hinein in die Gestaltung ihrer Lebensziele, ohne das eigentlich zu wissen. Das Verkennen ihrer Väter dagegen war von ihnen selbst intendiert, ausgeprägt in ihren generellen Haltungen und Einstellungen ihrer Zeitepoche gegenüber. Ich möchte die abspaltende Funktionsweise des *Verkennens* mit einem Januskopf vergleichen. Verkennen, die Ausschaltung der reflektierenden, kritischen Betrachtung zugunsten der Faszination, erscheint wie eine Voraussetzung, ein Bereitmachen zur Verführung für den Erwachsenen. Das gleiche geschieht – eine Ausschaltung der Überichfunktionen – durch *Glauben machen* von seiten des Verführers. Noch eine andere Form der Unberührbarkeit des Überichs besteht in dem von Khan (1979) beschriebenen Zustand der organisierten Unschuld. Diese garantiert Schuldunfähigkeit und damit Schuldfreiheit. Wenn das Gegenteil des Begriffs des Verkennens *Erkennen* ist, was nur einer anderen Version der Freudschen Aufforderung – wo Es war, soll Ich werden – entspricht, dann kann aus einer solchen Struktur heraus auch *nicht* aus einem Fehler *gelernt* werden. Das aber bedeutet, daß die gleiche Destruktivität wieder eingesetzt werden kann. Versöhnlichkeit hatten die Kinder in diesen Familien nicht kennengelernt. Verfolgende Rache war unbemerkt an die Stelle von Wiedergutmachung und Hoffnung auf Versöhnung getreten. Solche Verstellungen tradierter Werte entbinden von Scham und Schuld und geben dem zwangsläufig in der »zweiten Generation« erlittenen Masochismus, die Rolle des Opfers, die gegenteilige Kraft der potentiellen Bemächtigung des anderen, die so entzügelt, sich ins Extrem steigern kann, also radikalisiert ist. Die Eigenschaft der Väter als Täter erscheint wieder. Zeit wird in dieser Pathologie nur im Antagonismus von Unterwerfung und Machtausübung begriffen, entweder in einer begehrenswerten fernen Zukunft oder im kurzfristigen Wechsel des Obsiegens und Unterliegens in einer tagtäglichen Permanenz, ohne daß das im eigentlichen Sinne bewußt wäre.

Wenn die Erfüllung der Sehnsucht in einer Grandiosität lag, dann bedeutet das den unbewußten Verschmelzungswunsch mit dem einstmals – in Säuglingstagen – als grandios erlebten Objekt. Diese Verschmelzung kann, abgesehen von der Zeit, in der eine Mutter den Säugling – und das auch nur punktuell – in solche Grandiosität versetzen kann, den anderen immer nur zerstören im Sinne der Ausbeutung, weil er dessen Eigenständigkeit und Grenzen nicht duldet. Auf diese Weise wird Befriedigung in Form des Triumphes, der Niederlage des anderen oder aber seiner Hörigkeit, es ließe sich auch sagen absoluten Gefügigkeit, zum verzerrten Ziel der Objektbeziehung. Stoller (1975, S. 28) nannte diesen Triumph einen pervertierten Sadismus. Es ist die *Umkehrung der Sucht nach Abhängigkeit in Führung und Bemächtigung*. Weil dieser *Antagonismus* – Freud nennt das *Gegensatzpaare* – zwischen *Abhängigkeit* und *Machtausübung* die Strukturausbildung auf unterschiedlichen Wegen bestimmte, läßt sich die Ausformung der analen Triebproblematik, die die orale Sehnsucht abwehrt, in der Objektbeziehung als Hörigkeitsverhalten bezeichnen. Herrschsucht beziehungsweise Führungswunsch und Wunsch nach extremer Abhängigkeit fallen, ob aktiv oder passiv verfolgt, weil sie jeweils eine grandiose Verheißung teilen, ständig auf bewußter und unbewußter Ebene zusammen und heben die in der analen Phase beginnende Individuierung auf. Diese Form der Objektbeziehung wird überall, wo Macht ausgeübt wird, zu finden sein und darf mit der Bezeichnung Hörigkeitsverhalten eigentlich in die Begriffe der Psychoanalyse eingehen.

Die beiden stellvertretend für viele andere geschilderten Patienten wurden als Kinder der »zweiten Generation« *Opfer ihrer Väter*. Zugleich hat dieses früh in ihr Leben eingreifende Schicksal sie zu *Tätern* gemacht, eine *Identitätsverwirrung*. In den Analysen wurden Verdrängung, Verleugnung und Verschiebung aufgehoben, und im Verstehen der Abwehr konnte schließlich das Abgewehrte eingesehen werden, nämlich Opfer und Täter in einem zu sein. In der Realität des Lebensprozesses ist es nur eine Frage der Zeit, wann die Abwehr, sich als Opfer zu erleben, und Abgewehrtes, die Intention des Täters in sich zu tragen und verwirklichen zu wollen, die Verdrängungsschranke überschreiten und als Wiederkehr des Verdrängten (vgl. Freud, 1939, GW XVI, S. 185) gelebt werden.

# Bedrängnis und Emanzipation
## Die Situation eines Nachkriegskindes[1]

Die Patientin, deren Geschichte ich im folgenden berichte, ist ein Nachkriegskind. Ihre Eltern, die sich während des Zweiten Weltkriegs kennengelernt und nach Kriegsende wiedergefunden hatten, hatten wegen des zu erwartenden Kindes geheiratet und waren durch die damaligen bedrängten Verhältnisse gezwungen, zusammen mit den Eltern der Frau und ihrer Schwester in einer kleinen Zweizimmerwohnung zu leben. Nachdem der Krieg verloren und der äußere Feind entfallen war, konnten sich die Konflikte der Menschen aus dieser Situation nur verschärfen. Eine vergleichbare Bedrängnis setzte sich durch die ganze Entwicklung der Patientin fort. Als ich sie kennenlernte, war sie schwer krank, und gleichzeitig leistete sie Ungeheuerliches. Sie war getragen von dem Gedanken der Emanzipation, und überall in ihrer Geschichte traf ich auf die äußerste Anstrengung, nicht nur neue Situationen zu bewältigen, sondern eine wohl heilere Welt aufzubauen; sie war geradezu getrieben. Offenbar hatte sich bisher niemand eingefühlt und vorgestellt, was das Tun des einen für den anderen in jener bedrängten Situation der Nachkriegszeit bedeutet haben mußte. Während die Mutter meiner Patientin ihr Kind erwartete, war die Schwester der Mutter ebenfalls schwanger, aber nicht verheiratet. Obwohl die Mutter der Patientin ihr Kind angeblich vier Wochen nach der Schwester hätte bekommen sollen, kamen die Kinder am gleichen Tag auf die Welt. Wie aus der Erzählung der Patientin entnommen werden konnte, müssen die beiden Schwestern miteinander rivalisiert haben; denn es schien wichtig gewesen zu sein, wessen Kind zuerst geboren wurde. Die Schwester, die sich so sehr ein Mädchen gewünscht hatte, bekam einen Jungen. Die Patientin wurde wenige Stunden vor ihrem Vetter geboren. Mit den beiden Kindern lebten dann insgesamt sieben Personen aus drei Generationen für etwa ein Jahr in der winzigen Wohnung. Da die Mutter der Patientin den Lebensunterhalt der Familie durch Büroarbeit – sie war ein Organisationstalent – verdiente, hatte

1 Als Vortrag gehalten auf dem Symposion »Traumatopathie« am 6.5.1988 im Sigmund-Freud-Institut, Frankfurt am Main

sie eine wichtige Stellung in der Familie inne; der Vater war mit seinem Studium beschäftigt. Der Tante, einer warmherzigen, aufgeschlossenen, mütterlichen, humorigen, unkomplizierten, unverheirateten Frau, die »Fünfe gerade« sein lassen konnte, oblag die Pflege der beiden Kinder, die sie ganz selbstverständlich in ein Körbchen legte. Während die Mutter bald abstillte, stillte die Tante sie lange, wobei ihr eigener Sohn bald die Brust verweigerte. Daß bei ihr immer etwas Gutes zu essen auf dem Ofen stand, erzählte die Patientin aus einer sehr viel späteren Zeit.

Es war nicht jene Getriebenheit, die die Patientin zu einem Erstgespräch mit dem Wunsch nach einer Analyse zu mir kommen ließ, sondern ihre Angst, eine ausgesprochen phobische Symptomatik. Sie hatte Angst, auf die Straße zu gehen, sie hatte Angst, Verkehrsmittel zu benutzen, weil sie den Anblick von Erbrochenem fürchtete oder fürchtete, jemandem, der sich übergeben könnte, zu begegnen. Kurz nachdem sie zu mir gekommen war, erwartete sie, zweieinhalb Jahre nach der Geburt ihres ersten Kindes, ihr zweites Kind, betreute gleichzeitig ihre ersten Studenten im Vordiplom und war zudem politisch stark engagiert. Im Gegensatz zu diesen Aktivitäten war sie unfähig, ein Papiertaschentuch, das ich ihr im Erstgespräch gegeben hatte, bei mir in den Papierkorb zu werfen oder das überraschend ausgegangene Benzin für ihr Auto auf irgendeine Weise zu organisieren. Solche Situationen versetzten sie in Hilflosigkeit und Panik. Ich brauchte sehr lange Zeit, um zu verstehen, daß diese Situationen, mit denen ich in ganz konkrete Berührung kam, tieferen Ausdruck besaßen: Die Patientin gab mir ihr verrotztes Taschentuch beim Abschied des Erstinterviews in die Hand. Sie gab mir ihren Schmerz und ihre Tränen und auch ihren Ekel, den ich ja empfinden mußte, ab. Mit dem ausgegangenen Benzin signalisierte sie mir, daß sie die Kraft für den weiteren Weg nicht hatte. Während sich in der Analyse die hochdramatische Geschichte ihrer Angst vor Erbrochenem und jemandem, dem es schlecht wird und erbricht, klärte, wurde mir die Bedeutung der beiden genannten agierten Situationen, in die ich ganz konkret hineinverwickelt wurde, erst lange nach der Analyse klar. Eine Fülle anderer Symptome und Einschränkungen, die in der Behandlung bald sichtbar wurden, wurden von der Patientin nicht geklagt und auch als solche nicht erlebt. Vor ihren Ausscheidungen ekelte sie sich so sehr, daß sie auf der Toilette die Spülung einsetzte, um nichts zu sehen, zu hören oder zu riechen. Doch das sah sie als normal an. Bei der ersten Geburt stand sie unter der panischen Angst, daß die Würmer in ihrem Bauch nun für die Ärzte und Hebammen sichtbar würden, und nahezu unverständlich bleibt, daß niemand diese Not als erste deutliche Krankheitsphase wahrgenommen hatte. Ein extremer Wechsel ihrer Arbeitsfähigkeit war aus ihren Schilderungen zu erkennen: Ihre beste Arbeitszeit fiel auf den späten Abend, während sie über den Tag nichts Eigentliches fertigzubringen glaubte.

Doch kehre ich zu ihrem ersten Lebensjahr zurück. Aus diesem ersten Jahr sind Schlafstörungen der Patientin bekannt. Ruhig schlafen zu können war sehr wahrscheinlich in der vielfach bedrängten Situation für das Kind nicht möglich. In seiner Beunruhigung kam das Irritierende der ganzen Situation zum Ausdruck. Auch der Wechsel in der Versorgung zwischen Tante und Mutter mag das Kind verstört haben, weil er immer wieder eine Unterbrechung in der Kontinuität bewirkte. Wenn man sich vorstellt, daß die Mutter bei ihrer Rückkehr abends ihr Muttersein erleben wollte, bedeutete das eine Umstellung für das Kind. Wahrscheinlich drehte sich die Aufgabe hier um: Die Patientin nämlich hatte die anspruchsvoll energische Mutter in ihrer Mutterrolle zu bestätigen. Sie konnte sich nicht mehr einfach lassen, wie es über den Tag wohl der Fall gewesen war, sondern mußte sich aktiv auf die Mutter einstellen. Dabei war es für das Kind eigentlich die Zeit, zum Schlafen fertiggemacht zu werden. Dieser Wechsel in der Ermüdung des Kindes wird bei der Patientin zu der inneren Auffassung geführt haben, daß Arbeit nur die ist, die mit äußerster Anstrengung gegen die Ermüdung geleistet wird.

Dieses erste Lebensjahr war erfüllt davon, ständig hin- und hergerissen zu sein, damit irritiert zu werden, wahrscheinlich sich bedrängt zu fühlen und die Bedrängnis der anderen zu fühlen. Sie war der Tante wichtig und doch nicht deren Kind. Gleichzeitig wuchs neben ihr jemand mit auf, der wie sie war und doch ein anderes Geschlecht hatte, der wie ein Zwilling war und doch keiner, obwohl er am gleichen Tag geboren war. Diese

Situation änderte sich grundlegend mit dem Auszug der Eltern in eine eigene, in einem anderen Stadtteil liegende Wohnung. Das bedeutete für die Patientin noch vor ihrem Spracherwerb eine abrupte Trennung von sehr vertrauten Menschen. Ihre Tante und ihr Vetter, mit dem sie zusammen im Körbchen lag, zusammen gefüttert wurde, spielte, der antwortete, ihr alter ego, waren von heute auf morgen nicht mehr da. Da sich die Familie der Patientin auch etwas Besseres dünkte, gab es keinen eigentlichen Kontakt mehr zu diesen ersten der Patientin höchstvertrauten Menschen. Es hat sich wohl niemand Gedanken über die Bedeutung dieser Trennung für das kleine Mädchen gemacht. Versuche der Überbrückung gab es nicht. Dieser Verlust, eine ganz deutliche Zäsur, stellte mit aller Sicherheit ein Trauma dar, während die Situation im ersten Lebensjahr wahrscheinlich als kumulativ traumatisierend zu beurteilen ist. Dabei ist zu erwägen, ob das Trauma durch den Wegzug in seinem Ausmaß sogar in eine bereits gebahnte Spur fiel, zumal die Patientin allabendlich in eine innerlich sehr andersgestimmte Objektbeziehung überwechseln mußte. Das Milieu bei der leiblichen Mutter kam dem Kind sicher nicht so im fördernden Sinne, einem Lassen- und Zulassen-Können, entgegen, wie es das im ersten Jahr bei seiner Tante erlebt hatte. Es trug im Gegenteil eine Aufgabe, eine Forderung an das Kind heran, die Mutter als Mutter zu bestätigen. Das entwickelte sich auch in der Folgezeit; denn die Patientin blieb das einzige Kind ihrer Eltern. Ihr Vater, der sich nach Abschluß seines Studiums rasch in eine angesehene Stellung hinaufgearbeitet hatte, interessierte sich vorzugsweise für die schulischen Erfolge seiner Tochter, die durchgehend gute bis sehr gute Leistungen erbrachte. Er brauchte sie eher zur eigenen Bestätigung. Die Erziehung und der Umgang mit der Tochter oblag ansonsten der Mutter. Die Körperlichkeit der Patientin mußte dem Vater gegenüber erregend und beängstigend in einem gewesen sein. Knapp jenseits der Pubertät habe sie einmal nachmittags, als niemand zuhause war, gebadet, so erzählte die Patientin. Als sie noch nackt nach dem Bad das Telefon abnahm, sei ihr Vater nach Hause gekommen. Der Vater und sie müssen sich nach dem Bericht der Patientin wie »zu Tode erschrocken« haben. Zuhause führte die Mutter, die nach der Säuglingszeit der Patientin nicht mehr arbeitete, das Regiment. Aus den Schilderungen der Patientin, daß sie wie der Teufel hinter jedem Stäubchen hergewesen sei, konnte man auf eine Putzsucht schließen. Auf Regelmäßigkeit, Ordnung und sogenannten Anstand achtete sie sehr, und die Patientin beschrieb, daß die Mutter stets hinter ihr herguckte, wenn sie von zu Hause wegging oder nach Hause kam. Wenn sie beim Spiel der Tochter auf der Straße aus dem Fenster schaute, sah sie mit einem Tuch um den Kopf gebunden aus wie die Witwe Bolte. Bei aller erdrückenden Besorgtheit konnte die Mutter der Patientin im Ernstfall keine Hilfe leisten, etwa, wenn es ihr schlecht ging: Sie war außer sich, wenn sich die Patientin verletzt hatte, und konnte keinen Finger verbinden, und sie konnte ihr nicht helfen, wenn sie etwa einmal erbrechen mußte. Dieses vermeidende, ja verleugnende Verhalten diente wohl der Illusion, als hätte die Welt nun wieder heil zu sein.

Wie die Patientin in der Analyse schilderte, war sie bereits mit sechzehn sehr bewußt bestrebt, aus dem elterlichen Haus hinauszukommen, das sie als Fesselung erlebte. Sie hatte bereits viele Freunde gewonnen, wurde politisch interessiert und aktiv. Emanzipation wurde zu ihrem Ideal. Doch in gleichem Maße, wie dieses Streben hinauszukommen entwickelte sich die Phobie. Sie konnte zunehmend nicht auf die Straße gehen, weil sie fürchtete, Erbrochenem oder Hundekot zu begegnen. Dazu kam, daß ihre Eltern sie für zwei Jahre ins Ausland mitnahmen. Ihr Anschluß an Freunde wurde wie schon einmal in ihrem Leben abgebrochen. Auch diese Trennung aus einer vertrauten, die Patientin bestätigenden Umgebung war ohne Bedenken im Dienste der Karriere des Vaters erfolgt. Nur ihren noch kleinen Hund konnte sie mitnehmen, dem Furchtbares widerfuhr. Er war eines Tages nicht mehr da und auch nicht mehr auffindbar. Der schwarze Betreuer der Patientin, die Eltern waren fort, sagte ihr bedenkenlos, er wäre wohl gefangen und gegessen worden. Die Patientin berichtete das zwar, jedoch im Moment in der Analyse affektlos.

Als sie noch sehr jung ihr Soziologiestudium erfolgreich abgeschlossen hatte und weiterhin an der Universität arbeitete, hatte die Phobie ein Ausmaß angenommen, das ihr ihre weitere Entwicklung unmöglich erscheinen ließ. Sie hatte geheiratet und – wie sie schon beim ersten Gespräch mit mir meinte – dabei nur das elterliche Gefängnis mit einem neuen Gefängnis vertauscht. Mit Beginn dieser Ehe hatte Hoffnungslosigkeit sie erstmals ergriffen, und oft fand sie ihre eigene Entscheidung, die ihr doch ihre Aktivität und damit ihr Selbstbewußtsein garantierte, nachträglich nicht gut. Ihre Zweifel ergriffen auch andere. Während der Analyse breitete sich die Phobie aus. Sie mußte nicht nur öffentliche Verkehrsmittel meiden, schließlich konnte sie auch nicht mehr mit anderen zusammen in einem Auto fahren, weil sie Angst hatte, jemandem könnte es schlecht werden, der sich dann erbrechen müsse. Auch selbst hatte sie Angst, irgendwo erbrechen zu müssen. Die Autofahrt zur Analyse, die über eine Stunde dauerte, konnte sie allein erstaunlicherweise leisten. Es war so, als garantiere ihr die Analyse wieder die Aktivierung ihrer Energien. Mit der Zeit gewannen die Patientin und ich einen tieferen Einblick in eine Not, die die so selbstsicher erscheinende Patientin überspielt hatte. Sie vertraute mir die Angst bei der ersten Geburt an, das Motiv der Empfängnis des zweiten Kindes, das Versagen in der Versorgung der Kinder und schließlich das wahllose Schlafen mit jungen Männern. Diese »Freiheit«, die sich die Patientin gegenüber ihrem Ehemann nehmen zu müssen glaubte, verursachte gleichzeitig unerträgliche Schuldgefühle. Sie hatte nicht geahnt, daß etliche dieser gleichermaßen ertrotzten »Freiheiten« ihr nachträglich zu Fallstricken wurden. Sie geschahen aus Trotz, den sie selbst nicht kannte, eine Aggression, die hart und selbstverständlich eingesetzt wurde. Früh hatte ich in der Analyse diese oral-sadistischen und anal-entwertenden Züge bemerkt, als ich unter ihrem ununterbrochenen Redefluß meine Existenzberechtigung zu verlieren drohte. Sie behandelte mich so, wie sie wahrscheinlich einst behandelt worden war, wenn man sie nicht angehört hatte. In der Weise, wie auf sie eingeredet worden war, verschaffte sie sich bei mir Raum und Geltung. Ihre Schuldgefühle holten sie dennoch permanent und überall ein, wenn sie ihren ersten außerehelich gezeugten Sohn sah und dieser sie ununterbrochen »an etwas Böses« erinnerte, obwohl jene außereheliche Empfängnis von ihr mit ihrem Ehemann besprochen worden war und letzterer die Gegebenheit nicht als tragisch oder unerträglich aufgefaßt hatte. Dennoch wuchs sich die Versorgung dieses Kindes für die Patientin durch ihre Projektions- und Konkretisierungsneigung zu einer schweren Belastung und Herausforderung aus. Immer wieder hatte sie das Empfinden, als würde sie direkt mit ihrem Bösen in Berührung kommen. Wenn der kleine Säugling erbrach, mußte sie ihn fluchtartig verlassen. Wenn er aufwachte und schrie, bekundete ihr das nichts anderes, als daß sie eine schlechte Mutter sei. Die einzige Möglichkeit, ihn zu beruhigen, war für sie die, dann mit jüngeren Männern zu schlafen, die immer zugleich in einer Abhängigkeit zu ihr standen. Ihr Hauptwunsch, den sie in der Analyse schließlich formulierte, war der, eine bessere Mutter zu werden. Ihre Fehler am ersten Kind wiedergutzumachen, versuchte die Patientin durch ein zweites Kind, ein Reparationskind, das ein halbes Jahr nach Beginn der Analyse bewußt gezeugt wurde. Die prompte Empfängnis versetzte sie in Hochstimmung und bestätigte ihr ihre Omnipotenz. Doch für den Prozeß der Analyse bedeutete das eine Forcierung. Zu ihrem Mann, der sich ähnlich ihrem Vater in eine Art Eliteposition entwickelt hatte, hatte sie an sich eine gute Beziehung. Doch das mag an dem fürsorglichen Wesen ihres Mannes gelegen haben, der – und das war für die Patientin bei der Wahl ihres Mannes sehr wichtig – auf den Zentimeter so groß war wie sie. Ihr war nicht bewußt geworden, daß diese exakt gleiche Größe für sie den verlorengegangenen »Zwilling«, ihren Vetter, darstellte.

Die Geburt des zweiten Kindes verlief gut. Ich hatte mit ihr einen Telefonkontakt verabredet, von dem sie erst nach der Geburt und dem ersten Schlaf danach Gebrauch machte. Dann teilte sie mir die gelungene Geburt, die ohne die alten Ängste möglich war, mit. Das neugeborene Mädchen kam dann mehrere Male mit in die Analysestunde. Ich räumte dem Kind als einem Teil der Mutter in den ersten Wochen nach der Geburt ein »rooming in« in der Analysestunde ein. Nachdem der Säugling vier Wochen nach seiner Geburt zum ersten Mal während der Analysestunde im Arm der Mutter eingeschlafen war, brachte die Patientin das Kind von sich aus nicht mehr mit. Wenig später berichtete sie, daß auch ihr Sohn erstmals abends mit dem Kopf in ihrem Schoß eingeschlafen sei.

Während der ganzen Analysezeit war die Patientin – wie berichtet – neben der Familie hochengagiert mit den unterschiedlichsten Aufgaben beruflicher und parteipolitischer Natur. All das brauchte sie, um sich ihre Lebenskraft und ihr Selbstbewußtsein zu bestätigen. Außerdem wurde nicht nur die sportlich aktive Seite gepflegt, sondern auch »in« zu sein, gesehen zu werden, bedeutete für die Patientin, einer Form gesellschaftlichen Lebens zu entsprechen, die auch den Genuß zu pflegen weiß. Diese für sie notwendige Haltung besaß einen klaren phallisch-exhibitionistischen Charakter. Bei all dem, wie sich die Patientin herausforderte, fiel mir einerseits die Rolle der als kleinkariert geschilderten Mutter zu, die der Tochter sorgenvoll und warnend nachschaute. Mit dieser Rolle hätte ich mich identifizieren sollen. Während sie überall hinmußte, hätte ich für sie immer an meinem Platz verbleiben müssen. Doch damit garantierte ich andererseits auch für eine notwendige Kontinuität. Auf diesem Boden konnte sich die Patientin ihren Aktivitäten gegenüber eine lange Zeit wie ahnungslos verhalten. Sie wirklich einzuschätzen in Ausmaß und Bedeutung bot ich mich wie ein alter ego im Dienste ihrer eingeschränkten Ichentwicklung immer mehr an beziehungsweise lenkte durch Infragestellung, Kontemplation und Einfühlung mehr darauf hin. Die Patientin war auf diese sie stets überfordernde Weise längst an ihre Grenzen geraten, was ihre Panikzustände verrieten. Mehrfach mußte ich in ganz elementaren Situationen konkret helfen. Die Episode, als sie kein Benzin für ihr Auto mehr hatte, habe ich schon genannt. Ein anderes Mal wurde es ihr bei mir schlecht. Sie suchte die Toilette auf. Dabei aber stellte sich heraus, daß sie gestillt hatte, zu mir gefahren war und seit Stunden nichts gegessen hatte. Solche Situationen deutete ich ihr stets erklärend und im Sinne eines Daraus-lernen-Könnens. Damals sagte ich: »Sie möchten direkt bei mir erleben, wie sich eine gute Mutter verhält,« wobei ich ihr etwas zu essen gab. Sie kannte die Möglichkeiten und Grenzen ihres Körpers nicht, dessen Regionen, Organe und Funktionen sie nicht einmal zu bezeichnen wußte. Sprachlich begabt war sie sprachlos gegenüber ihren Gefühlszuständen. Mit probeweisen Vorformulierungen mußte ich in diese Lücke eintreten. Daß das nur ein Versuch war, etwas Ermangelndes zwischen uns zur Sprache und damit wechselseitiger Verständigung zu bringen, betonte ich bei jeder solcher therapeutischen Aktionen. Diesem Mangel an Verständigung entsprach, daß sie das erste Jahr ihres Sohnes mit höchster Ungeduld abgewartet hatte, um ihn endlich konkret sprechen zu hören. Seine frühen gestischen und anderen Ausdrucksmöglichkeiten hatte sie nicht verstanden beziehungsweise einfühlen können, was sie wiederum hilflos machte, doch sie sah es und litt darunter im Gegensatz wohl zu ihrer Mutter. Dem Sohn geschah das, was ihr ehemals zugemutet war: die abrupte Beziehungsaufforderung zwischen ihr und ihrer Mutter.

Ein Beispiel soll dies veranschaulichen: Um eine gute Mutter zu sein, stellte sie sich den Wecker etwas vor die Zeit, zu der das Kind aufwachte. Vor dem Schlafengehen hatte sie sich alles Erforderliche für das erste morgendliche Geben der Flasche so eingerichtet, daß sie diese mit einem Griff wärmen konnte. Mit seinem Aufwachen erhielt das Kind dann gleich die Flasche in den Mund. Ich konnte der Patientin zeigen, daß es ihre Angst, sich nicht sofort zurechtzufinden, war, die sie in das Kind verlegte. Auf diese Weise überwältigte sie jedoch das Kind. Sie nahm ihm das Erlebnis des Aufwachens, Orientierens über sich und das Außen, die Kontaktsuche und das Erlebnis der beruhigenden Orientierung in der gefundenen Objektbeziehung. Während die Patientin mit diesem Verhalten nicht nur ihr mangelndes Vertrauen in die wechselseitige Verständigung zu kompensieren versuchte, glaubte sie das Bedürfnis, die bessere Mutter zu sein, auf diese Weise zu befriedigen. Die Rivalität zweier Mütter, um ein Kind bemüht, bewegte auch die Patientin, die diese Rivalität zwischen sich und dem inneren anspruchsvollen Bild ihrer Mutter austrug. Ahnungslos förderte sie mit diesem Verhalten für das Kind ein unnatürliches Erlebnis des sofortigen Zusammenfallens von Triebwunsch und Befriedigung und nahm ihm die Möglichkeit, zu erfahren und daraus zu lernen. Die innere Not, die gute Mutter zu sein, entspricht der Not ihrer Mutter. Diese Not, einstmals zu einem großen Teil durch Außenumstände bedingt, war jetzt in der »zweiten Generation« verinnerlicht.

In der Übertragung stellte sich die manisch omnipotente Haltung und die Abtretung der sich einstellenden und einfühlenden Funktion beispielsweise dar, indem die Patientin ständig zu spät kam. Als dieses Zuspätkommen analysierbar wurde, erklärte sie, sie fände es angenehm, erwartet zu werden. Bei genauem

Hinsehen ergab sich, daß sie eben noch dieses oder jenes Wichtige getan hatte, und bevor sie losgefahren war, war sie außer Atem. In Analyse kam sie in der Erwartung, es ginge nun gleich weiter. Ich also sollte die Einstellungsarbeit auf sie übernehmen, für die sie sich keine Zeit einräumte, die sie mir gab, wenn sie zu spät kam. Sie wußte eigentlich gar nicht, daß solche Arbeit notwendig war, und trat mir die innere Arbeit für ihre abrupten Übergänge von zwei aufeinanderfolgenden Beschäftigungsweisen ab. Dieses Verhalten ließ erneut die Identifizierung mit der Mutter erkennen, die wahrscheinlich sich selbst und die Patientin in deren erstem Lebensjahr und auch oft in deren weiterem Leben überfordert hatte. In dieser Weise konnte die Patientin ihre Aggression gegen andere wenden. Doch sie wußte nicht, daß in solchem abtretenden Verhalten eine Zumutung enthalten war. Es ist aufschlußreich, wenn ich diesem Verhalten Khans Definition der mütterlichen Schutzschildfunktion gegenüberstelle, die er in seinem Entwurf (1963, S. 60) zusammenstellt. Es sind drei generelle Elemente: Einfühlung, Wachsamkeit und organisatorisches Talent. Alle drei werden immer wieder ineinandergreifen müssen. Die Wachsamkeit, eine Art Voraussicht, muß auch eine probatorische Einfühlung leisten, damit die Wachsamkeit zu einer Funktion wird, die beurteilt, was zumutbar und unzumutbar, möglich und unmöglich ist. Das organisatorische Talent entfaltet sich dann in der Abweisung (Schutzschildfunktion) oder aber in einer Form, die einen Wunsch, ein Vorhaben oder anderes ermöglicht. Die Patientin verstand erneut, daß sie es innerlich nicht aushielt – mag die Situation ihrer Mutter insbesondere im ersten Lebensjahr der Patientin ähnlich gewesen sein. Sie sah jene einstmals vor allem durch Außenumstände bedingte, jetzt in ihr verinnerlichte Not. Ihre Ungeduld verhinderte, eine wirklich gute Mutter zu sein. Das omnipotente Erleben und Begehren konnte die Patientin dann an ihrem Sohn aufzeigen, der, wenn er auf einem Schemel am Waschbecken stand und sich die Hände waschen wollte, schrie und unfähig war, die Seife zu erfassen und abzuwarten, bis die Mutter den Wasserhahn aufdrehte.

Aus der mangelnden Realitätseinschätzung durch die Patientin ergaben sich auch nach der Geburt des zweiten Kindes erneut häufige Versorgungsnotstände. Der Ehemann wandte wie eine Mutter immer wieder chaotische Zustände ab. Da er gelegentlich auswärts sein mußte, war die Patientin immer wieder einmal mehrere Tage mit den Kindern allein zuhause. Das Einschlafen der Kinder bedeutete dann für die Patientin eine sehr gefährliche Situation. Zunächst erklärte sich das mit dem Entzug der Bestätigung durch die Kinder; denn sie erlebte das wie eine Abwendung. Schließlich hatte doch sie selbst ihre Mutter abends bestätigen müssen. Sie konnte im Einschlafenkönnen der Kinder nicht deren Vertrauen ihr gegenüber als Anerkennen und Bestätigen einer genügenden guten Versorgung und Vertrauen sehen. Doch hatte die Angst einen wesentlich tieferen Grund. Nur mit großer Scham konnte sie mir ihre unheimliche Angst anvertrauen, die sie lange für sich geheimgehalten hatte. Sie fürchtete diese abendlichen Zustände allein, wenn die Kinder eingeschlafen waren, so sehr, weil sie glaubte, den schlafenden Kindern etwas antun zu können. Die Patientin äußerte bei der weiteren Arbeit in einer Art Geständnis kannibalische Phantasien, die Kinder zu essen oder aus dem Fenster zu werfen. Darüber war sie gleichzeitig extrem entsetzt. Die eingeschlafenen Kinder waren für sie fort, fort in einer Weise, wie sie wahrscheinlich ihren Vetter früher als fort und damit auch als tot erlebt hatte. Die phantasierte oral-sadistische Einverleibung war eine frühe Abwehrmaßnahme, die Kinder wiederzuhaben, in sich zu haben, selbst wieder vollständig zu sein, wie sie wahrscheinlich den Verlust beziehungsweise die Trennung von ihrem Vetter erlebt hatte. Die Version »oder sie aus dem Fenster zu werfen« zeigt sehr deutlich den Beginn der analen Entwicklungsstufe an, auf der sich die oral-sadistische in eine anal-sadistische, in eine Form der Entwertung und des Los-sein-Wollens umwandelt.

Daß die oral-sadistische Version die ältere war, zeigte sich in der Aufdeckung einer Geschichte, die diese Angst erklärte. Ein späteres Ereignis im dritten oder vierten Lebensjahr der Patientin, das gar nicht isoliert oder einmalig war, erbrachte den Schlüssel zum Verständnis des phobischen Symptoms. Die Patientin erinnerte sich in fortgeschrittener Analyse daran, daß ihr Vater sich immer wieder mit Kriegskameraden zu Hause getroffen hatte. Es war dann üblich gewesen, daß sie erzählten und tranken, oft so viel, daß sie sich schließlich übergeben mußten.

Der Vater übergab sich oft noch am anderen Morgen, er lag dann im Bad und war einen Tag anschließend todkrank. Dieses Erbrechen des Vaters, an das sich die Patientin erinnerte, stand in dichtem Zusammenhang an ein konkret verschobenes Bild für Erbrechen in übertragenem Sinne: Das kleine Mädchen hatte mitbekommen, wie sich die Kriegskameraden erinnernd und abreagierend Kriegsereignisse erzählten, die sie gemeinsam oder auch allein erlebt hatten. Dabei war die Rede davon gewesen, daß bei einer großen Hungersnot in einem Kriegsgefangenenlager Menschenfleisch, Fleisch also von Toten, gegessen worden war. Die Vorstellung dieser Tatsache mußte einem kleinen Kind unerträglich sein, eine Erinnerung, die zu vergessen sie allein für sich ebenfalls nicht fertigbrachten. Ihre Zusammenkunft und ihr exzessives Trinken stellte nichts anderes als einen Bewältigungsversuch dar. Doch die angetrunkenen Männer schienen das Kind nicht zu bemerken, weil sie so sehr in dem verfangen gewesen waren, was sie erlitten hatten. Dennoch stellt dieses Verhalten der Männer eine hochaggressive Einfühlungsverweigerung und Form der Delegation des zu Bewältigenden an einen Dritten, Wehrlosen dar, da sie in der Rekapitulation des Traumatischen nicht mehr nach anderen fragen wollten oder konnten. Die Schutzbedürftigkeit des noch viel zu kleinen Mädchens nahmen sie nicht wahr.

Mit diesem Tatsachenmaterial war die Patientin als Kind überwältigt. Es erklärt die Angst vor dem kannibalischen Impuls gegenüber den schlafenden Kindern. Auf eigenen Erkundungswegen in der Orientierung über die Welt des Vaters war sie als kleines Kind auf diese Weise auf Grauenhaftes gestoßen, das die Erwachsenen wie erbrochen, also externalisiert hatten. Erbrechen und Erbrochenes hatte für sie den Bedeutungsgehalt von aus dem Innern kommenden absolut Unerträglichem, Erschütterndem, Ekelerregendem und nicht zu Bewältigendem, wie es in der Erzählung des Vaters und seiner Freunde von Kriegserlebnissen enthalten war. Erbrochenes erinnerte sie in ihrem späteren Leben unbewußt an diese grauenerweckenden Geschichten. Menschen, die sich in Verkehrsmitteln bewegten und denen es dabei hätte schlecht werden können, hätten erbrechen können. Sie waren Verschiebungsobjekte und standen für das Bild des Vaters und seine Freunde. Wenn das Innere des

Vaters so unheimlich war, war ihr eigenes Inneres ihr ebenso unheimlich geworden. Würmer in ihrem Inneren mußten mit der Verwesung zu tun haben, Verwesung von Menschen, die sie offenbar in ihrem Anspruch Menschen gegenüber permanent verschlang. Sie brauchte die Menschen ja. Die Wandlung des Verschlungenen von Würmern zum Bösen in ihr war die Fortsetzung des Prozesses. Sie mußte sich nach zwei Seiten davon befreien. So konnte sie ihre Faeces nicht sehen, und in ihrem Redefluß entäußerte sich das Unerträgliche und richtete zugleich so häufig neues Unerträgliches an. Der kannibalistische Vorstellungskomplex hatte die Ichentwicklung und das Selbstwertgefühl und die Freiheit des Handelns und Sich-Bewegens der Patientin rigoros blockiert.

## Verinnerlichung in der »zweiten Generation«

Unter den extremen Bedingungen, unter denen die Patientin aufwuchs, erscheint sie mir als ein typisches Nachkriegskind. Die Ereignisse, die hinzutraten und die offensichtlich niemand recht einfühlte und damit für das Kind eingeschätzt hätte, führten jedoch zu einer Kulminierung für die Entwicklung. Verpaßt war die Funktion, das Kind auf dem Weg seiner Entwicklung zu beschützen. Die entstandene Pathologie wurde in ihrer Genese in der Analyse weitgehend zugänglich und verständlich. Weder läßt sie sich trotz der Leitsymptomatik phobischen Verhaltens einer klassischen Phobie zuordnen, noch kann man sie als eine traumatische Neurose bezeichnen; denn die Patientin konnte sich an ein eigentliches traumatisches Ereignis nicht einfach erinnern. Vielmehr legten die frühen Traumatisierungen ihres ersten Lebensjahres eine Spur für eine Kette weiterer, späterer. Die Struktur der Patientin zeigte nicht unmittelbare Traumafolgen, sondern sekundäre Folgen der Einarbeitung in ihren Entwicklungsprozeß. Die Traumatisierungen wirkten komplex und kumulativ in einem. Die Fähigkeit zur Anpassung wird damit fixiert, und die pathologische Veränderung geht in die innere Struktur ein. Die vielfältigen Paradoxien, die die Patientin zu bewältigen hatte, stehen einer double-bind-Situation nahe. Die Lebensverhältnisse während ihres ersten Lebensjahres werden den Menschen um sie das Leben nicht gerade leicht gemacht haben, während es wahrscheinlich für sie selbst eine Zeit war, in der es Menschen gab, die auf sie eingingen. In ihrem ersten Lebensjahr war es vor allem die Tante, die die Patientin als so offen und großherzig beschrieben hatte und die sie später immer wieder aufsuchte, weil sie bei ihr stets etwas Gutes fand. Es muß aber auch der am gleichen Tag geborene Vetter gewesen sein, in dem sie sich innerlich erweitern konnte und ein Gegenüber anderen Geschlechts als etwas ganz Selbstverständliches hatte. Er war während ihres ersten Lebensjahres für sie ein Zwilling, ein alter ego. Die abrupte Trennung von diesen beiden Personen ist wohl die schwerste Verletzung der Patientin gewesen, die sie unvorbereitet getroffen haben muß, während die Eltern ihren Wegzug in eine Wohnung für sie beziehungsweise die kleine Familie allein als einen Fortschritt angesehen haben müssen. Dieses erste Trauma der Trennung von Tante und Vetter fiel in die unter normalen Bedingungen einsetzende Separationszeit, in der sich das Kind von der Mutter löst. Die Patientin muß also in jener Zeit wesentlich empfindlicher getroffen worden sein als zu einer späteren, in der die Separation von der Mutter gelungen gewesen wäre. Nicht zu vergessen ist der noch mangelnde Spracherwerb zu jener Zeit, so daß Sprache zur Bewältigung dieser Traumatisierung auch nicht zur Verfügung stand. Zu Ersatzpersonen des Vetters ist die Patientin später zurückgekehrt, als sie einen Mann heiratete, der auf den Zentimeter so groß wie sie war – jedenfalls vermeinte sie und betonte das –, und als sie in Panikzuständen zu jungen Männern flüchtete, um sich in der Vereinigung mit ihnen zu beruhigen.

Während dieses ersten Lebensjahres gab es eine Paradoxie, der von Erwachsenen keine besondere Bedeutung beigemessen worden war. In jenen Notverhältnissen der Nachkriegszeit war es selbstverständlich, daß die Tante tagsüber für beide Kinder wie eine Mutter sorgte, und es war ebenso selbstverständlich, daß die eigentliche Mutter abends nach ihrer Arbeit Mutter sein und ihr Kind für sich haben wollte. Während die Patientin tagsüber bei der Tante mit ihrem Vetter gemeinsam versorgt wurde, kehrte sich dieses Verhältnis abends um. Die Patientin mußte die Mutter versorgen, die Mutter brauchte die Bestätigung, daß sie auch Mutter ist. Die Patientin pendelte von einer Mutter, die zur

Fürsorge über Tag in der Lage war, zu einer Mutter, die am Abend erschöpft war, aber doch erleben wollte, daß sie ein Kind hatte, und als gute Mutter bestätigt sein wollte. Rivalitäten unter den Schwestern werden sich in die Beziehung zu der Patientin als Säugling verlängert haben. Ein Ich, das früh eine derartige Leistung fertigbringen muß, bezeichne ich als *Pendel-Ich*, dessen späteres Problem das Halten einer Konstanz ist. Somit wurde aber das kleine Kind eigentlich mit Elternfunktionen betraut, seine Mutter zu bestätigen und damit zu beruhigen, und erst die schlafende Mutter war für das Kind die gute Mutter, weil die Patientin dann als Kind für sich belassen wurde. Die Einstellung weiblichen Personen gegenüber war also konträr. Das Annehmen-Dürfen wechselte ab mit einem Geben-Müssen aus der Not der Anpassung an die eigentliche Mutter. Diese Leistung wurde von dem Säugling im Zustand zunehmender Ermüdung verlangt, ein Grund dafür, daß die Patientin ihre Grenze zwischen Leistungsmöglichkeit und Erschöpfung nicht kannte.

Obwohl in der Zeit jenseits des ersten Lebensjahres die Wohnverhältnisse der kleinen Familie äußerlich günstiger erschienen, so erlebte die Patientin subjektiv jedoch eine Enge. Die Mutter, die bald nicht mehr arbeitete und sich der Haushaltung und der Erziehung des Kindes widmete, tat das – so, wie die Patientin es schilderte – mit einer Überbedachtsamkeit, daß sie sich bei jedem Schritt beobachtet und unfrei fühlte, zumal, wenn die Mutter ständig nach dem Kind suchte, insbesondere wenn es außerhalb des Hauses war. Es ist denkbar, daß in der Mutter noch eine Angst aus dem Krieg saß und sie in jedem Moment glaubte, etwas Schreckliches, etwas Überwältigendes könne sich ereignen. Diese Überfrachtetheit durch die Mutter – die Patientin kam auch in keinen Kindergarten – mußte sich als ständige Einschränkung und damit als eine Bedrängnis auswirken, obwohl der Freiraum von außen gesehen als größer interpretiert wurde. Dieser paradoxen Situation war sie nach der traumatischen Trennung ausgesetzt. Früh und heftig war daraufhin ihr Trotz, und im Grunde sah sich die Mutter nie mehr imstande, das Aufbegehren, wahrscheinlich der Keim für die späteren Emanzipationsgedanken der Patientin, zu bändigen. Die Patientin erlebte später erneut eine die Spur des alten

Trennungstraumas vertiefende Zäsur, als sie in der Pubertät mit der Familie die Versetzung des Vaters in einen anderen Kontinent mitmachte und ihre in der Schule geschlossenen Freundschaften abbrechen mußte. Die geradezu überdimensionale Weite jenes Landes stand für sie – wie schon einmal in ihrem Leben – im Kontrast zu der Wirklichkeit extremer Einschränkung, die zum Beispiel darin bestand, daß man nicht einmal den eigenen Hund unbeaufsichtigt laufen lassen konnte.

Während die überbesorgte Mutter für die Patientin immerzu die archaisch omnipotente Mutter blieb, greife ich im Hinblick auf den Vater eine in die Phase der zweiten Triangulierung fallende Traumatisierung anderer Natur mit der zentralen, wieder auch nicht einzigen Episode des Treffens mit den Kriegskameraden heraus. Es erscheint mir erwägenswert, wie es zu diesen Orgien der Abreaktion kam. Wahrscheinlich konnten die Beteiligten wie auch viele andere das, was sie erlebt hatten, nach ihrer Rückkehr aus dem Krieg nicht in das Verständnis einer Objektbeziehung einbetten. Beide Seiten hatten in so unterschiedlicher Weise Grauenhaftes, Schlimmes, nicht mehr zu Ertragendes – ein Zuviel – erlebt, und jeder glaubte, nicht mehr darüber sprechen zu können und zu dürfen. Jedoch ähnlich der von Niederland gefundenen Überlebensschuld mag es hier ein Schuldgefühl gegeben haben, wer das Schlimmere erlebt hatte, und es ist denkbar, daß das zu insgeheimen Vorwürfen und Rivalitäten führte, die die Einfühlung und Entlastung beim anderen nicht mehr möglich werden ließen. Die, die dagegen das gleiche Schreckliche erlebt hatten, konnten sich zusammensetzen, darüber erzählen, mußten sich sogar zusammensetzen, um es aus sich herauszubringen – und das auch nur unter der Zuhilfenahme des Rauschmittels Alkohol. Die Traumatisierung durch die Erzählungen des Vaters und der Kriegskameraden trifft paradox in die frühe ödipale Entwicklungsphase. Ihre Neugier, ihre Zuwendung zum anderen Geschlecht trifft auf ein durch Grauen ausgelöstes Entsetzen, so daß sie sich selbst zurückhalten muß. Es ist keineswegs ungewöhnlich, daß das kleine Mädchen seine Welt erweitern und den Männern in kindlicher Manier zuhören will. Es erfährt Schlimmeres als in der Geschichte von Blaubarts Schloß und noch dazu, daß es ein unliebsamer Zuhörer, ein ungebetener Gast und deshalb böse gewesen ist. In ihrem Drang nach Erweiterung stößt es auf Unerträgliches, und gleichzeitig wird ihm seine Suche nach Kontakt und nach Erweiterung seines Wissens als böse interpretiert. Dieses Konzept der Erweiterung, die Neugierde und die Reaktion auf seine einschränkende Mutter, hat zwei unterschiedliche Schicksale: Zum einen nährt es quasi zum Trotz des anderen Schicksals, auf Unerträgliches zu stoßen, ihren Emanzipationsgedanken, der sie ins Studium führte und der sie über das Studium hinaus an der Hochschule und politisch aktiv sein ließ. Zum anderen aber entwickelte sich genau aus diesem Triebdrang ihr phobischer Strukturanteil, der sie zurückzuhalten drohte, der sie geistig und körperlich in ihrer Expansion fixierte. In ihrem Emanzipationsdrang ist das Antikonzept, eine Paradoxie in der akzeptierten Interpretation enthalten, daß Erweiterung böse ist. Im phobischen Anteil ihrer Struktur ist die Unterwerfung unter den entsetzliche Geschichten erzählenden Vater enthalten, der diese geradezu erbricht. Die Patientin entwickelte daraus die einschränkende Phobie, auf der Straße zu sein oder Verkehrsmittel zu benutzen. Sie muß zu Hause bleiben, sie läßt sich einengen, sie wird Opfer ihrer Angst. Das Maß ihrer Emanzipationsschritte steht in direktem Verhältnis zur Abhängigkeit in der Angst. Ihre guten Leistungen in der Schule und in der Universität, für die sich der Vater interessierte und auf die er stolz war, vermögen es nicht, sie aus dieser Abhängigkeit freizukaufen. Martin Ehlert und Beate Lorke (1988) haben für das Verfolgungstrauma herausgearbeitet, daß eine existentielle Abhängigkeit für das Opfer in solchen Situationen hervorgerufen und damit regressiv wiederbelebt, die omnipotente Elternfigur im Täter gesehen wird. Der entstehende Verschmelzungswunsch als eine Wendung an das Hilfe gebende Primärobjekt stellt Unterwerfung unter den »bösen« Elternaspekt und Hoffnung in einem dar, nämlich durch diese Unterwerfung – die Anerkennung des eigenen »bösen« Triebaspektes im Sinne von »Es-verdient-Haben« bedeutet – den »guten« Aspekt der Elternimago wieder auszusöhnen. (vgl. S. 509) Das Erschrecken, als der Vater später einmal der gerade nackten Tochter begegnete, kann nur als eine Kulminierung erotisch-ödipaler und oral-sadistischer Impulse in der Neigung zur Unterwerfung interpretiert werden: Sie hatte die Vorstellung, daß der Vater das, was er liebt, sich auch einverleibt. Ich möchte aber auf den wichtigen Gedankengang von Ehlert und Lorke zurückkommen, die in Tätern die Quelle der ersehnten Liebe des Primärobjekts – vom Opfer als solches verkannt – als Grund für die Unterwerfung sehen. »Vor diesem Hintergrund kommt es zur Introjektion des vom Täter projizierten, völlig entwerteten Opferbildes ins Ichideal: Um seine Liebe zurückzugewinnen, muß das Opfer so sein, wie es der Täter haben möchte. Dieses traumatische Introjekt steht dann im Zentrum der posttraumatischen Reaktion. Es kann wegen des in ihm enthaltenen Versöhnungsversprechens nicht aufgegeben werden, gleichzeitig ist es unintegrierbar und bleibt deshalb als ständig schmerzender Fremdkörper bestehen, den das Ich nur noch mit Spaltungsmechanismen bekämpfen kann. Das Überich, das das Introjekt mit einem Durchbruch verbotener Triebimpulse verwechselt und entsprechend verfolgt, wird so zum inneren Verfolger, der an die Stelle des äußeren tritt. In der Sexualisierung der von dieser Überichreaktion ständig ausgehenden Schmerzen sehen die Autoren die Ursache des Wiederholungszwangs, der Freud zur Annahme eines Todestriebs bewog.« (Ehlert und Lorke, Originalmanuskript) Selbst wenn hier Täter und Primärobjekt identisch sind, so ist auch der Aspekt der Unterwerfung und der Bildung eines traumatischen Introjekts als eine posttraumatische Reaktion wichtig. Die Patientin vermochte es, sich aus dem chronischen Festhalten der Mutter zu lösen. Ihr Vater konnte dieses Verhalten durchaus unterstützen, doch am entscheidenden Punkt ihrer Zuwendung und Neugier wurde die Patientin paradoxerweise in der zweiten Triangulierung, der Ödipussituation weiter zurückgebunden, als sie sich vorher je bei der Mutter gebunden gefühlt hatte. Es darf nicht vergessen werden, daß die Mutter ebenfalls an Erfolgen der Tochter interessiert war, um als gute und fördernde Mutter bestätigt zu sein. In unterschiedlicher Weise kämpfte die Patientin bei beiden Eltern zwischen den Polen Entwicklung und Gebundensein, zwischen einem Heraustreten und einem Sich-zurückgebunden-Fühlen.

Daß die Kinder der Patientin so schlecht schlafen konnten, hatte seinen Grund darin, daß sie – wie ihre Mutter einst – abends zwar müde, aber wache Kinder, nach den Bedürfnissen ihrer Mutter ausgerichtet sein mußten. Das war der ursprüngliche Begriff der Patientin von einem »guten Kind«. Hatte sie gute Kinder, übertrumpfte sie ihre Mutter. Wenn aber ihre Kinder einschliefen, nahmen sie auch ihre Funktion zurück, und wie ihre Mutter damals wurde die Patientin dann nicht mehr von den Kindern gratifiziert, sondern geradezu von ihnen verlassen. Die Kinder waren die Hüter der guten Mutter, die sich dann in eine böse verwandelte. In dieser Situation überwältigte die Patientin der Wunsch nach Reparation durch Inkorporation. Er brachte sie nicht nur von der passiven Seite der Auslieferung auf die aktive Seite ihrer alten Kinderangst, daß sie mit dem Aggressor identifiziert und wie der Vater der Überlebende war, sondern war zugleich reparativ für das ursprüngliche Trauma, der Trennung vom alter ego, dem Vetter. Die archaische Trauer um ihn wurde durch ein Verschwinden und Bewahren durch Inkorporation möglich durch die Wiederherstellung in einem einzigen, um den anderen erweiterten Objekt. So wird auch das frühe Trauma der Trennung und seine reparative Phantasie durch die Erweiterung mit dem späteren Trauma der ödipalen Zeit, vom Vater aufgefressen werden zu können, zu einem Paradox, in dem nicht nur die Verknüpfung unglücklich wird, sondern sich der Entwicklungsschritt von Passivität in Aktivität verkehrt: Gefressenwerden und Fressen. Die Kinder wieder im Bauch aufzubewahren stellt die Rettung der lebenden Kinder dar. In der Analyse fand die zentrale Angst um ihr Muttersein und ihre Beziehung zu ihren Kindern darin ihren Höhepunkt und auch ihre Lösung. Dadurch gewann die Patientin Freiheit in der Beziehung zu ihren Kindern. Während der Analyse war die Analytikerin ihr alter ego, und in ihrem Leistungs- und Bestätigungsdrang glaubte die Patientin, sich vorzeitig trennen zu müssen; denn zu jenem Zeitpunkt begriff sie rasch den weiteren Entwicklungsschritt in der Fähigkeit, »allein sein zu können«.

Eine solche Phantasie muß Angst verursachen, weil das Archaische unheimlich ist. In »Das Unheimliche« (1919) weist Freud auf das Eigenleben von abgetrennten, tanzenden Gliedern hin, wie sie beispielsweise in einem Märchen von Hauff etwas Unheimliches an sich haben: »Allein die Psychoanalyse hat uns gelehrt, daß diese schreckende Phantasie nur die Umwandlung einer anderen ist, die ursprünglich nichts Schreckhaftes war, sondern von einer gewissen Lüsternheit getragen wurde, nämlich der Phantasie im Mutterleib.« (GW XII, S. 257) Das Paradies ist wahrscheinlich nur in der totalen Aufgehobenheit und Versorgung im Mutterleib möglich. Das kommt in einer Zeichnung von Paul Klee, dem Angelus Novus (1920), zum Ausdruck. Auf die Patientin bezogen, zeigt es, wie ihr der Wind aus dem Paradies vom Tage ihrer Geburt an kräftig und andauernd zwischen die Flügel blies. Sie mußte in ihrem vorwärtsdrängenden Leben permanent über die Trümmer ihrer Geschichte steigen, um weiterzukommen, um sich vom Paradies weiter zu entfernen. Walter Benjamin interpretiert die Zeichnung folgendermaßen: »Ein Engel ist darauf dargestellt, der aussieht, als wäre er im Begriff, sich von etwas zu entfernen, worauf er starrt. Seine Augen sind aufgerissen, sein Mund steht offen, und seine Flügel sind ausgespannt. Der Engel der Geschichte muß so aussehen. Er hat das Antlitz der Vergangenheit zugewendet. Wo eine Kette von Begebenheiten vor uns erscheint, da sieht er eine einzige Katastrophe, die unablässig Trümmer auf Trümmer häuft und sie ihm vor die Füße schleudert. Er möchte wohl verweilen, die Toten wecken und das Zerschlagene zusammenfügen. Aber ein Sturm weht vom Paradiese her, der sich in seinen Flügeln verfangen hat und so stark ist, daß der Engel sie nicht mehr schließen kann. Dieser Sturm treibt ihn unaufhaltsam in die Zukunft, der er den Rücken kehrt, während der Trümmerhaufen vor ihm zum Himmel wächst. Das, was wir den Fortschritt nennen, ist dieser Sturm.« (1965, S. 84 f.)

# Ein Flüchtlingsschicksal, eine Variante zu Bethlehem
# Die Entstehung von Größenphantasien

Eine Bedingung für die im folgenden beschriebene schwere psychische Pathologie meines Patienten, die sich seit Beginn seines Lebens entwickelte, war eine durch den Krieg entstandene Situation: Als Flüchtlingskind wuchs er in der Fremde wie in einer Enklave auf. Ich rücke diese Beschreibung eines Flüchtlingsschicksals in der »zweiten Generation« in die Nähe der Geschichte von Bethlehem, weil in letzterer Mutter und Kind eine so deutliche Verherrlichung erfahren. Auch andere Geschichten aus dem Leben Jesu spiegelten sich später in der Biographie dieses Patienten wider. Die Auswirkung der jeweiligen historischen Konstellation auf die örtliche, zeitliche und familiäre Situation wurde in der Psychoanalyse immer vernachlässigt. Aus heutiger Sicht muß das Kind den Konflikt, den es *zwischen* seinen Eltern erlebt, internalisieren, zunächst *in* sich aufnehmen. Später kommt das auf diese Weise nicht mehr Sichtbare, gar nicht einmal Verdrängte, in agierten Phantasien wieder, die nun durchaus zur Person des Kindes gehören. Da sich bei meinem Patienten die innige Verflechtung solcher Voraussetzungen mit den eigenen Konflikten gut aufzeigen läßt, nehme ich ihn und seine die Entwicklung seiner Struktur mit beinhaltende Geschichte als ein Beispiel dafür, wie viele Eltern mit ihren Kindern in gleicher Weise betroffen gewesen sind. In der Aktualität damals und wahrscheinlich aufgrund der Tatsache, daß viele Menschen ähnliche Schicksale zu ertragen hatten, wurden die Zustände als etwas Gegebenes hingenommen; denn in der Zeit des Schlimmen fiel ein einzelnes Schlimmes nicht mehr auf. Dieselbe Einschätzung erfuhren sie aus späterer rückschauender Betrachtung. Die sich aus jenen außergewöhnlichen Zuständen ergebenden ungewöhnlichen Konstellationen wurden früher verweigert, heute können sie fast nicht mehr nachempfunden werden, weil die inzwischen nachgewachsene Generation sich kein Bild von ihnen machen kann. Oft werden all diese zunächst äußeren Umstände ausgestanzt, als seien sie etwas ganz anderes, nicht zur Analyse Gehöriges. Der Patient selbst sollte in einer Analyse auch diese Ungewöhnlichkeiten seiner Kindheitssituation einschätzen lernen. Sie hat von ihm und seinen Eltern eine große und außerordentliche Leistung gefordert, die zunächst als schicksalhaft angesehen und bewältigt worden war, deren Folgen und Ausmaß aber erst später einsichtig werden konnten; denn durch die Bewältigung solcher Situation trägt immer etwas anderes einen Mangel davon. Ich möchte keinesfalls ausschließen, daß auch Bereitschaften und eigene psychische Konflikte vorhanden sein müssen, um eine unglückliche äußere Situation in solcher Weise aufzunehmen. In diesem, hier beschriebenen Fall hatte die Flucht die Lebenssituation und -bedingungen für beide Eltern tiefgreifend verändert: Sie waren entwurzelt, entfremdet; denn an ihrem Zufluchtsort, der von ihrem ursprünglichen Wohnsitz mehr als eintausend Kilometer entfernt war, fanden sie ein anderes Klima, eine andere Landschaft, andere Menschen mit anderen Sitten und anderem Glauben vor. Auch gerade die andersklingende Sprache war zu jener Zeit insbesondere auf dem Land noch ein ganz wichtiges Ab- und Ausgrenzungskriterium. Zu jener Zeit wurde zwischen Einheimischen und Flüchtlingen betont unterschieden, auch hinsichtlich der Andersgläubigkeit. Der eine wurde jeweils zum Feindbild des anderen, nachdem das Bild eines äußeren, nationalen Feindes plötzlich weggefallen war. Als erste Wohnung bekamen die Eltern des späteren Patienten ein Zimmer bei einem Bauern, doch der in einem akademischen Beruf tätige Vater fand keine Arbeit in dem Dorf, sondern weit entfernt und kam daher nur an den Wochenenden zu seiner Frau beziehungsweise bald darauf auch zu dem Kind. Der Patient selbst war also nach der Flucht geboren worden. Die Konstellation mit seiner Mutter allein in jener Umgebung führte dazu, daß er nicht aus einer von Anbeginn engen Beziehung zur Mutter herauskam. Eng wurde sie durch eine überbetonte Wertschätzung des Kindes durch die Mutter. Aus der äußeren Enklave, in der sich die Mutter fühlte, wurde zunehmend eine innere für das Kind. Die Mutter verweigerte die Eingemeindung; sie glaubte offensichtlich, alles Verlorene im Kind wiederzufinden. Das Kind wurde zum Adressaten ihres Interesses, Sinns und ihrer Empfindungen. Als kleines Kind war es *ihr Eigen und ihr Gegenüber*, eine *Doppelrolle* für das Kind. Konflikte waren von der Mutter und bald auch vom Kind nicht mit der jeweiligen Umgebung austragbar, weil die Mutter wünschte, daß es mit ihr und dem Kind gut sein sollte, während die böse Welt draußen war. Diese Haltung eröffnete für die Entwicklung des Kindes eine Situation, in der dem Abwehrmechanismus der Abspaltung oder Spaltung der Weg voll geebnet war. Die Mutter maß ihren Wert in den Augen des Kindes. Ihr notwendiges, weil begrenzendes Nein, das Unmut des Kindes hervorrufen mußte, unterband sie, weil sie doch »gut« zum Kind sein wollte. Dann nämlich fühlte sie sich mit ihm wunderbar, eine törichte Haltung für die Strukturentwicklung eines Kindes. Später, als ein Nein ganz unwiderruflich nötig wurde, war es nicht mehr gut zu leisten, weil der dann ausgelöste Haß auf die Mutter nicht mehr zu integrieren war. Dem Kind war nur mit nicht mehr realisierbaren Phantasien ein schweigendes inneres Ausbrechen möglich. Und diese Phantasien waren gar nicht unbewußt. Dieses Phänomen lernte ich an diesem Fall ganz neu kennen. Der Patient war noch in der Heimat seiner Eltern, einem kleinen, aber vornehmen Badeort, kurz nach deren Heirat gezeugt worden. Bald danach hatten diese sich zur Flucht entschlossen und ihre Heimat verlassen. Ihr Kind kam dann – ähnlich dem Jesuskind in der Weihnachtsgeschichte – in der Fremde zur Welt, in Westdeutschland kurz nach der Währungsreform, einer Zeit, in der für die meisten Bevölkerungsschichten die größte Not und der Hunger nach dem Zweiten Weltkrieg vorüber waren. Der Patient hatte in seiner Kindheit zwar nachdrücklich Auswirkungen des Krieges gesehen und erlebt, vom Krieg selbst und der ersten schweren Nachkriegszeit dagegen nur aus den immer wiederkehrenden Erzählungen der Mutter erfahren. Durch diese Erzählungen der Mutter von allem, was früher war, müssen dem Patienten seine derzeitige Umwelt und Lebensumstände lange als unwirklich erschienen sein. Die Mutter vermittelte das Vergangene, *als hätte es die Gültigkeit der Gegenwart*. Das war eine begünstigende Voraussetzung für die sich ausbauenden Phantasiewelten des Kindes.

Daß der noch sehr junge Patient als Philosophie- und Theologiestudent auf Anraten verschiedener Ärzte eine Analyse suchte, zeigt die Besorgtheit seiner Umgebung, die ihm sozusagen das Beste angedeihen lassen wollte. Sicher hatte man eine Begabung in ihm gesehen, andererseits war man wahrscheinlich auch seinem Anspruch erlegen, daß er ein Besonderer wäre; denn es war ungewöhnlich, daß sich Ärzte und auch einer seiner Professoren von weit entfernt so für einen Patienten einsetzten, der eine Psychoanalyse suchte. Wenn er etwas nicht konnte, mußte es daran liegen – so schien es –, daß man bei ihm ein Unrecht wiedergutzumachen hätte. Dieses unausgedrückte, aber dennoch vermittelte Unrecht mobilisierte Helfer.

Die Klinikaufenthalte hatten sich in der Zeit um das Abitur ereignet. Mit der durch den Schulabschluß ausgesprochenen Reife stand für ihn und die Mutter die endgültige Trennung an, doch der Institution Universität zog er eine Versorgungsinstitution vor, Kliniken mit psychotherapeutischer Ausrichtung, von denen es zu jener Zeit in Deutschland nur ganz wenige gab. Daran möchte ich nur seine exklusive Anspruchshaltung herausstellen. In seinem Lebenslauf war der erste Höhepunkt der Symptomatik dort zu sehen, wo die zweite Trennung von Kind und Mutter zum Zeitpunkt der ödipalen Konfigurierung sich weiterhin hätte vollziehen, ein Wechsel auf ein nächsthöheres Entwicklungsniveau hätte stattfinden müssen. So waren die Einschulung, die Rückkehr des Vaters zur Familie, der nun dort ein Haus gebaut hatte, und die Geburt einer Schwester quasi Tragödien für den Patienten. Alle drei Veränderungen fielen dicht zusammen. Der Mutter war die Welt draußen unbekannt und unvertraut, feindlich und damit verachtenswert geblieben. Permanent wollte sie den Sohn offensichtlich nicht in diese Fremde gehen lassen. Mit der sich beendenden Pubertät trennte schließlich die Angst vor der Gestalt des erwachsen gewordenen Mannes in seiner Geschlechtlichkeit und beginnenden Unabhängigkeit, der so nicht mehr anzubeten war, – eine Angst, die der Sohn ebenfalls spürte und teilte. Er befand sich in dem ersten Semester seines philosophischen Studiums. Ich nahm den Patienten sehr bald nach seinem ersten Gespräch mit einem alterfahrenen Kollegen an und entschloß mich verhältnismäßig rasch für eine Analyse mit ihm. Es war sozusagen mein erstes Kind, mit dessen Behandlung ich in zeitbedingte Erschütterungen geriet. Im nachhinein betrachtet war es, als hätte ich ähnliches mit ihm durchmachen müssen wie seine Mutter. Als ich später eine Notiz jenes Kollegen las, verstand ich sie sofort als einen Ausdruck dessen, daß auch damals seine Umgebung unbewußt auf seine Konflikte reagierte und das ihre tat, sie wieder darzustellen. Am Psychoanalytischen Institut, an dem der Patient untersucht worden war, gibt es in der Dokumentation nach dem Bericht des Erstinterviews die Notiz: Wie verblieben? Sie lautete: »Wir haben zur Zeit hier keinen Behandlungsplatz frei. Es besteht lediglich eine Möglichkeit bei einer Kollegin, die neu zu uns ins Haus gekommen ist.« Ich gehörte seit einiger Zeit zum Haus. Der Ausschluß von Mutter und Kind hatte sich unbemerkt durchgesetzt. Das war nicht das einzige, das von außen kam, was ich mit dem Patienten erlebte. Zu jener Zeit des Beginns seiner Analyse hatte die neue Theorie von Margareth Mahler über »Symbiose und Individuation« (1968) und etwas später die Infragestellung der bisherigen Narzißmustheorie durch Kohut in »The Analysis of the Self« (1971)[1] noch kaum die analytische Diskussion in Deutschland erreicht. Vielmehr mußten die analytischen Lehrer hier ihre erste und zweite Schülergeneration nach dem totalen und fast zwei Jahrzehnte dauernden Abriß der psychoanalytischen Wissenschaft und ihrer Tradition der Ausbildung in betonter, ja geradezu beschwörender Treue zur klassisch Freudschen Theorie und Behandlungstechnik führen, nachdem im ganzen völlig neu angefangen und der Anschluß an die Internationale Psychoanalytische Vereinigung wiederhergestellt werden mußte. So geschah es, daß mein Patient von einem Teil meiner Lehrer ganz und gar als eine Zwangsneurose angesehen wurde, bis ich nahezu weinend dasaß, weil mein Kind, so möchte ich im Moment vergleichsweise sagen, nicht gedeihen wollte. Ein anderer Teil meiner Kollegen und Lehrer sah durchaus die vorrangige narzißtische Problematik. Denen, die ihn für eine Zwangsneurose hielten, muß ich zugutehalten, daß Abraham, der die Ungewöhnlichkeit dieses Widerstandes beschrieben hatte, diese Störungen als Zwangsneurosen ansah. (1919) Die Diskussionen der dann geradezu plötzlich einsetzenden Kohutschen Ära halfen mir insofern ganz wesentlich, als ich die Zugehörigkeit unverdrängter Größenphantasien zu der Struktur des Patienten

1 Ein Vorabdruck war in der Zeitschrift PSYCHE 1969 erschienen.

kennenlernte und auch deren Richtung beziehungsweise Ausmaß, welche die inneren Ziele, Handlungen und das Erleben des Patienten weitgehend bestimmten. Kohut selbst war anläßlich eines Seminars 1970 in einem Psychoanalytischen Institut in Deutschland von diesem Patienten als einem Prototyp des bipolaren Selbst geradezu begeistert.[2] Meine Arbeit mit dem Patienten kam darüber in Bewegung, sozusagen deshalb, weil ich mich dem Neuen, selbst wenn alles sich später weiter und anders ordnete, nicht absolut verschloß wie einstmals die Mutter des Patienten, die diesem resignativ von der vergangenen, verlorenen besseren Welt erzählte, über die Gegenwart klagte, aber darüber manches versäumte. Bis zu meinem Colloquium hatte ich mit diesem Patienten, den ich dort als narzißtische Charakterstörung vorstellte – der erste Fall unter solcher Diagnose, was keinesfalls als selbstverständlich erlebt wurde –, manchen Sturm zu ertragen, von außen wie auch aus dem Innern des Patienten. Dieser wuchs also auch in seiner Analyse in quasi historischen Zeiten heran. Die erste Kernbergsche Veröffentlichung über »Borderline und pathologischen Narzißmus« kam 1975 heraus. Zu jener Zeit hatte der Patient seine mehrjährige Analyse bereits beendet. 1971 beschrieb Limentani unmögliche Analysen, die am Widerstand scheiterten, und 1969 Khan, jahrelang in »klassischer« Manier durchgeführte Analysen erlebt zu haben, in denen sich nichts entwickelte. Khan entdeckte dann in diesen sich nicht mehr bewegenden Übertragungen die Erstellung einer omnipotenten Symbiose. Auf diese meine Orientierungshilfen habe ich schon öfter hingewiesen. Ich fand sie erst mit der Zeit. Doch sie entlasteten mich von dem Schuldgefühl, nicht gut genug zu sein, und bestätigten mich in meiner Annahme, daß etwas nicht richtig war oder fehlte. Jetzt erst sogar, da ich diese Arbeit schon fertiggestellt habe, fand ich einen Aufsatz von Abraham von 1919, »Über eine neurotische Form des Widerstandes gegen die psychoanalytische Methodik« als eine kleine, analytisch präzis beobachtete und beschreibende Arbeit. Er stellt den Umgang dieser Patienten, einer kleinen Gruppe, mit der Grundregel als dem pathologischen Drehpunkt dar, indem sie von Anfang bis Ende der Ana-

2 Von hier aus ist eine Veröffentlichung über das bipolare Selbst in »The Restauration of the Self« von Kohut 1977 entstanden.

lyse in der gleichen Manier verbleiben. Er beschreibt auch, daß andere Analytiker gleiche Fälle kennen, die in gleicher Weise scheiterten. Seine Beschreibung der Erscheinungsweise dieser Patienten in der analytischen Arbeit kann ich nur Stück für Stück bestätigen sowie auch den Schluß, daß sie sich voll mit dem Analytiker identifizieren. Das wird heute als projektive Identifizierung bezeichnet, die der Patient betreibt. Die Annahme der Rolle auf seiten dessen, auf den diese Projektion so nachdrücklich gerichtet ist, ist ein noch weiterer Schritt im Gelingen der Abwehr. Ich nenne das im zweiten Teil dieses Buches ichsyntone Objektmanipulation, deren Ergebnis eine Rollenzuschreibung und Rollenumkehr für den bewirkt, der projiziert. Er tut mit dem anderen das, was mit ihm gemacht wurde. Es muß das Schuldgefühl der Analytiker früher wie heute gewesen sein, daß sie über Fehlschläge in der analytischen Behandlung, zu der diese Form des Widerstandes ganz grundsätzlich angelegt ist, *nicht sprechen* oder sich in die Identifizierung des Analysanden mit ihm *fügen*. Sie werden quasi zum Mitläufer durch eine Form von *Nötigung*. Der Analysand braucht in diesen Fällen den Analytiker, um sich von ihm abzuheben, um der Überlegene, der *doch* Bessere zu sein. Die wichtigen Befunde, die Abraham ganz im Hinblick auf den Widerstand beschreibt, kann ich weiterführen durch die Phantasien und besonderen Struktureigenarten. Dazu kommt die bei diesen Störungen mangelnde Fähigkeit zur wirklichen Objektbeziehung, was ich ebenfalls in dem erwähnten Kapitel beschreibe. Der Zugang zur Übertragung meines Patienten versperrte sich teilweise aus Gegenübertragungsgründen. In meiner inneren Orientierung suchte ich den sogenannt klassischen Fall, um mein bisher gelerntes Wissen in der Praxis bestätigt zu bekommen. Es gab noch einen wesentlichen Grund, Widerstand gegen die Übertragung des Patienten zu leisten: Ich wollte nicht mit der vom Patienten als letztlich inferior und in mancher Hinsicht als borniert geschilderten Mutter, mit einem geradezu ekstatischen Gefühl von Besonderheit, einem alten oder schon in der Neuauflage typisch »deutschen« Gefühl, identifiziert werden, ein Gegenübertragungswiderstand entsprechend dem, mit »Nazi-Eltern« identifiziert zu werden. Ich habe im Vorausgegangenen schon das Törichte der Haltung der Mutter genannt. Widerstand gegen die Übertragung des Patienten zu leisten tritt beim Analytiker wahrscheinlich dann ein, wenn die Übertragung massiv wird beziehungsweise Extreme übermittelt. Es ist die Unbedingtheit, ein Darauf-Bestehen, also ein Agieren des Patienten, über Grenzen zu gehen, Unmögliches möglich zu machen, das alles so quälend macht. Diese sehr einschneidende Identifizierung mit seiner Mutter mußte mich kränken. Diese Übertragung hat einen zwingend nötigenden Charakter, der sich gegenüber den Ichgrenzen des anderen intrusiv verhält. Ich wollte aus meiner analytischen Stellung heraus für meinen Patienten hilfreich sein, ahnungslos, daß ich damit schon in die Spur seiner sorgenvoll dominanten Mutter geriet. Ahnungslos war ich, daß es eine solche neutrale Haltung nicht gibt, daß der Patient mich schon behandeln würde. Im Grunde befinde ich mich bereits mitten in der Beschreibung; denn es war ein zentrales Phänomen, daß sich der Patient so jung, wie er war, überlegen fühlte. Im Widerspruch dazu schien zu stehen, daß er den Arzt, den Analytiker dringend gebrauchte. Er gebrauchte ihn, um vor und mit ihm das tägliche narzißtische Theater zu spielen. Er bettete sich auf der Couch bald zwischen Kontoauszüge, bald legte er wochenlang ein dickes Buch über Dogmatik neben die Couch. Er brauchte, was ich in der Folge an vielen Patienten erfuhr, den Analytiker als Zuschauer unten, während er sein Spiel oben auf der Bühne aufführte. Und so waren seine Beschwerden oder auch die Ereignisse seines jungen Lebens insgesamt dramatisch. Ich war noch nicht damit bekannt geworden, wie narzißtische Phantasien direkt agiert werden, ich war mit dem Agieren bewußter monströser Größenphantasien noch nicht vertraut. Woher aber sollte er wissen, wer er war? Seine Mutter hatte ihm gesagt: »Du bist ein Besonderer« und »Aus Dir wird etwas Besseres.« Der Patient steigerte die Deklaration und Prophezeiung zum Großartigen. Obwohl er spät sprechen gelernt hatte, habe er mit drei Jahren bereits ein Gedicht aufgesagt. Dazu hatte seine Mutter ihn auf ein Podest gestellt. Für die Mutter stellte das Leben des Sohnes eine Möglichkeit dar, aus der Enge zu kommen, und sie versäumte für das Kind durch realistische Begrenzung seine Größenphantasien zu modifizieren und damit hilfreich zu sein. Der Sohn spürte in den Behauptungen der Mutter bereits die innewohnende Prophezeiung. Das wiederum bedingte ein Abhängigkeitsverhältnis zu ihr. Das illusionäre Bild des anderen, in diesem Falle der Mutter, ist sehr wahrscheinlich schon gar nicht zu erfüllen, und so mußte er immerzu für sein Erleben unvollständig bleiben. Das unterhielt sein unbewußtes Gefühl von Minderwertigkeit. Er sollte besser werden als der Vater. Damit war ihm zusätzlich der ödipale Sieg in den Schoß gelegt. Die Diskrepanz zwischen seinem Selbstbild, ein Besonderer zu sein, und seinem wirklichen Zustand verschleierte er vor seiner eigenen und meiner Einsicht mit Klagen über Arbeitsstörungen und vielfachen hypochondrischen Nörgeleien. In seinem Alter, Anfang 20, konnte man ihm zugestehen, noch nichts Wesentliches erarbeitet zu haben. Das tagtägliche Erreichte wurde aber bereits vernebelt, und er selbst wuchs darüber aus zur Größe des Schmerzensmannes. Er klagte dann über Rötung der Augen, Lichtscheu, was ihm das Lesen erschwerte, er klagte über Kopfschmerzen, was ihm die Konzentration unmöglich machte. Einmal hatte er Rückenschmerzen, ein andermal wieder Bauchschmerzen, konnte nichts essen, drohte zu entkräften, dann hatte er keinen Stuhlgang und drohte, vergiftet zu werden. Er hatte Schlafstörungen und schließlich Ängste. Der hochaufgeschossen, eher mager erscheinende junge Mann sah mich immer wieder so nachdrücklich durch seine runde Stahlbrille an, was damals noch nicht unbedingt modisch, sondern eher individuell war und vielleicht auch Bescheidenheit besagen sollte. Das erlebte ich als im Grunde sympathisch und zugleich sehr ernsthaft. Diese Ernsthaftigkeit wollte ich nicht von mir weisen. In Wirklichkeit war es die Intrusion. Mit der vermeintlichen Ernsthaftigkeit mußte er mich gewonnen haben. Seinen Ängsten wurde zunehmend eine vorrangige Rolle zugesprochen. Sie traten vor und in allen Lebenssituationen auf, und er sagte schließlich, sie hätten ihn lebenslänglich begleitet. Hier schloß sich die Kette der Beschwerden zu der Arbeitsstörung; denn mit solchen Ängsten kann man nicht arbeiten. Die Kluft, die zwischen dem Beginnen und dem, was werden sollte, lag, war so unbeschreiblich groß, daß er Angst haben mußte. Ein wichtiger Stein im Mosaik blieb bis zum Schluß die Klage über das Alleinsein. Sie aber wurde immer zuletzt ausgesprochen. Dabei sprach er keineswegs von einer Sehnsucht nach einem Partner, einer Partnerin im Sinne eines Gegenübers. Dieser Mangel, der schon im Erstgespräch genannt worden war, bestätigte sich im Auftakt zur ersten Analysestunde, als er sagte: »Kann ich jetzt reden, kann ich Sie auch überreden?«

Wenn ich sagte, er brauche eine Bühne und unten einen Zuschauer, dann läßt sich diese Aussage über sein Alleinsein mit den beiden ersten Sätzen der Analyse noch anders verbinden; er brauchte den anderen wie eine Trägersubstanz, als eine Matrix, auf der er sein und sich fühlen konnte und in bestimmter Weise auch entfalten, jedoch nur auf die oben geschilderte Weise mit den vielen Beschwerden der Darstellung des Unmöglichen. Diese Entfaltung war nicht kreativ, sondern diente der Erhaltung einer nicht fördernden Objektbeziehung, nämlich einer Objektbeziehung in Abhängigkeit, hypochondrisch fingierten Sorge und Fürsorge. Für das von ihm gewonnene Objekt, die Analytikerin, bedeutete es also die Aufnahme der Sorge und das Liefern von Fürsorge. Ich fühlte das damals durchaus, konnte es aber noch nicht aussprechen, die Kehrseite davon ahnte ich: Die aufgenommene Analyse, die gefundene Objektbeziehung zur Analytikerin bedeutete für ihn Entlastung, und zwar von eigener Verantwortung. Ich wollte ihm aus einer anderen Sicht einen freien Raum gewähren, doch die Möglichkeit, ihn zu nutzen, wurde für ihn zum Problem. Er verglich sich mit einem Vogel in einem offenen Käfig, der aber nicht hinausflog. Das traf sich mit Überlegungen meiner Kollegen in der Ambulanzkonferenz. Hier war lange diskutiert worden, daß der Patient glaubhaft vorgab, bis zum Ende des zweiten Lebensjahres gestillt worden zu sein. Man meinte, er müsse noch einmal und zwar gleitender entwöhnt werden. Diese Vorstellung hielt sich zu sehr am konkret Genannten, hatte doch der Patient neben dem Gestilltwerden längst das Übliche gegessen. Er brauchte die Ermutigung, daß er vieles längst kannte und das je neue Terrain erarbeitet werden kann. Wenn jedoch die Mutter diese Zeit dem Kinde gegenüber so betont hatte, mußte ihr eine Bedeutung innewohnen. Als er mir von dieser langen Stillsituation berichtete, verfiel er, der vorher soviel berichtet hatte, abrupt in ein langes Schweigen, das für mich unerwartet und quälend war. Dabei nestelte er unruhig mit den Händen und bewegte ruckartig den Unterkörper. Als er dann weitererzählte, berichtete er von heftigen

Wutanfällen früher zu Hause und in der Schule. Einmal habe er einen Teller gegen die Wand, ein andermal einen Stuhl durch das Fenster des Klassenzimmers geworfen. Auch habe er schon Vorhänge abgerissen und Türen aus den Angeln gehoben. Es waren einerseits wütende und zugleich auch mutige Kraftakte, andererseits brachten sie die dahinter stehende Verzweiflung zum Ausdruck; denn es veränderte nichts Eigentliches. Der Ausdrucksgehalt dieser Aktionen zeigte einen Wunsch nach Veränderung, nach Überschreiten von Schwellen. Die Erzählung zeigte genau den Stellenwert an, nämlich nach der Aufnahme von Essen, nach dem Gefüttertwerden, wie am weggeworfenen Teller zu sehen war. Die Veränderung sollte mit einem einzigen Kraftakt erreicht werden. Es betraf den Übergang entsprechend der Entwicklungsstufe der oralen Versorgung hin zum Autonomwerden, dem Beginn der analen Entwicklungsstufe. Der Schritt ist nur möglich, wenn das Vorherige abgeschlossen ist. Der Patient schien nicht genug gehabt zu haben, oder er hatte das Eigentliche nicht bekommen. Viel dringlicher noch war hier, daß er nicht »gelassen« wurde, das zu tun, was er initiierte. Er sollte ja gar nicht vom Schoß rutschen, und deshalb begehrte er, das Neue so zu bekommen. Die Trennungssituation war nicht gelungen und stellte sich in seinem Verhalten dar. Es gehören zwei zur Trennung. Weil es dann auch seinerseits so wichtig wurde, auf dem Schoß der Mutter zu sitzen, rutschte er nicht herunter. Er verblieb ängstlich dort, und wurde stumm, inaktiv und zugleich anspruchsvoll, begehrte er doch das weitere Leben. Die ganzen hypochondrischen Beschwerden standen dann in dem Dienst, dort zu verbleiben. Solange er beim Analytiker oder Arzt Beschwerden hatte, konnte er auch dort bleiben. Der Schoß garantierte ihm ja etwas: ein bedeutendes Kind zu sein, das der Mutter Sinn, ihr Trost gab, die Versicherung für ihn, wichtig und besonders zu sein. Sein eigenes Tun hätte schon viel sein müssen, um diese frühe Gratisaufwertung aufzuholen, die noch ganz ohne eigenes Verdienst zu erhalten war. Wechselseitig waren sich beide wohl so bedeutsam, als würden sie sich gegenseitig einen Heiligenschein geben. Die Stillsituation war übermäßig hoch von der Mutter eingeschätzt worden und hatte zugleich keinen Abschluß finden können. Diese Überbesetzung einer Beziehung läßt sich als Idolisierung (Khan, 1979, S. 11) bezeichnen, was in sich ein Licht auf die Schwierigkeit der Trennung wirft und das Bild der Pietà geradezu zwingend im voraus entwirft. Es gab kein Genug, einen damit freien Raum, in dem das Kind damals hätte zu sich finden können. Die Entwicklungsstufe schloß sich nicht ab, weil die Mutter das Kind für sich, für ihre Bestätigung weiter brauchte. Die Mutter hatte sonst kein Gegenüber, und das Kind hatte gelernt, früh auf die Wünsche der Mutter zu reagieren. Nicht nur, daß die ruckartigen Bewegungen des Unterkörpers des Patienten Bewegungen hätten sein können, mit denen er vom Schoß rutschen wollte, sie hatten unzweifelhaft auch einen sexuellen Charakter. Das Kind war frühzeitig stimuliert durch Reize, auf die es niemals hätte adäquat antworten können; denn ein genital-sexuelles Bedürfnis ist bei einem ein- bis zweijährigen Kind nicht vorhanden. Die sexuelle Überstimuliertheit zeigte sich in der Symptomatik des Patienten, daß er unablässig onanieren mußte, obstruse Hilfsmittel dazu einsetzte, bisher keine Freundin gefunden hatte und mich nach einige Wochen der Analyse fragte, ob ich jetzt mit ihm Verkehr haben würde. Daß er das angeblich Besondere in allem vorhatte, war ganz selbstverständlich. Nur das Beginnen ließ ihn entmutigt in ein passives Verhalten zurückfallen. Auf dem Schoß war er einstmals jemand. Das Schwierige für ihn war das Werden. Eigentlich sollte es in dieser Christkind-Phantasie von selbst kommen, dasein mit einem Mal. Spielen, probieren, üben, wachsen, das alles findet bei solcher Phantasie nicht statt. Immerzu sollte »es«, das Besondere, wie einst von selbst kommen. Das findet jedoch auch dann nicht statt, wenn diese Phantasie weiterhin gepflegt wird. Dann ist das Ich mit einem entsprechenden Defizit versehen, das ständig weiter wächst. Seine Kennzeichen sind Frustrationsintoleranz, Ungeduld, mangelnde Hingabefähigkeit. Seiner Phantasie entsprechend liebte der Patient die Geschichte vom zwölfjährigen Jesus im Tempel. Eigentlich war es seine Geschichte. Er fühlte sich ähnlich dem zwölfjährigen Jesus klüger als seine Eltern und die Lehrer. Der Patient glaubte, das Eigentliche zu wissen, ohne darüber etwas sagen zu müssen. Einen wirklich schlüssigen Gedanken zu fassen, behauptete er, müsse geschehen mit einem Schlag, so wie ein Könner angeblich einen großen Baum mit einem Schlag an der Wurzel fälle. Er glaubte die Wahrheit der Wahrheit finden zu müssen, das Sein im Absoluten. Mit dieser Heraushebung hatte er als Kind schon fast keine Spielgefährten und zum Zeitpunkt des Studiums keine Freunde. Im Grunde war das nicht verwunderlich; denn er fühlte sich ja allen überlegen. Diese subjektive Erhöhung gelingt nur durch die Erniedrigung der anderen. Er hütete sich sehr, mir die Verächtlichkeit zu zeigen, mit der er sich den anderen gegenüberstellte. Sie hätte ja auch mich getroffen, und mich brauchte er als einen Zuschauer. Er liebte es nicht, wenn ich ihm diese Geschichten seiner Überzeugungen nicht glaubte, wenn ich sie zurechtrückte und beispielsweise darin aufzeigen konnte, wie einsam dieses so gelehrte zwölfjährige Kind gewesen sein mochte, das die Eltern, die Lehrer und die Spielgefährten verloren hatte. Wenn er das einsah, was er tat, wurde ich unmittelbar danach bestraft und wieder in die aussichtslose Arbeit der Sorge eingespannt, seine Art, mir meine Unfähigkeit zu beweisen und mich letztlich verachten zu können. Er bekam dann aus heiterem Himmel Bauchweh oder ähnliches, das das eigene Tun, das im Rutschen vom Schoß initiiert gewesen wäre, unmöglich machte. Ich lernte viele solcher ganz bewußten Größenphantasien kennen wie die, daß wenn er im Auto vor der Bibliothek halte, ein roter Teppich hätte ausgerollt sein müssen, die Leute hätten stehen bleiben müssen, um ihm den unbehinderten Durchgang zu ermöglichen; denn ihn, diesen wichtigen Menschen mit dem besonderen Auftrag, konnte man doch nicht aufhalten. Daß sich all das nicht so ergab, löste ständig seine Wut aus. Die Verhinderungen lagen außerhalb seiner selbst, in den Eltern, Lehrern, unfähigen Ärzten, dem Alltäglichen, in allem, was ihn umgab. Er phantasierte sich dagegen als Schöpfer und Richter dieser Welt, besaß die Macht des Himmels. Die analsadistischen Größenphantasien, Rachephantasien, waren ebenfalls unverdrängt. Ähnlich der kannibalistischen Phantasie in dem Märchen Fundevogel von Grimm, briet er in seiner Phantasie seine Eltern am Spieß in einem großen Topf, die gerechte Strafe dafür, ihn so verkannt, die Wege nicht geebnet zu haben. Eine Phantasie eines Tages in der Analyse war die, daß er hilflos am Straßenrand mit liegengebliebenem Wagen ohne Benzin um Hilfe winkte. Dann aber besann er sich, einen Reservekanister zu haben. Diese Phantasie hatte zwei Seiten, es doch selber zu können, und den anderen im Moment seiner Hilfe herabzusetzen: Ich brauche Dich nicht. *Seine Unabhängigkeit konnte er nur auf dem Boden verneinter Abhängigkeit demonstrieren.* Auflehnung, was Abrücken voneinander bedeutet hätte, duldete die Mutter nicht. Mit Verstopfung hatte er seine Weigerung früher ausgedrückt, die dann eine umso drastischere Intrusion in sein Inneres und Intimes seitens der Mutter folgen ließ. Es war paradox, wie er beides, die Verweigerung und die Aufforderung gegenüber der Mutter, in der Hand hatte. Er mußte der Überlegene bleiben. Ich vergaß den vorhandenen Reservekanister nicht mehr. Ich pochte auf die verborgene Kraft und hatte recht damit. Es war, als hätte ich ihn an der richtigen Stelle ermutigt, und der Patient trat aus seinem nahezu verschimmelten Alltag, in dem er vor sich hindöste und onanierte, die Analysestunden wichtigerweise vorbereitete, um ja nichts Unbewußtes zu verraten. Abraham beschreibt diese programmatische[3] Redeweise bei der Unmöglichkeit zu assoziieren, nicht einmal zuzulassen, daß einem nichts einfalle. An seiner Stimmlage war dieser programmatische Stil zu hören. Einmal schrieb ich auf, er spreche wie ein Prediger in der Wüste. Seine Stimme säuselte dann, war flüchtig und unwirklich. Der Patient wußte aus dem Leiden der gepflegten Unfähigkeit eine Größe zu machen. Er sah sich auf einem Dornenweg wandeln und fühlte sich als Auserwählter im Leid. Das entband ihn sowohl von Gehorsam als auch von jeder Schuld. Er glaubte, er habe genug ertragen. Die irdischen Eltern verstanden ihn nicht. Ich verstand ihn ebenfalls nicht. Und damit etwas aus der Analyse wurde, mußte er noch so viel zu Hause selber dafür tun. Stolz nannte er das seine Privatanalyse, deren Planer und Vollführer er war. Er wiederholte das, was ich gesagt hatte, um das Richtige vom Falschen zu trennen. Für diese Überlegenheit gab es einen guten Grund wie eine Prämie: Freud, mein geistiger Vater, wie er sagte, war der einzige, der eine Selbstanalyse fertiggebracht hatte. Warum sollte er das nicht auch können?! Über all dem begann der Patient zu arbeiten. Weder wollte ich, noch konnte ich ja für ihn arbeiten, ich hielt mich an den Reservekanister.

3 Programmatisch bedeutet zielgerichtet und bedingt damit die Umkehr der Grundregel, die die freie, eben nicht zielgerichtete Assoziation ermöglicht.

Immer wieder wurde ich mit Klagen und Unmöglichkeit bestraft, wenn er in seinem täglichen Tun seine Möglichkeiten und seine Grenzen kennenlernte, das heißt sich als Menschen. Die verzweifelt weinende Klage Marias unter dem Kreuz war ihm lieber oder gefälliger, sie verlieh ihm die Größe des Schmerzes, die Größe der Idee im Gegensatz zur wirklichen Tat. Es war inzwischen durch Übertragung und Gegenübertragung sehr deutlich geworden, daß der Patient Hilfe nur von Konkretem erwartete und empfand. Ich sollte auf der Couch neben ihm sitzen, ihm Medikamente einflößen, quasi gebrochene Glieder wickeln und ihn fröhlich machen. Das tat ich nicht, und seine Veränderungen gingen nur zögernd voran. Er erwartete mich im Zustand der Verzweiflung ob des mangelnden Erfolges. Dieser Hinweis auf die Übertragung enthielt eine neue Situation. Wütend sagte er in einem heißen Sommer zu mir, als ich der Sonne wegen die Vorhänge etwas zugezogen hatte, wenn ich das nicht aushalte, könne ich keine Analytikerin sein. Es stellte sich heraus, daß oft, wenn er von der Schule nach Hause gekommen war, seine Mutter bei vorgezogenen Vorhängen im Bett lag. Er mußte sich dann auf die Bettkante setzen und die ausschweifend leidvollen Klagen über das Elend ihres Lebens anhören. Die Mutter erwartete, daß das Kind sie fröhlich machen solle. Er also hatte mir seine hoffnungslose Rolle übergeben und war zur Mutter geworden, die mit ihren Klagen herrschte. Die Rolle des ohnmächtigen, weil zu solchem Tun unfähigen Kindes war unerträglich. Es wurde aber an dieser Szene ersichtlich, wie krank die Mutter war und wie sehr das Kind dazu dienen mußte, einen Strukturdefekt der Mutter zu füllen. An dem Beispiel zeigt sich ebenfalls, daß seine Einfühlung überfordert war und er folglich Einfühlung in andere nicht leisten konnte. Ich dagegen mußte viel Nachsicht üben, und er erwartete, daß ich niemandem außer ihm zugewandt war, ich sollte ganz und gar für ihn da sein.

In der Folge verwahrte ich mich, in die Pflicht der Besonderen genommen zu werden, und ging mit ihm immer weiter in den Alltag. Ich mußte ihm zeigen, daß das Besondere Mühe, Einsatz und Geduld erfordert. Er reagierte dann zum Beispiel unmittelbar und machte im Analysezimmer Kniebeugen. Er mußte üben, das Alltägliche zu bewältigen, und dann erst kam die geistige Arbeit, die er als das Wesentliche bezeichnete. Nur konnte man sich deshalb das vielleicht Unwesentlichere, aber Lebensnotwendige nicht ersparen. Er sträubte sich dann, einkaufen zu gehen, schob das auf vergiftete Milch oder Schwäche zu gehen, um mit der mangelnden Ernährung seine nie erfüllte Arbeit zu begründen. Er fühlte sich innen total verfault und hatte kein Vertrauen in seine Körperfunktionen. Er drohte dann auch, sich sofort umbringen zu müssen. Sein Selbstmitleid pflegte er. Die Schwäche leitete er auch aus dem Zwangsonanieren und dem von ihm so bezeichneten folgenden Eiweißmangel ab. Er brachte es auf kuriose Weise fertig, mit seinem Schattenbild an der Wand zu spielen und dort seine Größe sichtbar werden zu lassen. An solchen Stellen war es möglich, die Fiktion, das Illusionäre deutend aufzugreifen und zur realistischen Einschätzung zu kommen. Das war für das unterforderte und hochstilisierte Kind schmerzhaft, und der Patient schämte sich. Das jeweils Erreichte hatte er bisher immer vernebelt. Der jeweilige Erfolg hätte ihm sein aktuelles Vermögen gezeigt. Auch gönnte er mir kein Lob, keinen Dank oder ähnliches. Er entzog sich, um die ungeahnte Größe offenzuhalten. Warum sollte er der Mutter auch nicht Glauben schenken. Er wartete auf das Verheißene. Doch über der ständigen Arbeit des Zurechtrückens mit mir wuchs er, er arbeitete, er begann, Freude am Geschaffenen zu bekommen, und überprüfte allmählich seine überspannten Ziele, beispielsweise ein spirituelles Leben führen zu wollen. Das hatte Jahre in der Analyse gedauert, und bevor er aus der Analyse ging, hatte er wichtige Prüfungen bestanden und eine wichtige Umorientierung seiner späteren beruflichen Tätigkeit veranlaßt, die ihm das Leben zu ermöglichen versprach. Seine philosophischen und theologischen Absichten traten in den Hintergrund.

Im letzten Jahr der Analyse hatte er auch einen Freund gewonnen und beabsichtigte erstmals, zum Karneval zu gehen. Das war völlig neu. Seine Mutter hatte ihm ja den Kontakt nach außen weitgehend versperrt und damit die Möglichkeit zu Freundschaftsbeziehungen mit all ihren Schwierigkeiten. Das hatte seine passive Haltung aus einer anderen Richtung genährt und seine Aktivität weder gefördert noch herausgefordert. Freunde waren auch seinerseits schließlich, als er älter wurde, vermieden, weil er hätte Farbe bekennen müssen; er hätte messen und vergleichen können, ja sogar müssen. Er glaubte, vergehen zu müssen, wenn andere ihn ansahen. Jetzt ließ er sich ansehen. Die Analyse war soweit gediehen, daß die frühe Problematik der Trennung und Individuation, die Bildung der Situation von zweien, Kind gegenüber der Mutter, aus einer tiefen Regression in einer vermeintlich omnipotenten Symbiose bewältigt war und sich der zweite große Schritt, die ödipale Konfigurierung mit ihren Konflikten erstellte. Die Frage der Verkleidung spielte zum Karneval eine große Rolle. In der Analyse zeigte sich daran eine wichtige Veränderung. Er hatte ganz rasch Vaters alten Bademantel und Zylinder gewählt und sich dazu eine lange Nase aufgesetzt. Der Vater war bis dahin immer als entwertet in der Analyse erschienen. Seine Entwertung und Verachtung ging von der Mutter aus. Für sie war er auch ein Pflegling aus ganz bestimmten Gründen, der angeblich als Alkoholiker versorgt und ständig erzogen werden mußte – möglicherweise mit ein Grund, daß der Vater die Mutter mit dem Kind lange Jahre nicht zu sich geholt hatte. Doch dem Patienten paßte es, diese Entwertung fortzusetzen und sich damit notwendigen Forderungen und Korrektiven, die durch den Vater geschehen konnten, zu entziehen. Er begann jetzt, sich überhaupt zu erinnern, so erzählte er von Spaziergängen, auf denen der Vater ihm im Wald Spuren zeigte und er verschiedenste Gräser kennenlernte, er überhaupt mit dem Vater »viel weiter« gehen konnte, als je mit der Mutter, die nur allzu oft über schmerzende Füße oder andere Unpäßlichkeiten klagte. Auch in Krankheitstagen hatte sich der Vater um ihn wohlwollend und geschickt gekümmert. Schließlich hatte der Vater, der einige Jahre, bevor ich den Patienten kennenlernte, gestorben war, Stück für Stück verdient und der Familie ein Haus gebaut und ein, wenn auch kleines, Kapital hinterlassen, so daß die Familie leben konnte. Es kam zutage, daß er überhaupt in den Jahren der Pubertät innerlich ein Stück weiter zum Vater geneigt hatte, als er es selbst wahrhaben wollte. Mit der Verkleidung war eine viel deutlichere Bejahung des väterlichen Potentials eingetreten. Der Vater, sich seiner Würde bewußt, hatte einen Zylinder besessen. Wenn auch noch fast spielend, so übernahm der Patient jetzt probeweise diese sozusagen Urrequisiten des

Vaters. Seine starke Identifizierung mit der Mutter, dem Weiblichen, zeigte sich in einer Phantasie, in der er sich eine Flasche und Scherben in den Bauch rammen wollte. Das Bluten war in seiner konkretistischen Auffassung die Voraussetzung für Kreativität. Kurze Zeit später folgte ein homosexueller Traum, wo er mit einem Priester in eine ritualisierte, aber dichte Beziehung kam, in der sie vor dem Altar die Penisse kreuzten. Diese Beziehung zum Vater, wie sie vor mir – wenn der Patient das erzählte – schließlich stattfinden durfte, erweiterte endlich die quälend-dumpfe Beziehung zwischen dem Patienten und mir und ließ ihn zu seinem Tun kommen. Mir war es offenbar gelungen, die chronisch negativ therapeutische Situation zu relativieren, indem ich seine Stellung als Besonderer, an dem so viel Unrecht geschehen war, der einen Anspruch auf Wiedergutmachung hatte, aufgewiesen, verstanden, aber auch für seine zukünftige Entwicklung infrage gestellt hatte. Er hingegen besaß des an ihm geschehenen Unrechts wegen das Recht, alles, und auch alles Unrecht, tun zu dürfen. Bei ihm zählte das nicht, er war kein normaler Mensch. Er bekam – so ein Traum – zwei Käsestücke für einen Preis, der für eines zu zahlen war. Er bekam die doppelte Portion, eine dabei als Wiedergutmachung. Das sagte nicht er, sondern ich mußte es quasi erratend deuten. Der unendliche Austausch zwischen der Welt außen und der eigenen inneren Welt, die Projektion und folgende Introjektion, Reprojektion und Reintrojektion unter gleichzeitiger Realitätsprüfung – das alles hatte nie stattgefunden. Doch eines möchte ich bei dieser Betrachtung berücksichtigen: Auch wenn er von seiner Geburt an so geartet war, so war er als kleines Kind natürlich ein Teil der Mutter. Die unveränderte Erhaltung der Zugehörigkeit zu ihr bildete sich jedoch durch die mangelnde Separation heraus, in der er Teil der Mutter blieb, mit der Mutter zusammen größer als er selbst. Mit dem Kind hatte die Mutter etwas in der Fremde geschaffen, wodurch sie vom Eigenen gebraucht wurde. Durch ihr Gebrauchtwerden hatte sie eine wertvolle Position unabhängig von der neuen Umwelt. Das ersparte ihr den assimilierenden Austausch mit ihrer Umgebung, der anderen Kultur, den anderen Menschen, denen gegenüber sie eine einsame Außenseiterin blieb. Seinerseits hätte es ihn schon viel Mut gekostet, die mit Verführungen, Mitleid und

Drohungen operierende Mutter zurückzustoßen. So war er zu einem Teil der Mutter gemacht worden, der immer bei ihr bleiben sollte, indem sie phantasierend ihre einstmalige Besonderheit, wie sie in der Heimat gegolten hatte, und agierend ihre Benachteiligung in ihn hineinverlegte. Er war für seine Mutter, die schon unter sehr schweren Umständen lebte, der Container ihrer Unbehaglichkeit. Enthalten war darin zudem eine Erfüllungspflicht, ihren besonderen Stand, früher wie heute, zu verwirklichen, ja überhaupt zu leben. Das gleiche läßt sich auch anders ausdrücken: Das Kind, der Heranreifende und spätere Erwachsene der »zweiten Generation« mußte die Arbeit, davon zum großen Teil Trauer- beziehungsweise Trennungsarbeit, innerpsychisch leisten, die die Mutter nicht geleistet hatte.

Ein Nachtrag zu dieser Fallgeschichte: Zwei Jahrzehnte später, geradezu am gleichen Tag, an dem er sich einst am Psychoanalytischen Institut gemeldet hatte, sah ich jenen Patienten wieder. Nie mehr hatte ich etwas von ihm gehört. Er war ein kräftiger Mann geworden. Die frühere Arbeit hatte sich reichlich gelohnt. Der ehemalige Patient hatte sein Wissen konsolidiert und längere Zeit an einer berühmten Universität im Ausland studiert. Er hatte eine angesehene Stellung inne und hatte Kinder und – wie er sagte – eine Frau. Er hatte eine Frau gewählt, die sich ihrerseits enorm dazu eignete, ihn nicht nur seine Überlegenheit notwendigerweise ins Spiel bringen zu lassen, sondern auch geeignet war, Extreme aufzunehmen und zu leben zu versuchen. Seine Frage beziehungsweise Ahnung, weshalb er zu mir kam, war die, ob dieses Verhalten seiner Frau nicht letztendlich mit ihm zu tun hatte. In dem Fall wollte er nochmals ein Stück Analyse machen. Was anderes, als das zu bejahen, konnte ich tun. Ich wollte es aber nicht mehr selbst tun, sondern ihn die Erfahrung mit einem Analytiker machen lassen. Doch möchte ich sagen, nach zwanzig Jahren war ich gespannt auf ihn, ich freute mich, ihn zu sehen mit gleichzeitig klopfendem Herzen; denn ich wußte ja nicht, was er wollte und was aus ihm geworden war. Bei dieser Begegnung fiel seinerseits abgesehen von ganz nackten Fakten kein Wort über seine frühere Erfahrung in der Behandlung bei mir, es fiel kein Wort zu dem, was er oder ich erreicht hatten bezogen auf seine Analyse, und es fiel kein Wort zu mir als Person, waren wir doch beide Menschen, die wir inzwischen eineinhalb Jahrzehnte weiter gelebt hatten. Sein Sprachduktus war nahezu der gleiche wie einst. Auch wenn er versuchte, sachlich orientiert sein Anliegen darzustellen, spürte ich meinerseits die Not, etwas dazu sagen zu können. Wollte ich doch in der Gemeinsamkeit für ihn etwas sagen, das weiterführen und lösen helfen sollte. Einerseits wirft das ein Licht auf die vorhandene Struktur, andererseits wissen wir, wie anfällig solche Situationen für die Wiederbelebung einer Regression sind.

Gerade an diesem Fall wird das Anliegen meiner Falldarstellung deutlich: Das Nicht-Bewältigte, das Unlustvolle wie das Ersehnte, ist so extrem, daß es nicht internalisiert werden kann und in der Folge in die nächste Generation abgespalten wird. Es erscheint dort eingebunden in den eigenen Konflikt und erhält dabei durch die Person des anderen ein nach außen neues Gesicht. In der dritten Generation wird es kaum mehr erkennbar sein, und es wird nicht mehr klarzustellen sein, womit es ursprünglich in Verbindung stand, wenn die Erinnerung bei den Trägern dazwischen ausbleibt. Es ist eine Frage, was möglich ist, solange der schwierige Ursprung noch erkennbar ist. Der Versuch, die endlose Kette beziehungsweise die Fortsetzung in der Abspaltung aufzuheben, durch Erinnern und inneres, aber aktives Bewahren, kann nur die einzig mögliche Befreiung sein, um der destruktiv sich auswirkenden Wiederkehr entgegenzuwirken.

Der Krieg und die Zeit danach gaben den davon Betroffenen so extreme Konstellationen außen und innen zu bewältigen, daß diese ihr Vermögen oft überstiegen. Die Trieborganisation ist das ursprünglich Lebendige in uns. An ihr schlagen sich diese Problematiken in Konflikthaftem, von innen und außen Zusammentreffendem, nieder. Dabei trug das von außen Kommende Extremcharakter und vergrößerte und verzerrte somit die vorhandenen Konflikte.

Das Schicksal der Flucht ist in Mythen und in der Bibel vielfach bearbeitet. Mit diesem Schicksal wird immer wieder etwas Besonderes verbunden. Das Besondere und das Einfache, möglicherweise auch das Banale, gehören so dicht zusammen wie das Heilige und das Profane. Der Wechsel von beidem macht das Ganze aus. Im Wechsel wird das Neue und Weiterführende möglich. Extrem ist der Wechsel bei einer Flucht. Die Mutter des Patienten konnte das Neue nicht zulassen und packte alles Alte in das Neue, das Kind. In der Studie über die Stufen der Migration von L. und R. Grinberg (1984) wird gezeigt, daß in der Einwanderung eine äußere und innerpsychische Arbeit geleistet wird, die Vergangenheit, Gegenwart und Zukunft aufnimmt.[4]

Da sich in der Krankengeschichte so viele Bilder an die Jesusgeschichte anlehnten, bietet es sich mir an, die Marienlegende zur Betrachtung heranzuziehen. In der Marienlegende, die aus den Apokryphen stammt und erstmals von Giotto 1303-1305 in der Arenakapelle in Padua, La Cappella degli Scrovegni, künstlerisch dargestellt wurde, beginnt die Darstellung mit der Vertreibung Joachims aus dem Tempel. Der Grund dafür muß Joachims Eitelkeit gewesen sein; das allerdings wird nicht gesagt. Doch seine Unfruchtbarkeit ist Grund genug, daß er aus dem Tempel vertrieben wird. Er sucht Zuflucht auf dem Land bei den Hirten, bei schlichten Menschen. Er opfert schließlich dort. Anschließend schläft er und hat einen Traum. Ihm erscheint ein Engel mit einem Sproß in der Hand, eine Verkündigungsszene nach der Trennung, im Alleinseinkönnen. Anna, seiner Frau, wird gleichzeitig verkündet, daß sie schwanger würde. Die Verkündigung, ein Geschehen wie zwischen Himmel und Erde, ist wohl das innere Überschreiten der Schwelle zur Aufklärung über die eigene Geschlechtlichkeit und erworbene Reife. Der Verkündigungsengel, der zu Anna kommt, zwängt sich zur Hälfte durch ein enges Fenster, und die Die-

4 In der ersten Stufe steht intensives Leid im Vordergrund über alles Verlorene, Angst vor dem Unbekannten, Hilflosigkeit und Einsamkeit. Es folgt eine geradezu manische Stufe, in der der Emigrant den Umbruch als nicht wesentlich betrachtet, das Neue wird dem Verlorenen gegenüber geradezu überbewertet. In der dritten Stufe tritt Heimweh und Trauer über die verlorene Welt auf, während gleichzeitig der Trauernde sich Elemente der neuen Kultur und Umgebung zu eigen macht. Das Wechselspiel zwischen seiner inneren und ihn außen umgebenden Welt wird flüssiger. In der vierten Stufe erfolgt die Wiederentdeckung des eigenen Denkens, von Wünschen und die Fähigkeit, Pläne für die Zukunft zu machen. In dieser Stufe hat die immerwährende Sehnsucht nach einem verlorenen Paradies aufgehört, das heißt, die Trauer um das Verlorene ist so weit wie möglich durchgearbeitet. Das ermöglicht die Integration der vorhergehenden Kultur in die neue ohne Verzicht auf das Alte (beziehungsweise das Ich ist stabilisiert und bereichert, und ein Gefühl gesunder Identität ist entwickelt). (1984, S. 37)

nerin, im abgetrennten Raum, zeigt ihr die sexuelle Arbeit. Sie arbeitet beim Spinnen mit dem ganzen Körper. Die Rhythmik in den sich auseinanderbewegenden Armen und Knien ist leicht nachzuvollziehen und zu übersetzen. Joachim kehrt zurück, und vor dem goldenen Tor, einer Schwelle, findet die Vermählung von Marias Eltern, Joachim und Anna, mit einem Kuß statt. Dann ist Anna schwanger, dann wird Maria geboren.

Die kleine Maria ist den Eltern, Joachim ist ein alter Vater, so kostbar, daß sie von ihnen zur Erziehung in den Tempel gebracht wird. Trennung ist möglich. Das kostbare Kind ist nicht Besitz. Bevor Maria und Joseph vermählt werden, wird in der Reihenfolge der Bilder erneut die Zeugungsfähigkeit der Männer zum Mittelpunkt. Drei Männer geben den Priestern ihre Stäbe oder Ruten ab, sie knien nieder und beten um das Aufblühen ihrer Stäbe. Es ließe sich auch sagen: Sprosse, in der deutschen Sprache eine Analogie zum »Trieb«. Joseph mit dem aufgeblühten Sproß wird dann vom Priester mit Maria vermählt. In dieser Abfolge der Bilder Giottos entsteht die Fruchtbarkeit ständig im Wechsel zwischen dem Heiligen und dem Profanen. Die Rückkehr aus dem besonderen Stand hin zur irdischen Zeugungsfähigkeit oder auch Kreativität ist möglich, wenn Joachim von der Erhöhung steigt, opfert, das heißt verzichtet, abgibt, es nicht mehr für selbstverständlich nimmt, bittet. Die drei Männer in dem späteren Bild knien vor dem Altar und beugen den Rücken. Es ist ein Ausdruck von Demut[5]. Die Körperlichkeit dieser Rücken von Giotto ganz im Vordergrund des Bildes – »einer von ihnen wie ein Gebirge, ein Eiland« – beschreibt zum Beispiel Wilhelm Hausenstein, ein Kunstgeschichtler zur Zeit des frühen 20. Jahrhunderts, als erstmalig; die Darstellung der Rücken sei so eindringlich, daß die zugehörige Ansicht von vorn wie selbstverständlich vom Betrachter antezipiert werde. Für den Analytiker ist das, was die Rücken der Sicht nicht freigeben, mitabgebildet, in den darüberstehenden, aufblühenden Stäben am Altar. Die Empfängnis bleibt so nicht allein kreatürlich. Für Maria taucht der Wechsel dann in der Gefahr der »Versuchung« durch die nicht schwangere, neidische

5 Demut wird heute nicht mehr als Tugend aufgefaßt, sondern verwechselt mit falscher Tugend, wie allzu bereiter Anpassung oder gar Unterwerfung. Es ist die Verwechslung mit der Gefügigkeit durch Nötigung.

Frau auf, die auf ihre Weise den Versuch macht, ins Profane zu ziehen.

Die Legende von Maria bleibt auf der Erde. Im Gegensatz zur biblischen Geschichte empfängt diese Maria nicht vom heiligen Geist. Beide Eltern haben ihre Opfer dafür gebracht. Es gibt keine randständige Figur wie Joseph – oder in der Geschichte des Patienten der Vater gegenüber der Dominanz von Mutter und Kind. Die Marienlegende veranschaulicht, wie sich das Leben in einem ewigen Wechsel vollzieht. Weder die Persistenz des Besonderen oder des Heiligen noch die des Alltäglichen wäre erträglich. Wir alle haben die Phantasie, besonders zu sein. Nur muß diese Phantasie täglich gezähmt und relativiert werden mit dem Wissen, daß es eine Wunschvorstellung ist. Und auch diese Wunschphantasie hegt schon der nächste so selbstverständlich wie ich. Je bewußter wir sie uns machen, umso weniger gefährlich wird sie für uns und den nächsten. Mag sie dann als gezähmter Größenwahn – Freud sagte noch »gedämpfter« Größenwahn (vgl. 1914, GW X, S. 160) – ruhig beflügeln.

# Einzelne spezifische Konstellationen aus Analysen von Kriegs- und Nachkriegskindern

*»Nun will die Sonn' so hell aufgeh'n*
*als sei kein Unglück, die Nacht gescheh'n!*
*Das Unglück geschah nur mir allein!*
*Die Sonne sie scheinet allgemein!«*

(Friedrich Rückert)

*»Oft denk' ich, sie sind nur ausgegangen!*
*Bald werden sie wieder nach Hause gelangen!*
*Der Tag ist schön! O, sei nicht bang!*
*Sie machen nur einen weiten Gang!*
*Jawohl, sie sind nur ausgegangen*
*und werden jetzt nach Hause gelangen!*
*O, sei nicht bang, der Tag ist schön!*
*Sie machen nur den Gang zu jenen Höh'n!*
*Sie sind uns nur vorausgegangen*
*und werden nicht wieder nach Haus verlangen!*
*Wir holen sie ein auf jenen Höh'n*
*im Sonnenschein! Der Tag ist schön auf jenen Höh'n!«*

(Friedrich Rückert)

Im Anschluß an die ausführlicheren Darstellungen, wie Kriegs- und Nachkriegsereignisse in Strukturentwicklungen eingegangen sind, möchte ich auf einige weitere kriegstypische, immer langwierige, ein ganzes Leben prägende Konstellationen aufmerksam machen, die aus Analysen herausgegriffen sind. Ihre Ursache wird und wurde nicht weiter hervorgehoben, weil sie zum einen als im Krieg an der Tagesordnung, zum anderen als überstanden gelten. Dabei sind sie von zu großer Bedeutung, um sie dem Vergessen zu überlassen.

In einer Studie über »Psychisches Trauma. Ein psychoanalytisches Konzept im Theorie-Praxis-Zusammenhang« (1987) fanden Joseph Sandler und Mitarbeiter des Sigmund-Freud-Institutes »drei Aspekte, die den inneren Kern des Bedeutungsraumes von ›psychischem Trauma‹ [...] bestimmen: Zunächst das *Ereignis/die Situation* verknüpft mit dem *Erleben* und die

Intensität der subjektiven *Nachwirkung* dieses Ereignisses in Interaktion mit und variierend entsprechend der prädisponierenden Faktoren im Individuum« (S. 99). »Zentrales Element im Verständnis der traumatisierenden Situation ist also *Hilflosigkeit*, die entsteht, *wenn die Reizschranke überschritten* wurde.« (S. 100) An den Elementen, die als Folgen aufgeführt werden, läßt sich zwischen kurz- und langfristigen Folgen unterscheiden, »die ihrerseits wiederum zu einer bestimmten Schwäche prädisponieren, mit einem späteren Trauma umzugehen und zu einer niedrigeren Schwelle gegenüber und einem höheren Maß an Anfälligkeit für Traumatisierungen führen.« Der Begriff »Trauma« deckt in der psychoanalytischen Umgangssprache zweierlei, »die unmittelbare Erfahrung wie *auch* eine ganze Reihe von Auswirkungen, die bestehen bleiben und sich in pathologischer (oder vielleicht anderer) Form manifestieren«. Von hier aus kommen Sandler und Mitarbeiter zur »Perspektive des Prozesses« beziehungsweise einer »Perspektive eines Status, eines Zustandes (›what is left behind‹)«. So unterscheiden sie im Prozeß Teile, die untereinander in Verbindung stehen. Das sind die psychische Traumatisierung selbst und bestimmte Folgen, die pathologisch sein können. Den Folgezustand benennen Sandler und Mitarbeiter in Abhebung von der »psychischen Traumatisierung« die »psychische Traumatopathie«, wenn »für das Individuum eine bedeutsame innere Anpassung, die mit der Reihe einschlägiger Ereignisse korrespondiert«, erfolgt, eine – wie ich es bezeichne – langfristige, eigentlich chronische beziehungsweise chronifizierende Folge. Die unmittelbaren Reaktionen heben sich deutlich von »sekundären Adaptationen«, das heißt mittelbaren und langfristigen Folgen, ab und haben als unmittelbare Folge auch eindeutigeren Symptomgehalt wie Panik, depressive Gefühle, Rückzug. Es ist eher die mittelbare Reaktion oder Anpassung, die die »Traumatopathie« mit Entwicklungsabweichungen oder Charakterstörungen auslöst. Dabei bleibt immer noch der Traumatisierungsprozeß als eine Art zirkulärer Prozeß bestehen.

Diese Differenzierung erweist sich als nützlich und beschreibt im Grunde den aus der Medizin bekannten Chronifizierungsprozeß, wenn aus einer -itis eine -ose (beispielsweise Hepatitis und Hepatose) wird, eine akute, durch Infektion oder andersartige Traumatisierung ausgelöste Entzündung, die für sich ausheilen oder aber in ein chronisches Stadium übergehen kann. Chronifizierung ist ein Prozeß, der sich langsam und schleichend schließlich auf weitere Funktionen oder Organsysteme direkt oder indirekt auswirkt beziehungsweise in ihnen ausbreitet. Nur wenige Situationen, denen meine Patienten ausgesetzt waren, passen eindeutig unter den beispielsweise bei Sandler und Mitarbeitern gefaßten Begriff des psychischen Traumas als Einbruch, Ereignis, Situation, das dann eine langfristige Folge evoziert; jedoch weisen viele meiner Patienten deutlich das auf, was von Sandler und Mitarbeitern als »Traumatopathie« diagnostiziert wird. Obwohl sich diese Patienten als narzißtische Charaktere mit einer traumatischen narzißtischen Verletzung der Kindheit diagnostizieren ließen, begreife ich sie mehr als primär indirekt durch den Krieg und seine Auswirkungen geprägt. Der Khansche Begriff der kumulativen Traumatisierung charakterisiert sie viel besser. Etwa der Tod eines Elternteils oder beider Eltern oder auch eine Toterklärung sind dann einbrechende, einschneidende Ereignisse sicher traumatischer Natur, die dennoch nicht von ungefähr kamen, sondern sich aus ungewöhnlichen Außenumständen ergaben, die wiederum zu ungewöhnlichen Objektbeziehungen mit vielfältigen Störungselementen führten. Meine Patienten haben ihre Leiden eher *an traumatisierenden Gesamtkonstellationen, die nur vor dem geschichtlichen Hintergrund interpretierbar sind, erworben*. Sie kannten oft gar nicht erst einen »Normalzustand«. Diese Konstellationen wirkten wie ein Organisationsprinzip, wie es Ekstein (1975) beschreibt, das wohl einen diesen Verhältnissen entsprechenden glücklichen und einen weniger glücklichen Ausgang haben dürfte. Diese Patienten reagierten mit ihrer ganzen Individualität darauf und waren – weil als Kinder in je unterschiedlichen Entwicklungsphasen besonders verletzbar – folglich überfordert. Diese Situation ist der Hilflosigkeit bei der psychischen Traumatisierung ohne weiteres vergleichbar. Als Kinder waren sie in solchen Situationen mehr auf Hilfe angewiesen als etwa ein Erwachsener. Über diesen Aspekt sind sich auch Anna Freud (1967) und ihre Mitherausgeber einig, in dem Sinne, daß bei Traumatisierungen von Kindern stets die gerade aktuelle Entwicklungsphase für Libido- und Ichfixierungen oder gar -arretierung äußerst bedeutsam sind. Weil die Erwachsenen, die Eltern oder andere, jene kindliche Hilflosigkeit nicht begriffen, konnten die Kinder weder Orientierung und Verständnis noch adäquate Bewältigungsmaßnahmen entwickeln. Die Eltern, die in der Regel gegen Extremumstände ankämpften, waren von ihrer eigenen kriegs- und nachkriegsbedingten Situation überwältigt. Sie waren zum Teil traumatisiert oder, wenn sie Nazis waren, oft derart von dieser Ideologie gefangen, daß sie die Bedürfnisse der Kinder nicht mehr sahen. Die Notwendigkeit der klärenden Hilfe für ihre Kinder erfaßten sie nicht mehr, so daß diese an Gegebenheiten in der Objektbeziehung kumulativ scheiterten, was sich mit einer *zunehmenden Verstörung* vergleichen läßt. Dieses *anwachsende Scheitern* wurde später erst in der entwickelten »Traumatopathie« – um diesen Begriff für den Vergleich zu übernehmen – sichtbar. Die Kumulierung der Enttäuschung in der Objektbeziehung war es, die mir Khans Begriff vom kumulativen Trauma so hilfreich werden ließ. Dabei haben Breuer und Freud die Summierung traumatischer Wirkung bereits 1893 in die Begriffsbildung von Trauma einbezogen: »Nicht selten finden sich anstatt des einen großen Traumas bei der gewöhnlichen Hysterie mehrere Partialtraumen, gruppierte Anlässe, die erst in ihrer Summierung traumatische Wirkung äußern konnten und die insofern zusammengehören, als sie zum Teil Stücke einer Leidensgeschichte bilden.« (GW I, S. 84) Freud engt später – und das ist für diese Betrachtungen wichtig – die Entwicklung von Neurosen auf Situationen oder Zeitepochen ein, die für die Betreffenden von außen her in einer gewissen Weise »Normalbedingungen« darstellen. 1933 waren psychoanalytische Behandlung, Ausbildung und Forschung in Deutschland für fast zwei Jahrzehnte aufgehoben worden, und bis frühestens in die Mitte der siebziger Jahre geschahen sie unter der geradezu getreulich wiederaufgenommenen Neurosenlehre, wie sie für annähernd »normale« Lebensbedingungen entwickelt war. Die Diskussionen von »Kriegsneurosen« nach dem Ersten Weltkrieg hatten nur die Sondergruppe der Soldaten im Krieg dargestellt und beschäftigten sich mit Reaktionen, die durch den Heeresdienst ausgelöst waren (Freud u. a., 1919). Dorothy Burlinghams und Anna Freuds »Kriegskinder« (1949) ließen kaum aufhorchen. Wenn die Herkunft dieser Verstörung als »Traumatopathie« oder narzißtische Neurosen in der »zweiten Generation« in Analysen noch klärbar ist, geschieht in der nächsten, der »dritten Generation« eine weitere Entstellung im Sinne von Verzerrung, die ohne Kenntnis der Geschichte der Motive und Konstellationen der davorliegenden Generationen nicht mehr zugänglich sind beziehungsweise verstanden werden können. Nur ein kleiner Teil dieser Patienten hatte eine ausgeprägte Symptomatik (wie Patient A. im Kapitel »Die Tragik von Identifizierungsprozessen in der ›zweiten Generation‹ – eine Gegenüberstellung«) und suchten deshalb eine Analyse, die bei Neurosen gewohnte Behandlungsmotivation. Häufiger kamen sie in die Analyse mit der vagen Ahnung, etwas klären zu wollen, (wie Patient M. im genannten Kapitel), sie waren eher verstört oder mit der vagen Hoffnung angetan, ihre Zukunft möge etwas leichter sein. Es ging vielmehr um den Patienten nicht bekannte tote Teile ihres Charakterpanzers, unverständliche Verhaltensweisen, die häufig heute auch durch eine Alternativmotivation rationalisiert waren, um die Nicht-Entfaltung ihrer eigentlichen Fähigkeiten und Talente. Ebenfalls typisch für diese Erkrankungen ist, daß manche von ihnen sich fast gar nicht als krank oder gestört einschätzten, sondern in Analyse kamen, weil sie das verständliche, aber auch kompensatorische Motiv hatten, andere besser zu verstehen und ihnen zu helfen, eine komplexe Form altruistischer Abtretung. Sie wollten Analytiker werden. Unter diesem »Etikettenschwindel« war ihnen eine [Lehr-]Analyse im Zuge der Ausbildung quasi auferlegt, die sie für sich persönlich sonst nicht gesucht hätten. In Wirklichkeit brauchten sie sie ganz primär und dringend für sich selbst, was sie im Verlauf der Analyse erst erkennen konnten. Bei einer anderen, vom Analytiker durchschaubaren Variante der Vermeidung, eigene Krankheit oder psychische Schwierigkeiten anzuerkennen, vermeidet der eigentliche Patient die Behandlung: Als der »zweiten Generation« angehörende Eltern schieben sie ihre Kinder als Träger eines abgespaltenen Symptoms vor. Solche Behandlungen verlaufen außerordentlich schwierig, oft auch erfolglos, weil diese Eltern eine eigene Beteiligung an den Krankheitssymptomen der Kinder permanent leugnen.

# Tod

Ich habe mehrere Patienten behandelt, die einen Elternteil oder beide Eltern im Krieg verloren hatten. Ein solcher Verlust wird zwar von den meisten als schlimm[1] empfunden, aber nur wenige können ermessen, welche Auswirkungen er und seine Bewältigung auf das weitere Leben und die Struktur der Betroffenen hatte.

Eine Patientin, die vor einer anspruchsvollen Ausbildung stand, kam zuversichtlich zu mir, um gleichzeitig eine Analyse zu machen. Ihre feste Entschlossenheit, die im Kontrast zu ihrer körperlichen und sonstigen Zartheit stand, vielleicht auch ihre Unbefangenheit und Ahnungslosigkeit angesichts dieser Vorhaben, ließ mich etwas zurückhaltend und kritisch werden, und ich fragte mich, ob diese großen Aufgaben für sie sinnvoll und zumutbar seien. Daß sie ihre Mutter und kurz darauf auch ihren Vater im Krieg verloren hatte, stellte sie als eine Tatsache und Bedingung ihres Lebens hin, an die sie gewohnt war. Trotz dieser Bedenken entschloß ich mich sehr rasch, ihre Analyse zu übernehmen. Erst mit der Zeit erfuhr ich die näheren Umstände ihrer frühen Verluste. Sie war während eines Bombenangriffes auf eine deutsche Großstadt vorzeitig zur Welt gekommen. Unmittelbar nach ihrer Geburt mußte sie zu ihrer Versorgung rasch in eine andere Abteilung der Klinik gebracht worden sein, die sich in einem anderen Gebäudeteil befand. Der Teil, in dem ihre Mutter lag, wurde kurz darauf von Bomben zerstört. Das frühgeborene Kind überlebte durch diesen Zufall allein. Es wurde der Patientin später erzählt, daß ihr Vater von der Front in die Klinik gekommen sei, um sie zu sehen. Er hat sie also einmal in ihrem Bettchen angelächelt. Es war ein Lächeln, das für das Leben ausreichen mußte; denn der Vater fiel wenige Tage danach. Bevor die Patientin ihren Geburtstag feiern konnte, wie sie sich eine solche Feier vorstellte, vergingen mehrere Jahre der Analyse. Auch mir, der Analytikerin, war es eine Zeit lang nicht möglich gewesen, den doppelten Charakter dieses Tages zu sehen: Es war nicht nur der Geburtstag der Patientin, sondern gleichzeitig auch der Todestag der Mutter. So wie mir diese zweifache Bedeutung ihres Geburtstages nicht in den Sinn ge-

1 Schlimmer nämlich geht es nicht.

hen wollte, vergaß ich auch, daß man sie in ihrer Elternlosigkeit ja als Waise bezeichnet. Wie die Patientin überlebt hatte, hatte sie mir im Grunde bereits bei ihrem ersten Kommen gezeigt. Meinem kritischen Gefühl konnte ich nicht lange nachhängen, ich nahm sie ganz einfach und direkt an. Und das war es, was die Patientin in einem anderen auszulösen vermochte. Ihr Kommen zu mir war die Geburt einer neuen, für sie und mich wichtigen Beziehung. Die Patientin hatte es bewirkt, mich für ihre großen Aufgaben mitzureißen, und trug mir mit ihrem großen Mut und ihrer Zuversicht, die niemals umsonst waren, an, sie auf ihrem Weg zu begleiten. Auch einige andere Patienten sprachen – was sonst fast nicht vorkommt und dann vorwiegend aus einer Art Geschwisterneid geschieht – von ihr: Sie habe eine auf unverständliche Weise auffordernde, strahlende, freudige Art, auf die man gerne zugehen würde. Sie sehe aus wie ein goldlockiger Engel. Mit dieser Art gewann sie den anderen für sich. Es wird die einzige Möglichkeit gewesen sein, eine Überlebenshilfe; denn während sie in einer völlig zerstörten Stadt heranwuchs, wurde sie von einer Hand in die andere gegeben, bis sie nach Jahren bei jemandem bleiben konnte. Erst in der Analyse wurde der Patientin der Schmerz der Trennung deutlich, zunächst in den Ferien, an Wochenenden, später wurde das tägliche Ende einer Analysestunde schwer. Ihr fielen immer entlastende Lösungen ein. Eine originelle Lösung war zum Beispiel die, daß sie sich einen Hund anschaffte, der bereits auf sie wartete und sie fröhlich begrüßte, wenn sie von mir ging. Den Tod ihrer Mutter zu betrauern hatte eine andere Form. Sie hatte sie ja nie gekannt. Sie verdankte ihrer Mutter das Leben, das sie fortsetzte und das sie niemals leicht nahm. Auch wenn sie engelhaft über die Erde zu gehen schien, sah sie ihr Leben voller Aufgaben für sich und andere, denen sie mit großem Ernst nachging. Dennoch war es Aufgabe der Analyse, ihr Leben vom Leben der Mutter, deren Lebensweg am Beginn des Lebens der Patientin beendet war, zu trennen. Als ich sie später einmal wiedersah, war das Engelhafte gewichen. Sie lebte ihr Leben mit all den Mühen, aber auch Höhen eines Menschen, dessen Kontur und Begrenztheit sie, über sich lächelnd oder für sich lächelnd, trug.

Der Verlust eines Elternteils ist im Kindesalter besonders schlimm. Kinder bedürfen der Eltern für ihre weitere Entwicklung. Ein bereits erreichter Reifegrad, auch postödipal, wird durch einen derartigen Verlust erschüttert. Wie sehr es auf die Hilfe verständnisvoller Erwachsener für den andersartigen kindlichen Trauerprozeß ankommt, hat Erna Furmann (1974) in einer eigenen Monographie zu diesem Thema dargelegt. Eine besondere Form der Tröstung und Hilfe lernte ich bei einer Patientin kennen, die ihre Mutter als knapp Vierjährige im Krieg verloren hatte. Dem Tod der Mutter war ein langes Siechtum vorausgegangen. Da es damals kaum ursächlich wirkende Pharmazeutika gab, wie etwa Antibiotika, konnten Krankheiten oft nur aus eigener Kraft überwunden werden. Das bedingte eine wesentlich längere Krankheitsdauer beispielsweise bei Infektionskrankheiten, als wir das heute gewohnt sind. Das Bangen um ein Familienmitglied während solcher Krankheiten blieb Kindern nicht verborgen oder erspart. So hatte ein Arzt der Mutter von einer weiteren Schwangerschaft und Geburt abgeraten, was im Grunde ein Verbot darstellt. Trotzdem bekam die Mutter ein Kind, nämlich meine spätere Patientin. Außerdem hatte sie schon zwei Töchter, die unwesentlich älter waren. Schon bei der Geburt des letzten Kindes war die Mutter also nicht ganz gesund. Als die Patientin etwa drei Jahre alt war, flüchtete die Mutter mit den Kindern auf einem Planwagen vor den Russen nach Westen. Wegen des Regens und der Kälte breitete sie ihren Mantel schließlich über ihre drei Kinder aus. Vorläufig fanden sie bei Verwandten Unterkunft. Die Krankheit der Mutter aber schritt fort, und die Kinder kamen in ein Kinderheim. Erst nach dem Tod der Mutter und ihrer Beerdigung wurden sie zurückgeholt. Verzweifelt wegen des Todes der Mutter und angesichts der kriegsbedingten Lebensumstände entschloß sich der Vater, die drei kleinen Mädchen zum Großvater nach Westdeutschland zu geben. Von nun an war endgültig nichts mehr selbstverständlich, und die Kinder fühlten, daß sie für alles, was sie bekamen, dankbar sein mußten. Der Großvater war verwitwet und hatte eine hilfreiche, auch schon ältere Verwandte um sich. So hatten die Kinder zwar das Allernotwendigste zum Leben, doch war der Großvater kaum in der Lage, die Kinder zu trösten und zu erziehen. Schon während der Krankheit der Mutter im Kinderheim und nun auch in dieser Situation organisierten sich die Schwestern in einer Solidargemeinschaft, die ihnen das Überleben erleichterte. Gegenseitig bestärkten und bestätigten sie sich bis hin zu phantastischen Zukunftsträumen. Die in diesen Bestärkungen und Bestätigungen enthaltene Tröstung duldete nicht, daß sich eine der Gruppe hätte gehen lassen; denn wäre eine in ihrem persönlichen Schmerz ausgebrochen, hätte das die Bindung und Tragfähigkeit der Gruppe gefährdet. Einmal, wohl fast zwei Jahre später, nachdem sie bei dem Großvater waren, brach aus meiner späteren Patientin bei einer gemeinsamen Mahlzeit unter Tränen die schmerzvolle Klage: »Ich habe keine Mutter.« Niemand hatte das mehr erwartet. Dieser Ausbruch war für die, die ihn mit anhörten, doppelt erschütternd, weil er nicht nur diesen gegebenen schweren Zustand bestätigte, sondern weil er plötzlich das seit dem Tod der Mutter bestehende Leid aufleuchten ließ und den erleichternden Umstand, daß das Kind bisher nicht geklagt hatte, als Schein herausstellte. Es waren nicht einmal der Großvater oder die Tante, die sie pflegten, welche dieses Leid nicht hören wollten, vielmehr war es die Gruppe der Schwestern, stellte doch ein solcher Zusammenbruch das Vermögen zu stabilisieren infrage. Auch Unartigkeiten hätten die Stabilität der Gruppe gefährden können. Nur die Mutter im Himmel sah die Gruppe und das, was sie gelegentlich Böses oder Verbotenes tat. Da sie aus der kindlichen Sicht der Geschwister auch wissen mußte, daß sie diese Kinder verlassen hatte, hoben sich Anklage der Mutter gegen die »Unartigkeiten« der Kinder und eigene Schuld der Mutter, sie verlassen zu haben, auf, was letztlich die Idealisierung der Mutter im Himmel förderte. Das Verlassen der Kinder stellt eine projektive Schuld dar, die sich daraus erklärt, daß das kleine Kind denkt, die Mutter sei weggegangen für immer – also gestorben –, weil es böse und nicht liebenswert war. Die Patientin und auch ihre Schwestern phantasierten manchmal, der Vater solle auch sterben. Während sie mit dem Verlust der Mutter Halbwaisen geworden waren, hätten sie dann nämlich als Vollwaisen gegolten. Die Vorstellung oder Tagphantasie ließ sich dahingehend klären, daß die Patientin sich als Vollwaise wirklich des Trostes der anderen bedürftig und die anderen auch wirklich aufgefordert gesehen hätte, sie in ihrem Schmerz ernst zu nehmen. Jeder andere war für sie deshalb so anders, weil er in der Regel eine ja existentiell notwendige Mutter hatte, was Befangenheit und im Grunde Neid auslöste. Untereinander übernahmen die Schwestern mütterliche Funktionen füreinander, teils wechselnd, teils in der Konstellation jedoch sehr konstant. Eine der Schwestern blieb die eigentliche Mutter. Eine andere Schwester war Ärztin und galt mit diesen Kenntnissen partiell mütterlich kompetent. So konnten Überichanforderungen jeweils ins Gegenüber verlegt werden und insbesondere archaisch strenge aus dem Gesamt eines Überichs vorübergehend ausgegrenzt werden. Das Überich glich einem Gruppen-Überich. Seine archaischen Züge stammten von der Mutter, deren wirkliche Forderungen nach ihrem Tod nie mehr lebendig und damit realitätsgerecht erfahren worden waren. Ihr Überich und ihr Ichideal schauten konstant und unveränderbar vom Himmel herab. Einem Außenstehenden wurde es mit der Zeit immer weniger möglich, in diese Autarkie mit eigenem Rechtsdenken, das die Gruppe entwickelt hatte, einzudringen. Die Gruppe war auf diese Weise dem ödipalen Kernkonflikt ausgewichen und hatte somit starke präödipale Verhaltensweisen bewahrt. Als der Vater und eine stellvertretende Mutter Jahre später die Kinder in ein neues Zuhause holten, vermochten sie allenfalls noch etwas mit der Gruppe als ganzer zu bewirken, zu dem einzelnen ließ sich keine Beziehung mehr herstellen. So war, als meine Patientin zur Analyse kam, nur einer der Schwestern eine tragende Partnerwahl gelungen. Anfangs wurde dieser Partner wie der langersehnte Bruder in die Gruppe einbezogen und gehörte allen. Der Entschluß der jüngsten Schwester, bei mir eine Analyse zu beginnen, bedeutete Verrat an der Solidargemeinschaft. Meine Deutungen wurden durch ganz Deutschland gekabelt und untereinander besprochen, bis sich die Patientin einer wohltuenden gegenwärtigen und konstanten Beziehung zur Analytikerin überlassen konnte. Sehnsucht mit dem Sog der Verschmelzung, Haß und Vorwurf gegenüber der Mutter sowie das Schuldgefühl, ihre Kräfte reduziert zu haben, bei ihrem Tod nicht anwesend gewesen zu sein, waren Themen beziehungsweise Aufgaben einer langen, arbeitsreichen, schönen Analyse, in der die Patientin ihre zwar vorhandene, aber nicht voll durchgeführte Individuierung austrug und weiter ausdifferenzierte.

Ich möchte für beide Patientinnen nachtragen, daß sie sehr

schöne Bilder für ihre verstorbenen Eltern beziehungsweise Elternteile gefunden hatten. Einmal war es ein fernes Königspaar, das schließlich im Analysezimmer seinen vorübergehenden Platz fand, das andere Mal eine klassizistische Darstellung einer entschlafenen Frau, aus der sich die Seele als ihr völlig identisches Doppel zu erheben begann. Später, als die innere Trennung von der Mutter fortgeschritten war, wurde Krankheit und Sterben mit dem erschütternden Bilderzyklus von Ferdinand Hodlers Geliebter, Valentine Godé-Davel, zur Vorstellung und Vermittlung zwischen uns von der Analysandin gefunden.

## Toterklärung

Der Verlust eines Elternteils kann auch im *Verschollensein* bestehen. Da sich das Schicksal eines Soldaten, der zuhause Sohn, Ehemann und Vater ist, nicht vorstellen läßt, sind die, die auf ihn warten, überfordert; denn für sie kann ein Verschollener tot und doch lebendig in einem sein. Zunächst kämpfen die Angehörigen gegen ihre Ahnung an, er sei tot, mit der Zeit fühlen sie diese Ahnung jedoch bestätigt. Diese beiden konträren Möglichkeiten erzeugen eine Spannungssituation, die vielen Phantasien Wirklichkeitscharakter verspricht. Eine Patientin, deren Vater verschollen war und in deren Analyse ich diese Situation kennenlernte, klagte über ein ständig wiederkehrendes, unerklärliches Übelsein, das gleichmäßig nach der ersten Hälfte des Morgens begann. Sie empfand dann ein Unbehagen in der Magengegend, fühlte sich mitgenommen und lustlos, angefangene Arbeiten fortzuführen, ihre Gedanken verwischten sich. Die Patientin erlebte täglich jeweils eine umschriebene depressive Episode. Weil das an Sonntagen nicht so ausgeprägt war, legte sich die Erklärung einer Überforderung durch das Alltagsleben nahe. Diese Verstimmung trug genau gesehen jedoch einen Ablauf in sich; sie steigerte sich bis zum Eintreffen der Post und ließ dann nach mit einem Gefühl, das genau erwartet zu haben, nämlich eine vage Enttäuschung und Entlastung in einem. Seit ihrer späteren Kindheit meinte sie dieses Gefühl zu kennen, das mit dem Mittagessen ausklang. Als mir ihre Geschichte und ihre Lebensumstände hinreichend bekannt waren, wagte ich, probeweise meine Vermutung auszudrücken, daß sie auf eine Nachricht von oder über ihren Vater wartete. Mit dieser Vermutung traf ich quasi ins Schwarze. Indem ich es klar aussprach, ermöglichte ich ihr, ihren Phantasien Ausdruck zu geben, die zwischen bewußt und unbewußt sein hin und her glitten, nämlich die Hoffnung, daß der Vater noch lebe. Lebte er noch, mußte er eine Gestalt haben, mußte er irgendwo sein, würde sie ihm vielleicht irgendwo, vielleicht unerkannt, begegnen. In der Vorstellung eines Kindes war er für sie ein Mann im Eis mit einem langen Bart, irgendwo in Rußland. War es ursprünglich naheliegend, den Vater dort zu sehen, war es später notwendig, ihn geradezu dahin zu verbannen. Der Vater, der sich ja in der Nähe der Patientin hätte befinden können, war durch die entstandene gegenseitige Unkenntlichkeit zum gefährlichen Vater geworden, mit dem man Schranken hätte überschreiten können, ohne daß man es gewußt oder gewollt hätte, Phantasien, die für das sexuelle Verhalten eine extreme Belastung bedeuteten.

Noch extremer hatte sich für die Patientin ein Handeln der Mutter ausgewirkt, der Erwartungsspannung gegenüber Tod oder Leben des Vaters ein Ende zu bereiten. Wie die Patientin, bei der sich diese Spannung mit dem täglichen Eintreffen der Post ereignete, hatte die Mutter sie ertragen müssen. Der Schritt, zu dem sich die Mutter entschloß, war, den Vater für tot erklären zu lassen, was nach einem Zeitraum von zehn Jahren nach Kriegsende möglich war. Damit ergab sich für sie die Möglichkeit, noch einmal zu heiraten. Die Patientin, kurz vor Kriegsende geboren, war zu diesem Zeitpunkt etwa elf Jahre alt. Was diesem Amtsakt vorausgegangen war, welche inneren Kämpfe ihre Mutter durchstanden, bis sie sich dazu durchgerungen hatte, wußte die Patientin nicht, wollte sie auch zunächst nicht wissen. In ihren depressiven Episoden trug sie die Spannung und Hoffnung weiter. Sie erhielt auf diese Weise den Vater am Leben und blieb ihm treu. Durch die Toterklärung, eine Macht der Mutter über Leben und Tod, die in Absicht und Worten bestand, wurde das magische Erleben der Patientin aus seiner Verdrängung zurückgerufen und ihm Wirklichkeitscharakter zugesprochen. Dieser Macht wegen fürchtete und haßte die Patientin ihre Mutter, die ihr den Vater geradezu genommen hatte. Denn nun wurden nicht länger unklare, anonyme äußere Umstände für den Tod des Vaters angenommen, sondern für die Patientin war es die Mutter, die ihn verantwortete. Niemand dachte daran, was das Verhalten für die damals Elfjährige, noch gerade ein Kind, bedeutete und welche Auswirkungen es haben konnte, niemand versuchte, es ihr zu erklären. Trauer hatte sich in jahrelanger Ungewißheit aufgezehrt. Der Patientin selbst aber drohte die Identifizierung mit der omnipotenten Mutter, und sie stand unter dem Zwang, alles oder nichts zu können. Stets war sie in größter Besorgnis über die eventuelle Auswirkung ihres Denkens und Tuns und befand sich, als sie zu mir in die Analyse kam, in großer innerer Unsicherheit gegenüber ihren Kindern und ihrem Mann. In der analytischen Behandlung mußte Verständnis für die Mutter gewonnen werden, damit die von dieser auch auf so unnatürliche Weise gesetzte Grenze zu einer Beendigung der Hoffnung und der Trauer werden konnte, die nun auch von der Tochter angenommen wurde. Ihre Phantasien von ihrem Vater und ihrem Verhältnis zu ihm hatten sie – wie sie als längst erwachsene Frau in der Analyse sah – in eine Grenzenlosigkeit gestürzt.

## Entfremdung

Bei aller Hoffnung auf die Heimkehr der Väter, bei aller Hoffnung auf die Wiederzusammenführung der Familien ist wahrscheinlich wenig daran gedacht worden, welche Problematik die in der vergangenen Zeit aufgekommene Entfremdung innerhalb der gleichen Generation und der Erwachsenengeneration und den Kindern entstehen lassen würde. Im Kapitel »Bedrängnis und Emanzipation« bin ich kurz darauf eingegangen, aber auch im Kapitel »Opfer und Täter« ist dazu eine wichtige Szene enthalten, an die ich hier erinnere. In der Erwartung der Rückkehr eines Helden gab der Patient den Platz des Vaters, auf den er gesetzt worden war und den dieser jetzt einnahm, frei, indem er trotz all seiner sonst bewiesenen Geschicklichkeit vom Baum stürzte. Die Enttäuschung über den Vater, der dann später gar nicht wie ein Held, sondern abgemagert und krank in einem kleinen Leiterwagen sitzend heimkehrte, war im Grunde vom Patienten nicht überwindbar. Da niemand in der Familie mit dem für sie enttäuschenden Kriegsende fertig wurde, erlangte der Vater für den heranwachsenden Sohn keine Autorität mehr. Dagegen blieben die alten Vorstellungen und Wünsche der Mutter für den Sohn bestehen. Jahrelang hatte sie zuhause die Regie geführt und mußte nun für den kranken Mann, dessen Stolz und Selbstbewußtsein darniederlagen, lange Zeit sorgen. Dem Patienten, der bei der Rückkehr des Vaters noch keine zehn Jahre alt war, war es nicht möglich, von sich aus eine Beziehung zu diesem Menschen aufzubauen, den er immer erwartet und sich so anders vorgestellt hatte und der im Gegensatz zu seinen Vorstellungen jetzt so bedürftig war.

Ein anderer Patient erlebte seinen heimkehrenden und zunächst arbeitslosen Vater, den er nie zuvor gesehen zu haben glaubte, an den er sich nicht erinnerte, wie einen Fremdkörper, der keine Funktion hatte. Der Vater war so anders, entsprach weder dem Bild, das irgendwo in einem Eckchen stand, noch dem, das er sich in seinen Phantasien von ihm gemacht hatte; denn für ein kleines Kind waren Fronturlaube von wenigen Tagen und vielleicht in halbjährigen oder viel längeren Abständen zu kurz und zu selten, um sich vom Vater ein Bild zu machen. Als der Vater dem Sohn, der gerade ein halbes Jahr zur Schule ging, erstmals bei den Schularbeiten zusah, wie dieser sich bemühte, mit Tinte zu schreiben, muß diese ungeschickte und wohl auch ungeduldige Bemühung dem Vater in ihrer Diskrepanz zu seiner durchlebten und gerade erst beendeten Not unerträglich gewesen sein. Sie ließ ihn die Fassung verlieren, so daß er den Sohn verprügelte, der für sein Empfinden nicht einmal etwas Ordentliches zu Papier brachte. Das Kind war verstört und konnte diese Bestrafung nicht verstehen; denn es hatte gerade erst begonnen, mit Tinte zu schreiben. Ein mißtrauischer Abstand blieb zwischen Sohn und Vater bestehen, solange dieser lebte. Aus der Sicht des Erwachsenen und aus viel späterer Zeit betrachtet läßt sich die über den Vater hereinbrechende Verzweiflung verstehen, die Überforderung, eine neue Art von Geduld einem Kind gegenüber zu erbringen. Niemand war auf solche Situationen des Sich-Findens und Sich-Wiederfindens vorbereitet. Sie wurden meist voller Hoffnung, ganz unbefangen erwartet; die Ängste, daß und wie man sich inzwischen voneinander unterschied, wurden zurückgestellt. Die Mutter hätte zwischen Vater und Sohn vermitteln können, aber sie dürfte mit ihrer eigenen Entfremdung ihrem Mann gegenüber zu tun gehabt und gespürt haben, daß ihre Aufgabe, mit den Kindern zu überleben, mit dem Krieg nicht zu Ende war; denn es kehrten Verlierer heim. Der Sohn trug die Bürde einer tiefen Befangenheit davon. Immer wenn er in seinem späteren Leben jemandem begegnete, der vermeintlich mehr wußte als er und mit dessen Leistung er sich – in der Schule und im Studium – hätte messen müssen, ließ ihn dies an sich verzweifeln, obwohl er ein Studium abgeschlossen hatte, eine offene Wahrnehmung besaß und künstlerisch begabt war, was sich beispielsweise in seinem ästhetisch so gut entwickelten Sinn für Form und Gestaltung ausdrückte.

Möglicherweise betraf ein solches tiefes Unverständnis besonders die Söhne, die sich mit den heimgekehrten, nun leibhaftig gewordenen Vätern identifizieren und ihr phantasmatisches Bild korrigieren mußten. Die Väter hatten einen Großteil der Entwicklung ihrer Kinder nicht miterlebt, er war ihnen verlorengegangen. An dieser vergangenen Zeitphase konnten sie ermessen, wieviel Zeit sie selbst durch den Krieg sinnlos verloren hatten. Außerdem beneideten sie wohl ihre Kinder, die, soweit es in der Kraft ihrer Mütter stand, behütet und umsorgt worden waren, während sie sich für Wahnsinn und Gewalt hatten opfern müssen. Sie hatten unvergleichbar Schreckliches gesehen, erlebt, erlitten und vielleicht getan. Daß Kinder im Alltag bedürftiger waren und mehr gefördert werden mußten, war ihnen darüber fremd geworden. Dagegen hatten sie einen »Sinn« darin gesehen, sie unter Einsatz ihres Lebens zu verteidigen. Unter diesen Voraussetzungen kam es in einem anderen Beispiel zwischen Vater und Sohn zu einer eine chronische Entfremdung einleitenden Szene: Der aus dem Krieg heimgekehrte Vater, früher Koch, backte kurz nach seiner Rückkehr Pfannkuchen und sagte, als sein aus der Schule zurückkehrender Sohn, noch mit dem Schulranzen auf dem Rücken, dazukam: »Du hast nur Appetit, ich habe Hunger.« Daraufhin nahm er von dem Teller mit den aufgeschichteten

Pfannkuchen einen nach dem anderen, drehte sie zu Röllchen und schob sie alle nacheinander in seinen Mund. Mit dieser Szene verstummte es zwischen Sohn und Vater im Grunde für immer.

Es handelt sich bei solchen »Kleinigkeiten« nicht etwa um besondere Empfindlichkeiten oder Sensitivitäten, die – wie man leicht sagen könnte – typischerweise in der Praxis eines Analytikers vorkommen. Ich möchte die Sensibilität in die Situation der Wiederbegegnung zurückverlegen, wie sie aus der Ethologie als Prägezeiten bekannt sind; beispielsweise erkennt ein neugeborenes Tier seine Mutter unmittelbar und für immer, sofern die Mutter für seine erste Entwicklung notwendig ist – eine Graugans an der Stimme, ein Zebra am mütterlichen Streifenmuster des Halses. Die Zeit des Wiederfindens nach dem Krieg hatten beide Seiten überlange erwartet. Sie mußte daher hochsensible Bedürftigkeiten beinhalten, die im Kontrast zum gesamten vorherigen Leben standen. Diese Bedürftigkeiten konnten angesichts der Brutalität des Krieges kaum ausgedrückt werden – sich in sie einzufühlen erschien meist wohl wie ein Luxus –, und in der Folge wurde die psychische Not wahrscheinlich noch tiefer durch erneute Tatkraft zugeschüttet, die zur Überwindung der äußeren Not der Nachkriegszeit und zum Wiederaufbau nötig war.

## Kriegsverletzung

Ein in den Charakter eingegangenes Triebschicksal zeigte sich bei einem gleich nach dem Krieg geborenen Patienten, dessen Vater verletzt aus dem Krieg heimgekehrt war. Fenichel (1946) beschreibt den »reaktiven Typus« als das »Ergebnis des chronischen Aufeinanderprallens von Triebansprüchen und versagender Außenwelt« (S. 36) Diese Außenwelt bedeutet in der heutigen Sprache der Psychoanalyse Objekte, Triebschicksale mit Vater oder Mutter. Dieses im folgenden dargestellte Verhalten bezieht sich nicht nur auf die offen zutageliegende Kastrationsthematik, sondern – wie Fenichel ausführt – »ebenso auf die Konflikte um das Selbstgefühl« (S. 35). Eine vorzeitig explodierende Granate hatte dem Vater dieses Patienten die rechte Hand abgerissen, und um diesen Verlust zu kompensieren, hatte er in der Folge ein ungemeines Geschick entwickelt – im Beruf, den er als früherer Handwerker wechseln mußte, und auch bei der Arbeit in Haus und Garten. Der Patient hatte seinen Vater nie anders als mit dieser Verletzung und der daraufhin entwickelten Geschicklichkeit erlebt. Zu Beginn der Analyse schilderte er seinen Vater immer wieder als kleinlichen, verbissenen, geradezu arbeitssüchtigen Emporsteiger, einen Menschen, der keine Minute lang Zeit für eine Empfindung oder gar Einfühlung gehabt habe. Es war, als hätte es nie eine Freude gegeben. Diese Schilderung des Patienten trifft wahrscheinlich einen ganz wesentlichen Kern. Es stellt sich dann jedoch die Frage, woher er den Gegensatz kannte, woher er wußte, was »normal« sei. Ich kann es nur so verstehen, daß er das Zuviel, die Übertreibung oder Übersteigerung, die in der Kompensation des Vaters lag, spürte. Selbst in den Ferien – so berichtete der Patient – habe der Vater sich neue Arbeiten aufgeladen, vor allem im Garten, dem er nicht nur seine Ordnung gab und in dem er viele Pflanzen selbst zog, sondern der geradezu die Akkuratesse des Vaters selbst ausstrahlte. Er pflanzte, er topfte um, all das konnte er allein. Ständig wühlte und wuselte er – wie es der Patient beschrieb. Mit dieser Schilderung versuchte der Patient offensichtlich abstoßende Gefühle im Zuhörer zu erzeugen, wie er sie selbst immer dieser übermäßig geordneten Fülle des Gartens gegenüber gehegt hatte. Aber nicht so sehr dieser Garten löste solche irritierenden Gefühle in mir aus, sondern die Unzufriedenheit des Patienten mit seinem eigenen Tun, den bei ständigem Arbeiten nichts in seinem Leben zufrieden machte. Selbst schilderte er sich einmal nach einigen Monaten als verkniffen, verhalten bösartig, stets ärgerlich verstimmt, arrogant und letztlich ehrgeizig. Das traf zu. Auf mich wirkte er im ganzen absolut unbeweglich und verhalten, was ich als eine die ganze Persönlichkeit beanspruchende Schutzhaltung verstand. Von Anfang an war er auch mir gegenüber argwöhnisch, in welche Sozialisation ich ihn unmerklich zwängen würde, wenn er sich von mir analysieren ließe, und ob das nicht seine letzten Kräfte verzehren würde. Seiner abstrakten Sprache, der gespreizten Wahl seiner Worte, Grammatik und Syntax versuchte ich ziemlich bewußt eine lebensnahe

Sprache entgegenzusetzen. Da dies auch eine Technik enthält, wie wenn ein Schauspieler sich »natürlich« zu sprechen bemüht, war ich stets überrascht und fühlte mich peinlich entdeckt. Denn meine wohlbedachten, aber dennoch affektiven Äußerungen, die sich auf mein Erleben stützten, das Überraschung sowie ähnliche Momente mit einschloß und auf natürliche Weise auszudrücken versuchte, paralysierte der Patient sofort sprachlich geradezu mit meiner eigenen Technik und ließ sie in der Imitation ins Banale und Leere laufen. Bemerkungen des Patienten wie »hm« oder – auf eine Wendung oder Äußerung meinerseits hin – »na ja«, »ja ja« machten jede meiner deutenden Bemühungen zunichte, oder er meinte, sich aus der aktuellen Situation distanzierend, das müsse er einmal überdenken. Ich fragte mich, warum der Patient so dringend zu mir kommen wollte, wenn ich ihm jetzt über Wochen und Monate nichts anderes als Banalitäten und Unsinn zu sagen schien. Von der Behinderung seines Vaters erzählte er ganz nebenher erst nach gut vier Monaten. Diesmal unterdrückte ich mein Staunen und horchte die Schilderungen daraufhin ab, ob die Verletzung beziehungsweise die Kompensation des Vaters je eine Anerkennung gefunden hatte. Dabei erfuhr ich, daß er *mit einer Hand* sein Elternhaus wiederaufgebaut und dafür von seinen Eltern nur einen Spottpreis erhalten hatte, als er auszog, und daß die Mutter des Patienten stets ärgerlich war, wenn der Vater im Garten wieder einmal nicht Schluß mit der Arbeit machen konnte und sie mit dem Abendbrot lange warten mußte. Als der Patient schilderte, daß er dem Vater helfen mußte, ließ ich mir das genau erzählen. Was mir auffiel, war, daß das Tun von Vater und Sohn weder den Anschein einer Zusammenarbeit noch ein Ziel einer gemeinsamen Arbeit hatte. So gab es keine Freude darüber und auch kein Ende. Der Patient mußte Hilfsdienste verrichten, die ihm gerade geheißen wurden, und das war selbstverständlich; zum Beispiel mußte er die Kehrschaufel halten, wenn der Vater sonntags die Diele auskehrte. Er war die linke Hand des Vaters, weil des Vaters verbliebene linke Hand so geschickt wie eine rechte geworden war. Bei solcher Gelegenheit klagte der Vater sogar, er habe ja nur eine Hand, was die Verpflichtung des Sohnes zur kompensierenden Hilfeleistung noch selbstverständlicher werden ließ. War der Patient nun eine linke oder eine rechte Hand? Seine Identitätsfrage stand immer offen; denn er war vereinnahmt worden und in seiner Bereitschaft zu helfen, war er auf eine Funktion reduziert worden, vergleichbar einem Partialobjekt. An sich stellte dieses Verhältnis zwischen Vater und Sohn eine Unterwerfungssituation dar.

Niemand im Elternhaus des Patienten hatte wohl die Klage des Vaters aufgefangen oder die ungeheure Kompensationsleistung bewundert. Die Mutter, die Ehefrau des Vaters, war stattdessen ins Nörgeln darüber gekommen, wieviel der Vater mache, was wohl auch hieß, wie wichtig er sich mache, wobei ich an die von Rangell genannte lebenslängliche Sucht, bewundert zu werden, erinnere. Wenn man ihn eigentlich als Kriegsversehrten hätte bedauern müssen, war diese Tatsache zu einer Bewunderung verschoben. Ein Kind kann niemals die spezifische Not eines Erwachsenen erfassen und bedauern. Der Patient konnte auch nicht für den Vater mitleiden oder sich in den Verlust einfühlen. Er litt eher wie auch die Mutter unter der forcierten Kompensation, und keiner durfte etwas darüber sagen, sondern im Gegenteil – alle waren stumm verpflichtet, an der Verleugnung mitzuwirken. Es war geradezu paradox: Er hatte das Glück, zwei Hände zu haben. Insofern war seine Geschicklichkeit und all sein Tun im Vergleich zum Vater nichts. Hätte er auch nur eine Hand gehabt oder noch schlimmer, hätten ihm beide Hände gefehlt und wäre er dennoch geschickt gewesen, hätte er den Vater in der phantasierten ödipalen Rivalität übertroffen. Sein unermüdliches, bis zur äußersten Erschöpfung reichendes Arbeiten wurde mir auf diese Weise verständlich. In fast jeder Hinsicht machte er aus dem Nichts etwas Erstaunliches. Er präsentierte es dann in der Analyse, sich selbst bewundernd. Bei allem Verständnis dafür hatte die ununterbrochene Darstellung eigener Großartigkeit schon etwas bedrängend Groteskes an sich. Bewunderung hätte ich eigentlich aussprechen sollen, aber er gab gar keine Gelegenheit dazu. Es war die gleiche Weise, wie sich sein Vater selbst getröstet hatte. In seinem Leben hatte der Patient alles bewußt so eingerichtet, um in keiner Weise dem Vater zu ähneln. Seine ununterbrochene Arbeit war auf Alternativprogramme ausgerichtet, die er bewunderte und dennoch gleichzeitig verwarf.

Mit diesem Schaffen aus dem Nichts glich er dem Vater. Als ich seine Kindheits- und Lebenssituation mir mit der Zeit besser vorstellen konnte, sein chronisch abwehrendes und entwertendes Verhältnis zu mir überdachte – ich konnte ihm offensichtlich nie etwas Sinnvolles sagen – und den Zusammenhang mit dem Verhältnis zum Vater verstand, fragte ich ihn, ob er meine Auffassung über sein Schicksal und sein heutiges Tun hören wolle. Als er bejahte, legte ich ihm in einer Rekonstruktion meine Vorstellung seiner Geschichte und Situation mit diesem kriegsverletzten Vater dar, einschließlich seiner seinerseits vereitelten Sucht, von mir bewundert werden zu wollen, der verschüttete Rest seiner libidinösen Einstellung. Darauf antwortete er in einem mir bisher unbekannten, aber warmen Ton, daß es erstaunlich sei, was ich da sage. Er war tatsächlich bewegt; denn in kurzer Zeit lösten sich danach seine verkrampften und in Vorhaltungen erstarrten Freundschaftsverhältnisse. Auf seiner Arbeitsstelle nahm er ihm weisungsgebundenen Untergebenen und von ihm Abhängigen gegenüber nun die Stellung ein, die von ihm als einer Autoritätsperson erwartet wurde. Und in der Analyse erzählte er auf einmal ohne die gewohnte, aus scharfer Intellektualität geborene Kontrolle dessen, was er sagte und was immer darauf eingerichtet war, so wenig wie möglich zu sagen und mich auf irgendeine Weise zum Reagieren zu bringen, um dann seinerseits darauf entwertend reagieren zu können. Entsprechend dem Kampf gegen den vereinnahmenden Vater durfte ich mich nicht für ihn als kompetent erweisen. Der Analysand und ich fanden, auch wenn alles in zögernden Schritten vor sich ging, ein wenig Freude an der gemeinsamen Arbeit, und das Verständnis vertiefte sich. Die sich noch viele Male wiederholende Situation konnte danach während des Durcharbeitens leichter erkannt werden. Für den Analysanden wurde zunehmend deutlich, daß er ständig versuchte, seine Existenz sich und anderen gegenüber zu behaupten, indem er darauf wartete, daß der andere etwas tue, um ihn dann jeweils aktuell zu überwinden. Der Patient war auf seinen Vater und die in der phallischen Phase entstandene Enttäuschung und daraus erwachsene Feindseligkeit fixiert. Er wollte so gern können, wie der Vater, aber auch sein eigenes Tun und Können verfolgen und gelegentlich bewundert wissen. Weder für seine Hilfe, noch für das, was er sonst tat, bekam er Dank oder Bewunderung. Bewunderung seitens des Vaters hätte die Getrenntheit und damit für den Vater den Verlust seiner Hand bewußt gemacht. Seinen Analytiker zuvor bewunderte er darum, weil dieser einfach »vor sich hindösen« konnte. Er konnte es sich erlauben, nichts zu tun. Das war ein eklatanter Gegensatz zum Vater. Daß der Patient das so gern von ihm lernen wollte, drückte bei allem Haß, aller Enttäuschung und Ambivalenz eine erhalten gebliebene Liebes- und, neutralisiert dann, Lernbereitschaft aus.

## Lebensrettung

Ebenfalls keine Bewunderung erlangte ein Kind, das zum Lebensretter seiner Mutter geworden war. Es kam nicht selten vor, daß sich Mütter – meist, wenn Vergewaltigung oder Tod drohte – mit ihren Kindern das Leben nahmen oder es versuchten. Meine damals achtjährige Patientin schluckte jedoch die ihr von der Mutter gegebenen Tabletten nicht, sondern zerrte mit aller Kraft die bald eingeschlafene Mutter aus der abgelegenen, mit Laub verdeckten Höhle, in der sie sich zum Sterben versteckt hatte, und schleppte sie, schließlich mittels eines kleinen Leiterwagens, so weit, bis Menschen Hilfe leisten konnten. Für die Lebensrettung erhielt die Patientin keinen Dank. Die Mutter blieb für immer enttäuscht, möglicherweise tief betroffen, weil die hoffenden Kräfte in ihrem Kind größer gewesen waren als die ihren. In der Analyse erkannte die Patientin, daß sie diese in ihrem weiteren Leben praktizierte, inzwischen professionalisierte Stärke, andere aus dem Elend zu ziehen, nicht permanent als Fortsetzung ihres vergeblichen Wartens auf den Dank zu ihrer Bestärkung und Bestätigung einsetzen mußte.

Ein anderer Patient, einer meiner ersten Fälle, an dem ich mit der Hilfe von Paula Heimann im kontrollanalytischen Gespräch die im Grunde zutage liegenden Verbindungen sehen lernte, war von der körperlichen Erscheinung her eher zart und höchst feinsinniger Natur; er besaß ein Talent für Sprachen und war in der modernen Literatur äußerst belesen. Im Kontrast zu dieser geistigen und psychischen Ausrichtung führte er ein Handwerksunternehmen, wo es zwangsläufig oft derb zuging und wo ihm seine Feinsinnigkeit manchen Kummer bereitete. 1945, als die Russen die Großstadt besetzten, in der die Familie lebte, hatte sich seine Mutter wie viele andere Frauen aus Angst vor Vergewaltigung alt und häßlich zurechtgemacht, das Gesicht rußgeschwärzt und mit ihrem einzigen und damals dreijährigen Sohn zum Schutz unter die Kohlen gelegt, um dort zu warten, bis der Siegesrausch der Besetzer vorbei wäre. Stundenlang lag der Junge auf der Mutter und bekam die ganze Angst mit. Diese auch erotisch-sexuelle Atmosphäre hatte ihn für sein späteres Leben geprägt, paradoxerweise mit einem »schwarzen Engel« im Unglück das Glück zu finden. Als die Mutter und das Kind später auf die Straße traten, war anderes Schreckliches geschehen: Menschen waren an den Laternenpfählen erhängt worden. Auf der Flucht nach Westen standen sie dann beide stundenlang in einer dichtgedrängten Menschenmenge auf einem Bahnhof, auf dem sich zwei Besatzungsmächte gegenüberstanden. Ein Mann, der auf das Bahngleis ging, um auszutreten, wurde vor den Augen aller Wartenden überraschend von der anderen Seite her erschossen. Dieses Erlebnis brachte die ausländische Kollegin, jetzt abgesehen von der erotisch-sexuellen Stimulierung in der eigentlichen Stimmung der Angst, mit der Berufswahl des Patienten zusammen: Er hatte ein Fuhrunternehmen gegründet, in dem ihm ständig fahrbereite Autos sowie eine Tanksäule auf dem Hof zur Verfügung standen, so daß er sich jederzeit fortbewegen konnte. Fluchtmöglichkeit bedeutete ihm immer noch aktives Handeln gegenüber qualvoller, lang hingezogener, passiv wartender Abhängigkeit. Im Hinblick auf die Überlebensmöglichkeit hatte er sein eigentliches Talent, dessen Ausbildung ihm als Luxus erschienen wäre, und auch die ihm wie jedem Mann zugehörige passiv-feminine Seite, die sich in seiner Feinsinnigkeit beispielsweise darstellte, in ihrer Entwicklung zurückgestellt.

## Fluchtschicksale

Flucht heißt beispielsweise – wie es eine Mutter ihrer Familie gegenüber formulierte –, daß der Eßtisch nach dieser Mahlzeit nicht mehr abgedeckt zu werden, die Haustür nicht abgeschlossen zu werden braucht. Sie bedeutet: nie mehr zurückkommen. Meine Patienten, die als Kinder mit auf die Flucht genommen worden waren, sprachen in der Analyse nicht von der Flucht. Sie war dagegen an ihrem Verhalten ablesbar, das ich zunächst nicht nachfühlen oder auch logisch nachvollziehen konnte. Als traumatisierendes Ereignis blieb es sprachlos, aber setzte sich in Szenen um, deren Aussage schließlich aus der Kenntnis vielerlei Aspekte erschlossen werden mußte. Eine Patientin, die die Analyse für sich sehr hoch einschätzte, weil sie sich dringend Erleichterung in ihrer Zukunft erhoffte, erreichte ihre tägliche Analysestunde nach langem Weg. Dieser Weg, der sie viel Zeit und auch Geld kostete, gestaltete sich geradezu als »Irrweg«. Eigentlich wohnte sie gar nicht weit entfernt von mir. Da sie aber glaubte, ihre Kinder während der Zeit ihrer Analysestunde nur den Händen ihrer Mutter anvertrauen zu können, die mindestens nochmals 30 weitere Autominuten von mir entfernt wohnte, unternahm sie diesen Umweg trotz ihrer vielen sonstigen Aufgaben. Ich versuchte, mich zunächst an Außenumständen zu orientieren und konnte nicht verstehen, daß sich in der Stadt, wo sie wohnte, niemand finden würde, der die Kinder eine Zeit lang beaufsichtigte, bis ich verstand, daß sie nur über den weiten Weg und mit Hilfe ihrer Mutter in das versprochene Land, in die bessere Zukunft kommen konnte. Jedesmal, wenn sie ihre beiden kleinen Kinder packte und sich auf den – verlängerten – Weg begab, empfand sie Unsicherheit, nichts zu haben, erschöpft zu sein. Sie war quasi auf der Flucht wie ihre Eltern, die darin den einzig möglichen Weg für ihre Zukunft gesehen hatten. Sie selbst war damals ein einjähriges Kind. Auf dem Weg über das zugefrorene Haff, über die Eisschollen, war ihr ihre Mutter bei aller Erschöpfung treu geblieben, hatte sie nie jemandem abgegeben. In der Analyse mußten für die damalige Situation, das Erleben von Mutter und Kind, erst beschreibende und verstehende Worte gefunden werden, bis die Patientin nachvollziehen konnte, was sie mit ihrem Umweg zur Analysestunde konkretisierte, daß sie sich genauso einzusetzen bereit war wie ihre Mutter, für ein besseres Leben und um eine gute Mutter zu sein. Schließlich erzählte die Patientin eines Tages etwas, was sie nie hatte begreifen können und was sie an ihrer Mutter als unheimlich empfand. Die Mutter hatte der Patientin später, als sie schon größer war, erzählt, daß sie sie als Kind, das sie ständig auf dem Arm trug, am liebsten unter die Eisschollen geworfen hätte. Da es keine Zeit und Gelegenheit für Pflege und Hygiene gab, war sie als Kind über und über, auch am Kopf und im Gesicht, von einem schorfig-eitrigen Ausschlag befallen und machte so einen derart erbarmungswürdigen Eindruck, daß der Gedanke der hilflosen Mutter erklärbar wird, die das Kind – so deutete ich – am liebsten in Abrahams Schoß zurückgegeben hätte. Mit dieser Einsicht und auch mit diesem Begriff, den ich fand, löste sich bei der Patientin ein alter Vorwurf und ein langes, aber still gehegtes Mißtrauen der Mutter gegenüber, die sie veranlaßten, sich selbst mit unnötig umständlichem und beschwerlichem Tun zu beweisen, besser zu sein.

In einer anderen Analyse, als mir die *Sprachlosigkeit* in der »zweiten Generation« vertrauter war, galt es, die *Entwurzelung* der Eltern zur Sprache zu bringen. Die Eltern einer Patientin konnten auch nach der Flucht aus der DDR nirgends bleiben. Eigentlich bestand kein Grund für einen erneuten Umzug; denn der Vater hätte seine neue Arbeitsstelle auch von der inzwischen vertrauten Wohnung aus erreichen können. Für die Patientin war das mit einem erneuten Schulwechsel verbunden zu einer Zeit, in der der endgültige Schulabschluß in Aussicht stand. Als Dreijährige hatte sie die Flucht erlebt. Damals hatte sie mit ihren Eltern ein kleines Dorf und dort auch ihre Tanten und Großeltern zurückgelassen. Die Patientin erinnerte sich daran, daß die Flucht aus der DDR nach der Errichtung der Berliner Mauer wohl bei Nacht in einem Auto stattgefunden haben mußte. Niemand hatte ihr etwas gesagt, weil wirklich alles geheim gehalten werden mußte, doch zum höchsten Erstaunen aller mit im Wagen Sitzenden muß sie, als die Grenze überschritten war, plötzlich gefragt haben: »Sind wir jetzt drüben?« Seither hatte sie mit ihren Eltern immer in einer Stadt gewohnt. Lange bestand ein dringender Wunsch, aufs Land, in ein Dorf, zu ziehen, den sie nun mit der eigenen Familie verwirklichte. Ich verstand zwar, daß das heute ein verbreiteter Wunsch ist, für den einiges spricht, wagte aber auch, einen Gedanken zu äußern, auf den ich gekommen war: ob sie nacherleben wolle, wo sie geboren war, wo sie als kleines Kind gelebt hatte und was ihre Eltern, als sie ihre Heimat verlassen und verloren hatten, erlebt und auch getan hatten. Über diese Deutung war die Patientin sehr bewegt, sogar erschüttert, weil sie sie erweitern konnte, indem sie sah, daß sie ihren Kindern nun dasselbe zufügte, was ihr zugefügt worden war. Ihre Kinder waren in der Stadt aufgewachsen, damit vertraut und nun plötzlich davon abgeschnitten. Die Eltern mußten wegen ihrer weiten und damit auch sehr beschwerlichen und unsicheren täglichen Wege – denn ihre Berufe übten sie weiterhin in der eine Autostunde entfernten Großstadt aus – die Kinder immer wieder allein und ja auch in einem Ungewissen lassen. Der Patientin waren diese Gefühle vertraut, sie waren früher einmal zuviel für sie gewesen.

Bei der langjährigen *Eingemeindung* der Flüchtlinge, wie man das damals nannte, waren es oft die Kinder, die zu Pionieren des Kontakts zu anderen wurden; denn sie wollten draußen spielen, mußten zur Schule, wurden zum Einkaufen geschickt. Sie waren es auch, die den neuen, zunächst fremden Dialekt im Kontakt mit den einheimischen Kindern und Lehrern zuerst erlernten, waren Vorboten der Mütter beim Einkauf, bei den Nachbarn und kamen als erste mit den anderen Gepflogenheiten und Traditionen in Berührung. Die Mutter einer Patientin, die früher am Kurischen Haff gelebt hatte, konnte es zum Beispiel nicht über sich bringen, in ein Strandbad oder eine Badeanstalt westdeutscher Art zu gehen, obwohl Schwimmengehen früher nahezu zu ihrem täglichen Leben gehört hatte. Erst ihre Tochter machte sich mit diesen anderen Möglichkeiten vertraut.

Für die innere Gewißheit, *nie mehr zurück zu können*, erlebte ich ein Beispiel in einer Analyse. Als sich die Patientin auf die Couch legte, noch einmal hinausblickte, seufzte sie und meinte, es gäbe wohl Regen, aber sie könne jetzt nicht mehr zurück. Das bezog sie darauf, daß sie ein altes Möbelstück, das sie restaurieren wollte, im Hof im Freien stehengelassen hatte. In der Tat regnete es bald, doch der Weg zurück wäre zu weit gewesen, um das Möbelstück noch rechtzeitig zu bergen, so daß nicht viel hätte gerettet werden können. Es war für die Patientin also keine Frage, jetzt hier zu bleiben, doch lief ihre Äußerung über das von ihr verlassene und dem Regen ausgesetzte Möbelstück hinaus. Sie war sich sicher, daß das Holz aufweichen und das

Furnier sich aufbeulen werde. Die Patientin und ich verstanden in dieser Stunde, daß die Flucht gleichfalls ein solches Nicht-mehr-zurück-Können bedeutete. Etwas war wie das alte Möbelstück unwiderruflich verloren und fremdem Einfluß überantwortet. Erstmals in ihrem Leben konnte sie über den Verlust weinen, vielleicht auch für ihre Eltern, denen ein so hohes Maß an Bemeisterung und Bewährung in der Fremde auferlegt worden war.

## Die »Stunde Null«

Die Analysandin, von der ich im folgenden berichte, erlebte ich, als sie sich um eine Analyse bei mir bemühte, freudig, vital, schwungvoll, mit eigenen, ganz ungewöhnlichen Interessen, die sie durchaus pflegte. Ich spürte deutlich eine betonte Eigenart, die mich zuversichtlich stimmte. Gleichzeitig kam sie mir ein wenig »bombig« vor, vermutlich deshalb, weil die Vereinbarung einer Analyse schneller ging, als ich das beabsichtigt hatte. Ich merkte nicht, daß es sich um einen Notstand handelte, wie die Analyse bald im Gegensatz zu meinem ersten Eindruck zeigte. Die Analysandin, die »endlich eine Analyse machen« wollte, schätzte sich selbst entweder offensichtlich völlig anders ein oder aber konnte oder mochte das, was ihre Wirklichkeit war, überhaupt noch nicht sehen und einschätzen. Eine sehr enge und wohl auch liebevolle langjährige Beziehung war – für sie völlig unverständlich und unvorhergesehen – zerbrochen, und darüber war ihr persönliches und ihr berufliches Leben bis auf die Grundfesten durcheinandergeraten. Ihr Leben war vollkommen am Moment ausgerichtet, der stets als großartig gefeiert wurde. Besonderheit und Großartigkeit war auch zuvor das Leitmotiv für die Partnerschaft gewesen. In einem solchen »Rausch« hatten sie und ihr Partner offensichtlich vergessen, Fundamente für das aktuelle und zukünftige Leben zu setzen. Bis zu dem plötzlichen Zusammenbruch mußten sie unter dem Motto gelebt haben, daß man zusammen alles könne. Umso mehr war nach der äußerlich geschehenen Trennung vieles nicht mehr möglich. Doch die Analysandin spürte die gravierenden Verluste nicht. Nur ihr zunehmendes Bösewerden auf alle anderen und auf mich verriet die inneren Konflikte. Sie beurteilte andere an Maßstäben, die für sie selbst nicht zu gelten schienen, und war sich sicher, für sich selbst Recht erwirken zu können. Trotz ihrer Begabungen und Interessen war die Ausbildung nicht zu einem Abschluß geführt worden, so daß ich alles zu unterstützen suchte, was wieder Boden in dieses Leben brachte. Gerade das stieß auf ihren Zorn. Ihrer Ansicht nach gab es Menschen, die sich privilegiert durch Geld zu ersehnten Zielen bringen konnten, und solche, die das Geld nicht hatten und diese Ziele eigentlich verdient hätten. Da ich die Mühen der Arbeit und die Realität vertrat, wurde ich zum Angelpunkt all der Wut, die der Analysandin das Leben nicht nur sinnlos erscheinen ließ, sondern auch unmöglich machte. Ich wurde beschimpft, ich wurde lächerlich gemacht, ihre zornigen Blicke trafen mich wie Pfeile. Es lag an mir, wenn aus verbliebenen zehn oder gar fünf Minuten einer Analysestunde, zu der sie erst spät und erschöpft kommen konnte, noch etwas werden sollte. Ich konnte alles oder nichts. Zwischen uns tobte der Krieg. Indem ich dieses analytische Setting vertrat, war ich absurd, verrückt, unmöglich. Ich brauchte es nur, um mir ein behagliches Leben einzurichten. Ganz gelegentlich fühlte sie sich ihrerseits für »diese Methode« ungeeignet. Doch auch das sollte mich treffen, als hätte ich das von Anfang an wissen müssen, ja geradezu gegen ihre damalige Sicherheit, nun eine Analyse machen zu wollen. Auch wenn ich Infragestellen und Erschütterungen durchmachen mußte, war meine innere Unbeirrbarkeit der Boden, auf dem sie immer wieder Stand und Vertrauen zu sich gewann. Die Arbeitsstellen waren wie Kampffronten, die immer kurzfristiger nicht mehr zu halten waren.

Eines Tages geschah etwas Unerwartetes. Tränenüberströmt kam die Analysandin in die Stunde und erzählte unmittelbar, daß ihr eben »alles« gestohlen worden war: die Handtasche mit ihrem ganzen Inhalt, das heißt Führerschein, Personalausweis, Scheckkarte, Schecks und allem Geld, eben auch jenes für mich, so daß sie das letzte Honorar nicht mehr zahlen konnte. Bei strikter Einhaltung der Vereinbarung hätte nun auch die Analyse vorüber sein können. Merkwürdigerweise empfand ich etwas wie eine Erlösung, obwohl die Analysandin mich momentan anschuldigte, ich mit meiner altmodischen Bezahlungsweise wäre schuld an allem; denn jemand müßte sie ja beobachtet haben, als sie den größeren Betrag für mich abhob. Die Analysandin hatte sich wie in eine letzte unmögliche Situation hineinmanövriert, doch ich spürte etwas wie einen Gipfel, als müßte sich jetzt etwas klären und erneuern. Sie selbst relativierte sich auch und beschrieb, wie leichtfertig sie mit ihrer Tasche umgegangen war. Sie hatte sie für einen Moment, nachdem sie das Geld hineingetan hatte, unbeaufsichtigt liegen lassen. Eigentlich – dachte ich – war doch alles unmöglich geworden, sie hätte ohne Führerschein gar nicht zu mir fahren dürfen. Doch schon sprach sie darüber und beruhigte mich, als hätte sie meine Sorge wahrgenommen, daß sie eine Bescheinigung von der Polizei für ein paar Tage habe und somit fahren könne. Allmählich verstand ich, was geschehen war: Es war die Inszenierung der »Stunde Null«. Sie hatte nichts mehr. Was hinter ihr lag, war nicht von Wert, wohin sie strebte, war höchst ungewiß, und im Moment gab es überhaupt nichts mehr. Nicht einmal ihre Identität war ausweisbar, sie hatte kein Geld, und mit den verlorenen Schecks und der Scheckkarte waren weitere, noch nicht abschätzbare Verluste zu erwarten. Die Interpretation dieser Situation als der »Stunde Null«, die ihre Eltern erlebt haben mußten, legte ich ihr dar. Meine Deutung der agierten Inszenierung, wie ihre Eltern 1945 bei der Kapitulation alles verloren zu haben, traf voll zu. Selber nahm die Analysandin meine Rede unmittelbar auf, bestätigte und vertiefte sie sofort mit mir völlig unbekanntem Material ihrer Geschichte, die sie selbst erstmals in ihrem Leben zu ordnen wußte. Sie erzählte, daß Vater und Mutter im Hinblick auf das »Dritte Reich« unterschiedlicher Meinung gewesen waren; zumindest war ihre Mutter niemals so überzeugt wie ihr Vater, der auch nach dem Krieg von seiner Überzeugung und inneren Anhängerschaft zu Hitler nicht ließ. Die Amerikaner verkörperten für ihn das neue System, und er nahm nichts an, was angeblich von dorther ihm und seiner Familie ein besseres Leben ermöglicht hätte. Der Vater verbot alles »Amerikanische«: das weiße Brot zu essen, die Schokolade zu probieren, amerikanische Schlager durften nicht im Radio gehört werden, und noch lange waren amerikanische Filme für ihn verpönt; eine gleiche Einstellung verlangte er von seiner Familie. Die Verweigerung des Vaters, in dem neugegründeten Staat zu leben, war bisher nie zum Ausdruck gekommen. Die ganze Arbeits- und Verantwortungslast hatte so selbstverständlich auf der Mutter geruht. Solange die Analysandin zurückdenken konnte, hatte der Vater einen Argwohn anderen gegenüber, den er an der Kleidung und allem möglichen auch festzumachen suchte. Nach der Schilderung dieses Materials war es nicht mehr schwer zu sehen, was die Analysandin inszeniert hatte. Es war die unverstandene Spannung zwischen Vater und Mutter, ihre Lebensauffassung und Einstellung zum »Dritten Reich«, zu den Verlusten und zu den neuen Möglichkeiten. Als Kind hatte die Analysandin das ständig erlebt, aber nicht begreifen können. Sie hatte nicht bemerkt, wie geteilt ihre Eltern waren und wie sie von beiden ein Stück lebte. Wie der Vater verachtete sie es, Fundamente für die Zukunft zu legen, was heißt, daß die Realität bejaht wird. Stattdessen entwertete sie alles, was andere taten. Sie übernahm sich wie ihre Mutter, um das Notwendigste für das Leben aufrechtzuerhalten. Ein manischer Rausch, alles wäre noch möglich, ließ sie ihr vorangeschrittenes Alter nicht sehen. Diese Klärung beendete den Krieg zwischen uns, die Spannung, die so unerklärbar, ohne Worte geblieben war. Doch dieser Krieg hatte während des Durcharbeitens noch manches schwere Rückzugsgefecht zu bestehen.

# Theoretischer Teil

# Der Hochstapler in der psychoanalytischen Literatur

*»Was gibt dem Freund, was gibt dem Dichter seine Weihe?*
*Daß ohne Rückhalt er sein ganzes Selbst verleihe:*
*Erleuchten soll er klar der Seele tiefste Winkel,*
*Ob auch ein Tadler ihn verlorner Würde zeihe.*
*Ihr Halben hofft umsonst, mit enger Furcht im Herzen,*
*Daß euer Lied man einst zu großen Liedern reihe:*
*Stumpfsinnige, was wähnt ihr rein zu sein? Ich hörte,*
*Daß keine Schuld so sehr, als solch ein Sinn, entweihe;*
*Ich fühlte, daß die Schuld, die uns aus Eden bannte,*
*Schwungfedern uns zum Flug nach höhern Himmeln leihe.*
*Noch bin ich nicht so bleich, daß ich der Schminke brauchte,*
*Es kenne mich die Welt, auf daß sie mir verzeihe!«*

(August von Platen: Ghasel XLIX, 26. Mai 1823)

Möglicherweise ist Karl Abrahams psychoanalytische Beschreibung des Hochstaplers von 1925 die erste klassische Beschreibung dessen, was heute als narzißtische Charakterstörung, narzißtische Charakterentwicklung oder narzißtische Persönlichkeit definiert wird. Die Struktur und die Bedingungen der Strukturentwicklung des Hochstaplers wurden 1955 von Helene Deutsch und 1958 von Phyllis Greenacre aufgenommen. Phyllis Greenacre betrachtet in ihrer Arbeit den Hochstapler und den Künstler als Gegensätze und kommt zu der Frage nach dem Schicksal des Ödipuskomplexes und des Überichs, die Freud zu Abrahams Arbeit stellte. In allen diesen Darstellungen über die Pathologie des Hochstaplers von 1925 bis 1958 sind die Erscheinungsweise, Dynamik, Struktur und letztlich, wie ich herausarbeiten möchte, eine Voraussetzung beschrieben, die damals nicht in ihrer Bedeutung erkannt wurde. Ich werde daher diese Arbeiten in ihren Grundzügen referieren und anschließend weiter interpretieren, als es in diesen Aufsätzen geschieht. Erschienen diese drei Studien bislang als Randphänomene im Spektrum der analytischen Arbeiten, so sollte man sie heute ins Zentrum der empirischen psychoanalytischen Forschung rükken; denn Patienten mit derartigen Strukturen oder Variationen davon stehen derzeit im Mittelpunkt der täglichen psychoanalytischen Praxis, in der die Neurosenbehandlung fast zur Kostbarkeit geworden ist.

Zu Abrahams Aufsatz »Die Geschichte eines Hochstaplers im Licht psychoanalytischer Erkenntnis« (1925) hat sich Freud in einem Brief vom 16.10.1925 geäußert. Diesen Hinweis will ich voranstellen, weil seine Fragestellung auch heute noch aktuell ist: »Ihre kleine Arbeit ist reizend. [...] Die Sache ist auch für Mediziner interessant genug. An einem Punkt hätte ich den Gedankengang etwas anders gefaßt, nicht den Lustentgang betont, sondern die Tatsache, daß er kein Überich entwickeln konnte, weil er keinen Ödipuskomplex zustande brachte. Daß sich unter diesen Umständen statt eines normalen Gewissens ein unbewußtes Strafbedürfnis herstellen konnte, kann der Ausgangspunkt weiterer Überlegung werden.« (Briefwechsel Sigmund Freud/Karl Abraham 1907 bis 1926, S. 368)

Abraham war durch einen nervenärztlichen Gutachtenauftrag zur Untersuchung jenes Hochstaplers, der sich im Gefängnis befand, gekommen und schloß dieses Gutachten mit einer ungünstigen Prognose ab. Als derselbe sich nach Jahren wieder an Abraham wandte, hatte sich die Prognose nicht bestätigt, weil günstige Umstände seine seit der Kindheit offengebliebenen Bedürfnisse genau erfüllt und auf ihn – unerwartet für den Außenstehenden – stabilisierend gewirkt hatten. Das hatte wahrscheinlich den Anreiz für die Arbeit ergeben, die ich im folgenden zusammenfasse. Abraham stellt die Befähigung dieses Hochstaplers heraus, allgemein Sympathie und Vertrauen gewinnen zu können, eine Fähigkeit, mit der jener Menschen jeden Alters, Standes und Geschlechts mit Leichtigkeit für sich einzunehmen vermochte. Er konnte sie als Gönner für sich gewinnen, so daß die Tore vor ihm geradezu von selbst aufsprangen. Zu dieser *Befähigung, sich beliebt zu machen*, gehört Intelligenz, künstlerische Begabtheit und Geschicklichkeit. Er »war ein Virtuose auf dem Gebiet der phantastischen Erzählung« und konnte nicht nur interessant, sondern ebenso bescheiden erzählen. Es brauchte immer wieder langer Zeitstrecken, bis jemand den Mut fand, die schwindlerischen An- und Vorgaben, ja Fälschungen – den »Bluff« – in Frage zu stellen. Dabei war Abraham schon bei der Kindheitsgeschichte eine ausgesprochene »Großmannssucht« aufgefallen, die sich später in dem ausgeprägten Hochstaplerleben fortsetzte.

Jener Hochstapler war als ein unwillkommener Spätling in eine arme Familie geboren worden und galt ganz konkret als ein unnützer Esser. So konnte er keine vollwertige Objektliebe entwickeln, und eine *rückläufige libidinöse Besetzung des Ichs* blieb nicht aus – so beschreibt Abraham –, *während zu den Objekten eine große Haßbereitschaft entstand*. Er verschmähte die Eltern, so wie sie ihn verschmäht hatten. Wie Abrahams Schilderung zu entnehmen ist, buhlte er um die Gunst reicher und angesehener Menschen, und zwar näherte er sich mit diesem gewinnenden Verhalten offensichtlich solchen Personen, die ihm Vater, Mutter oder Geschwister hätten bedeuten können. Daß er damit Erfolg hatte, war eine ständige Quelle der Befriedigung seines gekränkten Narzißmus. Das allein aber reichte offensichtlich nicht. Die, die ihn liebten, enttäuschte er – wie Abraham sagt –, um Rache an ihnen zu nehmen; sie wurden alle düpiert. Das Zufügen von Enttäuschung als Rache gab erneut intensive narzißtische Befriedigung. Abraham erklärt das: Er fühlte sich ungeliebt und mußte sich unter innerer Nötigung liebenswürdig, das heißt ihrer Liebe würdig erweisen, um dann zu zeigen, daß er unwürdig sei. Abraham vergleicht das mit der Zweizeitigkeit bei der Zwangsneurose und führt es auf die verbliebene Ambivalenz der Antriebe zurück, die zu stark war, als daß er irgendeine Art des seelischen Gleichgewichtes hätte erreichen können. Im Hinblick auf die Strukturentwicklung eines Hochstaplers zieht Abraham den Schluß, daß hier die Ödipuseinstellung nicht gelungen ist, die üblicherweise auch so viel Lust bietet, daß die Versagungen des kindlichen Scheiterns in dieser Situation ertragen werden können. Im Gegensatz zur Neurose mit, wie er sagt, Verzärtelung und hochgezüchteten Liebesansprüchen liegt hier eine Unterernährung mit einem Übermaß an Haß und Wut gegen den frühesten Personenkreis vor, ein Haß, der sich aber erst später ausgeweitet hat. Die Regression der Libido hat in solchem Falle eine Hemmung der Charakterentwicklung bewirkt, die einem Stehenbleiben auf niederer Stufe entspricht. Abraham hebt die ungewöhnlich zwiespältige Situation des Mannes als *Ausgestoßener und Liebling* in einem, Ursache für eine ständige triebhafte Unruhe, hervor. Er benennt ausdrücklich auch den *Neid*, der früh am Verhalten gegenüber anderen Kindern in der Schule erkennbar wurde, wenn er sich arm im Vergleich zu anderen fühlte. Soweit Abrahams Interpretation.

Helene Deutsch veröffentlichte 1955 ihre Arbeit »The Impostor: Contribution to Ego Psychology of a Type of Psychopath« über Jimmy, den sie in zwei unterschiedlichen Lebensabschnitten, einmal als Jugendlichen und einmal als jungen Erwachsenen, behandelte. Als Jugendlicher war er zu ihr geschickt worden, weil man seine Leistung und sein Verhalten beanstandete. Später kam er von sich aus. Es waren Fehlschläge in seinem Leben eingetreten, die er für sich nicht dulden konnte. Als bemerkenswert hebt Helene Deutsch hervor, daß sich trotz der langen Behandlungszeit *nie auch nur ein Ansatz einer bei Neurosen üblichen Übertragung* ihr gegenüber entwickelt hatte. Der Schilderung des Kontextes läßt sich entnehmen, daß auch später nie das einzurichten war, was heute als analytisches Setting bezeichnet wird. Als Kind schon war dieser Patient ein »Wegläufer«. Immer wenn er in der Behandlung von Helene Deutsch mit Unliebsamem konfrontiert wurde, lief er weg, insbesondere als er noch ein Jugendlicher war. Mit »Unliebsamem« meinte Helene Deutsch die Konfrontation mit seinem Tun im Gegensatz zu realistischen Erfordernissen. *Sein Ich und die Funktionen seines Ichs waren so unzureichend entwickelt, daß sie diese Frustration nicht ertrugen und dagegen nahezu vollständig dem Lustprinzip verhaftet waren.* Allein, diesen Tatbestand zu sehen, weigerte sich der Patient.

Helene Deutsch betont für die Entwicklung des Patienten eine Voraussetzung: *die innere Gegensätzlichkeit der Eltern*. Sie stellt in ihren Beschreibungen den Vater voran, wohl deshalb, weil seine positiven Eigenschaften wie sein Ansehen, seine Moral, seine Geschäftstüchtigkeit und seine soziale Einstellung so außerordentlich erschienen. Diese *gesteigerten* Eigenschaften, als solche möchte ich sie charakterisieren, konstituierten das Familiengepräge. Als Sohn eines armen lutheranischen Pfarrers hatte er dessen Art und Moral in seinen Charakter aufgenommen. Er war zu einem hochangesehenen Geschäftsmann geworden, der sich der Kirche gegenüber sozial verantwortlich fühlte, und liebte es, sich stets als einen auszugeben, der das alles selbst für sich erworben hatte. Zuhause war er dann ein Tyrann, von dem sich die beiden wesentlich älteren Brüder des Patienten in ihrer Adoleszenz mit großer Rebellion lösten. Geheiratet hatte der Vater – so Helene Deutsch – nichts weiter als eine gehorsame Ehe- und Hausfrau, die mit der Zeit nicht nur zum masochistischen Opfer des Mannes, sondern auch der Kinder, insbesondere des jüngsten Kindes wurde, das sie zum großen Ärger der älteren Geschwister sehr liebte und verhätschelte. Ihm gab sie alles, ohne etwas zurückzuerwarten. So verliefen für Jimmy die ersten drei Jahre seines Lebens in einer Atmosphäre der Gebundenheit an seine ihm gegenüber absolut nachsichtige Mutter, bis sich der Vater von den rebellierenden älteren Söhnen abwandte und den noch kleinen Jimmy zu seinem absoluten Liebling erkor. Der Vater wurde für Jimmy zum Giganten. Dieser reagierte darauf, indem ihn die väterlichen Erfolge aktiv und aggressiv stimulierten und in ihm auch intellektuelle Interessen erweckten, sicher mit einiger Angst, aber doch mit sehr positiven Zeichen seiner *Willfährigkeit* (compliance), so daß sich eine *Einheit* (unity) bildete, in deren Folge er sich mit dem Vater identifizierte. In der Vorpubertät entwickelte Jimmy eine schon überbordende Phantasiewelt, in der er in pseudologischer Manier mit heroischen Unternehmungen und ungewöhnlichen Ausgängen lebte. Seine Brüder versuchten, ihn zu bremsen und zu korrigieren, doch die Mutter suchte »ständig Frieden zu stiften«; sie duldete keine Auseinandersetzung. Das führte so weit, daß die Brüder Jimmy den Namen »der kleine Niemand« zuschrieben. Zur gleichen Zeit war der Vater schwer erkrankt, und als er starb, äußerte Jimmy: »Ich bin frei. Jetzt kann ich tun, was ich will.« An diesem Punkt nun startete seine asoziale Karriere.

Helene Deutsch faßt biographisch gewichtige Konstellationen zusammen, die sie abschließend bündig als Trauma definiert: Der über fast drei Jahre verzogene, passive Junge erfuhr eine geradezu immerwährende Gleichheit der Befriedigung durch seine Mutter, geriet dann plötzlich in die »Allianz« mit dem Vater und wurde hier *als ein Anhang hochgeschätzt* und *mit der Voraussage der Zukunft* gekrönt: »Du bist mein wundervoller Junge«, »Du sollst mein Nachfolger werden«. Helene Deutsch interpretiert die sich anschließende Entwicklung: Der

Junge hatte am Beginn der Vorpubertät seinen Vater zu früh verloren, dem er sich wunderbar ähnlich fühlte, so daß er durch dessen Tod keinen eigentlichen Verlust erlitt, sondern lediglich eine Abwertung seines Selbstbildes, das einzig auf dem Bild des Vaters basierte.

Einige Jahre nach dem Tod des Vaters wurde der damals Vierzehnjährige erstmals zu Helene Deutsch geschickt, und Jimmy empörte sich darüber der Psychoanalytikerin gegenüber und gab – was Helene Deutsch nachdrücklich beschreibt, weil dieses Verhalten wahrscheinlich in einer psychoanalytischen Praxis so ungewöhnlich war – ihr in »äußerst arroganter Manier« und mit »vorbeugender Respektlosigkeit« zu verstehen, daß ihm nichts fehle, daß vielmehr »die anderen« der Behandlung bedürften. Er gab sich anmaßend und in seiner Haltung »todsicher«. Mit *Schlagworten* setzte er die Psychoanalytikerin herab und bemerkte nicht, welche »intellektuellen Dummheiten« er dabei von sich gab. Als sie das aufgriff und ihm sein Nichtwissen und seine dahinterstehende Angst zeigen wollte, kam er nicht mehr. Er blieb ein »Schulschwänzer«. *Niemals hätte er eine Bestrafung toleriert. Dagegen erlag er in solchen Fällen einer Angstattacke, oder er bekam einen Wahnzustand*, der einmal eine Krankenhausaufnahme bedingte, auf die jedoch bald die Entlassung folgte. Er gab zwar zu, daß er von der Schule weggerannt sei und daß das schlecht für ihn ausgehe, doch hätten diese Unannehmlichkeiten damit begonnen, daß er »zu schnell gewachsen« sei. Helene Deutsch interpretierte das mit ihrem Patienten regressiv. Er meinte damit soviel wie: Bliebe er klein und das Anhängsel des Vaters, wäre er auch potent.[1] Er sagte, daß er sich sehr wohl selbst zu verteidigen wisse und daß er zuhause nie ernstgenommen, wie eine Marionette oder auch nur als ein Scherz behandelt werde; er gelte als ein Zicklein, dessen Ideen nicht zählten und dessen Leistungen als lachhaft angesehen würden. Helene Deutsch schreibt, daß er wütend wurde, wenn sie ihn nicht als Besonderen anerkannte, und daß seine Klagen dann einen unheimlichen und paranoiden Charakter erhielten.

1 Obwohl Jimmy sicher nie diese Aussage genau hätte erklären können, trifft sie den Kern; denn sein Ich ist durch die Verwöhnung zu schnell gewachsen, ohne einerseits stabil und andererseits differenziert werden zu können. Diese in solcher Weise zutreffende Aussage ist im übrigen häufig in den Klagen der Patienten enthalten.

Mit allen Mitteln erkaufte er sich narzißtische Gratifikationen, rebellierte gegen jede Autorität und setzte sie herab.

Als Helene Deutsch ihn dann als jüngeren Erwachsenen wiedersah und behandelte, erlaubte ihm sein Narzißmus noch weniger, einer unter vielen zu sein. Seine »Selbstliebe« nährte sich davon, daß er einzig sei. In Wirklichkeit war er eine einsame schizoide Persönlichkeit. Die Realität diente ihm lediglich als Bühne, um seine, die erste Rolle zu spielen und narzißtische Gratifikationen zu erhalten. Erfolg mußte sich sofort einstellen. Gut ging es ihm, als er für sein Geschäft jemanden gewinnen konnte, den er glauben machte, er sei ein Genie, und der seinerseits seine eigenen Eingebungen und Arbeiten so einschätzte, als seien sie von Jimmy inspiriert. *Jimmy hatte nun ein Anhängsel, das er für sich ausbeuten konnte.* Wenn etwas nicht auf Anhieb gelang, war es ein »Unfall«, aber nie ein Versehen oder Fehler seinerseits. Helene Deutsch hebt hervor, daß sein *vorgegebenes Selbstbild* »Ich bin ein Genie« der *Verleugnung seiner wirklichen Identität* diente. Sie beschreibt diese Pathologie – gegenüber dem gekonnten Doppelgänger mit einem zusätzlichen Namen – als ein *naives Ausagieren und Vorgeben dessen, was in Einklang mit dem Ichideal steht.* Diese Art von Ausagieren vergleicht sie mit der in der Präpubertät auftretenden Form von *Agieren*, das einen *konkreten* und *realen Charakter* beinhaltet und sich von reinem Phantasieren unterscheidet.

In der Schlußbetrachtung dieses Falles greift Helene Deutsch ihren 1942 gefaßten Begriff der »Als-ob-Persönlichkeit« auf, obwohl sie ihn nicht mehr ganz als für Jimmys Pathologie zutreffend ansieht. Dennoch überschreibt sie ihre Arbeit mit dem Titel »The Impostor«.[2] Die Als-ob-Persönlichkeit kennzeichnet sich durch eine Größe, die durchgehend weder selbst noch

2 Indem es ihr nach mehrfacher und jeweils vieljähriger Arbeit gelungen ist, ein Leiden bei Jimmy zu erzeugen, hat eine Strukturveränderung auf ein höheres Entwicklungsniveau stattgefunden. Es ist vergleichbar mit der schweren Arbeit von Aichhorn bei verwahrlosten Jugendlichen, wobei ich darauf verweisen will, daß diese Arbeit im gleichen Jahr, 1925, erschien, in dem Abraham seine Hochstaplergeschichte veröffentlichte. Wenn Helene Deutsch nach vieljähriger Behandlung nicht mehr von einem Hochstapler sprechen möchte, gab sie ihrem Behandlungserfolg recht. Nur hatte Jimmy als Hochstapler bei ihr begonnen. Im übrigen sei darauf hingewiesen, daß Helene Deutsch Abrahams Hochstapler mit »Swindler« übersetzt hat. Das englische Wort congame für Hochstapelei bein-

durch andere in Frage gestellt werden kann. Jimmy war als Jugendlicher wie als junger Erwachsener zweifelsohne eine Als-ob-Persönlichkeit. Im Rahmen jener langen achtjährigen Behandlung, die Helene Deutsch wegen fehlender Übertragung ausdrücklich nicht als Analyse definiert, war er in der späteren Zeit im Sinne von Leidensfähigkeit verändert. Verzweifelt konnte er sich dann manchmal fragen: »Wer bin ich?« Je näher sich Jimmys Ichfunktionen hinter seinem »exaltierten und aufgeblasenen Ichideal« entwickelten, desto mehr Ängste bekam er, Minderwertigkeitsgefühle und phobische Zustände – Helene Deutsch meinte damals noch, es geschehe paradoxerweise.

Schließlich bewegt Helene Deutsch der Gedanke, warum Jimmy nicht eine kriminelle Laufbahn einschlug. Mit fortschreitender Behandlung, so ist ihre Antwort, betrachtete er sich als ein *Opfer*. Helene Deutsch sieht den Grund in diesem Stück Masochismus darin, daß er für eine kriminelle Karriere über nicht genügend Aggressivität verfügte. Es blieb bei der Vorgabe einer Größe und – ich ergänze aus dem gegebenen biographischen Material – dem aktuellen Einspannen[3] eines tüchtigen Anderen in seine Aufgaben, eine Wiederholung seiner Beziehung zum Vater. Den anderen zum Opfer zu machen nennt sie ohne Ironie seine soziale Seite, sie müßte wohl seine asoziale Seite genannt werden. Interessant ist dann die Bezeichnung von Helene Deutsch, daß sein hinter dem Vater verborgenes Ich eigentlich ein Ich mit der Eigenschaft eines Nicht-Ich ist. Helene Deutsch bezieht Phyllis Greenacres Aussage ein, daß solche Pathologien sich in einer *Atmosphäre von Nachsichtigkeit und Strenge* entwickeln. Die Nachgiebigkeit der Mutter hier, die jeden Wunsch erfüllte, *paralysierte* durch eine zusätzliche vorschnelle Willfährigkeit *Triebstrebungen des Kindes*, so daß jedes Drängen und Werben um die Mutter erstickt wurde, weil sie entgegenkam und die Bedürfnisse schon traf. Dies führte zu einer insgesamt *passiven Haltung*.[4] Die Größe des Vaters, der Leitbilder vorgab, wirkte in diese Passivität als eine überfordernde Strenge, der er nicht nachkommen konnte.

haltet eine Zusammenfügung aus confidence und game, also ein Spiel mit dem Vertrauen.

3 Ich nenne das im nächsten Kapitel Objektmanipulation.

4 Dies ist eine Haltung, die später auf dem Entgegenkommen *besteht*, andernfalls erpreßt.

Auch hielt ihn der Vater wiederum in einer »Alliance«, in der sich die schon gebrochene Aktivität nicht zu erproben brauchte. Was er nicht war, aber sein wollte, gab er einfach vor. Die emotionale Überfütterung – so Helene Deutsch – erzielt dasselbe Ergebnis wie die emotionale Frustration, sie läßt den *infantilen Narzißmus* erwachen und erschwert die *Objektbeziehung* und den *Realitätsbezug*. Sie produziert *Intoleranz* und *Frustrationsunfähigkeit*, entwickelt Abwehrmechanismen anstelle neutralisierter Ichfunktionen und ist in weitem Maße verantwortlich für Passivität. Insbesondere wird noch *die stark beeinträchtigte Fähigkeit zur Sublimation* in dieser Strukturierung von Helene Deutsch benannt.

Jimmys Sexualität war stehengeblieben auf einer oral *begehrenden* Stufe, begleitet von Perversionen, eine Sexualität, die zwar Liebe ersehnt, aber die *konstante Objektbeziehung nicht kennt*. Das löste Phantasien von passiv-feminin-masochistischem Charakter aus – wie Helene Deutsch weiter beschreibt – und eine Furcht vor Homosexualität. In beiden Beziehungen – so Helene Deutsch – wurde er mit einem verfälschten Sexualobjekt überschwemmt. Sie nennt das eine »Kronprinzenhaltung«, die sich in einer Atmosphäre besonderer Würde gibt und die – wie sie sagt – in milderer Ausprägung – ist man einmal darauf aufmerksam geworden – eigentlich überall anzutreffen ist.[5] Nahezu ironisch stellt sie abschließend fest, daß Identität zwischen Selbst und Ichideal vielleicht bei Heiligen, Genies oder Psychotikern gegeben ist.

Vor diesem Hintergrund ist nun Phyllis Greenacres Vergleich der unterschiedlichen Schicksale des Ödipuskomplexes beim Hochstapler und Künstler (1958b) interessant, zumal Freud 1925 diese Frage zu Abrahams Arbeit aufgeworfen hatte. Phyllis Greenacre stellte als erste diese beiden Kontrastfiguren einander gegenüber und zeigte eindrucksvoll, daß es sich dabei um zwei konträre Persönlichkeitsentwicklungen handelt. Der Hochstapler hat – so Phyllis Greenacre – ein »other self«, von dem man versucht sein könnte zu sagen, daß es geradezu sein eigenes Kunstwerk ist; besser würde man es wohl als Kunststück, künstlich Gemachtes, bezeichnen. Auch dem Künstler

5 Sie selbst schließt sich – bewundernswerterweise – von solchen Tendenzen nicht ganz aus.

ordnet sie neben – wie sie es nennt – dem »persönlichen Selbst« ein zweites »künstlerisches Selbst« zu, das sie als von außen umfangreich stimuliertes, kreativ antwortendes Selbst definiert, wenn nicht manchmal ihrer Auffassung nach »noch mehr Personen« im Künstler leben. Sie findet diese beiden Selbst im Künstler in weitgehender Eintracht, und nur gelegentlich, sagt sie, sind sie so isoliert voneinander, wie das der Fall beim Hochstapler ist. Bei letzterem geht unter Umständen eine Spaltung (division) so weit, daß er sich zwei Namen gibt. Es ist interessant, daß sich der Künstler am Beginn seiner künstlerischen Entwicklung oft als Hochstapler oder Betrüger fühlt, bedingt dadurch, daß er sich seiner Fähigkeiten und Begabungen noch nicht sicher ist; denn – so merkt Phyllis Greenacre an – Sicherheit benötigt vorbereitende Übung, Kenntnis und die Erfahrung durch das praktische Umsetzen. Es ist nicht einfach – so kommentiert sie –, sich außerordentliche Begabtheit zuzugestehen. Die Besonderheit des Künstlers hebt Phyllis Greenacre deutlich vom Hochstapler ab, der auf Schwindeleien, Fälschungen, Schein und Behauptungen des Verfügens über göttliche oder wunderbare Macht bezogen ist, was sich in früherer Zeit auf Drogen der Alchimie, göttliche Gegenwart oder einen verborgenen Schatz beziehen mochte. Sie fügt hinzu, daß der Hochstapler oft in nahem Bezug zur paranoiden Kondition steht, zu Perversionen, besonders zu Transvestismus. Eine paranoide Haltung findet Phyllis Greenacre oft Religionsstiftern zugehörig. Als Zeitpunkt der Manifestation hochstaplerischen Verhaltens wird die Pubertät hervorgehoben. Die *inkomplette Ichentwicklung* stellt sie als das Leitsymptom des Hochstaplers heraus, und zwar mit einem Defekt, stabile Objektbeziehungen zu entwickeln. Das aber geht gleichzeitig mit einer Störung des Gefühls der Identität und der Realität einher. Ein Übergewicht *imitativer*, aus der *präödipalen Entwicklung erhaltener Triebtendenzen* dringt in den Prozeß der Identifikationsbildung ein. Einschließlich der Bildung des Ichideals wird beides[6] nicht in ein postödipales Stadium überführt. Geradezu unvermeidbar entwickelt sich daraus eine Deformation des Überichs ohne gut internalisierte Normen und Werte. *Visionäres* ist dagegen Bestandteil des Prozesses der Identifizierung anstelle üblicher

6 Phyllis Greenacre muß hier Ich und Ichideal meinen.

Rollen, und *eine Art Schauspielkunst* ersetzt weitgehend wirkliche Leistung. *Die unmittelbare Antwort eines Publikums komplettiert dann die aufgeblähte Leistung an einem unechten Realitätsmaßstab*.

Phyllis Greenacre erklärt, daß bereits in diesem Verhalten der ödipale Konflikt charakteristisch und deutlich erscheint. Die Ichdefekte resultieren aus prägenitalen Fixierungen. Das Ich antwortet auf die ödipale Herausforderung mit einer »dünnen, aber dramatischen Inszenierung des ödipalen Konflikts«, die konstant in jedem hochstaplerischen Akt reinszeniert wird. Es ist ganz deutlich, so sagt Phyllis Greenacre, daß Hochstapelei die Anmaßung der Identität des Vaters oder eines älteren Bruders ist, einer distinguierten, berühmten Person, die symbolisch getötet und ihres größten Schatzes, *des Rufes*, ihrer Wohlhabenheit und ihres Erreichten *beraubt* wird. Bei weiterem Forschen wird sichtbar, wie sehr dieser Kampf im Dienste der Vermeidung einer echten libidinösen Besetzung steht und damit endet, daß *ein Königsmantel wie eine illusorische Anmaßung von Macht* umgeworfen wird. Es bedarf wirklich keiner besonderen Anstrengung im Hinsehen, um das Ziel zu erkennen, die Aufmerksamkeit oder die Vergünstigungen der Mutter zu erwirken. Diese waren bereits exzessiv oder aber umgekehrt, immerwährend und quälerisch versprochen, aber niemals wirklich erfahren. Was Phyllis Greenacre ausführt, wird heute als »frühe Triangulierung« (M. Rotmann, 1978, nach E. L. Abelin, 1971 und 1975) bezeichnet, die bei der hochstaplerischen Struktur das vollausgebildete ödipale Niveau nicht erreicht. In der frühen Separation und Triangulierung hilft der Vater Mutter und Kind, aus der Symbiose herauszukommen und aus Mutter und Kind zwei Personen werden zu lassen, die trotz der Trennung eine Kontinuität der Beziehung haben. In der ödipalen Situation stehen schließlich beide Eltern als unterschiedene und gleichwohl zusammengehörende Personen dem Kind gegenüber, das dann zu ihnen in eine Beziehung der Liebe, der Rivalität und des Verzichtes eintreten muß. Durch die Exzessivität der Beziehung, wie Phyllis Greenacre sagt, aber bleibt die libidinöse aggressive Entwicklung in solchen Fällen immer infantil und erwirbt nur ausnahmsweise eine wirklich genitale und heterosexuelle Höhe; denn die frühe wie spätere Triangulierung bleibt schattenhaft. Im Akt der hochstaplerischen Handlung fühlt sich der Hochstapler später angstfrei und ausgefüllt, er hebt sich damit auf ein höheres Niveau. Es drohen ihm sonst Gefühle der Angst und Leere, das aber nötigt ihn lediglich zur nächsten hochstaplerischen Inszenierung.

Während aus all dem abgeleitet werden kann, daß der Hochstapler die ödipale Konstellation immer wieder kurzfristig im Außen abhandelt anstatt in seinem Inneren, er damit den Ödipuskomplex nicht bewältigt und beschließt, ist der Künstler zwar auch auf das Außen eingelassen, auf die belebten und unbelebten – oder wie Phyllis Greenacre noch deutlicher sagt – unbeseelten Dinge der Welt, doch in ganz anderer Weise. Die immerwährende und wachsende Sensibilität und Aufnahmebereitschaft erlaubt oder verstärkt eine breite Ausdehnung der gesamten Empfänglichkeit von früher Kindheit an. Das bedeutet, daß das künstlerisch begabte Kind in einer direkten persönlichen Weise mit seinen reifenden Kräften ebenso wie das »gewöhnliche Kind« reagiert und seine libidinösen Bezüge sich wie bei seinem weniger begabten Bruder entwickeln. Wenn seine Aufnahmebereitschaft, seine Antwort gegenüber Formen und Rhythmen größer geworden ist, erhalten die persönlichen Objekte seiner unmittelbar menschlichen Umgebung durch Ähnlichkeiten in Form von aktiver oder passiver Bewegung und Rhythmisierung eine größere Besetzung für sein künstlerisches Selbst aus einer Reihe von unversehrten Objekteindrücken aus der Außenwelt, aus der belebten Welt, die der der persönlichen Objekte gleicht, von denen ursprünglich ausgegangen wurde. Dies läßt Ketten erwachsen und vertieft die Sensibilität, was eine erhöhte Reaktion auf die eigenen Körpersensationen wie auch die Stimulierbarkeit durch die Außenwelt hervorruft. Phyllis Greenacre hat es bevorzugt, diese Reihung von Außenobjekten, die gelegentlich persönliche warme Objektbeziehungen ersetzen können, als eine Sammlung von Alternativen zu bezeichnen (the field of the collective alternates), ein Austausch, der mitunter unvermeidbar ist. Das aber bedeutet, daß jede Objektbeziehung erlebt und mit einer großen symbolischen Repräsentanz belegt wird und sich die Tendenz zur Anthropomorphisierung lebenslänglich in den Beobachtungen und Gedanken verstärkt. In ganz ähnlicher Weise beschreibt Paula Heimann

(1975) das begabte Kind in seiner Kindheit als ein solches, das mit einem Korb umhergeht, sammelt, ihn an Mutters Tisch vor sich hinstellt, seinen Inhalt betrachtet und sich zu eigen macht, als hätte es alles von ihr bekommen. Diese Charakteristika bedingen den Zugang zu primärprozeßhaftem Denken, ein Offenhalten, das im Erwachsenenalter für den Künstler lebensnotwendig ist.

Da Phyllis Greenacre die künstlerische Begabung in diesem ständig wechselnden Austausch von innen und außen sieht, liegt *in dieser Struktur mit ihrer belebenden Kraft* geradezu ein Gegenstück zur *sterilen Einseitigkeit, mit der der Hochstapler die Welt gebraucht*. Wie die Falldarstellungen von Abraham und Helene Deutsch zeigen, haben Hochstapler nichts zu geben. Phyllis Greenacre spricht beim Künstler im Gegensatz zum Hochstapler von einer lebendigen, belebbaren und belebenden Grundhaltung des künstlerisch Begabten in der Beziehung zu sich und zur Außenwelt, die nicht unbedingt die Konflikte endgültig abschließt, jedoch in einem für die Künstlerpersönlichkeit immerwährenden Reifungsprozeß in Wiederauflagen des ödipalen Konflikts zu reiferen Lösungen fortschreitet. Auf diese Weise besitzt für Phyllis Greenacre der Künstler ein besonderes Gefüge (texture) für seinen Realitätssinn. Das, was ihn nochmals so entscheidend vom Hochstapler trennt, ist die Schaffung eines *eigenen inneren Raumes*, den er sich unter dem künstlerischen Druck früh für sich einrichtet, unabhängig von der Meinung der anderen, indem er seinen eigenen künstlerischen Forderungen nachkommt. Das Spiel der Aggression, der künstlerischen Aktivität und der zwanghaften Kontrollen, meint Phyllis Greenacre, ist eine eigene Studie über den Künstler wert. Beim Künstler wie beim Hochstapler besteht ein *Hunger des Ichs*. Der Künstler hat immer wieder das Gefühl eines Hungers, ein Bedürfnis nach *Vervollständigung* – ich möchte sagen, *seines eigenen Tuns in seiner Welt* –, beim Hochstapler richtet sich sein immer wiederkehrender Hunger auf eine *zufriedenstellende Identität in der Welt*, und das bedeutet außerhalb seiner selbst anstatt in sich.

## Diskussion und Weiterführung

Die drei Arbeiten entstanden in einem Zeitraum von mehr als dreißig Jahren und werden hier, etwa wiederum dreißig Jahre später, miteinander verglichen. Die im wesentlichen identischen Befunde dieser Arbeiten möchte ich in einen Zusammenhang bringen und aus dem vorgegebenen Material um die Richtung der Verursachung dieser Entwicklungsprozesse ergänzen. Ich verweise auf die jeweils geschilderte Voraussetzung der der Struktur des Hochstaplers innewohnenden Pathologie, welcher die übliche psychoanalytische Behandlungstechnik bisher nicht gewachsen war. Als narzißtische Neurose par excellence ist diese Struktur des Hochstaplers sinnvoll zur Betrachtung für den behandlungstechnischen Zugang. Es ist gar nicht die »Technik«, an der Wesentliches zu ändern wäre, sondern die Erwartung, die Ausrichtung auf den pathologischen Kern und die innere, an Neurosen geschulte Haltung des Analytikers, die einer Umorientierung bedürfen, wenn ein narzißtischer Patient zur Behandlung kommt. Das Auflösen eines Symptoms auf eine zutreffende Deutung hin geschieht dann gewöhnlich »von selbst«, eine unausgedrückte Voraussetzung, wenn eine Überichentwicklung vorliegt, die das ödipale Niveau erreicht hat oder hatte. Bei der milderen Variation des Hochstaplers, wie bei Jimmy, und bei narzißtischen Patienten muß sich in einer Behandlung zunächst vorrangig das Ich des Patienten ändern, das heißt er muß Unlust aushalten, das heißt Kontinuität gewinnen und arbeiten lernen. Das wiederum bewirkt Veränderungen auch des Überichs im Sinne eines Reifungsprozesses. Aichhorn (1925) hat das bei verwahrlosten Jugendlichen erkannt. Helene Deutsch verwundert sich darüber, daß ihr Patient sie herablassend und mit vorbeugender Respektlosigkeit behandelt. Gerade hier äußert sich der Defekt im Überich; das insuffiziente Ich kaschiert sich mit dieser defensiven Manier. Phyllis Greenacre sagt, es kaschiert sich sogar mit einem Königsmantel. In diesem Akt aber wird in zwei Schritten zunächst der eigene kritische Anteil des Überichs auf die Analytikerin abgespalten und anschließend dort entwertet.

## *Unzureichende Elternschaft und folgende Überfrachtung des Kindes*

Ich möchte keine Behandlungstechnik beschreiben; denn wenn die Struktur einmal erkannt ist, ergibt sich die Technik entsprechend den tradierten analytischen Behandlungsregeln im Grunde von selbst. Verstehender Rückblick durch den Patienten und unter Umständen folgende Rekonstruktion durch den Analytiker in der Behandlung sind bei diesen Fällen eher späte vertiefende und nahezu luxuriöse, aber sinnbringende Ereignisse in dem mühseligen Nachreifungsprozeß des Ichs, der sich durch die ganze Analyse zieht. So wende ich mich den Bedingungen für die Entwicklung solcher Strukturen zu, wie sie in den referierten Arbeiten ausdrücklich genannt wird. Sie finden sich in den Persönlichkeiten und in dem Verhalten der Elterngeneration. Jeder Analytiker ist konzentriert auf den Patienten in der Gegenwart, in dem Bewußtsein, daß die Vergangenheit nicht zu verändern ist, wahrscheinlich auch in einer berechtigten Ahnung, daß, würde man die Eltern analysieren, die Großeltern ebenfalls dazugehören und es darüber hinaus möglicherweise zu einer Kette von Schuldzuweisungen kommen könnte. Dennoch erscheint mir wichtig, daß auch der Analysand die Fehler, das Fehlverhalten, die Schwächen der Eltern wie auch ihre Schicksale sieht, erinnert und weiß. Erträgt er sie schließlich ohne Vorwurf und wächst ohne – ihn in seiner Entwicklung hindernde – Schuldzuweisungen psychisch und geistig über diese Fehler hinaus, ist das ein großer Erfolg einer Analyse. Üblicherweise ist das die Entidealisierungsarbeit der Adoleszens. Analytiker hören nie die blanke, eigentlich historische Realität, vielmehr diejenige internalisierter Imagines, um die sich viele Phantasien ranken; doch ein Kern aus dem Verhalten der wirklichen Eltern wird sich als ein Kristallisationskern gebildet haben.

In den Aufsätzen von Abraham und Helene Deutsch werden die Eltern jeweils zwar als nicht gesundes Paar beschrieben, dieser Befund aber bleibt isoliert von seiner Bedeutung für die Strukturentwicklung des Kindes. Sind Eltern als gesundes Paar – darunter verstehe ich zwei Menschen verschiedenen Geschlechts in gegenseitiger Anerkennung und in Ausübung ihrer

Aufgabe für die Entwicklung und Erziehung ihrer Kinder – nicht vorhanden oder verfehlen sie diese Haltung, kann sich für das Kind die ödipale Situation nicht erstellen, und die entscheidende Schwelle für die *psychische* und *geistige Reifung* fällt aus. Wahrscheinlich ist in diesem Kontext die frühe Separation vorher mißlungen. Prägenitale Triebtendenzen entwickeln sich dann ungebrochen am Ödipus vorbei. Überraschend finde ich für die Scheinlösung des Ödipus – immer für die männliche Entwicklung geschildert[7] – das Wort »Raub« im Text von Phyllis Greenacre, die vom »geraubten Königsmantel« des Vaters spricht. Raub gibt es in der Entwicklung des Mädchens ebenfalls, den Raub des Penis, auf den Janine Chasseguet-Smirgel so nachdrücklich hingewiesen hat (1964, S. 151). Der Raub verschafft kurzfristigen und kurzschlüssigen, im Außen konkretisierten Besitz. Für den psychischen Besitz bedeutet das Instabilität. Das Geraubte wird nach außen gezeigt beziehungsweise fordert von außen ständig Bestätigung, als solle die Aneignungsarbeit durch Außenstehende geleistet werden. Der Raub also geht an der inneren Erarbeitung vorbei.

Bei der heute bestehenden Neigung zur Verwöhnung in der Erziehung erscheint es mir umso notwendiger aufzuweisen, was das Verfehlen der Elternschaft, der elterlichen Aufgaben bedeutet, das in den Arbeiten von Abraham und Helene Deutsch geschildert wird. Infolge der nicht übernommenen elterlichen Funktionen, die offensichtlich mit eigenen Bedürftigkeiten konkurrieren, steht eine *Überfrachtung* des Kindes mit Eigen-

7 Phyllis Greenacre schreibt, daß Hochstapelei ein Phänomen nur bei Männern sei. Die Hochstapelei bei Frauen wäre ein ergänzendes Thema, zum Beispiel bei der Frau, die zu früh Mutter geworden war, indem sie die Mutter bei den Geschwistern vertreten mußte, oft Schicksal einer Ältesten. Ein Vater kann auch eine Tochter sehr begünstigen, die der Ehefrau, wie sie in jüngeren Jahren war, zu ähneln scheint, oder überhaupt begehrlich erscheint aufgrund ihrer Jugendlichkeit. Scheidung oder Tod der Mutter kann eine Tochter in die Partnerposition zum Vater bringen. Das Scheitern dieser Töchter wird in der Regel erst bei den eigenen Kindern evident, wenn sie glauben, schon längst Mutter sein zu können, was sie in einer ganz anderen Weise früher den Geschwistern gegenüber waren. Diese Pseudosicherheit, damals gewonnen mit analen Machtmitteln, verstellt den Weg zur Mutterschaft gegenüber dem eigenen Kind, das unverstanden bleibt und leidet. Auch wird solche narzißtische Pathologie bei Frauen eher als Hysterie diagnostiziert denn als ein Als-ob-Spiel. Es wird in der Regel nicht erkannt, weil das Hochstaplertum der Frau sich zunächst im familiären Rahmen entfaltet. Als Geschäftsfrau oder sonst im Berufsleben mag in der heutigen Zeit eine solche Frau sich eine Welt ihrer Bestätigung schaffen.

schaften oder Aufgaben, das heißt Erwartungen im Vordergrund, die das Kind nicht erfüllen kann. Man könnte es aus der Blickrichtung des Kindes her auch umgekehrt formulieren. Das Kind im Fall von Abrahams Hochstapler kann seine Eltern über seine Existenz, darüber, daß es auch da ist und seinen Teil braucht, weder trösten noch auf irgendeine konkrete Weise entlasten. Es kann sich auf nichts beziehen. In der Funktion des Vorwurfsempfängers dient es jedoch der elterlichen Entlastung. Im Fall von Helene Deutsch steht das Kind in einem Überfluß und einer ungerechten Bevorzugung, die es beide selbst nicht zurückweisen kann. Das Kind selbst müßte die Beziehung zu jedem der beiden Elternteile, die sich in der Fallgeschichte von Helene Deutsch nacheinander in dieser Haltung ablösen, und die darin enthaltene Situation des Überflusses als ungünstig erkennen; doch es fehlt ihm ja noch ein realitätsgerechter Maßstab. Aus der Sicht der Erwachsenen ist dieses Kind in seinem Noch-Kind-Sein zwar empfänglich, aber verletztlich, nicht ernst genommen worden, mit einer Stützfunktion für den jeweiligen Elternteil überfordert und in die Rolle eines Anhängsels gebracht, das nur mit der erwachsenen Person zusammen ein besonderes Selbstgefühl genießt. Doch indem es zu einem Funktionsträger, einem Partner, also gleichsam einem Erwachsenen gemacht wird, werden seine eigenen und für seine Entwicklung notwendigen Konflikte und Entwicklungsräume nicht zugelassen. In Helene Deutschs Fall kommt indirekt, aber dennoch gravierend genug die *Widersprüchlichkeit* innerhalb eines jeden Elternteils und zwischen ihnen *für die Pathologie Jimmys* hinzu; denn jeder der Eltern hat im anderen den in sich abgewehrten Part geheiratet.

### *Schuld und Realität*

Bei Abraham liegt eine vollständige und so typische Beschreibung der Erscheinungsweise des Hochstaplers, seiner Objektbeziehung und deren Genese vor, die seine innere Situation als eine Voraussetzung für die Strukturbildung voll aufschließt: Seine Intelligenz und quasi künstlerische Begabtheit stehen ganz im Dienst eines immerwährenden Gewinnens allgemeiner

Sympathie und allseitigen Vertrauens. Es gehört schon Gewandtheit dazu, immer wieder Gönner und Förderer zu finden und sich dann an dem ersehnten Punkt, dem Mittelpunkt nämlich, zu fühlen, um den sich alles dreht. Diese Inszenierung entspricht seinem *phantasierten Wunsch*, Lieblingskind zu sein. In diesem Rahmen braucht er nicht wirklich zu arbeiten; denn er spielt den großen Herrn. Die Größe ist nicht erwachsen aus wirklichen Objektbeziehungen, sie ist daher unecht. Abrahams Hochstapler inszeniert zu seinem Wunsch aus der Kindheit ein Gegenteiliges aus der Realität der Kindheit dazu: den Ausgestoßenen, der »keine Geschicklichkeit hat, dem Arm der Gerechtigkeit zu entgehen«. Seine Schuldproblematik liegt im Vergleich zu Jimmy offener zutage. Die Anmaßungen, Vorgaben, Fälschungen, Schwindeleien von Abrahams Hochstapler zu decouvrieren fällt offensichtlich auch seinen Richtern schwer, da sie über seine Persönlichkeit ein nervenärztliches Gutachten anfordern. Das kann nur mit Schuldgefühlen zu tun haben, die *im anderen* erweckt werden. Es kommt dazu, weil diese Persönlichkeit ihre Realität und ihren Rahmen ohne Rechtfertigung durch Arbeit und ähnliches, also lediglich durch Vorgabe und Anmaßung, übersteigt und dies mit *kindlicher Unschuld* fertigbringt. Seine Eltern hatten einstmals ihm gegenüber den Rahmen des Erträglichen überstiegen. Abrahams Hochstapler verletzt nun seinerseits Realitätsmaßstäbe und muß mit seinen Ansprüchen zurückgewiesen werden. Die erzwungene Bestrafung bewirkt eine Zurücksetzung, und als Wiederausgestoßener gerät er in die Situation, die er als Kind erlebte. Er wiederholt also ein Stück *traumatischer Realität*. Diese zweite Phase in seinem Lebensablauf, die ständig mit der ersten hochstaplerischen Inszenierung alterniert, ist die seines ursprünglichen wahren Selbst, gegen das er sich wehrt, das er verwirft. Wie auch immer, ein Kern Wahrheit muß gegeben gewesen sein, der seinen Narzißmus zu sehr verletzte, sonst könnten sich *einerseits die reaktiv-reparative Tendenz, die dem Wunsch nachkommt, und andererseits die gekränkt-separative Tendenz, die die alte Realität wiederherstellt*, wahrscheinlich nicht so stark durchsetzen. Sehnsucht und Haß brechen in dieser Weise offen durch, können nicht im psychischen Innenraum gehalten werden. So inszeniert diese Persönlichkeit, der Hochstapler, im

Außen mit anderen seine ersehnten und seine ihn quälenden Objektbeziehungen: Eltern, die er sich phantasiert, und Eltern, die er hatte. Wunschphantasie und vergangene Realität bekommen alternierend gleichwertigen Charakter in der aktuellen Zeit: Zum einen erscheint gewünschtes Zukünftiges in der Gegenwart, zum anderen wird Vergangenheit durch ihre Wiederholung in der Gegenwart aktualisiert. Sein Verhalten ist dabei so *gesteigert*, daß es für den anderen *zwingend* wird, ihn gernzuhaben oder ihn schließlich zu verurteilen, einzusperren beziehungsweise auszustoßen. Damit gibt er im sozialen Bereich dem anderen stets eine Rolle vor: Opfer, wenn man auf ihn hereinfällt, oder Täter, eigentlich Verräter, wenn man ihn entlarvt. Der Hochstapler bezieht den anderen in sein Spiel ein und macht ihn so unfreiwillig zu einem anderen, der ihm gegenüber in Leid oder in Schuld gerät; denn er lebt eine andere, nämlich seine alte Realität.

Die *hochstaplerische Inszenierung* ist für jenen eine innere Notwendigkeit, ein illusorischer manischer Akt. Diese Inszenierung ist das *Gegenstück zu Entfremdungserlebnissen*. Das von Freud analysierte Akropolis-Erlebnis weist verdrängte Schuldgefühle als Grund dafür auf, daß das Erleben, am langersehnten Ziel zu sein, ja sogar es weiter als der Vater gebracht zu haben, nicht genossen werden kann. Auch in der hochstaplerischen Aktion wirken *Schuldgefühle* nach, sonst wäre der Hochstapler Abrahams geschickter, dem »Arm der Gerechtigkeit zu entgehen«, was anderen »gekonnteren« Hochstaplern möglicherweise gelingt. Das »gelingt« dann, wenn sie strukturell bei aller Intelligenz ein weniger ausgereiftes Überich haben, also ihre aggressive Triebseite noch weniger unter die Herrschaft eines postödipalen Überichs integriert ist. Indem die Verurteilungen von Abrahams Hochstapler immer wieder erfolgen und er wie ein Ausgestoßener im Gefängnis sitzt, wiederholt er einen realen Anteil seiner Kindheitssituation, der ihn traumatisiert hat. In dieser Wiederholung muß sich zusätzlich ein *ökonomischer Gewinn* finden. Nirgendwo berichtet Abraham davon, daß der Hochstapler unter diesen Verurteilungen leidet, noch ist er durch diese Verurteilungen etwa lernfähig oder einsichtig geworden, um sie künftig zu vermeiden. Die Inszenierung des Ausgestoßenen ist eine verdichtete Form mit zwei Gesichtern. Die Schuldgefühle sind Ausdruck eines unbewußten Strafbedürfnisses. Aus Gründen eines mangelnden Überichs aber wird Strafe sofort annulliert. Wegen des nie aufgegebenen Hasses kommt der Hochstapler ins Gefängnis. Doch dort kehrt sich das Sitzen im Gefängnis masochistisch in dem Sinne um: »Geschieht meiner Mutter recht, wenn ich mir die Hände erfriere; warum kauft sie mir keine Handschuhe«. Im Gefängnis zu sitzen wird zum Appell, auf die Eltern zu sehen, die Schuld auf sie abzulenken und nun im Leiden großartig zu werden. Abraham erwähnt die Zweizeitigkeit, die von der Zwangsneurose bekannt ist: »In extremen Fällen bringt es der Kranke zustande, daß die meisten seiner Symptome zu ihrer ursprünglichen Bedeutung auch die des direkten Gegensatzes erworben haben, ein Zeugnis für die Macht der Ambivalenz, die, wir wissen nicht warum, in der Zwangsneurose eine so große Rolle spielt. Im rohesten Fall ist das Symptom zweizeitig, d. h. auf die Handlung, die eine gewisse Vorschrift ausführt, *folgt unmittelbar eine zweite, die sie aufhebt oder rückgängig macht*[8], *wenngleich sie noch nicht wagt, ihr Gegenteil auszuführen.« (Freud,* 1926, GW XIV, S. 142) Diese Zweizeitigkeit zeigt sich hier in ganz reiner Form. Das Geschehene wird immer wieder aufgehoben. Die Entwicklung des Überichs bei Abrahams Hochstapler ist quasi unglücklicher als die von Jimmy, dennoch ist sie Ausdruck für eine doch weiterentwickelte Überichkonstellation, die Bestrafung nicht ganz ausblenden kann, auch wenn sie letztlich immer wieder aufgehoben wird. Abraham sieht, daß der Hochstapler seine Gönner mit seinem Gefangensitzen düpiert und sich an ihnen rächt. Sie hatten nicht das Eigentliche gegeben, er hatte sie zur »Liebe« gezwungen. Die Richter mochten es auch nicht gewesen sein, die ihm Leid zugefügt hatten, und hatten den Gutachter gerufen. Die Verurteilung fällt dann letztlich auf seine Eltern, und der ganzen Welt wird damit gezeigt, wie schlecht sie waren, so daß nichts Besseres aus ihm werden konnte. *Mit ihm sind sie gestraft.* Der Hochstapler behält auf diese Weise die Schuld für sein vorausgegangenes Handeln nicht in seinem Gewissen und damit nicht in sich, sondern wirft sie auf die Eltern, auf die mit der Inszenierung zurückverwiesen wird. Er ist *unfähig zur Schuld*

8 Hervorhebung von der Autorin

geblieben; er verfügt zwar über ein unbewußtes, ungereiftes Strafbedürfnis, das aber Strafe nicht annehmen kann und sie stattdessen agiert. Sein Überich hat präödipalen Charakter, ohne feste Wertbegriffe. Es kann nicht im eigentlichen Sinne bekennen, noch weniger vergeben oder versöhnen und ist zur Aktion, zur Inszenierung getrieben, weil es sich durch die ödipale Triangulierung nicht modifizierte und kulturfähig wurde. Der Hochstapler hat keine Urteilskraft. Er ist der Forderung nach Verinnerlichung in der Trennungs- wie in der Ödipussituation entgangen. Seine Schuldunfähigkeit zeigt sich an seiner Objektwahl, die Abraham später so erstaunen läßt. Sie gleicht einer »Heilung«, zumal sich der präödipale Wunsch »am Vater vorbei«, am »symbolisch getöteten« Vater (Greenacre) vorbei, verwirklicht. Auf diese Weise kommt er zwar spät, aber schuldlos gegenüber einem möglichen ödipalen Rivalen auf einen ersehnten paradiesischen Platz. Er stiehlt sich am Ödipuskomplex vorbei. Diese *Schuldintoleranz* muß ihren Grund haben. Sie hängt am sogenannten frühen Überich, das festhält am erlittenen Unrecht, das wahrscheinlich unerträglich war, aber empfindlich machte und kränkte und somit reparationsbedürftig geblieben ist. Alle spätere selbstverursachte Schuld ist zuviel und wird deshalb aufgehoben. Statt der Fähigkeit zu adäquater Schuldübernahme steht eine in Realität nicht mögliche *Forderung nach Wiedergutmachung* von den Primärobjekten beziehungsweise ihren Nachfolgern.

Ich erinnere an Winnicott, der für die Psychopathie eine frühe Traumatisierung durch eine dem Kind im emotionalen Bereich nicht mehr förderliche Umgebung annimmt und beim durch Hospitalismus beschädigten Kind im ersten Lebensjahr bereits ein Ungerechtigkeitsempfinden nachweist. Die frühe Urteilsfähigkeit zeigt an, einen Verlust – und zwar einen großen – als Deprivation erlitten zu haben, den es nicht verkraften kann. (S. 172) Ich nehme an, daß auch der Hochstapler sehr früh als Kind eine solche Urteilsfähigkeit dafür besitzt, daß man ihm ein *Zuviel*, ein *Übermaß* auferlegt. Dieses ist in der Mitteilung, die er als Erwachsener machte, enthalten: er mache die Eltern arm. Daß die Eltern sein Dasein als schuldig erklärten, muß offensichtlich auch eine Annahme dieser Schuld bewirkt haben. Nur noch mit Haß konnte er sich dagegen wehren. Aber damit war seine Schuldfähigkeit überzogen. Abraham spricht hinsichtlich der Bedingung für die Strukturbildung von der Stärke der Ambivalenz gegensätzlicher Triebe, bei der so viel Haß aufgeladen wurde, daß das frühe kindliche Gleichgewicht nicht mehr zu halten war. Er sagt das, obwohl er gleichzeitig die erwähnten Tatsachen über die Eltern aus der Biographie berichtet. Eine konstitutionelle Komponente der Schwäche des Ichs zur Integration wird die Stärke der Ambivalenz nicht erklären. Der Mangel an Hilfe zur Neutralisierung und Integrierung der Triebstärke neben der Überfrachtung von seiten der Erziehungspersonen liegt ziemlich offen.

Die bewältigte ödipale Situation bewirkt eine Trennung zwischen den Generationen beziehungsweise ermöglicht den weiteren Entwicklungsverlauf, der später auch zu einer Entlassung der Eltern aus den elterlichen Pflichten, einer Entlassung des Kindes aus der Schuld gegenüber den Eltern führt. Die Trennung zwischen den Generationen ist hier nicht erfolgt; denn Gönner, Mäzene werden als Elternersatz zu Gebenden im Versuch einer Reparation – eine ältere Witwe schenkt ihm schließlich durch die Heirat Genugtuung. Es besteht eine Parallele eines jeweiligen Zuviel zwischen der früheren Frustration durch die Primärobjekte und dem späteren Zuviel an Freundlichkeit und Liebeswerbung seinerseits anderen gegenüber und damit ein Zuviel an Schuld. Dieses *Zuviel* an Schuld ist der Schlüssel dafür, daß »Gönner« die Hand reichen und niemand so leicht die Anmaßung oder Vorgabe entlarvt, weil er sich damit doppelt schuldig macht: In seiner Verweigerung, dem Nicht-Geben, liegt dann zugleich ein Urteil, daß nämlich der Hochstapler dazu seine Freundlichkeit vorgibt. Die Verweigerung also decouvriert, der Verweigerer lädt der Decouvrierung wegen Schuld auf sich. Das Opfer, das auch Phyllis Greenacre als prädestiniertes Gegenüber fordert, würde doppelte Kraft zum Neinsagen brauchen, weil es zum Ja gezwungen wird. Beide gehen nämlich nicht von einer gleichen Ebene gemeinsamer Realität aus. Die Realitätsebene des Hochstaplers ist eine durch das einfordernde Begehren einer Wiedergutmachung eine andere, die für ihn aber ichsynton geworden ist.

Während im vorausgegangenen Kapitel ein Zuviel an Schuld betrachtet wurde, tritt bei Helene Deutsch ebenfalls der Aspekt eines Zuviel, eine hier andere *Übersteigerung*, durch die Primärobjekte hervor: die Verwöhnung. Übersteigerung tritt nie ohne ihr Gegenteil, Vernachlässigung normaler, fördernder Erziehung, auf; beides aber wirkt sich auf die Trieb- und Ichentwicklung aus. Triebanspruch und Ich werden aufgebläht. Das Kind Jimmy wird zweimal nacheinander von je einem Elternteil zur eigenen Bestärkung, Bestätigung und zum Trost gebraucht. Er wird zum Ersatz des Vaters bei der Mutter, zum Ersatz des Partners wohl auch beim Vater, und wiederum ersetzt er die sehr viel älteren Brüder beim Vater. Doch durch Jimmy wird immer auch einer ausgestochen. Das kümmert ihn nicht; die Begünstigung anzunehmen entspricht dem Lustprinzip. Er darf jeweils in die Lücke treten, wird begünstigt und verherrlicht. Als hochgepriesener Lückenbüßer braucht er keine Schuldgefühle zu haben. Auseinandersetzung ist vermieden. Alles scheint friedlich, wie die Mutter es wünschte. Sein eigenes Rechtsempfinden wird somit unterdrückt. Das erklärt gleichzeitig die Intoleranz gegenüber Bestrafung. Das Kind wird damit – zuungunsten eigener Begabung, eigener Wünsche – weit überfordert, das heißt eigene Entwicklung, zu der die Auseinandersetzung mit gehört, wird ihm *vorenthalten*. Die Entlassung aus dieser Hochschätzung in eine dem Kind angemessene Welt – die frühe Separation von der Mutter und später durch den ödipalen Konflikt – diese beiden entscheidenden Entwicklungsschritte geschehen ohne Vorbereitung und die Ausbildung einer entwicklungsgemäßen Perspektive. Eigene Interessen und dazugehörige Ichfunktionen stehen am verzögerten Punkt der Separation nicht zur Verfügung. Die erste Trennung von der Mutter war folgenlos, weil das Kind beim Vater ins gleiche Beziehungsmuster geriet. In diesem jeweiligen Nicht-Entwöhnen, wie diese Situation auch benannt werden kann, behält Jimmy die ihm vorgehaltene visionäre oder *illusionäre Welt* bei, in der die Tatsache vorzuherrschen scheint, er bekomme »es«, was seine passive Haltung oralen Ursprungs fixiert. Normal wäre die Förderung des »aktiven Ich« (Loch und Jappe, 1974) in kleinen Schritten wachsender Autonomie. Eltern machen, wenn sie kindliche Größenphantasien erhalten oder wiedererwecken, ein nicht einzulösendes Identifizierungsangebot visionären oder illusionären Charakters, auf welches das Kind eingehen muß. Damit fixiert sich im Ichideal, das sich nach Jeanne Lampl-de Groot (1961) über vier Phasen entwickelt, die zweite Phase nach der halluzinatorischen Wunscherfüllung – die der Größen- und Allmachtsphantasien. Es kommt in der Folge nicht zur Einsicht der eigenen Machtlosigkeit. Macht wird dann in der dritten Phase in die Eltern projiziert. Auch die Enttäuschung an idealisierten Elternimagines bleibt in der vierten Phase aus, und damit wird die zugleich laufende Ausbildung von Ethik und Idealen verhindert. Erst die Behandlung, die Jimmy im Realitätsumgang fähiger macht, läßt gegen Ende das unentwickelte und damit ängstliche Kind zum Vorschein kommen, das nichts gelernt hat, insbesondere nicht, die innere Spannung zu ertragen. Helene Deutsch sieht es noch als paradox an, wenn schließlich Angst auftritt, doch tatsächlich – versteht man die Struktur ganz – muß es so geschehen; denn Jimmy, in der Behandlung in seinem Ich gereifter, erkennt seinen wirklichen Stand, einen Rückstand und die Diskrepanz zur Vorgabe, und das muß Angst auslösen. Das Prahlerische, Hochstaplerische und das Ängstliche sind zwei extreme beziehungsweise polare Seiten des einstigen Kindes. Helene Deutsch sagt, daß an der Sucht zu prahlen festgehalten wird, um das ängstliche Kind zu verdecken. Die dazugehörige Bewunderungssucht bleibt ebenfalls lebenslänglich. Das Prahlen ist aktuell gesehen eine gewisse Lösung, der Rückstand dabei muß von Tag zu Tag größer und die Verteidigung der Vorgabe immer notwendiger und heftiger werden. Phyllis Greenacre bezeichnet diese Seite, das hochstaplerische Selbst, als das »andere Selbst« (»other self«) – ich ergänze – gegenüber dem wirklichen und kleingebliebenen Selbst. Das »andere Selbst« ist das »falsche Selbst«, das dem Bedürfnis der Eltern nachkam. Helene Deutsch sieht vor allem einen Gegensatz in dem langen einseitigen Gewähren, der Nachsichtigkeit und der dann abrupten Trennung vom Vater. Vor dem Eintritt des Gegensatzes erscheint die zweimal aufeinanderfolgende Überinterpretation der Bedeutung des Kindes durch Mutter und Vater noch wesentlicher. Der Gegensatz tritt dann durch den Tod des Vaters ein, wenn Jimmy in der Außenwelt einer Normalität ausgesetzt wird und er diese Umgebung nicht mehr akzeptieren kann, weil diese ihn nicht mehr hoch-, also überschätzt, woran er gewöhnt ist. Der Gegensatz besteht aus langfristiger Verwöhnung und dem Eintritt der wirklichen Realität, der sein anspruchsvoll gewordenes und selbst unfähig gebliebenes Ich nicht gerecht werden kann. Zu der Abfolge zweimaliger Verwöhnung kommt es durch den inneren Gegensatz der Eltern – unterwürfige Hausfrau und Tyrann –, die beide nicht in ihrer eigenen Mitte stehen und Jimmy nacheinander zur persönlichen Aufwertung gebrauchen. Die Gegensätzlichkeit liegt dann in Jimmy selbst, der als Großer den Kleinen und auch Schuldigen in sich weder zu kennen noch zu ahnen glaubt. Schuldig ist er seiner eigenen Entwicklung, seinen Begabungen gegenüber geblieben, schuldig ist er gegenüber denen, die er *ausbeutet*, ohne etwas zurückzugeben, und gegenüber denen, die er auf so selbstverständliche Weise verdrängte. Helene Deutsch nennt in erster Linie die Mutter, die zu Jimmys Opfer wird. Seine Rolle als Lückenbüßer trifft die Brüder. Schuldig wird er später denen gegenüber, die er benutzt, zum Beispiel den Kompagnon im Geschäft, oder die er beschimpft, wie die Analytikerin. Das alles ist ihm nicht bewußt. Damit steht der verwöhnte Hochstapler von Helene Deutsch in seiner Genese zwar im Gegensatz zu Abrahams eher unterernährtem Hochstapler. Beide entwickeln sich jedoch unter der gleichen Voraussetzung eines Zuviel, wodurch in der Folge die Realität jeweils nicht kindgemäß abgehandelt werden kann. Bei beiden Strukturen kommt es zu einer verzerrten Realitätswahrnehmung, die – wie Helene Deutsch sagt – mit der der Vorpubertät zu vergleichen ist, in der *Phantasie und Realität gleichwertig werden*, weil die aktuelle Realität für die Abhandlung von alter Phantasie, Illusion und ehemals traumatischer Realität benutzt wird. Durch den Ausfall der frühen wie späten Triangulierung wird schon in der Objektbeziehung die Korrektur der Realitätseinschätzung unterbunden. Ohne die ins Ich integrierte Schuld bildet sich keine Dreidimensionalität. Die Entwicklung der Objektbeziehung beziehungsweise die Triebentwicklung bleibt stehen. Das homosexuelle wie das heterosexuelle Liebesobjekt kann gradlinig und schuldlos durch eine einfach gewährte Partizipation erreicht werden. Jimmy lernt auf diese Weise, den anderen für sich zu gebrauchen. Er wirft sich den Mantel des Vaters einfach um und maßt sich seinen Ruf in dem irrigen Glauben an, er könne dieses Spiel, die Vorgabe, der Vater zu sein, lebenslänglich fortsetzen. Da Jimmy alles von außen zugefallen ist, so hat er weder Aufgaben, Probleme noch Schuldgefühle. Er lebt bis zum Tod des Vaters wie unter einer Glückshaube, das heißt er ist psychisch noch nicht geboren, noch nicht getrennt. Während Helene Deutsch Jimmy als eine letztlich nicht so dramatische Variante des Hochstaplers ansieht, operiert sie doch bei der Betrachtung seiner Struktur mit dem von ihr gefaßten Begriff der »Als-ob-Persönlichkeit« und kommt zu dem Ausdruck »nonego ego«, mit dem sie ein unrealistisches Ichideal definiert, das aus der Umgebung entlehnt wird. Dieser Strukturteil entspricht Winnicotts »falschem Selbst«, das früh vergrößerte Selbst, Wunsch der Eltern, das Jimmy akzeptierte. Das »nonego ego« reibt sich freilich mit der Umgebung und versucht, das eigentliche, »wahre« Selbst – in seinem Erleben ein insuffizienter, schuldbeladener und damit für ihn entwerteter Teil – zu entfernen. Das heißt dieser Teil des Ichs ist sein eigenes, eigentliches, aber unentwickelt gebliebenes Ich. Daß solches Verhalten der permanenten Vorgabe im geraubten Königsmantel auf eine parasitäre Struktur hinausläuft, wird im Vorwort zu diesem Aufsatz von Levitt[9] ausdrücklich

9 Morton Levitt stellt in seinem Vorwort zur zweiten Veröffentlichung dieser Arbeit von Helene Deutsch in »Readings in Psychoanalytic Psychology« (1959) die Besonderheiten dieses Beitrags heraus: Er betont die Tatsache, daß Analysen dieser Persönlichkeiten bei der ersten Konfrontation mit der Realität abbrechen, und stellt das Verhalten der psychischen Kräfte als zwei extreme Ausrichtungen gegenüber: ein narzißtischer Rückzug und ein gleichzeitiges drängendes Bedürfnis nach dem anderen, der zur Orientierung an der Realität gebraucht wird. Letzterer dient nur wie eine Bühne, so wie sie für den Schauspieler da ist; denn diese Persönlichkeiten brauchen den sofortigen Beifall des Publikums. Eine wirklich objektausgerichtete Libido gibt es nicht. Levitt gebraucht ferner den Begriff einer »parasitären Natur«. Diesen narzißtischen Persönlichkeiten dienen alle Objektbeziehungen lediglich, um »Schenkungen« aus derartigen Beziehungen zu extrahieren. Eine »true identity« wird bereits einem »nonego ego« gegenübergestellt und das Lebensziel einer solchen Persönlichkeit nur darin gesehen, das narzißtische Selbstkonzept im oder durch das Außen zu bestätigen. Die Ichstruktur eines nonego ego versucht in forcierter Weise, ein unrealistisches Ichideal in der Außenwelt in der Identifikation mit dem Ich irgendeines anderen zu erstellen. Der Hochstapler scheint – ausgerüstet mit einem Talent und gelegentlich einen ungewöhnlichen Intellekt – seine Größenphantasien durch Agieren immer wieder befriedigen zu müssen.

ausgesprochen. Der Hochstapler von Abraham dagegen trägt das Wunschkleid eines verführerischen Lieblingskindes. Er kämpft viel deutlicher mit der Schuld, die auf ihn als ein Zuviel fällt; auch wenn er sie im masochistischen Verhalten demonstrativ abzulenken versucht, kommt die Seite des Ichs zum Tragen, die dem »Arm der Gerechtigkeit« nicht entgeht, die klein und schuldig ist. Diese Seite des Ichs ist sein ursprünglicher und damit auch sein eigentlicher Teil. Da dieser mit so viel Haß beladen ist, ist er so schwer erträglich. Ihm wohnt ein Wichtiges inne, nämlich, sich nach dem anderen als einer *Erlösung* durch *Verstandenwerden* zu sehnen, die *Hoffnung auf wirkliche Objektbeziehung*. Auf dieses Zeichen reagierten die Richter und später Abraham, zu dem der Hochstapler zurückkehrte. Diese beiden Seiten des Ichs, entsprungen aus Mangel und Wunsch, treten bei Abrahams Hochstapler alternierend auf, während bei Helene Deutschs Hochstapler eine Permanenz der Verwöhnung besteht, was zur Illusion eines großartigen Selbst führen mußte, das, nachdem die Umwelt es nicht mehr als solches deklarierte, mit allen Mitteln nach außen verteidigt werden mußte. Das eigentliche Selbst kommt jeweils in der kritischen Befragung ins Spiel, so wie es sich initial in der Begegnung mit der Analytikerin abspielte.

1959 kann Winnicott das »falsche Selbst« deutlicher definieren, indem er es als Schale in Anpassung an eine Willfährigkeit und aus Not gegenüber den Primärobjekten geboren erkennt. Wie eine Hülle oder ein Widerstand gegen den Kern legt oder stellt sich das »falsche Selbst« dem Eigenen oder Eigentlichen, dem »wahren Selbst« gegenüber, von dem der Patient fast keine Ahnung hat. Der Patient verteidigt und vertieft sogar diese falsche Hülle der Anpassung, weil das »wahre Selbst« so unentwickelt und damit verletzlich ist. Ein Teil des »wahren Selbst« als eigener kritischer Teil kann sogar herausgeworfen (projiziert), außerhalb entwertet und beschimpft werden, was ich Winnicotts Theorie hinzufügen möchte und was ich in der Initialszene mit Helene Deutsch aufzeigte, als Jimmy sie so respektlos behandelte. Das bedeutet, daß Selbst- und Objektrepräsentanzen nicht fest und abgegrenzt sind, so daß die Analytikerin sogleich mit einem ungeliebten Selbstanteil identifiziert wird. In der Entwicklung von Abrahams Hochstapler ist die Separationsphase weiter fortgeschritten als bei Jimmy, doch die frühe Objektbeziehung blieb ungesättigt; sein »falsches Selbst« entspringt dem eigenen reparativen Wunsch nach Anerkennung, weshalb er andere verführerisch in die Geberposition zwingt. Wäre der Hochstapler nicht seinem reparativen Wunsch, eine Gegenbesetzung, nachgegangen, hätte er die Nicht-Ich-Identität entwickelt, die dem Bild seiner Eltern von ihm entspricht. H. Faimberg zeigt (1985) an dem Fall Mario eine verneinende Nicht-Ich-Identität als »falsches Selbst« in Akzeptanz dessen auf, wie die Eltern das Kind sahen. Von hier aus läßt sich sagen, der Hochstapler Abrahams *lebt* phasenweise in seiner Wunschverwirklichung ein *abwehrendes* »falsches Selbst« und phasenweise das verneinende »wahre Selbst«. Jimmys »falsches Selbst« ist dagegen der bejahte Wunsch der Eltern. Sein nonego ego ist sein eigenes unentwickelt gebliebenes Ich, das er verneint. In jedem der beiden Fälle liegt eine Aufspaltung des Ichs vor, einmal alternierend gelebt, einmal von einem non-ego ego unterlagert, das gegebenenfalls in der Projektion im anderen dann sichtbar wird, wenn andere nicht Jimmys »Wunschrealität« vertreten. Diese Tatsache der Aufspaltung könnte man auch eine *Dichotomie des Ichs* in einen bejahten und verneinten Teil nennen. In der Doppelgänger-, der Zwillingsphantasie und ausgelebt bei manchen Zwillingen und auch bei Paaren findet sich diese Strukturaufspaltung ganz offen.[10]

Phyllis Greenacre hat die Winnicottsche These vorbereitet. Sie hebt im Künstler wie im Hochstapler zwei Anteile als – wie sie sagt – zwei Selbst hervor. Beim Hochstapler nennt sie sein »anderes Selbst«. Das eigene oder wirkliche Selbst wird dabei nicht ausdrücklich bezeichnet. Beim Künstler stellt sie das »künstlerische Selbst« dem »persönlichen Selbst« gegenüber, wobei letzterer Ichspaltung nicht unbedingt pathologische Bedeutung beigemessen wird. Schlüssel zum Verständnis der

10 Im übrigen muß Jimmys Vater eine ähnliche Voraussetzung wie Abrahams Hochstapler erlebt haben: Indem er kundtut, er habe alles selbst gemacht, erhebt er eine indirekte Anklage, nichts bekommen zu haben. Nur hat Jimmys Vater sich in dieser Ausgangsposition anders verhalten als Abrahams in der Passivität verbleibender Hochstapler. Er konnte aktiv werden, womit sich eine weitere, gar nicht untypische narzißtische Persönlichkeitsentwicklung zeigt, der immer eine große Bedürftigkeit, ja Sucht nach Anerkennung verbleibt. In Jimmy versuchte der Vater, als ein Glücklicher über seinen Tod hinaus zu leben.

Struktur des Hochstaplers ist für Phyllis Greenacre die hochstaplerische Inszenierung, in der wieder und wieder der ödipale Konflikt dargestellt wird. Bei Abrahams Hochstapler jedoch wird ein genetisch früherer als der ödipale Konflikt reinszeniert. Der Hochstapler gibt sich aktuell so, als wäre er die seinerzeit in Reaktion so gewünschte und geliebte Person, sein sich der Realität entgegenstellendes Wunschbild aus der Kinderperspektive. Der Hochstapler von Helene Deutsch versucht, Ruf und Art des Vaters weiterzuleben; denn er und der Vater fühlten sich eins. Er macht es, indem er den Ruf *vorgibt* und das Verhalten *imitiert*. Beide leben von der Vorgabe, beide geben ein »Als-ob« vor. Doch die Genese ist unterschiedlich und die Leistung des Hochstaplers von Abraham die eigenständigere. Er entwirft das eigene Wunschbild, ein Kontrastbild, und versucht es zu erfüllen und zu leben. Jimmy übernimmt und entlehnt das Wunschbild des Vaters. Um es zu füllen, braucht er unmittelbar und total jemanden anderen, den Kompagnon, der für ihn arbeiten und ihn als Genie bewundern muß. Dabei ist Jimmy nichts anderes als der glückliche Doppelgänger des Vaters, dem alles zufallen sollte. Die Bewunderer des Hochstaplers sind nicht so dicht und total eingespannt. Sie müssen zwar geben und bewundern, sind dann aber als austauschbare Gönner aus den Diensten entlassen. So kommt Abrahams Hochstapler in seinem Leben dem Unglück viel deutlicher nahe als Jimmy, der lange Zeit unter der Unberührbarkeit der Glückshaube verbleibt. Die reaktive und die imitativ-erfüllende Identität unterscheiden sich vom »wahren Selbst« her gesehen durch eine verneinende oder eine bejahende Abwehr vor der Ausbildung eigener originärer Ichfunktionen und Autonomie, das heißt abhängig vom Schicksal der frühen libidinösen oder aggressiven Triebeinstellung zu den Primärobjekten.

Die unvollständige Trieb- und entsprechend auch Ichentwicklung resultieren aus einem dem förderungsbedürftigen Kind gegenüber *falschen Angebot* der Triebbefriedigung beziehungsweise falscher oder fehlender Befriedigung mit dem Objekt. Akzeptanz und Widerstand gegenüber kindlichen Wünschen und Aggressionen wie kindlichen Größen- und Allmachtsphantasien wurde nicht geleistet. Das bedingt die unvollständige Ichentwicklung, in der imitative und eindringende prägenitale Triebstrebungen den Prozeß der Entwicklung der Realitätstestung wie gesunder Ichideale unterminieren. Die Instabilität oder mangelnde Kontinuität des Ichs ist der Grund, der zu ständigen Reinszenierungen der vorgegebenen, also künstlich erstellten, »gemachten«[11] Position zwingt. Der innere Zwang zur Inszenierung verstellt eigenes Erschaffen. Der Grund dafür dürfte sein, daß das wahre oder eigentliche Selbst sein eigenes Tun nie erprobt hat oder eine solche Hoffnungslosigkeit entwickelt haben muß, daß es sich aufgegeben hat. Das bedeutet, daß es keinen Spielraum, keine Distanz zu den Vorstellungen der Eltern gab. Die zur Verfügung stehende Beziehung zu den Elternobjekten ist, gleich ob aggressiv oder libidinös, dagegen *überfrachtet*. Der Vater mit all seinem Können und Tun war – so Helene Deutsch – ein Gigant, so daß das Kind seine Aktivität, sein Tun nicht entdeckte und lieben lernte. Stattdessen sollen andere es einfach bestätigen und lieben. Das aber ist Ausdruck einer Regression. In dem Verharren in dieser Position ist bereits die falsche Hoffnung auf Wiedergutmachung enthalten. Die Libido und die Aggression kleben dann sozusagen an den Objekten beziehungsweise ihren Repräsentanzen, die einerseits traumatisierten, mit denen sich andererseits so berechtigte Hoffnung verband, um in die Autonomie vorzuschreiten. So aber bleibt der Umgang mit der Welt steril.

Auch wenn der Künstler in seinem Schaffen und seinen Inszenierungen im Außen beschäftigt ist, so belebt er deutlich seine innere Welt außen neu, begegnet dem Reiz außen mit seiner Inspiration, Imagination und Phantasie in um- und weiterbildender Weise, mit seinem künstlerischen Ich. Doch er ist in seinem Tun im Gegensatz zum Hochstapler weitgehend unabhängig von der reparativen Idee durch jene Objekte. Unbeirrbar glaubt er an sein eigenes Vermögen zu tun. Sein zweites, persönliches Ich ist daneben »normal« gereift. Stehen ihm zu Hause seine zur Reifung notwendigen Objekte nicht zur Verfügung, findet er sie draußen und tauscht sie quasi aus. Diese beiden Ichs stehen – so Phyllis Greenacre – beim Künstler im allgemeinen in enger Verbindung miteinander.[12] Die beiden Ichs

11 Einer meiner Analysanden bezeichnete sein Tun in fortgeschrittener Analyse als »Mache«.

12 Die Frage, ob Begabung oder die Gunst oder Ungunst des Entwicklungsver-

der hochstaplerischen Struktur mit einem akzeptierenden »falschen Selbst« oder »falschen Selbst« als Abwehr kennen sich dagegen eigentlich nicht und verhalten sich polar zueinander. Als *Voraussetzung* für eine solche defekte Ichentwicklung, die mit verkümmert gebliebenen inkohärenten Anteilen der Ichfunktionen lebensfähig werden muß, zeigt in den Arbeiten von Abraham und Helene Deutsch die *Einbeziehung des Kindes in elterliche Konflikte*. Das führt im weiteren zu Übersteigerungen. Sensibilität und Phantasie, zwei wesentliche Voraussetzungen für den Künstler, werden bei Abrahams Hochstapler durch das *Zuviel an Frustration erschöpft* und bei Helene Deutschs Hochstapler durch das *Zuviel an Zuwendung erstickt*. Die frühe Separation und die ödipale Situation, die sich aus einem natürlichen elterlichen Dasein und einer natürlichen Trennung zwischen Kind und Eltern ergeben, können sich in der überfrachteten Situation zwischen Eltern und Kind nicht erstellen; statt ihrer entstehen Aufspaltungen zwischen »guten« und »bösen« Objekten in der Realität, die in der nächsten Generation im gespaltenen Ich des Kindes als eine innere Realität wiedererscheinen, deren Ausgleich in der äußeren Realität versucht wird. Das bewirkt freilich einen gestörten Zugang zur Realität. Jeanne Lampl-de Groot (1961) führt aus: »Das Ichideal kann sekundär auf die Stufe der Größen- und Allmachtsphantasien und des magischen Denkens regredieren. Diese Prozesse führen zur Verzerrung der Realitätsprüfung. Gewöhnlich ist ein Teil des Ichs noch sehr gut imstande zur Realitätsbeurteilung, während ein anderer Teil sich den regredierten Ichideal-Funktionen anschließt und an die Möglichkeit magischer Beeinflussung der Umwelt glaubt. So entstehen Spaltungen im Ich und im Ichideal, der Patient fühlt sich zerrissen.« (S. 329) Auch wenn sie das nur auf die Zwangsneurosen bezieht, bei denen das Kind die ödipale Situation noch nicht endgültig erreicht hat und von dort aus regrediert, erscheint mir der Hinweis auf die *Spaltung im Ichideal* und die *Spaltung im Ich* wichtig, weil sie bei dem Pa-

laufs, der zu einem großen Teil in den Händen der Eltern liegt, den Künstler befähigen, ist genereller Natur. Wenn sich die Frage schon so polarisiert, gilt wahrscheinlich oft beides. In der Geschichte gibt es immer wieder Epochen, in denen man das eine und dann das andere Extrem annimmt und zu fördern versucht: einmal die Elite, ein andermal die weniger Begabten, unter der irrigen Annahme, Motivation müsse von außen kommen.

tienten mit einem unvollständigen oder fast nur angedeuteten ödipalen Konflikt wesentlich radikaler ist als beim Nur-Neurotiker, könnte es doch sonst nicht zur Ausbildung zweier unterschiedlicher und konträrer Zustände des Ichs kommen. Im Gegensatz zu solchen sekundären Regressionen werden primäre Regression von Ichfunktionen und Libido von Jeanne Lampl-de-Groot im weiteren für narzißtische Neurosen, Borderline-Fälle und Psychosen genannt. Die Blockierung der Ichreifung hier ist noch zäher. (S. 330-331) Die analytische Behandlung bei solcher Störung in der Strukturbildung mit einer Spaltung im Ich, gleich ob partiell primäre oder sekundäre Regressionen vorliegen, arbeitet an der Klärung der prägenitalen Phantasien, die zumeist agiert werden. Die Enttäuschung des Analysanden ist die, daß hier keine einfache »Lösung« wie bei ödipalen Phantasien ansteht, die die infantile Verkennung der ödipalen Triebziele aufhebt, sondern der Weg für das Ich und seine weitere Ausreifung freigegeben wird. Das Ich kann fortan seine Intentionen in Anpassung an seine inneren und äußeren Möglichkeiten erweitern. Doch das ist mit der schmerzhaften Erfahrung kombiniert, daß Arbeit mühsam und anstrengend ist.

Schließlich möchte ich auf die Spaltung im Ich oder das Vorhandensein von zwei Selbstanteilen als die Eigenart von zwei Gesichtern beschreiben, die Persönlichkeiten mit solchem Schicksal entwickeln. In der Mythologie steht dafür Janus, der Gott der Türen und Tore, der die Kommenden und die Gehenden sieht. Das Sehen nach vorn und hinten zugleich bedeutet eine Gleichzeitigkeit von Vergangenheit, Gegenwart und Zukunft. Die Vergangenheit ist nicht abgeschlossen; sie bleibt immerwährend offen. Der Blick in die Vergangenheit kann nur als ein neuer Akt, eine ursprünglich körperliche Wendung aus der Gegenwart zurück, intendiert werden. Der Blick nach hinten bedeutet auch ein Mißtrauen.

Ovid erzählt in den »Metamorphosen« die Geschichte von der Nymphe Carna, die sich ihrer Freier dadurch erwehrte, daß sie sie in eine Höhle bestellte und ihnen nachzukommen versprach; dann lief sie fort. Janus warb um sie, und als sie diese List auch bei ihm versuchte, sah er sie mit dem zweiten, rückwärts gewandten Gesicht weggehen. Da gewährte sie ihm ihre

Gunst und erhielt dafür von ihm die Macht, nächtliche Vampire zu verscheuchen – eine Macht, die sie zur Rettung ihres Sohnes Procam gebrauchte, des späteren Königs von Alba Longa. (vergleiche Grant und Hazel, 1973)

Carna wird zum Opfer. Für Janus muß sie in der Generation der Mütter stehen. Das läßt sich symbolisch an der Höhle verstehen. Sie wollte sich versagen, doch Janus kennt keine Grenzen, nicht in der Zeitabfolge und nicht in den Grenzen, die ihm, mit einer List, von Carna gestellt werden. Er akzeptiert die Verweigerung nicht und überschreitet die Grenze. Das entspricht in der Ödipussituation dem Überschreiten der Generationenschranke.

Gott und Mensch dadurch [illegible] die Arbeit [illegible] Wahrheit [illegible] Mensch [illegible] es [illegible] des [illegible] Langeweile [illegible] 1928, 19 [illegible]

[illegible] wird [illegible] Gott im [illegible] an der [illegible] Sie wollte [illegible] Zeit [illegible] und nicht [illegible] die [illegible] gerade [illegible] nicht und [illegible]. Das [illegible] des Gottesgerichts [illegible] der [illegible].

# Ichsyntone Objektmanipulation
# Die Erstellung eines Hörigkeitsverhältnisses als narzißtische Abwehr[1]

*»Ich bin der Sieg*
*Mein Vater ist der Krieg*
*Der Friede ist mein lieber Sohn*
*Der gleicht meinem Vater schon.«*

(Erich Fried)

*»falamaleikum*
*falamaleitum*
*falamaleutum*
*fallnamalsooovielleutum*
*wennabermalderkrieglanggenugausist*
*sindallewiederda.*
*oderfehlteiner?«*

(Ernst Jandl)

## Einleitung

Die Dynamik von Extremen, wie ich sie häufig in Analysen angetroffen und in allen Darstellungen im klinischen Teil hervorgehoben habe, verlangt danach, der Übersteigerung nachzugehen. Diese war jeweils zunächst nahezu unmerklich, beherrschte dann aber mehr und mehr den analytischen Prozeß. Das Beharren auf etwas Bestimmtem, das fehle, aber von angeblich zentraler Bedeutung je außerhalb des eigenen Psychischen sei, wuchs zu einem geradezu hervorstechenden

1 Vorgetragen im Sommersemester 1983 im Sigmund-Freud-Institut, Frankfurt am Main, im Rahmen der Ringvorlesungen »Vorstellung aus eigener wissenschaftlicher Arbeit«; Vortrag 1984 »Ichsyntone Objektmanipulation. Eine besondere Form der Übertragung« auf der Herbsttagung der Deutschen Psychoanalytischen Vereinigung in Wiesbaden im Rahmen der Arbeitsgruppen; Vortrag 1985 »Ichsyntone Objektmanipulation« im Psychoanalytischen Seminar in Freiburg i.Br.; Vortrag 1988 »Ichsyntone Objektmanipulation« in der Frankfurter Psychoanalytischen Vereinigung; 1989 »Egosyntonic Objectmanipulation: the formation of a submissive relationship« in: The International Journal of Psycho-Analysis, Vol. 70,3

Symptomcharakter an: Irgendetwas am Körper müsse anders sein, der Vater müsse sich ändern, etwas in der Analyse fehle. Das führte zu einer immerwährenden quälenden Unzufriedenheit und Klage. Manchmal blieb eine beeindruckende und einschränkende Symptomatik langjährig bestehen, so daß der Krankheitsgewinn dieses Verhaltens – oder auch die Krankheitsnotwendigkeit – überdeutlich erschien. Meine Beobachtungen, die sich über beinahe zwei Jahrzehnte erstrecken, entsprechen – von einem anderen Punkt aus gesehen – dem, was Winnicott (1959) als das »falsche Selbst« und dazugehörig das »wahre Selbst« oder Haydée Faimberg (1985) als die Nicht-Identität bezeichnet. Während Winnicott auf die Notwendigkeit eines »good enough mothering« wie auch auf die Zwischenräume ihres Nicht-zur-Verfügung-Stehens für die Entstehung der Kreativität verweist, hat Faimberg die Genese einer solchen Auswirkung im anderen, den ich hier in der Perspektive auf das Kind Objekt nenne, noch spezifischer beschrieben. Für all das, was das Objekt (zum Beispiel die Mutter) für sich ablehnt, was nicht sein sollte, was Unlust bereitet, braucht es das Subjekt, das Kind. Ich möchte darüber hinausgehen und dazu auch das Gegenteilige, all das Erwünschte, oft Unmögliche, also Illusorische einbeziehen, das neben dem Unerwünschten dem Kind nicht nur entgegengehalten, sondern betont angeboten wird, zu dem es sogar verführt wird. Beide Extreme wirken im Kind wie ein Implantat, wie eine Intrusion, das heißt ein Eindrängen von etwas Fremdem. Die Einpflanzung oder Aufpfropfung, die Abspaltung und die notwendige Adressierung ist nur innerhalb einer Abhängigkeitsbeziehung möglich, in der der andere keinen Widerstand leisten kann. Die aufgezeigte Spanne von nahezu drei Jahrzehnten in der Wissenschaftsgeschichte der Psychoanalyse von Winnicott bis Faimberg zeigt die unaufhörlichen Bemühungen wie auch die Schwierigkeit, das Krankheitsbild zu fassen. Diesem Krankheitsbild ist immanent, daß es einen eigenen Realitätsanspruch besitzt und vertritt und damit ganz allgemein verändernd wirkt. Der andersartige Realitätsanspruch bedingt eine lange Befreiung vom eigenen Leid, weshalb die Patienten oft erst spät zur Behandlung kommen, wenn sie in der Umwelt an einem Punkt angelangt sind, an dem sie für sich keine erreichbare Veränderung mehr erwarten konnten, das heißt die sie umgebenden Personen der äußeren Umgebung nicht weiter nachgaben. Freilich verführt solches, oft mit sofort bezeugten Gründen, Beteuerungen und Beweisen, rationalisiertes Verhalten zur Nachahmung; deshalb tritt diese Krankheitsform vermehrt auf. Ich möchte versuchen, dieses genetisch vor der Ausbildung der Übertragungsneurosen anzusiedelnde Krankheitsbild systematisch darzustellen und weiterzuführen; denn das scheint mir nach all den wichtigen Arbeiten verschiedener damit befaßter Analytiker notwendig zu sein.

Die beiden ersten entwicklungspsychologischen Phasen, die orale und anale Phase, wie sie von Freud (1905) dargelegt werden, beinhalten zwei grundsätzliche Erlebensweisen des Kindes als prägenitale Entwicklung vor der entscheidenden ödipalen Umstrukturierung. In der oralen Phase erlebt das Kind, daß es die Mutter – zunächst als Partialobjekt – »hat«. Es erlebt mit ihr die ständige Wiederherstellung seines psycho-somatischen Gleichgewichts, ein existentielles Erfordernis. Fühlt sich das Kind gesättigt, zutreffender: gestillt, ist auch Befriedigung und Sicherheit erlangt. Das bedeutet immer Beseitigung von Unlust. Die Triebspannung ist in anwachsenden körperlichen Bedürfnissen bemerkbar. Für das Subjekt, in diesem Fall den noch unentwickelten Menschen, ist das Auseinanderrücken, die Trennung von dem die Bedürfnisse stillenden Objekt deshalb kritisch, weil er zunehmend bemerkt, daß er selbst das nicht hat, was er haben will und letztlich ja braucht, was das versorgende Objekt jedoch hat und vermag. Aus dieser Diskrepanz entsteht Neid. Die anschließende anale Phase bringt dann quasi eine Wiedergutmachung; denn das Kind lernt nun mehr und mehr seine gesamte Motorik und auch die seiner Sphinkteren zu beherrschen und erlebt damit sein Können. Die Freude, schaffen, erschaffen zu können, also ein Produkt zu erstellen, zu machen und zu tun, ist es, was den Stolz des Kindes erweckt (Paula Heimann, 1962) und weswegen es sich an den anderen wendet.[2,3] Die dann folgende phallische Phase erweitert die Funktion des

2 Picasso wünschte, nie auf ein sogenanntes Meisterwerk festgelegt zu werden, weil es das Ende allen Tuns bedeutet hätte.

3 Mit diesem Schaffen-Können, einem in der psychoanalytischen Literatur etwas vernachlässigten Thema, hat sich der Psychoanalytiker White (1963) ausführlich befaßt.

Schaffen-Könnens um eine Dimension: Das Kind erwirbt eine Ahnung von seiner zukünftigen Zeugungsfähigkeit. In dieser Phase sind Handlung und Befriedigung erneut an das Objekt gebunden. In der analen Phase ist Triebbefriedigung ohne das Objekt möglich. Nur im nachhinein, also sekundär, kann das Objekt etwa in eine narzißtische Bestätigung einbezogen werden. Lebovici gibt für die Anforderung der Entwicklungsphasen zu bedenken: »Jede Realisation setzt Ängste und Abwehrmechanismen gegen die Triebrepräsentanzen frei, die auf diese Realisation drängen.« (1970, S. 429) Unter dem Fortwirken der Triebkraft ist also das Verlassen einer Entwicklungsstufe mit ihren spezifischen Befriedigungen und dem Schritt zu neuen Befriedigungen zwar erlebbare Anforderung, löst aber zugleich bis zum Gelingen, das Lebovici Realisation nennt, Angst und damit Abwehrmechanismen aus. In der Abfolge der Phasen geschieht menschliches Sein und Tun wechselnd in Abhängigkeit von anderen, in Eigenständigkeit und wiederum im Miteinander. Das Leben als eine immerwährende Folge von scheiternden Objektbeziehungen aufzufassen gibt das Zusammensein als Ideal vor.[4] Zusammensein setzt Zusammenkommen und das wiederum die Fähigkeit zum Alleinsein-Können voraus (Winnicott, 1959, S. 36). Weil jeder ein anderer mit einem *Eigenen* ist, erfordert seine Erhaltung und Entwicklung wieder Trennung vom anderen, sonst kann aus dem je Eigenen auch nicht ein Gemeinsames entstehen. Die *Trennungsproblematik* beginnt mit der Geburt, setzt sich bei der psychischen Separation im Verlauf des ersten Lebensjahres fort und endet schließlich mit dem Tod. Es ist geradezu Aufgabe der Mutter, verlassen zu werden. (Margareth Mahler, 1968) Doch auch wenn Objektbeziehungen sich immer wieder beenden müssen, können sie unter Anerkennung der Grenzen des anderen wieder neu aufgenommen werden. Grenzen zu überschreiten, Unmögliches zu versuchen kann mitunter gelingen und fasziniert dann, hat aber immer auch seinen Preis. Einem Künstler ist das auf seine Weise möglich. Der Versuch, Unmögliches zu verwirklichen, geht immer auf Kosten *mindestens* eines anderen

4 Janine Chasseguet-Smirgel (1970) hat das auf den Film »Letztes Jahr in Marienbad« bezogen als eine unaufhörliche Folge des Scheiterns der Objektbeziehung bezeichnet.

Menschen. Es geschieht dann etwas Destruktives, das nicht nur die Beziehung zerstört, sondern oft den anderen in seiner Art oder Position und letzten Endes meist auch den, der solches unternimmt. Die Verschiebung von eigenen Grenzen in der Entwicklung und im Leistungsverhalten ist möglich, erfordert jedoch innere und äußere Arbeit, die zunächst Unlust und Unsicherheit aufwirft, weil eine Stufe, ein Gleichgewicht verlassen wird.

Die Bewältigung all dessen, was Unlust erzeugt, gehört zu den Aufgaben des psychischen Apparates, der immer wieder bestrebt ist, ein Gleichgewicht herzustellen, um leben zu können. Abwehrmechanismen richten sich nach innen und nach außen. Es gibt auch die Möglichkeit der Abwehr durch Zurückweisung unter gleichzeitiger Verschiebung oder Umkehr, deren Erfolg etwa lautet: »Nicht das, aber dies andere«. Hier wird schon ein manipulatives Element im Außen spürbar. Bei der projektiven Identifizierung wird die Externalisierung vollständig. Dazu wird allerdings ein Objekt einbezogen, das mit dem zu Externalisierenden beziehungsweise dann mit dem Externalisierten identifiziert wird. Ein *Objekt* kann zur *ständigen Abwehr gebraucht* werden. Dann trägt es zur Entlastung von Angst, Pein, allem allzu Schmerzvollen, allem, was nicht sein sollte, bei oder trägt all das ganz. Das Objekt kann auch in dem Versuch gebraucht werden, Illusionäres zu verwirklichen, nämlich so zu sein, wie man es von sich unter mangelnder Einschätzung des Realistischen wünscht, wenn man sich in der wirklichen Art und Größe selbst nicht aushält und diese eigene Begrenzung überschreiten zu können glaubt. Der Gebrauch des Objektes kann somit ganz der Entlastung von Negativem, das heißt Unlust und Enttäuschendem, dienen[5] und/oder aber in scheinbar positiver Weise der Einbeziehung in Großartiges. Diese gegensätzliche Ausrichtung des an sich mißbräuchlichen Gebrauchs des Subjekts kann also einen negativen oder aber scheinbar positiven Aspekt haben. Auch der negative Gebrauch kann noch etwas Nützliches haben, überhaupt gebraucht zu werden beziehungsweise wichtig zu sein. Menschen, die einen anderen in dieser Weise – in jedem Fall zu ihrer Entlastung –

5 Faimberg (1985) definiert die Nicht-Identität als eine Identifizierung mit allem, was nicht sein sollte.

brauchen, können etwas nicht für sich oder auch nicht in sich behalten. Dabei handelt es sich neben dem Unlustvollen um Phantasien und Wünsche, die offensichtlich für die Betroffenen einen so dringenden Charakter haben, daß sie auf ihrer Verwirklichung bestehen und sich Handlung oder Mithandeln durch den anderen suchen.[6] Werden zur Entlastung oder Verwirklichung von Phantasien eigene Möglichkeiten und Grenzen unter ihrer Verleugnung überschritten, geschieht das also mit Hilfe eines anderen, eines einbezogenen Objekts. Doch damit wird nicht nur dessen eigene Bestimmtheit, sondern oft auch dessen Grenzen überschritten. Zerstörerisches liegt somit immer in dieser manipulierenden Abwehr, die Extreme für sich zu verwirklichen sucht. Gerade deshalb will ich ihre Entwicklung, Dynamik, Erscheinungsweise und ihre Folgen aufzeigen.

Wie der der Psychoanalyse so geläufige Widerstand zeigt, gibt ein neurotisch Erkrankter die vertraute, einstmals notwendige Art, das Gleichgewicht durch eine Abwehr zu erhalten, so leicht nicht auf. Wenn der Analytiker die beschriebene, manipulative Abwehrform, den anderen für sich zu gebrauchen, nicht erkennt und sie deshalb zu weitgehend teilt beziehungsweise duldet, fühlt sich der zwar auf Besserung hoffende Patient in seiner Angst vor Trennung und Alleinsein in der Analyse vor der notwendigen Separation und damit dem ersten grundlegenden Heilungsschritt im Sinne der Befreiung von seiner Neurose am besten aufgehoben; doch das ist ein folgenschwerer Irrtum. Die gesamte analytische Situation entspricht dann seinem Wunsch, die einstmals symbiotische Omnipotenz der frühen oralen Entwicklungsphase in einen Dauerzustand zu überführen, die Symbiose also wieder zu erstellen und zu erhalten, und »in Analyse zu sein« entspricht damit einer permanenten Befriedigung. Die Separation ist ein Entwicklungs- oder auch ein Leistungsschritt, der ebenso umkämpft wird wie die ödipale Konstellation. Dieser Schritt führt zu Konflikten und ruft Ab-

6 Edelstein (1987) beschreibt am Beispiel der zunehmenden Angst von Schwerstkranken die Erschaffung neuer Phantasiegebilde, die Trost gegenüber der drohenden Leere ermöglichen, was gleichzeitig die bestehende Verleugnung des kommenden Todes unterstützt. Solche Phantasien sind auch von den Überlebenden des Massenmordes an den Juden bekannt. Das aber sind ausgearbeitete, auch beherrschende Phantasien, die jedoch *in der Person*, innerhalb ihres psychischen Apparates, in der eigenen Vorstellung verbleiben und in Notzeiten ein Gleichgewicht ermöglichen.

wehrformationen spezifischer Natur hervor, die immer um die Wiedereinbeziehung des Objekts kreisen, also nicht im eigenen psychischen Apparat verbleiben. Zur Rekonstruktion dieses Konfliktes und der regressiven Wiederbelebung der davor angesiedelten Libidophase möchte ich einen Beitrag leisten, der gleichzeitig eine bestimmte Art der frühen Mutter-Kind-Beziehung strukturell beleuchtet.

## Einige Gedanken zum Abwehrmodus der Verleugnung

In Freuds Arbeit »Hemmung, Symptom und Angst« (1926), in der er die Abwehrmechanismen bei Neurose, Depression und Paranoia darstellt, ist die Verleugnung nicht genannt. Bereits 1912 jedoch hatte Karl Abraham auf diesen Abwehrmechanismus hingewiesen; später, im Jahre 1933, nannte Helene Deutsch ihn im Zusammenhang mit hypomanen Krankheitszuständen. Anna Freud hob die Verleugnung 1936 aufgrund ihrer Studien an Kindern und Jugendlichen auf die Stufe eines eigenständigen Abwehrmechanismus. Die Verleugnung besitzt eine Spielbreite mit Übergängen. In Freuds Brief an Romain Rolland (1936) findet sich gleichsam ein Vorentwurf über den Zusammenhang von Entfremdung, Verleugnung und Persönlichkeitsspaltung. Freud äußert sich darin ganz selbstverständlich über die Verleugnung: »Es genügt meiner Ansicht, wenn ich auf zwei allgemeine Charaktere der Entfremdungsphänomene zurückkomme. Der erste ist, sie dienen alle der Abwehr, wollen etwas vom Ich fernhalten, *verleugnen.*« (GW XVI, S. 255)[7] Das Fernhalten vom Ich geschieht bei der Hypomanie deshalb in eindrucksvoller Weise, weil das Objekt den kognitiven und affektiven Realitätsgehalt ja kennt, über den das Subjekt sich als Verleugnender *hinwegsetzt.* Die Gereiztheit, die hypomanen Zuständen eigen ist, deutet nur die Instabilität der Verleugnungsarbeit an, das heißt die realitätsgerechtere Wahrnehmung droht die Verleugnung in Frage zu stellen. Auf der einen Seite

7 1938 ist übrigens für Freud die Verwendung des Begriffes Verleugnung als Abwehrmechanismus im »Abriß der Psychoanalyse« über den Fetischismus hinaus ganz selbstverständlich geworden. (GW XVII, S. 134)

knüpft die Verleugnung an die *ursprüngliche Verneinung* an. Freud beschreibt die ursprüngliche Verneinung 1925 als eine *Urteilsfunktion, die nach dem Lustprinzip entscheidet*: »Das will ich essen oder will es ausspucken, und in weitergehender Übertragung: das will ich in mich einführen und das aus mir ausschließen. Also: es soll in mir oder außer mir sein.« (GW XIV, S. 13) Die *reife Form der Verneinung* dagegen setzt die Entwicklung der Verdrängung voraus, hierbei wird *in der Person zwischen dem intellektuellen Gehalt*, der Vorstellung oder des Gedankens also, *und dem affektiven Gehalt gespalten*. (S. 12) Paula Heimann (1962) siedelt die *Wendung ins Gegenteil* als *Umkehrung* in der Nähe der Verneinung an. Auf der anderen entwickelteren und damit späteren Seite geht die Verleugnung in die *Verharmlosung* über, in der das Ich der inneren und äußeren Realität die *Bedeutung entzieht*, das heißt das Ich *entwertet* beziehungsweise *wertet um*, um sich nach dieser Operation scheinbar im sogenannten »Normalen« zu bewegen. *Umwertungen* heben nicht nur die Eindeutigkeit eines Wertes auf, sie sind *Entwertungen*, gelegentlich auch Aufwertung vorübergehender Art, die nicht offen geschehen. Sie verlegen die Bedeutung auf eine andere Ebene, die letztlich unter dem ursprünglichen Bedeutungsniveau liegt. Diese Operationen dienen lediglich der Aufrechterhaltung des persönlichen Gleichgewichts ohne innere Arbeit oder Veränderung.

Die Dysphorie oder Gereiztheit bei hypomanen Zuständen, die vorzugsweise durch Verleugnung erhalten werden, ist scheinbar durch unglückselige und Ärger auslösende Außenumstände bedingt, hat jedoch ihre Quelle in der Unlust der Innenwelt, in der Angst vor Triebansprüchen wie narzißtischen Bedürfnissen. Auf einer äußeren Realitätsebene richtet sich Verleugnung gegen die kognitive Aufnahme von Reizen aus der Außenwelt. Abraham zeigt, daß es sich bei der Verleugnung um einen inneren Komplex handelt, und Lewin (1950) weist auf die doppelte Leistungsfähigkeit der Verleugnung hin: »Ereignisse oder Reize, die zur Außenwelt gehören, können ebenso wie die Triebe unter zwei Gesichtspunkten betrachtet werden; einmal im Sinne dessen, was sie emotional ›transportieren‹ oder bedeuten, zum anderen als verstandesmäßige Repräsentanz oder Vorstellung; daraus läßt sich ableiten, daß die Verleugnung ebenso wie die Verdrängung in doppelter Hinsicht leistungsfähig ist.« (S. 50) Ein projektiver Mechanismus muß außerdem zur Verleugnung hinzutreten: Lewin geht darauf nicht gesondert ein, doch Freud erwähnt ihn 1915 in den Ausführungen zum purifizierten Lust-Ich. Er benutzt für die heute übliche Bezeichnung »projizieren« das Wort *werfen*[8] (vgl. GW X, S. 228). Lewin behandelt die Verleugnung ganz im Zusammenhang mit dem klinischen Bild der Hochstimmung und verweist auf die maligne Entwicklung der Verleugnung: »Sie kann der verstandesmäßigen Anerkennung einer Tatsache, beispielsweise einem Todesfall, entgegenarbeiten und damit am Gegenteil festhalten, daß dieses Ereignis nicht eingetreten ist, was in der Folge zu einem negativen oder positiven Wahngedanken führen kann. Die Verleugnung widersetzt sich aber auch der affektiven Bedeutung, die einem faktischen Ereignis zukommt; das hieße im Fall des gegebenen Beispiels: Das Ich erkennt das Ereignis an, verharrt jedoch bei der Auffassung, daß es kaum eine Rolle spiele.« (S. 50) Waelder (1951) und Jacobsen (1957) haben das Konzept der Verleugnung ebenfalls erweitert. Insbesondere hat Edith Jacobsen eine Bedingung gezeigt, wonach Verleugnung der inneren Realität dann auftritt, wenn das Ich partiell auf einen *konkretistisch infantilen Zustand* regrediert, in welchem *äußere und innere Welt (Selbst und Objektwelt) in der gleichen Weise behandelt werden* (S. 162). In dieser Spielbreite dient Verleugnung letztlich dazu, die Bedeutung von Verlusten und daraus resultierende Unlust beziehungsweise Trauer abzuwehren. Dies also kann mit Hilfe der ursprünglichen Verneinung, dem Versuch der totalen Ausschaltung, geschehen, oder die Verleugnung wendet sich in die andere Richtung, die der Verharmlosung, indem Bedeutungen gegenüber eine Indifferenzstimmung angestrebt wird. Da es den Verlust ja gibt, müssen die Versuche der Verneinung und Ablehnung wie die der Verharmlosung *unablässig aufrecht erhalten beziehungsweise die Abwehr gesichert werden*. Das erfolgt bei der allgemeineren Verleugnung nicht so auffällig und laut, wie es bei der hypomanen Stimmung der Fall

8 Mit dem Wort beziehungsweise Begriff »werfen« ist etwas Totales beschrieben. In unserer Vorstellung wird Projektion in der Regel mit »ein Bild werfen auf beispielsweise einen Schirm« assoziiert, wobei das wirkliche Bild im Projektor zurückbleibt. Deshalb sind beschreibende Begriffe im deutschen Sprachgebrauch – wie externalisieren oder abspalten – eindeutiger.

ist. Auch Enttäuschung an vermeintlichen Idealen ist ein Verlust. Sie konnten dann nicht als Ideal gehalten werden, sondern erwiesen sich als *Illusion*, als eine trügerische Hoffnung. Die totale Bedeutungsverkehrung, die vollständige Verleugnung, gelingt nur im Zustand der Manie.

Für die Objektbeziehung bedeutet Verleugnung in jedem Fall ein Konfliktpotential, weil hier eine von zwei Personen aufgenommene, also gemeinsame äußere Realität unterschiedlich interpretiert wird und es darüber hinaus unweigerlich zu einem Dissens kommen muß. Ist das Subjekt in diesem Falle in seinem Ich nicht stark genug, diesen Dissens zu erkennen und zu ertragen, also – wie auch immer unter Erhaltung seiner Realitätseinschätzung – damit umzugehen, kommt es zu einer Ichverzerrung, indem es sich – was eine Bereitschaft voraussetzt – von seinem kritischen Ich trennt und dem scheinbar Stärkeren und seiner Interpretation unterwirft. Das aber ist die Ausbildung eines *Hörigkeitsverhältnisses*.[9] Kinder, die in einer durch Verharmlosung und Verleugnung geprägten Umwelt aufwachsen, erwerben durch ständige Irritation ihrer Wahrnehmung eine Ichverzerrung oder schließlich polare Identitäten, mit denen das Ich in regressiv-konkretistischer Manier abwechselnd umgehen kann, oder sie suchen über die Depersonalisation bis hin zur Abspaltung mit den Irritationen umzugehen. Das ist für Kinder von Verfolgten und vereinzelt für Kinder überzeugter Nazis inzwischen mehrfach dargestellt worden (Bergmann und Jucovy, Kestenberg, Pines, Grubrich-Simitis und andere für Kinder der Verfolgten – Eckstaedt, Eickhoff, Hardtmann, Hinze, Rosenkötter, Simenauer, Thomä für die Kinder der Verfolger).[10] Die Abspaltung soll im Fall der Abspaltung von Schuld beispielsweise ermöglichen, daß der in der »ersten Generation« ausgelebte Konflikt in der »zweiten Generation« gesühnt wird. Dort wird er zwar wiederum ausgelebt, ist aber im ursprünglichen Zusammenhang für das Bewußtsein nicht

9 Bleuler (1916) hat dies als folie à deux beschrieben und darauf hingewiesen, daß sich hier immer *der Kränkere mit seiner wahngestärkten Sicherheit durchsetzt.*

10 Interessanterweise äußerte sich Freud bereits 1897 einmal zu der Weitergabe an die »zweite Generation« in einem Brief an Fließ im Hinblick auf die »Rolle der Dienstmädchen« bei der »Architektur der Hysterie«, verfolgt diesen Gedanken später jedoch nicht unbedingt weiter: »Durch die Identifizierung mit diesen Personen niedriger Moral, die als wertloses weibliches Material so häufig in

mehr einzusehen. Denn die durch Internalisierung zustandegekommenen Objekt- und Selbstrepräsentanzen ermöglichen phantasierte Beziehungen und werden von daher wirksam. In der psychoanalytischen Theorie ist bei den Übertragungsneurosen bei der Abwehrformation der Verdrängung beispielsweise die Gegenbesetzung bei der Hysterie bekannt, bei der Zwangsneurose mit ihrer Abwehr des Sadismus die Reaktionsbildung. Auch *die Verleugnung bedarf einer weiteren Absicherung*, nämlich durch *Veränderung in der Außenwelt*. Eine Form der Absicherung besteht darin, einen anderen, ein Objekt, in die verzerrte Realitätswahrnehmung einzubeziehen. Vorausgesetzt ist, daß das Objekt sich zufällig anbietet oder auf irgendeine Art geeignet oder empfänglich ist, sonst aber kann es auch zu all dem gemacht werden. Ein kognitiver oder emotionaler Inhalt, der Innenwelt entstammend, in der Außenwelt als realisierbar interpretiert, wird dem anderen dann *glauben gemacht*, und zwar durch *Verführung*. Eine gesteigerte Form der Verführung ist die Faszination, in der Ich und Ideal für den Betrachter wie bei der Manie momentan zusammenfallen. Der andere Pol der Einbeziehung des Objekts verwirklicht sich dagegen über die *Drohung*, also Angstauslösung, deren Steigerung Nötigung und schließlich Erpressung darstellt. Die Aufforderung zu Mitleid ist wahrscheinlich eine getarnte Drohung; auch sie operiert mit Angstauslösung. In beiden Fällen handelt es sich um einen *Übergriff*. Diese verschiedenen Vorgänge *manipulativer Einbeziehung sichern die Fehlinterpretation des Verleugnenden durch eine Objektbeziehung*. Der Verleugnende handelt, modelt oder manipuliert an und mit der Außenwelt mit Hilfe des Objekts, um Gegebenheiten so zu verändern, daß sie seinen Bedürfnissen entsprechen.

Ich demonstriere dies an einem historischen Ereignis, das Freud in seinem Brief vom Januar 1936 an Romain Rolland

sexuellen Beziehungen mit Vater und Bruder erinnert werden, wird eine Unzahl von Belastungen mit Vorwürfen (Diebstahl, Kindesabtreibung) ermöglicht, und infolge der Sublimierung dieser Mädchen in den Phantasien sind dann gegen andere Personen sehr unwahrscheinliche Anwürfe in diesen Phantasien enthalten. Auf die Dienstmädchen deutet noch die Prostitutionsangst (allein auf der Straße), die Furcht vor dem unter dem Bett versteckten Mann u. dgl. Es ist tragische Gerechtigkeit darin, daß die Herablassung des Hausherrn zur Dienstmagd durch die Selbsterniedrigung der Tochter gesühnt wird.« (Manuskript L, Brief 126, S. 255 f.)

bereits ein Stück weit interpretiert. Freud benutzt dieses Ereignis, um das Phänomen der Entfremdung und Depersonalisation zu klären und fügt letztlich die »Persönlichkeitsspaltung« hinzu. Auf diese Phänomene war er durch sein eigenes Entfremdungserlebnis beziehungsweise seine Erinnerungsstörung auf der Akropolis gestoßen. Als König Boabdil, der letzte Maurenkönig, vom drohenden Fall seiner Stadt Alhama erfährt, verbrennt er die Briefe mit dieser Nachricht und läßt den Boten, der sie ihm überbrachte, enthaupten. Dieses Verhalten deutet Freud so: »Man errät leicht, daß an diesem Benehmen des Königs das Bedürfnis mitbeteiligt ist, dem Gefühl seiner Ohnmacht zu widerstreiten. Indem er die Briefe verbrennt und den Boten töten läßt, sucht er noch seine Machtvollkommenheit zu demonstrieren.« (GW XVI, S. 256) Der Name des Königs, »Boabdil«, verrät weiteres. Er ist nur ein Spitzname, eine Verkleinerungsform des eigentlichen Namens Abu Abdullah. Darin drückt sich bereits etwas von der Kleinheit, der Nicht-Reife aus, wie sie in der kindlich anmutenden Handlung des Verbrennens der Briefe deutlich wird. Die Nachricht mußte Mißbilligung ausgelöst haben. Sie aber und die folgende Angst konnte nicht ertragen werden. Der Handlung ist also eine Verneinung vorausgegangen, und zwar in der *ursprünglichen Form der Verneinung* nach dem Lustprinzip: Nein, das kann ich nicht in mich aufnehmen. Freud (1925) charakterisiert diese Verneinung als eine *Spaltung zwischen außen und innen*. Die folgende Handlung des Königs, die Enthauptung des Boten, spricht für die ursprüngliche Form der Verneinung. Mit ihr erfolgt nämlich ein weiterer, also wiederholender Versuch, Erinnerungen an die Nachricht auszulöschen; der Umkehrungsversuch der Wahrnehmung kündigt sich schon an. Empörung, Wut und Kränkung, narzißtische Affekte, stehen anstelle von Trauer und Depression und verweisen auf das verleugnete Ohnmachtsgefühl. Der Außenstehende begreift sofort die Unsinnigkeit des Versuchs und seinen Ursprung in der Hilflosigkeit des Betroffenen. Die Handlungen versichern jedoch dem König scheinbar seine Macht, und zwar so lange, wie er in Aktion ist. Die Aktionen haben also ganz offenen Defensiv- beziehungsweise Abwehrcharakter gegen die Angst. Abwehrmechanismen können vom anderen Objekt nicht unmittelbar erkannt werden, wenn sie intrapsychisch ablaufen; beim Agieren und bei Abwehrformen, die dagegen nicht ausschließlich intrapsychisch ablaufen, kann aber der andere das Motiv erahnen. Diese in der Außenwelt als Aktionen oder Handlungen ausgerichteten Abwehren stellen eine andersartige *Abwehr* dar und sind präödipaler Natur. Der Begriff Agieren erscheint mir für die Abwehr mit Hilfe eines Objekts zu allgemein. König Boabdil behandelt die Briefe und schließlich den Boten so, als wären sie mit der Nachricht identisch, das heißt *die Wahrnehmung funktioniert konkretistisch* im Dienste der Spaltung. Der durch die Nachricht ausgelöste Affekt wird vom Inhalt der Nachricht abgetrennt, so daß der Wutaffekt verschoben abreagiert und der Inhalt scheinbar vernichtet werden kann. Sichtbar also wird, daß die Verleugnung eine Kette von Handlungen an belebten und unbelebten Objekten der Außenwelt erzwingt, wobei die nächstfolgenden Handlungen sich bezüglich der Irrationalität steigern. Ruth Riesenberg (1977, S. 93) bemerkt, daß »unter der Spaltung in der Abwehr aus der paranoid-schizoiden Position Subjekt und Objekt ihre eigentlichen Charakteristiken verlieren«: Der König verliert durch seine Willkür an Würde und Glaubhaftigkeit, der Bote seine Funktion, aber auch damit seine aktuelle Identität. Aus der Funktion heraus wird er für den König zu einem pars pro toto, eine Verallgemeinerung, die in jedem Fall eine Steigerung bedeutet. Dadurch kann ihm Schuld zugewiesen werden, und deshalb verliert er dann »zur Strafe« sein Leben. Während der König Unlust und damit auch Verlust nicht ertragen, also nicht im Innern behalten zu können glaubt, fallen seine Handlungen als Höhepunkt der Abwehr mit dem Abgewehrten in der Darstellung außen zusammen. Es wird in einer Umkehrung deutlich, was der König befürchtet: Verlierer zu sein, den Tod zu erleiden – eine szenische Aktionsfolge, die heute als unbewußte Inszenierung bezeichnet wird. Um sich eine projektive Identifizierung als Erleichterung für die eigene Angst und den inneren Druck zu ermöglichen, modelt oder manipuliert sich der Verleugnende ein Objekt als Empfänger zurecht.

Bei der Verleugnung ist das Ich deshalb nicht in der Lage, ihm unliebsame Aspekte der Außenwelt realitätsgerecht anzunehmen, weil die Unlust einen Kompromiß, Aufschub oder

Verzicht vom Verleugnenden erfordern würde. Das Ich besteht trotz schwieriger Umstände im »Hier und Jetzt« auf einem unveränderten subjektiven Wohlbefinden, eigentlich einem Idealzustand. Es handelt weder zukunftsorientiert, noch läßt es Erfahrungen aus der Vergangenheit gültig sein, durch die es sich eingeschränkt fühlt. Diese Form der Abwehr ist ein *Annullieren*. Das Ich will sich nicht an eine bereits stattgefundene Realitätserfahrung binden. Der Verleugnende wähnt sich daher *unabhängig von der Zeit*. Wenn *Realität als fremd* erlebt wird, bedeutet das einen *Ausschluß* oder – aktueller formuliert – *Externalisierung*, was Freud in dem Brief an Romain Rolland als *Entfremdung* bezeichnet. Für das Ich, das diese Operation bewerkstelligte, ist das Ergebnis *ichsynton*. Es ist dagegen auch möglich, daß die *Wahrnehmung dem eigenen Ich als fremd* erscheint. Dieser Ausschluß vom Ich, die *Depersonalisation*, ist dem Ich näher und wird in der Regel als Verlust oder Beeinträchtigung gegenüber dem eigenen Inneren beklagt. Das Ergebnis dieser Abwehr wird als *ichdyston* erlebt. Der Betroffene hat nämlich eine Perspektive auf sich. Beide Phänomene, »Entfremdung und Depersonalisation gehören innig zusammen«. »Von der Depersonalisation führt der Weg zu der höchst merkwürdigen ›double conscience‹, die man richtiger ›Persönlichkeitsspaltung‹ benennt. [...] Das ist alles noch so dunkel, so wenig wissenschaftlich bezwungen, daß ich es mir verbieten muß, es vor Ihnen weiter zu erörtern.« (GW XVI, S. 255) Beide Fälle, die Entfremdung und die Depersonalisation, sind nicht ohne *Spaltung* zu erklären. Der störende, unliebsame, unlustvolle Reiz, die Empfindung oder Vorstellung, wird ausgeblendet, verwiesen, abgespalten, womit ein Stück innerer und äußerer Realität verlustig geht. Die *Depersonalisation* läuft im eigenen Inneren ab, diese Abwehr bleibt dem eigenen Ich treuer, zieht den anderen nicht in Mitleidenschaft, während die *Entfremdung* durch Operationen, die ich Manipulation beziehungsweise *Objektmanipulation* nenne, von unbewußten Motiven gesteuert, außerhalb des eigenen psychischen Apparates *Ichsyntonizität mit Hilfe der Objektbeziehung herstellt*. Zur Sicherstellung der Verleugnung sieht das handelnde Ich seine Abwehrhandlungen als *legitim* an. Gelingt die Operation nicht zufriedenstellend, sucht das Ich unmittelbar neue Handlungsfelder beziehungsweise Objekte. Grundsätzlich also *begehrt* das manipulierende Ich Veränderungen in der Außenwelt, auf denen es dann *besteht* beziehungsweise *verharrt*, die aber niemals zufriedenstellend sein können und daher eine unaufhörliche Folge neuer Aktionen oder aber *narzißtischen Zusammenbruch* bedingen. Das Nicht-wahrhaben-Können, die Unfähigkeit zu ertragen, Verleugnung, bedingt für das Ich einen Stillstand im Hinblick auf Bemeisterung oder weitere Entwicklung und Entfaltung.

## Eine zunächst auffällig unauffällige Übertragung:[11] Objektmanipulation, eine Abwehr mit Hilfe der Objektbeziehung

Es gibt Analyseverläufe mit Übertragungen, deren Besonderheit sich nicht ohne weiteres zu erkennen gibt. Die Behandlungen gestalten sich entweder als scheinbar möglich und werden erst mit der Zeit äußerst schwierig, wenn nicht gar unmöglich. Die durch die Analyse hin aufrechterhaltene Erwartung des Analytikers, einer Übertragung entsprechend der Übertragungsneurose, kann ein Grund für das Scheitern der Behandlung sein. Die Analyse wird zur Als-ob-Analyse. Der andere, seltenere Grund ist, daß die offene Aggressivität trotz des Erkennens der eigentlichen Diagnose unter Umständen für beide Beteiligten unerträglich ist. Damit möchte ich keinesfalls äußern, daß der Analytiker jeder Form psychischer Krankheit gewachsen wäre. Das würde Omnipotenz bedeuten. Auch Analysen können scheitern. Global diagnostiziert handelt es sich bei etlichen dieser Übertragungen von Patienten, die – anders als bei Psychosen – noch zur Analyse kommen, um narzißtische Neurosen. Mit ihnen befassen sich Analytiker vermehrt in den letzten zwei Jahrzehnten. Eindrucksvoll daran ist, daß der Analytiker mit seinem gesamten besten Wollen emotional und intellektuell ad absurdum geführt wird. Die Not des Patienten,

11 »In der analytischen Technik ist die Handhabung der Übertragung ›das bei weitem schwierigste ... Die Übertragung allein muß man fast selbständig erraten, auf geringfügige Anhaltspunkte hin und ohne sich der Willkür schuldig zu machen‹.« (Nagera, 1969/70, S. 484)

die dahintersteht, zu verstehen bedarf größter emotionaler Anstrengung, weil ständige Umkehrungen zwischen den Personen, die in einer Beziehung zueinander stehen, notwendig sind.[12] Limentani äußerte 1972 die Ansicht, daß ichsyntone Übertragungsneurosen, wie er diese Erkrankungen bezeichnet, einen irreversiblen »serious stumbling block to analysis« ausbilden. Er beschreibt Fälle mit ichsyntoner Übertragungsneurose, die nicht mehr analysierbar sind, *weil der Patient seine Verluste nicht mehr erlebt*. Er beklagt sie – wie erwähnt – an ins Außen verschobener Stelle, weshalb der eigene Mangel als ein Begehren von Äußerem erscheint. Bei diesen Zuständen stellt sich nach Limentani erst nach einiger Zeit heraus, daß solche narzißtischen Entwicklungsformen nicht analysierbar sind, *weil autonome Ichfunktionen fehlen*, einschließlich der Fähigkeit, die eigene Regression zu nutzen. (S. 357) Es fehlt also etwas, das sonst den analytischen Prozeß mitträgt, und deshalb zitiere ich Morgenthalers allzu optimistische Aussage (1978): »Der Analytiker beobachtet nicht nur den analytischen Prozeß, in den der Analysand einbezogen wird, sondern er verwendet ihn, um seine eigenen unbewußten Reaktionen zu verstehen.« (S. 16/17) Und wenn das nicht gelingt, weil der Patient diesen Prozeß des Einbeziehens gar nicht geschehen lassen kann, ihn statt dessen *vorgibt*, das heißt dirigiert, und der Analytiker eine kritische Wahrnehmung um so mehr braucht, um die hier notwendigen Zweifel zu erheben? In Wirklichkeit wird immer der Analytiker einbezogen, er wird vom Patienten behandelt. Doch wenn der »Analysand« keine Intention zu wirklicher Einsicht hat, ist der Analytiker in seiner gleichschwebenden Aufmerksamkeit ausgeliefert. Die sogenannten Assoziationen dienen nur dem, den Analytiker glauben zu machen. Morgenthalers Aussage, »daß sich metapsychologische Konzepte für mich immer dann als unhaltbar oder unwahrscheinlich erweisen, wenn diese Konzepte sich nicht mit der Technik vereinbaren lassen« (S. 17), hält dann andererseits die notwendige Weiterentwicklung der Forschung offen. Dieses Andere im analytischen Prozeß haben eindrucksvoll M. Masud R. Khan und später Joyce McDougall beschrieben. Khan (1969) berichtet offen, wie er Jahre in Analysen zubrachte, redlich und bemüht den analytischen Regeln

12 Eindrucksvolle Beispiele gibt dafür Betty Joseph in einer Arbeit von 1984.

getreu arbeitete und in diesen Analysen sich aber für sein Urteil nichts rührte oder entwickelte. Schließlich merkte er, wie sehr und lange schon er sich über diese Patienten ärgerte und wie notwendig es war, sich dagegen zu stellen; denn er fühlte sich um *Ziel und Erfolg seiner Arbeit* gebracht. Aus dieser Einsicht heraus gibt er einen dringenden Hinweis zur Haltung des Analytikers in solcher Situation: »Es ist schwer, die adäquate psychische Distanz herzustellen und einen ausgeglichenen Zustand – zwischen engagierter Einfühlung und differenziertem aggressiven Verstehen – aufrechtzuerhalten.« (S. 111) Khan dringt geradezu auf die körperliche Präsenz des Analytikers in der Getrenntheit vom Patienten – ich möchte interpretieren: als einem anderen Ich. Die Begründung dieser schließlichen Stagnation fand er darin, daß »diese Patienten mir in der klinischen Behandlung eine Rolle auf*zwangen*[13], die sich mit den bekannten Projektionen früher Objektbeziehungen auf den Analytiker von seiten des Neurotikers überhaupt nicht vergleichen läßt. Jede Beschreibung dieser Patienten mündet in ein Paradoxon: es handelt sich um nahezu gesunde Persönlichkeiten, die sich an der Grenze zur Schizoidität bewegen. Diese Mischung aus Zwingen und Anklammern macht die Dynamik der Anhänglichkeit aus.« (S. 104) »Einer der wichtigsten Nährstoffe dabei ist die richtige Dosierung von wirklicher Aggression, ja sogar Haß durch den Analytiker.« (S. 113) Die Fähigkeit zur Ausbildung einer Übertragung – so wie sie bei Neurosen zu erwarten ist – muß in immenser Weise gestört sein. Joyce McDougall (1978) schreibt: »Unser Kummer mit den Anti-Analysanden geht über die Frage eines professionellen Scheiterns und einer narzißtischen Kränkung hinaus. Unsere Deutungen treiben nicht nur die Analyse nicht voran, sondern fallen in ein Faß ohne Boden. Dies läßt uns ohne Echo und bedroht uns in unserer Identität als Analytiker.« (S. 233) Kurz vor dieser Zusammenfassung der besonderen Bedrohung schildert sie eine gar nicht so unbekannte und gefährliche Situation: »Obwohl die Analysanden keinerlei Trägheit aufweisen und nicht den Wunsch äußern, die Analyse abzubrechen, wird ein Analytiker in dieser Situation leicht entmutigt und schließlich selbst träge. Seine wiederholten Anstrengungen, etwas zu deuten, zu iden-

13 Hervorhebung von der Autorin

tifizieren, in Frage zu stellen oder erneut aufzugreifen, um die Analyse in Gang zu setzen, können letzten Endes (und nicht ohne Grund) dazu führen, daß der Patient sich verfolgt fühlt.« (S. 230) Die Zweifel in die eigene Arbeit, die erfolglose Suche nach einem Konzept, der Verdruß, die schließliche Gefährdung der Veränderung der Identität zu einem – ich nenne es: »Vorwurfs-Analytiker« oder auch »Anti-Analytiker«, ein Prozeß, der sich in einer Analyse im Analytiker über viele Jahre hin entwickelt, sind von niemand so anschaulich, klar und nachvollziehbar dargestellt worden wie von Joyce McDougall (S. 212-214). Die Bemerkung in einer Kontrollanalysestunde über die Gegenübertragungsgefühle des Analytikers, »ich fühle mich, als wäre ich innerlich ganz entleert, als hätte der Patient mir meine Seele gestohlen«, beschreibt die Mächtigkeit und Unentrinnbarkeit dieses Prozesses sowie die Annihilierung der eigenen Person des Analytikers und schließt an die von McDougall genannte Trägheit des Analytikers an, die aus dem »mit einer tödlichen Kraft wirkenden Angriff auf die Identität« resultiert. Paula Heimann hat diese Situation damit verglichen, daß der Patient seine Macht wie ein Schwert handhabe. (1955b, S. 250) Aus diesen Beobachtungen den Analytiker erdrückender analytischer Prozesse geht hervor, daß etwas ansonsten Ungewöhnliches mit der Gegenübertragung des Analytikers geschieht. In der Regel aber wurde in der wissenschaftlichen Diskussion nur die Konstellation mit offen negativer Übertragung oder negativem therapeutischen Erfolg gesehen. Es gibt eine Skala von unmerklicher Anpassung an den vermeintlichen analytischen Prozeß, was eine positive Übertragung vorgibt, bis zur offen deklarierten negativen Übertragung. Die Befunde von Limentani und Khan lassen die Aufstellung einer diagnostischen Hypothese zu: totale Blockierung oder totale Aufweichung der analytischen Situation beziehungsweise des Arbeitsbündnisses, wobei insbesondere die Aufweichung gleichsam zu einer Als-ob-Analyse[14] führt. Wertet man die von beiden Autoren beschriebene Situation bereits als eine Objekt-

14 1963 hat Winnicott bereits eine »Täuschungsübertragung« beschrieben. Gaddini spricht 1984 von »imitativer Übertragung«, die immer durch Introjektion vervollständigt werden muß, weil sie sonst ein rein instinktives Verhalten darstellen würde. Ganz besonders ausgeprägt und häufig fand er sie bei Kandidaten in der Ausbildungsanalyse.

beziehungssituation, läßt sich erkennen, daß in beiden Fällen Separation und Wiederannäherung in unterschiedlicher Weise nicht mehr gelingen. Der Analytiker ist über die Maßen einbezogen; Nähe und Distanz, die er wechselnd braucht, sind offensichtlich nicht mehr herzustellen. Das jedoch läßt die notwendige Operation der Deutung unmöglich werden. Im einen Fall ist der Patient chronisch separiert, und geradezu die *Nicht-Verbindung* mit dem Analytiker ist der ökonomische Sinn seiner verfochtenen Abwehr, im anderen ist es die *absolute Verbundenheit*, eine besitzergreifende Nähe, Einswerdung mit dem Analytiker. Gerade die professionellen Eigenschaften des Analytikers, Offenheit, Geduld, eine zur Inszenierung in der Analyse durch den und mit dem Patienten notwendige Verfügbarkeit, darüber hinaus eine unbewußte Bereitschaft des Analytikers zu Schuldgefühlen, dem Gefühl, »nicht gut genug zu sein«, sind im Übertragungs-Gegenübertragungsprozeß wie durch eine Infektion, bedingt durch manifeste oder latente Angst vor der Triebgefahr und Destruktivität des Patienten, *paralysiert* und aufgesogen. Indem der Analytiker die Destruktivität in der Beziehung, als verführerische Nähe oder drohend distanzierende Entwertung zu lange erträgt, opfert er gerade das einzige heilsame Mittel: seine analytische Kompetenz. Diese ist eine letztlich erworbene, im Grunde ärztliche Haltung dem Patienten gegenüber, die sich mit Sehen und Erkennen verbindet und das Erkannte dem Patienten in erträglicher und wechselseitig Verständigung suchender Weise vermittelt, in der Regel eine Zumutung, die der neurotische Patient sucht, indem er kommt. Der Analytiker kann nur aufweisen und deuten, das geht nur, wenn Realität ihm gültig ist. Seine Abstinenz ist keineswegs eine passive Haltung. Sie erfordert große Disziplin und innere Aktivität. Der Analytiker nimmt wahr, was der Patient heute erzählt, wie er sich verhält und wie er selbst dabei empfindet. Das neu Erzählte wird probeweise mit dem bisherigen Verständnis in Verbindung gebracht. Der Analytiker formuliert Probedeutungen, sucht oder findet Zwischenglieder. Er wägt den Zweifel ab, ob eine Deutung jetzt paßt. Das Ergebnis kann sein, daß er seine Gedanken und seine Deutung noch einmal zurückstellt. Diese innere Aktivität bedeutet das behutsame Abwägen des Zumutbaren und stellt im Grunde das »Halten«

des Patienten dar, das Winnicott mit dem Begriff »concern« meint; denn der Analytiker erledigt ja nichts rasch oder unbedacht. Dabei gilt allerdings ein weiteres, das ich einem Ausspruch von Freud entnehme: »Es ist übrigens ein Mißverständnis, wenn man glaubt, daß die Psychoanalyse zu dem Leitsatz ›Alles verstehen heißt alles verzeihen‹ führt. Die Duldsamkeit gegenüber dem Schlechten ist durchaus keine notwendige Ergänzung der Erkenntnis«, erklärte Freud gegenüber dem Publizisten G. S. Viereck (1927). Er hat auch einmal die Ansicht vertreten, daß »Gefühlskälte« (1912b, GW VIII, S. 381) das beste gegenüber einem therapeutischen Impetus sei. Freud war bekanntlich niemals gefühlskalt; er hat letzteres wohl so ausdrücklich formuliert, weil er die Gefahr des zu weiten Mitgehens erahnte, in der nämlich der Analytiker *blind* für die Konstellation der Übertragung wird und damit unmerklich die Abstinenz verliert. Der Analytiker kann beispielsweise sogar anfällig für den vom Patienten insgeheim versprochenen Lohn werden, daß er, dieser besondere Patient, ihn auszeichne. Grunberger (1959) weist darauf hin, daß »der ›*analytische Prozeß*‹ auf dem Kontakt zwischen dem Unbewußten des Analytikers und demjenigen des Analysanden« beruht. »Wir kennen zwar nicht die Einzelheiten dieses Prozesses, wissen aber, daß die Begegnung des einen Unbewußten mit dem anderen sich auf verschiedene Weise und auf unterschiedenen Ebenen ergeben kann und vor allem auf einen affektiven Zusammenhang angewiesen ist, der von Gesetzen gelenkt wird, die wenig miteinander zu tun haben. Allein der Patient befindet sich in einer analytischen Situation, und allein er bildet eine analytische Übertragung. [...] Der Analysand befindet sich seinem eigenen Unbewußten gegenüber und ist plötzlich vom Ich des Therapeuten, vor allem aber vom eigenen Ich, entfernt. Die Welt seiner Imagines und Introjektionen wechselt ihre topische Ebene. Das ist mit einer Neuverteilung der Triebbesetzung und einer narzißtischen Befreiung verbunden. Das ganze bringt den analytischen Prozeß in Gang.« (S. 217/18) Die *analytische Arbeit* entwickelt sich erst dann zur Aufdeckung oder klärenden Einsicht, wenn der Analytiker die Geschehnisse dieses analytischen Prozesses versteht, zutreffend deutet und der Analysand seinerseits Deutung als Hilfe für eigene Einsicht verwendet und nicht als Befriedigung verbraucht. In dieser Wechselwirkung von analytischem Prozeß und analytischer Arbeit – oder auch Erarbeitung – entwickelt sich der *analytische Dialog*. Beim Analytiker findet daneben auch eine Arbeitsaufteilung statt. Neben der Art und Weise, wie er sich dem analytischen Dialog hingibt, läuft ein langfristiger, die ganze Analyse begleitender Beurteilungsprozeß, die Verbindung zur Realität, ab, in der auf lange Sicht etwa eine beim Patienten bestehende innere Unruhe beobachtet wird, die in ein Tun oder in Kreativität übergehen sollte, oder in der der Analytiker beispielsweise eine zunehmende Fähigkeit zur inneren Ausbalancierung als Fortschritt einer Analyse spürt.

Mein Gegenübertragungsgefühl brachte mich auf die Spur der inneren Dynamik in Behandlungsfällen, wie sie eingangs charakterisiert wurden. Ich fühlte mich in solchen Analysen trotz meiner Bereitschaft schließlich gelangweilt bis dahin, daß ich Ungeduld und mein inneres Erwehren spürte. Ich wandte mich wie gegen ein Zuviel, was mir in bloßem Zuhören-Müssen zugemutet wurde, und ganz besonders schließlich gegen eine ganz offensichtliche Erfolglosigkeit meiner Arbeit, wenn ich auf den inneren und äußeren Stand der Analysanden im Hinblick auf die inzwischen aufgewandte Arbeit und Zeit in einer Analyse schaute. Analyse ist schließlich nicht unendlich. Auch wenn es dem Analytiker untersagt ist, mit einem bestimmten therapeutischen Erfolg oder noch beeinträchtigender etwa in bestimmter Zeit zu rechnen, so darf er doch die Progression einer Analyse, einen Prozeß im Sinne der Umarbeitung des Ichs (vgl. Freud, 1917, GW XI, S. 473) erwarten. Es war also ein *Nein*, welches ich in dem Sinne empfand, daß es so nicht ging.[15] Gerade wegen der dem Patienten unbewußten Angst vor der eigenen Aggression muß der Analytiker die oft betonte Haltung des Wohlwollens durch *Ernstnehmen* ersetzen; denn Wohlwollen verleugnet die aggressive Absicht des Patienten. Aus

15 Anne-Marie Sandler (1985) bezeichnet diese Einbezogenheit des Analytikers als Resonanzidentifikation, die dem Analytiker zunächst unmerklich geschieht, weil es so kommt beziehungsweise der andere so ist und eine momentane Beziehung erwartet. Sie schildert die Gefahr der Als-ob-Analyse, so möchte ich sie der Klarheit wegen jetzt kennzeichnen, dann als eine *intellektuelle Kollusion* von Patient und Analytiker. R. Klüwer (1983) nennt das einen Handlungsdialog. Es handelt sich um Inszenierungen, für die Sprache

Fallvorstellungen in Seminaren und Colloquien ist die erwähnte Rationalisierung, der Patient brauche das jetzt so, ebenfalls bekannt. Sie schließt ganze Analytikergruppen geradezu in frommer Duldsamkeit zusammen und erspart die beherrschte Aggression und Arbeit. Die Bereitschaft des Analytikers, auch aggressiv reagieren zu können, verleiht ihm ja gerade die Schärfe des Erkennens von Ungewöhnlichem, schließlich Unbewußtem. Zwischen Erkenntnis der durch Aggression des Patienten ausgelösten Aggression im Analytiker liegt jedoch vor der Deutung noch eine Umsetzung, die ein Verständnis der aggressiven Haltung des Patienten erarbeitet. In der Haltung des Wohlwollens dagegen läßt der Analytiker leicht alles unter dem Motto geschehen, der Patient sei einerseits berechtigt, seine Assoziationen zu äußern, angeblich führe die Assoziationskette wie von selbst zu einem Ergebnis, und in der Folge nimmt der Analytiker diese, abgelöst von seinem Gegenübertragungsgefühl, ernst. Die Ablösung von dem oft nur leichten Unbehagen in der Gegenübertragungsreaktion des Analytikers bedeutet das Verlassen der Ebene seiner Realität. *Seine unbewußte Tendenz ist, gut, ja sogar besser zu sein, lieber, verständnisvoller als die Primärobjekte,* als die »erste Generation«. Er macht eine Anpassung im Sinne des »falschen Selbst« und wird zum Wunschbild des Patienten. Die sogenannten Assoziationen sind bei diesem Krankheitsbild ein vorgegebenes, die Situation füllendes und daher abwehrendes Material, weil der Patient von sich nicht erzählen und erst recht nicht über sich sprechen kann. Das Paradoxe daran ist, daß sie dennoch zutreffend etwas aussagen. Doch diese Ebene bleibt beiden Beteiligten lange unzugänglich. Wenn der Analytiker in solcher Übertragungskonstellation rationalisiert, der Patient »brauche« das zunächst einmal so, ist das Arbeits-Ich des Analytikers mitinfiziert, was Joyce McDougall treffend als Schwächung des Analytikers begreift. Die gemeinsame Intellektualisierung, die intellektuelle Kollusion, wird dabei einerseits als Arbeitsbündnis und zudem schließlich als Verstandenes *ver*kannt. Der analytische Dialog

noch nicht besteht. A. Lorenzer kondensiert diese Inszenierung 1983 in einem Satz: »Kurzum die Erinnerungsspuren sind keine Sach-, sondern Situationsrepräsentanzen, sind Spuren abgelaufener Interaktionen und Entwürfe zukünftigen Interagierens, szenische Modelle, Interaktionsformeln (d.h. »Interaktionsformen).« (1974, S. 100) besteht immer aus zwei Anteilen, den Assoziationen, die durch Handlungsabläufe, auch sprachlicher Natur, wie eben beschrieben, ersetzt sein können, und ihrer Reflektion. Die Reflektion dabei ist nicht allein Aufgabe des Analytikers. Die beste Methode ist sogar die, daß der Analytiker dem Patienten ermöglicht, die Bedeutung selbst zu finden und auszusprechen. Der analytische Prozeß ist hingegen gefährdet, endlos zu werden, wenn der Analytiker verleugnet, daß sein Patient nicht arbeitet, keinen Fortschritt macht, der Analytiker sich in solcher Situation nicht ärgert oder etwa darunter leidet und statt dessen *mehr* Arbeit leistet, die sogar umsonst ist. Sie wirkt sogar gegenteilig, nicht nur, weil sie eine Triebbefriedigung für den Analysanden ist, sondern auch – gemäß einer Regel, die Faimberg (1985) aus den Erzählungen Lewis Carrolls um die Aufhebung der Regeln folgert –, weil gilt, was dreimal gesagt und dem nicht widersprochen wurde. Der Patient ist gekommen, um gerade aus dieser Situation befreit zu werden, in der er in der Analyse und außerhalb, wie sich dann immer zeigt, nicht arbeiten kann, einer Situation, für die er selbst weder eine Beschreibung noch eine Klage hatte oder hat, die ichsynton ist. Allein in dieser Reinszenierung mit der Evozierung entgegenkommender Gegenübertragung präsentiert er seine Krankheit. Das ist sein Leiden, was er in dieser Form gar nicht sehen kann. Er ist gekommen, um ganz konkret durch den Analytiker zu etwas zu werden. Am deutlichsten wird das in Lehranalysen, weil das Ziel in der Tat letztlich ein Konkretes ist, das zu werden, was der Analytiker ist. Er soll »es« ihm geben. Würde es auf diese Weise gehen, wäre es wie ein Austausch zwischen zwei Menschen: Erst hat es der eine und dann der andere – ein Raub auf Zeit. Selbstverständlich darf sich der Analytiker dem ganzen Übertragungs-Gegenübertragungsgeschehen erwehren, zuerst durch Distanzierung des Analytikers; denn sonst könnte er ja nicht mehr beobachten. Doch Einräumen von Zeit löst nicht den Konflikt. Die überlange Duldung, zu der der Analytiker paradoxerweise so rasch bereit ist, ist nicht nur *Gegenwiderstand*, sondern bewirkt dazu eine Veränderung. Der Analytiker verliert seine analytische Haltung und seine analytische Kompetenz; sie werden unmerklich unterminiert. Das Widerstehen des Analytikers arbeitet gegen den Widerstand und ermöglicht

Erkennen. In Kontrollanalysen berichtet beispielsweise dann der angehende Analytiker in Reaktion auf seine ihm noch nicht bewußte Gegenübertragung über seine ihm nicht mehr identische Haltung etwa: »Es ist mir peinlich, das zu sagen, aber ich habe das Gefühl, daß ich das, was ich tue, eigentlich nicht vertrete.« Daran wird die verflechtende Einbeziehung durch den Patienten sichtbar, in der der Analytiker zwar nicht in den Augen seines Patienten, aber seinem wachsenden analytischen Gewissen gegenüber schuldig wird.

Diese bisher beschriebene Krankheit äußert sich in der hergestellten Nähe, einer *Verführung*. Der Analytiker, der die Übersteigerung dieser Nähe nicht erkennt, geht zu sehr auf diese Verführung ein, so daß sich *die Nähe zur Fesselung entwickelt*. Sie ist *intrusiv*, eindrängend und dann wie eine Infektion. Der Ein-Druck, den sie bewirkt, ist beim Analytiker sichtbar und entspricht seiner Beeindruckbarkeit. Er wird blind für das eigene wie für das fremde Motiv, die zwar unterschiedlicher Quantität, doch die gleichen sind: das Bedürfnis, bewundert zu werden. Dieser Punkt zeigt eine konkordante Seite im Analytiker, die durchaus antwortet. In dieser Grenzsituation der besitzergreifenden Verführung wird die Funktion der *Deutung als trennendem Akt* evidenter als sonst. Dazu wird eine andere Ausrichtung der stets *an einer Schwelle operierenden Deutung* sichtbar. Sie muß hier an der Schwelle Realität/Irrealität arbeiten. Die Beziehung zum Analytiker – solange er am analytischen Rahmen abstinent bleibend festhält – wird dann gedeutet, wenn der Analytiker das Bestehen des Analysanden auf dem Wunsch, der Analytiker möge sein Freund werden, als nicht möglich deutet, weil er irreal ist, das heißt er die analytische Situation aufheben würde. Die Deutung richtet sich gegen die bewußte Phantasie, die Realität werden soll, weil zwischen Phantasie und Realität unterschieden wird. Die Deutung trennt so, wie der sukzessive Spracherwerb das kleine Kind aus der Symbiose katapultiert. Das Leiden dieser Patienten charakterisiert sich zunächst *nicht* durch ein Leiden an etwas *in ihnen*, die sonst vertraute Form der Motivation zu einer Behandlung, es besteht vielmehr im *zwingenden Begehren nach etwas außerhalb ihrer selbst*, etwas, das vermeintlich fehle. Es fehlt ihnen jedoch der andere helfende und dienende Mensch, mit dem sie glauben, vollkommen, mehr noch, grandios zu werden. Die Begehrenshaltung ist aus einer unbewältigt gebliebenen Trennung entsprungen, die der Patient als Bedürfnis von Vereinigung erlebt. In der Analyse hebt sich das Bedürfnis unmittelbar auf, ist befriedigt und deshalb schwer zu erkennen. Diese Befriedigungssituation wird zudem dadurch unkenntlich, daß der Patient eine zwar vordergründige, aber höchst ungewöhnliche *Anpassungsleistung* an den anderen, eine intellektuelle Mimikry, entwickelt. Was und wie diese erkrankten Patienten sprechen, ist nicht ihre eigene Sprache, sondern eine in Anpassung an den anderen akquirierte und aufgepfropfte. In Winnicotts Terminologie äußert sich hier das »falsche Selbst«, vergleichbar dem Altklugsein frühreifer Kinder. Die eigene Sprache wird in der Analyse erst später mit dem Finden des *eigenen Ichs* erworben, was lange Zeit in Anspruch nimmt. Die zunächst gefällig-gefügigen Patienten beschreiben all das, was nach ihrem Verständnis ein Analytiker angeblich hören will. Sie können scheinbar unendlich assoziieren. »In Analyse zu sein« ist es, was die Patienten suchen. Dort fühlen sie sich aufgehoben und können Jahre verbringen, ohne daß sich Entscheidendes in ihrem Leben ändern würde. Die vielfältigen Bemühungen des Analytikers erscheinen nur angemessen. Vermehrte Anstrengung des Analytikers bei mangelndem analytischen Fortschritt befriedigt den Patienten nur, er braucht ja etwas. Der Analytiker reagiert in dieser Weise, weil er glaubt, etwas nicht ausreichend verstanden zu haben, dieses oder jenes »ansprechen« zu müssen, bis dahin, daß er vorzeitig Rekonstruktionen gibt, die eher ein ausgebreiteteres biographisches Verstehen sind. Darüber kann der Analytiker sich sogar leicht mit dem Patienten verständigen, unter Umständen erweitert der Patient auch dieses Material. Doch diese Erweiterung dient der Rationalisierung und folgenden Schuldzuweisung, das heißt das »Material« wird dynamisiert, was geradezu im Einverständnis mit dem Analytiker geschieht. Dieser merkt nicht, sein Einverständnis gegeben zu haben, weil die Ausweitung biographischen Materials in der scheinbaren Arbeit eine Art Arbeit überhaupt seitens des Patienten vorgibt. Die Patienten werten auch sein Schweigen als Zustimmung, weil sie eine paradiesische Welt suchen, in der es kein Nein gibt. Nur das ausgesprochene, also auf irgendeine Art konkrete Nein begreifen sie. Weil ein solchermaßen kranker Patient Deutungen als *konkrete Zuwendung* durch den Analytiker erlebt, werden sie unmittelbar libidinös oder aggressiv aufgezehrt, das heißt der Patient macht sie sich nicht als Erkenntnis zunutze. Beim Vorwiegen libidinösen Verhaltens dem Analytiker und der analytischen Arbeit gegenüber kann, wenn der Analytiker entsprechend entgegenkommt, auch eine glückhafte Leichtigkeit das analytische Leben lange Zeit prägen.[16] Die panische Angst des Analysanden gilt indessen dem einen: der Trennung, und folgend im Zustand des Alleinseins emotional, letztlich auch kognitiv, zu versagen; nicht einmal eine leise Beunruhigung oder Verunsicherung kann er sich im Glauben an seine Omnipotenz erlauben. Er steht als ein Omnipotenter in einem festgefügten, seiner Defensive entsprechenden Erklärungszusammenhang seiner Geschichte, der stets Schuldzuweisung explizit oder implizit enthält. Ein neues Gleichgewicht zu finden, also ein höheres Reifestadium zu erreichen, hieße unter Verunsicherung und Beunruhigung zu einer neuen Einsicht oder Erkenntnis zu gelangen, die veränderndes Tun verlangt. Letzteres würde nämlich den Zustand der Aufgehobenheit in der Analyse verändern und beseitigen. Die Deutung würde dann eine Trennung in dem Sinne bedeuten, daß der Patient mit den Folgerungen aus dieser Erkenntnis allein für sein derzeitiges psychisches Gleichgewicht oder sein Leben etwas anfängt. Durch den Ausschluß von Veränderung, von Entwicklung und Wachsen, entbehren die Patienten genau das, was Leben ausmacht. Wegen ihrer Unbeweglichkeit und wegen des Nicht-in-sich-selbst-Seins nennt sie Khan auch »Unpersonen« (1969, S. 102). Der Patient mißbraucht den deutenden und bemühten Analytiker *hinterrücks* für diesen Zustand des Aufgehobenseins.[17] In dem Phänomen des *Stillstandes* der Analyse erkennt Khan eine *Dynamik*, die er als *symbiotische Omnipotenz* diagnostiziert. Diese symbiotische Omnipotenz ist das ins weitere Leben aufgenommene Bedürfnis, ständig auf dem Boden einer *persistierenden Symbiose zu existieren* und deshalb

16 Von einer ganz anderen Seite – als einen Zustand der »Allianz« unter dem Aspekt einer homosexuellen Kollusion bei Frauen, insbesondere bei feministisch geprägten Frauen – hat das Ellen Reinke (1987) beschrieben.

17 Für diese Patienten gilt der zweite Teil des Zitates von Edgar Wind (1981): »Wir haben vom Baum der Erkenntnis gegessen und können uns nicht rückwärts ins

*zwingend auf ihrer Wiederherstellung oder Erhaltung zu bestehen.* Für diese Lebensform braucht der Patient notwendigerweise ein Objekt wie einstmals die Mutter mit den existentiellen Grundfunktionen einer Trage-, Ernährungs- und Entsorgungsfähigkeit. Der ersehnte Zustand hat sein hochsublimiertes Vorbild in der Darstellung der Madonna mit dem Jesuskind und ist in den Madonnenbildern im Grunde als eine Momentaufnahme wie eingeschworen. Daß dieser Zustand nur vorübergehender Natur sein kann, hat ebenfalls ein Vorbild, nämlich im Heiligen Christophorus, der das Jesuskind über den reißenden Fluß ans andere Ufer trägt. Dafür bekommt er einen Heiligenschein. Patienten mit derartiger Krankheitsstruktur aber wollen, um im Bilde zu bleiben, dauernd durchgetragen werden. Der Wirt soll quasi die psychische Stoffwechselarbeit leisten, die der Patient nicht mag, weil er nicht gelernt, hat, »normale« Belastungen durchzustehen. Das Bild »Die Jungfrau haut das Jesuskind im Beisein von drei Zeugen« von Max Ernst (1926) ist das säkularisierte Gegenstück. Doch der eigentliche Vorläufer all dieser Bilder ist der verlorengegangene Zustand der Ur-Verschmelzung im Mutterleib. Lewin (1950) hat dieses wiedererlangte, nun überwältigende ekstatische Gefühl als »Hochgefühl«, ursprünglich Hochstimmung, Ziel manischer Abwehr, beschrieben. Grunberger (1958) charakterisiert es im oral-narzißtischen Universum folgend: »Es ist offen und unbegrenzt.« (S. 164) Dabei ist die ganze Aktivität des Säuglings auf einen einzigen Modus festgelegt: die passive Aufnahme. (S. 165) Die zentrale Phantasie dieser narzißtischen Neurose ist die eines Glücks jener frühen Kindheitstage an der Mutterbrust, Nachbilder der Ur-Verschmelzung. Sie kann später eine Variation durch die Zwillings- oder Doppelgängerphantasie erfahren. Das Bedürfnis nach Symbiose richtet sich aber gegen die Autonomie des Ichs, was die Frage nach dem Krankheitsgewinn aufwirft. Er erklärt sich bei der wiederhergestellten Symbiose mit der *Verlagerung der Arbeit auf den Träger der Symbiose* und dem *Wähnen, ein Besonderer zu sein* – wie oder als was, das wird jedoch mit Worten konkret nie ausgedrückt. Die Besonderheit steht als *Verheißung* bei der Verführung zur Symbiose bezie-

Paradies zurückstehlen: das Tor ist verriegelt, und der Engel wacht davor. Aber der Garten ist vielleicht am anderen Ende offen.«

hungsweise bei der Aufforderung, in ihr zu verbleiben; denn es erhält einer durch den anderen eine Krönung. Ohne das Besondere des Jesuskindes hätte auch Maria, die Madonna, was im übrigen »meine Herrin« bedeutet, ihrerseits keinen Heiligenschein bekommen. Verheißen ist mehr als Versprechen. Die Verheißung meint eine Erlösung – im Grunde aus menschlicher Begrenzung. Die vom Patienten seinerseits unbemerkt über die Analyse geschriebene Verheißung heißt *Grandiosität*, auf Höhen getragen zu sein.[18] Der Weg zur vermeintlichen Großartigkeit, die diese Patienten anstreben, zur Einmaligkeit, zu Außerordentlichem, die die Analyse dagegen niemals beabsichtigt, gelingt ihnen indessen nur über die totale Ausbeutung der scheinbaren Gemeinsamkeit. Der im sonstigen Leben mit einer charismatischen Begabung ausgestattete Verführer besitzt seinerseits ein Motiv für diese folgenschwere Verführung. In der Realität oder in der Analyse, wo der Analytiker als Großartiger verkannt wird, entstehen langanhaltende Idealisierungen. Diese entgrenzenden Übersteigerungen sind nur möglich durch die *Abtretung des Überichs* an den Verführer oder den, der zum Verführer gemacht werden soll. Im Grunde resultiert daraus ein Monster. An dem Bild von Klee[19] (1930), das allerdings »Geschwister« heißt, wird eindrucksvoll deutlich, daß es – trotz eines Herzens – hier immer *zwei unterschiedliche Blickrichtungen* in die Welt geben muß. Stellt man sich vor, daß sich das Paar auf dem Bild fortbewegen will, muß einer das *Kommando* geben.

Für die Beschreibung des klinischen Bildes dieser Patienten ziehe ich Khans Darlegung (1969) heran: Trotz guter Intellektualität erscheinen sie infolge wenig ausgebildeter Ichfunktionen und der in Spannung, Besorgnis und Abwehr aufgesogenen Emotionalität zunächst ziemlich banal und in ihrer Stimmungslage gemischt; diffuse Aggressivität, Apathie und Trägheit beherrschen das Bild. Ihre Dynamik ist ein Paradoxon: Einem

18 Als ich eine wichtige Erkenntnis mit einer Patientin eine Stunde lang durchgearbeitet hatte und mich erleichtert fühlte, mit ihr gut gearbeitet zu haben, griff die Patientin am nächsten Tag darauf zurück und kommentierte: »Berauschend war das gestern nicht.« Sie verkannte und meinte, daß eine gute Analysestunde berauschend sein, in Hochstimmung versetzen müsse.

19 Ich verdanke den Hinweis auf das Bild Frau Edith Winter, Kinder- und Jugendpsychiaterin.

*zwingenden und nötigenden* Umgang, also einer Beherrschung des anderen, steht die *gleichzeitige Anklammerung*, die Abhängigkeit von ihm, gegenüber. Ihr Phänotypus erscheint häufiger etwas verwaschen, optimistisch, freundlich, und ich füge hinzu, auch oft mit einem »wissenden Lächeln«, das nämlich die Gewißheit ausstrahlt, den anderen sicher zu erreichen. Diesem Lächeln wohnt die gegenläufige Intention inne, nicht nur, daß der andere sich zuzuwenden bereit sein soll, sondern es drückt auch die Empfangsbereitschaft aus, der andere möge Impuls oder Sinn geben. Ein mögliches Lächeln kann auch huldvoll, gönnerhaft sein, so daß ich als Analytiker zu einem Auserwählten werde, der sich mit dem zukünftigen Analysanden befassen darf. Es ist in jedem Fall etwas Richtungsloses im Ausdruck. Allein Mißtrauen und Defensive kann das Zerfließende ihres Ausdrucks wieder zentrieren. Bei den an Drohung mittels Angstmachen durch die Mutter Gewöhnten wird ein chronisch beleidigter Ausdruck, der rasch zum Vorwurf steigerungsfähig ist, sofort augenfällig. Die Kleidung ist oft unharmonisch, untypisch für den Träger und auch die derzeitige Mode, oft auch unangepaßt an die Jahreszeit, oft mit einem kindlich-naiven Touch. Auf die Sprache bin ich schon eingegangen, so daß ich nur noch auf die von ihnen angebotenen Symptome weise, die in hochtrabend klingende, wissenschaftliche Begriffe der Beschwerden eingekleidet sind, wie beispielsweise »Depressionen« oder »Arbeitsstörungen«, »Platzangst«.

Eine *wechselseitige und sogar existentielle Abhängigkeit* charakterisiert diese Objektbeziehung, in der immer nur einer, der stärkere, der Führer ist. Sobald dieses Verhältnis sich aus dem Rahmen der frühen Mutter-Kind-Beziehung verschleppt oder sonstig aufbaut, geschieht ein Mißbrauch der Beziehung, die sich damit zu einem *Hörigkeitsverhältnis* entwickelt, vergleichbar einer folie à deux (Bleuler, 1916)[20]. Dabei projizieren beide Beteiligten wechselnd und in zunehmendem Maße aufeinander: *die Mutter eine Phantasie, die erfüllt werden soll, das Kind einen unerfüllten Teil seines Ichs.* Jeweils bedrängt einer den anderen der Erfüllung wegen. Der *Zustand der Gemeinsamkeit* wird späterhin vom Patienten *idolisiert*. Wenn die Mutter zuvor *ihr Kind* als ihr »Ding-Geschöpf« (»thing creation«) *idolisierte*

20 vgl. Fußnote 9

(Khan, 1979, S. 11), *idolisiert jetzt das Kind diesen Zustand* beziehungsweise bindet an ihn Illusionen, ein Zustand, der freilich einen ökonomischen Aspekt beinhaltet. Er entbindet von der fortschreitenden Triebentwicklung im Zuge von Separation und Individuation, von der Entlassung in eine immerwährende schmerzliche Anstrengung der Realitätsbewältigung in eigener Verantwortung. Das regressive Bestreben ist der Widerstand gegen den mit Unsicherheiten und Unwägbarkeiten, also Konflikten, ausgestatteten Prozeß der Entwicklung. Er wird aufgeschoben und vermieden. Die Angst angesichts der inneren Realität der Triebe wie der äußeren Realität halten diese Patienten nicht aus, so daß diese Angst vor Separation und Individuation nur anwachsen kann. Sie erhält Panikcharakter. Damit aber kommt es zur mangelnden Entwicklung des Ichs. Eine seiner wichtigsten Funktionen ist die der *Realitätsprüfung*. »Realitätsprüfung ist eine Ich-Funktion, die Wahrnehmungen oder Reize aus der Außenwelt von Impulsen oder Wünschen aus dem Unbewußten unterscheidet, die zwischen Realität und Phantasie trennt«, so Nagera (1969 und 1970, S. 472). Zu dieser Definition gibt Frosch (1983) eine wichtige Ergänzung, daß nämlich die Realität eine *Konstanz* besitzt. Mit allen Mitteln versuchen die Patienten den scheinbar guten alten Zustand zur Angstminderung wiederherzustellen. Sie erleben die Angst nicht mehr, da es ihnen gelingt, mit der narzißtischen Zuhilfenahme eines anderen ihr inneres Gleichgewicht auszubalancieren. Ein solcher Patient kommt ganz ohne Angst in die Analyse, wenn es ihm bisher stets gelungen war, ein willfähriges Objekt zu finden. Doch es gibt im Gegensatz zu diesem Patienten den Patienten mit der Angst vor der Angst, der Panik, in der er dann das Objekt zwingt, für ihn da zu sein. Sein Befehlston ist militant. Je schwächer er sich bewußt oder unbewußt fühlt, desto diktatorischer wird sein Zugriff. Zur Erhaltung wie der Wiederherstellung der omnipotenten Symbiose werden flankierende anale Abwehrstrategien benötigt. Morgenthaler weist dem Analytiker »am einst frischgedeckten Tisch des Kindes«, das der Analysand einmal war, die »Rolle eines späten Gastes« zu. (1978, S. 90) Der Patient jedoch erkennt diese Rollenzuweisung nicht mehr, nämlich, daß der Analytiker er selbst bleibt und nur *für* etwas steht. Der narzißtische Patient *besteht* dagegen auf der

*Konkretisierung*, eine fehlgeschlagene Symbolisierung. Die Konkretisierung gehört zur Krankheit und wurde bisher wenig beachtet; sie ist ein Symptom im Handlungsvollzug und enthält immer eine *Verkennung*. Diese Form der narzißtischen Abwehr mit Hilfe der Objektbeziehung, also des Objekts selbst, nenne ich im weiteren *Objektmanipulation*. Sie wird *ichsynton* erlebt und gelebt, was für die Bearbeitung der Gegenübertragung die besondere Herausforderung darstellt. Es ist Mut, der vom Analytiker gefordert wird, das heißt er hat sich aller üblichen Sicherheiten zu begeben, um diese zunächst so unauffällige Übertragung sich und dem Analysanden auffällig zu machen.

## Zwei Beispiele aus der Literatur für die Verfügung über das Objekt

Schriftsteller beurteilen ihre Zeit oft besser als die mehr dem Alltag verhaftete Allgemeinheit, erkennen Zusammenhänge früher, wahrscheinlich auch eher als Psychoanalytiker, die vorzugsweise mit gegenwärtiger Realität und dem vergangenen Erleben befaßt sind. Deshalb möchte ich eine Stelle aus Wolfgang Koeppens Roman »Tauben im Gras« wiedergeben, die eine Generationenabfolge zeigt, wie sie nach dem Zweiten Weltkrieg typisch war, als der Generationenumbruch, mit dem der Analytiker konfrontiert wird, sich besonders eindrücklich vollzog. Diesem Text werde ich dann einen Brief Heinrich von Kleists an seine Verlobte Wilhelmine von Zenge gegenüberstellen.

Extreme beziehungsweise Pole enthalten stets ihr Gegenteil. Ein Beispiel für einen solchen Wechsel in der Wahrnehmung oder Ausgestaltung ist, daß auf die Epoche der schwelgerisch üppigen Kunst der Kaiserzeit in Berlin am eindrucksvollsten von allen modernen Richtungen die streng reduzierte Richtung des »Bauhauses« folgte. (Paret, 1981) Die Allgemeine Psychologie beschreibt diese fundamentale Dichotomie als Kippvorgänge. »Sie [die Kippvorgänge] haben ihren Grund im Antagonismus der Antriebe, sie stellen nichts anderes dar als das augenblickliche Obsiegen der einen oder anderen antagonistischen Tendenzen.« (Heiß, 1949, S. 180) Dieser Antagonismus ist in der Psychoanalyse als *Ambivalenz* in jeder menschlichen

Struktur bekannt. Während des Entwicklungsprozesses des Kindes kommt es durch die *betonte* Einstellung zu einem der primären Liebesobjekte zu einer dazu antagonistischen Einstellung. »Dem Normalen und Erwachsenen gelingt es ohne Zweifel, beide Einstellungen voneinander zu sondern, sein Liebesobjekt nicht zu hassen und seinen Feind nicht auch lieben zu müssen. Aber das scheint das Ergebnis späterer Entwicklungen. In den ersten Phasen des Liebeslebens ist offenbar die Ambivalenz das Regelrechte. Bei vielen Menschen bleibt dieser archaische Zug über das ganze Leben erhalten.« (Freud, 1931, GW XIV, S. 528) Ein solcher Kippvorgang soll bei einem Kind im folgenden Beispiel aus Koeppens Roman eingeleitet werden.

### *Wolfgang Koeppen, »Tauben im Gras«*

In seinem Roman »Tauben im Gras«, den Wolfgang Koeppen in Deutschland 1951, also kurz nach der Währungsreform, schrieb, stellt er eine Szene dar, bei der es sich um eine ausgesprochen bewußte, also auch ichsyntone Objektmanipulation handelt, die ich der begleitenden Atmosphäre und Umstände wegen wiedergeben möchte. Die Atmosphäre ist durch eine Widersprüchlichkeit der für das Kind nicht anwesenden Eltern, die es zu lieben vorgeben, aber selbst »Wichtiges« zu tun haben, und der Kinderfrau, die dem Kind alles Bedeutsame vermitteln will, mit der Schärfe ihres Erziehungsmaßstabes gekennzeichnet. Im Vorwort zur zweiten Auflage seines Romans von 1972 schreibt Koeppen: »Diese Zeit, den Urgrund unseres Heute, habe ich geschildert, und ich möchte nun annehmen, sie allgemein gültig beschrieben zu haben, denn man glaubte, in dem Roman ›Tauben im Gras‹ einen Spiegel zu sehen, in dem viele, an die ich beim Schreiben nicht gedacht hatte, sich zu erkennen wähnten, und manche, die ich nie in Verhältnissen und Bedrükkungen vermutet hatte, wie dieses Buch sie malt, fühlten sich zu meiner Bestürzung von mir gekränkt, der ich nur als Schriftsteller gehandelt hatte und nach dem Wort Bernanos' ›das Leben in meinem Herzen filterte, um geheime, mit Balsam und Giften erfüllte Essenz herauszuziehen‹.« (S. 10) Elisabeth Endres kommentiert diesen Roman 1982: »Er, Koeppen, wußte, daß auch die Schuldigen an ihrer Schuld zugrunde gehen können, daß ihr Verbrechen nicht die Geschichte abschließt. Die Kinder leben weiter; sie würgen an der Schuld. Sie können sie nicht ausspukken. Sie nehmen sie hinüber in ihre Welt der neuen Formen, in ihre tapfere neue Welt.« (S. 23)

> »In der Wohnung schrie ein Kind, Hillegonda, Alexanders kleines Mädchen. Das Kind schrie ›Emmi!‹ Rief das Kind um Hilfe? Angst, Verzweiflung, Verlassenheit lag in dem Kinderschrei. Alexander dachte, ›ich müßte mich um sie kümmern, ich müßte Zeit haben, sie sieht blaß aus‹. Er rief: ›Hille, bist du schon auf?‹ Warum war sie so früh schon auf? Er prustete die Frage ins Handtuch. Die Frage erstickte im Handtuch. Die Stimme des Kindes schwieg, oder sie ging unter im wütenden Hupen des wartenden Wagens. Alexander fuhr ins Atelier. Er wurde angekleidet. Er wurde gestiefelt und gespornt. Er stand vor der Kamera. Alle Scheinwerfer leuchteten auf. Die Orden glitzerten im Licht der tausend Kerzenbirnen. Das Idol spreizte sich. Man drehte den Erzherzog – EINE DEUTSCHE SUPERPRODUKTION! – Die Glocken riefen zur Frühmesse. Hörst-du-das-Glöcklein-läuten? Teddybären hörten zu, Puppen hörten zu, ein Elefant aus Wolle und auf roten Rädern hörte zu, Schneewittchen und Ferdinand der Stier auf der bunten Tapete vernahmen das traurige Lied, das Emmi, die Kinderfrau, langgezogen und klageweibisch sang, während sie den mageren Körper des kleinen Mädchens mit einer rauhen Bürste schrubbte. Hillegonda dachte ›Emmi, du tust mir weh, Emmi, du kratzt mich, Emmi, du ziepst mich, Emmi, deine Nagelfeile sticht mich‹, aber sie wagte der Kinderfrau, einer derben Person vom Lande, in deren breitem Gesicht die einfache Frömmigkeit der Bauern böse erstarrt war, nicht zu sagen, daß ihr weh getan wurde und daß sie litt. Der Gesang der Kinderfrau, hörst-du-das-Glöcklein-läuten, war eine immerwährende Mahnung und hieß: klage nicht, frage nicht, freue dich nicht, lache nicht, spiele nicht, tändele nicht, nutze die Zeit, denn wir sind dem Tod verfallen. Hillegonda hätte lieber noch ge-

schlafen. Sie hätte lieber noch geträumt. Sie hätte auch gern mit ihren Puppen gespielt, aber Emmi sagte: ›Wie darfst du spielen, wenn dich Gott ruft!‹ Hillegondas Eltern waren böse Menschen. Emmi sagte es. Man mußte für die Sünden der Eltern büßen. So begann der Tag. Sie gingen zur Kirche. Eine Straßenbahn bremste vor einem jungen Hund. Der Hund war struppig und ohne Halsband, ein herrenloser, verlaufener Hund. Die Kinderfrau drückte Hillegondas kleine Hand. Es war kein freundlicher, beistehender Druck; es war der feste unerbittliche Griff des Wächters. Hillegonda blickte dem kleinen herrenlosen Hund nach. Sie wäre lieber hinter dem Hund hergelaufen als mit der Kinderfrau in die Kirche gegangen. Hillegonda preßte die Knie zusammen. Furcht vor Emmi, Furcht vor der Kirche, Furcht vor Gott bedrückte ihr kleines Herz; sie machte sich schwer, sie ließ sich ziehen, um den Weg zu verzögern, aber die Hand des Wächters zerrte sie weiter. So früh war es noch. So kalt war es noch. So früh war Hillegonda schon auf dem Wege zu Gott. Die Kirchen haben Portale aus dicken Bohlen, schwerem Holz, eisernen Beschlägen und kupfernen Bolzen. Fürchtet sich auch Gott? Oder ist auch Gott gefangen? Die Kinderfrau faßte die kunstgeschmiedete Klinke und öffnete spaltbreit die Tür. Man konnte gerade zu Gott hineinschlüpfen. Es duftete bei Gott wie am Weihnachtstag nach Wunderkerzen. Bereitete sich hier das Wunder vor, das schreckliche, das angekündigte Wunder, die Vergebung der Sünden, die Lossprechung der Eltern? ›Komödiantenkind‹ dachte die Kinderfrau. Ihre schmalen, blutlosen Lippen, Asketenlippen in einem Bauerngesicht, waren wie ein scharfer, für die Ewigkeit gezogener Strich. ›Emmi, ich fürchte mich‹, dachte das Kind. ›Emmi, die Kirche ist so groß, Emmi, die Mauern stürzen ein, Emmi ich mag dich nicht mehr, Emmi, liebe Emmi, Emmi, ich hasse dich!‹ Die Kinderfrau sprengte Weihwasser über das zitternde Kind. Ein Mann drängte durch den Spalt der Tür. Fünfzig Jahre Mühe, Arbeit und Sorgen lagen hinter ihm, und nun hatte er das Gesicht einer verfolgten Ratte. Zwei Kriege hatte er erlebt. Zwei gelbe Zähne verwesten hinter seinen immer flüstern-

> den Lippen; er war in ein endloses Gespräch verstrickt; er sprach zu sich: wer sonst hätte ihm zugehört? Hillegonda folgte auf ihren Zehen der Kinderfrau. Düster waren die Pfeiler, das Mauerwerk war von Splittern verwundet. Kälte, wie aus einem Grab, wehte das Kind an. ›Emmi, verlaß mich nicht, Emmi Hillegonda Angst, gute Emmi, böse Emmi, liebe Emmi‹, betete das Kind. ›Das Kind zu Gott führen, Gott straft bis ins dritte und vierte Glied‹, dachte die Kinderfrau. [...]« (S. 15/16)

Die Kinderfrau versucht bewußt mit allen Kräften ein Umkippen des Identifizierungsprozesses in sein Gegenteil zu erzwingen. Veranlassung dafür ist für sie die feste *Überzeugung*, die zu einer Abspaltung – hier des Bösen – führt: »Hillegondas Eltern waren böse Menschen!«, Komödianten. Das allein bedingt ihre Handlungsentschlüsse. Sie glaubt, die unbewußte Identifizierung des Kindes mit seinen Eltern verhindern zu können und zu müssen. Ganz bewußt setzt sie das von ihr vermutete gegenteilige Identifizierungsziel in die Erziehung des kleinen Mädchens ein, um den Kippvorgang einzuleiten. Hillegonda soll vor dem Bösen in ihren Eltern gerettet werden. Dafür soll das kleine Mädchen sich mit ihr und dem von ihr gegenteilig vertretenen, dem *vermeintlich Guten* identifizieren. In Emmis, der Kinderfrau Augen müssen Hillegondas Eltern, beide Schauspieler, im Rahmen ihres beanspruchten Lebens *bösen Trieben* folgen, offenbar der Exhibition, unter gleichzeitiger, für die Kinderfrau sicher sträflicher Vernachlässigung der Alltagspflichten. In der Übung von Züchtigkeit und stetigem Schuldbekenntnis, Formen viktorianischer Triebbeherrschung, erkennt die Kinderfrau Emmi das Gegenteil solcher Untugenden. Daß sie selbst keine ausgewogene Natur ist, skizziert Koeppen, wenn er sie beschreibt als »eine derbe Person vom Lande, in deren breitem Gesicht die einfache Frömmigkeit der Bauern böse erstarrt war«. Die tiefere Absicht ihres Handelns ist wohl die, das, was ihr selbst nicht gelang – nämlich Gut und Böse zu ertragen –, in Hillegonda zu bewirken, eine Mission, in der eigenes Unerledigtes *verschoben* wird.

So tragisch die Geschichte von Hillegonda für das Mädchen selbst ist, erscheint sie für den Beobachter, wahrscheinlich auch zunächst für das Kind selbst, noch relativ durchsichtig. Der Psychoanalytiker kann möglicherweise absehen, was geschehen wird. Hillegonda wird sich mit *beiden* Vorbildern identifizieren und wird in ihrem Leben kämpfen, welche Einstellung obsiegt, welche manifest und welche latent wird, was je von bestimmten inneren Konstellationen, die teils auch Interpretationen der Umwelt waren, abhängig sein wird. Zu diesem Kampf zwischen zwei extremen Vorbildern hat die Kinderfrau Hillegonda schließlich *gezwungen.*

### *Heinrich von Kleist, Brief an seine Verlobte Wilhelmine von Zenge*[21]

Eine völlig entgegengesetzte Atmosphäre wie in Koeppens Geschichte herrscht in Heinrich von Kleists Brief an seine Verlobte Wilhelmine von Zenge. Hier wird das Subjekt vom Objekt weniger direkt gezwungen als eher verführt, einem Idol so ähnlich zu sein, um geliebt zu werden. Diese Verführung zur Übernahme eines bestimmten Verhaltens oder einer bestimmten Rolle, die das Subjekt erfährt, wird vom Objekt am einfachsten durch drohenden Liebesentzug bei Verlassen oder Vernachlässigung des aufgezwungenen Verhaltens abgesichert. Für den Leser ist Kleists Brief eindrucksvoll der starken Gefühle wegen, die er schildert und die er beim Lesen erweckt. In voller Empörung und aller Unbekümmertheit um das Wohl seines alten Freundes, Ludwig von Brockes, teilt Heinrich von Kleist den Verlust dieses Freundes einer Vertrauten, einer neuen, idealen Freundin mit. Sie soll Freundin werden, wie Brockes Freund war; sie wird auf das alte Ideal eingeschworen. Zu ihr steht Kleist in einem vom Anspruch her vergleichbaren Verhältnis, das aber wohl für Kleist eher das Ideal einer Beziehung darstellt; denn er belehrt sie in unerträglicher Weise über ihre Aufgaben und Pflichten – die Verlobung scheitert dann auch. Jener Freund hat sich sehr plötzlich von ihm getrennt und ist seinen eigenen Wegen gefolgt. Diesen Trennungsakt hat Kleist wie ein Hilfloser, den man verläßt, der das niemals erwartete, empfunden. Er erfuhr ihn als unglaubliche Kränkung, die seine Klage über den Verlust des

21 Ich verdanke den Hinweis auf diesen Brief Frau Dr. Britta Heberle.

Freundes trägt, die *Anklage* und *Anspruch* ist. Jener Anspruch wurde zuvor mit dem Freund gelebt. In plastischer, sprachlich reicher Anschaulichkeit schildert Kleist präzise das Verhältnis der »Freunde«:

> [»An das Stiftsfräulein Wilhelmine v. Zenge, Hochwürden und Hochwohlgeboren zu Frankfurt a. O., Berlin, den 31. Januar 1801]
>
> [...] Laß mich jetzt einmal ein Wort von meinem Freunde Bro[c]kes reden, von dem mein Herz ganz voll ist – Er hat mich verlassen, er ist nach Mecklenburg gegangen, dort ein Amt anzutreten, das seiner wartet – – [...]
> Ich habe Dir schon oft versprochen, Dir etwas von diesem herrlichen Menschen mitzuteilen, der gewiß von den wenigen, die die Würde ihrer Gattung behaupten, einer ist, und nicht der schlechteste unter diesen wenigen. [...]
> Ich sage Dir nichts von seiner Gestalt, die nicht schön war, aber sehr edel. Er ist groß, nicht sehr stark, hat ein gelbbräunliches Haar, ein blaues Auge, viel Ruhe und Sanftmut im Gesicht, und ebenso im Betragen.
> Ebensowenig kann ich Dir von seiner Geschichte sagen. [...]
> Auch von seinen Tugenden kann ich Dir nur weniges im allgemeinen sagen, weil sonst dieser Bogen nicht hinreichen würde. Er war durchaus immer edel, nicht bloß der äußern Handlung nach, auch dem innersten Bewegungsgrunde nach. Ein tiefes Gefühl für Recht war immer in ihm herrschend, und wenn er es geltend machte, so zeigte er sich zu gleicher Zeit immer so stark und doch so sanft. Sanftheit war überhaupt die Basis seines ganzen Wesens. Dabei war er von einer ganz reinen, ganz unbefleckten Sittlichkeit und ein Mädchen könnte nicht reiner, nicht unbefleckter sein, als er. Frei war seine Seele und ohne Vorurteil, voll Güte und Menschenliebe, und nie stand ein Mensch so unscheinbar unter den andern, über die er doch so unendlich erhaben war. Ein einziger Zug konnte ihn schnell für einen Menschen gewinnen; denn so wie es sein Bedürfnis war, Liebe zu finden, so war es auch sein Bedürfnis, Liebe

zu geben. [...] Ja ich habe nie einen Menschen gesehen, der so viel Liebe fand bei allen Wesen – und oft habe ich mich sinnend in Gedanken vertieft, wenn ich sah, daß sogar Deines Bruders Spitz, der gegen seinen Herrn und gegen mich nie recht zärtlich war, dagegen unbeschreiblich freudig um dieses Menschen Knie sprang, sobald er in die Stube trat. Aber er war von einem ganz liebenden, kindlichen Wesen, ein natürlicher Freund aller Geschöpfe – liebe Wilhelmine, es ist keine Sprache vorhanden, um das Bild dieses Menschen recht treu zu malen –

Ich will daher von seinem Wesen nur noch das ganz Charakteristische herausheben – das war seine Uneigennützigkeit. – Liebe Wilhelmine! Bist Du wohl schon recht aufmerksam gewesen auf Dich und auf andere? Weißt Du wohl, was es heißt, ganz uneigennützig zu sein? Und weißt Du auch wohl, was es heißt, es immer und aus der innersten Seele und mit Freudigkeit es zu sein? – Ach, es ist schwer – Wenn Du das nicht recht innig fühlst, so widme einmal einen einzigen Tag dem Geschäft, es an Dir und an andern zu untersuchen. Sei einmal recht aufmerksam auf Dich und auf die Dich umgebenden Menschen, – Du wirst Dich und sie oft, o sehr oft, wenn auch nur in Kleinigkeiten, in Lagen sehen, wo das eigne Interesse mit fremdem streitet – dann prüfe einmal das Betragen, aber besonders den Grund, und oft wirst Du vor andern oder vor Dir selbst erröten müssen – Vielleicht hat die Natur Dir jene Klarheit, zu Deinem Glücke versagt, jene traurige Klarheit, die mir zu jeder Miene den Gedanken, zu jedem Worte den Sinn, zu jeder Handlung den Grund nennt. [...] – O glücklich bist Du, wenn Du das nicht verstehst. Aber glaube mir, es ist sehr schwer immer ganz uneigennützig zu sein.

Und diese schwerste von allen Tugenden, o nie hat ihr Heiligenschein diesen Menschen verlassen, so lange ich ihn kannte auch nicht auf einen Augenblick. Immer von seiner liebenden Seele geführt, wählte er in jedem streitenden Falle nie sein eignes, immer das fremde Interesse; und das tat er nicht nur in wichtigen Lagen, nicht nur in solchen Lagen, wo die Augen der Menschen auf ihn gerichtet wa-

ren [...], – und auch in den unscheinbarsten, unbemerktesten Fällen [...] zeigte sich seine Seele immer von derselben unbefleckten Uneigennützigkeit, [...] und das immer ganz im Stillen, ganz anspruchslos, ohne die mindeste Rechnung auf Dank, ja selbst dann, wenn es ohne meine, durch das Entzücken über diese nie erblickte Erscheinung, immer rege Aufmerksamkeit, gar nicht empfunden und verstanden worden wäre.
Ich kann Dir zu dem allen Beispiele geben. – Als ich ihm in Pasewalk meine Lage eröffnete, besann er sich nicht einen Augenblick, mir nach Wien zu folgen. Er sollte schon damals ein Amt nehmen, er hing innig an seiner Schwester und sie noch inniger an ihm. Ja, es ist eine traurige Gewißheit, daß diese plötzliche, geheimnisvolle Abreise ihres Bruders, und das Gefühl, nun von ihrem einzigen Freunde verlassen zu sein, einzig und allein das arme Weib bewogen hat, einen Gatten sich zu wählen, mit dem sie jetzt doch nicht recht glücklich ist – [...]
Doch ich kehre zurück. Er – ich brauche ihn doch nicht mehr zu nennen? er vergaß sein ganzes eignes Interesse, und folgte mir. Um mir den Verdacht zu ersparen, als sei ich der eigentliche Zweck der Reise, und als hätte ich ihn nur bewegt mir zu folgen, welches meiner Absicht schaden konnte, gab er bei seiner Familie der ganzen Reise den Anstrich, als geschehe sie nur um seinetwillen. Er selbst hat nur ein kleines Kapital, von mir wollte er sich die Kosten der Reise nicht vergüten lassen, er opferte 600 R[eichs]th[aler]. von seinem eignen Vermögen, mir zu folgen, und uns beide glücklich zu machen – [...]
[...] Das alles, fühle ich, würde ich für ihn auch getan haben, o weit mehr! Es ist ganz unscheinbar, und Du wirst vielleicht darüber lächeln, wenn Du es nicht verstehst – aber mich hat es entzückt. Höre.
Wenn wir beide in den Postwagen stiegen, so nahm er sich immer den Platz, der am wenigsten bequem war. – Von dem Stroh, das zuweilen in den Fußboden lag, nahm er sich nie etwas, wenn es nicht hinreichte, die Füße beider zu erwärmen. – Wenn ich in der Nacht zuweilen schlafend an

seine Brust sank, so hielt er mich, ohne selbst zu schlafen – Wenn wir in ein Nachtquartier kamen, so wählte er für sich immer das schlechteste Bett. – Wenn wir zusammen Früchte aßen, blieben immer die schönsten, saftvollsten für mich übrig. – Wenn man uns in Würzburg Bücher aus der Lesegesellschaft brachte, so las er nie in dem zuerst, das mir das liebste war – Als man uns zum erstenmale die französischen und deutschen Zeitungen brachte, hatte ich, ohne Absicht, zuerst die französischen ergriffen. So oft die Zeitungen nun wieder kamen gab er mir immer die französischen. Ich merkte das, und nahm mir einmal die deutschen. Seitdem gab er mir immer die deutschen. – Um die Zeit, in welcher mein Arzt mich besuchte, ging er immer spazieren. Ich hatte ihm nie etwas gesagt, aber es mochte schlechtes oder gutes Wetter sein, er verließ das Zimmer und ging spazieren. – Nie kam er in meine Kammer, auch darum hatte ich ihn nicht gebeten, aber er erriet es, und nie ließ er sich darin sehen. – Ich brannte während der Nacht Licht in meiner Kammer, und der Schein fiel durch die geöffnete Tür gerade auf sein Bett. Nachher habe ich gelegentlich erfahren, daß er viele Nächte deswegen gar nicht geschlafen habe; aber nie hat er es mir gesagt. O noch einen Zug werde ich Dir einst erzählen, aber jetzt nicht – noch ein Opfer, das ihn nötigte jede Nacht mit dem bloßen übergeworfnen Mantel über den kalten Flur zu gehen, und von dem ich auch nicht das mindeste erfuhr, bis spät nachher –

Aber du lächelst wohl über diese Kleinigkeiten. –? O Wilhelmine, wie schlecht verstehst Du Dich dann auf die Menschen! Große Opfer sind Kleinigkeiten, die kleinen sind es, die schwer sind; und es war leichter, mir nach Wien zu folgen, leichter mir 600 R[eichs]th[aler]. zu opfern, als mit ermüdendem Wohlwollen und mit immer stiller und anspruchsvoller Beeiferung meinen Vorteil mit dem seinigen zu erkaufen und in der unendlichen Mannigfaltigkeit von Lagen sich nie, auch nicht auf einen Augenblick, anders zu zeigen, als ganz uneigennützig.«

Kleist, der Schreiber dieses Briefes, ist sich *sicher*, daß *ihm* ein Unrecht geschehen ist. Darum kann er seiner Klage völlig ungehemmt Ausdruck geben. Scham und Schuld weist Kleist seinem Freund zu, der ihn verließ. Der Leser, in der Distanz zu beiden Beteiligten, wird geradezu peinlich berührt, weil er die Person, der Scham und Schuld zugehören, leicht erschließt. Hätte sie sich dazu bekannt, hätte sie diesen Brief nie entstehen lassen. Der Mißbrauch, die übermäßige Inanspruchnahme einer Freundschaft, die ergebene Dienstbarkeit forderte oder bereits *Hörigkeit* war, aus der sich der Freund wohl wie in letzter Minute rettete, ist augenfällig. Vom – für den Analytiker interessanten – Beginn dieser Freundschaft läßt der Brief den Leser nichts wissen. Man ahnt jedoch, daß Kleist von seinem Freund Brockes idealisiert worden sein muß. Brockes muß seinerseits bis dahin von einer solchen Idealisierung gelebt und solches Leben gewollt haben. Es erscheint, als sei es für ihn höchster Sinn gewesen, in der Nähe eines solchen Ideals zu leben, indem er Kleist zu weiterem Leuchten diente. Die Nähe zu und die Teilnahme an dem von ihm erträumten Ideal scheint ihn diesem ein Stück näherzubringen und läßt ihn selbst sich ebenfalls auserwählt fühlen. Die überraschende Abreise des Freundes weist auf diese Polarisierung mit der ihr immanenten Instabilität hin. Bei dieser Form der Objektbeziehung haben sich nach analytischer Sicht wechselseitig *absolute Ansprüche und Dominanz und absolute Sehnsucht nach passiver Ergebenheit, Auf- oder Hingabe*, getroffen. In diesem Zusammentreffen, in dem zunächst extreme Bedürfnisse auf beiden Seiten wie auf das Wunderbarste abgesättigt werden, herrscht lange Zeit *Blindheit* für das eigene und fremde Motiv, das heißt ein eigener polarer Anteil ist verdrängt und erscheint getrennt von der Person in der jeweils anderen.[22]

22 An diesem Beispiel wird deutlich, warum zum Beispiel der Kontrollanalytiker, wenn er solcher Objektkonstellation zwischen Analytiker und Analysand gegenübersteht, es als Dritter so viel leichter als der Analytiker sehen und erkennen kann, der im Prozeß mit dem Patienten für die Verschränkung blind wird.

## Die Genese der narzißtischen Störung durch die Traumatisierung der Separation, des Wendepunktes von der oralen zur analen Phase

Die narzißtischen Erkrankungsformen, die durch die Ausbildung einer symbiotischen Omnipotenz gekennzeichnet sind, erhalten ihre spezifizierende Ausprägung in der Regel nach einem vorausgegangenen, den oral-rezeptiven Modus stark gratifizierenden Verhalten der Mütter. Auch das Gegenteil, die extreme Vernachlässigung, unter Umständen mit plötzlichen Gratifikationen oder bei der Verwöhnung dem alternierenden, aber jeweils unerwarteten Entzug der Gratifikation, die tiefe Irritation bewirkt, können eine Voraussetzung sein. Die Mangelsituation in der oralen Phase provoziert ein gleiches Bild, wenn die Mutter Anspruch auf den Besitz des Kindes erhebt, der zumeist auch an jenem Wendepunkt zur Autonomie, also bei sich vollziehender und bewußter werdender Trennung, aktuell wird. Ich habe letztere von der üblichen Gruppe dadurch unterschieden, daß die Kinder mittels Drohung oder Angsterzeugung zu Gefügigkeit, Verfügbarkeit und Mitleid für die Mutter gezwungen wurden. Ein solches Verhalten der Mütter ruft die schon ein Stück weit über die Schwelle Gegangenen wieder zurück. Sie hatten bereits über größere Autonomie verfügt, über die sie dann nicht mehr verfügen dürfen. Der phasengerechte Verlauf des analen Triebanspruchs wird gebremst und modifiziert, weil die Mutter das Kind für die kommende Phase nicht freigeben kann.[23] Diesen Entwicklungspunkt nennt Paula Heimann im übrigen »loss and separation« (1955a, S. 31). Ein solcher Eingriff in die Entwicklung wirkt sich als *kumulatives Trauma durch psychische Bemächtigung* aus. Dieser den analen Anspruch abweisende beziehungsweise abwehrende Eingriff von außen vergrößert beim Kind die immer vorhandene Angst vor dem neuen Triebschub. Für die Mutter läßt sich das Motiv des Abwehrens aus der Angst vor dem *Verlust des von ihr abhängigen Kindes* verstehen. Sie hat eine

23 »Fixierung kommt durch die Phase der Entwicklung zustande, die zu stark ausgeprägt war oder vielleicht zu lange angehalten hat, um restlos in die nächste überzugehen.« (Freud, Übersicht der Übertragungsneurosen, 1915 [1985], S. 24 und S. 70)

Bedürftigkeit, die ihrerseits mit dem Kind gestillt wird. Das Kind bedeutet der Mutter also mehr und vor allem noch etwas anderes, als es selbst darstellt. Triebentwicklung in der analen Phase vollzieht sich nicht wie in der oralen Phase mit dem äußeren Objekt in einem Gegenüber, sondern zuerst allein mit sich. »Das Kind entdeckt, daß es gewisse Lustempfindungen an sich selbst und für sich selbst finden kann, ohne daß seine Mutter hinzutreten müßte.« (Nacht, 1948) Paula Heimann (1962) geht es – gleich ob es sich um den sadistischen oder den retentiven Teil der analen Phase handelt – um das Erlebnis der Produktivität, um das »Können und Machen [...,] worauf sich des Kindes Stolz erstreckt« (S. 432). Das Resultat ist dabei nicht einmal von Bestand oder Wert, sondern kommt erst sekundär wieder in die Objektbeziehung, in der das Objekt nun für die neugewonnene Autonomie, die *Eigen*leistung, eine narzißtische Gratifikation gewähren soll. Das entspricht der libidinösen, also lustvollen und narzißtisch bestätigenden Wiederannäherung, von der Margareth Mahler (1968) spricht.[24] Dazu kommt, daß in der analen Phase mit der Beherrschung der Motorik für das psychisch-geistige Erleben eine zunehmende Entdeckung der Welt erfolgt. Das Tun des Kindes und die Dinge um das Kind erhalten ihre Namen und den Hinweis auf ihre Funktion, also Interpretation, durch die Mutter oder einen Elternteil. Darin enthalten ist auch das Aufweisen der jeweiligen Begrenzung des Tuns wie der Dinge in der Welt. Es ist eine Phase der Erklärungen und zugleich Ermutigung und damit Einführung in den Umgang und Gebrauch der Dinge wie der eigenen Sinneswerkzeuge und des eigenen Vermögens im Rahmen der inneren und äußeren Realität. Die beschützende und orientierende Autorität der Eltern, die Einfühlung und Organisationstalent erfordert, kommt aktiv zur Geltung. Es ist die Zeit der konkreten Begriffsbildung und der Sprachentwicklung.

Alle *Produktivität* stößt in die *Realität*, von der das Kind – aus der Symbiose gleitend – in dieser Phase erstmals verschiedene Dimensionen erlebt: Es selbst verfügt über das Produzieren als Funktion, es erwirbt Kenntnis über das Produkt mit seiner Beständigkeit oder Nichtbeständigkeit, einem Wert, und

24 Siehe auch »Bemerkungen zur Theorie des Narzißmus« von Schumacher, 1970.

es erfährt die Produktion in der Zeit. Mit dem Gemachten ist *Zeit* unwiderruflich vorüber. Das Zeiterlebnis erhält als subjektive Zeit eine aktive Vorstellung. Mit jedem geglückten Produkt ist auch ein kleiner Tod als vergangene Zeit verbunden.[25] Um sein ursprünglichstes Produkt zu sehen, schaut das Kind erstmals *zurück*, nach hinten. Es muß sich umdrehen. Das bedeutet die Einnahme einer anderen Position sich selbst gegenüber, einen Vorläufer der Perspektive auf sein eigenes Ich. Von hier aus gewinnt das später gefestigte Ich seinen Blick auf sich selbst, der immer relativierend bleibt im Gegensatz zum handelnden Ich. Diese innere Perspektive auf sich ermöglicht die Reflexion. Das erste Rückschauen des Kindes bedeutet die Ahnung einer Rückseite. Es geschieht eine *Konfrontation*. Nach der Befriedigung, die das Gefühl zu können und zu machen auslöst, erlebt das Kind, daß weder an diesem Produkt noch unmittelbar an der Funktion festgehalten werden kann. Das Kind erfährt in der Folge verschiedenartige Verluste: des primären Objektes, seiner eigenen Produkte und der Zeit. Dafür erlebt es, wieder machen und die Mutter jetzt als Objekt wiederfinden zu können. Damit ist Zukunft verbunden. Eine Linie von Kontinuität bildet sich aus, die die Konstanz der Realität, auch des eigenen Ichs ausweist.

Dem Machen, dem sadistischen Anteil der analen Phase, und dem daran Festhalten-Können, dem retentiven Teil entstammend, wohnt ein *Bemächtigungscharakter* inne, der von der unwillkürlichen und willkürlich gesteuerten Darm- und Sphinkterenmuskulatur, dem ursprünglichen Ort seines Erlebens, auch auf die *Funktion der Hand* übergeht, die gleichfalls zu einem Instrument der Bemächtigung werden kann und zuvor, in der oralen Phase, beim Daumenlutschen in den Dienst der Befriedigung gezogen worden war. Die Veränderungen in der analen Phase machen wechselnd Lust und Angst. Angst resultiert aus der notwendigen Trennung vom bislang versorgenden Objekt; denn das Machen geht nur allein, in der *Versunkenheit ins eigene Ich*, das in der Entwicklung dann eine weitgehende Neutralisierung des Machens erfordert. Versunkenheit oder auch Selbstvergessenheit bleiben dabei Voraussetzung für eine spätere gute Arbeitsfähigkeit.

25 Manche Kinder erleben kreislaufbedingt durch einen visceralen Reflex nach der Defäkation eine kurzfristige Übelkeit als Leere im Kopf und im Bauch.

Bei dieser Trennung muß eine Mutter ihrerseits das Kind *lassen* beziehungsweise loslassen können. Gebraucht sie das Kind für sich und läßt es nicht los, wird sein Anrecht auf eigenes Tun, das heißt auf die Ausbildung der Individuation, verleugnet. Diese Mütter oder auch Eltern beziehungsweise Elternteile haben einen Konflikt, ein Bedürfnis, einen Wunsch oder ein Ideal, den oder das sie nicht in sich behalten können und der oder das in ihnen auf Verwirklichung drängt, ohne daß ihnen dies als ein Leiden daran bewußt wäre. Sie sind unfähig, eine Sehnsucht auszubilden und zu tragen. Angst allerdings, die ihnen mehr oder weniger bewußt ist, gehört ebenso zu den Auslösern. Sie geben ihrem inneren Drängen nach, ohne daß ihnen das eigentliche Ausmaß und Ziel ihres Wunsches und die Möglichkeit beziehungsweise Unmöglichkeit der Realisierung wirklich klar wäre. So wollen sie nicht wissen oder bemerken auch nicht, daß ihre daraus folgenden, sich auf das Kind richtenden Einwirkungen Handlungen oder Einstellungen des Kindes auslösen sollen, die allein Erfüllungen oder Reparationen für ihre eigene narzißtische Stabilisierung darstellen. Ihr inneres Bedürfnis verschafft sich Konkretisierung im anderen: Es wird in das Kind eingepflanzt oder ihm übergestülpt auf Kosten des keimenden Wollens des Kindes, auf Kosten seiner werdenden Autonomie. Die Hemmung eigener Intentionen und Triebentwürfe muß im Kind als unklare Kränkung und Enttäuschung erlebt werden. Schon 1892 zählte Freud in dem an Breuer übersandten Manuskript »Über den Mechanismus hysterischer Phänomene« zu den psychischen Traumen Schreck, Kränkung und Enttäuschung als Auslöser. (vgl. 1892, GW XVII, S. 11) Die Definition eines *kumulativen Traumas* – um ein solches handelt es sich bei diesen narzißtischen Neurosen – nahm er damals bereits vorweg: »In der Regel wird das vereinzelte große Trauma hier ersetzt durch eine Reihe von kleineren Traumen, die durch die Gleichartigkeit oder indem sie Stücke einer Leidensgeschichte bilden, zusammengehalten werden. [...] Man wird durch diese Tatsache veranlaßt, dem Begriff der traumatischen Hysterie eine größere Ausdehnung zu geben.« (1892, GW XVII, S. 11) Khan (1969) nennt das eine *verdinglichte* Beziehung zum Kind.[26]

26 David M. Levy (1943) hat als Psychologe in einer ausführlichen Monographie für dieses Verhalten solcher Mütter den Begriff »dominant« geprägt.

Auch Väter und andere Personen im Erziehungs- und Lebensumfeld des Kindes sind in der Lage, ihm merklich oder unmerklich eigene Ziele und Ideale aufzudrängen, zumal es abhängig, beeindruck- und prägbar ist. Das Kind wird nicht zu sich und seinen Dingen gelassen, sondern in der Gemeinschaft zum anderen festgehalten und ihm eine Erwartung zugespielt. Wie erwähnt gibt es zwei Arten, Kinder festzuhalten. Die einen Mütter oder – was für alles folgende gilt – ihre Ersatzobjekte *verführen* ihre Kinder in überwältigender Weise in eine *»bessere« Welt*, in der man zusammenleben will. Diese Kinder werden *größer gemacht als sie sind*. Das bedeutet Überforderung. Mutter und Kind sind gemeinsam zu vielem fähig, glücklich und strahlend unter dem Motto: *»Wir können alles.«* Das Kind füllt dann eine Lücke bei der Mutter aus. Im Gegensatz dazu können Mütter durch *Vermehrung der Ängste* das Kind an sich zurückbinden. Diese Ängste werden als Gefahren der äußeren Realität oder Gefahren im Kind hingestellt. Die Mutter konkretisiert an ihm ihre eigene, ihr oft unbewußte Angst und das als unzulänglich Abgelehnte und kann dieses externalisiert im Kind behandeln. Das Verhalten der Mütter steht gleichzeitig in Übereinstimmung mit den beiden Schritten in der analen Entwicklungsphase des Kindes, dem anal-sadistischen und dem anal-retentiven Schritt, so daß dem Kind alles gar nicht so fremd ist und der andere tut, *was es selbst intendierte*. Das ist eine paradoxe Verzahnung, der Beginn des nicht mehr wahrzunehmenden *Unterschiedes zwischen mein und dein*, der als Entwicklungsziel gerade ansteht. Die Hypochondrie der Mutter ist eine sadistische Attacke auf das Kind, die Verführung dagegen hat eine retentive Konnotation. Das Kind, das nicht zu *Eigenem gelassen* wird, hat zunächst nur den Lösungsweg der hysterischen Identifizierung mit der Mutter. Es kann nicht vom Schoß gleiten, und wenn es läuft, läuft es hinter der Mutter her. Diese Phase erfordert von der Mutter ein Passiv-Werden im Sinne von *beschützendem Lassen-Können* im Gegensatz zu dem Halten-Können des Kindes, eine Aufgabe, die so vorherrschend in der oralen Phase war; denn das Kind muß nun aktiv werden können. Halten und Lassen als konträre Eigenschaften ergänzen sich wechselseitig. Die Identifizierung mit dem Wunsch der Mutter ist zugleich tragischerweise eine Identifizierung mit ihr als Aggressor. Ein Teil dieser Identifizierung wird dabei eher den Charakter des Vorläufers von Identifizierungsprozessen im Sinne des Introjektes haben, worauf Ehlert und Lorke hinweisen (1988, S. 513 f.). Das Kind wird, wie es die Mutter in seiner analen Phase erlebte, sich des anderen mit dem Ziel oraler Befriedigung *bemächtigen*. Es lernt vorzugsweise mit Hilfe eines *anderen* als manipuliertem Objekt, also außerhalb seines eigenen Vermögens, etwas zu tun, anstatt selbst oder in sich zu tun und zu finden, weil sich die Mutter vorzeitig in dem Findungsprozeß anbietet.[27] Das Kind behandelt dann das äußere, sich anbietende Objekt als ein anales Objekt, als sei es ihm gehörig. Das Tun in sich und das Tun für sich allein entfallen weitgehend, womit die notwendige Internalisierung nicht geschieht. Statt dessen steht der Griff nach einem Objekt, dessen Finden *vorzeitig* erfolgt, im Sinne der verwöhnenden, sich anbiedernden Mutter, außerhalb seiner selbst, das *zwar konkret, aber sozusagen das falsche* ist. Es steht nur für das aus dem eigenen Inneren heraus nicht frei Gefundene. Mit dem Griff nach dem alten und bekannten Objekt wird das Kind so zum Träger unbewußter Phantasien des Elternteils, den es nicht lassen kann. Diese sind für das Kind geheimnisvoll und immer besonders, weil die Eltern hier ein eigenes Problem nicht bewältigen. Es bekommt etwas wie ein *Rätsel* zu tragen. Zum einen wird das Kind mit dieser Besonderheit, dem von einem Elternteil Abgespaltenen, identifiziert, das unter Nachdruck mehr und mehr Realitätsanspruch gewinnt und einen Auftrag oder eine Mission oder gar Unliebsames wie Schuld umfaßt. Zum anderen identifiziert sich das Kind seinerseits unter Verlust oder Abweisung des eigenen Triebanspruches auch mit dem sich bemächtigenden Triebanspruch der Eltern. Beide Arten der Identifizierung bewirken eine *Ich-Spaltung*. Steht das Kind vor dem Anspruch des eigenen analen Triebes, so gebietet der Einspruch der Realität während der Triebabfuhr die vorübergehende Aufgabe des Objekts. Doch die Einspruch gebietende Realität ist hier durch die sich vom Objekt dazwischenschiebende Phantasie mit ihrem

27 Lebovici (1984) beschreibt, daß Kinder von Eltern, die ihre elterliche Funktion nicht ausüben, zwangsläufig ins Agieren geraten. Unter der mangelnden Drainierung/Kanalisierung können keine Gehalte beziehungsweise schließlich nur blasse Repräsentanzen gebildet werden.

Drängen auf Verwirklichung eine andere, eine aufgezwungene. In »Die Ich-Spaltung im Abwehrvorgang« (1938) sagt Freud, daß der Konflikt zwischen dem Anspruch des Triebes und dem Einspruch der Realität derart gelöst wird, daß das Kind keinem von beiden nachkommt oder vielmehr beides gleichzeitig tut, indem es mit zwei *entgegengesetzten* Reaktionen antwortet. Unter Abweisung der Realität läßt es sich nichts verbieten, andererseits anerkennt es »zugleich die Gefahr der Realität, nimmt die Angst vor ihr als Leidenssymptom auf und sucht sich später ihrer zu erwehren. [...] Aber umsonst ist bekanntlich nur der Tod. Der Erfolg wurde erreicht auf Kosten eines Einrisses im Ich, der nie wieder verheilen, aber sich mit der Zeit vergrößern wird. Die beiden entgegengesetzten Reaktionen auf den Konflikt bleiben als Kern der Ichspaltung bestehen.« (GW XVII, S. 59/60) Diesem Schicksal der Pathologie ihres Ichs werden diese Kinder nicht entgehen können. Es ist der Entstehungspunkt von Winnicotts »falschem Selbst«.

Die französische analytische Schule, Pontalis, Gantheret und andere, nennt dieses Verhalten, das bei einem Elternteil seinen Anfang nimmt (oder schon dessen Eltern), den *Bemächtigungstrieb*, ein Begriff, der die versteckte Wucht dieser Aktion durchschimmern läßt. Gantheret sieht in dem Begriff »pulsion de l'emprise« ein wesentliches Merkmal. Das Objekt ist nicht einem Wunsch der Verführung, mit dem sich verhandeln, allenfalls praktizieren ließe, ausgesetzt, sondern einer anonymen Aneignung, hinter der sich kein Subjekt zu erkennen gibt, etwa nach dem Muster vorgeblicher Sachzwänge: Mit Sachen wird nicht diskutiert. Aus der anfänglichen *Wehrlosigkeit* des Kindes wird seinerseits mit der Zeit *Verfügbarkeit*, eine Fremdbestimmung und Enteignung, das komplizenhafte Gegenstück. Der Bemächtigungstrieb manifestiert sich bei Gantheret im Anspruch des Perversen an seinen Partner, in der Macht des Hypnotiseurs über den Hypnotisierten, des Führers über die Masse, im Gesetz des toten Vaters über das Kollektiv der Söhne. Im Grunde erscheint der Bemächtigungstrieb oder die Objektmanipulation als Ursprung totalitärer Systeme, also auch des Faschismus.

Daß solche Verführung oder Drohung selbst bei Erwachsenen wirksam ist, hat das Verhalten der Mehrheit eines Volkes im

»Dritten Reich« gezeigt. Der Boden dafür muß durch Kränkungen vorbereitet sein, um das Bedürfnis nach Aufwertung so verführerisch und total ausbeuten zu können. Über die Tatsache der Verführung und die Phantasie des Verführt-Werdens gibt es zwar Theorien im Hinblick auf die Auswirkung in der Sexualität, nicht aber über sonstige Motive von Verführer und Verführtem sowie über die Art der Durchführung. Die Aufwertung beispielsweise im Gebraucht-Werden steht immer auf der Seite des Verführten. Horst Eberhard Richter (1986) nennt die Abspaltung solcher Motive des Verführers in einer schlaglichtartigen geschichtlichen Betrachtung über die Deutschen schlicht die unbewußte Weitergabe dessen, was nie verarbeitet worden war, und faßt eigene Ergebnisse aus seinen Studien über Familien- und Generationszusammenhänge sowie Resultate gegenwärtiger psychoanalytischer Forschung über die Kinder der Verfolgten und der Verfolger zusammen. Dabei ist der Terminus »unbewußt« sicher nicht zutreffend und würde besser durch »unter eigenem inneren Druck manipulierend« ersetzt werden. Grunberger (1959, S. 185) beschreibt diese Vorgänge in seiner »Untersuchung der analen Objektbeziehung« weitgehend für die Einzelperson und die Gruppenbildung und weist nach, daß es »das Maß der energetischen Besetzung ist, warum der Anale sich viel leichter mit einem anderen Analen unterschiedlicher, ja gegensätzlicher Tendenz (Ideologie) verständigt [...] Die Kraft zur Vereinigung umfangreicher Gruppen ist der Haß und die *Aggressivität*, das heißt der Affekt einer in ihrer Entwicklung behinderten, frustrierten und damit konflikthaften Analität« (S. 185). Der anale Charakter muß nicht auf eine Gruppenbeziehung allein ausgerichtet sein. Der Ursprung der Bemächtigung liegt in der mißbrauchten Symbiose, ist die frühe *ausgebeutete* Beziehungsform zu einem Abhängigen. Dabei ist dem Verführer an einzelnen Eigenschaften und der Funktionsbereitschaft des anderen, des Subjekts, gelegen, das er für sich haben oder nutzen möchte. Deshalb ist die später wiedererstellte symbiotische Omnipotenz immer tendenzbelastet und nur einem der beiden Beteiligten in ihrem Effekt wichtig und ihm damit zugehörig, das heißt sie wird von ihm dominiert. Erst einmal einverleibt, wird der andere wie zum Träger des Stoffwechsels. Er wird sowohl Energielieferant als auch Befreier von

Stoffwechselschlacken in einem und geht in die Dimensionen des Objekts ein, dessen Vorstellung das Subjekt zu übernehmen hat. Das heißt er wird *aufgebraucht und zerstört*. Das Ich gewinnt Stabilität durch den Besitz des anderen. Die Eroberung des anderen schildert Grunberger dann schließlich als Fäkalisierung. Doch die *Ausbeutung* steht auch in der Physiologie als Ausnutzung (Resorption) vor der Fäkalisierung, letztere ist das nicht unbedingt bedachte Endresultat. In jedem Fall der analen Objektbeziehung handelt es sich um ein prägenitales Machtstreben. Grunberger schreibt: »Wir sagten, das Subjekt müsse sich dem Objekt, dem es überlegen ist, gegenüberstellen, und je größer der Abstand wird, der beide trennt, um so mehr nähert sich die Beziehung ihrer idealen, absoluten Form. Der Analcharakter zielt also auf eine qualitative Veränderung seiner Beziehung zum Objekt ab, das heißt auf eine Veränderung des Objekts selbst. Er versucht den Abstand zu vergrößern, entweder durch Verringerung der energetischen Position des Objekts oder durch Erhöhung der eigenen Position gegenüber dem Objekt oder durch beide Maßnahmen gleichzeitig, *um so das Objekt auf seine ursprüngliche exkrementelle Form herabzusetzen*. Dadurch kann er sich aus der oralen Abhängigkeit völlig lösen und seine Autonomie so begründen, *daß er das Objekt nun sich gänzlich abhängig macht*.« (S. 170) Dies ist allerdings nur bei bereits bestehender Fixierung von Mutter und Kind auf die passiv-orale Bedürfnismodalität und deren Verlängerung über diese Entwicklungsepoche hinaus möglich. Die schließliche Lösung geschieht durch Introjektion und Identifizierung mit dem Aggressor. Beide Formen erweisen sich später für die Strukturbildung als weitere Schädigung neben der Fixierung dieses Entwicklungspunktes. Die Verführung, so früh *großartig zu sein statt groß zu werden*, verschärft nämlich das Problem des *Neides*, der bei der Trennung auftreten muß und in seinem brennenden und chronisch werdenden Charakter nun durch Ausbeuten des anderen in der Umkehrung kurzschlüssig gestillt zu werden sucht. Der unablässige Neid zerstört den Betroffenen, seine Fähigkeit, im guten Sinne abhängig sein zu können, er zerstört ihm das Gefühl, Erfüllung und Dankbarkeit zu erfahren. Außerdem schließt die symbiotische Omnipotenz, die nicht einmal eine duale Beziehung ist, die frühe Triangulierung aus. Die Konstellation der symbiotischen Omnipotenz *verhindert oder verzerrt im weiteren Entwicklungsverlauf die Konstellierung der weiteren Triangulierung in der dann ödipalen Situation.* Dem Patienten verbleibt aus der Lähmung seines ursprünglichen Wollens eine chronische Unzufriedenheit, eine chronische Bedürftigkeit. Neben dem erwähnten Einriß ins Ich, der entgegengesetzte Identifikationen ermöglicht, erwirbt das Kind eine ausgedehnte Beeinträchtigung der notwendigen Entwicklung seiner Ichfunktionen, ein sich ableitendes Thema, auf das ich an späterer Stelle eingehe.[28]

## Der Verführer und die Auswirkung der Verführung

Der Verführer tritt an sich allein auf. Im Geheimen verheißt er etwas. Verheißungen kann man auch Prophezeiungen nennen. Das Geheimnisvolle daran zieht an. Beides kann auch wie eine Versuchung wirken.[29] Eine Gruppenbildung, die andere mit zu verführen sucht, wird – wie Grunberger darstellt – durch das

28 Den Ursprung des Ichs faßt Janine Chasseguet-Smirgel (1975) folgend zusammen: »Wenn die vollständige und totale Befriedigung, die das Kind in der Urverschmelzung erfuhr, angehalten hätte, hätte es sich davon nicht nur niemals getrennt, wie Freud in den ›Beiträgen zur Psychologie des Liebeslebens‹ sagt, sondern es hätte auch weder die Differenzierung zwischen den Instanzen, noch die Ich-Funktionen erworben. Aus dieser Frustration wird das Ich geboren und entwickelt sich das System Wahrnehmung-Bewußtsein; aus dem Verzicht auf eine bestimmte Anzahl von Befriedigungen und sukzessiver Objekte entsteht das Bedürfnis, sie zu substituieren und Verschiebungen zu bewirken (Erwerb der *symbolischen Aktivität* und der *Sublimierung*).« (S. 40)

29 Die Versuchung Jesu durch den Teufel macht die Verführung durch eine anfängliche Erhöhung, die der späteren Umkehrung der Situation dienen soll, sehr deutlich: »Da führte ihn der Teufel (auf einen Berg) hinauf und zeigte ihm in einem einzigen Augenblick alle Reiche der Erde. Und er sagte zu ihm: All die Macht und Herrlichkeit dieser Reiche will ich dir geben; denn sie sind mir überlassen, und ich gebe sie, wem ich will. Wenn du dich vor mir niederwirfst und mich anbetest, wird dir alles gehören. Jesus antwortete ihm: In der Schrift steht: Vor dem Herrn, deinem Gott, sollst du dich niederwerfen und ihm allein dienen. Darauf führte ihn der Teufel nach Jerusalem, stellte ihn oben auf den Tempel und sagte zu ihm: Wenn du Gottes Sohn bist, so stürz dich von hier hinab; denn es heißt in der Schrift: Seinen Engeln befiehlt er, dich zu behüten; und: Sie werden dich auf ihren Händen tragen,/damit dein Fuß nicht an einen Stein stößt. Da antwortete ihm Jesus: Die Schrift sagt: Du sollst den Herrn, deinen Gott, nicht auf die Probe stellen. Nach diesen Versuchungen ließ der Teufel für eine gewisse Zeit von ihm ab.« (Lukas 4, 5-12) Die Versuchung steht schon an dem Umschlagpunkt von Verführung in Nötigung.

Maß einer gleichgerichteten energetischen Besetzung zusammengehalten, unabhängig von der Unterschiedlichkeit der Charaktere. Sie werden parallelisiert allein auf einen Führer ausgerichtet, ihre Beziehungen untereinander zugunsten des Führerprinzips aufgehoben. Ein Übermaß energetischer Besetzung oder ein starkes Spannungsgefälle tritt bei Eltern dann auf, wenn sie sich nicht gegenseitig ergänzen und zum Wohle des Kindes konform miteinander gehen. Der Elternteil, dem eine übermäßige intrapsychische Spannung eigen ist, versucht, den anderen, das Kind, auf »seine Seite« zu ziehen, also einen Zu- oder Übergriff über die natürliche Grenze Eltern-Kind, und dadurch die Spannung für sich zu lösen. Ein solcher Zugriff geschieht suggestiv. Das bedeutet, daß das verführte Kind immer in eine gespaltene Situation der Eltern eintritt und einen Elternteil stärkt oder vertritt. Das braucht nicht nur bei zerstrittenen, getrennten oder geschiedenen Eltern so zu sein. Ein aus einem schwachen und einem starken Part bestehendes Elternpaar, das diese Konstellation so beläßt, bietet sich ebenfalls als gespalten an. Auch das adoptierte Kind oder das Kind, dem ein Elternteil gestorben ist, kann sich in eine solche Situation phantasieren. Das adoptierte Kind besitzt Eltern, die es verstießen, und Eltern, die es erwählten. Das Kind, dem ein Elternteil gestorben ist, kann sich in der Phantasie mit dem verstorbenen Elternteil verbünden und rächend für ihn gegen den anderen auftreten. Das gilt bis hin zu Mordgedanken aus Rache für den verstorbenen Elternteil, womit die scheinbare Nähe zur Zwangsneurose bei allen diesen Situationen aufleuchtet. In jedem Fall bedeutet das An-sich-Ziehen des Kindes gegenüber dem anderen Partner auch den Ausschluß der zugehörigen Welt des anderen, die nicht geduldet oder ertragen zu werden braucht. Das ist folgenschwer für Schuldzuweisungen. Der Ausschluß aus der sexuellen Beziehung der Eltern ist natürlich. Ich nenne ihn, um Ausmaß und Wirkung erkenntlich zu machen. Damit verschwimmen die Generationsgrenzen. Die Verführung als Einladung in eine bessere Welt ist gleichzeitig – wie sich erst später deutlich herausstellt – eine Verführung in eine paranoische Welt. Die Mütter, die das abhängige Kind zum narzißtischen Ausgleich ihres eigenen psychischen Gleichgewichtes gebrauchen beziehungsweise mißbrauchen, sagt Spitz (vgl. 1964, S. 149), stehen unter Reizüberflutung aus inneren oder äußeren, der Umwelt zugehörigen Gründen, so daß sie den Bedürfnissen des Kindes nicht mehr angemessen zur Verfügung stehen. Mütter aber werden dann durch ihre Ehepartner auf irgendeine Weise allein gelassen. Aus eigenen Gründen – so Spitz – legen alle diese Mütter das Verhalten ihrer Kinder nur im Hinblick auf ihre eigenen Bedürfnisse, Mängel, Verwirrung und Schuldgefühle aus. Es kann darüber nur zu einem sinnlosen Dialog kommen. Der Übergriff mit der Weitergabe von Phantasien, Bedürfnissen, Wünschen oder Ängsten jedoch bedeutet für das Kind noch mehr als der Mangel an Verständnis. Für die Motive des Übergriffs bei Müttern und auch Eltern, wenn sie unter einem für sie übermäßigen Druck stehen, gibt es zahlreiche Beispiele. Im Dienste der Konkretisierung der imaginierten Welt der Mutter wird das Kind in die Perspektive der Mutter einbezogen. Was im Anfang vielleicht noch spielerischen Charakter trägt, wird später zum unausweichlichen Aufforderungscharakter. Der Lebenssinn für das Kind ist dann schon wie erfüllt. Bekannt ist, daß Hysterikerinnen ihren Sohn als Ersatz für den ihnen vermeintlich fehlenden Penis gebrauchen können. Sexuell gehemmte Mütter, die ihr Kind wie einen »Augenstern« behüten, können mit ihm erotisch-sexuell ungehemmt umgehen, verleugnen dabei den Charakter der Sexualisierung und deklarieren diese Form übertriebener Zärtlichkeit als erlaubt.[30] Weniger untersucht ist wahrscheinlich, daß Kriegs- und Nachkriegsmütter ihre Kinder als Sinn oder Trost in ihrem Leben gebrauchten, bis dahin, daß das Kind sie »zwang«, am Leben zu bleiben; Kriegerwitwen fanden im Kind das bleibende Vermächtnis des Ehemannes. Kinder werden auf die Spur eines verstorbenen Kindes gesetzt, werden zu Ersatzkindern, sollten die Rolle eines Toten spielen, oder sie wurden zu früh und zu umfangreich »Mutter«, das heißt mit mütterlichen Funktionen gegenüber Geschwistern betraut. In jedem Fall bedeutet das eine Depersonifizierung. Für viele Nachkriegseltern wurde das Kind Adressat ihrer projektiv gehandhabten Vorstellungen einer nicht erlebten und daher von ihnen erträumten schöneren Kindheit oder auch Zukunft. Die Kinder sollten es *besser haben*.

30 »In der Körperpflege wird sie [die Mutter] zur ersten Verführerin des Kindes.« (Freud, GW XVII, S. 115)

Es ist eine Übersteigerung und damit Fehleinschätzung eigener Motivation, wenn Eltern sagen, »nur das Beste gewollt zu haben«. Die projektiv mit ihren Kindern identifizierten Eltern saßen quasi mit in der erstickenden Reizfülle der Kinderzimmer und versorgten diese Kinder, bis sie gesetzlich mündig wurden, reichlich mit allem, was sie selbst entbehrt hatten oder entbehrt zu haben glaubten. Als Adressaten mußten die Kinder Nehmende bleiben, sonst hätten die Gebenden über das, was sie wirklich verloren oder entbehrt hatten, *trauern* müssen. Die Kinder dagegen *durften es nicht besser machen*, hätte doch das den Neid der Eltern (der Götter) erweckt. In der Tat ist diesen Kindern die Zukunft von ihren Eltern genommen. Sie ist deshalb besetzt, weil die Eltern die Zukunft der Kinder subjektiv reparativ brauchten und glaubten, vermittels ihrer Kinder Befriedigung zu erfahren. Es muß auch ausgedrückt werden, was diese Eltern nicht können und was die folgende Generation von ihnen nicht lernt: verzichten auf etwas, das nicht möglich ist, das heißt sich bescheiden wie auch zufrieden sein zu können, es genug sein zu lassen. Die Kinder, die selbst von den Eltern gebraucht und in etwas hineingestellt wurden, sind dazu verurteilt, Nehmende zu bleiben, und klagen zu Recht darüber, daß es Zukunft für sie nicht gäbe. Sie selbst sind ja für ihre Eltern die Zukunft. Die Zusammenhänge zu erkennen ist dabei nicht ohne weiteres möglich. Die Verhaltensweisen der beschriebenen Mütter und Eltern verführen das Kind in seiner Unreife. Die Verführung *verwirrt* durch ihre Frühzeitigkeit, weil noch kein Bedürfnis vorhanden ist. (vgl. Freud, 1904, GW V, S. 92) Das Kind wird durch die Verführung größer gemacht, *überfordert*. Weil das Ziel des stets mit magischen Mitteln versprochenen Grandiosen zwar ständige Erwartung und damit Anspannung bewirkt, sein Erreichen aber unmöglich ist, folgt der Verführung, in Wirklichkeit der Überforderung, eine chronische Enttäuschung, die nicht eingestanden werden darf. Hieraus resultiert die depressive und/oder chronisch unzufriedene Unterlagerung der Stimmung. Jenes Ziel dennoch zu erreichen oder aber nicht erreichen zu können kann in der »zweiten Generation« wiederum nicht erkannt und eingeschätzt werden. »Wissende«, Erwachsene hatten es ja als erreichbar erachtet. Die Beurteilung bleibt weiterhin unrealistisch, das heißt illusorisch.

Jene Anspannung aus der Überforderung wird dabei allenfalls als eine Erschöpfung unklarer Herkunft und Depressivität einer schließlich unberechenbaren Zukunft gegenüber erlebt, während sie aus der unbewußten oder illusorischen, den anderen auffordernden Phantasie der Eltern genährt bleibt. Das ließe sich auch beschreiben als das *Scheitern am »falschen Selbst«*. Die Phantasien der Eltern bilden für das Kind, das sie vor- oder unbewußt aufnimmt, eine Art Rätsel, ein Geheimnis oder auch eine Art innere Gewißheit. Sie drängen es zu konkretisierenden Ausführungen im Sinne von *Erfüllungszwängen als Fehlaktion des Begreifens und Befreiens*. Die Beantwortung bleibt jedoch aus; denn die Phantasie des Elternteils hat nicht unbedingt ausdrücklichen Sprachcharakter. Nur einzelne Verhaltensweisen bekommen in auf die Phantasie zutreffenden Ereignissen zeichenhafte Gratifikation, was die bestehende Sprachlosigkeit nur vertieft. Die Übertragung des niemals Verarbeiteten, Implantation oder Aufpfropfung durch das Primärobjekt, die Introjektion oder Identifizierung des Kindes mit einem Zwang zur Erfüllung kann bis zu außerordentlichen oder gar missionarischen Aufgaben gehen, was besonders für die Kinder der Verfolgten und der Verfolger nachgewiesen wurde. Die Implantations- oder Aufpfropfungsstelle ist immer der eigene, sich in der kindlichen Entwicklung von Stufe zu Stufe veränderende persönliche Triebkonflikt, der dadurch überdimensioniert wird. Es verbleibt eine chronische Unzufriedenheit für die »zweite Generation«; denn das Getane ist ja wie eine Rückfrage, ob das gemeint war. Es ist nicht das Eigene und Eigentliche. Das so in die veräußerte Perspektive der Mutter/oder Eltern geratene Kind kann in einer Kompromißlösung Heil oder Heilung in Berufen wie Pfarrer und Priester, Arzt, Psychotherapeut und Psychoanalytiker finden und hier die Klärung der eigenen Geschichte suchen. Das kann aber auch das Leben aus zweiter Hand im unglücklichen Fall weitergarantieren.

Die Führung zur Abhängigkeit im Dienste der Übernahme einer negativen Bürde kann ebenso durch das Gegenteil der Verheißung von Lust geschehen. Auch hier soll das Objekt *gefällig*, *gefügig* oder *willfährig* gemacht werden. Es wird dann *Angst* vor der äußeren oder inneren Realität stimuliert. Der libidinösen Verführung steht die aggressive *Drohung* bis hin zur

*Erpressung* gegenüber. Folge zu leisten, brav oder gehorsam zu sein wird, als Lieb-Sein, dem Kind mit der Bedeutungsverschiebung als »lieben« unter Nachdruck gelehrt. Daß die innere Realität des Kindes durch die Mutter als Gefahrenquelle hingestellt wird, betrifft die Triebwelt, die Funktionen des Körpers oder den Körper in seiner Konstitution selbst. Auch das Handeln und das Denken des Kindes können mißbilligt, bezweifelt und benörgelt werden. Es bilden sich Hemmungen und Scham aus. Eine hypochondrische Einstellung kann, externalisiert, sich auf das Kind verschieben, indem sein Körper als schwächlich, anfällig, also ständig bedroht und ohne Widerstandskräfte im Körperlichen deklariert wird. Die *Deklarierung* oder *Behauptung* gehört in das Konglomerat der analen Bemächtigungsstrategien. Kinder, deren eigene vorhandene Angst durch diese Form der Bemächtigung verstärkt wird und denen zusätzliche Befürchtungen aufgepfropft werden, werden letzten Endes *unterfordert* und damit schließlich »krankgeschont«. Das Kind erfährt weder Ermutigung noch Bestätigung für ein neu gewonnenes Terrain. Seine Freunde werden kritisch angesehen, als könne es von ihnen nichts Gutes, eher – so wird unterstellt – nur Gegenteiliges lernen. Erweitert es seinen Horizont durch andere Interessen und Menschen, bedarf ein solchermaßen eingeschüchtertes Kind dazu *doppelter Kraft* und *doppelten Mutes*, weil es abgesehen vom Mut für sich selbst den Mut und die Kraft haben muß, die nachgreifende und durch ihr Festhalten hindernde Mutter zurückzustoßen. Oft tritt neben die verängstigende Herabsetzung des Kindes seine partielle oder zeitweise Vergrößerung. Diese Diskontinuität seiner Einschätzung bedingt eine um so größere Fallhöhe für das Selbstgefühl mit der entsprechenden Tiefe seiner Verunsicherung. Immerwährend strahlende, zuversichtlich glücklich erscheinende Mütter, hinter denen aus innerer Unsicherheit zwingender Ehrgeiz stehen kann, also hypomane Strukturen, sehen dagegen über Gefahren sogar hinweg und stimulieren das Kind mit Lob und Anerkennung in eine Gefahr, die sie in Wirklichkeit kennen. Sie zwingen es zum Übermut. Obwohl die innere Zerrissenheit zwischen den eigenen und aufoktroyierten Zielen dem Kind beziehungsweise dann dem Jugendlichen in der Pubertät bewußt zu werden beginnt, wirkt sich die Krankheit manifest für den Betroffenen oft erst im dritten und vierten Lebensjahrzehnt aus, weil unsere Gesellschaft heute in vorgegebener Toleranz bereits ein überlanges Moratorium (vgl. Erikson, 1970, S. 160) für den Übergang vom Jugend- zum Erwachsenenalter einräumt.

Da mit Liebesverlust bedroht, über- oder unterfordert und *nicht zu Eigenem gelassen*, steigert sich die Angst des Kindes beziehungsweise des jungen Menschen zwangsläufig, Eigenes – und damit auch sein sich ständig weiterentwickelndes, differenzierendes Tun – zu finden. Die Intrusion erkennt die Notwendigkeit des Eigenen ab. Der junge Erwachsene steht hilflos oder aber verleugnend der Zukunft gegenüber. In diesen Entwicklungsprozessen wird auf jeden Fall *Zeit* und *damit Geschichte* aufgehoben, das Kind und der spätere Erwachsene *geschichtslos*. Er geht später mit Zeit nach innerpersönlichen Auswirkungen um und kann die zeitliche Ordnung nicht erfassen. Sie widerstrebt ja seiner Omnipotenz. Der gereifte Mensch entwickelt eine perspektivische Flexibilität zwischen subjektiver und objektiver Zeit. Dem steht einzig die Prämisse, die ehemalige Verheißung, eine illusionäre Zukunftsinterpretation und auch bisherige Erfahrung entgegen, daß im *Wir* alles möglich sei – von der existentiellen Sicherheit bis hin zur Großartigkeit. Daß die Verfolgung von Aktivitäten Anstrengung erfordert, wird dabei verleugnet. Soll sich eigenes Wollen realisieren, muß ich es sogar *von mir verlangen*. (Petrarca, S. 92) Dem Kind, Jugendlichen oder längst erwachsenen Patienten droht bei der Trennung zusätzlich der Verlust der narzißtischen Besetzung durch die Mutter, ein Besetzungsentzug des Selbst, das durch eigene Erfahrung kaum stabilisiert ist. Diese Trennung von der Mutter ist keine Trennung. Trennung geschieht in der Objektbeziehung üblicherweise offen, indem libidinöse oder aggressive Bindungen aufgehoben, also getrennt werden. Das kann vorübergehend sein und die Objektbeziehung wieder erneuert werden. Eine narzißtische Beziehung wird durch *triumphales Überschreiten des anderen* oder durch den gekränkten narzißtischen Rückzug in *Kränkung* und *Wut* getrennt. Der narzißtisch Gekränkte versucht unter Umständen nachträglich, zu dem Gefühl des Triumphes zu gelangen, das Schadenfreude bedeutet. Die beiden narzißtischen Formen der positiven oder negativen Überbürdung zerstören die Beziehung und, weil nicht beendet, amplifizieren sie sich meist zunächst im unmittelbaren Umfeld und später wesentlich weiter.

Den scheinbar unschuldigen Einbruch in die Welt des anderen thematisiert ein Gedicht von Rainer Maria Rilke (1915):

*»Ach wehe, meine Mutter reißt mich ein.*
*Da hab ich Stein auf Stein zu mir gelegt,*
*und stand schon wie ein kleines Haus, um das sich groß*
*der Tag bewegt, sogar allein.*
*Nun kommt die Mutter, kommt und reißt mich*
*ein.*

*Sie reißt mich ein, indem sie kommt und schaut.*
*Sie sieht es nicht, daß einer baut.*
*Sie geht mir mitten durch die Wand von Stein.*
*Ach wehe, meine Mutter reißt mich ein.*

*Die Vögel fliegen leichter um mich her.*
*Die fremden Hunde wissen: das ist der.*
*Nur einzig meine Mutter kennt es nicht,*
*mein langsam mehr gewordenes Gesicht.*

*Von ihr zu mir war nie ein warmer Wind.*
*Sie lebt nicht dorten, wo die Lüfte sind.*
*Sie liegt in einem hohen Herz-Verschlag und Christus*
*kommt und wäscht sie jeden Tag.«*

## Ichbildung und Realitätsbezug

Trennung zwischen Phantasie und Realität erfolgt im Hörigkeitsverhältnis höchst unvollständig. Während diese Kinder durch die Verführung sexuell und narzißtisch beschleunigt reifen, bleibt ihre Ichentwicklung zurück. (vgl. Freud, 1904, GW IV, S. 125) Sie sind im ganzen, auch in ihrem Denken, *erotisiert* (Khan, 1969, S. 40 und 56) und können nicht auf das innere Objekt, die Repräsentanz und auch nicht auf ein eigenes Bild und die entsprechende Selbstrepräsentanz Bezug nehmen, sondern sind auf die Gegenwart, die Konkretheit des äußeren Objekts, angewiesen. Sie erwerben nicht die durchgängige

Höhe eines klaren Sekundärprozesses im Denken, sie kommen nicht auf die Höhe des Symbolbegriffes und der Metaphorik. Der zweite Triebschub in der Pubertät drängt sie in die Trennung von diesem sie bestätigenden Primärobjekt. Die Schwierigkeiten werden in der Pubertät offenkundiger, weil ihre Mütter vor der für sie nun eindeutig aufkeimenden Sexualität zurückschrecken, die endgültig Trennung fordert. In der Situation des ersten Machens, bei der analen Trennung, verfällt das Ich des Kindes, weil es sich nicht selbst überlassen wird, einem für seine Zukunft folgenschweren *Trugschluß*. Es ist die Geburtsstunde seiner es später beherrschenden Verkennungen beziehungsweise Illusionen. Erst nach dem Vertrautwerden mit eigenem Machen und Gemachten, dem Produkt, wendet sich das Kind zurück an die Mutter, um es ihr zu zeigen. Sie wird sozusagen über dem eigengeschaffenen Objekt wiedergefunden. In den beschriebenen Beispielen symbiotischer Omnipotenz kommt die Mutter dieser Rückwendung des Kindes zu ihr zuvor. Das Kind lernt nicht, das von ihm Gemachte, das nun sich im Außen befindende und aus seiner inneren Vorstellung geschaffene Objekt, der eigenen Fähigkeit zuzuschreiben. Es erfährt nicht die Verwunderung und Freude über seine Fähigkeit zu schaffen, Affekte und Erfahrung, die der Stärkung seiner Selbstrepräsentanz zufließen. Statt dessen greift es nach dem sich im Außen bereits anbietenden beziehungsweise anbiedernden alten Primärobjekt der Mutter, ohne zwischenzeitlich während seines erprobenden, eine Progression beinhaltenden Handelns die Erfahrung mit den inneren Objekten, der Selbstrepräsentanz und der Repräsentanz der dem handelnden Kind innerlich zuschauenden Mutter, aufzunehmen, den inneren Dialog abzuwarten beziehungsweise zu erleben. Das vorzeitige Entgegenkommen ist im wörtlichen Sinne die Ver-Führung der Mutter, die dem Ich des Kindes eigenes Tun und Finden verwehrt, es damit schwächt und einschränkt, was vom Kind später als Leere empfunden wird. Ohne spätere analytische Korrektur verfehlt das Kind *sein Leben lang* sein wirkliches Ziel. Es ergreift vorzeitig etwas Falsches und glaubt, daran sein Ziel zu konkretisieren. Das gilt für die gesamte geistig-emotionale Entwicklung, die die eigentliche Höhe des Sekundärprozesses und die Symbolisierung nicht erreicht. Die Mutter, die das Recht des Kindes auf seine eigene Entwicklung mißachtet, entfremdet das Kind sich selbst. Es handelt sich dabei um eine Grenzüberschreitung der Mutter, und das korrumpierende Überich findet sich später im Kind, das sich damit wiederum identifiziert. Dadurch wird zwar Angst vermieden, doch der rasch mögliche *Rückgriff* auf das alte äußere Primärobjekt ist ein *Fehlgriff*, der eine *Regression* darstellt. Wenn man die orale Entwicklungsstufe nicht in sich unterteilt, ist es zwischen der oralen und analen Stufe die überhaupt erste mögliche Triebregression. »Die Angst der Kinder ist ursprünglich nichts anderes als der Ausdruck dafür, daß sie die geliebte Person vermissen.« (Freud, 1904, GW V, S. 125) Durch die verwöhnende Hilfestellung wird die Angst nicht überwunden. In die Spannung, etwas zu schaffen, schiebt sich die Mutter als das quasi konkrete Ziel ein. Diese Anbiederung hindert das Kind, seine inneren Objekte zu erfahren und sein daraus abgeleitetes Vermögen zu versuchen.

Der Weg zwischen Triebquelle und Befriedigung, auf dem der Trieb Modifikationen bis hin zur Sublimierung durch das Ich erfährt, die Erfahrensstrecke für das lernende Ich, wird verkürzt. Die Triebbefriedigung wird vorzeitig erreicht und erfolgt zugleich mit dem Objekt, das jetzt eine Bedingung als Objekt hat: Es muß entgegenkommen. Das kürzt einmal die Erfahrung über das eigene Tun und Befinden auf dem Wege dorthin und ein andermal die Erfahrung der Qualität des Triebziels ein. Als vorzeitige Triebbefriedigung muß sie eine veränderte sein. In der Angst, das Triebziel nicht zu erreichen, *bemächtigt* sich das Kind infolgedessen seinerseits der Mutter. Das aber muß den Irrtum konstatieren, daß sie das selbst geschaffene – im Sinne von gefunden – und damit auch durch ihn nun verfügbare Objekt sei, das sonst erst später oder in der Sublimationslinie beispielsweise der Teddybär als Übergangsobjekt ist. Die Mutter und ihre späteren Nachfolger erhalten dann den Charakter des Übergangsobjekts, beziehungsweise sie behält den ursprünglichen Charakter des Primärobjekts und wird nicht zum eigentlichen Objekt, weil der Trennungsschritt mit der Wiederfindung aufgehoben wurde. Das Primärobjekt kennzeichnet sich dadurch, daß es da ist oder da sein muß. Ist es nicht da, muß es dazu gezwungen werden. Während in der oralen Phase Es-Wünsche vorwiegend direkt befriedigt werden, finden in der

**Fig. 1:** Trennung und Individuierung gegenüber der Wiederherstellung der omnipotenten Symbiose

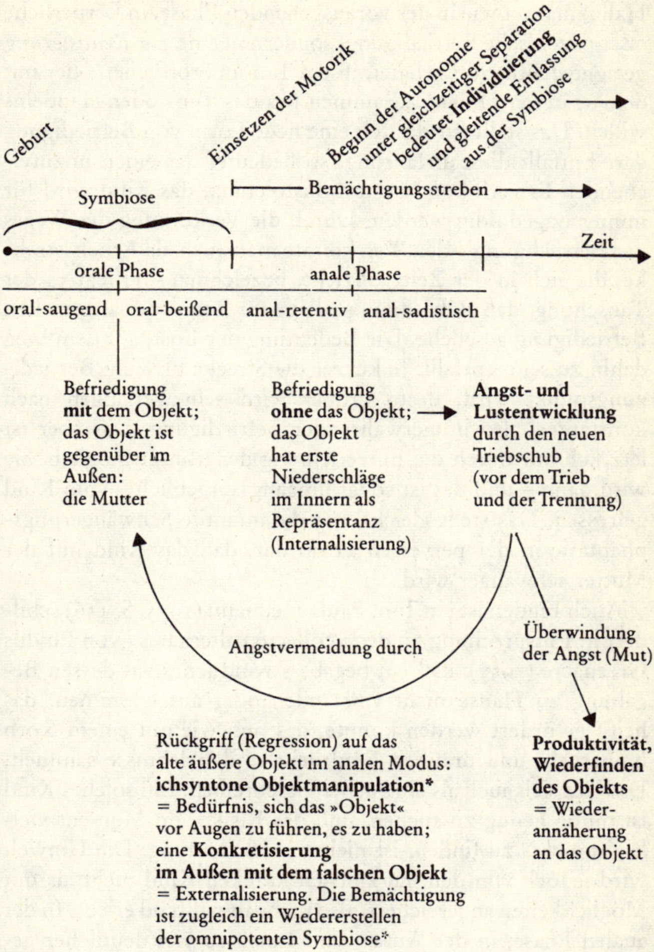


* Folgen des Rückgriffs: Entfall des Findens des Übergangsobjektes, Mutter wird zum immerwährenden Übergangsobjekt; Entfall des eigenen Spiels; Verkennen im Denken, weil die konkrete Mutter im Außen nicht vom Kind in der analen Phase als ein getrenntes, gegenüberstehendes Objekt wiedergefunden wurde.

analen Phase Es-Wünsche ausgeprägteren Anschluß an Handlungsintentionen und werden oft nicht direkt, auch nicht durch Halluzination wie in der vorausgehenden Phase, in körperliche oder psychische Befriedigung, sondern in eine zur *Realisierung* geeignete Situation geleitet, in ein Tun im Stofflichen oder mit dem späteren Objekt zusammen um des Tuns oder Handelns willen. Das stellt für das Ich eine neue Form von Befriedigung dar. Entfällt diese Erfahrung, so bedeutet das einen unzureichenden Erwerb von Frustrationstoleranz, das Kind wird für immer ungeduldig werden. Durch die Verkürzung des Weges zur Befriedigung – den Weg könnte man auch als Arbeitsstrekke, die sich in der Zeit vollzieht, bezeichnen – erliegt es der Täuschung, daß Befriedigung allein am Punkt der angezielten Befriedigung geschehe. Die Bedeutung der Lust, auf dem Weg dahin zu sein, entfällt. Je kürzer die Strecke bis zum Befriedigungspunkt wird, desto größer wird sein Verlangen nach konstanter, also immerwährender Befriedigung. Das aber ist letztlich nur durch die Einverleibung der Mutter möglich. Sie wird dann – und das ist sogar umgangssprachlich – vom Kind gefressen. Das stellt gleichzeitig die infantile Schwängerungsphantasie in der perversen Form dar, daß das Kind mit der Mutter schwanger wird.

Auch Finden ist ein Tun. Paula Heimann (1975, S. 156) schildert in Entsprechung zu den »collected alternates« von Phyllis Greenacre (1957), daß ein begabtes Kind jenes ist, dessen Begabung zu Hause nicht verstanden oder aufgenommen, das heißt gefördert werden konnte, das nun wie mit einem Korb umhergeht und draußen Eindrücke und Erlebnisse sammelt. Das läßt sich auch als ein Suchen beschreiben. Ein solches Kind ist mutig genug zu suchen, und das Risiko, im Moment vielleicht nichts zu finden, ist nicht von Bedeutung. Die Umwelt wird jedoch von dem narzißtisch kranken Kind nicht als mit Möglichkeiten angereichert, also nicht als nährend erlebt. In der analen Phase, in der Außen und Innen so viel deutlicher geschieden werden, tritt das synthetisierende Ich in seine Funktion. Wie bereits erwähnt, weist Lebovici im Falle der narzißtischen Entwicklung auf die mangelnde Ausbildung von Gehalten hin (vgl. 1984); die vorzeitige Befriedigung stellt eine Verwöhnung dar, die das Ich einerseits süchtig nach der Befrie-

Fig. 2: Veränderung des Triebmodells bei der Verwöhnung, eine Versagung

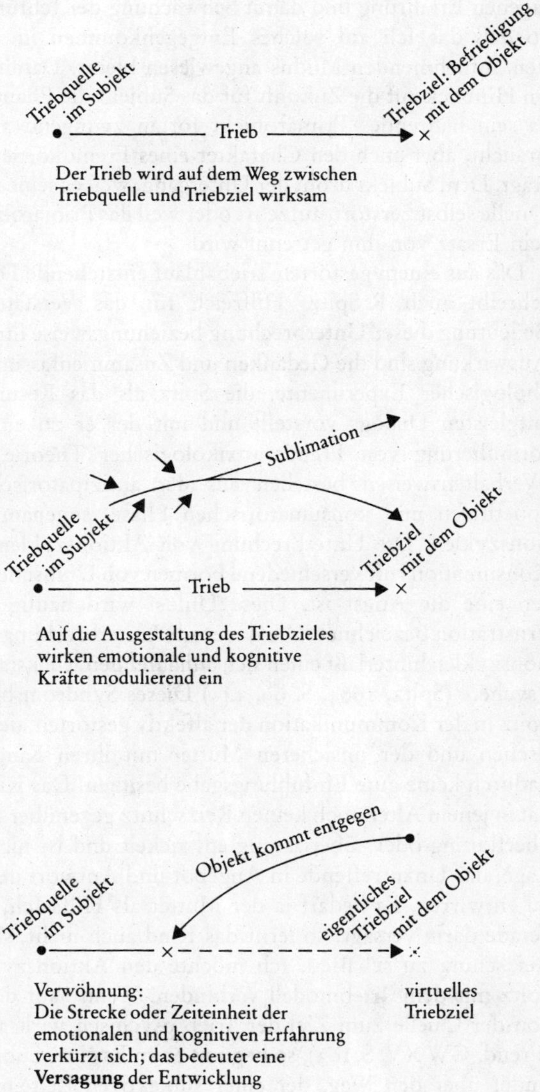

digung macht, indem sich das Ich im Modus der Aufnahme das Objekt einverleibt, andererseits bedeutet das eine Versagung der eigenen Erfahrung und damit Schwächung der Ichfunktionen, so daß das Ich auf solches Entgegenkommen im nehmenden/aufnehmenden Modus angewiesen bleibt. Damit entsteht im Hinblick auf die Zukunft für das Subjekt die Phantasie, daß es sein nährendes Primärobjekt fortan zwingend als Vorrat braucht, aber auch den Charakter eines Fremdkörpers in sich trägt. Dem Subjekt droht der Untergang, weil es seine nährende Quelle selbst zerstört, aufzehrt oder weil das Primärobjekt oder sein Ersatz von ihm getrennt wird.

Das aus einem gestörten Triebablauf entstehende Defizit beschreibt auch R. Spitz. Hilfreich für das Verständnis der Bedeutung dieser Unterbrechung beziehungsweise ihre spätere Auswirkung sind die Gedanken und Zusammenfassungen psychologischer Experimente, die Spitz als das Resultat eines entgleisten Dialogs vorstellt und mit der er zu einer Neuformulierung von Freuds toxikologischer Theorie kommt. »Verhaltensweisen bestehen aus der antizipatorischen, der appetitiven und konsumatorischen Phase, sogenannten Aktionszyklen. Die Unterbrechung von Aktionszyklen vor der Konsumation ruft verschiedene Formen von Unlust hervor, deren eine die Angst ist. Diese Unlust wird häufig auch als Frustration bezeichnet. Die dauernde Unterbrechung von Aktionszyklen hinterläßt einen sich anhäufenden Rückstand in der Psyche.« (Spitz, 1964, S. 99, 143) Dieses Syndrom beschreibt Spitz in der Kommunikation der affektiv gestörten, der narzißtischen und der unsicheren Mütter mit ihren Kindern, die dadurch keine gute Einfühlungsgabe besitzen. Das Kind selbst hat in jenem Alter noch keinen Reizschutz gegenüber der Reizüberflutung oder -überlastung entwickelt und ist nicht in der Lage, das Unzutreffende in Angebot und Antwort der Mutter zu entwirren. Es bedarf ja der Mutter als Hilfs-Ich, die aber gerade darin versagt; so lernt das Kind auch nicht, sich einen Reizschutz zu schaffen. Ich möchte den Aktionszyklus von Spitz mit dem Triebmodell verbinden. Wenn »auf dem Wege von der Quelle zum Ziel der Trieb psychisch wirksam wird« (Freud, GW XV, S. 103), so beginnt er im Es eines Subjekts und findet über den Weg, der einer subjektiven Zeiteinheit ent-

**Fig. 3:** Ausbildung eines parasitären Verhältnisses zwischen Mutter und Kind (Zerstörung der Beziehung zwischen Objekt und Subjekt)

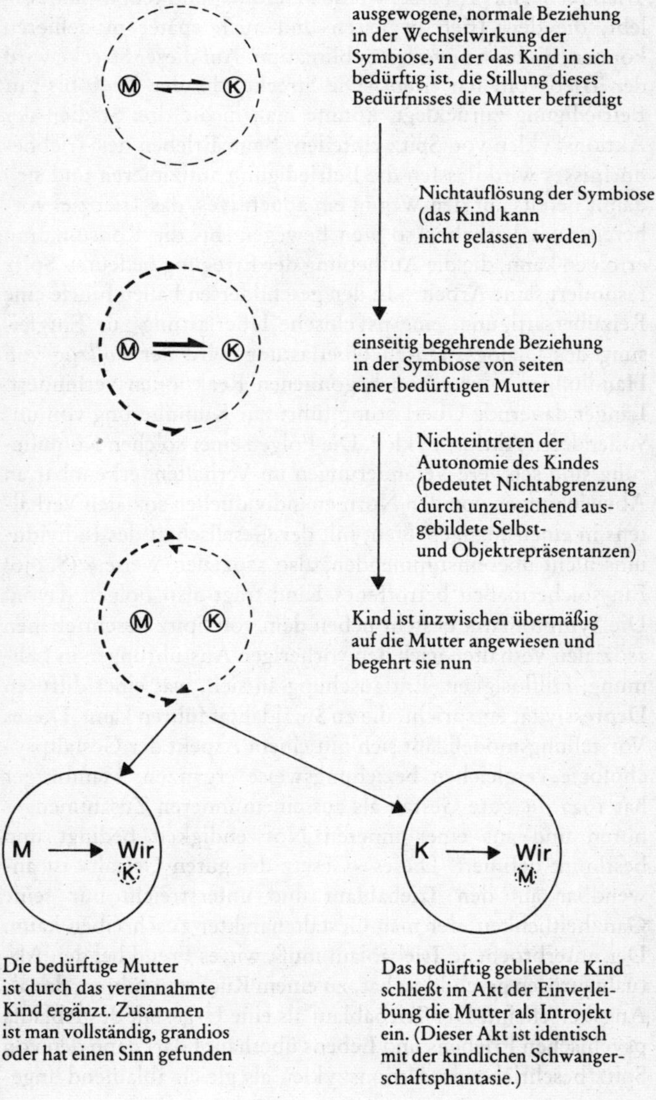

spricht, das Objekt, an oder mit dem es den Trieb befriedigt. Dabei verzehrt sich der Trieb. Auf dieser Strecke zwischen Triebquelle und Triebziel werden Gefühls- und Ichzustände erlebt, die den Trieb begleiten und auch später modellieren können, bis hin zur vollen Sublimation. Auf dieser Strecke wird der Trieb vom Ich erlebt. Die Strecke, die der Trieb bis zur Befriedigung zurücklegt, könnte man in die drei Stadien der Aktionszyklen von Spitz einteilen. Beim Erleben des Triebbedürfnisses wird das Ich die Befriedigung antizipieren und sich damit bereits auf den Weg in ein appetitives, das Triebziel vorbereitendes Verhalten so weit bewegen, bis die Konsumation erfolgen kann, die die Aufhebung der Erregung bedeutet. Spitz resümiert seine Arbeit: »In den geschilderten Fällen führte eine Reizübersättigung, eine psychische Überlastung zur Entgleisung des Dialogs. Durch Überlastung wird der *Vollzug* von Handlungen oder schon begonnenen Reaktionen verhindert. Länger dauernde Überlastung führt zur Kumulierung von unvollendeten Aktionszyklen. Die Folgen einer solchen Kumulierung sind schwere Veränderungen im Verhalten, erkennbar an Abweichungen von den Normen individuellen sozialen Verhaltens in einer unangepaßten, mit der Gesellschaft des Individuums nicht übereinstimmenden, also asozialen Weise.« (S. 156) Ein solchermaßen betroffenes Kind trägt also Folgen davon. Die Symptomatik besteht neben dem von Spitz beschriebenen asozialen Verhalten nach den vorherigen Ausführungen in Lähmung, Hilflosigkeit, Enttäuschung an sich, was einer diffusen Depressivität entspricht, die zu Suizidalität führen kann. Dieses Vorstellungsmodell läßt sich mit einem Aspekt der Gestaltpsychologie vergleichen beziehungsweise ergänzen. Hamburger hat 1927 die gute Gestalt als aus einem inneren Zusammengehören und aus einer inneren Notwendigkeit bedingt und bestimmt definiert. Dieses »Gesetz der guten Gestalt« ist anwendbar auf den Triebablauf und unterstreicht nur seine Ganzheitlichkeit, der man Gestaltcharakter zuschreiben kann. Der unterbrochene Triebablauf muß, wie es Freud bei den Aktualneurosen geschildert hat, zu einem Rückstau führen, der als Angst erscheint. Der Triebablauf als eine Urgestalt des Ablaufs psychischen Erlebens und Lebens überhaupt darf dann den von Spitz beschriebenen Aktionszyklen als gleich ablaufend angesehen werden, in all den Varianten, in denen der Mensch einen Reiz, welcher von innen oder außen kommt, bis hin zum sprachlichen Reiz, mit seinem Ich beantwortet. Wenn dieser Ablauf verkürzt, unterbrochen wird, *lernt das Kind geradezu die schlechte Gestalt zu erdulden.*

Mit dem Rückgriff beziehungsweise Fehlgriff auf das Primärobjekt wird folglich die ehemals notwendige symbiotische Omnipotenz wiederhergestellt. Indem es auf die Mutter zurückgreift, bemächtigt sich ihrer das Kind nun seinerseits. Das kreative Handeln des Kindes, das sich in dieser Phase – außerhalb der alten Symbiose – ereignet und fortgesetzt werden sollte, entfällt. Die Entstehung eines inneren freien Raumes für das eigene Spiel und Tun wird verhindert. Da das Kind in dieser Weise daran gewöhnt wird, rasch zu bekommen, *befriedigt zu werden anstatt Befriedigung zu finden*, kommt es niemals zu der notwendigen Gelassenheit im Umgang mit sich und den Dingen und Objekten außerhalb seiner selbst. Das präambivalente Ich bleibt an die Sachvorstellung beziehungsweise Sachverhältnisse gebunden. Es kann nicht von sich sprechen, wer es ist, sondern nur in der Form von dem, was es hat. Der innere Blick, die Perspektive auf sein Ich, wurde in der Entwicklung übergangen. Es *verkennt* das alte Primärobjekt als das neue Objekt, das es an sich hätte schaffen beziehungsweise finden müssen, was über die anale Phase hinaus quasi Entwicklungsauftrag ist. Die Realität, die es ergreift, ist nicht realistisch. Dieses *Verkennen* ist ein noch wesentlich schwerwiegenderer Vorgang als der der Verleugnung, für den schon gilt, was Edith Jacobsen sagt, daß er die Denkvorgänge, das logische Denken wie die Realitätsprüfung und die Anerkennung der »Wahrheit«, noch schwerer stört als die Verdrängung (1957, S. 162). Bei der Verleugnung ist die affektive Besetzung des Verleugneten noch beweglicher und bewußtseinsnäher, während die *Verkennung* durch die mit ihr verbundene, zuerst durch das Primärobjekt erfolgende, also glaubwürdige *Deklaration* oder *Behauptung*, es sei so, eine verfestigend wirkende Gegenbesetzung im Außen erfährt. Im ganzen bleibt das Ich eingeschränkt, weil die Ichfunktionen für den Dienst der Herstellung und Verteidigung seines abhängigen Zustandes benötigt werden, der später nicht einmal als solcher erkannt werden darf. Diese Defensive kann in der Rationalisierung des Begehrens und ihrer Schuldlosigkeit geradezu eine Perfektion erlangen, während die innewohnende Abhängigkeit total verneint wird. Die Ichschwäche bedingt folglich eine Leistungsschwäche, die um so mehr verborgen werden muß, je älter der Patient wird. Ohne Frustrationstoleranz kann das Ich nicht arbeiten; denn Arbeiten erfordert Geduld und Hingabe. Die Ichverarmung ist fortschreitend, weil sich nichts an sich verwirklicht und angeeignetes Wissen für die behauptete Abgrenzung in rationalisierender Weise gebraucht wird. Bei der Betrachtung der Triebentwicklung hatte ich auf das mangelnde Erlernen und Probieren von Variationen hingewiesen. Damit ist die Erfahrung von eigenen und außengesetzten oder im Außen bestehenden Grenzen innig verbunden. Gelingt die Analyse, spürt der Patient trotz seines Rückstandes im Hinblick auf die nie zu leistende Größendimension seiner Arbeit eine Entlastung. Die Reduzierung auf ein passendes Maß erleichtert, weil alle seine Erwartungen von sich entgrenzt waren.

Zur Anschaulichkeit gebe ich zwei Beispiele, Beobachtungen aus dem Alltagsleben einer Unfallklinik und aus einer ungewöhnlichen Analysestunde mit Mutter und Kind wieder.

Die Entgrenzung der gesamten innerseelischen Struktur wird am Beispiel des unterschiedlichen Heilungsverlaufs bei verunglückten jungen männlichen und weiblichen Motorradfahrern eindrucksvoll deutlich. Martin Börner, Klaus Klemm und Brigitte Winter-Klemm beobachteten, daß weibliche Motorradfahrerinnen nach dem langen Krankenhausaufenthalt, den ein solcher Unfall mit sich bringt, ihr Leben ändern. Sie beginnen auf der Ebene der Partnerwahl und der weiteren beruflichen Ausbildung eine höchst konstruktive Linie. Im Gegensatz zu ihnen erholen sich die männlichen Verunglückten nicht. Sie rutschen in eine immer tiefere Regression, in einen totalen narzißtischen Zusammenbruch. Diesen Unterschied erkläre ich folgendermaßen: Mit dem Motorrad, einem Ersatz für die Omnipotenz verleihende archaische Mutter, mit der der Jugendliche sich verschmolzen fühlt und die er nun für sich zu beherrschen glaubt, vermeint er, grenzenlose Kräfte zu besitzen. Er ist unfähig geblieben, die eigenen Kräfte sowie die Realität im außen einzuschätzen. Auf der archaischen Mutter

*Wolfgang Oppermann »Feuerstuhl«, 60 x 44 cm, Mischtechnik, 1974.*

reitend – was ihm aber nicht bewußt ist –, verkennt er, fühlt er sich grenzenlos. Das geschieht genau zum Zeitpunkt des Trennens von der Mutter; denn er fährt ja weg. Die Notwendigkeit, diese Mutter zur Verfügung zu haben, läßt ihn nach dem körperlichen Zusammenbruch immer verzweifelter regredieren. Die Chirurgen beschreiben für ihre männlichen Patienten, daß sie ihr Motorrad wie eine Sexmaschine begriffen. Daß die Mädchen dagegen einen schweren Unfall anders, als eine Erfahrung nämlich, verarbeiten, kann sich nur daraus erklären, daß sie von ihrem Geschlecht her in der Liebeswahl zum Objektwechsel gezwungen sind, sie mußten die für sie einstmals omnipotente Mutter des ersten Lebensjahres verlassen und sich dem Vater als dem ersten Vertreter des anderen Geschlechts zuwenden.

Das zweite Beispiel, die Episode aus einer Analyse könnte in Anlehnung an Joyce McDougall[31] »Eine Couch für zwei« überschrieben werden. Die verheiratete Analysandin kam zu einem Erstgespräch; denn sie wünschte eine Analyse, weil sie der Mei-

31 vgl. Joyce McDougall: »Ein Körper für zwei«. Vortrag 1986 in der Psychoanalytischen Arbeitsgemeinschaft Heidelberg-Karlsruhe

nung war, sie belaste als Mutter ihre Kinder zu stark. Benjamin, ihr jüngster Sohn, war zu Beginn ihrer Analyse gerade drei Jahre und sollte in den Kintergarten. Dieser äußere Umstand sollte ihr zudem helfen, morgens ihre Analyse einzurichten. Daß Benjamin in den Kindergarten ging, wurde schwieriger als erwartet. Die Kindergärtnerin räumte ihm Zeit für die Umstellung und Eingewöhnung ein. Als er einmal nicht dorthin gehen wollte, brachte ihn seine Mutter einfach zur Analysestunde mit. Weder Papier und Buntstifte noch Bilderbücher konnten ihn bewegen, etwas zu tun. Er saß blaß, mit großen aufmerksamen Augen, dicht an die Mutter angelehnt, die sich auf die Couch gesetzt hatte. Einen Stofftiger hatte er mitgebracht. Die ganze Stunde lang hielt er sich am Schwanz dieses Tigers fest, rührte sich nicht und sagte kein Wort, beobachtete aber alles. Monate später kam er wieder mit. Die Turnhalle, in der die Kinder an jenem Tag hätten sein sollen, war angeblich geschlossen. Für die Analysestunde wäre es zu spät geworden – so die Mutter –, hätte sie Benjamin noch zum Kindergarten gebracht. Er blieb wieder so bei seiner Mutter, wie ich es schon kannte. Einmal unterbrach er mit einer Handlung sein Schweigen; er holte aus seiner Kindergartentasche seine kleinen Turnschuhe hervor und zeigte sie mir wortlos. Aus den herbeigeholten Büchern, Grimms Märchen und »Max und Moritz«, las die Mutter ihm Geschichten vor. Ich interpretierte am folgenden Tag ihre Wahl, als sie allein zur Analyse kam. Wenige Tage später, rief die Mutter am frühen Morgen an, ob sie Benjamin heute wieder mitbringen dürfe, was ich bejahte. Ich richtete wieder Papier und Buntstifte, ein Tier und zwei Bücher her. Diesmal griff ich Beatrix Potters »Tom Kitten«, eine Katzengeschichte, heraus. Auch dieses Mal ließ sich Benjamin stumm den Anorak ausziehen, und geradezu stur setzte er sich, irgendwie aber vertrauter mit allem, neben seine Mutter. Sie nahm erfreut das kleine Buch und begann schließlich, ihm vorzulesen, wie Tom Kitten morgens gewaschen, gebürstet und gekämmt wurde. Ganz sichtbar wurde Benjamin durch diese Geschichte gefesselt. Das war seine Welt. Tom Kitten war einer wie er. Dann folgte, daß Tom Kitten Jacke und Hose angezogen wurde, und ein Knopf platzte noch ab, weil die Sachen für Tom Kitten zu eng waren. Während die Mutter weiter vorlas, wie sich Tom Kittens Katzenmutter befleißigte, diesen Knopf wieder anzunähen, rutschte Benjamin von der Couch und bekam ein nachdenkliches, ernsthaftes Gesicht. Argwohn stand auf seiner Stirn, und er sagte seinen ersten Satz bei mir: »Aber Katzen ziehen doch keine Kleider an.« Indem er sich aller Sicherheiten begab, wandte er sich von seiner weiter vorlesenden Mutter ab. Er bewegte sich erstmals eigenständig im Analysezimmer, ging an die Terrassentüre, sah nach draußen und entdeckte die Fische im Teich. Seine Entdeckung bemerkte er mit dem Satz: »Da sind Fische.« Er ging auf den kleinen Tisch zu, auf dem das Papier und die Buntstifte lagen, und begann zu malen: Er malte drei unterschiedlich große Sterne. Er hatte noch nie in seinem Leben gemalt, sagte mir die Mutter. Er nannte mich plötzlich »Doktor Eckstaedt«, lachte mich an und sagte, ich weiß das. Mit Vergnügen rollte er sich dann über den Boden des Analysezimmers. Die Sache ging weiter. Am nächsten Tag kam die Mutter allein zur Analysestunde. Nachdem sie ihren Mantel und ihre Tasche in der Garderobe abgelegt hatte, wandte sie sich mir zu und sagte mir strahlend, daß sie heute erstmals allein zu mir mit dem Auto gefahren sei. Sie könne sich aus dem Wasser ziehen, so naß sei sie, auch verspätet. Sie habe nicht gewußt, daß sie soviel mehr Zeit als ein Taxi brauche; denn in ihrer Neurose war sie bisher darauf angewiesen, ein Taxi zu benutzen.

Das, was für die sehr eigenkritische Mutter Anlaß gewesen war, eine Analyse für sich zu suchen, die Kinder zu sehr zu belasten, war in der Analyse zur Darstellung gekommen. Das Kind mußte sehr wohl wissen, was es mit »der Analyse« seiner Mutter auf sich hatte. An jenem Abend, so erzählte die Mutter später, als ich ihr die Geschichte von ihr, Benjamin und seiner Bemerkung zu Tom Kitten deutete, habe er abends zu seinem älteren Bruder gesagt: »Ich habe auf dem Arbeitsbett gesessen.« Benjamin und seine Mutter hatten mir gezeigt und mir zu verstehen gegeben, wie sehr Benjamin ängstlich an seiner Mutter hing. Aber sie brauchte ihn genauso. Sie konnte auf ihn schauen und sich mit ihm bewegen, für ihn dasein; denn sie hatte Angst, sich eigenständig weiter fortzubewegen. Das nahm auch ihr den Freiraum, nicht nur in der Analysestunde, die so mit Benjamin keine Stunde für einen Erwachsenen mehr sein konnte, auch fahren konnte sie mit dem an ihr klebenden Kind nicht.

Benjamin konnte in der Stunde mit Hilfe der Anwesenheit des Dritten etwas zurückweisen. Dazu mußte er nachgedacht haben. Das war deutlich an seinem plötzlich stutzenden Gesicht abzulesen. Mit seinem Kommentar »Aber Katzen ziehen doch keine Kleider an« hatte er Fremdes, das nicht zu der Katze paßte, zurückgewiesen und gleichzeitig für sich gesprochen; denn er war unmittelbar darauf frei, um das zu entdecken, was für ein Kind, vielleicht sogar in Identifikation mit einem Katzenkind, interessant ist – die Fische. Er malte sein erstes Bild, drei Sterne – die Anwesenden im Raum vielleicht –, auch konnte er seine Beweglichkeit genießen, tollte und freute sich, das mir zu zeigen; denn er ließ mich nicht aus seinem Blickfeld. Ich ahnte noch nicht, daß die Mutter am nächsten Tag ihre Phobie – sie war seit mindestens einem halben Jahr immer wieder Thema in der Analyse – überwinden konnte, um *allein* zu mir kommen zu können. Sowohl das Ich der Mutter als auch des Kindes hatte einen größeren Spielraum gewonnen, hatte sich auf ein höheres Organisationsniveau begeben und die eigentlichen Fähigkeiten nützen können.

In dem 1985 bekannt gewordenen Manuskript »Übersicht der Übertragungsneurosen«, der »Zwölften metapsychologischen Abhandlung«, findet meine Ableitung für die Entwicklung und Struktur narzißtischer Neurosen eine überraschende Bestätigung. Freud bemüht sich neben den Übertragungsneurosen auch um den theoretischen Ansatz narzißtischer Neurosen. Er stellt die übliche Übertragung der verschiedenen Neurosen dar und hebt sie schließlich von der der narzißtischen Neurosen ab. Für letztere werden Hinweise gegeben. Daraus greife ich folgenden Satz heraus: »Die narzißtischen Neurosen aber gehen auf Phasen vor Objektfindung zurück.« (S. 32 und S. 72) Meine Herleitung belegt diese Hypothese. Einen weiteren, mir wichtig erscheinenden Satz in dieser immer nur angedeuteten Gegenüberstellung von Übertragungsneurosen und narzißtischen Neurosen hat Freud durchgestrichen. Ich zitiere diesen Satz mit der Streichung: »Der wichtigste unterscheidende Charakter der Übertragungsneurosen konnte in dieser Übersicht ohnedies nicht gewürdigt werden, weil er ihnen ja gemeinsam nicht auffällt und erst bei Herbeiziehung der narzißtischen Neurosen durch Kontrast auffallen würde. [Hier folgen im Manuskript (Blatt 8, Z. 18-20) zwei durchgestrichene Satzteile: ›Er liegt in der Festhaltung des Objekts. Verhältnis des Ich zum Objekt.‹] Bei dieser Vergrößerung des Horizontes würde Verhältnis von Ich zu Objekt [in den] Vordergrund rükken und Festhaltung des Objekts sich als gemeinsam Unterscheidendes ergeben. Gewisse Vorbereitung hier gestattet.« (S. 28 und S. 71)

Es bleibt einem Kind, dem solches geschehen ist, nur, sich in all den Versionen – Inkorporation, Introjektion, Imitation und Identifizierung – mit dem zu identifizieren, was die Eltern ihm vorleben: Mittel und Ziele tragen Extremcharakter. Das Besondere zu sein, wozu letztlich auch Schwäche rechnen kann, ich verweise auf die Großartigkeit im Opfer, den Märtyrer, bedeutet ein Extrem. Aber auch das Mittel, um dorthin zu gelangen, ist extrem; denn es geschieht durch *Bemächtigung*, was Übergriff, Dominanz und Enteignung bedeutet. Nicht nur in dieser Einstellung bei weiteren Objektbeziehungen, die im Grunde keine eigentlichen Objektbeziehungen sind und nur Wiederauflagen der Konstellation Subjekt und versorgendes Primärobjekt – denn die duale Beziehung ist nicht erstellt –, sondern auch in der Einstellung zur Realität macht sich ein Mangel bemerkbar: Die Einschätzung der äußeren wie inneren Realität und der Bezug zu dieser jeweiligen Realität sind mit betroffen und entwickeln sich nicht adäquat. Die gebremste und weitgehend fehlende Autonomie, das heißt fehlende Entwicklung von neutralisierten Ichfunktionen, wird durch das schon erwähnte Defensivverhalten, das sich im *zwingenden Begehren* gegenüber anderen ausdrückt, im Sinne von Arbeitsübernahme, Sinnübernahme, Leben überhaupt, oder der Verteidigung einer falschen Trennung als Abgrenzung kompensiert. So entstehen *polare Identitäten*, in denen extrem passive und defensiv aktive Haltungen nebeneinander ebenso in einem existieren, was ihnen einen teils übersteigerten, zwiespältigen, verzerrten und auch erstarrten Charakter gibt. Diese Kinder werden zu Opfern und Tätern in einem, sie sind Kind und introjizierter oder identifizierter Elternteil. Eine solche Identifizierung verleiht ihnen eine scheinbare, also inzestuöse Ödipalität. Durch den diskontinuierlich vertretenen Realitätseinspruch aus ihrem mangelhaft ausgebildeten Überich heraus wird diese Aufspaltung der Identität nur gefördert. Sie entbehren auf diese Weise der Konstanz ihres Ichs. Der Einriß in ihrem Ich programmiert ein Umschlagen voraus. So halten sie die Angst der Individuation mit ihrem Risiko nicht aus, die Anstrengung und Eigenverantwortung herausfordert. Die Annahme des Wunsches der Mutter, die Willfährigkeit des Kindes, führt zu dem, was Winnicott das »falsche Selbst« genannt hat: Im Fall der Akzeptanz erscheint im »falschen Selbst« wie eine Diaphanie der Wunsch, sei er ein positiver oder negativer des Primärobjekts. In Benjamins Analysestunde vollzog sich eine *Wendung*, von der Gefahr, in ein »falsches Selbst« zu geraten, hin zur Eigenständigkeit. Er hörte zu, er dachte nach, er entgegnete und fand sein Tun richtig, was es auch war. Wenn seine Mutter ihn weiterhin lassen kann, kann seine Entwicklung – wie sich unmittelbar in der Stunde zeigte – weitergehen. Benjamin erhob Einspruch, noch jenseits jeden Trotzes, er hatte nachgedacht und gesehen, daß etwas nicht stimmte. Das Kind hat seinem Entwicklungsdrang entsprechend die Lust, die Welt und ihre Dinge zu erobern. Wenn die Mutter es nicht läßt, kann es sich gegen das Festgehaltenwerden wehren. Es gibt dann eine Form des »falschen Selbst«, die abwehrend wird. Im »falschen Selbst« erscheint dann inhaltlich das Gegenstück zu dem, was das Primärobjekt auf das Kind abschieben wollte. Der Anti-Entwurf ist in Reaktion auf den Wunsch oder die Ablehnung der Primärobjekte entstanden. Theoretisch gesehen gibt es vier Formen des »falschen Selbst«: akzeptiert und abwehrend und beide wieder ausgerichtet nach dem libidinösen oder aggressiven Wunsch, den Primärobjekte auf ein Kind abschoben. Das begabte Kind ist dabei möglicherweise das, das sich wehrt, ununterbrochen die negative Bürde zu tragen, es leidet zwar unter mangelnder Anerkennung durch seine Primärobjekte, aber ist um so bemühter zu suchen und zu finden. Dafür ist es dankbar; denn ihm ist Bekommen nicht selbstverständlich.

Die Realitätseinschätzung ist vor dem Prozeß der Separation eine andere, weil gerade nach dem Akt der Trennung die Getrenntheit die Realität in ihrer wirklichen Konsequenz einführt. Die Begegnung des in dieser Weise nicht gereiften Menschen mit der Gesellschaft muß deshalb zu Widersprüchen führen, weil nicht an einer Realität als einem Boden für eine verbindliche

Interpretation festgehalten wird, die nur die nach dem Trennungsakt sein kann. Nachvollziehen läßt sich das beispielsweise an einer *bekenntnishaften Deklaration*, die etwa von 1979 bis 1982 in der Frankfurter Innenstadt an eine Mauer gespritzt zu lesen war: *»Knast gleich Mord.«* Für die Existenz eines Staates stellt die Rechtsgrundlage seine *Realität* und seine *Eindeutigkeit* dar. In einem Rechtsstaat ist es festgelegt, welche straffälligen Vergehen mit einer Gefängnisstrafe gesühnt werden. In dem Ausspruch ist nun erkenntlich, daß diese Realität nicht mehr von allen Bürgern geteilt wird, sondern daß für die Schreiber eine andere Realität bestehen muß. Wer jemanden bestraft, ist schlimmer als der Täter, er wird sogar zum Mörder. Niemand will Mörder sein. Offenbar besteht darüber ein Konsens, daß das das Schlimmste ist. Die Beurteilung, Knast gleich Mord, verlangt aber eine andere Realität, in der bestimmte Gesetze aufgehoben sind und Straffreiheit herrscht. Wenn man diesen Anspruch der Deklaration jedoch auf einer früheren Entwicklungsebene interpretiert, bekommt die Deklaration im Zusammenhang mit dem bisher Dargestellten einen überraschend neuen Charakter: Wenn jemand einen Menschen in die Einsamkeit des Gefängnisses schickt und ihn damit aus dem Kreise dessen oder derer herauslöst, mit denen er zuvor gemeinsam lebte beziehungsweise auf die er existentiell angewiesen war, ist er ein Mörder, er vernichtet eine Existenz. Und zwar ist er deshalb ein Mörder, weil der zu Bestrafende nicht allein leben kann, das heißt sterben muß; denn er braucht die für ihn lebenserhaltende Objektbeziehung zum anderen im Sinne der symbiotischen Omnipotenz. Von dieser Sicht her wird die Deklaration und ihre Auffassung zugänglich. Wird noch völlig jenseits von Schuldfähigkeit über einen solchen Menschen die Strafe der Isolierung verhängt, wird ihm mit »Knast« die Lebensgrundlage genommen. Aus der Sicht dieses Menschen wird der Strafende zum Mörder.

## Das Objekt als »Freund« in der omnipotenten Objektbeziehung

In der Angewiesenheit auf ein Objekt suchen und verführen solchermaßen geschädigte und nicht in die Dualität eingetretene Menschen solche zu Ergänzungspartnern, mit denen sich der verheißene Idealzustand zu verbinden scheint. Der andere soll bestätigen, bewundern, beruhigen und in allem dienlich sein und die Ansprüchlichkeit des Analysanden erfüllen, kurz, der Patient will als Besonderer behandelt werden und wird in der Regel überall zum Sonderfall. Das geschieht, indem der andere zum »Freund« gemacht wird, das heißt aus seiner Position auf eine *gleiche Position* gezogen wird. In Wirklichkeit wird er entwertet. Dem anderen wird geschmeichelt. Die – womöglich wortlose – Annahme bedeutet Verführtwerden, zumeist unter einer Blendung. Der Analytiker reagiert mit einer ihm wie jedem anderen und ja auch dem Patienten innewohnenden, für die Verführung empfänglichen Seite, die Kernberg (1987) eine konkordante Seite im Analytiker nennt. Sie stellt das Drehmoment für die Amplifikation, also Erweiterung des Konflikts in die Welt beziehungsweise Realität dar, zu der der andere, der Analytiker, gehört.[32] Immer handelt es sich darum, daß dem anderen die Welt, der er zugehörig ist, die er in ihrer Realität vertritt und vertreten muß, die trianguliert ist, *nicht gelassen* werden kann. Er wird herausgelöst in die Welt der Aufhebung der Gegensätze, die symbiotisch omnipotente Welt. Für den Analytiker bedeutet das, von seinem Platz aus seiner Position gerückt zu werden. In der Übertragungs-Gegenübertragungssituation wird der Analytiker mit seiner Verfügbarkeit zu einem Teil des Patienten. Er ersetzt eine Seite im bipolaren Selbst. Das manipulierende Verhalten im Zuge solcher Objekteinverleibung erscheint dem Patienten selbstverständlich, weil es für ihn lebensnotwendig ist, und hat für ihn als Verhalten daher auch keinen Symptomcharakter, ist *ichsynton*. Der kontemplative Charakter der Analyse ist ihm völlig fremd, weil er das »ich bin« noch nicht gefunden hat und deshalb auch nicht sehen kann, wie er ist.

32 Kernberg zeigt die Wichtigkeit der Dynamik dieses Moments für die Einbeziehung einer Station bis hin zur gesamten Klinik in Fällen von Patienten mit projektiver Identifizierung auf. (Vortrag 19.9.1987 in Bad Berleburg)

Entsprechend beschreibt Limentani (1972) diese Strukturstörungen an dem Merkmal der in der Behandlung erscheinenden sogenannten ichsyntonen Übertragungsneurose, die ihre Mängel nicht sehen kann. Der Charakter der Übertragung ist hier ein anderer.[33] Ich erinnere daran, daß es der »Stillstand« der Analyse war, der die innere Dynamik der Objektbeziehung in der symbiotischen Omnipotenz diagnostizieren ließ. Um die andersartige Übertragung zu erläutern, greife ich auf einige bereits auseinandergelegte entwicklungspsychologische Momente zurück. Ich gehe davon aus, daß diese Patienten vor der Objektfindung stehen beziehungsweise sie verfehlt haben, wobei ihnen die Verfehlung nicht bewußt ist. Bei der Objektfindung fallen Sachvorstellung und Wortvorstellung als bewußte Objektvorstellung zusammen. Die Übertragung ist bei diesen narzißtischen Neurosen nicht in der Regression wiederbelebtes Abbild einer früheren konflikthaften Objektbeziehung, sondern bedeutet – wie ich in fast allen meinen Fallgeschichten beobachten konnte – die konkrete Herstellung der frühesten konflikthaften Beziehung mit dem Primärobjekt vor der nie wirklich geschehenen Separation, eine Beziehung im »Ur-Wir« mit dem Primärobjekt, die der Patient seiner psychischen Reife entsprechend gar nicht anders leisten kann, in der aber der Analytiker aufgeht. Der Analytiker wird im Hier und Jetzt genommen, um dem Leben des Patienten wie ein Wirt zu dienen. Das beinhaltet eine folgenschwere Implikation. Die Befriedigung, die sich das Ich bei seinem Weg von der Triebquelle her, vom Trieb stimuliert, am Objekt sucht, kann immer nur punktuell geschehen. Das Ich also muß ein *Maß* lernen, will es das Objekt nicht zerstören. In der Entwicklung muß das Objekt/die Mutter dies zu lernen helfen. Die versuchte *dauernde Befriedigung*, die zu einer Art *suchthafter Versicherung* wird, ist nur – wie schon ausgeführt – durch die Einverleibung des Objekts/Primärobjekts möglich, das als individuell existierendes Objekt dann aufgehoben wird. Der Vorgang der Einverleibung entspricht der kindlichen Schwängerungsphantasie als oraler Aufnahme, was Gefressenwerden bedeutet. Der neue vom Subjekt aktiv erreichte Zustand der Wiederherstellung der zwischen Geburt und Separation liegenden außerkorporalen

33 vergleiche Fußnote 11

Symbiose mit der agierten Einverleibung gleicht für das Subjekt zwar einer Schwangerschaft mit dem Objekt/Primärobjekt, doch diese Schwangerschaft hat ein umgekehrtes Vorzeichen. Das schwanger gewordene Subjekt, das seinem Entwicklungsstand gemäß den Zustand der Symbiose an sich hinter sich liegen hätte, nutzt das introjizierte ehemalige Primärobjekt, vergleichbar einem Embryo, jetzt für seine Zwecke, also sich immer noch von ihm nährend. Die umgekehrte Richtung beinhaltet die Aufzehrung dieser Situation, die falsche Wachstums- beziehungsweise Entwicklungsrichtung, die bei vorübergehender Befriedigungsmöglichkeit zwingend zu einem Ende, zum Tode beider Beteiligter führen muß. Was die Mutter einst mit dem Kind zu tun wünschte, es immerzu bei sich zu behalten, hat das Kind seinerseits durch die übergroße Verführung mit dem Primär- oder Ersatzobjekt hergestellt, und da sich sein eigentliches Leben dieses Zugriffs wegen nicht entfaltete, verkümmerte, bis dahin, daß es nicht zu sich selbst kam, verkümmern die seinerseits aufgenommenen Beziehungen, weil der andere darin verbraucht wird. Mit dieser Beschwerde kommt ein solcher Patient im übrigen häufig – nur, daß er in der auf archaischer Ebene gescheiterten Beziehung den oft von beiden Seiten hineingelegten Verbrauch nicht erkennt.

Der Patient kann also zunächst in der Analyse gut leben, er braucht den Analytiker als ein anales Objekt, das er beherrschen kann; denn nicht das Produkt, das auch in der Gemeinsamkeit neu entstehen kann, sondern die *Beherrschung ist das veränderte Triebziel*. Dennoch führt diesen Patienten ein Bedürfnis in die Analyse. Vordergründig nennt er ganz andere Symptome, die er dramatisiert. Er weiß Mitleid zu erregen, und seine oft wohlbedachte Darstellung seiner Beschwerden wie seiner Geschichte, eine Be*eindruck*ung, nimmt den Analytiker für ihn ein. Verführen, Beeindrucken, Glaubenmachen und Faszinieren stehen als Mittel in einer Reihe. Ausreden, Ausflüchte, unverhohlene Lügen, Täuschungsmanöver, Taktiken mit ungeheuerlichen Turbulenzen scheut der Patient nicht. Als Täuschung werden alle diese Mittel vom Analysanden in der Not seiner Defensive moralisch nie gewertet. Erst wenn eine wirkliche Analyse fortgeschritten ist, der Analytiker sich von der Verführung befreien konnte, keine einmalige, sondern immer wiederkehrende Notwendigkeit, wird das eigentliche Leiden des Patienten deutlich. In der Regel interpretiert der Analytiker den Begehrensdruck des Patienten als Leidensdruck fehl. Das wirkliche Leiden jedoch ist die Angst des Patienten, seines Objektes/Primärobjektes verlustig gehen zu können, der Trennung nicht gewachsen zu sein. So verfügt ein solcher Patient neben dem antisozialen Verhalten, das ihn schützen soll, über eine perfektionierte Anpassungstechnik. Beispielsweise bietet der Patient in der Analyse oft sein zuvor erworbenes »analytisches Wissen« an, beispielsweise auch sein scheinbar geradezu analytisch perfektes Verständnis seiner Geschichte, und seine Erkrankung wird durch diese Anpassung überdeckt. Auf diese Weise ist es kaum zu erkennen, daß er im eigentlichen Sinne nicht reflektieren kann. Hat der Patient für sein Erleben den notwendigen »Einfall« nicht, hält er das nicht aus und schließt diese Lücke – im Grunde eine Möglichkeit – mit einer vorgefertigten Produktion, die gut dorthin zu passen scheint. Reflexion entwickelt sich aufgrund eines Anstoßes an das Nicht-Wissen, und ihr Ergebnis kommt sozusagen in der Zukunft. Da ein solcher Patient vollkommen sein muß, kann er innerlich nicht abwarten. Statt dessen *macht* er etwas und gibt es im wörtlichen Sinne und dazu noch betont vor.[34] Deshalb entbehrt er auch des Gefühls eines eigenen Erfolges. Er lebt mit den Maximen »Alles oder Nicht«, »Entweder-Oder«. Illusorische und unechte Gefühle täuschen über die mangelnde Befriedigung hinweg. Die *Unmerklichkeit* und die *Raschheit*, mit der sich bei einer solchen Störung die wesentlichen Prozesse zwischen Subjekt und Objekt/Primärobjekt abspielen, machen es dem Analytiker schwer, die Störung richtig zu erfassen und zu beurteilen; die Raschheit deckt die Ahnung von der notwendigen Trennung und damit den Trennungsschmerz zu. Während der Analytiker noch überlegt, ist die erneute Erstellung der alten Symbiose bereits abgelaufen. Indem er das endgültigere Verstehen auf die Zukunft verschiebt, beruhigt er sich, rationalisiert er mit diesem Sich-Vertrösten. Diese wichtige Gegenübertragungsreaktion ist eventuell aus Scham entstanden, nicht so schnell verstanden zu haben oder vereinnahmt worden zu sein. Er übergeht sie damit. Wie bei dem frühen Vorbild, als die

34 Janine Chasseguet-Smirgel nennt das »fabrizieren« (1975, S. 114).

Mutter dem Finden des Eigenen zuvorkam, ist in der Überfallartigkeit eines solchen Vorgehens des Patienten bereits eine Abwehrformation, eine *Überrumpelung* enthalten. Sie gibt ihrerseits eine scheinbare Sicherheit vor, durch die der Analytiker in einen Rückstand an Übersicht über die Situation gebracht wird. Das bedeutet, daß der Patient sich libidinös nicht einlassen kann. In Wirklichkeit ist er neben der vordergründigen Freundlichkeit, ja Freundschaftlichkeit und Bereitschaft distant, um seine Wachsamkeit und Kontrolle ausüben zu können. Im gesamten Abwehrmanöver des Patienten wird solches Verhalten zu *Taktiken des Ichs*. Der Umgang mit der Realität ist aus seiner Not von Taktiken und Tricks gekennzeichnet. Er hat es nicht besser gelernt; denn anders weiß er Realität nicht zu bewältigen. *Zwischen Realität und sich selbst schaltet er das Objekt, das die Funktion des Übergangsobjektes nie mehr verliert*. Das aber läßt ein Handeln in sich unecht werden. Ursprünglichkeit und Eigenständigkeit ermangeln ihm. All sein Tun besitzt einen Notbeziehungsweise Defensivcharakter. Auch die Sprache basiert auf einer entlehnten und nicht gewachsenen Metaphorik. Das Ziel, dem die unmerklichen Verführungen wie die rasche Weichenstellung dient, ist einzig die Wiederherstellung der omnipotenten Symbiose, ein Wirt-Parasit-Verhältnis, eine *objektmanipulative Beziehung*, die das Objekt zum vorzuweisenden, gelungenen Besitz macht. In ihr soll die vermeintliche Offenheit und Unbegrenztheit der oralen Welt wiedergefunden werden. Diese aber hatte durch Realfaktoren wie Hunger und Sättigung Begrenzungen. Der narzißtische Patient lehnt das *Maß* ab, weil er es als beruhigend und zufriedenstellend nie kennengelernt hatte, und will dagegen *dauernde* Befriedigung, so wie er einstmals dazu bei seinem Primärobjekt dienen sollte.

Zu jenem Defensivcharakter gehört der *Trotz* des Patienten. Er ist eine der wichtigsten Fähigkeiten, die der Patient besitzt. Doch er nutzt ihn nicht im Sinne der Progression, sondern regressiv zur Wiederherstellung seiner neurotischen Fesselung. Er wird zwar massiv böse und aufsässig, wenn der Analytiker sein Gleichgewicht zu stören beginnt, aber diese Aufsässigkeit dreht sich um die Wiederherstellung der alten Objektbeziehungskonstellation. Trotz im Dienste der Findung des eigenen Weges ist einem solchen Patient nie eingeräumt worden. Von seinem »wahren Selbst« hat er allenfalls etwas wie eine Ahnung, er hatte nie auf sich und sein Tun sehen können und dürfen. Sein Trotz hat dennoch überlebensnotwendige Funktion, wenn der Patient ein Stück weiter zu sich findet und die falsche Beziehungsform abwehrt. Dieser Trotz entspricht in den Analysen narzißtischer Neurosen der negativ therapeutischen Reaktion, im Gegensatz zu unbewußten Schuldgefühlen bei Übertragungsneurosen. Der Patient war früher gegenüber dem einfordernden Primärobjekt zu schwach, um sich trotz der Vorstellungen der dominierenden Primärobjekte auf seinen Weg zu begeben. Möglicherweise wird er in manchen Analysen oder »Therapien« aus diesem Grunde in seiner Defensive, weil der Trotz an sich so wichtig ist, so lange belassen. Doch muß der Trotz ihm verständlich werden, und er muß ihn im Richtungswechsel auf seinem allein zu gehenden Weg wirksam werden lassen. Er muß schließlich trotz seiner Angst gehen. Seine Analyse bleibt sonst eine Als-ob-Analyse, aus der er selbst dann zu Recht nicht gehen kann.

Wenn sich die Defensive einmal erübrigt, kann der Patient vielleicht mit ähnlichen Worten sagen, was Christine Lavant formulierte:[35]

*»Seit heute, aber für immer,*
*weiß ich: Die Erde ist wirklich warm –;*
*ich gebe der Nessel den Brand zurück*
*und dem Igel die Stacheln.*

*Seit heute ist alles mein Schutzpatron*
*und die ganze Welt eine Weidenwiege,*
*darin uns der Windstoß zusammenschaukelt*
*und unsren Atem verknotet.«*

Die zweite Strophe entspricht dem noch etwas zu beflügelten neuen Gefühl angesichts eines echten Vertrauens und des »wahren Selbst«. Die Vorstellung der Realität weist neue narzißtische Dimensionen beziehungsweise Elemente auf, die nun libidinöse Tönung tragen.

35 Dieses Gedicht gab mir eine Patientin in dem Moment ihrer Analyse, als sie erstmals die chronisch verneinende Abwehrhaltung überwinden konnte.

Da für den Analytiker Unglaube und Zweifel dem Patienten gegenüber wie eine Untugend erscheinen, ist er oft unmerklich in der Gegenübertragung gehemmt, das vom Patienten vorgegebene Wissen und Erleben als echte Erfahrung in Frage zu stellen. Der Analytiker kommt bei der narzißtischen Übertragungsneurose in seinem Auftrag, auch Realität zu klären, geradezu in Beweisnot, was später dazu führt, daß das »Normale« und »Wahre« dem Analysanden geradezu zugemutet werden muß.[36] Der Analytiker spürt zwar, wie hochgradig verletzlich und sensitiv der Patient ist, doch im Glauben, es sei zu früh, und aus Angst, die Harmonie zu stören – im übrigen entgegen der Grundregel eine Befriedigung in der Analyse –, die massive Wut und Aggression des Patienten auf sich zu ziehen, hütet er sich, ihm die Auswirkung der Krankheit zu zeigen. Rationalisierend glaubt er, den Patienten erst gewinnen zu müssen, während er selbst in toto doch längst von ihm gewonnen wurde. Auf diese Weise ist er gelähmt und fühlt das auch. Die Schonung, die der Patient durch die Haltung und Lähmung des Analytikers für sich erreicht, ist der Krankheitsgewinn, den der Patient sucht. Der Patient hat den Analytiker auf Leistung eingestellt, verhält sich also parasitär. Statt der falsch verstandenen Haltung eines Wohlwollens seitens des Analytikers wäre es besser, den Patienten *ernst* zu nehmen. Dann ergäbe sich von selbst *die deutende Frage, ob der Patient das alles selber glaube*. Das beeindruckende Leiden des Patienten und die gleichfalls beeindruckende Darstellung seiner Motivation für Psychoanalyse bewirken nun im Analytiker eine *Überschätzung* des Leidens. Es wird ihm glauben gemacht, womit er gezwungen wird. Das Zwingende gibt der Darstellung, die in sich so hysterisch klingen kann, dennoch eine feine, entscheidend andere Nuance. Hannah Arendt sagt im Zusammenhang mit der Judenverfolgung, »die Tatsache, daß eine Erdichtung und Fälschung geglaubt wird, ist wichtiger als der Umstand, daß es eine Fäl-

36 Anstatt zu benennen, daß er nicht versteht – die sich selbst gegenüber träge (Joyce McDougall, 1978, S. 214) und hinausschiebend gewordene veränderte Haltung –, geht er weiter mit in die Verwirrung ein. Er wartet auf einen Punkt, der alles Material besser verständlich werden ließe, eröffnet aber mit diesem Verhalten einen circulus vitiosus, indem er die Hoffnung auf den Allwissenden, das Bild des Omnipotenten im Analytiker bestätigt. Khan spricht von der Notwendigkeit aggressiv-verstehenden Zugangs. (1969, S. 111/112)

schung ist« (1958, S. 7). Das bedeutet für den Analytiker in dieser Situation allerdings, einer Mitleidsreaktion nachgegeben zu haben. Er ist damit der unbewußten Gegenübertragung erlegen, weil der Patient die Meinung eines anderen über sich nicht duldet.[37] Das bedeutet die Vernichtung seiner analytischen Kompetenz.

## Die Vernichtung der analytischen Kompetenz

Während der Analytiker den Patienten schont und sogar entschuldigt, statt ihm etwas in seinen Grenzen Mögliches zuzumuten, was Anerkennung bedeutet, infantilisiert er ihn wie einstmals die Mutter. Das stellt eine Aktivität dar, die der Analytiker so nicht beabsichtigte. Diese indirekte Verfügbarkeit ist für den Patienten wesentlich. Hier *macht* er in seinem Sinne etwas mit dem Analytiker, der gerade darüber nichtsahnend bleibt. Die Be*eindruck*ung des Analytikers stellt sich später zu einem wesentlichen Teil als Leidseligkeit des Patienten heraus. Im Erzählen erscheint, was eigentlich nur anfänglich auffällt und ich deshalb eine *Ungehemmtheit* und eine *vorzeitige Vertrautheit* mit dem Analytiker als Person und mit seinem analytischen Denken nenne. Diese in der Analyse früh oder gleich erscheinende Ungehemmtheit und Vertrautheit ist ein Symptom. Die Hysterie und Zwangsneurose als neurotische Erkrankungen verhüllen, verdrängen, isolieren und verschieben dagegen. Der Analytiker, der die Übertragungssituation nicht erkennt, erklärt sich hier die scheinbare Vertrautheit damit, der Patient habe nur auf die Analyse gewartet, und es fällt ihm nicht auf, daß der Patient *keine Angst* hat. Er braucht sie nicht zu haben; denn er hat ja den Analytiker, mit dessen Verführung er

37 Thomas H. Ogden beschreibt, was der Analytiker dann erlebt: »Der Widerstand, der vom Therapeuten und Analytiker dagegen besteht, über diese Phänomene nachzudenken, erscheint verständlich: Wenn man sich vorstellt, daß man Gefühle erlebt und Gedanken hat (denkt), die in einem folgenreichen Sinn nicht völlig die eigenen sind, wird man sehr unsicher. Dann kommt noch hinzu, daß sich das Fehlen von Begriffen, mit deren Hilfe man über diese Klasse von Phänomenen nachdenken könnte, sich auf die Fähigkeit des Therapeuten, die Übertragung zu erkennen, handzuhaben und zu deuten, störend auswirkt.« (1982, S. 1)

voll beschäftigt ist. Nur die andere Version des »falschen Selbst«, dem alles Unliebsame zugeschoben wurde, hat Angst, ja sogar Angst vor der Angst, die er »benutzt«. *Panik* soll den Analytiker sofort zu Handlungen zwingen. Dieses Symptom weisen Patienten auf, die als Kinder durch Angstauslösung gezwungen wurden. Die Angst der Gruppe der libidinös Verführten ist diesen nicht bekannt und wird von ihnen auch nicht zugelassen. Diese scheinbare Ausschaltung von Angst gelingt durch Verleugnung. Durch den geschickten Umgang mit dem anderen fallen weder die Angst noch ihre Verleugnung ins Auge. Indem der Patient nach *Harmonie* strebt und sie auch erreicht, wird die Angst überflüssig. Die zugehörigen Manipulationen nimmt der Analytiker erst wahr, wenn er bereit ist, seine negative Sensibilisierung zu bemerken. Beispielsweise reagierte ich mit der Zeit innerlich sehr heftig auf kurze Wendungen, die konstant am Ende eines jeden Satzes oder Erzählabsatzes auftreten können: ein im Ton anhebendes »Nicht?!« oder »Ja?!«, die die *vereinnahmende* Tendenz des Patienten spüren lassen. Ein Kontrollanalysand zum Beispiel, der noch sehr unglücklich mit seinem ersten eigenen Analysanden operierte, kommentierte jede meiner sehr überlegt vorgetragenen Erläuterungen mit »richtig«; das Lehrer-Schüler-Verhältnis war umgekehrt worden. Der Patient fordert geradezu zur Zustimmung auf, was bedeutet, daß das In-Frage-Stellen oder gar Anders-Sehen durch den Analytiker unmöglich wird. Auch die Redewendungen »eben« oder »gerade« auf eine Äußerung des Analytikers entkräften dessen Aussage und besagen, daß der Patient es längst vorher gewußt habe, der Analytiker ihn lediglich bestätigt. Der Patient kehrt die Rollen um. Die Eigenüberschätzung, ein Ausdruck wahnhafter Sicherheit, wird als Selbstüberzeugtheit und Selbstsicherheit so vorgetragen, daß kein eigener oder fremder Zweifel sie je in Frage stellen darf, sonst bricht sie total in sich zusammen. Ein weiteres Beispiel ist die endlose, oft wie eine Predigt oder Indoktrination wirkende Erzählung des Patienten, bei der der Analytiker die Stelle des zuhörenden, zustimmenden, bestätigenden, ja bewundernden Ichs einnimmt beziehungsweise einnehmen soll. Der Analytiker wird immer mehr zum bloßen Zuhörer, Publikum oder Akklamateur. Manchmal vermutet oder weiß der Patient bereits auch etwas. Das ereignet sich zu früh in der Analyse, ohne daß eine ausreichende analytische Erarbeitung stattgefunden hätte. Dieses Wissen oder die vorgegebene Erkenntnis ist akquiriert. Der Patient strebt danach, daß der dem Analytiker eigene Boden und seine Ansicht, seine Realität, nicht in die Verständigung kommt. Er versucht mit allen Mitteln, »seiner Realität« die alleinige Gültigkeit einzurichten. Für den Analytiker ist es schwer, das anfänglich nur leichte Gefühl des Unbehagens zu formulieren, weil er *unterlaufen* wird. Mehr und mehr vollzieht sich eine kontinuierliche *Einverleibung* seiner Person. Da sich allein die nicht unterdrückten Gegenübertragungsgefühle dieser Einverleibung entgegenstellen, gebührt ihnen eine vorrangige Beachtung in solchen Übertragungskonstellationen. Gestattet sich der Analytiker seine Reaktionen, sich ärgerlich, wie totgeredet oder zugeredet zu fühlen, oder gibt er zu, schließlich in die Verwirrung des Patienten einbezogen zu sein, oder, daß er seine Sicht und Interpretation nicht geltend machen kann, ist das der Punkt, an dem die Gegenübertragung wieder zum Werkzeug des Analytikers wird.

Der Analytiker, der in der objektmanipulativen Übertragung seiner Rolle als Interpret des Unbewußten verkannt, von seinem Platz genommen und auf den Platz gezogen wird, auf dem ihn der Patient haben will, wird mit den Mitteln verführt, die der Patient als Kind erfuhr. Es ist die Verfügbarkeit des Analytikers, wenn der Patient erreicht, daß der Analytiker mitgeht – ein Zustand, den Khan (1979) als *Komplizenschaft* bezeichnet, was nur unter *Korrumpierung* des Überichs des Analytikers (Kernberg, 1987) möglich ist. Die symbiotische Omnipotenz ist aber nur dann wiederhergestellt, wenn der Patient auf Unschuld *beharren* und gleichzeitig *Schuld* einem *attrappenhaften Objekt* jenseits der symbiotischen Gemeinschaft *zuweisen* kann. Nur das macht die Harmonie zu zweit, die omnipotente Symbiose möglich. Oft ist der Analytiker in diesem Zustand froh, den doch schwierigen Patienten für die Analyse gewonnen zu haben, akzeptiert seine Idealisierung und ist überzeugt, daß er viel Zeit brauche. In Wirklichkeit hat der Patient in seinem Leben und auch in der bisherigen Analyse viel Zeit vertan. Im weiteren glaubt der Analytiker, räumt das alles ein, vermißt ein analytisches Fortschreiten und wirft sich vor, *dem Patienten nicht genug gegeben zu haben*. Ein Kontrollanalysand klagte: »Mein Patient ist ein Faß ohne Boden.« Indem der Analysand die Bedeutung seines Tuns nirgendwo wahrnimmt, kann er sich leicht aktiv an triebhaften, sexuellen oder aggressiven Handlungen im Sinne des Ausagierens beteiligen. Das heißt, der Patient erhält seine Naivität, *die organisierte Unschuld*, solange er *die Realität seines Tuns leugnet*. Das gleiche gilt für die Schuldzuweisung. Der Zweite außerhalb der omnipotenten Symbiose, der mit allem, was nicht sein sollte, identifiziert wird, wird zum Gegenüber, das dennoch unwirklich bleibt. In ähnlicher Weise wird beispielsweise die Biographie als attrappenhafte, aber dann dynamisierte Geschichte herangezogen. In der Analyse erhält sich so die omnipotente Symbiose. Was der Analysand nicht libidinös verzehrt, weist er aggressiv offen oder auch unmerklicher ab.[38] Auch die aggressive Form stellt eine Triebbefriedigung dar. Im Grunde kennt der narzißtische Patient gar keine Antwort, sie erübrigt sich für ihn; denn der andere ist er ja selbst, oder er ist es nicht wert; der andere existiert nicht wirklich. Gelingt die Herstellung einer omnipotenten Symbiose, verlagert der Patient in ihr die Funktion des Überichs weitgehend auf den Analytiker. Damit sichert sich der Patient die Aufhebung der *Eindeutigkeit*. Ein Nein bedeutet nun ebenso ein Ja, womit ein dem *unbewußten vergleichbarer Zustand* mit der *Aufhebung von Gegensätzen und Zeit* erreicht wird. Paradoxerweise operieren Patienten mit objektmanipulativer Übertragung mit festen Behauptungen, den genannten Deklarationen, um durch polarisierendes Denken Abspaltung und Umschlagen des Denkens jederzeit zu ermöglichen. Festlegung wird wie ein Freiheitsentzug erlebt. Die gegenteiligen Verallgemeinerungen bedingen ebenso einen Bedeutungsentzug.

Aus einer kritischen Rückschau des Analytikers erweist sich bei einer solchen Konstanz der Übertragungsform der symbiotischen 'Omnipotenz die analytische Situation als eine Art Unterhaltung, in der meist manieristisch getönte Inhalte, Klagen und Beschuldigungen der Eltern oder Material der kon-

38 Die offen aggressive Form ist selten. Die Antwort des Analysanden lautet eher, das sei noch bedenkenswert, er werde darüber nachdenken, oder er antwortet überhaupt nicht und läßt damit den Analytiker stehen beziehungsweise auflaufen.

**Fig. 4:** Ausbildung des Hörigkeitsverhältnisses (Beginn der Verführung in ein ›falsches Selbst‹)

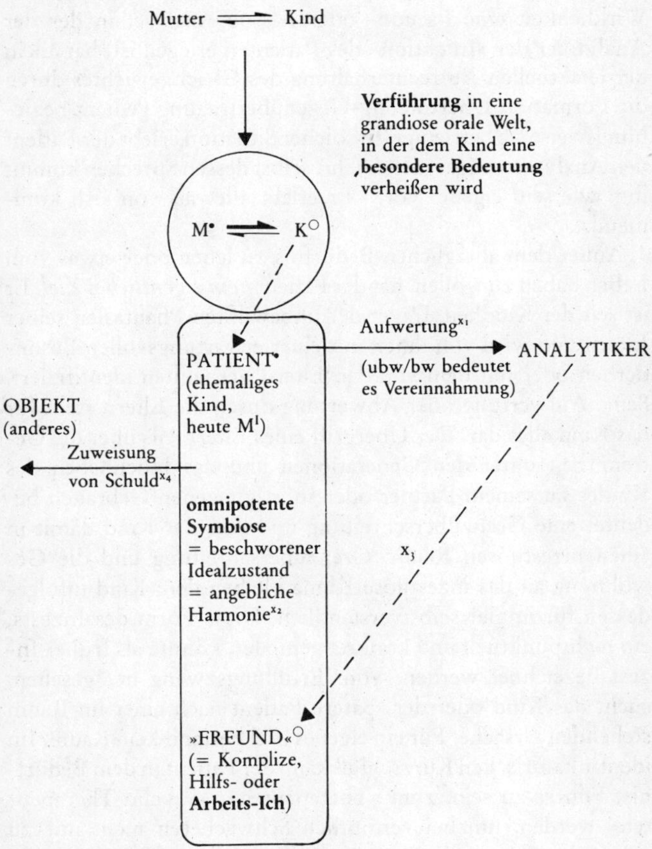


$x_1$ durch Glaubenmachen oder Faszinieren
$x_2$ im Zustand der omnipotenten Symbiose besteht Vertrautheit, Ungehemmtheit, Naivität unter gleichzeitigem Bestehen und Beharren auf Unschuld
$x_3$ Analytiker verläßt Abstinenz bzw. seine Position, erliegt der Verführung und nimmt die Rolle als **Besonderer** bzw. Omnipotenter an. Er soll den Patienten bspw. lieben, Trost spenden, verstehen und entschulden
$x_4$ bedeutet zumindest partielle Ausweisung des Überichs
$M^I$ in der Nachfolge der Mutter
• Neid der Mutter auf die Offenheit des Lebens des Kindes
○ Identifizierung mit dem Besonderen

kreten Lebenssituationen endlos wiederholt werden, ohne daß der eigentliche Patient oder gar ein Fortschritt in seiner Eigenständigkeit zu erkennen gewesen wäre. Die »Analyse«, in Wirklichkeit eine Pseudo- oder Als-ob-Analyse, in der der Analytiker der »Infektion« des Patienten erlegen ist, hat allein der je aktuellen Aufrechterhaltung des Gleichgewichtes durch die Formation Übertragung-Gegenübertragung gedient beziehungsweise sie befriedigt. In solcher Situation erlebt der Patient den Analytiker sogar nicht mehr, selbst dessen Sprechen kommt ihm wie sein eigenes vor.[39] Er erlebt alles als von sich kommend.

Außer dem alltäglichen Bedürfnis zu leben oder etwas vom Leben haben zu wollen, hat der Patient *kein eigentliches Ziel*. Er ist seit der Kindheit Träger der unbewußten Phantasien seiner Eltern und wird von ihnen mit einer erwartungsvollen Besonderheit oder mit dem von den Eltern Verneinten identifiziert. Seine Aufwertung oder Abwertung durch die Eltern stellt für das Kind alles dar. Der Übergriff eines Elternteils über die Getrenntheit unter den Generationen und das Hochheben des Kindes zu seinem Partner oder sonstig eigenen Gebrauch bedeutet eine Grenzüberschreitung und holt das Kind damit in einen inzestuösen Raum. Grenzüberschreitung und die Gewöhnung an das inzestuöse Klima bleiben dem Kind infolgedessen für immer selbstverständlich. Diese Form des Inzests, ein nichtpunktuell und konkret genitaler, könnte als früher Inzest bezeichnet werden. Vom Erfüllungszwang her gesehen, sucht das Kind oder der spätere Patient nach einer im Raum stehenden Ursache. Für ein eigenes Ziel bestand kein Raum. Im identifikatorischen Kurzschluß kann der Patient in dem Bedürfnis, Führer zu sein, zum »Therapeuten«, »Psycho-Therapeuten« werden, um bei vermutlich Schwächeren nicht nur zu gelten, sondern auch diese statt seiner sich mit der Reflektion des inneren Befindens beschäftigen zu lassen, so daß er selbst durch ein äußeres Objekt innerlich ergänzt wird. Neben solchermaßen als Patienten mißbrauchten Personen können auch Ehepartner oder wieder Kinder für diese Rolle vom Patienten

39 Am Ende einer Analysestunde mit einem Patienten mit omnipotenter Übertragung, in der ich verhältnismäßig viel gesagt hatte, wunderte der Patient sich, als er mich sah, daß es mich gäbe.

gebraucht werden. Die Befriedigung des Bemächtigungsstrebens eines solchen Patienten erübrigt und vermeidet die eigene Veränderung mit der schmerzhaften Einsicht in die Getrenntheit. Der Analytiker als »Freund« darf *keinen Schmerz* zufügen, der bei der Trennungsproblematik heilsam und geradezu zwingend zumutbar sein muß. Ich erinnere an die kurzfristige, innere Trennung, die eine Deutung bewirkt, wenn der Analysand sie wirklich annimmt. Es wird nicht verstanden, daß Zumutung eine Schätzung der Person bedeutet. Gelingt die Zumutung der Trennung oder Wahrnehmung der Getrenntheit von Analytiker und Patient, wird der Schmerz zum ersten eigenen Erlebnis, das der Patient allein trägt. In Wirklichkeit ahnt ihn der Patient voller Angst. Nimmt er ihn auf sich, beginnt er erstmals, die Kosten des Lebens selbst zu tragen. Die analytische Situation ändert sich und mit ihr der Patient im Sinne einer Progression. Dabei darf sich der Analytiker nicht sadistisch vorkommen. Aus der Sicht des Patienten verläßt er die ihm zugewiesene Rolle. Er muß dem Patienten das Leid lassen und darf nicht der Versuchung erliegen, die hilfreiche beziehungsweise sogar die »bessere« Mutter zu sein, die ihn erneut schonen, trösten und damit schwächen würde.

## Das Objekt als »Feind« in der omnipotenten Objektbeziehung

Folgt der Analytiker nicht mehr dem Diktat des Patienten und tritt er aus dieser omnipotenten Übertragungs-Gegenübertragungssituation in seine Funktion zurück, weil er sein zu weites Mitgehen an der Kulminierung seiner Gegenübertragung erkannte und er bei dem Bedürfnis von Progression in der Analyse Überich- und Ichanforderungen und Realität geltend macht, löst sich für den Patienten die ganze, seine Existenz bedeutende Beziehung wie unerwartet auf. Das geänderte Verhalten des Analytikers widerspricht der Verführung zum Freund. Für den Patienten kippt in Bausch und Bogen alles, das gute Einvernehmen, das Vertrauen, das Verstehen, um. Der Patient kann nicht nachvollziehen, warum die »Harmonie«, eine manische Stimmung, die der Analytiker gar nicht einmal so bemerkte, in Frage gestellt werden soll. Er fühlt sich getäuscht, ist empört und greift nun – oft in überrumpelnder Weise – zu dem Mittel der *Drohung*. Drohung erklärt den anderen, den, der ihn angeblich verläßt, für böse. Er ist böse, wenn er ihm nicht folgt und zu dem Glückseligkeitszustand verhilft. Der andere wird also auf diese Weise für schuldig erklärt und im folgenden versucht, ihn entweder fallen zu lassen oder erneut willfährig zu machen. Der Zustand des Analysanden ist der der zornigen Manie, er rast. Dazu kommt, daß der Analytiker an dem, was er wahrnimmt, ständig irre gemacht wird. Wieder kann es über unbewußte Gegenübertragungsreaktionen für den Analytiker den Anschein bekommen, daß diese Drohung, die beim Analytiker die eigentlich dem Patienten zugehörige Angst auslöst, von ihm selbst als ein negatives Zeichen mangelnden Aushaltens, mangelnder Geduld oder ähnliches eingeschätzt wird. Es ist ein absolut kritischer Moment für den Analytiker, ob er die eigentliche Bedeutung wahrnimmt oder alles Geschehene seinem angeblichen Versagen, zum Beispiel seiner Ungeduld, zuschreibt und der immanenten Schuldzuweisung erliegt. Deutet er nicht, ist die pseudoanalytische Beziehung auf lange Sicht oder auch für immer garantiert. Auf eine Drohung hin würde ein Analytiker keine Analyse beginnen, er würde sich ja vor dem Patienten fürchten müssen und damit geradezu seine Existenz verlieren. So ereignet sich wirklich harte Drohung viel später. Doch der Patient kann früher in abgemilderter Form durchaus schon zu Beginn drohen, indem er darauf besteht, daß »jetzt etwas geschehen« müsse. In jedem Fall der Drohung wird etwas als Überwältigendes, etwas wie eine Wucht, spürbar. Beispiele sind Selbstmordabsicht, anstehende Prüfung oder Scheidung. Es sieht so aus, als würde der Patient sonst seine Existenz verlieren. Geht der Analytiker auf die Drohung, etwas für ihn zu tun, nicht ein, wird ihm ein solcher Patient unter Umständen seine berufliche Kompetenz absprechen, daß er nicht zu helfen in der Lage sei. Die Drohung geht in der fortschreitenden Analyse in einen Akt der *Erpressung* über. Den Analytiker treffen härteste *Vorwürfe* von Kleinkariertheit, Kleinbürgerlichkeit, Rigidität, Strenge, Kontrollwütigkeit, Nicht-Verstehen; dahinter steht, daß der Analysand sich nicht geliebt fühlt, aber darauf besteht. Doch dazu ist die Analyse, die allein in der Abstinenz erfolgen kann, nicht eingerichtet. Für den Analysanden ist der Analytiker nun verabscheuungswürdig und abzulehnen, was mit scharfer Häme geschieht. Seine Demütigung wird mit Triumph erlebt. Das Ich des Patienten hält indessen die Angst vor der Trennung nicht aus. Ein solches Umkippen ist um so gravierender, wenn der Zustand der Analyse vom Analytiker lange nicht als erstellte Komplizenschaft erkannt wurde. Je früher der Analytiker die Unglaubhaftigkeit der Beziehung – jedoch nicht als Vorwurf – zur Sprache bringt, desto mehr wird der Trennungsschmerz quasi in kleinen, erträglichen Dosen zumutbar.[40] Dennoch kann, auch in frühen Zeiten der Analyse schon, diese Ent-Täuschung des Patienten so stark sein, daß sie zu einem Abbruch der Analyse führen kann. Immer beschwört der Analysand unmittelbar in dieser Situation ein neues ideales Objekt, mit dem er nun eins sein wird, nachdem er vom Analytiker sich so schmählich verlassen glaubt oder diesen der gestellten Anforderungen wegen verlassen zu müssen glaubt. Diese Konstellation kann sich spät und auch sehr früh, nahezu ohne die erste Phase, in der der Analytiker den Freund bedeuten sollte, herstellen. Die Atmosphäre ist dann beherrscht von Mißtrauen, und der permanente intensive Neid auf das gesamte »Vermögen« des Analytikers ist spürbar. Die untergründige Atmosphäre des Mißtrauens ist bei Patienten, die als Kinder weniger libidinös verführt als auf der Schwelle der Trennung gezwungen wurden, dem Primärobjekt hörig zu bleiben, von Anbeginn in der Atmosphäre der Verfolgung und Kontrolle spürbar. Die Form einer negativen Vorhersage der Zukunft, ein Unken: »Es wird schlecht enden«, bindet das in der Trennung begriffene Kind. Das Unken bedeutet Schwarzsehen beziehungsweise Prophezeien von Unglück. Diese scheinbare Fähigkeit des Vorhersehens stattet das Objekt wiederum mit Omnipotenz aus. Mit dem zwingenden Verhalten eröffneten die Primärobjekte jedoch eine anale Welt, die für immer die Mittel der Macht als wertvoll und überlebensnotwendig deklariert. Kernberg kategorisiert den pathologischen Narzißmus bei diesen narzißti-

40 Ich erinnere an das Beispiel des Patienten im Kapitel »Die Tragik von Identifizierungsprozessen in der ›zweiten Generation‹ – eine Gegenüberstellung«, der mir, um mich initial in sein gaunerhaftes System einzubeziehen, vorhielt: »Wir sind doch Freunde!«

schen Persönlichkeitsstörungen, bei denen bald Mißtrauen erscheint, als einen »bösartigen«. Für den anderen gibt es kein Interesse und keine Geste positiver Zuneigung. Von Anbeginn ist hier der Analytiker mit seiner Möglichkeit mißtrauisch infragegestellt; eher noch ist das Verhältnis umgekehrt, was bedeutet, daß der Analytiker zum Abbild, Empfänger des eigenen abgelehnten Selbstbildes gemacht wird. Das heißt, er kann nichts. Die negativ therapeutische Reaktion beherrscht hier durchgehend die Übertragungsbeziehung. Das, was der Analytiker hat oder kann, wird zwar betont, hervorgehoben, um so tiefer aber wird sein Sturz für den Patienten, wenn er behauptet, daß auch das beste Können ihm nichts nutzt. Es handelt sich in diesen Fällen um das vom Kind akzeptierte, auf ihn abgespaltene negative Bild eines Elternteils, ein akzeptiertes »falsches Selbst« mit einem negativen Inhalt. Um sich gegen das abgespaltene negative Bild später zu erwehren, erscheint nur noch eine paradoxe Situation sinnvoll: Der andere kann noch weniger, als der Analysand von sich selbst zu können glaubt. Wird er beispielsweise zum Träger für das Gefühl der Verachtung, so ist dieses leicht konkordant zu dem immer vorhandenen Schuldgefühl des Analytikers, nicht gut genug zu sein. Identifiziert mit der Spaltungsabwehr ihrer Primärobjekte wird der Analytiker verachtet und sein Tun als unzureichend deklariert, eine besonders tragische Form einer narzißtischen Neurose. Dieser Patient bleibt deshalb in der Analyse, weil der Analytiker als Empfänger des negativen Selbstanteils gebraucht wird. Als Symptomatik haben solche Patienten beispielsweise schwere Phobien.

Diese Gruppe von Patienten besitzt ein bereits stärkeres Ich. Sie erstreben zwar den symbiotischen Zustand von Harmonie, weil sie in dieser Lebenserfahrung wie unterernährt sind, weisen aber jedwede Form von Abhängigkeit, in der sie einst so mitgenommen und gebeutelt wurden, mit voller Überzeugung von sich. Sie liegen mißtrauisch auf der Lauer, um niemals dem anderen »auf den Leim« zu gehen. Die Genese dieser Art »falsches Selbst« besteht auch im Wechsel von Verwöhnung und immer wieder abruptem Verwöhnungsentzug, in einer Diskontinuität, die eine zentrale Unsicherheit entstehen läßt. Die Verwöhnung setzt jeweils dann ein, wenn das Kind einer überdimensionierten elterlichen Sicht entsprechen soll. Es wird fallen gelassen, wenn es das ist, was es ist, das Kind nämlich. Dieses Kind wird auf der Trennungsschwelle festgehalten, und dort dient es mit seiner Unzulänglichkeit der Entlastung all dessen, was nicht sein sollte. In diese widersprüchliche Interpretation seines Selbstwertes kann das Kind auch durch beide Eltern gebracht werden, die das Kind als vorgeschobenen Grund für ihre Entzweiung gebrauchen. Mit einem durch Defensive zwar eingeschränkten, aber durch die Konzentration ausgerichteten, einseitig starken Ich können diese Kinder später als Patienten ihre Abhängigkeitsthematik derart leugnen und sie mit einem enormen Aufwand und Fähigkeit von Rationalisierung und Intellektualisierung so von sich weisen, daß der Analytiker aus der emotionalen libidinösen Berührung des Analysanden wirklich ferngehalten wird. Mit vielen Techniken sorgt ein solcher Patient dafür, daß der Analytiker nichts ausrichten kann oder ironisch entwertet wird, das heißt ihn nicht berührt. Die erstrebte Harmonie erbasteln sie andernorts selbst und für sich selbst unter ständiger eigener Bewunderung, daß sie angeblich wie Rumpelstilzchen aus Heu Gold machen. Das findet sich nicht nur bei intellektuell geschulten Patienten wie Soziologen, Psychologen oder sonst mit der Psychoanalyse zuvor in Kontakt gekommenen Analysanden. Sie imitieren den Analytiker in feinsten Details, lassen ihn dadurch auflaufen, und die Analyse kommt durchaus in Gang. Das aber bezeugt ihnen ihre Fähigkeit, nicht zu unterliegen. An diesen Patienten ist ihr grundsätzlicher Mangel an Einfühlung deutlich zu beobachten. Niemals würden sie den Analytiker bestätigen oder im Dialog antworten. Die Sätze bleiben in ihrer Auslegbarkeit offen. Die Ähnlichkeit der analen Abwehrstrategien wie beispielsweise Isolieren, Zweifeln mit der Zwangsneurose ist unabweisbar, doch geschehen alle analen Abwehren zwischen zwei Personen und nicht innerpsychisch in einer Person. In Defensive zu sein ist der Sinn dieser Patienten, nur so können sie sich erleben und bewahren. In ihnen wird das sich erwehrende Kind und der drohende, ständig mißbilligende Elternteil in einem deutlich sichtbar samt all dem, was Faimberg (1985) zum abgespaltenen Nicht-Ich eines Elternteils beschreibt, zu dessen Empfänger die Kinder werden. Sie sind fixiert auf dem Punkt der Trennung, haben ihn nicht endgültig durchschritten. Mit dem Analytiker erstellen sie die alte Nörgel-Symbiose.[41] Diese Form narzißtischer Neurose läßt sich als »abwehrendes falsches Selbst« bezeichnen. Die trotzige Abwehr ist dabei der Rest der ursprünglichen Gesundheit, der dem Patienten heute paradoxerweise zur eigenen Falle wird.

Gleich ob der Analytiker die zugewiesene Position als Freund verläßt und zum Feind wird oder ob er bei den abwehrenden Formen des »falschen Selbst« von Anbeginn der Feind ist, er wird in der Vertretung seiner Position und Funktion zum konkreten *»Feind«* oder sogar *Verfolger.* Es ist störend für den Patienten, wenn der Analytiker auf die Inadäquatheit der Realitätsanpassung oder die Träume beziehungsweise Illusionen, die anstelle von Verwirklichtem stehen, verweist. Der Patient erlebt es wie eine Verschwörung gegen ihn. Es entsteht Krieg. Der Analytiker als Verfolger, nun getrennt vom Patienten, wird mit den aggressiven Triebanteilen identifiziert, das heißt sie werden auf ihn abgespalten. Mit aller Glaubwürdigkeit wird seine Schuld hingestellt. Mit dieser Deklaration und Anklage, der Analytiker sei Feind oder Verfolger, wird jedoch der *Verlust* in der Separation und die Aufgabe und das *Risiko der* anstehenden *Triebbeherrschung verleugnet* und eine Flucht beziehungsweise erneute Regression eingeleitet. Ein neues Ideal muß sogleich *beschworen* werden, und die Schuldzuweisung fällt unmittelbar auf den Verlassenden, den Verräter. Dieser Akt der Schuldzuweisung bewirkt zudem in der gerade durch das Alleinsein erlebten Ohnmacht eine sofortige, scheinbare Erhöhung der eigenen Person durch die Entwertung des anderen. Der, der entwertet, muß es besser wissen.[42] In der Analyse wie im Leben draußen trifft das Gegenüber des Patienten – den anderen, das potentielle Objekt, das das mit Arbeit und Anstrengung verknüpfte Entwicklungsprinzip vertritt – radikale Empörung, Entrüstung, Beschimpfung, Verspottung bis zur Verachtung, bis zur Annihilierung. Auf der Höhe solchen Agierens ist nicht nur der Konflikt völlig in der Übertragung, es steht

41 Das Auftreten dieses Gegentyps bestätigt nur die 1905 von Freud erörterte Beobachtung: »Wir sehen so gewisse der Perversionsneigungen regelmäßig als Gegensatzpaare auftreten, was mit Hinblick auf später beizubringendes Material eine hohe theoretische Bedeutung beanspruchen darf.« (GW V, S. 59)

42 Annie Reich (1960) hat Entwertung und Abwertung im Dienste der Regulierung des Selbstwertgefühls als Mechanismus beschrieben. (S. 215)

**Fig. 5:** »Auflösung« der symbiotischen Omnipotenz als Hörigkeitsverhältnis, wenn der Analytiker sich der dauernden Vereinnahmung verweigert

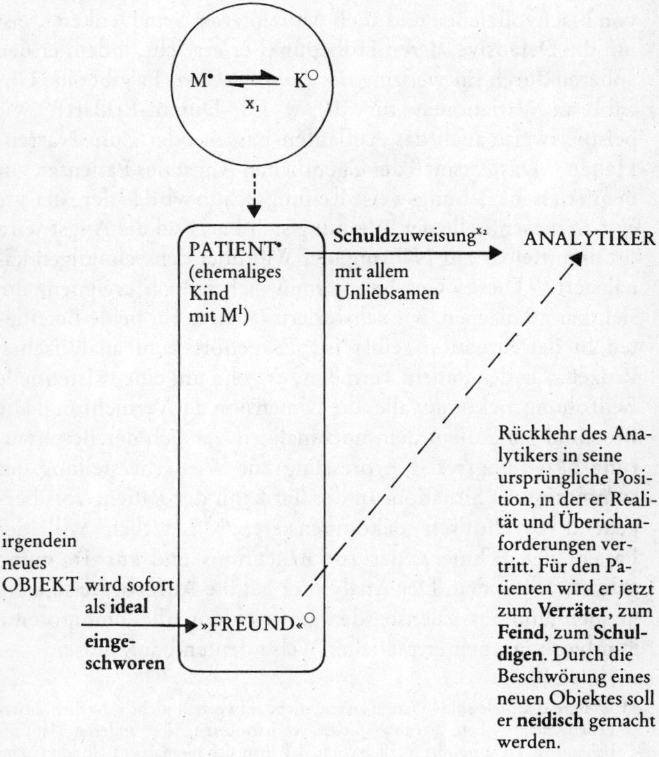


M• Mutter mit dem Neid auf das noch offene Leben des Kindes
K° Kind und Träger des Nicht-Erwünschten, Unliebsamen
$M^I$ Repräsentanz der Mutter
⇌ einseitig überlastetes Verhältnis, um den anderen willfährig zu machen, das Unliebsame zu übernehmen durch Modalität der Drohung oder Erpressung
$x_1$ Drohen, Erpressen
$x_2$ Empörung und in der Folge: Beschimpfung, Verachtung, Verhöhnung, Verspottung, Annihilierung

ebenso seine Klärung und Auflösung an, das heißt eine nächsthöhere Stufe des Bewußtwerdens, der der Patient jetzt Widerstand leistet. All das sind Affekte der narzißtischen Wut. Das präambivalente Ich wehrt sich, eigene Schuld zu integrieren. Der Patient verweigert jedes wirkliche Mitdenken im Sinne von Nachvollziehen und auch Antizipieren. Sein Denken kreist um die Defensive, deren Höhepunkt er erreicht, indem er den anderen durch Entwertung *für dumm erklärt*. Es gibt eine Unzahl an Variationen für dieses Für-Dumm-Erklären wie beispielsweise auch das Auflaufen-Lassen oder Zum-Narren-Halten.[43] Das Ausmaß der eigentlichen Angst des Patienten vor dem Trieb- beziehungsweise Reifungsschub wird in der Analyse erst an dieser Stelle der Trennung sichtbar, und die Angst wird oft unmittelbar zur Nährung der Wut über den Schuldigen kanalisiert.[44] Dieses Geschehen muß sich jedoch ereignen, um sichtbar zu machen, wie schwer erträglich es für beide Beteiligten in der Situation selbst ist. Es gehört zum analytischen Prozeß. Da der Patient vermeint, es gehe um eine existentielle Bedrohung, bekommt alles die Dimension der Vernichtung. Die Beschuldigung dient dem nochmaligen Versuch der Beschwörung beziehungsweise Erpressung zur Wiederherstellung der symbiotischen Situation. In der Tat kann der Patient vorübergehend psychotisch dekompensieren.[45] Letztlich will der Patient den Schmerz, der zur Erkenntnis und zur Trennung gehört, vermeiden. Der Analytiker hat die Aufgabe, das zu erkennen und im Dienste der Entwicklung die omnipotente Symbiose in noch erträglicher Weise deutend aufzulösen.

43 Weitere Beispiele sind: Warten lassen, nicht antworten, nicht verstehen, übergehen, nicht sehen, herunterspielen, verharmlosen, den anderen als Luft behandeln. Dazu gehört folglich auch, daß man sich niemals entschuldigt beim anderen; denn diese Strukturen sind in der Abwehr schuldfrei organisiert. Es besteht keine Verpflichtung dem anderen gegenüber, eine Entbindung von Einfühlung, Sorge und Fürsorge. Der andere wird irritiert oder schließlich irre gemacht. All das entspricht einer Annihilierung.

44 Die Schuldzuweisung beziehungsweise -abspaltung versuchten die Israeliten mit Hilfe des Sündenbocks. Sie waren sich nur darüber nicht klar, daß ein unschuldiger Mensch geopfert werden mußte, um den Bock in der Wüste zu halten. (3. Moses 16.20)

45 Grunberger (1959) nennt diese analen Taktiken, dieses Zurückweichen vor dem Reifungsschritt, der letztlich in die ödipale Konfliktkonstellation mündet, die Regression auf eine Besetzung des analen Penis. Er kann wieder und wieder selbst neu geschaffen werden gegenüber dem genitalen, väterlichen Penis, dem

Der Anschaulichkeit halber, aber auch um darauf hinzuweisen, wie schwer und langsam neuerworbene Erkenntnisse der Analyse aufgenommen wurden, zitiere ich den auch heute noch typischen Text für die Konstellierung des Objektes als Feind. Ich entnehme ihn dem wenig bekannten Aufsatz »A Combination of Defense Mechanisms in Paranoid States« von Paula Heimann, einem Beitrag zu einem von Melanie Klein herausgegebenen Band »New Directions of Psychoanalysis« (1955b). Sie schreibt: »Die Situation [mit einem paranoiden Patienten][46] unterscheidet sich sehr von dem üblichen Verlauf einer analytischen Sitzung, in der der Patient mehr oder weniger frei assoziiert, obwohl er von Zeit zu Zeit in Widerstände gerät, erwartet er von seinem Analytiker, daß er sein Material interpretiert und ihm dessen unbewußte Bedeutung offenlegt. Paranoiden Patienten mangelt diese kooperative Haltung, sie sind voller Argwohn, Furcht und Feindseligkeit, absolut beschäftigt, den Analytiker zurückzuweisen und seine Gedanken als falsch zu bestätigen. Das macht es dem Analytiker nicht leicht, seine analytische Haltung zu bewahren; im besonderen können Gegenübertragungsschwierigkeiten erwachsen, und er kann versucht sein, seine Technik zu modifizieren. [...] Der Patient ist überzeugt, daß sich seine Gesundheit durch die Analyse ganz wesentlich verschlechtert hat, so krank war er nie zuvor. In der Tat war er, als er zur Analyse kam, doch gut beisammen. Er fühlt, daß der Analytiker mit seinen Feinden paktiert – der Analytiker *ist* sein Feind. [...] Wenn die paranoiden Ängste auf den Analytiker übertragen werden, wird die Analyse der Aufzählung der Missetaten des Analytikers geopfert. An einem solchen Punkt der Analyse werde ich angeklagt, keine menschliche Regung mit dem leidenden Analysanden zu haben – in der Tat lebe ich mein Leben getrennt von ihm. Ich würde kein Interesse haben, ihm zu helfen so lange, bis daß ich pensioniert würde; ich bin dünkelhaft, diktatorisch und beabsichtige, ihm meine törichten Theorien überzustülpen und das natürlich zum Nachteil des Patienten; meine Interpretationen sind aus dem Lehrbuch genommen, das ich auswendig gelernt

Phallus, Träger des Ichideals, der einmalig und zugleich von der Kastration bedroht ist.

46 Paula Heimann kannte die umgekehrte Situation noch nicht.

habe, die nicht für die individuelle und besondere Situation des Patienten fruchtbar sind. Analytiker denken, sie hätten Gottes Allmächtigkeit, und in der Tat, niemandem ist je durch Analyse geholfen worden.« (1955b, S. 243)[47] Das, könnte man sagen, ist der »serious stumbling block to analysis«, von dem Limentani spricht. Paula Heimann geht in ihrer analytischen Technik stets entlang an der obersten Oberfläche, wohlachtend auf die herabsetzenden, sich mokierenden und triumphierenden Gefühle und Äußerungen des Patienten über den Analytiker, die sie sofort aufgreift, um die analen Triebmodalitäten, die sie in den »endlosen Entleerungen dieser Patienten« ständig wahrnahm, zu deuten. Paula Heimanns Betrachtung gipfelt in dem Satz: »Der paranoide Patient introjiziert die Objekte, die er unbewußt attackiert und bewußt als Verfolger anzieht, um sie zu beherrschen und zu quälen, um sich dann seiner eigenen Macht zu erfreuen und vom Objekt eine Bestätigung zu erzwingen.« (S. 246) »Das Objekt wird zu seinem *Instrument* und nicht zum Partner« (S. 248). Auf die Stellung dieses besonderen Befundes unter den Neurosen geht sie nicht weiter ein. Wenn also der Patient als Kind nicht das Kind, sondern ein »Ding-Geschöpf« (Khan, 1979) war, wird sein späteres Gegenüber, das Objekt, von ihm entsprechend seiner Erfahrung zum Instrument entmenschlicht. Der heute im Neu-Deutschen gebräuchliche Ausdruck dafür heißt: funktionalisiert. Die Erschütterung durch die Trennung aber ist lebensnotwendig. Kann der Patient sie sich zum echten Erlebnis zu eigen machen, bekommt er sich selbst erstmals in die Perspektive und wird Zukunft in seinem Leben sichtbar. Er erreicht den Entwicklungsstand, den Melanie Klein die »depressive Position« nennt. Erträgt er die Trauer des Verlustes des anderen als eines von ihm getrennten Objektes und die Enttäuschung über seinen eigenen Irrtum, seine verlorene Zeit, seine Aggressivität, gewinnt er erstmals menschliche Konturierung. Es ist die gleiche Zeit, in der er erstmals sein »wahres Selbst« (Winnicott) ahnen kann, ich möchte sagen einen inneren Blick auf sein Ich erwirbt. Es regt sich folgend in ihm ein reaktiver, wie Khan (vgl. 1969, S. 112) sagt, Tatendrang,

47 Auch wenn diese Arbeit in einem Buch über Melanie Kleins Theorien abgedruckt ist, ist Paula Heimann nie eine ausdrückliche Melanie-Klein-Anhängerin geworden.

der so vieles nachholen muß, erproben und sich zu eigen machen will. Das Ich des Patienten kann und will sich dann entwickeln.[48]

## Freiheit und Verantwortung

Im Zustand der symbiotischen Omnipotenz stößt das purifizierte Lust-Ich, das mühelos und rasch ergreifen und befriedigt werden will, durch den Zugriff und Gebrauch des anderen Objekts auf unmittelbares Entgegenkommen. Das setzt allerdings eine konkordante Seite im Objekt voraus. Ist dieses Objekt so nicht vorhanden, wird es entweder zum Sich-zur-Verfügung-Stellen genötigt oder von diesen solchermaßen Verwöhnten als ungeeignet fallen gelassen. Das Ich lernt somit kein weiteres Wahlverhalten, kein Abwägen, keinen Kompromiß, sondern handelt *total*, wie es in der Wertung des Analytikers als »Freund« oder »Feind« deutlich wird. Was das Lust-Ich stört, wird stets auf die Gegenseite gebracht. Das führt zu ständigen *Polarisierungen*. So bleiben die Einstellungen in kleinkindhafter Weise radikal, generalisierend und totalitär. Der störende Anteil wird *abgespalten*, externalisiert, was nichts anderes als *inneren Realitätsverlust* bedeutet. Es wird weder der Versuch unternommen, die Ambivalenz zu spüren, noch sie in die postambivalente Phase zu überführen und so quasi die Dialektik des Lebens auszuhalten. Solche Patienten können mit ihrem schwachen Überich und ohne Individuation *Verantwortung* nicht leisten. Damit ist ihnen jedoch die Möglichkeit der *Freiheit* verlorengegangen; denn Freiheit ist ohne Verantwortung nicht denkbar. Diese narzißtischen Patienten sind und fühlen sich *geschichtslos* im Sinne der zu ihnen gehörenden Geschichte, die sie mitverantwortet haben. Geschichte kennen sie nur in der Anklage, als Motiv für neues Begehren, wozu die eigene Geschichte in der analytischen Betrachtungsweise leicht mißbraucht werden kann. Macht der Analytiker das mit, ergibt sich die bereits erwähnte *kollusive Intellektualisierung*. Die in der Analyse neu zu gewinnende Verantwortung ist nicht denkbar,

48 In diesem Zusammenhang erinnere ich an den Ausspruch eines meiner Patienten: »Ich bin jetzt ganz in meinem Element.«

ohne daß der Patient gleichzeitig die Verantwortung für die eigene Vergangenheit aufnimmt, also auch für das zurückliegende Niemandsland, in dem er vor seinem Wachwerden in der Analyse noch nicht er selbst war. Echte Identität entwickelt und festigt sich nur auf der Basis einer eindeutigen Realitätsbeziehung nach innen wie nach außen, in einem immerwährenden Prozeß des Behalten- und Noch-ertragen-Könnens, das heißt innerer Verarbeitung und Integration. Das vollzieht sich in der Analyse innerhalb der Objektbeziehung zwischen Analytiker und Analysanden und innerhalb der in dieser jeweils vorhandenen »Wahrheit« der Beziehung. Die Analyse zielt daraufhin[49], schrittweise zu erreichen, daß die Anerkennung der »Wahrheit« ausgehalten werden kann. Die Kleinianer nennen das vorübergehende Bewahren des für den Analysanden Unerträglichen die Containerfunktion. Sie läßt sich auch so interpretieren, daß der bereits erwachsene Patient den Analytiker erneut mit sich schwanger macht.

Ein gefestigtes und zugleich flexibles Ich setzt einen harmonischen Wechsel zwischen den Polen Behalten-Können und Abgeben-Müssen voraus, ein Wechsel, der immer wieder Gleichgewichtung und Neuanpassung auf einem nächsthöheren Niveau erfordert. Es ist eine lohnende, nicht leichte analytische Aufgabe, diese Patienten, die das Objekt manipulieren und in Hörigkeitsverhältnisse zwingen, die die analytische Situation so verherrlichen und gleichwohl verurteilen und die im Analytiker einen göttlichen Führer oder den Vorwurfsanalytiker provozieren, zu verstehen und auf dem Weg zu ihrer Identität und Individualität zu fördern. Je mehr dieser Zustand erreicht ist, desto eher ist der Patient in der Lage, über sich zu sprechen. Wenn der Patient in der Analyse über sich spricht, ist der analytische Prozeß fast beendet. Das bedeutet, daß der Patient ein Bild von sich erworben hat, das er ist. Er ist dann auch fähig zur Reflektion. In der Analyse, die diese Übertragungssituation berücksichtigt und auflöst, ist der Schritt zur Findung des eigenen Ichs und demzufolge des Objekts kein abrupter, sondern ein mehr und mehr kontinuierlicher Prozeß.

49 In einer Art technischer Regel, die sich das »timing« nennt, ist eigentlich das Gespür des Analytikers gemeint, wieviel jeweils dem Analysanden zumutbar ist, eine Frage der Dosierung.

## Einige Hinweise zur Technik der Behandlung[50]

Der libidinöse und aggressive Fixierungspunkt der manipulativ erzwungenen symbiotischen Omnipotenz am Übergang von der oralen in die anale Phase, der die Separation nicht zuläßt oder sie wieder ungeschehen machen möchte, wurde nie wirklich oder aber nur partiell überschritten und wird in der Analyse sofort regressiv belebt. Grundsätzlich bleibt die analytische Technik bei der Behandlung der symbiotischen Omnipotenz unverändert. Es bedarf keiner Einführung von Parametern. In den Irrealitätsvorstellungen und dem Anspruchsverhalten dieser narzißtischen Neurosen, ihrem Begehren nach Realisierung durch den anderen bei einem zugleich unreif gebliebenen und durch die vollständige Einstellung auf Abwehr eingeschränkten Ich, liegt eine gewaltige Aufforderung. Ihretwegen stellt die Behandlung im Hinblick auf die Gegenübertragung enorme Anforderungen an den Analytiker. Die Haltung, die der Analytiker einnehmen muß, entspricht nicht der ursprünglich für ihn typischen und für Übertragungsneurosen geltenden, nämlich dem Analysanden mit einer »gleichschwebenden Aufmerksamkeit« (Freud, 1912, GW VIII, S. 377) zu folgen. Eine solche Haltung wird durch die narzißtische Neurose empfindlich gestört, weil der Analytiker gleichzeitig mißtrauisch sein muß. Er muß der Verformung standhalten; denn neben der Verführung ist »Druckmachen«, auch durch Mitleid, Erpressen und Drohen, im Grunde bis hin zu dem Punkt, daß es nur um eines geht: entweder Du oder ich. Im Du oder ich geht es um Leben oder Tod. Das wird verständlich, wenn man die nächste Stufe in der Steigerung der Pathologie betrachtet, nämlich Verrücktheit, Psychose also, oder Kriminalität[51], auch delegierte Kriminalität. Das »falsche Selbst« weiß nicht, daß es falsch handelt, und es bedarf des sehr mutigen Anstoßes, damit es umgearbeitet wer-

50 Vielleicht sollte man sich bei der Behandlung immer wieder klar machen, daß der Narzißt ein Gottmensch ist, der in der Welt lebt und seinen menschlichen, unlustvollen Teil mit Mühsal, Schmerz und Sterblichkeit verwünscht und versucht, auf die Menschen abzuspalten. Träger narzißtischer Neurosen sind eigentlich schon verunglückte Narzißten.

51 Als ich diese Ergebnisse vor der Frankfurter Psychoanalytischen Vereinigung vortrug, sah sich Jochen Toussaint in seiner Erfahrung mit Kriminellen bestätigt: »Es geht um das Weiße im Auge.«

den kann. Dieser Mut löst Unmut aus. Da die Verleugnung unaufhörlich fehlinterpretiert, ist der Analytiker mit einem nicht endenden Zurechtrücken beschäftigt. Solange der Analytiker sich bei Übertragungsneurosen der »gleichschwebenden Aufmerksamkeit« hingeben kann, kann er auf der Suche nach unbewußten Äußerungen verbleiben; sein neurotischer Patient mit einem gereiften Überich garantiert ihm, daß die Ebene einer gemeinsamen Realität weitgehend gewahrt bleibt. Die Klärung der inneren, unbewußten Realität soll die äußere Realität lange nicht oder erst dann tangieren, wenn Handeln sinnvoll geworden ist. Das ist die Abstinenz des Analysanden, deren stillschweigende Voraussetzung in der Diskussion um analytische Technik nie ganz selbstverständlich war. Zwar agiert auch der Neurotiker. Das Agieren des narzißtischen Patienten findet sich bereits zu Beginn der Analyse in seinem Bestehen auf Veränderung im Außen[52] und Bestätigung dessen, was er als sein Inneres fühlt. Er kann noch gar kein Arbeitsbündnis leisten, weil er ein nicht abgegrenztes und damit kein eigenes Ich hat. Sein als Agieren bezeichnetes Tun läßt sich leichter fassen, wenn man es sich als Handeln ohne eigentliche Bewußtheit von sich selbst vorstellt; denn es fehlt die im Fühlen und Denken durch Dualität und Triangulierung in der Objektbeziehung gewonnene Dreidimensionalität. Die veränderte Haltung des Analytikers, die eine erhöhte Bereitschaft enthält, bei Unstimmigkeiten aufzuhorchen und sich unverrückbar zu machen, ist bedeutsam für ein emotionales Durchstehen mit dem Analysanden, weil dieser mit der erwachsen gewordenen Wucht eines Kleinstkindes an ihm rüttelt. Er muß einerseits beweglich sein, sich emotional voll beanspruchen zu lassen, andererseits sich wiederfinden und zu sich und der von ihm vertretenen Realität stehen. Er muß die unterschiedlich vertretenen Realitäten einschätzen, bewerten, weil sonst die Dissoziation, weshalb der Analysand kommt, der Dissens zwischen Wollen und Können bestehen bleibt. Es geht um die Infragestellung des »falschen Selbst«, auch des Anti-Entwurfs, die Infragestellung der Vorgabe, der Fälschung, des Kunststücks. Es geht hier lange nicht um die Aufdeckung un-

52 Das Außen ist gleich die Analyse selbst, die umgemodelt wird in eine Kondition, auf der es sich leben lassen kann. Konkret gesehen, dient sie beispielsweise manchem wie ein Bett.

bewußter Phantasien, sondern um Klärung so gelebten Lebens. »Glauben Sie das wirklich?«, lautet die Infragestellung in der Analyse. Daß auch das seine Geschichte, unbewußte Phantasien, ja sogar Phantasien einer Generation zuvor hat, gehört zu einer späteren Epoche der Arbeit, wenn der Analysand es aushält, daß dennoch heute alles zu ihm gehört. Aus Verkennen sollte Erkennen werden.[53]

Der Patient, der unausgesprochen das Paradies – was immer er auch darunter versteht – einfordert, verfügt über ein Arsenal an Täuschungsmanövern und Fallstricken. Er selbst ist seiner Scheinvernunft völlig erlegen. Die Ausrede der Ausrede, Rationalisierung der Rationalisierung, ist so selbstverständlich sowie, daß sie »probiert« werden. Sie ist nicht unmittelbar Ausdruck des Unbewußten, sondern der bewußt vertretenen Abwehrhaltung *abzuweisen*. Der Analysand weiß das sehr wohl. Ihr Motiv ist unbewußt freilich die Angst. Es nicht zu probieren hält er für dumm. Doch wenn er damit durchkommt, findet sich die Dummheit beim Analytiker. Ein kontemplatives Interesse für sich kann er strukturgemäß gar nicht haben. Für ihn stimmt es so, und er braucht den Analytiker zur Bestätigung seiner Überzeugung, ja sogar zur Bewunderung. Daß der narzißtische Patient den Analytiker überhaupt benötigt, ist dabei ein Paradoxon, doch bedingt es sich durch die vom Patienten nicht wahrgenommene, wahrscheinlich aber geahnte Dissoziation zwischen vorgegebener und gewünschter Größe, vorgegebener Sicherheit und Können und der persönlichen Wirklichkeit. Zunächst also ist im Sinne der Standfestigkeit die Haltung des Analytikers vorrangig. Er muß sich selbst und das von ihm erstellte analytische Setting vertreten. Von vornherein muß er über einen weiten Blick verfügen und gegenüber dem später geradezu kleinlichen Kampf sicher vertreten, daß die Analyse und ihr Arrangement sinnvoll sind. Das verlangt von ihm keineswegs eine absolute Sicherheit und schließt nicht – eine

53 Als ich das Vorhaben eines Lehranalysanden, Analytiker zu werden – um nichts anderes, als das zu analysieren, geht es eigentlich in der Lehranalyse – meines Erachtens zurecht in die Betrachtung zog, war dieser empört und fühlte sich von mir verlassen oder gar verraten. Er gehörte doch zu den »Auserwählten«, das durfte nicht mehr bezweifelt werden. »Ob es geht«, ist in einem solchen Fall meine häufige Redewendung, »werden Sie und ich sehen«. Die Vermeidung eines »Wir« in der Sprache des Analytikers ist geradezu erstes Gebot.

manchmal sogar bodenlose – Erschütterung durch den Analysanden aus, wie sie in solchen Analysen oft nicht nur einmal vorkommt, sondern auch lange anhält oder nach Jahren erneut mit schweren Krisen auftritt. Das Wesentliche für den Analysanden ist, daß er von seinem Analytiker zweierlei erfährt: nämlich daß der Analytiker – sogar zutiefst – erschütterbar ist, daß er aber zugleich den Boden, die Beziehung zu ihm, dem Analysanden, nicht aufgibt. Es ist wichtig, den Analysanden die eigene Erschütterung erleben, ja erleiden zu lassen, weil der Analysand das Befinden des anderen beziehungsweise die Auswirkung seines Tuns verleugnet und die Trag-, ja Aushaltefähigkeit des Analytikers als selbstverständlich, unter Umständen als »professionell« einfordert. Er muß lernen, daß selbst das Selbstverständliche nicht selbstverständlich ist. Es gehört viel dazu, ein kritisch reflektierendes Empfinden der Gegenübertragung und eine Einstellung zu leisten, die die Andeutung des Analysanden nicht einfach stehen läßt, sondern zu klären bemüht ist, ohne sich der Akribie oder Pedanterie schuldig zu machen.[54]

54 Zum Beispiel hatte ich verschiedenste Verstehenszugänge zu der Störung eines Patienten entwickelt und mit ihm durchzuarbeiten versucht. Nach sechshundert Stunden Analyse hatte der Patient einen zentral notwendigen Fortschritt nicht getan beziehungsweise vermieden, wie mir später klar wurde. Immer wieder ertappte ich mich geradezu, daß ich außerhalb der Stunden mit ihm innerlich beschäftigt war. Ich hatte eine wesentliche Deutung an sich seit langem im Kopf und sie auch in der Analyse vorbereitet. In den letzten fünf Minuten vor einer längeren Pause war es unumgänglich geworden, sie wesentlich klarer zu sagen. So also die Deutung: Er könne offenbar mit dem, was ich ihm gebe, nichts anfangen. Es folgte ein kurzes, meinerseits als beunruhigt empfundenes Schweigen, bis er sagte, er sehe ein ganz verschwommenes Bild der Mutter, wie sie seine Schwester auf dem Arm hatte und diese ganz *vernarrt* anschaue. Das Schlüsselwort dieses Satzes, *»vernarrt«*, hatte ich akustisch nicht verstanden. Das Unbewußte äußert sich leise. Ich überwandt mich nachzufragen und beließ es dabei in jenen letzten fünf Minuten. Kurz darauf ging mir die Bedeutung dieses Wortes auf. Es war genau das: Dieser Analysand hatte alle Variationen, »einen Menschen vernarrt machen« zu können, mit mir versucht. Weil ich in dieser Weise vernarrt war, hatte ich meine andauernde Beschäftigung mit ihm nicht verstehen können. Genau diese meine Beschäftigung mit ihm traf seinen Wunsch. Ich hatte Schuldgefühle, nicht gut genug zu sein, nämlich nicht richtig zu verstehen. Meine Erklärung meiner Gegenübertragung in Form einer Spaltung in eine psychotherapeutische und eine analytische in Übereinstimmung mit einer Ersatzmutter und einer leiblichen Mutter traf zwar ein biographisches Moment, bewirkte aber nichts, weil es eine Rationalisierung für mein Verlassen der analytischen Position war, indem ich mich oft *gezwungen* sah, eine psychotherapeutische Position einzunehmen. Die Eifersucht auf den

Abgesehen von der Verführung zur Analyse gibt es eine geringe Konkordanz zwischen Analysanden und Analytiker in dem, daß der Rückstand und die Absicht des Analytikers, den Analysanden weiterzubringen, zusammenfallen. Sicherlich schmeichelt es außerdem, wenn dieser den Analytiker gut oder wichtig findet, doch er erliegt dann einer weiteren Verführung. Dem Analysanden selbst fehlt die innere Festigkeit oder Sicherheit; das heißt er leidet an einer Ichschwäche, und das verhält sich umgekehrt konkordant zu der notwendigen Festigkeit, die der Analytiker hier braucht. Die Konkretheit der Auffassung von Analyse als eine Behandlung in Form von Verstehen oder Verständnis bleibt vom Analysanden aus genau dabei stehen. Er verzehrt die Deutung als Triebbefriedigung, oder aber das Verstehen wird zur nächsten Rationalisierung. Möglicherweise gerät er damit in ein Selbstmitleid. Das erfolgt anstelle von Einsicht, die sich allein durch die nachfolgende Veränderung auszeichnet. Die Ichschwäche, die Angst, sich der Sicherheiten zu begeben und neue Erfahrungen zu machen, darf nicht offenkundig werden. Deshalb bemächtigt sich der Analysand der professionellen Eigenschaften des Analytikers, wie Offenheit, Geduld und Verstehenwollen, um diese Eigenschaften in ein Ihn-Tragen, ein Ihn-Dulden, ja zuweilen gar ein Ihn-Erdulden umzumodeln, damit er entlastet leben kann. Diese kurzschlüssige Form von Verstehen aber korrumpiert die Eigenschaften des Analytikers, was dem Analysanden nicht unbedingt bewußt ist. In der Behandlung narzißtischer Neurosen werden ununterbrochen Extreme als Pole sichtbar. Wartet der Analytiker zu lange, stößt er möglicherweise mit Faust aus: »Fluch sei der Hoffnung, dem Glauben und der Geduld.« Hoffen und Harren hält hier beide zum Narren; denn der Analysand will so oft nicht arbeiten, er will Analyse »haben«.

im wortwörtlichsten Sinne so aufgehobenen Zustand der Schwester, in dem die Mutter angeblich bereit war, ihr alles zu geben, sie so hochzuschätzen, daß sie darüber alles andere zu vergessen schien – denn das ist ja wohl Vernarrtsein –, das erwartete der Patient von mir, das war sein Paradies. Mich vernarrt zu machen war für ihn alles, war eine Triebbefriedigung. Was aber mir klar ist, muß dem Patienten erst nahegebracht werden, wenn ein Machtgefälle im Wissensstand vermieden werden soll. Es war mir nach der Pause kein wichtigeres Anliegen, als diese Erkenntnis, die Bedeutung der Vernarrtheit, in den Text der ersten Stunde einzufädeln, womit ich und der Analysand geradewegs in die schwerste, aber auch erlösende Krise gingen.

In das Problem eines unreifen, zumindest partiell unreif gebliebenen Ichs ist das der ebenso unreif gebliebenen Triebstrebungen mit den zugehörigen Triebkonflikten eingewoben. Im Grunde steht der Analytiker vor einer polymorph perversen Triebwelt, die der des Kleinkindes entspricht. Längst haben sich beim Analysanden von der Umwelt tolerierte Triebfixierungen und -verkehrungen eingestellt. Da die Wahrnehmung seiner selbst gestört ist, ist für diese Patienten die Onanie in der Regel unmerklich eine larvierte oder vikariierende Form. Die Behandlung der Triebproblematik ist dem Analytiker vertraut. Sie ist in der Behandlung der narzißtischen Neurose in der ständigen Ablenkung des Triebziels auf das eigene Ich enthalten. Dazu kommt das Bestehen auf vorzeitiger Befriedigung, auf Entgegenkommen.[55] Der Analysand hatte ja Triebziele verkannt, vorzeitig befriedigt. Den eigentlichen Gehalt, Ausdruck und Sinn seines eigenen Zieles hatte er bisher durch Vorzeitigkeit verfehlt, ihn lernt er – erwirbt er die Geduld und leistet die Arbeit, die zum Triebziel gehört – erst kennen, wenn er von den Fixierungspunkten als oralem Bemächtigungsanspruch und analer Strategie loslassen kann, wenn aus der Unzeit die Zeit wird. Die anal-sadistische Ebene ist meist geradezu die einzige, die der Analysand neben der oralen Herrlichkeit bis in die intellektuelle Ebene hinein kultiviert hat. Die ständige Analyse dieser Abwehr schließt das Sehen der Genese dieses Zustandes nicht aus, weil die Identifikation mit dem als Aggressor erlebten Objekt samt seiner illusionären Erweiterung, zu dessen Träger er wurde, auch in der Abwehr selbst offenkundig wird. Das unreife Ich kann anspruchsvollere Konflikte nicht ertragen, und so ist – ähnlich dem therapeutischen Ziel Aichhorns bei verwahrlosten Jugendlichen – die Entwicklung des Ichs in Identifizierung mit dem Analytiker und seiner getreulichen Arbeit ein Ziel, das möglicherweise darin endet, daß eine wirkliche Übertragungsneurose mit ihrem Triebkonflikt zum zufriedenstellenden therapeutischen Ergebnis wird. Die Arbeit an dieser Übertragung, die zugleich Widerstand im Dienste der Herstellung der manipulativ omnipotenten Symbiose ist, ist vorrangig und greift ständig ineinander mit der Arbeit am Ich, das zu

55 Ein Patient sagte einmal in der Vorbesprechung beim Festlegen der Termine: »Aber man muß mir doch entgegenkommen.«

fördern geradezu gelegentlich herauszufordern ist – hätte der Analytiker doch sonst keine Hoffnung für diesen Analysanden. »Es gehört Mut dazu, gegen die Versuchung, alles zu verstehen, mißtrauisch zu werden, sich nicht mit einer Einsicht zu genügen, weil etwas so einleuchtend ist.« (Theodor Reik, 1935, S. 290) Ich füge hinzu, daß Mut dazu gehört, nicht zu glauben. Nicht zu glauben aber löst Unmut aus. Der Analytiker zeigt dem Analysanden, daß er durchaus Fragen und Frustration erträgt. Der Mut ist es, den Khan wahrscheinlich meint, wenn er von aggressivem Verstehen spricht; denn von Vereinnahmung und Übergriff ist die Analyse permanent bedroht. Ihnen ist entgegenzutreten. Da das Nicht-Widersprechen als Zustimmung gewertet wird, darf der Analytiker nicht – wie es bei einer Übertragungsneurose üblich ist – warten, bis sich etwas klärt: Als Wahrheit gilt, was mehrmals unwidersprochen blieb. Die sogenannten Assoziationen, Einfälle und Berichte sind Angebote zur Verführung und Verwirrung, um sich auf einen Punkt zu einigen, den der Analysand vorgibt, dessen Charakteristikum es ist, Unlust zu vermeiden. Damit glaubt er, die Analyse in der Hand zu haben. Er berichtet sicherlich schon etwas Wichtiges, doch der Stellenwert der Assoziation als Widerstand ist vorrangig. Analyse wird simplifiziert, indem sogenannten Assoziationen permanent der Vorrang eingeräumt wird. Die Deutung des Inhalts steht an einer späteren Stelle. Sie ergibt sich in der Wiederauflage dessen, was mit dem Analytiker reinszeniert wird. Die Deutung in der Übertragung hat viel mehr Wirklichkeit in der Situation »Hier und Jetzt« und erfaßt den Analysanden im Sinne von Ergreifen viel mehr. Diese leibhaftigere Erfahrung braucht der Analysand. Es sind anale Strategien, die das verborgene eigentliche Ich verdecken und das Gebäude von Abwehr schützen sollen. Die Erschütterung, die wirkliche Einsicht wird mit allen Mitteln zu vermeiden versucht, vor allem auch der psychische Schmerz, der Vorläufer von Unmut und Unlust. All das gehört zum Paradies. In Wirklichkeit leidet der Analysand daran, daß er sich nicht richtig in der Welt befindet; das weiß er nicht genau, doch ist er deshalb und zurecht zur Analyse gekommen. Dieses eigentliche Leid des Analysanden konfiguriert sich viel später. Wenn der Analytiker die anfänglichen, aber auch intermittierenden Klagen, auf denen der Analysand besteht, konkret nimmt, ist er wieder auf etwas des Patienten »abgefahren«, dahin nämlich, wohin ihn der Patient haben wollte. Es ist im übrigen überraschend, wieviel dieser Abwehrform ganz bildlich in die Umgangssprache eingegangen ist. Das alles geschieht, weil der Patient nicht nur Angst hat, wirklich zu sich zu kommen, sondern auch erneut abhängig zu werden. Er hatte sich ja für sein Empfinden bereits mit so viel Kraft und mit so vielen Schuldgefühlen vom Primärobjekt gelöst. Sein konkretistisches Bedürfnis hatte jedoch dazu geführt, daß er es sofort ersetzte. Die »langen stories von draußen«, wie ich sie nenne, um die Entfremdung sinnfällig zu machen, und die im analytischen Seminar »Material« genannt werden, sind in Wirklichkeit Abbild dessen, was innerlich passiert, aber fremd bleiben sollte. Je früher ein Patient daran gewöhnt wird, den projektiven Charakter zu erkennen, desto eher können die schweren Krisen durchgestanden werden. Da der Analysand sich nicht sehen kann, kann er nur dem Inneren entsprechende Bilder im Außen aufgreifen, um von sich zu berichten. Doch indem ich diese Landschaft als eine Landschaft im Innern des Analysanden deute, gewinnt der Analysand allmählich ein Bild von sich. So wachsen Punkte und Inseln zwischen Analytiker und Analysandem zu einem Verständnis über ihn. Sie erwachsen auch aus ausgetragenen, erlebten und erlittenen Konflikten zwischen dem Analytiker und dem Analysanden. Ich nenne das ein erlebtes und gefundenes Einverständnis, an dem sich Analyiker und Analysand wirklich getroffen haben, einen Konsens, eine Verständigung, ein Stück Sinnfindung, an dem der Analytiker aktiv festhalten muß, um die Kontinuität der wirklichen Beziehung zwischen Analytiker und Analysand zu dokumentieren. Das ist beispielsweise wichtig für die Momente, in denen der Analysand keinen Faden seiner Geschichte bei seinem Analytiker sieht, die Zeit aufhebt, die Arbeit und die Beziehung zum Analytiker annulliert und sich immer wieder durch seine Erfahrungen nicht binden lassen will, weil er das als Abhängigkeit ablehnt, nur ein Beispiel für die negativ therapeutische Reaktion, die in der früheren Situation sinnvoll war, als man ihn mißbrauchte und ihm etwas aufoktroyierte.

Über die Übertragungsbeziehung und die vorrangige Deutung der Beziehung und des gleichzeitig beinhalteten Widerstandes mit den Aspekten der Triebkonflikte und Ichrückstände hinaus ist es notwendig, daß das rückständige Ich des Analysanden weiterhin lernt, sich erprobt, sich differenziert. Dazu bedarf es der Ermutigung, der gelegentlichen Gratifikation und der wohlwollenden Begleitung ins Neuland. Unklarheiten, Vernebelung müssen ebenso wie Behauptungen und Deklarationen, auf denen auch hier bestanden wird, aufs Neue geklärt werden. Das stille Einvernehmen in Unklarheit und Behauptungen teilt die Verleugnung und stellt die omnipotente Symbiose wieder her, in der der Analysand seinen gedanklichen Bemächtigungswillen ausübt. In diesem Kontext steht, daß der Analytiker auch das unausgesprochen Gebliebene einfühlend verstehen und sagen soll. Damit steht der Analytiker dem Analysanden in der Rolle gegenüber, die der Analysand einst seinen Eltern gegenüber hatte. Er soll ein Rätsel lösen. Das ist mit ein Grund dafür, der Erfüllungszwang dessen, was unausgesprochen, aber so deutlich verlangt wurde, daß der Analysand sich so schlecht lösen konnte. Im Rätsel ist ein phantastischer Wunsch oder ein Fluch enthalten. Man wird das Rätsel selten klar aussprechen können, weil es sich einer kindlichen Wunschphantasie oder einem Schuldgefühl aufpfropft.

Judith S. Kestenberg weist darauf hin, daß das Ja als Ja und das Nein als Nein definiert und in dieser Definition aufrecht erhalten werden müssen. Wegen der Transposition (1982, S. 148) einer alten in eine aktuelle Realität, der Umkehrung der Bedeutung der Realität sind ihr Erklärungen der Sachverhalte wichtig. Der Analysand hat den Unterschied zwischen mein und dein zu lernen und erfährt in Identifizierung mit dem Analytiker eine neue Realitätsebene, die dem menschlichen Vermögen eigen ist und nicht auf Illusionen baut. Das leitet einen Umwertungsprozeß ein. Wenn der Analytiker am richtigen Ort weiß und wenn er ebenso zugeben kann, daß er etwas nicht oder noch nicht weiß, hilft das dem nun erstaunten Analysanden. Für ihn galt bisher, daß Götter sofort wissen, daß Götter nicht zu denken brauchen. Das nämlich ist Allwissenheit, über die der Analysand mit einem reichen Arsenal an Schlagworten und entsprechenden Redewendungen verfügt. In der Allwissenheit ist auch die Aufhebung der Gegensätze möglich. Die Zweifel des Analytikers und sein Nicht-Wissen müssen also ausdrücklich werden. Daher ist die lange vertretene Eindeutigkeit notwendig. Die Deutung auf symbolischer Ebene stößt in ein Nichts und bestätigt lediglich die Magie der symbiotischen Omnipotenz. Der Analytiker muß Verweigerung[56] zurück an die Stelle bringen, an der sie gegenüber eigenen und fremden Irrealitätsansprüchen wirksam und sinnvoll ist; denn für den Analysanden ist Verweigerung entweder ganz neu – was für den Fall des akzeptierten »falschen Selbst« gilt – oder aber blind verfügt aus der Not, überhaupt zu verweigern. Durch letzteres entsteht der Anti-Entwurf im Falle des abwehrenden »falschen Selbst«.[57] Verweigerung erscheint dann auch deshalb verschoben, weil der Analysand Angst hatte, sie am richtigen Ort anzubringen. Verweigerung ist für diese Analysanden zunächst nur ein Raum, vertreten für Bedenken, anwachsend dann für Zweifel, für Kritik oder Korrektur, noch kein Trotz. Sie hilft außerdem, die Symbiose zu trennen. Das ausgedrückte Nein erzwingt, Unlust zu ertragen. Es ist sozusagen der Höhepunkt aller Verweigerung. Es war wichtig – wie ich es an einem Beispiel in der Einleitung dargestellt habe –, um wach zu machen, als Anstoß für eine endlich fällige Reflektion, für Nachdenken. Erinnern und Wiederholen können erst beginnen, wenn überhaupt auf eine Unstimmigkeit aufmerksam gemacht wird. Die Verleugnung ist nicht im eigentlichen Sinne unbewußt. Das Ich hält in der Verleugnung vom Bewußtsein fern, weil es urteilt, es könne es nicht ertragen. Das Nein wird über die Verleugnung hinweg für den Analysanden mit narzißtischer Übertragungsneurose permanent am Setting aktuell, wenn er Stundenverlegung wünscht oder etwa Stundenausfall oder Bezahlung zum Pro-

56 Das Wort »verwahren« beziehungsweise »sich verwahren« ist von milderem Charakter und läßt den eigenen Schutz vor der Intrusion des anderen durchscheinen.

57 Das kann beispielsweise so aussehen, daß der Sohn eines zu lebenslänglicher Haft verurteilten Vaters Gefängnisdirektor wurde, eine Berufswahl, die niemals sein wirklich freier Wille war. Der Analysand sprach in Offiziersmanier mit mir, er herrschte mich an. Offiziersmanieren, wie sie der Vater dem Sohn ehemals befahl, sind in der Berufswahl aufgenommen und konnten im Obsiegen über den Vater nun gelebt werden. An Kleidung, die nicht offiziersmäßig war, sondern im Gegenteil, an Haltung und an vielem anderen drückte sich dagegen die Angst aus, selbst der chronische Gefängnisinsasse zu sein beziehungsweise zu werden. Die Abwehr ließ in der Berufswahl den Anti-Entwurf erkennen, und zugleich war der Inhalt der Abwehr in der Angst sichtbar, doch so zu sein wie der Vater.

blem werden. Wenn nicht dort, erscheint sein Übergriff in der Auflösung der inneren analytischen Situation. In der Regel werden die Form, der Rahmen der Analyse und ihr Inhalt permanent attackiert. Der Analysand beginnt, an dem vom Analytiker sicher vertretenen Setting der Analyse die Unumgänglichkeit, Unlust zu ertragen, auf sich zu nehmen für das, was er gewinnt. Mit dem Ertragen-Können von Unlust beginnt langsam die therapeutische Ichspaltung, in der der Analysand allmählich mit sich vertrauter wird und sich selbst zu sehen wagt. Das bietet mehr und mehr die Möglichkeit, die Abwehr aus der Ichsyntonizität zu lösen. Wenn der Analysand sich nicht über sein Verhalten wundert, muß der Analytiker dessen Selbstverständnis oder das Selbstverständnis von dessen Handlungen infragestellen. Dieses Erstaunen, Nicht-Fassen, Anders-Wahrnehmen kann nur ständig vermittelt werden. Denn den Analysanden stört sein defensiver Charakter, sein defensives Verhalten nicht, weil sie als Lebensstrategie notwendig sind. Sie stören dagegen den anderen und zwar so lange, wie dieser andere, hier der Analytiker, nicht der irrealen Ebene des Analysanden folgt. Folgt er, wird er Komplize, wird er vereinnahmt, bildet er schließlich mit dem Analysanden über das Krankhafte, aber Ichsyntone einen Konsens. Der Prozeß des ständigen erneuten Durcharbeitens, ein sich von selbst ergebendes Erfordernis, lehrt den Analysanden schließlich die vorübergehende Distanzierung und Reflektion, lehrt Geduld, beispielsweise, wenn er mit seinem Analytiker erfährt, daß sich alles nur Schritt für Schritt bewältigen läßt. Damit, daß er verstanden wird und er den Analytiker versteht, daß nach und nach etwas gelingt, entwickelt sich Vertrauen in den Analytiker, gewinnt der Analysand allmählich auch Vertrauen in sich. Das ist wichtig für seine Wahrnehmung, der er in seiner Strukturentwicklung so oft entgegenarbeitete, indem er den irrealen Wunsch des anderen schließlich ernst nahm. Die Wahrnehmung als Ausgangspunkt für alle Orientierung – ob von außen oder innen – zu unterstützen ist ganz wesentlich, weil sich von ihr aus die Auseinandersetzung mit der Realität ergibt. Dazu gehört auch die Wahrnehmung an der Person des Analytikers selbst. Mit dem Gelingen solcher Schritte wächst langsam ein Empfinden für die Konstanz der Realität, die in der Konstanz der klaren und verläßlichen Beziehung zum Analytiker ihr Vorbild hat. All das muß der Analytiker betonen; denn der Analysand weiß es nicht, er kennt nicht die Dimensionen von Raum und Zeit. Er lernt denken und verstehen, wenn der Analytiker ihn nicht mit großartigen Deutungen überfällt und damit einem geheimen Wunsch entspricht, den Vorhang wie im Theater aufzuziehen. Der Analysand soll nachvollziehen können, wie der Analytiker zu seiner Aussage gelangt. Er muß dem Weg des Denkens folgen können. So kommt es sozusagen gelegentlich zur Deutung der Deutung. Das beste ist freilich, wenn sich ein Verständnis im analytischen Dialog entwickelt. Doch daran läßt sich die Gratwanderung aufzeigen, die diesen Behandlungen innewohnt, daß nämlich der Analysand unbemerkt das Sprechen des Analytikers als sein eigenes interpretiert beziehungsweise empfindet und so erlebt, als habe *er* alles gesagt. Die Erweiterung des Ichs kann sich nur so vollziehen, daß gleichzeitig auf der Getrenntheit bestanden wird. Das ist eine Grundlage für Toleranz. Die omnipotente Symbiose, die der Analysand immerfort manipulativ wiederherzustellen versucht, ist nicht nur Widerstand gegen die Trennung, sondern auch gegen die Entwicklung von Ich und Überich und gegen das Leiden, wovon die Trennung nur der Beginn ist. Die negativ therapeutische Reaktion zeigt die paradoxerweise hohe Gültigkeit an, in der die alte falsche Abhängigkeit interpretiert wurde, die entgegen aller eingesetzten Kraft nur unter hohen Schuldgefühlen dem einstmaligen Verführer gegenüber aufgegeben wurde. Diese Aspekte gehen immerzu in die Analyse ein.

In der gelingenden Analyse kommt es nicht nur zur Dualität. Ist sie erreicht, geht der Prozeß zwingend weiter zu einer Triangulierung als Umschmelztiegel in den ödipalen Konflikt. Letztere ist an sich enthalten, wenn der Analytiker der Ebene des Patienten nicht chronisch folgt und sich seine Ebene, die eigentliche Realitätsebene, als ein Drittes wach- und auch fordernd erhält. Über diesem kommt es beim Patienten zu Gefühlen, er erlebt Scham und Schuld. Der Analysand erlebt es oft als degradierend, diese Gefühle zu haben. Der Analytiker nur kann ihm zeigen, sie als kostbar anzunehmen. In seiner Entwicklung hatte der Analysand gelernt, Gefühlen entgegenzuwirken. Er erlebt mit dem Abschied vom vermeintlich

Paradiesischen und der geglaubten Großartigkeit die Geburt seiner selbst. Diese Gefühle schließen bereits ein, daß er den anderen konstituiert hat, der andere sein Eigen ebenso vertreten darf wie er. Die Vermittlung, daß der Analytiker fühlt, empfindet oder sogar leidet, ist in sich nicht leicht. Sie kollidiert mit der Abstinenz, wie sie für Übertragungsneurosen typisch und auch leicht einzuhalten ist. Diese Kollision ist hier notwendig, damit der Analysand das Menschliche im anderen begreifen und sehen lernt und darauf einzugehen beginnt; denn er ist immer zumindest partiell empathiegestört. Auf diese Resonanzunfähigkeit hinzuweisen ist sinnvoll und wichtig. Die Variierung der Abstinenz, ihre Dosierung ist eine schwierige Aufgabe. An der Leibhaftigkeit begreift der Analysand jedoch zuerst. Khan (vgl. 1969, S. 112) meint wahrscheinlich diese Direktheit, wenn er von körperlicher Präsenz spricht. Paula Heimann (1978) spricht »Über die Notwendigkeit für den Analytiker, mit seinem Patienten natürlich zu sein«. Die Beweglichkeit innerhalb der Abstinenz bedarf einer Koppelung an eine ständige Kontrolle und Wiederrücknahme. In einer gelingenden Analyse folgt Arbeit an Trauer über die verlorene Zeit, Trauer über die eigenen illusorischen Vorstellungen und schließlich Trauer über Eltern, die es in ihrem Leben nicht besser gekonnt, vielleicht sogar – aus Neid auf eine bessere Situation ihrer Kinder – nicht gewollt haben. Der Analysand muß seine Eltern auch in ihrem Unvermögen, in ihren Fehlern ihm gegenüber sehen und sie ertragen lernen, letzteres möglicherweise erst in einer postanalytischen Zeit. Das kennzeichnet einen großen Schritt an Reifung, zumal hier innere Versöhnung zustande kommt. Der Trauer über seine Eltern muß jedoch die Erkenntnis über seine so gewordene Struktur, das von ihnen übernommene Erbe vorausgehen. Diese Erkenntnis löst die Vorgabe, das »falsche Selbst« – gleich, ob es als Verlängerung der Elterngeneration oder als Kampf gegen ihre ein- und nachdrücklichen Wünsche und Vorstellungen sich entwickelte – in dem langen Prozeß analytischer Kleinarbeit zugunsten von mehr Wahrhaftigkeit auf. Das Rätsel, die Mission, der von der voraufgegangenen Generation übergebene Auftrag war angetan, den kindlichen Narzißmus zu stimulieren. Nach einem verlorenen Krieg bestand, wie in einigen meiner Fallgeschichten deutlich wird, der Wunsch, doch zu siegen, doch zu obsiegen, doch großartig, einzig zu sein. Dieser verleugnete Wunsch der Elterngeneration ist für die nachfolgende Generation konkordant mit der kleinkindgemäßen Phantasieausbildung. Indem die Eltern diesen Wunsch je persönlich im Kind pflegten, konnte er so oft nicht gezähmt, das heißt kultiviert werden. Ein solcher »Gottmensch« mag partiell Erstaunliches leisten, ein Ungeheuer bleibt er dennoch, solange er sich nicht aus jenem zugesprochenen Gefängnis, jenen übergestülpten, von ihm unbemerkt in seine Struktur eingegangenen Wünschen und falschen Identifizierungen, zu befreien lernt und sein Eigenes wagt.

# Spalten, Ertragen und Gestalten

*»Nur zwei Dinge*

*Durch so viel Formen geschritten,*
*durch Ich und Wir und Du,*
*doch alles blieb erlitten*
*durch die ewige Frage: wozu?*

*Das ist eine Kinderfrage.*
*Dir wurde erst spät bewußt,*
*es gibt nur eines: ertrage*
*– ob Sinn, ob Sucht, ob Sage –*
*dein fernbestimmtes: Du mußt.*

*Ob Rosen, ob Schnee, ob Meere,*
*was alles erblühte, verblich,*
*es gibt nur zwei Dinge: die Leere*
*und das gezeichnete Ich.«*

(Gottfried Benn)

## Gedanken zu Trennung und Spaltung

»Am Anfang schuf Gott Himmel und Erde. Und die Erde war wüst und leer, und es war finster auf der Tiefe; und der Geist Gottes schwebte auf dem Wasser. Und Gott sprach: Es werde Licht! und es ward Licht. Und Gott sah, daß das Licht gut war. Da *schied* Gott das Licht von der Finsternis, und nannte das Licht Tag, und die Finsternis Nacht. Da ward aus Abend und Morgen der erste Tag. Und Gott sprach: Es werde eine Feste zwischen den Wassern, und die sei ein *Unterschied* zwischen den Wassern. Da machte Gott die Feste und *schied* das Wasser unter der Feste von dem Wasser über der Feste. Und es geschah also. Und Gott nannte die Feste Himmel. Da ward aus Abend und Morgen der andere Tag. Und Gott sprach: Es sammle sich das Wasser unter dem Himmel an besondere Örter, daß man das Trockene sehe. Und es geschah also. Und Gott nannte das Trokkene Erde, und die Sammlung der Wasser nannte er Meer. Und Gott sah, daß es gut war.« (Genesis, 1 - 10) Die Schöpfungsgeschichte beschreibt, wie Gott aus einem Chaos durch Trennungen etwas gestaltet. Ohne diese *Trennungen* sind fortführende Entwicklungen gar nicht denkbar. Als *Unterscheidungen* entstehen mit ihnen *Ordnungen*, die Rahmen und Grenzen für eine darin enthaltene und definierbare Sache ergeben. Innerhalb dieser Rahmen und Grenzen wird weiteres Schaffen möglich.[1] In der Schöpfungsgeschichte folgt dann die Belebung der Erde, des Wassers und der Luft, während im Feuer kein Leben möglich ist. Daran wird die Unterschiedlichkeit der Belebung der vier Elemente, das Nebeneinander der Absolutheit von Grenzen wie ihrer Überschreitbarkeit deutlich. Grenzen können beruhigen, wenn sich der Mensch mit seinen Kräften in ihnen zunächst entwickelt und sich nicht zu verlieren oder überfordern braucht. Er vermag sie durch Wachstum, Entwicklung oder Übung zu erweitern, oft in beachtenswertem Maße. Nur Genialität überschreitet die Grenzen und ist die Ausnahme. Der Fortschritt sollte nicht nur beherrscht werden, sondern stellt jeweils eine ethische Anforderung an die bestehenden Objektbeziehungen. Trotz erfolgter Trennung gehört das Getrennte dennoch zusammen. Das eine ist ohne das andere nicht denkbar.

Den wichtigen Begriff der *Separation*[2] hat Margareth Mahler (1968) den Grundbegriffen der Psychoanalyse hinzugefügt als Trennung aus der Symbiose, als Separation für das Kind zugunsten seiner Individuierung in der Objektbeziehung, als notwendigen psychischen Entwicklungsschritt. Sie untersucht die frühen Extremformen in den psychotischen Erkrankungen, den Autismus und die symbiotisch-psychotische Form, die bereits in der frühen Entwicklung unvermutet bei Bagatellanlässen Trennungs- und Vernichtungspanik auslöst. Den milderen Zustand der persistierenden Symbiose, eine Scheinform der Trennung ohne zunächst auffällige Symptomatik, die für beide Beteiligten den Zugang zum anderen offen läßt, aber für das Kind schließlich gravierende Folgen hat, weil der Konflikt nicht internalisiert wird und in der Objektbeziehung verbleibt, stellt

1 Gerade die Übergänge gelten als interdisziplinärer Raum als außerordentlich interessant und aufschlußreich.

2 Wie bereits erwähnt, nannte Paula Heimann 1955 diesen Entwicklungspunkt »loss and separation«.

eine entscheidende Ausgangsbasis narzißtischer Neurosen zu Beginn des Autonomieerwerbs dar. Die Libido mußte beim sich entwickelnden Kind dann aus Gründen der Selbstrettung vorzugsweise auf das eigene Ich bezogen bleiben. Die »Trennung« wird von Margareth Mahler ausschließlich als ein Bestandteil der Entwicklung des Subjekts, des Kindes, behandelt. Der protrahierte Austausch zwischen Kind und dem Primärobjekt, üblicherweise der Mutter, verschleppt Anteile von beiden Seiten in den jeweils anderen und verändert ihn auf Kosten seiner Entwicklung. Die Akzeptanz, die Bejahung oder Annahme des Verschleppten, ist der für beide Beteiligte neurotische Krankheitsgewinn. Das geschieht, wenn die Mutter die Trennung nicht erträgt. Sie muß die anstehende Trennung sogar antizipieren und bejahen, um hilfreich, ermutigend mit diesen Veränderungen des Kindes umgehen und sich an dem Entwicklungsschritt freuen zu können. Für diese Mütter ist ein konkretes Da-Sein bestimmend, das sie ständig bestätigt, statt eines Lebens im Prozeß oder der Entwicklung. Mütter können die Separation schon äußerlich verzögern. Die Angst, ihre Bedeutung zu verlieren, ist der Motor dafür. Schon die Verzögerung ist Ausdruck der mehr oder weniger partiellen psychischen Unfähigkeit, Trennung zu leisten, ein Neues, nicht Vertrautes, eintreten zu lassen. Im vorausgegangenen Kapitel habe ich versucht, die Nicht-Trennung oder schließlich forcierte Trennung in der Pubertät in der Auswirkung sowohl für das Kind als auch für die Mutter darzustellen. Zur Trennung in der kindlichen Entwicklung gehört die Wiederannäherung, später ein ganz verändertes Zurück- oder Wiederfinden.

Der Begriff *Spaltung* beinhaltet immer eine gewaltsame Trennung; *Gewalt* oder *Unzeit* verursachen Spaltungen. Mit der Spaltung wird die Tendenz zum *Wiederfinden*, zum Zurückfinden zerstört. Das Abgespaltene drängt – vergleichbar dem Unbewußten – zwar zurück, kommt aber nicht auf einen Weg des Zurückfindens, sondern gerät in andere Zusammenhänge und wird damit unkenntlich oder verzerrt. Es gibt eine Abwehrformation, die pathologische Trennung als Spaltung beschreibt. Melanie Kleins Theorie (1932) basiert auf der frühen Abwehr durch Spaltung. Ihr Begriff der Spaltung ist eigentlich in der Objektbeziehung konzipiert, er verfolgt dann die Spaltung ausschließlich im jeweils eigenen persönlichen innerseelischen Raum. Melanie Klein hat die früheste Spaltung und ihre Entwicklung in der schizoid-paranoiden Position herausgestellt, unabhängig davon, was das Objekt macht oder wie es ist. Abgesehen von pathologischer, in der Persönlichkeit als vorherrschender Abwehrmechanismus vorhandener Spaltung, findet sich Spaltung ständig im Alltag; sie findet sich also auch bei nicht als früh gestört zu bezeichnenden Menschen.[3] Bleibt Spaltung und in der Folge projektive Identifizierung als bevorzugte Abwehrmodalität, ermangelte dem Kind die Hilfe durch ein empathisches Primärobjekt, um das Abgespaltene Stück für Stück integrieren zu lernen. Mit dem nicht ausreichenden Wechsel zwischen Externalisation oder Exkorporation und Inkorporation, Projizieren und Introjizieren, Reprojizieren und Reintrojizieren, dem Prozeß der Integration, beginnt eine schwere Entwicklungsstörung.

Die Folgen des Nationalsozialismus und seines Zusammenbruchs auf meine Patienten lassen mich zu der Auffassung kommen, daß Spaltung als psychische Abwehr nicht allein auf frühgestörte Persönlichkeiten beschränkt ist; deshalb versuche ich, einen weiteren Zugang zu dem Abwehrvorgang Spaltung zu finden. Es wird vom Schicksal der frühen Reintrojektionsvorgänge, ihres Ausmaßes und ihrer Güte abhängen, wie weit sich diese Abwehrmodalität später wieder durchsetzen kann oder wie gemäßigt sie ist. Abweisung durch Projektion beschreibt Freud in »Die Verneinung« (1925, GW XIV, S. 11 und 13). Der Begriff der Spaltung als »Spaltung des Bewußtseins« oder »Spaltung der Seelentätigkeit« wird von Freud bereits 1895 erwogen. Die Lust erhält gegenüber der Unlust – einer inneren Belastung – Vorrang, auch wenn Freud damit den rätselhaften psychischen Zustand bezeichnet, den er dann der Verdrängungsarbeit zuschreibt: »Die psychisch normalen Menschen wissen, daß sie sich an etwas nicht erinnern wollen, die Hysterischen wissen nicht, daß sie dies nicht wollen« (GW, Nachtragsband, S. 350). Die weitere Forschungsarbeit Freuds am zunächst weitgefaßten Verdrängungsbegriff, an den Systemen Bewußtsein und Unbewußtes, entwickelt an den klassischen Neurosen, erforderte zu

3 Nichts anderes als Spaltung ist die tägliche Reaktion auf die Schreckensmeldungen aus den Medien.

jener Zeit die gesamte Zuwendung. Freud unterschied Spaltung von der Verdrängung und erwähnt nebenher (1915): »Werden hören, daß in nächster Gruppe* die Verdrängung andere Topik hat, sie erweitert sich dann zum Begriff der Spaltung. – *[Gemeint sind wohl die im zweiten Teil des Entwurfs herangezogenen, freilich in bezug auf die spezifischen Abwehrvorgänge nicht näher beschriebenen Psychosen bzw., in Freuds Sprachgebrauch, narzißtischen Neurosen; vgl. hierzu eine Passage in ›Metapsychologische Ergänzung zur Traumlehre‹ (1917d [1915]; GW, Bd. X, S. 424f.; Studienausgabe, Bd. 3, S. 190f.).]« (Nachtragsband, S. 635) Wenn die Besetzung, dem Triebanspruch entsprechend, völlig dem Bewußtsein entzogen ist – wie es bei der Spaltung auf anderem Wege als der Verdrängung geschieht –, entsteht ebenfalls ein Zustand, bei dem »die völlige Entleerung eines Systems es für Anregungen wenig ansprechbar macht« (1917 [1915], GW X, S. 417). Freud kennzeichnet die Spaltung später als »Hinauswerfen« (1925). Ich betrachte Spaltung an dieser Stelle genauer, weil sie ihren Ausgang wie alle Affekte von einem körperlichen Affektzustand nimmt. Das Einsichtigste ist der Unlustzustand. Ein Zuviel eines positiv getönten Affektzustandes wird die gleiche Abwehrfolge auslösen. Der körperliche Unlustzustand, Hunger, Kälte, Nässe, alle frühen Zustände des Befindens des Säuglings haben eine Art Grundqualität, Unbehagen, das sich zum Schmerz steigern kann. Unbehagen und Schmerz aber haben zwei Seiten, eine körperlich-direkte und eine im aufkeimenden Bewußtsein, eine psychische. Am Schmerz läßt sich die psychische Seite verdeutlichen: Ich habe den Schmerz. Das drückt eine Urteilsfunktion aus, die nur in einem Vergleich zum vorhergehenden Zustand, einem besseren, möglich ist. Die folgenden Verarbeitungsversuche des psychischen Schmerzes etwa sind die der Verneinung: »ich habe ihn nicht«, »ich kann ihn nicht aushalten«; letzteres wird oft Hilflosigkeit genannt. In dieser Hilflosigkeit wird angenommen, daß der andere irgendwie helfen kann, den psychischen Schmerz wegzunehmen. Daß der Zustand so nicht sein muß, entspringt der Erfahrung, aus der Winnicott die Deprivation beim Hospitalismus erklärt, daß Leben zuvor schon anders, im Sinne von besser, erfahren war. Nach der Geburt muß es, da alle vitalen Funktionen in einen

Rhythmus geraten, in jedem Fall – gegenüber der konstanten Versorgung in utero – »schlechter werden«. Daß es aber mich trifft, daß »ich« nicht kann, daß ich so dumm war, wenn ich mir den Finger geklemmt habe, ist der andere, der psychische Aspekt des Schmerzes. Nur dieser kann hinausgeworfen werden, während der körperliche, also konkrete Schmerz bleibt. Der Rest, der körperliche Schmerz – der gar kein Rest ist, sondern eigentlich alles –, wird nach der psychischen Reflektion und der folgenden Ablenkung vom Ich durch Verneinung oder Projektion, der vermeintlichen Ursache zum Beispiel, scheinbar ertragen. An der umkehrenden Behauptung – »nein, das hat mir gar nicht wehgetan« – einer im Sinne der Gegenbesetzung erfolgenden *Deklaration*, möchte ich mit dem lateinischen Wort nur die Betonung, den Steigerungscharakter durchklingen lassen, weil bei der Deklaration die Form den Inhalt übertrifft und damit der Inhalt nicht mehr dem eigentlichen entspricht. Freud sieht bei der Projektion nicht die Wichtigkeit des Adressaten. Das Aus-sich-heraus-Werfen, die unlustvolle Affektabfuhr, kann sich nicht frei in den Raum ereignen. Da der Affekt zurückzukommen droht, muß er an ein Objekt angeheftet werden. Doch das reicht nicht. Die inhaltliche Vorstellung wird auch in der Objektbeziehung agiert und in der Regel unter Verkehrung dem Objekt zugespielt. Abgespalten wird zuerst der unlustvolle Affekt, vorausgesetzt, daß das innere Gleichgewicht nicht anders gehalten werden kann oder das Ich nicht weiß, daß das Unlustvolle zu ihm gehört und verarbeitet werden kann. Vom Aspekt der Quantität her läßt sich ein weiterer Anstoß zur Abspaltung finden. Einem Zuviel, einem Zustand der Überfrachtung, einer Überforderung, muß bei Säugling und Kind ein Ausfall in der Objektbeziehung vorausgegangen sein. Ich meine damit die Erfahrung vermittelt durch ein Objekt, das Hilfsichfunktion ausübt, damit etwas ausgehalten werden kann. Mit dieser Erfahrung verbindet sich Hoffnung. Eng mit solcher Erfahrung muß die Fähigkeit des Ichs zur Synthese zusammenhängen, zur kontinuierlichen Zuversicht, mit Gegebenheiten fertig zu werden. Hat das Ich in der Objektbeziehung nicht genug Erfahrung gesammelt, Hoffnung haben zu können, bleibt die Inkorporation als Internalisierung und im weiteren die Integration des Ichs schwach, es tritt Panik bei einem Zuviel auf, und das Ich spaltet in der Folge ab. Wenn ein Kind, das einen Eingriff beim Zahnarzt oder gar eine Tonsillektomie überstanden hat, als Arzt mit seiner Puppe »spielt«, bedeutet das mehr als ein »Spiel«. Dem Resultat der Verwandlung von Passivität in Aktivität gehen Schritte der Abspaltung voraus wie das Hineinziehen und Aufoktroyieren, bis es zur Umkehrung der Rollen gekommen ist.

Ich greife noch einmal auf Eigenschaften, Begriffe, Werte und Benennungen zurück. Oft definieren sie sich gegenseitig durch ihre Polarität. Trennungen bewirken die Unterscheidung. Dazu bedarf es in der einfachsten Weise der verneinenden Form durch das Wort »nicht« oder die Vorsilbe »un-« oder die Nachsilbe »-los«, wie beispielsweise treu und nicht treu beziehungsweise untreu und treulos. In dieser Weise läßt sich weitgehend für fast alle Sprichworte ein Gegensprichwort finden: »Gegensätze ziehen sich an« – »Gleich und gleich gesellt sich gern«. Ein einzelner Spruch kann nicht isoliert und damit verabsolutiert werden. Ebenso objektiviert zum Beispiel ein Märchen einen Entwicklungsaspekt, so daß die Märchen als ein Ganzes zusammengehören (vgl. Bettelheim, 1976). Die Herausblendung, die Ausstanzung oder die Isolierung aus den Zusammenhängen bewirkt eine Ersparnis, den ökonomischen Aspekt im psychischen Geschehen. Diese Ausstanzungen können Vorläufer einer Radikalisierung sein oder, milder gesagt, als Steigerungen begünstigen sie die Idealisierung oder ihr Gegenteil, die Entwertung. Die Isolierung ist die Vorbereitung für den Abspaltungsprozeß. Der Wegfall alles anderen, das auf diese Weise nicht gesehen zu werden braucht, vereinfacht die intellektuelle und affektive Leistung. Der Umgang mit dem Gegensatzpaar (Spruch und Widerspruch, These und Antithese) verlangt eine innere Spannweite. Ökonomisch gesehen ist das ein größeres Erfordernis an Ichleistung, Gegensätze *gleichzeitig* aushalten zu können. Diese Fähigkeit des Ichs mit einer Integration des Affekts ist die Kraft, die der der Ambivalenz entgegensteht, ist wie ein Vorläufer für Toleranz und ist wahrscheinlich dem synthetischen Ich zuzuschreiben. Beispielsweise kann Treue nicht einfach geleistet oder sogar geschworen werden. In der jüdischen und christlichen Religion wird Treue in der Eheschließung versprochen. Wirkliche Treue erfordert

Wachheit über das, was von zwei Seiten als das verstanden wurde, worin man sich treu sein wollte. Im äußersten Fall muß der Gegensatz, das Mißtrauen also, vollzogen werden können.

Die enorme, nicht einmal durchgängig bewußte Schwierigkeit, in Deutschland nach 1945 glaubwürdige Werte zu finden, läßt sich aus der deutschen Geschichte heraus verstehen. Der meist nicht erkannte Mißbrauch von Werten, insbesondere moralischen Werten und Haltungen, betraf alle Bildungsschichten. Im Verlauf von mehreren Generationen müssen Wertbegriffe mitsamt der Logik ihres Widerspruchs durchsichtiger beziehungsweise neu gefunden und konstituiert werden. Daß Orientierungen Ordnung und damit Erleichterungen erbringen und eine demokratische Hierarchie eine Differenzierung darstellt, dem mußte mit großem Zweifel begegnet werden, weil der Mißbrauch im »Dritten Reich« so groß war und jeder Mißbrauch auch heute noch mit den scheinbar besten und eingängigen »Argumenten« verbrämt wird. Allerdings ist dieses Phänomen ubiquitär. Die Aufhebung von Spaltung erfolgt nur durch eine Arbeit in zwei Richtungen. Der Zustand vor der Spaltung, der Umstand, daß etwas fehlt, muß erkannt, die Tatsache der Abspaltung in sich und die neue, notwendige Form, die die Gegensätzlichkeiten erträgt, gefunden werden. Die »zweite Generation« erwartete, daß ihre Eltern gesagt hätten, etwas sei nicht gut gewesen. Stattdessen trafen sie in der Regel auf Schweigen und stillschweigendes Übergehen. Über eine Zeit von etwa vierzig Jahren (zwei Generationen) danach wurde zwar schon gelegentlich der Versuch eines Rückblicks auf die Geschichte unternommen und darüber gesprochen, das geschah aber nicht den Tatsachen entsprechend, sondern mit nur schlaglichtartigen Blicken auf Inseln der Vergangenheit, Standardwendungen und Begriffen, die die Bedeutung des Geschehenen auf ein harmloseres Niveau verschoben. Offensichtlich hat sich diese Situation nach vierzig Jahren insofern verändert, als es die Klarheit und den Mut einzelner betrifft. Im klinischen Teil habe ich an Einzelfällen aufzuweisen versucht, wie schwierig es in Analysen war, das Geschehene auf eine Einsicht und damit auf einen Begriff zu bringen. Einen Begriff zu finden bedeutet eine Festlegung und auch eine zumindest vorläufige Wertung, vor der heute in extremer Weise zurückgeschreckt wird. Daß ein Vater nach dem Zusammenbruch nicht arbeitete und später in einer weit niederen Position wieder begann, wird auch heute meistens nicht in Zusammenhang mit seiner Entnazifizierung und seinem entsprechenden Tun zuvor gebracht, sondern beispielsweise als »Arbeitslosigkeit« hingestellt. Dennoch spürt die »zweite Generation« heute die Anmaßung, die in der einseitigen und damit so sicher wirkenden Interpretation lag. Die Überzogenheit, die in Wirklichkeit eine Entleerung des Begriffes oder Wertes verrät, und die Selbstsicherheit, mit der diese geschichtlichen Ereignisse und ihre Folgen vorgetragen wurden und werden, zeigen nur ihre Verkehrung. Am Ende des Abwehrprozesses, der mit bewußter Abweisung beginnt und mit der Verleugnung endet, wenn die Bewußtheit nachgegeben hat, steht auch bei den Ereignissen und Folgen des »Dritten Reiches« und des Zweiten Weltkrieges die chronifizierte Verharmlosung, ein Herunterspielen der Bedeutung als Verleugnungsform, und der Schritt zur Abspaltung als Entledigung ist nur noch ein geringer, eine letzte Konsequenz.

Um zu den Vorgängen in ihren Grundzügen zurückzukehren – die Verkehrung ins Gegenteil ist immer wieder gemäß dem Lust-Unlust-Prinzip etwas Naheliegendes. Das Kleinkind erfreut sich nach der ersten Phase der Entdeckung des eigenen Schaffenkönnens, wenn es dasselbe umkehrt, am einfachsten, indem es das Getane oder Gesagte aufhebt, rückgängig macht. Es baut auf und hebt wieder auf. Möglicherweise will es beim Aufheben nur sehen, wie es vorher war, um nachzuvollziehen, wie es das gemacht hat. Es geht sozusagen den ihm in die Hände gefallenen schöpferischen Weg noch einmal nach. Die Bewußtheit vom Tun beim zweiten Aufbau muß eine andere sein. Das Ich des Kindes erprobt sich, indem aus dem Ja ein Nein, aus dem Möglichen ein Unmögliches wird. Für die Entwicklung des Trieblebens beim Kind hat Freud das als Ambivalenz (1905, GW V, S. 99) festgehalten. »Hier ist die Gegensätzlichkeit, welche das Sexualleben durchzieht, bereits ausgebildet; sie kann aber noch nicht männlich und weiblich, sondern muß *aktiv* und *passiv* benannt werden. [...] für beide Strebungen sind Objekte vorhanden, die aber nicht zusammenfallen. [...] In dieser Phase sind also die *sexuelle Polarität und das fremde Objekt* bereits nachweisbar.« (ebd.) Freud entwickelt an diesen Befunden den Begriff des »Triebgegensatzpaares«, ein Verhalten, das »mit dem glücklichen, von Bleuler eingeführten Namen Ambivalenz bezeichnet wird« (ebd.). Es ist Abrahams Verdienst, in der prägenitalen Entwicklung die Polaritäten in der oralen wie der analen Phase differenziert zu haben. Das Getrennte gehört zusammen. Über-Ich und Ideal-Ich bilden eine Einheit. Erst das konfliktbedingte Auseinanderrücken läßt sie in ihrer Unterschiedlichkeit erkennen (Nunberg, 1932, S. 115).

Für die Einschätzung des Getanen oder Bewirkten bedarf es eines weiteren Schrittes, dem der Distanzierung, das heißt der nachträglichen Betrachtung. Die nachträgliche Betrachtung und eine Beurteilung des Getanen sind wie ein Drehpunkt, der oft gleichzeitig eine antizipierende Konzeption für die nächste Handlung entstehen läßt. Goethe läßt Faust hadern und eine Umkehrung von Entwurf und Handlung erproben, als er das Neue Testament, den Prolog des Johannesevangeliums, übersetzen will: »Geschrieben steht: ›Im Anfang war das Wort!‹« (Faust I, Der Prolog 1,1) Er hadert und kommt über die Versuche »Im Anfang war der *Sinn*. (...) Im Anfang war die *Kraft*« und schließlich »Und schreibe getrost: Im Anfang war die *Tat*!« (Faust, Der Tragödie Erster Teil, Studierzimmer) nicht hinaus. Faust also – im ständigen Dialog mit sich, seinem alter ego Mephistopheles – bevorzugt die Tat. Die Tat als solche bewirkt etwas. Es ist das *Konkrete*, dem der Vorrang eingeräumt wird. Die Tat gilt als eine Probe der Handlungsfähigkeit überhaupt, offenbar menschlichen Wirkens. Der Tat oder Handlung muß eine Intention, ein Entwurf, der sich in Wort oder Sinn fassen läßt, vorausgegangen sein. Die Tat besitzt ein – bewußtes oder unbewußtes – Motiv. Die Idee und schließlich das Bewirkte *können* nach erfolgter Umsetzung etwa als Tat betrachtet oder begriffen werden. Den Handlungen aus unbewußten Motiven wie Agieren oder Inszenieren gilt das Interesse der Psychoanalyse, insbesondere je weniger der Patient zur echten Assoziation fähig ist. Er kann sich dann nur auf diese Weise mitteilen. Diese Handlungen beziehen den Analytiker während und nach erfolgten Spaltungen konkret ein, im Gegensatz zu der dem Analytiker vertrauten Übertragung an den sogenannten »klassischen« Neurosen, bei denen sich der Analysand des Als-ob-Charakters der Rolle, die er dem Analytiker zugeschrieben hat, sehr viel leichter bewußt ist.

Während die körperliche Geburt und die frühe Separation als Geburt der Psyche (Mahler) des Menschen natürliche Trennungen darstellen, geschieht Spaltung gewaltsam; es geht ihr verallgemeinert jeweils eine *Übersteigerung* voraus. Diese kann aus einer Übertreibung, aus einer konkreten Überfrachtung oder auch aus einer überdimensionierten illusionären Erwartung bestehen. In milderer Form ist Übersteigerung, eigentlich noch Übertreibung, von der Hysterie her bekannt. Bei der Hysterie wird der andere (in der Objektbeziehung) als der gesehen, bei dem die Dramatisierung »ankommen« soll. Der unbewußte Anteil der Inszenierung soll vom anderen verstanden und zugleich nicht verstanden werden. Dieses Tun oder diese Inszenierung erfolgt ganz sicher, solange die Hysterikerin oder der Hysteriker sich jenseits von Erkenntnis und Einsicht von ihrem Handeln freisprechen kann. Die Hysterie gibt sich naiv, um die Interpretation dem anderen zu überlassen; das Verpönte zu kennen und auszusprechen, um das der andere weiß, kann diesem dann angelastet werden. Doch bewegt sich die Hysterie immer in einem Rahmen von Variabilität, in dem sich die Übertreibungen abspielen. Gleichzeitig ist eine reifere Identität vorhanden, so daß die Übertreibungen rücknehmbar sind. Den verdrängten Regungen wohnt die Rückkehrtendenz in der Person zwischen dem eigenen Unbewußten und dem eigenen Bewußten inne. Die narzißtische Neurose beschränkt sich nicht darauf, daß etwas »ankommt«, womit immer noch dem anderen Freiheit belassen wird, sie nötigt oder zwingt mitzumachen. Im Kapitel über den Hochstapler und seine innere Situation und folgliche Strukturentwicklung und im Kapitel »Ichsyntone Objektmanipulation« über Abwehrfunktion des narzißtisch besetzten Ichs habe ich auf die Vorbedingung zur Abspaltung oder Spaltung im Zuviel, in der Überschreitung der Grenzen zwischen den Objekten, also der Objektbeziehung, aufmerksam gemacht. Übersteigerungen, die zu Abspaltungen führen, sind von weit gravierenderem pathologischen Gehalt und charakterisieren sich dadurch, daß sie ohne therapeutische Kenntnis und Hilfe fast nicht mehr rücknehmbar sind. Jede Form eines Zuviels von innen oder außen bewirkt eine Übergewichtigkeit.

Das Übersteigerte verlangt unbemerkt nach einer Steigerung des Gegenpols, der an sich die Funktion einer regulierenden Gegenkraft haben könnte. Da die solchermaßen entstehende Spannung nicht ausgehalten werden kann, tritt die Entlastung durch Isolierung einer Seite und der nachfolgenden Abspaltung ein. Der Hiatus zwischen der frühen Unfähigkeit, die lebensnotwendigen Bedürfnisse selbst zu stillen, und der Erfahrung der Potenz des anderen läßt den *Neid* entstehen. In der Folge wird versucht, sich durch Abspaltung all dessen, was die Unlust durch das Hochbeneidete entstehen ließ, zu erleichtern. Die Abspaltung des Unerwünschten läßt das Erwünschte nochmals gesteigert erscheinen.

## Das Steigerungsprinzip

Nur einem wohl gelingt die Übersteigerung in seinem Werk: Das ist der Künstler. Jedes Kunstwerk lebt von der Übersteigerung. Steigerungen sind im Trivialen und Alltäglichen und auch in der Kunst sowohl in der Über- als auch Untertreibung zu finden. Wenn das Gefühl für einen lustauslösenden Reiz sich mit der Zeit erschöpft, das Bedürfnis nach ungeminderter Lebhaftigkeit und Intensität der Gefühls- beziehungsweise Sinneseindrücke aber fortbesteht, ergibt sich geradezu eine Notwendigkeit stetiger Steigerung. »Auf diese Weise wird die Steigerung zu einem Entwicklungsfaktor.« (Kainz, 1924) Das Bedürfnis nach Steigerung wohnt dem Trieb inne und zwar dem libidinösen wie dem aggressiven. Befriedigung des Triebreizes geschieht doppelt: im Vorgang der Funktion selbst als direkte Triebbefriedung sowie auch am Resultat, an der Wirkung. Die Wirkung beinhaltet nämlich eine narzißtische Rückbestätigung. Diese sowohl triebhafte als auch narzißtische Befriedigung verschränkt sich wechselseitig in der Objektbeziehung. Alice Balint (1939) hat das für die frühe Mutter-Kind-Beziehung beschrieben: Zu stillen und damit das Bedürfnis des Kindes gestillt zu haben ist das Glück der Mutter; gestillt zu werden und gestillt worden zu sein ist das Glück des Kindes. Steigerung als solche kann als Erlebnis-, Ausdrucks- und Formprinzip benutzt werden. Je mehr sie sich dem bewußten und gestalteten

Ausdruck und dem Formprinzip nähert, desto stärker ist in einer Persönlichkeit das Bedürfnis nach Verarbeitung beziehungsweise auch die Forderung nach Gestaltung. Gestaltung ist immer eine Arbeitsanforderung. Steigerung im Alltag findet sich als Übertreibung oder Angabe. Sie erscheint hier konkret und zielt auf direkte Wirkung. Der Steigerungsprozeß und das sich daraus ergebende Größenverhältnis werden lustvoll genossen. Alltäglich geschieht das im Klatsch als einer Entlastungs-, aber auch Eindrucksmöglichkeit. Das heißt immer auch, daß zur Entlastung der andere gebraucht wird. Vom psychischen Ablauf her gesehen kann der Klatschende das, was er erfuhr, nicht bei sich behalten, verarbeiten und fühlt sich unter einem Drang, seine subjektive Sicht weiterzugeben. Ihm ermangelt es, zumindest in dem Moment, an Objektivierungsfähigkeit, das heißt der Arbeit neutralisierender Ichfunktionen.

Steigerungen wohnen allen künstlerischen Gestaltungsprinzipien inne, sei es, daß sie mit Bereicherung oder ihrem Gegenteil, der Reduzierung, arbeiten, sei es, daß sie sich auf einzelnes oder das Gesamte ausrichten. Substitutionen werden zumeist progressiv verwendet, um etwas eindeutiger, plastischer, intensiver oder sonst sinnfälliger darzustellen, doch man sollte nicht so sehr auf die Darstellung sehen und stattdessen vielmehr auf die innere Notwendigkeit der Entäußerung, die eine individuelle Antwort auf ein erlebtes Äußeres ist.

Es findet sich nicht nur eine Sehnsucht nach Steigerung, sondern auch ein tief menschliches Bedürfnis nach Ausdruck, nach dem Ausgestalten von Phantasien in konkreten Gestaltungen. Eine Form der Steigerung ist auch die *Verdichtung*, so wie sie die Psychoanalyse beschreibt. Verdichtung schlägt niemals um.[4] In »Das Unbewußte« schreibt Freud: »Durch den Prozeß der *Verschiebung* kann eine Vorstellung den ganzen Betrag ihrer Besetzung an eine andere abgeben, durch den der *Verdichtung* die ganze Besetzung mehrerer anderer an sich nehmen.« (1915, GW X, S. 285f.) »Die Funktion der Verdichtung als eines Teils der Traumarbeit ist es, die Intensität bestimmter Vorstellungen unter den latenten Traumgedanken zu erhöhen.« (Nagera, 1969 und 1970, S. 300)

4 Wesentlich ist dabei die Definition; denn die psychotische »Verdichtung« als Neologismus oder Kontaminierung sind mißlungene Verdichtungen.

## Drei literarische Beispiele für Übersteigerung und Spaltung

Drei literarische Beispiele mögen das Phänomen der Extremisierung, Übersteigerung und schließlichen Abspaltung veranschaulichen: Iwan A. Gontscharows Roman »Oblomow« (1848-1859), Hans Christian Andersens Kunstmärchen »Der Schatten« (1843) und das Märchen der Brüder Grimm »Der Jude im Dorn«.[5]

### *Oblomow*

Die außerordentliche Einseitigkeit, das Vorherrschen einer oral-passiven Struktur, veranlaßt Kolnai dazu, seine Betrachtung der Romanfigur des Oblomow mit dem Hinweis darauf einzuleiten, wie sehr diese es verdiene, den Freudschen »Charaktertypen aus der psychoanalytischen Arbeit« zur Seite gestellt zu werden. »Oblomow ist ein psychologischer Entwicklungsroman, in dem am Grundsatz des psychosexuellen Parallelismus festgehalten wird.« (S. 485) Es wird erzählt, wie ein Mensch an seinen inneren Hemmungen, infantilen Bindungen, Triebregression und erotischen Versagungen zugrunde geht. Bereits im Namen der Figur des Adligen Elias ‹Ilja Iljitsch› Iwanowitsch Oblomow sind Hinweise auf ihre Struktur enthalten.[6] Der Adlige Oblomow ist das einzige Kind begüterter Eltern und wächst unter patriarchalisch geprägten Verhältnissen heran. Nach kurzer Ausbildungszeit und dem frühen Tod seiner Eltern muß er deren Gut in Oblomowka, dem Dorf seiner Kindheit, übernehmen. Er hat in keiner Hinsicht gelernt und erfahren, daß Arbeit, gleich ob körperlicher oder geistiger Natur, nicht nur lebensnotwendig, sondern auch für seine innere Entwicklung wesentlich ist. Während seines Aufenthaltes in der Stadt hat er zwar einen in jeder Hinsicht beweglichen Freund gefunden, doch das

5 Meine Beschreibung der pathologischen Züge der Romanfigur des Oblomow geht auf die 1923 in der »Imago« erschienene analytische Interpretation von Aurel Kolnai, die Betrachtung des Märchens »Der Jude im Dorn« auf diejenige Carl Nedelmanns zurück, die er 1986 in einem Vortrag zum Thema »Psychoanalyse und Dehumanisierung« gab.

6 »Die Wortwurzel ›lom‹ in Ob-lom-ow bedeutet soviel wie ›schlagen‹ oder ›brechen‹ und erscheint in der russischen Bibel im Wort ›(ans Kreuz) geschlagen‹. Das Verb ›oblomat‹ bedeutet ›abbrechen‹. Oblomows Vorname Ilja ist die rus-

scheint ihn nicht weiter zu beeindrucken, obwohl er von gutherziger, verständiger und feinsinniger Natur ist. Dadurch, daß es selbstverständlich ist, einen leibeigenen Bediensteten zu haben, fallen seine Bequemlichkeit und Trägheit nicht auf. Die unliebsamen Folgen von Versäumnissen werden mit Hilfe einer deklarierten und ärztlich attestierten Krankheit gedeckt, so daß er sich von weiteren Verpflichtungen und Mühen des Berufes weitgehend entbunden fühlen kann. Selbst eine Liebe kann Oblomow nicht beflügeln. Er träumt von einem paradiesischen Zustand, in dem sich alles ohne Mühe, ohne Not und Plage auf einem status quo erhält. Der Roman bezieht seine Dynamik aus den beiden Gegenpolen, Oblomow und seinem Freund, der diesen kurzfristig mit für Oblomow wesensfremden Reizen zu entzünden vermag. Sich in Spannung versetzen zu lassen, lehnt Oblomow jedoch mit einer Kränkung für den Freund ab. Er verrät dabei seine zielsichere Sensitivität und sein paranoisch ausgerichtetes Denkvermögen, indem er den Freund erniedrigt und dessen agile und erfolgreiche Form der Lebensbewältigung als vorgeschoben vor eine nahezu unbezwingbare Schläfrigkeit deklariert. In einem kleineren Rahmen zeigt sich, wie die stets neu aufgelegten Kleinkämpfe mit dem Diener Oblomows Welt beleben. Das langsame Versinken dieser Welt beschreibt der Roman.

Aus dem Schicksal dieses »Helden«, der sich auf seine passiv libidinösen Triebziele fixiert, leitet Kolnai die sich in der Folge einstellenden selbstzerstörerischen Irrtümer ab: die Erschöpfung der Realität, in die Oblomow nichts zurückzugeben vermag; die Aufhebung der Zeit, die nur noch subjektiv bestimmt wird; die wahnhafte Illusion, die Mühseligkeiten und Fährnisse des Lebens seien zugunsten eines Glückseligkeitsideals aufhebbar, was sich aus immer unbefragt gebliebenen Belehrungen und Erklärungen in der Erziehung ableitet; die Angst, die aus den Belehrungen folgt und als Hypochondrie

sische Namensform des biblischen Elias, der die Wiederkunft Christi ankündigen soll. Bei Matthäus 17,10-13 lesen wir: ›Allerdings kommt Elias und stellt alles wieder her. Ich sage euch aber: Elias ist schon gekommen. Aber sie haben ihn nicht erkannt, sondern mit ihm gemacht, was sie wollten.‹ Der Namen Ilja erinnert auch an den Helden russischer Sagen, Ilja Muromez, der erst im Alter von dreißig Jahren gehen lernte, dann aber Wundertaten vollbrachte.« (Rudolf Neuhäuser: Nachwort zu »Oblomow«, München: dtv, 1981, S. 664 Anm.)

schließlich als Vorwand zur Schonung genommen wird; die Abfuhr aggressiver Spannung in einem Herr-Diener-Verhältnis, in dem ein jeder wechselseitig des anderen mürrischer Sklave und gutmütiger Tyrann ist und niemand jemals zufrieden sein kann; die Introversion und autarke Selbstherrlichkeit, die nur durch einen narzißtischen Absonderungsdünkel unterhalten werden, schließen die Vergleichbarkeit mit anderen aus. Gerade dieses entzieht der Umwelt die Realitätsfrische, und das bleierne Ich bleibt auf eine Liebhaberin angewiesen, die diesen Pflegling ihrerseits wie ein eigenes Kind benötigt und, indem sie ihm ein stilles Glück zu bescheren sucht, letztlich todbringend ist.

Diese Dynamik möchte ich aus dem Aspekt einer geförderten Einseitigkeit, also dem der Steigerung betrachten. Der absolut einseitige Wunsch nach immerwährender Glückseligkeit wird durch Abwertung der Notwendigkeit einer Aktivität – sei es körperliche Betätigung oder geistige Bewegung – abgesichert. Im Grunde kommt das einem Denk- und Beeindruckungsverbot gleich. Eine letzte Absicherung erhält dieses Aktivitätsverbot durch eine mit Sicherheit vorausgesagte Gefährdung für Körper, Geist und Seele in Form der Erkrankung. Notdürftig, aber notwendig sichert dieses vorausgesagte stille Glück das elitäre Abgehobensein in Selbstgewißheit und Selbstherrlichkeit gegenüber der Realität anderer Menschen und anderer aktueller Dinge. Da zunächst kein Mangel besteht, erfolgt die Entwertung der anderen ganz global, unmerklich und selbstverständlich. Nur jenes eine Mal trifft den Freund die Abwertung seiner Fähigkeiten, die scharf als der innere Gegensatz empfunden und in jenem Moment erkannt werden. In dem narzißtisch unterhaltenen Passivitätswahn ist jeder Änderungswille, jeder Wille nach einem Finden, damit also jedes Stück schöpferischen Tuns erstickt. Verkümmerung und Rückentwicklung jedweden psychophysischen Vermögens müssen die Folge sein. In der Namensgebung ist das Schicksal Oblomows enthalten: die aktuelle Gebrochenheit, die Lähmung und die großartige Erwartung als eine Prophezeiung, daß er ein Wunderbarer ist, der dann erst gehen lernt und Wundertaten vollbringt. Die Deklaration des Besonderen jetzt und die Prophezeiung des Besonderen in der Zukunft bewirken die Lähmung bei gleichzeitigem Anspruch. Eine solche in der Objektbeziehung vermittelte, den eigenen passiv-libidinösen Triebwünschen entgegenkommende Haltung der frühen Objekte entbinden die Romanfigur von der entwicklungspsychologisch notwendigen Auseinandersetzung, vom Schmerz in der frühen Separation und von der Bewältigung der ödipalen Konstellation. Zur paranoiden Verarbeitung und Abspaltung fehlt der Romanfigur die Ichstärke, die sie aus der analen Entwicklungsepoche hätte erwerben müssen. Die Abspaltung der Aktivität geschieht ichsynton und wird daher als Mangel nicht bemerkt. Die Genese dieser Situation muß einem Wunsch von zwei Seiten entgegengekommen sein. Der Wunsch der ersten Generation hat offensichtlich in der zweiten Generation seine projektive Erfüllung gefunden, eine Erfüllung, zu der sich Oblomow als ein Glied der zweiten Generation verführen ließ.

Die Ursache des Verfalls des Roman-»Helden«, einem abulischen Charakter, scheint im Roman zunächst keinen Namen zu haben. Die Gegenfigur, Oblomows Freund, findet ihn schließlich: »Oblomowismus«. Das meint im weitesten Sinne eine Art Inzucht; die Auseinandersetzung, die bei der Entwicklung eines Ödipuskomplexes geschieht, bleibt unter dem Motto erspart, daß man besonders sei. Dazu gehört die Bereitstellung von allem, worüber der Mensch verfügen muß und möchte. Der Roman ist beispielhaft für die von Michael Balint beschriebene Oknophilie: ein Ersticken in der gepriesenen Glückshaube der Selbstherrlichkeit.

## *Der Schatten*

Eine Abspaltung im Sinne einer schließlich vollkommenen Aufspaltung innerhalb des eigenen Ich ereignet sich in dem Märchen »Der Schatten« von Hans Christian Andersen. Einen der Schilderung nach jungen Gelehrten aus den kalten Ländern zieht es nach der Sonne in ein heißes Land, in dem gegensätzliche Lebensbedingungen herrschen; er weiß nicht, daß alle dort nur leben können, wenn Fensterläden und Türen den ganzen Tag geschlossen bleiben, so daß es aussieht, als schliefe das ganze Haus oder als sei niemand daheim. Erst am Abend, wenn die Sonne untergegangen ist, leben die Menschen dort auf. »Das griff ihn an, er wurde ganz mager, selbst sein Schatten schrumpfte zusammen, er wurde viel kleiner als zu Hause, die Sonne griff auch ihn an.« (S. 533) »(...) sobald das Licht in die Stube gebracht wurde, streckte sich der Schatten ganz an der Wand hinauf, ja sogar bis ganz an die Decke, so lang machte er sich; er mußte sich strecken, um wieder zu Kräften zu kommen.« (S. 533) Seinem Schatten widmet der Gelehrte Aufmerksamkeit. Er spricht ihm Lebendigkeit zu, wenn er ihn belebt, und sagt, er strecke sich bis hoch zur Decke, um wieder zu Kräften zu kommen.[7] Außerdem hat der junge Gelehrte eine Sehnsucht. Von seinem Fenster mit einem Altan kann er auf das gegenüberliegende Haus auf einen Altan sehen. Abends, wenn die Gassen sich füllen und überall Leute hervorkommen, tritt er auf den Altan, um sich zu recken und Luft zu schöpfen. Gegenüber bleibt es ganz still, und doch wohnt dort jemand; denn es stehen Blumen auf dem Altan, die so schön blühen. Sie müssen also begossen werden, anders hätten sie nicht so blühen können; auch steht abends die Tür auf, »aber es war dunkel dort drinnen, wenigstens in dem vordersten Zimmer; von tiefer innen ertönte Musik. Der fremde, gelehrte Mann fand, sie sei ganz unvergleichlich, aber es konnte nun freilich auch möglich sein, daß er es sich nur einbildete, denn er fand alles unvergleichlich da draußen in den warmen Ländern, wenn nur keine Sonne dagewesen wäre.« (S. 534) Bei einem Aufwachen in der Nacht – die Gardine hebt sich im Wind – erscheint es ihm, als komme ein seltsamer Glanz vom gegenüberliegenden Altan, die Blumen leuchteten wie Flammen und zwischen ihnen stünde eine schlanke, liebliche Jungfrau; es ist, als ob sie leuchte, und es blendet ihm die Augen. Als er aufspringt, es zu sehen, ist alles fort, die Tür wie immer angelehnt und von innen die Musik, die süße Gedanken erweckt. Eines Abends sitzt der Gelehrte auf seinem Altan, und das Licht hinter ihm wirft unnatürlich einen Schatten auf die Wand des gegenüberliegenden Hauses, und als sich der Gelehrte regt, bewegt sich auch der Schatten. »›Ich

7 Ich erinnere den Leser an den Patienten M. im Kapitel »Die Tragik von Identifizierungsprozessen in der ›zweiten Generation‹ – eine Gegenüberstellung«, der seine Größe ebenfalls an Eindrücken von Relationen zwischen ihm und dem unbelebten Außen abliest, wenn er darauf wartet, daß das Muster des Bürgersteigbelags kleiner werde, er also gewachsen sei. Auch der im Kapitel »Ein Flüchtlingsschicksal« genannte Patient spielt mit der Größe seines Schattens.

glaube, mein Schatten ist das einzig Lebendige, was man da drüben sieht. (...) Seht, wie nett er zwischen den Blumen sitzt; die Tür ist nur angelehnt. Jetzt sollte der Schatten so schlau sein und hineingehen, sich umsehen und dann zurückkommen und mir erzählen, was er gesehen hat! Ja, du solltest dich nützlich machen!‹ sagte er im Scherz. ›Bitte einzutreten! Nun? Gehst du?‹ und dann nickte er dem Schatten zu, und der Schatten nickte wieder. ›Ja, dann geh, aber bleibe nicht weg!‹ Und der Fremde erhob sich, und der Schatten drehte sich auch um; ja, wenn jemand genau darauf achtgegeben hätte, so hätte er deutlich sehen können, wie der Schatten durch die halboffene Balkontür des gegenüberliegenden Hauses eintrat, gerade als der Fremde in seine Stube trat und die lange Gardine hinter sich herabfallen ließ.« (S. 535f.) Am nächsten Morgen im Sonnenschein merkt er: »(...) ich habe ja keinen Schatten! So ist er wirklich fortgegangen gestern abend und nicht wiedergekommen, das ist eine langweilige Geschichte.« (S. 536) Dem Schatten hat der Gelehrte erneut Lebendigkeit zugesprochen.

Eine Sehnsucht des jungen gelehrten Mannes nach der Sonne, nach dem Licht, nach dem Glanz kommt zum Ausdruck. Doch die Begegnung mit seiner Sehnsucht, die schon an der Steigerung der veränderten Umwelt ablesbar ist, die Realisierung seiner Sehnsucht hält er nicht aus. Ähnlich Oblomow wagt er – abgesehen von der Reise – nichts Aktives dazu zu tun. Das wird deutlich an dem Bild der abendlich gefüllten Straßen, auf die er nur von oben schaut. Im Glanz und in wundervoller Musik, die er in der Nacht zu hören vermeint, wird seine letzte Sehnsucht, eine Jungfrau, wie im Traum kurz sichtbar. Nie hätte er es gewagt, zu ihr zu gehen; keck dagegen schickt er auf einmal seinen Schatten, den er ermutigt, sich zu verselbständigen. Doch damit ist ein Teil von ihm gegangen, den er selbst nicht leben kann, nicht zu leben wagt. Als er daraufhin noch einmal versucht, seinen abgetretenen Schatten mit der Lampe im Zimmer zu evozieren, sagt er den doppeldeutigen Satz, »daß der Schatten seinen Herrn immer zum Schirm haben will« (S. 537).

Der Gelehrte reist schließlich wieder in seine Heimat, in den Norden zurück. Da im Süden alles schnell wächst, ist ihm auch wieder ein Schatten gewachsen. Viele Jahre später klopft es sacht an seine Tür, und sein früherer Schatten besucht ihn. Der Schatten ist eigenständig geworden. Seinem Herrn gegenüber erklärt er, er sei der Schatten, »der von Kindesbeinen an in Ihre Fußspuren getreten« ist und der »ordentlich Fleisch und Kleider bekommen« hat, daß er sich »vom Dienst freikaufen« kann. Als der Gelehrte den Kopf schüttelt und die Bedeutung nicht fassen kann, sagt der Schatten: »Ja, etwas Gewöhnliches ist es nicht, (...) aber Sie selbst gehören ja auch nicht zu den Gewöhnlichen (...) Sobald Sie fanden, ich sei reif genug, um allein in die Welt hinauszugehen, ging ich meinen eigenen Weg; ich bin in den allerbrillantesten Verhältnissen; aber es überkam mich eine Art Sehnsucht darnach, Sie noch einmal zu sehen, bevor Sie sterben, Sie müssen ja sterben!« (S. 539) Das klingt merkwürdig. Doch durch die Geschichte der Abspaltung des Schattens vom Gelehrten zieht sich von nun an ein roter Faden der wachsenden Unterlegenheit des Gelehrten. Der Schatten erzählt es dem Gelehrten unter dem Versprechen, daß jener niemandem erzählen dürfe, »daß ich Ihr Schatten gewesen bin« (S. 539). Dann berichtet er von dem gegenüberliegenden Haus damals im Süden, wo ihn sein Herr ermutigt hatte, allein zu gehen: »(...) es war die Schönste von allen, es war die Poesie! Ich war dort drei Wochen, und das war ebenso wirksam, als wenn man dreitausend Jahre lebte und alles las, was gedichtet und geschrieben war, denn das sage ich, und das ist richtig. Ich habe alles gesehen, und ich weiß alles.« (S. 540 f.) Der Schatten aber hat noch mehr gesehen: »(...) ich sah, (...) was keine Menschen wissen durften, aber was sie alle zusammen so gern wissen wollten: Übles bei den Nachbarn.« (S. 543) Da zeigt der Schatten, daß er auch vor Verpöntem keine Scheu hat – im Gegensatz zu seinem Herrn.

Im Vorgemach der Poesie ist der Schatten Mensch geworden. Er hat dabei »diesen ganze Menschenfirnis nötig« (S. 543), Stiefel und Kleider. Der Schatten erzählt dem Gelehrten, wie merkwürdig er sich beim Sonnenauf- und -untergang fühle, so seltsam groß, und im Mondschein sei er beinahe noch deutlicher als der Gelehrte selbst. Den Übergang bei seinem schattenhaften Besuch bei der Poesie zum eigenständigen Menschen gewinnt der Schatten übrigens, und das erzählt er auch dem Gelehrten, als er seinen weiten Weg »unter dem Rock der Kuchenfrau« (S. 543) nahm, unter dem er sich versteckte. »(...) die Frau dachte nicht daran, wieviel sie verbarg.« (S. 543) Es wird deutlich, wie sehr der Schatten für seine Menschwerdung nicht nur den Firnis, sondern die selbstverständlich oral-spendende Frau braucht.[8]

Bei einem späteren Besuch schlägt der Schatten seinem früheren Herrn, der nun wirklich aussieht wie ein Schatten, eine Reise vor: »Sie müssen in ein Bad gehen! (...,) es bleibt Ihnen nichts anderes übrig! Ich will Sie um unserer alten Bekanntschaft willen mitnehmen (...)« (S. 545) Auf der gemeinsamen Reise von Schatten und Gelehrtem beginnt sich das Verhältnis zwischen beiden deutlich zu drehen. Sie sind nicht Reisekameraden, das angebotene Du des Gelehrten schlägt der Schatten aus: »(...) ich fühle mich gleichsam zu Boden gedrückt in meine erste Stellung bei Ihnen. Sie sehen, daß es ein Gefühl ist, es ist nicht Stolz; ich kann Sie nicht du zu mir sagen lassen, aber ich werde gerne du zu Ihnen sagen, dann ist das Halbe getan.« (S. 546) Der Gelehrte berichtet von sich: »(...) ich schreibe von dem Wahren und allein dem Guten und dem Schönen; aber niemand macht sich etwas daraus (...)« (S. 544) – »(...) das war für die meisten gerade wie Rosen für eine Kuh. – Er war ganz krank zuletzt.« (S. 545) Darauf antwortet ihm der Schatten: »Aber das tue ich nicht (...), ich werde fett, und das ist es, was man werden soll. Ja, Sie verstehen sich nicht auf die Welt.« (S. 544) Während sie reisen und miteinander reden und in Verhandlung kommen, bemerkt der Gelehrte mehrfach für sich: »Das ist zu toll!« (S. 545 ff.) oder: »Das geht reichlich weit!« (S. 545 ff.) Aber er muß durchhalten: »Und dann reisten sie, der Schatten war nun Herr, und der Herr war Schatten; sie fuhren miteinander und sie ritten und gingen zusammen, Seite an Seite, voreinander oder hintereinander, je nach dem Stand der Sonne. Der Schatten wußte sich immer am Herrenplatz zu halten, und darüber dachte der gelehrte Mann nun nicht weiter nach; er hatte ein sehr gutes Herz und war überaus mild und freundlich.« (S. 545 f.)

Als sie in den Badeort kommen, gibt es viele Gäste und unter ihnen eine schöne Königstochter mit einer beängstigenden Krankheit: Sie sieht allzu scharf. Und während der Schatten

8 Dieses Bild erinnert übrigens an die Figur des Oskar unter den Röcken der Großmutter Anna Bronski in der »Blechtrommel« von Günter Grass.

noch daran leidet, seinen Bart zum Wachsen zu bringen, sagt die Königstochter dem Neuankömmling: »Ihre Krankheit ist, daß Sie keinen Schatten werfen können.« (S. 547) Der Schatten erweist sich erneut wortgewandt: »(...) ich habe just einen ganz ungewöhnlichen Schatten; sehen Sie nicht die Person, die immer mit mir geht? Andere Menschen haben einen gewöhnlichen Schatten, aber ich liebe das Gewöhnliche nicht.« (S. 547) Als die Königstochter, die gedenkt, ihn zu heiraten, ihn nochmals examiniert und ihn nach dem Allerschwierigsten zu fragen beabsichtigt, was sie selbst nicht hätte beantworten können, antwortet der Schatten, das, nach dem sie frage, habe er schon in den Kinderjahren gelernt und sein Schatten dort bei der Tür – der Gelehrte also – habe ihn so viele Jahre begleitet und ihm zugehört, der könne darauf antworten. Die Königstochter findet das höchst merkwürdig, doch der Schatten versucht sie zu überzeugen und macht »königliche Hoheit« darauf aufmerksam, daß »er (der Gelehrte nämlich) sehr stolz darauf ist als Mensch zu gelten« (S. 549): »(...) und wenn er in rechter Laune sein soll, und das muß er sein, um gut zu antworten, dann muß er ganz wie ein Mensch behandelt werden.« (S. 549) Daß der Schatten so weise und klug ist – sie erfährt das, als sie mit ihm von der Sonne und den Monden, von den Menschen, ihrem Inneren und Äußeren spricht –, hat der Königstochter gefallen, und sie werden sich einig, für immer auf dem Schloß zu leben und den Gelehrten von jedem »Schatten« nennen zu lassen. Er dürfe nie sagen, daß er einmal ein Mensch gewesen sei: »(...) und einmal im Jahr, wenn ich auf dem Altan im Sonnenschein sitze und mich sehen lasse, mußt du zu meinen Füßen liegen, wie ein Schatten es soll« (S. 550), so der Schatten. »Nein, das ist doch allzu toll! (...) das will ich nicht, das tue ich nicht! Das heißt das ganze Land betrügen und die Königstochter dazu!« sagt sich der Gelehrte und will den Schatten als neu eingekleideten Betrüger anprangern. Doch da wird er als verrückt erklärt: »(...) er glaubt, daß er ein Mensch und daß ich – denke dir nur –, daß ich sein Schatten bin!«, sagt der Schatten zur Königstochter, die dazu meint, es sei »eine wahre Wohltat, ihn von dem bißchen Leben, das er hat, zu befreien« (S. 551), und während die Königstochter den Schatten heiratet, nehmen sie dem Gelehrten das Leben.

Es besteht an keiner Stelle ein Zweifel darüber, daß der Gelehrte und der Schatten ein und derselbe Mensch sind, gegensätzliche Extremausrichtungen einer Seele. Die Sehnsucht des Gelehrten richtet sich nach dem Licht, der Sonne, der Wärme, einer Wärme, die er, so wie er sie aufsucht, nicht aushält. Die Wärme, die er sucht, ist die eines anderen, ihn ergänzenden Menschen. Er ist ein Gehemmter. Er müßte ein ganz anderer sein, denkt seine gehemmte Seele, um aktiv leben zu können und seine Sehnsucht zu erfüllen. Nur einmal, als er von seiner Tätigkeit spricht, bekennt er, daß sein Tun niemanden interessiere. Er beklagt es nicht – doch es ist ihm anzusehen, wie krank er darüber geworden ist. Diese andere, die er sucht, ist nicht unter denen, die abends – wie im Süden alle – auf die Straße kommen. Daß sie eine Besondere ist, erfährt der Gelehrte erst vom Schatten. Er selbst aber ist auch ein Besonderer, obwohl er sich das nicht eingesteht. Er äußert es auch nicht, sondern der Schatten sagt es über ihn: »nichts Gewöhnliches«. Seine Bescheidenheit, seine innere anspruchsvolle Ausrichtung, ja seine Empfindlichkeit gegenüber der Sonne und den nicht auf ihn reagierenden Menschen spricht er nicht einmal aus. Es ist so. Es ist selbstverständlich für ihn. All das, was er empfindet, denkt beziehungsweise ersehnt, verkörpert in der Erzählung der Schatten, der es ausspricht. Der Gelehrte kann zu diesen Empfindungen nicht stehen, er findet keine Beurteilung für sich selbst, das, was er ist und sein will, und tritt all die offenbar verpönten, angeblich nicht moralischen Regungen und Strebungen an den Schatten, ein alter ego, ab. In dieser Abtretung werden die Regungen ungezügelt, und zweimal gibt der Gelehrte Beurteilungen ab: »Das ist doch reichlich toll!« und »Das geht zu weit!« Sie betreffen das Maß. Er kann damit zwar über den angeblich anderen urteilen, aber nicht über sich selbst. Der Schatten ist zu Wohlstand und Macht gekommen und heiratet die Frau, nach der sich der Gelehrte sehnt. Der Schatten gibt geschickt vor, daß er mehr weiß, auch als die Frau, der alle Sehnsucht galt. Der Schatten ist im Gegensatz zu seinem Herrn mutiger gewesen, zu der traumhaft Schönen hineinzugehen. Er hat es auf eine Art Befehl getan, am Gipfelpunkt der Sehnsucht und zugleich am Drehpunkt, an dem sich das eine Ich vom anderen trennte. Der Schatten will eine Frau, eine besondere, die jungfräuliche Königstochter, mehr ist nicht wünschbar. Es heißt, daß die Königstochter so begabt ist, daß sie scharf sieht; das wird ihr als Krankheit, als »ein Übel«, ausgelegt. Sofort sieht sie, daß der Schatten keinen Schatten hat, daß er nicht vollständig ist, daß ihm etwas fehlt, was indirekt von der Körperlichkeit zeugt. Immer erweist sich der Schatten als verblüffend, rasch, gewandt; er verstrickt sich niemals in eine falsche Aussage und findet stets einen beeindruckenden, alles offenlassenden Abgang, indem er die Antwort den anderen zuspielt. Als alter ego findet er auf eine merkwürdige Weise Leben: Als er als Schatten das erste Mal »geschickt« wird, nicht wiederkommt und sich dann als anderer Mensch zeigt, erhält er Leben von der »Poesie«, der Traumhaften. Als er sie verläßt, um ganz selbst Mensch zu werden, empfängt er Leben von der Kuchenfrau, unter deren Rock er geht. Jene zweite Frau merkt offenbar selbst nichts davon. Ihm Leben gegeben zu haben wertet sie nicht auf, und er braucht auch nicht dankbar dafür zu sein. Als der Schatten Hochzeit feiert, ergänzt er sich mit der Königstochter. Der Gelehrte, der Gehemmte kann und darf dieses »Glück« nicht erleben. Das Sterben wird ihm ganz selbstverständlich vorausgesagt. Trotz aller Achtsamkeit und Skepsis kann die Königstochter sich jedoch vor einem Betrug nicht retten; sie heiratet einen erstaunlichen, jedoch einen halben Menschen, einen Menschen, der sich als ein Herr ausgibt und seine andere, seine gehemmte, bescheidene Seite verleugnet, verspottet, als Diener bezeichnet und benötigt, den er letztlich erschlägt, einen Menschen, der eines besseren Traumbildes seiner selbst wegen nicht er selbst sein kann. Mit dem imponierenden exhibierten Bild zieht er, indem er seine Geistigkeit an seinen Diener, den nun schattenhaften Gelehrten, verweist, die Frau so dicht an sich in der Beziehung, daß sie ihre Fähigkeit zur klaren Sicht, die ihr als Krankheit ausgelegt wird, durch zu große Nähe verliert, in der sie blind wird, in der das Übergewicht des einen alles ist und sie zur lebensnotwendigen Ergänzung dient. Der Gelehrte kann oder muß sogar sterben; denn er ist durch die verkörperte Sehnsucht, die Königstochter, ausgetauscht.

Andersen imaginiert in dem Märchen den Traum eines klugen, gelehrten, übermäßig bescheidenen und zurückhaltenden Mannes bis über die Grenze der Materialisation aus der angeblich körperlichen Erscheinung des Schattens hinaus. Als Künstler kennt er diese Überbescheidenheit und ihre dynamischen Hintergründe ganz selbstverständlich, so wie es der Analytiker nachvollziehen muß. Otto Rank charakterisiert dieses Verhalten bedingt durch den intensiv bedroht erlebten Narzißmus mit der oft bis zu paranoischem Wahnsinn führenden Angst vor dem eigenen Ich, das im verfolgenden Schatten, Spiegelbild oder Doppelgänger personifiziert erscheint: »Auf der anderen Seite kehrt aber in denselben Phänomenen der Abwehr auch die Bedrohung wieder, vor der sich das Individuum schützen und behaupten will, und so kommt es, daß der die narzißtische Selbstliebe verkörpernde Doppelgänger gerade zum Rivalen in der Geschlechtsliebe werden muß oder daß er, ursprünglich als Wunschabwehr des gefürchteten ewigen Unterganges geschaffen, im Aberglauben als Todesbote wiederkehrt.« (Rank, S. 117) »Nun bestätigen die dichterischen Darstellungen des Doppelgängermotivs, die den Verfolgungswahn schildern, nicht nur die Freudsche Auffassung von den narzißtischen Dispositionen zur Paranoia, sondern sie reduzieren auch in einer von den Geisteskrankheiten relativ selten erreichten Anschaulichkeit den Hauptverfolger auf das eigene Ich, die ehemals geliebteste Person, gegen die sich nun die Abwehr richtet.« (S. 101) Die Disposition zu solcher Störung setzt – so Rank – »ein hohes Maß von Spaltung der Persönlichkeit« voraus. »Direkte Unfähigkeit zur Liebe oder eine – zum gleichen Effekt führende – übermäßig hochgespannte Liebessehnsucht kennzeichnen die beiden Pole dieser krassen Einstellung zum eigenen Ich.« (S. 66) Das Unheimliche daran ist »irgendwie eine Art von heimlich« (Freud, GW XII, S. 237), und weiter entwickelt Freud (S. 254), daß der Sprachgebrauch das Heimliche in seinen Gegensatz, das Unheimliche, übergehen läßt (S. 242 f.); denn das Unheimliche ist vielleicht nichts Neues oder Fremdes, sondern etwas dem Seelenleben von alters her Vertrautes, das aber nur durch den Prozeß der Verdrängung entfremdet worden ist. Das Übersteigerte ist als dem Ich unerträglich verdrängt worden. Damit bleibt es innersystemisch und wird entfremdet, weil es einem anderen inneren System, dem Unbewußten, zugewiesen wurde.

Während es sich in Andersens Märchen bei der Abspaltung um die der Ichkritik nicht standhaltenden libidinösen Impulse handelt und es zu einem aus dem Unbewußten rückkehrenden, also virtuellen Doppelgänger kommt, die Spaltung in der Person, intrapersonell, bleibt, geht es in dem Märchen vom »Juden im Dornbusch«[9] um die Abspaltung aggressiv-sadistischer Impulse und vor allem um ihre Zuweisung und Anheftung an einen anderen, also nicht mehr um ein persönliches Schicksal, sondern interpersonell um das einer Objektbeziehung. Dabei wird das Verhältnis Herr und Diener in ein Verhältnis Täter und Opfer gesteigert, es handelt sich – wie Nedelmann sagt – um das »Verhältnis zwischen Opfer und Täter in seiner einfachsten Gestalt«:

»Wie so oft im Märchen sind auch hier gut und böse reinlich geschieden. Auf der guten Seite steht ein Knecht, der alle Epitheta ornantia des tumben Toren für sich verbuchen darf, wobei übrigens ›tumb‹ ursprünglich ›stumm‹ und ›Tor‹ ursprünglich ›Tauber‹ hieß, so daß wir es hier also mit jener typisierten Spielart guter Menschen zu tun haben, die im Hinblick auf die sekundäre Bearbeitung, welche bekanntlich moralische Erwägungen einschließt, als Taubstumme gelten können. Der Knecht war ›getreu und fleißig‹, hatte ›ein einfältiges Gemüth‹ und war ›reinen Herzens‹. Er wünschte sich ›eine Fiedel, wenn ich die streiche, muß alles tanzen, was sie hört‹, bekam sie auch und, ›war er vorher froh gewesen, dünkte er sich jetzt noch zehnmal froher‹, zumal er außerdem noch ein unfehlbar treffsicheres Schießgerät und die Gabe erhalten hatte, daß ihm keiner eine Bitte abschlagen durfte.

In dieser Weise ausgestattet, begegnete ihm das Böse in der Gestalt eines alten Juden. Mir nichts, Dir nichts, wünschte er den Juden in einen Dornbusch. Was dort dem Juden durch den Knecht widerfuhr, zitiere ich wörtlich, bitte aber darum, den Text nicht wie ein Märchen, sondern z.B. wie von Kafka zu hören:

9 Nedelmann zitiert das Märchen der Brüder Grimm nach dem Nachdruck der Erstausgabe von 1815. Bemerkenswert ist, daß es in Ausgaben auch der »Gesammelten Märchen« nach 1945 nicht mehr erschienen ist.

›Da kroch der Jud' in den Busch und wie er mitten drin stack, zog mein Knecht seine Fiedel und geigte, fing der Jud' an zu tanzen und hatte keine Ruh, sondern sprang immer stärker und höher; der Dorn aber zerstach seine Kleider, daß die Fetzen herum hingen und ritzte und wundete ihn, daß er am ganzen Leibe blutete. ›Gotts willen, schrie der Jud', laß der Herr sein Geigen seyn, was hab' ich verbrochen?‹ Die Leute hast du genug geschunden, dachte der lustige Knecht, so geschieht dir kein Unrecht, und spielte einen neuen Hüpfauf. Da legte sich der Jud' auf Bitten und Versprechen und wollte ihm Geld geben, wenn er aufhörte, allein das Geld war dem Knecht erst lange nicht genug und trieb ihn immer weiter, bis der Jud' ihm hundert harte Gulden verhieß, die er im Beutel führte und eben einem Christen abgeprellt hatte. Wie mein Knecht das viele Geld sah, sprach er: ›unter dieser Bedingung ja‹, nahm den Beutel und stellte sein Fiedeln ein; darauf ging er ruhig und vergnügt weiter die Straße.‹ und: ›Der Jud' riß sich halb nackicht und armselig aus dem Dornstrauch.‹

Der Jude verklagte den Knecht, aber vor Gericht wiederholte sich die Szene in umgekehrter Richtung, dieses Mal mit dem Ziel einer Geständnis-Abpressung. Schließlich rief der Knecht ›dem Juden zu: ›Spitzbub' gesteh' wo du das Geld her hast, sonst hör' ich dir nicht auf zu spielen.‹ ›Ich hab's gestohlen, ich hab's gestohlen und du hattest es ehrlich verdient‹, schrie der Jude, daß es alle hörten. Da ließ mein Knecht die Geige ruhen und der Schuft wurde für ihn am Galgen gehängt.‹« (Nedelmann, 1986)

Nedelmann weist literarische Vorläufer des Märchens im 16. Jahrhundert nach (»Möglicherweise geht eine erste Lustspielfassung auf die Zeit des Bauernkrieges zurück.«) und stellt das heraus, weil der Schalk in der frühen Posse – wenn auch ex negativo – eine Beziehung zum Gegenspieler hatte, während den Knecht im Märchen mit dem Juden nichts verbindet. »Nicht das Vorurteil in der Gleichsetzung von Jude und Schuft hat den Juden auf die Folter gespannt und an den Galgen gebracht, sondern die Einfühlungsverweigerung, das völlig verlorengegangene Mitgefühl, die fehlende reaktive Empathie, das fehlende Mitleid.« Nedelmanns Überlegung, wie es zu dieser Folterszene, nach der der Knecht »ruhig und vergnügt« geht, kommen kann, weist die notwendige Abfolge psychischer Ich-Leistungen auf, die zu Nicht-Leistungen oder Miß-Leistungen werden. Ich hebe das so ab; denn es handelt sich bei diesen Abwehrleistungen nicht mehr um für das andere Objekt harmlose psychische Fehl-Leistungen des Ichs. Es sind fehlende, ermangelnde Leistungen des Ichs, die als Zügel anderer Triebleistung ausfallen und infolgedessen destruktiv-aggresive Impulse steigern:

»– die scharfe Trennung von gut und böse, oder auch: ›jeder zu Freund oder Feind‹ [...]
– die Projektion des Bösen, – die fehlende reaktive Empathie, die infolgedessen ungehemmte Abfuhr der destruktiv-aggressiven Triebe [...]
– nach Zerreißen des empathischen Bandes die mangelnde Möglichkeit der Realitätsprüfung, weil die Anmutungen des Objekts nicht mehr in der Weise wahrgenommen werden, daß ihnen ein Bedeutungsgehalt zugesprochen werden müßte, der eine Korrektur bewirken könnte.

Der dehumanisierende Prozeß ist – und das ist schließlich noch hinzuzufügen – wechselseitig; Viola Bernard, Perry Ottenberg und Fritz Redl schreiben dazu: ›Dehumanisierung (...) führt dazu, daß das Gefühl für die eigene Individualität und die Wahrnehmung der Menschlichkeit der anderen abnimmt.‹ (Bernard, Ottenberg, Redl, 1965, S. 64)« (Nedelmann, 1986)

Nedelmann führt Empathie als reaktive Empathie in der Abfolge ein. Sein Einfall zu dem Knecht als tumben Toren, »wobei ›tumb‹ ursprünglich für ›stumm‹ und ›Tor‹ ursprünglich für ›Tauber‹ stand«, erscheint mir aufschlußreich im Hinblick auf eine viel frühere Störung der Empathie des Knechtes. Wie ein Stummer und Tauber auf Bedrohung reagiert, läßt sich folgendermaßen vorstellen: In Bedrängnis kann er seine Angst, Hilflosigkeit, die Not, sich verständlich zu machen oder aber sich zu verteidigen, entweder durch Flucht – das bedeutet aber die Aufgabe seines Ortes, seines Platzes – oder, kann er noch gar nicht fliehen, durch eine Art Zappeln und Gestikulieren mit seinen Gliedern und seinem Körper und unartikuliertes Weinen bis Schreien ausdrücken. Er ist extrem ausgeliefert, es drängt sich der Vergleich mit der Situation eines ungeliebten Säuglings auf, der sich in der Not befindet, nicht versorgt worden zu sein.

Sind nicht aus solcher Lage die übermäßigen, eigentlich unmäßigen Wünsche des Knechts zu verstehen, die doch einem Motiv entspringen müssen: eine Fiedel, »wenn ich die streiche, muß alles tanzen, was sie hört«, ein unfehlbar treffsicheres Schießgerät und die Gabe, daß niemand ihm eine Bitte abschlagen dürfe, also niemand ein Nein ihm entgegnen könne? Das kann sich nur jemand wünschen, dem viele Bitten abgeschlagen wurden, nach dessen Bedürfnis und Verlangen niemand »tanzte« und dessen Rufen niemanden erreichte, dessen Zorn und Wut niemand auffing. Mit diesen Gaben versehen, tut der Knecht in der Folge einem anderen das an, was ihm einst angetan wurde: Der Jude zappelt im Dornbusch und muß schließlich sein Leben lassen. Der Knecht hatte wohl auch klein und hilflos gezappelt und hat dabei seine Seele gelassen. Er ist ein Mensch, den keine Antwort von der Umwelt erreicht hatte und dessen Seele, dessen Individualität und folglich dessen Empathie, Einfühlungsfähigkeit sich nicht in einer Objektbeziehung entwickeln konnte; dennoch hat er eine Ahnung, ein innerstes »wahres Selbst«, das spürt, daß es diesen Besitz gibt, und wünscht ihn sich, ja, er beneidet den anderen um dieses »Vermögen«. Freilich kann er diesen Besitz beziehungsweise dieses Vermögen nicht gebrauchen; denn sein Haß über die Vorenthaltung ist so groß, daß er ihn loswerden muß. Das Vorurteil bahnt lediglich den Weg für die Projektion. Da er keine *Individualität* und damit *Subjektivität* entwickelt hat, kann er *Objektivität* – Nedelmann nennt es Realität des anderen – nicht erkennen. Um so leichter kann er den anderen gebrauchen, um etwas an ihn loszuwerden. Das ist sein Neid, der sich hier auf das Geld des anderen als etwas Konkretem verschiebt, im übertragenen Sinne ein Vermögen, das, was der andere ihm gegenüber voraus hat, die bewegliche Libido, mit der er sich freier bewegen kann. Der Neid darauf steigert sich zum Haß auf den Besitzer dieses Vermögens, der jede andere Sicht, auch die auf das eigene Handeln, verstellt.

## Vergleich und Folgerung

In den drei als Beispiel gewählten Erzählungen erfolgt Abspaltung in unterschiedlichem Ausmaß. Das Selbstzerstörerische, das in der Steigerung des infantilen, passiv-regressiven Triebanteils der Romanfigur Oblomow liegt, bemerkt und stört diese Figur noch nicht. Allerdings braucht sie zum Verdecken ihres Versagens vor sich selbst die Krankheit, die Hypochondrie. In Andersens Märchen, im Spiel mit dem alter ego, wendet sich bei der Steigerung das Gegenteil gegen das ursprüngliche Ich, und in dem Grimmschen Märchen führt die Steigerung zur Abspaltung auf ein anderes Objekt und zu dessen Destruktion. Die Abwehrfunktion der Spaltung hat zur Voraussetzung, daß bei der früh erlebten Not in einer Extremsituation das eigene Ich selbst diese nicht auszugleichen vermag und sie durch die hilfreich einfühlende und konkret lindernde, entlastende Sorge und Pflege der Mutter oder ihrer Ersatzperson nicht ausgeglichen wird. Das bewirkt einen nachhaltigen, schmerzvollen Eindruck von Abhängigkeit oder Ausgeliefertheit. Die Not, die durch die triebhaft ablaufenden vitalen Lebensfunktionen entsteht, wie etwa Hunger, führt bei unzeitgemäßem Ausgleich zu einer solchen Unerträglichkeit, eine vitale Form von Steigerung, daß die einzige Entlastungshilfe die Exterritorisierung, die Abspaltung, ist. Zuvor jedoch hat die lebensbedrohliche Unlust als Erlebnis einen bewertenden Begriff gefunden, der beispielsweise in der Terminologie von Melanie Klein in der Form als »die *böse* Brust«, als projizierte Unlust, erscheint. Bei der zeitgemäßen und auch sonst ausreichenden Hilfe beziehungsweise Verfügbarkeit des Objekts dient es im Winnicottschen Sinne dagegen als das *»haltende«* Objekt, das gute wie böse Gefühle auffängt, bewahrt und in einer konstruktiven und verträglichen Weise zurückgibt, also für die Reinkorporation und damit schließlich Assimilation oder Integration sorgt. Das Objekt stellt sich in einer *mitaushaltenden* Funktion zur Verfügung. Die Anstauung früher vitaler Not, als bedrohlich, projiziert und konkretisiert als Böses erlebt, wird vom Säugling also abgespalten. Dazu bedarf es des inneren Bildes des Objektes. Doch der Säugling und das Kleinkind lernt sukzessive neue, bessere Wege der Entlastung beziehungsweise die Fähigkeit, es zu halten, ohne die

Notwendigkeit der totalen Exterritorisierung. Bleibt aber dieser Abwehrmechanismus weitgehend bestehen, wird das wirkliche Objekt mit »Negativem, Unlustvollem, Bösem« vorzugsweise befrachtet werden. Die Entlastung des Ichs durch die früh gebahnte Abspaltung oder Spaltung – in der weiteren Terminologie »Projektion« genannt, was totales Hinauswerfen bedeutet – ist ein ganz früher Abwehrmechanismus, wahrscheinlich der erste Abwehrmechanismus, dem in einer gesunden Objektbeziehung reifere Abwehren folgen. In späteren inneren Notsituationen, vor allem der inneren Überschwemmung, kann auf diesen frühen, totalen Abwehrvorgang zurückgegriffen werden. Ist die Ausbildung weiterer Abwehren dürftig geblieben, herrscht die Spaltung weiterhin vor. Sei es, daß die gelegentliche Abspaltung gebraucht wird, sei es, daß sie vorherrscht, in jedem Fall bedarf es der nachfolgenden projektiven *Identifizierung*, was nichts anderes bedeutet, als daß sich das Subjekt vergewissert, daß das Böse draußen ist *und* bleibt, das heißt an einem Objekt festgemacht ist. Die frühe Überforderungssituation entsteht daraus, daß das Kind diese Art der vorübergehenden Abnahme, eine Form der Verständigung, nicht erfährt. Es resultiert daraus ein schwerer Mangel an Empathie. Der Knecht im Grimmschen Märchen weiß nichts vom anderen.

Im späteren Leben wird eine Situation dann bei Überfrachtung, Unerträglichkeit oder innerer Not zur Spaltung neigen, wenn eine *Demütigung* hinzutritt. Oblomow fühlt sich manifest nicht gedemütigt. Latent aber ist ihm durch die Vorbestimmung die freie Beweglichkeit eigener Impulse, Ideen, Intentionen genommen. Ein einziges Mal zwingt es ihn, seinen »agilen« Freund zu demütigen, indem er ihm aufweist und vorhält, wer er ist, wer er eigentlich ist und was er nötig hätte. Dem Gelehrten in Andersens Märchen ist sein Streben nach Macht und Ansehen wie nach libidinöser Ergänzung verpönt. Es demütigt zutiefst, von Triebhaftem abhängig zu sein, so daß er diese Triebregungen in ein alter ego, einen Doppelgänger, abspaltet, welcher für ihn selbst und für den Außenstehenden nicht erkennbar ist. Auch hier kommt der Schatten stets zurück zum ursprünglichen Objekt. Die übermäßige Verwirklichung einer, der intellektuellen Seite mit der gleichzeitig wachsenden Unvereinbarkeit seiner triebhaften Seite vernichtet seine Ursprünglichkeit und seine Geschichte. Das ist ebenso beim Knecht im Märchen der Brüder Grimm der Fall, der einen Teil seiner selbst im Juden dafür zerstört. Mit dem ungeliebten, bedürftigen Teil seiner selbst, seiner Sehnsucht, zerstört er diesen, indem er einen konkreten Menschen zerstört. Die Zerstörung in Oblomow hat dieser in einem lang hingezogenen Verdorrungsprozeß selbst fast nie gespürt. Eine Ahnung dessen, was er entbehrt, läßt ihn einmal spöttisch werden. Der Knecht dagegen verrät seine Demütigung. Sie ist schon in den Wünschen, die Rache und Wiedergutmachung an ihm und durch ihn beinhalten, latent zu sehen. Rache und das Begehren nach Wiedergutmachung an ihm werden in der sich dann entwickelnden Beziehung zu dem Juden manifest, an dem er seine »Gaben«, die ermöglichten Wünsche als Rache realisiert. Die Kränkung des Knechts hat eine lange Geschichte. Er ist vom Schicksal benachteiligt, hat es in seinem Leben nicht »weitergebracht«, was seine Stellung als Knecht in dem Märchen veranschaulicht. Das Schicksal des Knechts hat sich durch ein für ihn nachteiliges Verhalten des Primärobjektes entwickelt. Eine Minderversorgung hat so sehr das Anstauen aller Unerträglichkeit bewirkt, daß der spätere Ausbruch vorprogrammiert ist. Der Neid auf die Fähigkeit, die Potenz, das wörtlich genommene Vermögen des anderen, wird als klares Gefühl gar nicht erlebt, war nie bewußt geworden und erstickt sich in der ablaufenden Racheaktion. Solcher Neid als unbewußte Dynamik ist überhaupt nicht mehr aufzuhalten. Im Falle des Knechts ist er an dessen überdimensionierten Wünschen abzulesen: Jeder müßte nach seiner Geige tanzen, niemand darf »nein« ihm gegenüber sagen, also eine Bitte abschlagen, und notfalls hat er ein Gewehr, um seinem Unmut radikalen Lauf zu lassen. Das heißt, die Vernichtung, die einst ihn bedrohte, ist längst einkalkuliert. Explosionsartig entlädt es sich aus dem Knecht auf einen anderen Menschen. Die Omnipotenz, in der der Knecht nun handelt, benötigt das neue Objekt, dem unterstellt werden kann, Verursacher seines Mangels und seiner Wut darauf zu sein. Die bare Destruktivität wird über das Vorurteil und das Drängen nach Konkretisierung ausgeklinkt: »(...) da begegnete ihm das Böse in der Gestalt eines Juden«. Dazu braucht er eine *Behauptung* für das, was gut oder böse sei: Die Moral wird aus dem Boden gestampft. Bion äußert sich zur Moralität, wenn »Allwissenheit als Ersatz für das Lernen aus Erfahrung mit Hilfe von Gedanken und Denken« vorherrscht. »Deshalb ist auch die geistig-seelische Leistung der Unterscheidung zwischen wahr und falsch nicht vorhanden, die vielmehr durch apodiktische Behauptungen, was moralisch richtig und was falsch sei, ersetzt wird. Die realitätsverleugnende Allwissenheit bezeugt, daß die so entstandene Moralität eine psychotische Funktion ist. Die Unterscheidung von wahr und falsch ist eine Funktion der nicht-psychotischen Anteile der Persönlichkeit und ihrer Faktoren.« (Bion, 1964, S. 430) Spaltung ereignet sich im Erwachsenenleben auf früh vorbereitetem Boden. Es muß aber eine Situation der Unerträglichkeit hinzutreten, die sich wahrscheinlich in sich mit einer Erniedrigung konstelliert. Das prophetische Angebot, das immer gut und böse, falsch und richtig, zu unterscheiden vorgibt, wirkt für die Spaltung als auslösendes Moment und Kristallisationspunkt zum Niederschlag des Unerträglichen. Untergang oder Erlösung stehen hinter der Prophezeiung, die sich dazu konkreter Gegebenheiten bedient, an denen sich gut und böse, richtig und falsch angeblich erweisen. Das positive Vermächtnis als Hoffnung und das negative als Fluch werden hier mißbräuchlich in Prophezeiungen als übersteigerte Angebote eines angeblich Besseren oder Unvermeidbaren, aber Auszulöschenden gezerrt und darin festgelegt. Unter Spaltung kann dann dem vermeintlich Lustvolleren Platz geschaffen werden, das Böse durch wirkliche Zerstörung angeblich ausgeschlossen.

Andersens Gelehrter erträgt seine triebhaften Wünsche nicht, sie sind ihm nicht nur fremd, sie sind ihm feind, und er pflegt dagegen ein hochgeschraubtes Ideal, »das Wahre, Gute und Schöne«, dem seine menschliche Natur auch nicht absolut folgen kann. Er trägt die Spaltung in sich. Seine Selbstunsicherheit und sein Wunsch nach Größe sind ablesbar an seinem Staunen über die wechselnde Größe seines Schattens. Er kann nicht lachen oder humorvoll den besonders großen Schatten zur Kenntnis nehmen. Auch seinen Neid, der in die Bahn bedrängender Sehnsucht umgelenkt ist, hat er nie zur Kenntnis genommen. Die Belebung seines Schattens hat nichts Spielerisches. Sie zeigt, daß es in ihm drängt, sich größer und anders einzuschätzen, als er ist. Der Austausch der inneren Welt mit der äußeren ist verkümmert. In der Erzählung ist es möglich, die fiktive Figur, die den Gegenspieler des Gelehrten darstellt, aus ihm heraus erwachsen zu lassen. Geheimnisvolle, gesteigerte Zeichen, eine Aura, geben den Anlaß für den kecken Moment der Loslösung des Gegenspielers, des Schattens. Die Aura dient hier der eigenen Verführung mit einem Rest von Prophetie. Auch er ahnt nicht, daß er sich in der Folge in eine absolut selbstdestruktive Handlung verwickelt. Der Dichter aber weiß es.

Dem Akt der Spaltung geht ein Erleben von Not voraus, in der eine Konkretisierung des Mangelnden, des Schlechten, des Schlimmen, des Überwältigenden sich als Böses zusammenballt. Es hängt von der frühen Phase und in der Folge davon ab, wie hilfreich das Primärobjekt ist, um einerseits das Abgespaltene im Sinne der Containerfunktion zu bewahren und andererseits zu fördern, daß das Kind zur Ausbildung seiner Abwehrmechanismen fortschreitet. Die Containerfunktion bedeutet für das Objekt, das als Hilfs-Ich funktioniert, ein erneutes Schwangerwerden; es ist die zunächst notwendige Aufnahme eines Introjektes. Dieser Austausch zwischen Subjekt und Objekt bleibt dann natürlich und erträglich, wenn das Kind, der Analysand in der Analyse, heranwächst beziehungsweise reift, sein Unliebsames, sein Zuviel in sich aufzunehmen beziehungsweise wieder für sich zu übernehmen. Das bedeutet einen Wechsel von Innen und Außen, Abgabe und Wiederaufnahme, gekreuzt zwischen zwei Objekten. Kann das Primärobjekt, etwa Elternfiguren, nicht bei dem für es aktuell notwendigen Bewältigen bleiben und wird dafür eine Zukunft im anderen herangezogen, wird diese bereits festgelegt, ein bemächtigender Akt, der einen Übergang von der Prophezeiung zur Mission (vgl. Judith S. Kestenberg, 1982 und Ilse Grubrich-Simitis, 1979) und weiter sogar einen *Erfüllungszwang* darstellt. Daran erstickt wie bei Oblomow die Ausbildung von Aktivität mit Intention und Interesse; es sei denn, das Kind wendet gegen diese Vorhersage und Festlegung doppelte Kraft auf, um zu dem Seinen zu kommen und das Vorgeschobene beiseite zu schieben. Die Realitätsprüfung muß Not leiden; denn die Prophezeiung bietet eine nur mögliche Realität, sie ist Wunschbild. Zukunft, als eine Hoffnung entworfen, läßt im Gegensatz zur Prophezeiung alles offen. Die Prophezeiung ist eine Anmaßung. Das Offene wird in Anspruch genommen, und in omnipotenter Haltung wird etwas Eigenes nahezu schon konkret in diese Zukunft hineingeschoben. Es bedeutet ein machtvolles, weit vorgreifendes Grenzüberschreiten.

Verführung erfolgt auch, wenn der derzeitige Zustand übermäßig aufgewertet und für großartig erklärt wird. Diese Interpretation mit einem vorzeitigen Angebot ist Müttern zu eigen, die die eigene innere Not nicht aushalten, zur Stillung ihrer Not das Kind heranziehen, um sich mit ihm besser definieren können. Die vorhandene Not des Kindes wird dabei beschwichtigt und mit der Interpretation vom »besseren« gemeinsamen Zustand erstickt. Es konkretisiert sich etwas Falsches. Das Kind kann dann nicht zu sich finden. Beide, die Prophezeiung und die Beschwichtigung, können miteinander auftreten. Der eigene innere gegenwärtige Zustand und der innere Entwurf der eigenen Zukunft und auch der eigene Tod, die Endlichkeit, werden nicht ertragen; Wünsche und Nöte überschreiten die Ichgrenzen und werden außerhalb, im Ich des anderen, zu oft zukünftigen Realitäten erklärt. Das ist der Fall bei Oblomow, der so früh durch großartige Interpretationen seiner selbst und seiner Zukunft in seiner Not, sich zu finden, bis zur Erstickung beschwichtigt wurde.

Für Oblomows Eltern muß etwas so wenig gut oder ausreichend gewesen sein, daß sie ihrem Sohn, mit dem ihre Hoffnungsseite projektiv identifiziert ist, so intensiv den schieren Genuß, die absolute Fülle wünschten und sie ihm bereiteten. Sie bestehen auf Hoffnung und wissen nicht, daß das Bestehen darauf die Hoffnung unmöglich macht. Die darin enthaltene Omnipotenz ist zerstörerisch. Oblomow ahnt nicht, daß er der Doppelgänger eines Elternteils oder beider ist; ihn trifft die Projektion der Eltern letztlich absolut vernichtend. Hätte er davon eine Ahnung, würde er leiden, und das Leid würde zum Motor seiner Aktivität.

## Auswirkung des Abwehrmodus Spaltung auf das Denken und auf die Objektbeziehung

Es kann kein Zweifel bestehen, daß diese frühe Form der Abwehr durch Spaltung aus existentieller Notwendigkeit heraus entsteht und daß sie Folgen auf die Ausbildung des Denkens beinhaltet. Abgesehen werden muß von einer konstitutionellen Anlage. Das Ausmaß der Spaltung muß das Denken beeinträchtigen. Bion hat in seiner Arbeit »Eine Theorie des Denkens« (1964) eine bereits beim Säugling vorhandene Antizipation der notwendigen Befriedigung seiner Bedürfnisse postuliert und diese in einen Zusammenhang mit dem Denken gebracht. Er versucht damit einen Vorläufer der Begriffsbildung zu finden und sieht die Entwicklung eines Gedankens im Zusammentreffen einer Präkonzeption mit einer Bedürfnisbefriedigung. Die erlebnismäßige Bestätigung der Präkonzeption verdichtet sich für ihn zu einer Konzeption, aus der sich der Gedanke entwickelt. Das Zusammentreffen einer Präkonzeption bringt mit ihrem Realerlebnis eine Konzeption hervor. Das ist nachvollziehbar. Schwierig wird es für den Säugling, wenn die Bedürfnisbefriedigung als Realerlebnis nicht eintritt. Bion stellt heraus, daß in dieser Situation die Notwendigkeit der Projektion besteht oder aber, bei nicht auszuhaltender Versagung, Veränderung der Realität zum Ziel wird. Dabei möchte ich zu bedenken geben, daß Projektion bereits Veränderung der Realität, zumindest zunächst der eigenen inneren, bedeutet. Für den Säugling, der unter immer stärkeren Druck gerät und davorsteht, projizieren zu müssen, bedeutet das Ausbleiben des erwarteten Befriedigungserlebnisses eine Versagung, eine Veränderung seiner Realität. Es hängt in der Folge – so Bion – von dem Umgang mit der Versagung ab, ob sie ausgehalten wird oder ob der Versuch unternommen wird, das Erlebnis der Versagung zu verändern. Im Fall, daß die Enttäuschung als eine Versagung ertragen werden kann, wird ein Gedanke entwickelt, der die Versagung noch erträglich macht; Bion lehnt sich hier an Freuds »Formulierungen über die zwei Prinzipien des psychischen Geschehens« an. Ich möchte einwenden, daß es dazu eines bereits stabileren Erfahrungsniederschlages bedarf, auf dessen Boden die Präkonzeption aufrechterhalten werden kann, was einerseits des Kerns eines Selbstvertrauens, um den Rückgriff auf diese Erfahrung zu ermöglichen, andererseits der Erwartung einer positiv getönten Zukunft, also einer Form von Hoffnung bedarf. Beides kann nur aus der bisherigen Erfahrung mit dem Objekt stammen. Rosenfeld drückt das so aus: »Ist die Feindseligkeit und damit die paranoide Angst in dieser frühen Phase nicht übermäßig ausgeprägt, so ist auch die Spaltung zwischen dem geliebten und dem gehaßten Objekt niemals sehr rigoros; das Kind beginnt bald zu erkennen, daß seine Liebe und sein Haß ein und dasselbe Objekt meinen. Somit gelangt es dazu, Schuld und Depression zu erleben, und die Ängste konzentrieren sich dann um die Furcht, ein geliebtes Objekt zu verlieren.« (1964, S. 237) Wird die Versagung nicht ertragen, dann wird – so Bion – versucht, einer Enttäuschung auszuweichen, oder eine Veränderung herbeigeführt; in dieser Situation entsteht kein Gedanke. Bion nimmt an, daß die Kreuzung von Präkonzeption und negativem, also nicht eingetretenem Realerlebnis zu einem schlechten Objekt wird; gemeint ist schlechte innere Objektrepräsentanz, ununterscheidbar von einem Ding an sich und nur wert, ausgestoßen zu werden. »Infolgedessen ist auch die Entwicklung eines Denkapparates gestört, und statt dessen kommt es zur hypertrophen Entwicklung des Apparates für projektive Identifizierung. Das Modell, das mir für diese Entwicklung vorschwebt, ist eine Psyche, die nach dem Prinzip arbeitet: Ausstoßen einer schlechten Brust gleich Ernährtwerden von einer guten Brust. Als Endresultat werden alle Gedanken so behandelt, als seien sie von schlechten inneren Objekten ununterscheidbar; der zugehörige Apparat wird nicht als ein Werkzeug zum Denken der Gedanken empfunden, sondern als ein Apparat, der die Psyche von Ansammlungen schlechter innerer Objekte befreien soll. Der Schlüssel liegt bei der Entscheidung zwischen der Veränderung oder der Vermeidung von Versagung.« (Bion, S. 428)

Agierende Veränderung an der Realität des Objektes habe ich ichsyntone Objektmanipulation genannt. Bion versteht unter Veränderung letztlich eine Veränderung der Zeit und der Zweiheit, die nicht entstehen kann. Ich möchte jedoch die Unterscheidung zwischen einem Ertragen und Nicht-Ertragen setzen. Dabei teilt sich das letztere auf in ein Nicht-Ertragen und gleichzeitiges Dennoch-in-sich-Behalten und ein Nicht-Ertragen und Aus-sich-heraus-Verlegen. Das erstere ist mit einem Wissen um Nicht-ertragen-Können verbunden. Das zweite spaltet dieses Wissen mitsamt der Projektion aus sich heraus. Wenn das Unerträgliche im Ich verbleibt, kann das Ich in weiteren Schritten mit seinen Abwehrmechanismen das Unerträgliche verändern durch Verharmlosung, Verneinen, Verdrängen des eigenen Triebbedürfnisses. Um ein Beispiel zu nennen, hieße es dann beim Hungrigen: »Ich hatte gar keinen Hunger.« Hier wird an dem Erleben im Subjekt etwas verändert, wenn ihm das Aushalten, die Tröstung und das Weiterwarten nicht gelingt. Die Veränderung beim Abspalten liegt nicht nur im Subjekt. Weil der Hunger nicht gestillt wurde, ist nicht zunächst das Subjekt deshalb böse, sondern es erlegt dem realen Objekt seine innere schlechte Objektrepräsentanz auf, wodurch das reale Objekt verändert wird. Dadurch vollzieht sich eine Veränderung in der Außenwelt: »Die Vorherrschaft von projektiver Identifikation verwischt die Unterscheidung zwischen Selbst und äußerem Objekt. Das trägt zum Fehlen jeglicher Wahrnehmung von Zweiheit bei, die von der Gewahrwerdung des Unterschieds zwischen Subjekt und Objekt abhängig ist.« (Bion, S. 429)

Die Annahme einer Notwendigkeit von Spaltung in der frühen Entwicklungszeit, wenn Präkonzeption und nicht eintretendes Realerlebnis den psychischen Apparat überfordern, läßt sich für den Ablauf der späteren Verführung, Prophezeiung, Verheißung oder ähnlicher Formen als nicht mehr normal erklären. Die Verheißung oder Prophezeiung entwirft bei einem Bedürftigen, gleich ob Kind oder Erwachsenem, ein illusionäres Bild von Befriedigung oder Erlösung, das sich mit der Präkonzeption vergleichen läßt. Diese illusionäre Annahme stimuliert den Bedürftigen, sich auf den Weg der Erfüllung auszurichten. Er begreift in dieser falschen Hoffnung nicht, daß er in ein Abhängigkeitsverhältnis regrediert und auf die Arbeit seines Denkens, Fühlens und Urteilens verzichtet. Das Denken und die vorgestellte Erwartung sind nicht mehr frei, stattdessen festgelegt und werden geradezu verlangt. Das gleiche läßt sich unter Entwertung auch mit Drohung und Gewalt erreichen. Substitutionen werden so unmöglich. Es wird mit den schon von Bion genannten apodiktischen Behauptungen operiert, auch im Hinblick darauf, was kommen sollte, und es wird auf ihnen beharrt. Die Übernahme einer solchen Prophezeiung ist nichts anderes als die Übernahme einer Illusion. »Für die Illusion bleibt charakteristisch die Ableitung aus menschlichen Wünschen (...). Die Illusion muß nicht notwendig falsch, d.h. unrealisierbar oder im Widerspruch mit der Realität sein.« (Freud, 1927, GW XIV, S. 353) Es entsteht eine Aufoktroyierung ichfremder und dazu illusionärer Wünsche. Die Realitätsprüfung ist bei der Verheißung weitestgehend zum Scheitern verurteilt, oder sie gelingt erst nach tiefgreifender Separation, da sie es der begleitenden libidinösen Bedeutung wegen außerordentlich schwer hat.

## Spaltung in der Phantasie der »Apokalypse«

Das Phänomen der Spaltung ist in der universalen Phantasie der Vorstellung von der »Apokalypse« enthalten.[10] Entwertung und Aufwertung sind so weit auf die Spitze getrieben, daß es zu einem Ausschluß kommt. Mortimer Ostow versucht mit seiner »Psychodynamik der Apokalypse«[11] (1986) zu erklären, wie es zu dem, was als »Naziphänomen« bezeichnet wurde, kommen konnte, und zeigt, daß ein solches Phänomen unter bestimmten Bedingungen überall vorkommen kann, also ubiquitären Charakter trägt. Unter dem Begriff »Apokalypse« versteht Ostow eine offenbarende Sicht des Zustandes der Welt und Ihres Endes, eine die Geschichte und das Universum richtende Vision, den Zeitpunkt, an dem die Rechtschaffenen Gerechtigkeit und Erlösung erfahren, indem die zum Feind und Verfolger Erklärten durch die guten Engel Gottes vernichtet werden. Über seine Arbeit stellt er das Motto: »Alles hat seine Zeit« (Kohelet 3, 1-8). Der Bibelvers weist auf einen je notwendigen Reifezustand hin und ist Warnung vor Forcierung, also Gewaltsamkeit

10 In der Studie »Die psychologischen Wurzeln des Dionysischen und Apollinischen« von Alexander Mette (1940), die das Thema der »Apokalypse« berührt, wird keinerlei Bezug zum aktuellen Zeitgeschehen genommen, dennoch wurde diese psychoanalytische Arbeit mit sicherem Gespür von den Nationalsozialisten verboten.

11 Vortrag von 1985 auf dem Internationalen Psychoanalytischen Kongreß in Hamburg, der erstmals seit 1932 wieder in Deutschland stattfand.

in jeder Hinsicht. Auf einer frühen »primitiven« Ebene ist die Trennung in »gut« und »böse« *total*. Bleibt diese Sicht durch unzureichende Differenzierung wenig modifiziert und in ein späteres Alter hinein erhalten, geschehen Aufspaltungen von ebenso totalem Charakter, beispielsweise in »Freund« und »Feind«. Erste Ordnungen, die zu Beginn dieses Kapitels als Trennungen beschrieben wurden, sichern vor dem Untergang im Chaos. Auf einem hohen Niveau spielt sich Trennung schließlich auf einem schmalen Grad ab; denn auf einem hohen Entwicklungsniveau wirken kleine, oft nur banale Fehler fatal, während sie auf einem niedrigeren Niveau toleriert werden können. In der menschlichen Entwicklung ist dies die Einschätzung dessen, was gut und böse, falsch oder richtig, günstig oder nicht günstig ist. Es gibt Zeitpunkte, an denen etwas entschieden werden muß. Das Finden des Ausgleichs wirkt entschärfend und ist ebenso wichtig. Offenbar gibt es die schärfsten Trennungslinien auf dem jeweils niedrigsten und höchsten Niveau von Entwicklungen.[12] Die Formel »Alles hat seine Zeit« muß nicht Aufforderung zum passiven Abwarten sein, sie kann ebenso gut dem inneren Prozeß, der Vorbereitung mit einem immerwährenden differenzierenden Abwägen dienen. Das nämlich führt zu einer gesteuerten Aktivität.

In Mortimer Ostows Deutung der »Apokalypse« kommen die Psychologie der Masse und die des Individuums zusammen; er versucht, die Psychologie des Individuums in der der Masse zu fokussieren. Die Vorstellung von der Apokalypse ist dualistisch.[13] Es gibt nach Ostow zwei entgegengesetzte Kräfte, die in einen kosmischen Kampf miteinander geraten und die zu einer Aufteilung von angeblich »guten« und »schlechten« Menschen führen. Es kommt zu einer Aufspaltung. Voraussetzung für das Zustandekommen einer Gruppe, die einer Aufforderung zur Apokalypse folgt, sind Zeiten äußerer und innerer Not, der

12 In einer Analyse soll der Patient sein Tun und seine Motive, sich erfahren. Es kommt in jeder Analyse mit Sicherheit die Zeit, zu der Analysieren zur Abwehr gegen Erleben und Leben wird, wo Analysieren »falsch« ist. Es gibt Zeiten, zu denen Deutungen dem Patienten gegenüber nur als Andeutungen gegeben werden, um ihn an sein unbewußtes Thema heranzuführen. Es kommt auch die Zeit, zu der der Patient oder der Analytiker die Dinge konkret sagen müssen und Verallgemeinerung eine Abwehr bedeutet.

13 In der biblischen Geschichte ist im übrigen die eigentlich erste Apokalypse die Opferung Isaaks, eine Apokalypse, die in der dualen Beziehung beginnt.

Beunruhigung und Erniedrigung. In der Stimmung der *Unerträglichkeit* erfolgt auf die messianische Botschaft die Ausrichtung der zerstörerischen Kraft als Projektion des eigenen destruktiven Anteils auf die sogenannten »Schlechten«, denen eine Sündenbockrolle zugeschrieben wird. Die libidinöse Kraft wirkt als Tröstung und Weisung in eine neue, heile Welt. Entscheidend für die Aktualisierung des apokalytischen Aufbruchs ist, ob diese Hoffnung auf die heile Welt, eine Wiedergeburtsphantasie, von der Prophezeiung stimuliert, *in sich*, das heißt *in der jeweiligen Person, gehalten* werden kann oder aber als ein »Programm für Aktionismus« aufgefaßt wird. Letzteres ist ein Gruppenphänomen, beziehungsweise es bedarf dafür mehrerer. Solche, die ungeduldig, militant und verweigernd in Bezug auf die in sich zu behaltende Hoffnung sind, finden Vorzeichen, die ihnen das Ende aller Tage in Kürze vorauszusagen scheinen und die gleichfalls verheißen, daß die Wiedergeburt eingeleitet werden könne durch eine Armee, die an der Seite der guten Engel Gottes gegen die Kräfte ihrer dämonischen Antagonisten zu kämpfen haben. In dieser *»Erlösung« ist die Phantasie von einer Wiedergeburt* enthalten, eine Erlösung, die schneller durch Aktion und Kampf als durch die passive Erwartung erreicht werden kann. Doch die Ankunft des Messias zur Auslösung dieses Punktes ist nicht kalkulierbar und kann nicht durch Aktivität erzwungen werden. Das Goldene Tor in Jerusalem ist daher zugemauert, und es führt auch kein Weg darauf zu. Es ist Aufgabe der Kirchen, diese Hoffnung als beständige Hoffnung zu halten.

In Ostows Beschreibung des Prozesses der Apokalypse ist deutlich eine *Konkretisierung* enthalten. Schon die Zuordnung zur guten und bösen Seite oder Flügel ist eine Konkretisierung. Weitere Zeichen werden aufgegriffen, die in Wirklichkeit keine sind, als angeblich berechtigende Auslöser für drängenden militanten Aktionismus, der unter dem Vorzeichen der Verbesserung bis zur Erlösung sich ausgibt. In dieser Bewegung muß es einen Wissenden wie den Messias geben, der die angeblichen Zeichen deutet. Es braucht dann nur wenig, um bei den anderen den irrigen Mut zu stiften, an die Tat zu gehen. Ostow spricht einerseits von einem Führer wie auch einer Art Pioniergruppe, die nicht nur dem Drang nachgibt, etwas zu tun, sondern die gleichzeitig dazu anstiftet, verführt, indem sie – wie ich es nennen möchte – »in Zungen redet«. »In-Zungen-Reden« bedeutet so viel wie »eindringlich sagen« oder »predigen«; die Eindringlichkeit geschieht durch gleichförmige und vorgefertigte Redewendungen wie das »kommende Weltende«, »Wiedergeburt«, »kommende tausendjährige Reich«, »Blüte und Segen«. Auf dieses »In-Zungen-Reden«, das eigentlich einem »déjà-entendu-Erlebnis« zuzurechnen ist und auf das konkretistische Bedürfnis hin zuspielt, geht Ostow nicht näher ein, da ihm in seiner Darstellung an der Entwicklung der lange zurückreichenden apokalyptischen visionären Phantasie und des entsprechenden Handelns in der jüdischen und später in der europäischen Geschichte gelegen ist.

Der Entschluß zum Handeln – so Ostow – ist immer mit *Militanz* verbunden; er erfolgt *im guten Glauben*, im besten Dienst zu stehen und in bester Absicht zu handeln. Zeichen für die Aktualisierung werden aus einer Omnipotenz heraus gedeutet, die sich ein Anführer anmaßt. Die Struktur eines solchen Anführers entspricht der eines »charismatischen Menschen«, der sich in seinem Selbstunwert und seiner selbstdestruktiven Tendenz nicht von seinen Anhängern unterscheidet. Das Ausmaß der vorgegebenen Sicherheit, die durch Omnipotenz und rigide Gesetze substituiert wird, ist gepaart mit dem narzißtischen Wahn, ein Besonderer zu sein. Das zusammen macht die scheinbare Selbstsicherheit und scheinbare Unverletzlichkeit aus. Mit dem Suizid des Anführers wird die ursprüngliche Selbstdestruktion, die auf andere abgelenkt war, sichtbar. Mit seinem Suizid endet auch die Apokalypse.

Im Hinblick auf die Genese der Phantasie der Apokalypse weist Ostow zwar auf die Nähe zur Schizophrenie hin, ihm liegt jedoch mehr daran, die Beschaffenheit des Konflikts aufzuklären. Es geht um den Konflikt der beiden bereits genannten Kräfte, einer destruktiven und rekonstruktiven Tendenz im Verhältnis zu Tod und Wiedergeburt. Das Phänomen des Vorurteils, das in jeder Analyse zu finden ist, weist eine umfangreiche Psychodynamik von psychopathologischen Fixierungspunkten, Abwehrverhalten und Stilen der Integration auf und stellt eine Art Wahrnehmungsausrichtung für die spätere Projektion dieser apokalyptischen Phantasie oder Teilen von ihr dar. Der

Schizophrene hat zwar Weltuntergangs- und Wiedergeburtsphantasien, zieht sich aber mit seiner Libido von der Welt und ihrer Realität zurück. Dagegen erinnert der militante Apokalyptiker an einen gewalttätigen Schizophrenen, der nicht damit zufrieden ist, eine Todesillusion mit dem Rückzug von der Realität zu kreieren, sondern sich genötigt fühlt, jeden, einschließlich sich selbst, zu vernichten, um seine unerträgliche Pein auszuschalten. Doch auch diese psychotische Struktur entspricht nicht absolut dem apokalyptischen Führer. Bei der Behandlung des Schizophrenen ist die Überbrückung des Hiatus das Entscheidende, der im Abriß zur Realität bei Krankheitsausbruch entsteht, im Dienste einer wiederzufindenden Kontinuität des Ichs. Das gleiche gilt für die Anhänger eines apokalyptischen Führers. Bei ihnen entsteht der Hiatus in der Realitätswahrnehmung dadurch, daß sie sich einem Imperativ unterwerfen. Die Realitätstäuschung geschieht an einer Stelle der Unlust, die andere mit viel Mühe subtil wahrnehmen und differenzieren. In der apokalyptischen Stimmung wird das ignoriert. Damit läßt sich dann eine visionäre oder illusorische Sicht durchsetzen und eine korrekte Realitätswahrnehmung und -interpretation beiseite schieben. Die Identifizierung – sei es mit dämonischen oder messianischen Antagonisten, unter Umständen auch in einer Abfolge – ist abhängig von der Ambivalenz. Ostow sieht immer noch eine sich anbietende konsensuelle Realität, entweder aktuell oder abgeleitet aus einer literarischen Figur, was einer restitutiven Funktion dient. Darüber hinaus erwägt er für diese Prädisposition, ob eine konstitutionelle oder traumatisch bedingte Voraussetzung eine konstitutionelle Opferbereitschaft intensiviert. Für Ostow, der eher »Opfer« untersuchen konnte, sind diese ihren suizidalen Impulsen zum Opfer gefallen, während die Verfolger angeblich den Teufel zu Fall und dann den Messias bringen.

Apokalyptische Phantasien breiten sich dann allgemein aus, wenn Schwierigkeiten bestehen, Haß zu regulieren, insbesondere wenn er mit einer erlebten Erniedrigung verbunden ist. Die Krankheit der Eltern, die die »Apokalypse« persekutiv als Verfolger oder erwartend als Opfer erlebten, entfaltet sich erst in der »zweiten Generation«, da die große Bewegung einem Agieren entspricht, das durch Einsicht geheilt werden kann.

Ostow verweist darauf, daß die Phantasie der Wiedergeburt etwa nach einer Periode von Unordnung und Gewalt, die angeblich nur durchgestanden werden muß, identisch ist mit dem Konzept der Wiedervereinigung mit der omnipotenten Mutter, das Janine Chasseguet-Smirgel erstellt; dabei sucht »der Mensch Rettung im Schutz des mütterlichen Körpers«, Himmel und Erde als das Paradies, das den mütterlichen Leib symbolisiert (zitiert nach Ostow, 1988). Doch diese Idylle drängt nach ihrer weiteren Deutung. Die Wiedergeburtsphantasie ist als unschuldig erscheinendes Gebilde nichts anderes als eine Abwehr der inzestuösen Phantasie der Wiederbegegnung mit dem Genitale der Mutter. »Die Wiedergeburtsphantasie ist wahrscheinlich regelmäßig eine Milderung, sozusagen ein Euphemismus, für die Phantasie des inzestuösen Verkehrs mit der Mutter« und »scheint mir die Wiedergeburtsphantasie eher ein Abkömmling der Urszene« (Freud, GW XII, S. 136/137). An späterer Stelle schreibt Freud: »[...] wenn der Träumer von einer Örtlichkeit oder Landschaft noch im Traume denkt: Das ist mir bekannt, da war ich schon einmal, so darf die Deutung dafür das Genitale oder den Leib der Mutter einsetzen. Das Unheimliche ist auch in diesem Falle das ehemals Heimische, Altvertraute.« (GW XII, S. 259) Damit aber wäre der Inzestwunsch wieder an seine Stelle gerückt, was ich deshalb für so außerordentlich wichtig halte, weil der narzißtische Patient wie selbstverständlich an jedwede Grenzüberschreitung gewohnt ist.

## Die Apokalypse und das Danach

Der destruktive Triebwunsch – und damit führe ich die von Ostow aufgegriffenen apokalyptischen Phantasien weiter – ist der Bemächtigungstrieb, der sich im Quälen und Töten des anderen befriedigt, doch damit nicht gestillt beziehungsweise aufgezehrt ist. Die Inanspruchnahme des Opfers über seinen Tod hinaus als Besitz geht weiter. O. Fenichel hat in dem Artikel »Über Trophäe und Triumph« (1939) bereits darüber geschrieben. Die Trophäe hat noch eine sinnlich-leibhaftige Verbindung zum Opfer. Die Nationalsozialisten gehen noch weiter. Sie hatten für die Zeit nach dem »Endsieg« in Prag eine ständige

Ausstellung der »ausgemerzten jüdischen Unkultur« in der Art eines Museums geplant, in der unter anderem die buchhalterisch in Listen aufgeführten und damit festgehaltenen Namen der Opfer, der Umgebrachten, bleibend hinterlegt werden sollten. Die Zusammenstellung aller aufgerechneten Opfer in *Zahlen* beziehungsweise einer Gesamtzahl sollte ihr mörderisches Heldentum verkünden, das sie selbst als einen Befreiungsakt von der »Unkultur« deklarierten. Es stellt die absolute Absage der Achtung vor dem Leben dar, die Entkleidung des Lebens vom Lebendigen, sinnlich Faßbaren in dem Wahn, das Leben des anderen für immer zu besitzen. Himmler und Eichmann rühmten sich des Mordes in unvorstellbaren Zahlen für einen einzigen Tag. Sie hoben dabei hervor, sich dabei die Hände nicht schmutzig gemacht zu haben. Die arrogant anmaßende, aufgespreizt rationale Form der Macht, die im buchhalterischen Akt vorgibt, Schöpfer eines zukünftigen Besseren zu sein, die in der Vorgabe einer zum Symbol pervertierten Zahl ihr negatives Heldentum preisen wollte, hat sich zwar in ihrem Führer selbstdestruktiv zu einem Ende gebracht, aber seine Nachfolger glauben womöglich noch heute an eine Form gereinigter Macht in Zahlen. In Israel werden in Jadwaschem, einer für die Opfer des Nationalsozialismus angelegten Gedenkstätte, die *Namen* aller Ermordeten gesammelt.

## Mose als Führer
## Ein Gedanke zur individuellen Ganzheit

Mose ist ein Beispiel eines Führers[14] aus der Bibel, dem Buch Exodus (was Auszug heißt), in welchem seine Familien- und Kindheitsgeschichte beschrieben wird. Freud befaßte sich mit ihm in seinen späten Schriften (1939 [1934-1938]: »Der Mann Moses und die monotheistische Religion: Drei Abhandlungen«). Er zeigt, daß nach der biblischen Darstellung Moses Abstammung nicht dem Familienroman des Neurotikers ent-

14 Ein Nicht-Führer ist die Gestalt des Jona, der Gottes Aufruf verweigerte, sich nicht imstande fühlte und in die dunkelste Tiefe und Einsamkeit im Bauche des Wales mußte. Für sein Sehen und Erkennen reichte das immer noch nicht. Gott mußte ihn danach erneut weisen, nicht nach den verdorrenden Pflanzen, sondern den verdorrenden Menschen zu sehen.

spricht, der der besondere ist, weil bei besseren Eltern geboren, ausgesetzt aus unbekanntem Grund und aufgezogen bei einfachen Leuten. Der Familienroman entspricht nur der zunächst kindlich vergrößerten und später kritisch einschmelzenden Wahrnehmung des heranwachsenden Kindes. Der Name Mose gehört in die Liste der ägyptischen Königsnamen. Freud beschreibt Moses der Abstammung nach als Ägypter. Der Mythos des Helden – Moses macht sich zum Führer – verlangt »die Versicherung, daß das Kind starken äußeren Gewalten zum Trotz sich erhalten hat« (GW XVI, S. 111 f.) Freud nimmt an, daß die erste Familie eine fiktive ist und die reale Familie des Moses die königliche. In der erfundenen Geschichte sollte Mose zum Juden gemacht werden: »Während sonst ein Held sich im Laufe seines Lebens über seine niedrigen Anfänge erhebt, begann das Heldenleben des Mannes Moses damit, daß er von seiner Höhe herabstieg, sich herabließ zu den Kindern Israels.« (ebd.) Nach der biblischen Geschichte[15] ist er, abgesehen von der einfachen und angesehenen Abstammung, schließlich als Kind von Vater und Tochter ausgegeben. Es ist etwas Besonderes an ihm, und als Führer macht er sich zum Besonderen. Er kommt damit in die innere Situation, ausreichend in seiner Besonderheit, möglicherweise auch Ganzheit, bestätigt und damit bestärkt zu werden, schließlich bleibt er nicht im Lande und wird inthronisiert, er zieht in fremdes Land. In der Fremde erschien ihm der Engel des Herrn in einer Flamme, die aus einem Dornbusch emporschlug. Als Mose herantrat, hörte er: »Mose, Mose, und er antwortete: Hier bin ich. [...]« (Ex 3,4) »Dann fuhr er fort: Ich bin der Gott deines Vaters, der Gott Abrahams, der Gott Isaaks und der Gott Jakobs. Da verhüllte Mose sein Gesicht; denn er fürchtete sich, Gott anzuschauen.« (Ex 3,5/6) Im weiteren erhält Mose den Befehl, zum Führer des Volkes Israel zu werden: »Jetzt ist die laute Klage der Israeliten zu mir gedrungen, und ich habe auch gesehen, wie die Ägypter sie unterdrücken. Und jetzt geh! Ich sende dich zu Pharao. Führe mein Volk, die Israeliten, aus Ägypten heraus! Mose ant-

15 Ich gebrauche die deutsche Einheitsübersetzung der Heiligen Schrift, Die Bibel, Gesamtausgabe, Katholische Bibelanstalt GmbH, Stuttgart 1980, weil Einzelheiten durch eine wortnähere Übersetzung deutlicher werden als in der Übersetzung Luthers.

wortete Gott: Wer bin ich, daß ich zu Pharao gehen und die Israeliten aus Ägypten herausführen könnte? Gott aber sagte: Ich bin mit dir; ich habe dich gesandt, und als Zeichen dafür soll dir dienen: Wenn du das Volk aus Ägypten herausgeführt hast, werdet ihr Gott an diesem Berg verehren. Da sagte Mose zu Gott: Gut, ich werde also zu den Israeliten kommen und ihnen sagen: Der Gott eurer Väter hat mich zu euch gesandt. Da werden sie mich fragen: Wie heißt er? Was soll ich ihnen darauf sagen? Da antwortete Gott dem Mose: Ich bin der ›Ich-bin-da‹. Und er fuhr fort: So sollst du zu den Israeliten sagen: Der ›Ich-bin-da‹ hat mich zu euch gesandt. Weiter sprach Gott zu Mose: So sag den Israeliten: Jahwe, der Gott eurer Väter, der Gott Abrahams, der Gott Isaaks und der Gott Jakobs hat mich zu euch gesandt. Das ist mein Name für immer, und so wird man mich nennen in allen Generationen.« (Ex 3, 9-14)

Bevor Mose in der so berichteten Weise mit dem Gott der Israeliten sprach, wird von einer Demütigung, Mord und drohender Rache berichtet. Es ist vorstellbar, daß hierin projektiv etwas aus Moses eigener Familiengeschichte wiedererscheint, das ihn stimuliert, sich zu beweisen, wobei er sich bestärken muß. Der projektive Mechanismus ist auch im folgenden führend. Ich gehe dem biblischen Text im weiteren nach, weil er diese Tatsache bestärkend darstellt. Als er zum Führer werden soll, beziehungsweise als er innerlich diesen Wunsch spürt, fragt er, wer er ist. Er braucht die Zusage eines Vaters, und er hört Gott, der sich erklärt als der Gott seines Vaters und seiner Vorväter, ein heiliger Gott, also ein besonderer Gott. Er kann ihn nicht anschauen; denn Mose muß es in sich wissen, daß er einen Vater hat. Die nächste Frage Moses ist die, ob dieser Vater zu ihm steht, und er bekommt eine Antwort: Ich bin mit dir. Darauf folgt der Missionsbefehl. In der Folge ist in Mose die Frage, glaubt man ihm. Man wird ihn fragen, wie sein Gott heißt. Der Gott heißt: »Ich« beziehungsweise viel leibhaft konkreter, »ich, der ich da bin«, der »Ich-bin-da«. In der Anmerkung zu Exodus 3, 14 f. heißt es: In Hebräisch ist »Jahwe« eine Zeitwortform in der 3. Person Einzahl, etwa »er ist da«; da hier Gott von sich selbst in der 1. Person redet, gebraucht er das Zeitwort in der Ich-Form: »Ich bin da«. Für »Jahwe« werden allerdings auch andere Erklärungen versucht, von denen noch am ehesten zutreffen könnte: »Er setzt ins Dasein«.[16] Wenn Mose diesen Namen Gottes bei der Frage, wie heißt denn dein Gott, nennt, ist der Name des Gottes nicht mehr von demjenigen, der ihn jetzt ausspricht, also von Mose selbst, zu unterscheiden. Mose kann nun im Namen des Gottes sprechen, der zugleich sein Name ist, ein betontes »ich«. Lange Zeit macht ihn das fähig, seine Aufgabe als Führer zu tun. Der Auszug aus Ägypten wie die Gesetzgebung erfolgen. Doch der Bund wird gebrochen, und Aaron gießt aus den goldenen Ohrringen ein Kalb, um das die Israeliten tanzen. Der Bund muß erneuert werden. Mose wünscht, von Gottes Angesicht begleitet zu sein. Er braucht Stärkung für seine Aufgabe. Mose bittet: »Wenn dein Angesicht nicht mitgeht, dann führ uns lieber nicht hinauf! Woran soll man erkennen, daß ich zusammen mit deinem Volk diese Gnade gefunden habe? Doch wohl daran, daß du mit uns ziehst. Und dann werden wir, ich und dein Volk, vor allen Völkern auf der Erde ausgezeichnet werden. Der Herr erwiderte Mose: Auch das, was du jetzt verlangt hast, will ich tun; denn du hast nun einmal meine Gnade gefunden, und ich kenne dich mit Namen.« (Ex 33, 15-17) Dieser Name heißt entsprechend dieser Geschichte: »Mose, der Ich-bin-da«, also »Mose, ich« oder »ich, Mose«, »Mose, der ich da bin«. »Dann sagte Mose: Laß mich doch deine Herrlichkeit sehen! Der Herr gab zur Antwort: Ich will meine ganze Schönheit vor dir vorüber ziehen lassen und den Namen des Herrn vor dir ausrufen. (...) Weiter sprach er: Du kannst mein Angesicht nicht sehen; denn kein Mensch kann mich sehen und am Leben bleiben. Dann sprach der Herr: Hier, diese Stelle da! Stell dich an diesen Felsen! Wenn meine Herrlichkeit vorüberzieht, stelle ich dich in den Felsspalt und halte meine Hand über dich, bis ich vorüber bin. Dann ziehe ich meine Hand zurück, und du wirst meinen Rücken sehen. Mein Angesicht aber kann niemand sehen.«[17] (Ex 33, 18-23) In diesen Versen ist ein Tabu enthalten, sich um seiner selbst willen in das widerspiegelnde Angesicht zu schauen. Das ist ein Gebot gegen narzißtische Liebe.

16 Zur Umschreibung des Gottesnamens Jahwe mit »der Herr« vgl. die Anmerkung zu Gen. 4,26.

17 Lutherübersetzung: »Und wenn ich meine Hand von dir tue, wirst du mir hinten nach sehen; aber mein Angesicht kann man nicht sehen.«

In zwei Schritten erwirbt sich Mose seine innere Stärke, die er zur Führung und Bändigung des Volkes zu brauchen glaubt. Der erste war die Bestärkung seines Namens, die Vergewisserung, einen besonderen Vater zu haben, der ihm das »ich«, »ich, der ich bin« wie in seinem Namen übergibt; denn die Wiedergabe des Namens »ich-bin-da« ist: »ich«. Das Personalpronomen »ich« verbindet sich im Identifizierungsprozeß mit dem Gesicht. Nochmals will Mose das Gesicht Gottes sehen. Durch die Wiederholung verspricht er sich zunächst die Bestärkung. Er kann das Gesicht nicht sehen. Man kann es nur sehen im Spiegel oder auch im spiegelnden Wasser. Das zu sehen wird nicht versucht, ist ein Tabu, weil es eine narzißtische Wendung bedeutet. Noch einen Körperteil können wir nicht sehen, und zwar unseren Rücken. Gott verspricht seine Schönheit und Herrlichkeit, doch er verweigert die Ansicht. Nur dem Rücken darf, wenn er vorbeigegangen ist, nachgesehen werden. Moses Augen müssen bedeckt werden, er muß ganz in sich gehen in eine Felsspalte. Er muß schlafen und träumen. In der Regression nur – die Felsspalte deutet die Regression in den Mutterschoß an, die ihm im Traum oder in einer Halluzination geschieht – sieht er sich von hinten. Von hinten aber heißt, er wird sich seines Rückens, seiner Rückseite und auch seiner Körpergrenze bewußt. Über die Projektion und Introjektion fühlt und erwirbt Mose seine Ganzheit. Er ist jetzt stark genug, das Volk erneut zu verpflichten.

Diese Vergewisserung der eigenen Ganzheit, ein Vollkommenwerden, leistet Mose allein. Ich möchte jedoch aus dieser Eigenbestärkung eine gesunde Ausdrucksform der Objektbeziehung zu zweit ableiten, ähnlich dem Prozeß der Hofferschen Hand-Mund-Integration, einer Ichleistung im fortschreitenden Entwicklungsprozeß des Kindes im Hinblick auf die Ausbildung der Repräsentanz des Körperbildes; das Führen und Finden der Hand und Finger zum Mund mit dem Wechsel von aktiv und passiv, Einschließen und Berührtwerden im Mund, vermittelt dazu den aktiven Wechsel des Erlebnisses von außen und innen. Das Erlebnis der Ganzheit kann dem anderen gegeben werden. Es ist der andere, der dem anderen das Gefühl seiner Ganzheit in der Umarmung schenkt – du als mein Gegenüber und du in mir eingeschlossen. Das Ansehen des

Angesichts, das nur von vorn geschehen kann, und die Umarmung, die den Rücken des anderen berührt und für den anderen körperlich spürbar werden läßt, ist eine Geste in der Objektbeziehung, die den anderen beziehungsweise dann auch wechselseitig die Ganzheit vermittelt und versichert. Was Mose als Führer sich selbst erringt, benötigen wir sonst aus der Objektbeziehung als eine notwendige, aber auch normale Bestätigung unseres Selbst als ganzheitlich und liebenswert. Auch dafür gibt es eine Zeit, wenn ich den von Ostow als Motto vorangestellten Bibelvers aus Kohelet 3,5 weiterzitiere, der von Bindung und Lösung spricht: »Alles, was auf der Erde geschieht, hat seine Zeit, hat seine von Gott bestimmte Zeit (...) sich umarmen und sich aus der Umarmung lösen.« Die Umarmung ist eine körperliche Geste, die für einen Moment Trennung überwinden kann, die das Individuum, den anderen, meint im Sinne von anerkennt und im Moment neu bestätigt. Diese Geste ist als eine Handlung das Gegenteil zu apokalyptischen Phantasien und ihrem möglichen Agieren.

## Ertragen und Gestalten

Winnicott hat mit seiner Empfehlung, den Analysanden zu »halten«, das zum Ausdruck gebracht, was die »genügend gute« Mutter tut, wenn sie ihren Säugling hält. Dieses »Halten« Winnicotts meint ein umfassendes Halten. Es ist ein äußeres und inneres Halten, das sich in dem Wort »concern« ausdrückt. Diese Haltung der Mutter schreitet, sobald der Säugling selbst ein »kontinuierliches Sein« (1959, S. 60) erreicht hat, aus einer notwendigerweise kontinuierlichen Haltung in eine nicht mehr so dichte andauernde Zuwendung. Das physische Halten und Tragen ist die Form, wie die Mutter dem Kind ihre Liebe zeigen kann. (ebd.) Die Lücke der Versorgung ist dann sogar wichtig, weil in ihr der Raum für die eigene Geste, für den kreativen Schrei, das eigene Tun des Kindes liegt; denn der Säugling braucht die Gelegenheit, die guten Dinge unter seine Lenkung zu bringen. Das geschieht in der Trennung. Späterhin ist das Kind soweit herangewachsen, daß es vieles selbst immer weiter übernehmen kann. Khan, der sich innerlich mit seinen Patienten stark verbunden fühlte und sie über lange Zeiten begleitete, wenn sie schwiegen, beschreibt das als ein Bei-den-Analysanden-Bleiben. Winnicotts »good enough mothering« fügt dem Halten noch etwas hinzu. Das Kind bei all seiner Hilflosigkeit darf seine Abhängigkeit, die ja nun gegeben ist, nicht spüren. Das ist an sich selbstverständlich; doch es geschieht, wie an den Analysanden zu sehen ist, anders. Das Kind seine Hilflosigkeit spüren zu lassen bedeutet die Errichtung eines Machtverhältnisses. Halten bedeutet eigentlich, mit dem Kind die *Spannung der Gegensätze auszuhalten*. Dabei besteht Hoffnung, daß mit zunehmender Ichentwicklung diese Gegensätze besser tragbar werden. Mit der Trennung kann auch der Gegensatz zwischen Mutter und Kind ausgehalten werden, und das Kind kann sich als das Kind und den anderen als den Erwachsenen ansehen. Je jünger das Kind, desto mehr ist es den Gegensätzen seiner körperlichen Zustände und im Gefolge den psychischen Empfindungen und Erlebnissen dieser Zustände ausgesetzt, desto mehr muß in dieser Situation die Mutter oder müssen ihre Stellvertreter die Spitzen dieser Zustände abfangen oder ausgleichen; dazu gehört wahrscheinlich der stetig begleitende Hinweis eines zukunftsorientierten Wissens, daß alles Geschehen Bestandteil einer Kontinuität ist. Der einfachste Ausdruck dafür findet sich beispielsweise bei einer kleinen Verletzung in der Wendung: »Das wird wieder besser!« Sie könnte auch Verleugnen und Nicht-Akzeptieren der momentanen schlimmen Situation bedeuten, hilft aber der Drosselung des psychischen Schmerzes und enthält den auch wichtigen Hinweis, daß diese Situation ertragen werden kann. Vorausgesetzt ist, daß die Mutter die Verletzung richtig einschätzt. Ihre Panik bei einer Bagatellverletzung kann das Kind nur in noch größere Verzweiflung, in Vernichtungsstimmung, bringen. Die Sicherheit des Sehens und Handelns der Eltern bei größerer Verletzung oder Krankheit spürt das Kind selbstverständlich, beschützt es während aller notwendigen Prozeduren innerlich, so daß das Kind auch Schweres durchzustehen lernt. Das Kind muß im Verlauf seiner in der Regel über zwei Jahrzehnte reichenden Entwicklung und bis über die Trennung vom Elternhaus hinaus lernen abzuwägen, das heißt einzuschätzen, zu beurteilen, was *möglich* und was *unmöglich*, was *wirklich* und *unwirklich* ist. Ferenczi hat das für das Ende der Analyse ausgesprochen: »Zwei Aufgaben quasi sollten erfüllt sein: a) das Erkennen aller verdrängten Phantasien und Hoffnungen, infantilen Spiele, Wünsche und b) Sich-Bescheiden mit dem Erreichbaren und Verzicht auf Unmögliches oder sehr Unwahrscheinliches. Letzteres bedeutet sich besinnen können in puncto Alter, Raum und Zeit, was im direkten Bezug zur Leistungsfähigkeit steht.« (Ferenczi, 1939, S. 292)[18]

Um den enormen Entwicklungsprozeß, den der Säugling und das Kleinkind bis zu einem erwachsenen Stadium durchmachen muß, anschaulich zu machen, läßt sich zum Vergleich die Metamorphosenlehre heranziehen. Goethe war von der Entwicklung der Pflanze fasziniert. In seiner Metamorphosenlehre vertauscht er den mythischen Gehalt, eine archetypische Weltsicht, mit einer organisch-geschichtlichen Perspektive der Entwicklung. Er findet gesetzhafte Vorgänge der Umwandlung einer Grundgestalt. Im *Wechsel der Gegensätze* und in *Momenten der Steigerung* sieht er Merkmale, die die lebendige Funktion nicht nur unterhalten, sondern gleichzeitig ein Gewordenes hinterlassen. Es ließe sich als Formungs- oder auch Bildungsprozeß verstehen, der nie zu einem endgültigen Ruhe- oder Abschlußpunkt kommt, sondern mit Sicherheit, später langsamer, weiterhin Umbildungen erfährt. Goethe ist vom räumlich-statischen Denk- und Klassifikationsmodell Linnés zur Entwicklung einer Vielfalt von Formen aus einer Einheit vorgedrungen. Auf der Suche nach einer »Urpflanze« auf seiner Italienreise gelangt er über die Vielfalt der Varianten zu einer lange von ihm gesuchten Metamorphosenkonzeption.[19]

18 Ich verdanke diesen schönen Hinweis einer Analysandin.

19 »1. Ein jeder, der das Wachstum der Pflanzen nur einigermaßen beobachtet, wird leicht bemerken, daß gewisse Teile derselben sich manchmal verwandeln und in die Gestalt der nächstliegenden Teile bald ganz, bald mehr oder weniger übergehen [...] 3. [...] Wir lassen die Gesetze der Umwandlungen kommen, nach welchem sie einen Teil durch den anderen hervorbringt und die verschiedensten Gestalten durch Modifikation eines einzigen Organs darstellt. 4. Die geheime Verwandtschaft der verschiedenen äußern Pflanzenteile, als der Blätter, des Kelchs, der Krone, der Staubfäden, welche sich nacheinander und gleichsam auseinander entwickeln, ist von den Forschern im allgemeinen längst erkannt, ja auch besonders bearbeitet worden, und man hat die Wirkung, wodurch ein und dasselbe Organ sich uns mannichfaltig verändert sehen läßt, die Metamorphose der Pflanzen genannt. 5. Es zeigt sich uns diese Metamorphose auf dreierlei Art: regelmäßig, unregelmäßig und zufällig. 6. Die regelmäßige

Goethe nennt das eine Ordnung des Wachstums (1790, S. 71). Ich greife seine Metamorphosenlehre als ein Denkmodell für das Halten auf. Dann wird anschaulich, daß vergleichbar der zweikeimblättrigen Pflanze mit Sproß und Blütenentwicklung in der menschlichen Differenzierung ein Triebgegensatzpaar existiert, bei dem anfänglich wie auch später, sich zwei unterschiedliche Triebausrichtungen gegenüberstehen. Die Entwicklungsaufgabe oder Entwicklungsrichtung geht dahin, sie miteinander tragbar zu machen. Je weiter die Kräfte auseinanderstreben und auseinanderliegen, desto mehr Kraft braucht es, sie zu halten und auch im Gleichgewicht zu halten. Dabei ist die Kraft, die Gegensätze dichter beieinander zu halten, eine andere und der entgegengerichtet, die danach strebt, hingerissen zu werden. Ambivalent zu sein heißt gleichzeitig gegensätzlich ausgerichtet, schwankend zu sein. Postambivalent heißt, mit der Gegensätzlichkeit leben zu können, sie akzeptiert zu haben. Die Störung des Gleichgewichtungsprozesses kann wie gesagt auf der frühen Entwicklungsstufe eintreten, wenn die Gegensätze noch weit und unverbunden für den Säugling nebeneinander erscheinen und kein genügend hilfreicher Ausgleich und Einbindung von außen erfolgt. Dann wird am Beispiel des Modells der Pflanze eine Seite überfrachtet, so daß es gar nicht anders geht und der Teil, der zuviel ist, abgespalten werden muß. Die Steigerung oder Überfrachtung unter dem gleichzeitigen Ausfall von nicht genügender Hilfe bedingt eine Überlastung, so daß die weitere Entwicklung aus ihrer Mitte gezogen wird, weil die Zügelung durch den Gegensatz entfällt. So ließe sich die Ichverzerrung bildhaft machen. Die Wachstumsrichtung wird quasi schräg, und das Zuviel muß ständig weiterhin abgespalten werden. Mir liegt daran, den gleichen Effekt zu beschreiben, der

Metamorphose können wir auch die fortschreitende nennen: denn sie ist es, welche sich von den ersten Samenblättern bis zur letzten Ausbildung der Frucht immer stufenweise wirksam bemerken läßt und durch Umwandlung einer Gestalt in die andere, gleichsam auf einer geistigen Leiter, zu jenem Gipfel der Natur, der Fortpflanzung durch zwei Geschlechter, hinaufsteigt.« (Goethe, 1790, S. 71) Goethe schließt: »Und so wären wir der Natur auf ihren Schritten so bedachtsam als möglich gefolgt; wir hätten die äußere Gestalt der Pflanze in allen ihren Umwandlungen, von ihrer Entwickelung aus dem Samenkorn bis zur neuen Bildung desselben, begleitet und ohne Anmaßung, die ersten Triebfedern der Naturwirkungen entdecken zu wollen, auf Äußerung der Kräfte, durch welche die Pflanze ein und eben dasselbe Organ nach und nach umbildet, unsre Aufmerksamkeit gerichtet.« (1790, S. 100) nicht nur im frühen Säuglingsalter und dort zunächst normalerweise geschieht und eine Prävalenz entwickelt. Dieser Effekt kann ebenso dadurch entstehen, daß ein Erwachsener sein Zuviel einem anderen aufbürdet. Diese Abspaltung eines Erwachsenen trifft auch hier immer einen anderen und zwar nur den, der aus verschiedensten Gründen dafür empfänglich ist. Das ist in erster Linie das unfertige Kind, der Säugling, weil sein innerpsychischer Apparat noch ganz offen ist. Das Zuviel des anderen ist freilich auch für ihn ein Zuviel. Er wird überfrachtet, aus seinem Gleichgewicht und aus seiner inneren eigenen Ausrichtung gebracht. Das ist der Beginn der Entwicklung zu einem »falschen Selbst«. Durch sämtliche Formen einer Übersteigerung, einer Überbürdung, so läßt sich das Zuviel auch benennen, ob von innen oder außen zugefügt, entsteht ein so großes Ungleichgewicht, ein Punkt, an dem die Ausbalancierung nicht mehr gelingt. Abspaltungen werden geradezu lebensnotwendig. Bei dem Zuviel der Erwachsenen handelt es sich in der Regel um Dauerabspaltungen. Diese Dauerabspaltungen enthalten Unerfüllbares. Für den anderen werden sie zur Fracht und Aufgabe in einem. Ich habe das im klinischen Teil reichlich an den Beispielen gezeigt, in denen Kinder Trost, Sinn, Ersatz für den verlorenen Partner etc. sein sollten, Lebensaufgaben übernehmen sollten, die nicht ihre sein konnten. Die innere Organisation des Kindes ist offen. Auf ein Kind kann lange das Zuviel eines anderen abgeladen werden, aber auch auf jeden nicht von Anbeginn defensiven, also aufgeschlossenen Menschen. Es trifft den Unvoreingenommenen. Dieser Mensch wundert sich umso mehr, was mit ihm geschieht, wieso er dazu kommt, daß der andere das mit ihm tut. Er spürt sein eigenes Sich-Fremdwerden. Das Aufgeladene, nicht Eigene, kann einen Menschen lebenslänglich bestimmen. Das ist es, was Winnicott im »falschen Selbst« beschreibt. Vorbedingung für diese Struktur ist ein nie gelungener Trennungsprozeß. Bei erfolgender Trennung haben *beide* einen neuen Sinn zu finden, erleiden beide einen Verlust. Ähnlich hat Wangh (1963) von der »Mobilisierung eines Stellvertreters« gesprochen. Ein milder und angenehmer Vorläufer für dieses Phänomen wurde von Anna Freud (1964, S. 95) in der altruistischen Abtretung erstmals gesehen. Doch man muß sehen, daß bei diesem Fall der Person, die eine Abtretung macht, der eigene Triebimpuls unerträglich war: Sie konnte ihn nicht für sich verwirklichen. Der Altruismus ergab sich von selbst – mild in diesem Fall, weil sozusagen etwas Angenehmes gegönnt wird: Soll sie, die andere, das schöne Kleid kaufen und tragen.

Selbst wenn sich ein Kind gegenüber einem Zuviel erwehrt, kann es geschehen, daß in der Persistenz und Intrusivität solcher von außen kommender Aufforderung das Kind selbst ein Zuviel an Abwehr, an Verkehrung ins Gegenteil leisten muß und das zur Lebensstrategie, zum Charakter werden kann. Fenichel (1946, vgl. S. 33) hat das den reaktiven Typus genannt. Ein solcher Mensch kann späterhin nur auf etwas reagieren und dann entweder zustimmend oder in gleicher Weise immerzu ablehnend, ein akzeptierendes »falsches Selbst« beziehungsweise ein in chronischer Weise abwehrendes »falsches Selbst« entwickeln. Wahrscheinlich wird in der Wirklichkeit beides alternieren, aber die Extremformen zu sehen ist für das Verständnis der Genese wichtig. Das Kind beispielsweise, das sich in seiner Kindheit oder in seiner Pubertät gegen einen psychotischen Elternteil erwehren muß, das sich gegen dieses Zuviel abzugrenzen versucht, versucht es sinnfälligerweise durch die Verweigerung und Umkehrung. Ein solches Kind wächst aber – von ihm selbst unbemerkt – zur Antiverrücktheit aus, wie ich das bezeichnen kann, ohne mehr seine eigene neue, andere Verrücktheit wahrzunehmen. Die gelingende Auffrachtung eines Zuviels, von der Wunschvorstellung bis zur konkreten Last, und das Abweisen oder Erwehren dagegen verändern einen Menschen unweigerlich. Er steht unter ständiger Bedrängnis, weil ihn der andere nicht belassen kann. Dies ist der Ursprungsort für falsche Anpassung und falschen Widerstand, an dem Punkt der Ichenteignung, der Bewußtseinsenteignung, dem Punkt der unerbittlich in eine Vergesellschaftung überführt. Jede Einseitigkeit führt zur Sterilität in der Objektbeziehung. In der lebendigen Objektbeziehung wird es an einem Prozeß permanenter Neueinstellung liegen, der jeweils neuen Übereinkunft, der Re-formierung.

Die Fähigkeit zu halten, also zu ertragen, was nichts anderes als das postambivalente Stadium ist, ist Voraussetzung für jede wirkliche Gestaltung, für eigenständiges schöpferisches Tun.

Wie schwer sie einzuschätzen ist, wie schwer sie von aller Aufbürdung frei zu machen ist, kann den »Fragmenten und Notizen« Ferenczis entnommen werden: »Leistungs*fähigkeit* ist kein Beweis wirklichen Leistungs*willens* und wirklicher Leistungs*lust*. Traumatisch erworbene Mehrleistungsfähigkeit ist (infolge des unbewußten, stets starken Repressionszuges) meist passagère (in geistigen Dingen syloristisch), hat nicht den Charakter der *Ausdauer* und der Widerstandsfähigkeit auftauchenden Hindernissen gegenüber. Sie ist auch *vulnerabel*: neuerliches Trauma (Angriff) führt leicht ›Kollaps‹ herbei (Regression zu totaler Lebensunfähigkeit, psychische Lähmung), das heißt, zum Rückfall ins Kindliche/Kindische mit Sehnsucht nach Protektion, Anlehnung und Phantasiewelt ist spielerisch, kindlich (besonders Sehnsucht nach *Unverantwortlichkeit*). Analyse führt zu frühzeitiger *Überbürdung* mit noch unerwünschter Verantwortung, Wissen, Ernst des Lebens, Geheimnissen (Geheimhaltungszwang). (30. Okt. 1932)« (1939, S. 273) Ferenczi berücksichtigt also den drohenden Umstand, der von Außen kommt und nennt ihn »Überbürdung«.

Wahrscheinlich erwächst Neues, die neue Lösung, die neue Gestalt aus dem Balanceakt zwischen zwei unterschiedlichen Triebregungen und aus der Sättigung gegenüber dem vorangegangenen Gleichgewicht der alten Lösung, so daß ein neues, anderes angestrebt wird. Gleichbleibende Ausbalancierung erstarrt an einer Normalität und Sterilität. Lösungen können stimmig sein und dennoch veralten. Der Entwicklungsrichtung in der Metamorphosenlehre vergleichbar äußerte Freud: »Seine [des Ichs] psychologische Leistung besteht darin, daß es die Abläufe im Es auf ein höheres dynamisches Niveau hebt (etwa frei bewegliche Energie in gebundene verwandelt, wie sie dem vorbewußten Zustand entspricht).« (Freud 1940a [1938], GW XVII, S. 129) Schöpferisches Tun ist angeregt durch die Umwelt und die jeweilige Geschichte, wie sie in denjenigen eingegangen ist, der seine eigenen Erlebnisse in und mit dieser Welt und ihren Menschen gemacht hat. Sein schöpferisches Tun ist seine Antwort darauf. Michel de M'Usan [...] zeigt, daß der schöpferische Prozeß nicht idyllisch ist: »Da gibt es keine Idylle, sondern ein stets bedrohtes, von Zufällen abhängiges Unterfangen.« (zitiert nach Chasseguet-Smirgel, 1975, S. 142) Er bezeichnet den

»Schöpfungsprozeß als Drama« (ebd.). Janine Chasseguet-Smirgel greift das auf: »Er (der Schöpfungsprozeß) wäre eine Idylle, entspräche er der – selbst idyllischen – Idee eines Unterfangens, das auf dem Reichtum, der Integration und dem Gleichgewicht der Persönlichkeit beruht. Wenn er bloß Ausdruck eines Überschusses an Energie wäre, hätte er weder den Charakter eines Zwanges, den er ja besitzt, noch den obersten Wert, den er für den Künstler wie für das Publikum annimmt.« (ebd.) »Melanie Klein (1957) sagt, daß die schöpferischen Fähigkeiten Gegenstand des größten Neides sind, und führt sie auf die mütterliche Fähigkeit zurück, Kinder in die Welt zu setzen.« (ebd., S. 256) Janine Chasseguet-Smirgel geht darüber hinaus, indem sie Elternschaft in eine biologische Reihe verweist und in der Art der schöpferischen Zeugung eine Identifizierung mit Vater und Mutter zugleich sieht: »Bei dieser Art Zeugung sind wir Vater und Mutter zugleich. Diese hervorzubringen ist viel schwerer, und sie bringen uns mehr Ehre, wenn etwas Gutes an ihnen ist. Aber bei unseren Geisteskindern ist alles unser Eigen: die ganze Schönheit, der ganze Reiz, der ganze Wert.« (1975, S. 143) Janine Chasseguet-Smirgel schreibt das in der Hoffnung, daß diese Kinder mit ihrem viel lebendigeren Bild und Zeugnis von uns schon auf der Erde unsterblich sind. (vgl. ebd.)

Ich schließe meine Überlegungen ab mit dem Hinweis auf das, was für den Analytiker alltäglich und zugleich die »Kunst« ist. Viktor Smirnoff entwickelt in einem Vortrag (1987) das »Vergnügen des Analytikers«. Dieses Vergnügen liegt in der gelungenen Deutung, »weil sie – außerhalb jeglicher manipulativen Geschicklichkeit – seine analytische Qualität, die Schärfe seines Hörens, seine Empfindungsgabe und sein Talent zur Formulierung in besonderer Weise fordert. Darauf ist der Analytiker stolz, zugleich auch narzißtisch aufgewertet und intellektuell befriedigt. Die (gelungene) Interpretation, originelle Idee und theoretische Entdeckung zugleich, ist ein Schöpfungsakt in der etymologischen Bedeutung des Wortes: Poesie.« (Smirnoff, 1987, S. 10ff.) Dabei zielt die Deutung auf die imaginären Identifikationen, um den Analysanden »mit ›seiner Wahrheit‹ zu konfrontieren, die sich von der ›Realität‹ allerdings unterscheidet« (ebd.). Smirnoff verweist in diesem

Zusammenhang auf Lacan: Die Heilung erfolgt obendrein. Es ist nicht allein das Vergnügen und die intellektuelle Befriedigung, eine für den Patienten zutreffende Deutung gegeben zu haben. Smirnoff weist außerdem auf die Befriedigung, daß der Analytiker diese Deutung quasi auch an sich wandte. Ein eigener Teil des Analytikers ist als Dritter imaginär anwesend, den diese Deutung erreicht, der diese Deutung bestätigt auf einer völlig anderen Bewußtseinsebene als der, auf welcher sie den Patienten erreicht. Smirnoff vergleicht das mit Freuds Studie über das Erzählen des Witzes, wobei der Zuhörer durch Bestechung zum Komplizen, eigentlich aber zum Opfer und der imaginäre Dritte, der eigentliche Adressat, ein Objekt des Wunsches des Erzählers, ein Bestätigender wird. Dieser imaginäre Dritte in der analytischen Situation ist ein Abbild, ein alter ego des Analytikers mit allen Triebbedürfnissen und Überichansprüchen, das aber der Analytiker aufgrund seiner Ausbildung und weiterer eigener Erarbeitung seiner analytischen Identität besser kennen sollte als der Patient seinen unbewußten und imaginären Teil. Der Analytiker ist jedenfalls vertrauter mit ihm. Er hat wahrscheinlich besser verzichten gelernt im Hinblick auf die Es-Wünsche des imaginären Kindes in ihm. Es darf bei ihm bleiben, er ist vertrauter mit Aspekten seines Gewissens und seines Ideals, die von der frühen Elternrepräsentanz bis zu den Lehrern seiner analytischen Ausbildung neben ihm stehen. Er ist bei der wie auch immer »gelungenen Deutung« in gewisser Weise vergnügt, weil diese Deutung paradoxerweise an den Patienten und an ihn zugleich gerichtet ist, weil er auch mit sich selbst spricht. Diese Auffassung kommt meiner Vorstellung vom Halten-Können und Ertragen der Gegensätze entgegen. Es geht nämlich nicht, daß der Analytiker nicht sich und dem Analysanden zugewandt wäre. Das Imaginäre im Patienten und im Analytiker berühren sich; es unterscheidet sich in beiden nur durch die Einstellung dazu. Der Analytiker kann gar nicht anders, als in doppelter Ausrichtung zu leben, ausgerichtet auf das Imaginäre des Patienten wie sein eigenes Imaginäres. Das Imaginäre mit allen seinen Unmöglichkeiten wohlwollend zu halten ist sozusagen Kunst des Analytikers. Die Wendung an den imaginären Dritten für den Analytiker eröffnet eine neue Dimension; denn der Analysand ist mit dem eigenen Imaginären eins.

Das stellt die Öffnung der omnipotenten Symbiose zwischen Analytiker und Analysand in die Triangulierung dar, solange der Patient nämlich nicht sich sehen, über sich frei sprechen und denken kann. Dabei alternieren im Analytiker die nicht mehr so unendlich verdrängten Anteile des ehemaligen Kindes in ihm mit seinen Wünschen, Aggressionen und Illusionen wie mit den nicht mehr so sehr verdrängten Anteilen der Eltern- und Lehrerbilder mit ihren Gebots- wie Idealanteilen. Das wahrscheinlich macht seine besondere Einstellung und Einfühlung gegenüber dem Analysanden aus.

# Die Verarbeitung eines Traumas in der Kunst[1]

*Wer den Himmel beschwört, betritt schon die Hölle.*

Entsetzliches wird nicht vergessen. Mit dem Wort »Entsetzliches« beschreibt die Sprache den Begriff »Trauma« auf eine andere Weise, nämlich als das *Heraus-setzen* beziehungsweise *Ent-setzen* eines Menschen aus seiner bisher tragfähigen Kontinuität realen und emotionalen Erlebens. Das traumatische Ereignis ruft einen nicht mehr aufhörenden Prozeß der Verarbeitung hervor. An einer Folge von vier Bildern des 1918 geborenen Künstlers Siegfried Klapper, die nach dem Zweiten Weltkrieg in einem Zeitraum von mehr als dreißig Jahren entstanden, möchte ich die Art der Verarbeitung eines Traumas aus dem Krieg aufzeigen. An diesen vier Bildern, die nach Aussage von Klapper (im Ausstellungskatalog von 1986) jeweils ein »Gewebe aus Flächen, Linien und Punkten« bilden, wird bei unterschiedlichen Motiven und verschiedenartigen Techniken deutlich, daß der Verarbeitungsprozeß niemals endet. Ein späteres Stadium allein betrachtet, läßt die Herkunft vom ehemals auslösenden Trauma, dem Entsetzlichen, nicht mehr erschließen. Bei der Auswahl der Bildabfolge habe ich diese vier Bilder, die nach dem Krieg bis 1984 entstanden, als für das Schaffen des Künstlers typisch herausgegriffen. Das erste Bild stammt aus der Zeit ziemlich unmittelbar nach dem Zweiten Weltkrieg; das zweite und dritte Bild sind zwanzig und fünfundzwanzig Jahre später gemalt beziehungsweise gezeichnet, das vierte Bild, eine Zeichnung, ist drei Jahrzehnte nach dem ersten, 1984, entstanden. Die Bilder stehen in einem inneren Zusammenhang. Auch wenn das erlebte Entsetzliche im aktuellen Bewußtsein späterhin nicht mehr unmittelbar bereit liegt, beeinflußt es, und die Abfolge späteren Tuns trägt die Spuren des ehemals Erlittenen. Der Prozeß der Bewältigung führt hier zu neuem, zu künstlerischem Tun. Die zeugende, schöpferische Fähigkeit ist

1 Frau Prof. Dr. phil. Christa Lichtenstern und Frau Dr. phil. Heidi Stübler-Roch danke ich für einzelne Anregungen.

bewahrt, und dazu gehört Mut. Sie erschafft Ausdrucksmöglichkeit – ein neues Werk und damit auch neuen Sinn. Diese Herkunft im psychoanalytischen Zugang sichtbar zu machen, beabsichtige ich mit meiner Betrachtung.

Das als *»Krieger«* betitelte Bild (37 x 35 cm, Öl/Leinwand, ca. 1948 bis 1954) wurde nach etlichen Jahren der Überarbeitung vom Künstler fertiggestellt. Das Brustbild zeigt einen attrappenhaft dargestellten »Krieger« mit Stahlhelm, der aus dem Ersten Weltkrieg stammt. Beim ersten Anblick des »Kriegers« erschreckt vor allem das eine ihm verbliebene rechte Auge; auf der linken Seite ist die Augenhöhle leer. Das den Betrachter nahezu anspringende rechte Auge ist jedoch starr. Die Pupille ist ziemlich weit aufgerissen, und das Weiß des Auges ist oberhalb und unterhalb der Iris zu sehen, was dem Auge die Starre des Schreckens gibt. Dazu fehlen dem Auge Wimpern, eigentliche Augenlider und Augenbrauen. Die Darstellung des »Kriegers« in aufrechter Haltung sagt, daß er nicht tot ist; denn sonst würde er eher liegen. Auf der Stirn über dem linken Auge findet sich eine keilförmig ausgeplatzte, also defekte Stelle. Der Betrachter schaut in eine dunkle Leere. Die Nase des »Kriegers« ist gerötet, und in dieser starken Rötung ist die Nasenspitze nicht mehr vollständig zu erkennen. Der Mund geht in die Halspartie über, wobei alles zu einer Öffnung geworden ist. Darin erscheinen drei farblich unterschiedliche – rot, blau und gelb – und sehr starke Fäden, die ihres gekrümmten Verlaufs wegen am ehesten mit Kabeln zu vergleichen sind. Von oben ragen in dieses Loch zwei weißliche Ecken wie Zahnstümpfe, aber als solche nicht mehr erkennbar. Der Stahlhelm auf dem Kopf des »Kriegers« ist von stahlblauer bis grauer Farbe, hart, teils leicht matt spiegelnd bis ins Türkisfarbene gehend. Von oben hat der Helm in seiner Mitte dreieckförmig aufeinander zulaufende Sprünge, die eindeutig von einer Gewalteinwirkung resultieren, der noch standgehalten wurde. Seitlich links und rechts am Stahlhelm sind zwei ventil- oder düsenartige Öffnungen angeordnet. Aus der rechten Düse steigt Feuer mit einer Rauchfahne hoch, auf der linken Seite ist nur eine aufsteigende Rauchfahne zu sehen.

Der Hals ist die Nahtstelle vom Kopf mit Helm und der Brustpartie eines Menschen in Zivil. Das zugeknöpfte Unterhemd in einem Feldgrau-Grünton gehört noch zur oberen, »kriegerischen« Bildhälfte und wird hautnah getragen. Mit dem geschlossenen Kragen des weißen Hemdes beginnt die untere, »zivile« Hälfte der Kleidung. Das Hemd ist mit einem feingemusterten eingewobenen Streifen geschmückt. Zu einem dunkelblauen Anzug mit klassischem Revers trägt der »Krieger« eine mittelblaue Weste, die leicht im Ausschnitt des Anzuges erscheint. Die ein wenig vom Kragen heruntergerutschte Krawatte ist lila und gibt den obersten Hemdknopf frei. Knöpfe sind an Unterhemd, Hemd und Weste als wichtige Details aufgenommen. Die sehr breiten Schultern des »Kriegers« fallen ungemein steil ab und deuten im Verhältnis zum Kopf einen etwas zu großen Körper an. Auf dem Revers trägt der »Krieger« auf der linken Seite das NSDAP-Abzeichen. Der weiße runde Grund mit dem schwarzen Hakenkreuz ist, wie das für jenes Abzeichen typisch war, von einem roten Rand umgeben. Das Rot dieses Randes läuft im Revers als Farbe nach unten verfließend aus. Ähnlich verschwindet die schwarze Farbe aller Querbalken des Hakenkreuzes, sie verblaßt zum Schimmer, so daß aus dem Hakenkreuz ein schwarzes Kreuz wird. Schräg auf die Krawatte gesteckt trägt der Soldat ein kleines Kruzifix. Unter diesem befinden sich mehrere rote, teils tropfenförmige verspritzte Flecken auf der Krawatte. Der Hintergrund ist bis zum obersten Zehntel des Bildes intensiv karminrot, von diesem Karminrot setzt sich im oberen Teil ein Lilakarmin als einheitlicher Querstreifen ab.

Das nächste Bild, *»Rosa Melone«* (15 x 21,5 cm, Gouache, 1974), greife ich aus einer Epoche mit einer großen Zahl thematisch ähnlicher Bilder heraus. Der Betrachter schaut auf eine lila-braunfarbene Ebene, vergleichbar einer Hochebene, denn im Vordergrund fällt diese Ebene scharfkantig und steil ab. Ein fahler Schleier liegt der Ebene direkt auf. Die Abbruchseite der Ebene im Vordergrund gibt die eigentliche Farbe dunkelbraun bis lila zu erkennen. Diese Ebene läßt sich mit Tafelbergen vergleichen, die, zwar schon durch Risse voneinander getrennt, dennoch zu einer dennoch ununterbrochenen Ebene gehören. Die Kontinuität der Ebene erscheint trotz ständiger Unterbrechung durch jene Risse gegeben. Auf der linken Seite der Ebene ist durch die farbliche Aufhebung des Schleiers ein Einbruch zu erkennen. Derselbe Einbruch läuft auf der Ebene nach vorn dreieckig aus. Dieser Bruch ist perspektivisch gesehen unmöglich, verglichen mit der Art der übrigen Darstellung. Auf dem festen und wie selbstverständlichen, zugleich ständig durch Risse unterbrochenen Boden der Ebene ruht die fast halb aufgeschnittene »Rosa Melone«. Scharf abgehoben steht sie vor einem azur- bis türkisfarbenen Hintergrund, einem Himmel. Die Schale der Melone ist ringsum grünblau, von einem weißen Hauch überzogen. Durch die unregelmäßig bewegte Riefelung auf der Oberfläche wirkt die Schale noch kompakter, bevor sie in einem matteren Grün in das Fruchtfleisch übergeht. Der Stiel der Melone ragt bis zur oberen Bildkante in den Himmel. In der Schnitthälfte stellt sich in der Mitte das ovale Kernfeld dar, oben und unten spitz auslaufend, mit drei weißen Kernen, um das sich das Fruchtfleisch, durch Formung und Farbe konturierter abgehoben, zunächst in einem zwei Zentimeter breiten Saum radiär anordnet. Das übrige Fruchtfleisch läßt, ganz einheitlich von der Farbe her, die Oberfläche als saftig erkennen. Nur an einer Stelle ist die Einheitlichkeit dieser Fläche links unten vom äußersten Rand her dreieckig in die Frucht hineinragend in nicht zu übersehender Größe unterbrochen. Diese Unterbrechung ist weder als Riß noch als eine zuoberst abgezogene Schicht zu beschreiben. Das Material dieses dreieckigen Einbruchs ist erhalten geblieben, aber durch einen andersartigen, vielleicht verdichteten und verdunkelten Charakter abgehoben gegenüber der eigentlichen und übrigen Frucht. Diese Stelle unterbricht somit deutlich die Ganzheit.

Auf dem Bild *»La soirée de lune«* (16,5 x 11,5 cm, Farbstifte auf Papier, 1977) wird in einem Hochformat durch den Gegenstand einer Tasse und eine Naturerscheinung, den Mond, eine Spannung erzeugt. Die Tasse nimmt betont den gesamten Vordergrund in Anspruch. Sie hat eine breite Form, die sich erst zum Boden hin verjüngt, und steht auf einem Fuß. Der Henkel ist grazil, obwohl er der Tasse vom Umfang her gesehen entspricht. Er bietet sich dem Betrachter gleich für seine rechte Hand an. Groß genug für diese schwere Tasse, wirkt er dennoch fragil. Die Tasse macht einen kostbaren Eindruck. Sie ist mit ihrer sanftporig erscheinenden Oberfläche wie aus feinem, weißem Biskuitporzellan. Ihr oberer Rand ist besonders ausgeformt und erscheint in der vorderen Hälfte hauchdünn und etwas nach vorn ausgebuchtet. Dekoriert ist die Tasse auf ihrer Mitte mit einer einzigen Blüte, einem Vergißmeinnicht. Im Vergleich zu einer echten Vergißmeinnichtblüte ist jener Dekor etwa zehnmal größer. Die Tasse steht auf einem flächig wiedergegebenen Absatz, der daher nicht perspektivisch in die Bildebene treten kann. Dieser Absatz ist von einem farbigen Ornament in Streifen überzogen, so zurückhaltend wie etwa bei Damast, wo man die Struktur erst halb gegen das Licht gesehen wahrnimmt. Die Streifen auf dem Absatz sind in sich jeweils reich gefüllt und weisen ein zartes Türkis und zartes Lila auf. Neben der blauen Blüte stellt das die einzige Farbigkeit gegenüber der fahlweißen Tasse, dem fahlen Mond, dem Himmel und der angedeuteten Landschaft dar. Gegenpol zu der so stark den Raum füllenden Tasse ist der Mond in einer dunkel erscheinenden Berglandschaft. Von ihm aus werden der Hintergrund als Nachthimmel und die Landschaft in ihrer Dunkelheit bestimmt. Berge und Himmel sind nicht weiter detailliert, allein die in unregelmäßigen Wellen verlaufende, leicht unscharfe Kontur zwischen Himmel und Erde erlaubt die Annahme, daß diese Landschaft aus Bergen besteht.

Auf der Bleistiftzeichnung *»Gefäße I«* (10,5 x 15,0 cm, Bleistiftzeichnung, 1984) sind auf einer vorne abgekanteten Ebene, die eigentlich das unterste Drittel des Hintergrundes bildet, drei Gefäße gezeichnet, eine Vase, eine Flasche und eine Kanne. Die Vase steht vorn in der Mitte. Sie läßt sich als Kugelvase beschreiben mit einem abgesetzten langen, hochgezogenen Hals, der sich dann mit einer Lippe öffnet. Ihr Fuß ist ebenfalls mit einem kleinen Wulst abgesetzt. Es ist ein Fadenglas, und die Fadenverzierung läuft leicht spiral schräg um den Bauch der Vase. Im Halsteil richtet sich die Verzierung gegenläufig aus. Die Vase ist fast symmetrisch. In der unteren Hälfte ihres Bauches weist die Vase zwei Verletzungen auf, eine größere und eine kleinere. Von der Form her sind diese Verletzungen fast dreieckig. Sie wirken als solche, weil die Oberfläche versehrt ist, wie gleichmäßig abgezogen, wobei darunter dunkleres Material erscheint.[2] Flasche und Kanne stehen rechts und links etwas hinter der Vase,

2 Gefäße werden von den Kunsthistorikern mit Begriffen und Bezeichnungen beschrieben, die vom menschlichen Körper her übernommen sind.

die beide ein wenig überdeckt. Die Vase allein ragt mit ihrer Öffnung in die oberste Zone des Hintergrundes. Wenn auch die Vase mit ihrer Fadenverzierung perspektivisch gezeichnet ist oder auch die Kanne mit ihrem Ausguß, so sind alle drei Gefäße keinesfalls perspektivisch auf einen Boden gesetzt, ihr Fuß schließt völlig gerade ab. Die Flasche ist mit einem Korken, durch den sich ein schrägverlaufender Bruch zieht, geschlossen. Aus der oberen Öffnung der Kanne steigt Rauch auf, der die klare Gliederung des Hintergrundes aufhebt. Flasche und Kanne tragen eine umlaufende Banddekoration mit einem einzelnen runden Ornament. Das Ornament, einmal im Band jeweils vorn in der Mitte enthalten, ist rund. Bei der Kanne mit ihrem grazilfragilen Henkel erinnert der Bandstreifen mit seiner Aufeinanderfolge von Punkten an das Ornament unter der Tasse im vorigen Bild. Gegenüber der Symmetrie der Vase besteht sowohl bei der Flasche als auch bei der Kanne eine Asymmetrie in der oberen, die Gefäße schließenden Zone, den Schultern. Diese sind jeweils ungleich hoch und fallen bei der Kanne auch unterschiedlich steil ab. Die vier ungleich breiten Streifen des Hintergrundes sind durch unterschiedliche Schraffuren voneinander abgesetzt. Es gibt von unten nach oben eine unberührte Unterzone, eine nur um weniges breitere zweite Zone, auf der die Gefäße stehen. Die dritte breite Zone bildet den Hintergrund vor den Körpern der Gefäße, und in die oberste schmale Zone ragt nur die Öffnung der Vase. Die beiden anderen Gefäße enden unterhalb dieser Zone. Nur der Korken der Flasche ragt knapp in diese Zone, und der Rauch der Kanne verwischt die sonst klare Abtrennung der vorherigen Zone.

## Eine Interpretation aus psychoanalytischer Sicht

Interpretationen in der klinischen Anwendung der Psychoanalyse werden auf dem Boden der Übertragung abgegeben, vor dem Hintergrund der Biographie und im Wissen der psychoanalytischen Theorie. Die Übertragung ist die Realform der Gestaltung der Beziehung des Analysanden zum Analytiker, in dem Maße, wie der Analysand, ohne daß es ihm bewußt wäre oder er es wollte, seine konfliktbelasteten, dem alten Muster der Kindheit entstammenden Objektbeziehungen wieder neu entwickelt und ausgestaltet und sie in dieser Weise dem Analytiker anbietet. Das Bild eines Künstlers möchte ich als Ausdruck dessen nehmen, was ihn derzeit als eigenes Anliegen bewegt. Es hat seinen Ursprung in ihm. Das schließt überhaupt nicht aus, daß diese innere Bewegung oder Anforderung nicht einem Thema der Welt um ihn entnommen beziehungsweise durch sie gegeben ist. Künstler zu sein bedeutet, produktiv zu schaffen, Klapper sagt: arbeiten. Sein Befinden, also wie und was den Künstler beschäftigt, geht in sein Werk ein. Das kann nur auf der persönlichen Geschichte, das heißt auf der Abfolge der Erlebnisse und Beeindruckungen bis hin zu dem innerlich Aktuellsten basieren und geschehen. Diese innere Beschäftigung oder die Form der Verarbeitung zeigt sich in den künstlerischen Produkten, die Aussagen und Vorstellungen enthalten. Malen oder Zeichnen ist eine der Arbeits- und gleichzeitig Ausdrucksmöglichkeiten eines bildenden Künstlers. Das Bild ist Ausdruck seiner selbst, und dennoch ist es geschaffen in der Objektbeziehung, es richtet sich auch an einen Betrachter. Von daher läßt es sich für eine Interpretation heranziehen, wie sie sonst in der Psychoanalyse auf dem Boden der aktuellen Beziehung zwischen zwei Menschen geschieht. Meine Interpretation will nicht auf die Biographie des Künstlers zurückgreifen und sich ihrer bedienen. Gewählt habe ich diesen Künstler, weil bei ihm das Thema der Verarbeitung eines Grundthemas vorherrscht. Es ist das Thema »Krieg«, also Gewalt und Destruktion, das sich als überdimensionales Trauma auswirkt. Daß Klapper vom Krieg betroffen war, daran kann kein Zweifel sein. Es wird aus den folgend wiedergegebenen Texten deutlich, die seine Ausstellungen begleiteten. Kriegserlebnisse sind *Extrem*traumatisierungen, um so mehr, wenn der Betroffene zur Aktivität in einem persönlichkeitsfremden Dienst einbezogen wurde und die »Privatperson« im Dienste der eigenen inneren Abwehr und der Ich-Erhaltung fremddiktiertes Tun abspalten mußte. Für die Wahrnehmungs- und Erlebnisfähigkeit eines Künstlers wird solche Abspaltung unmöglich sein. Er kann nicht darüber schweigen.

Die Theorie der Psychoanalyse bezieht die Auswirkungen

der späteren Traumen auf ein früheres, in der Kindheit stattgehabtes Trauma, als das Ich noch hilf- und wehrlos war. Für dieses Zustandekommen einer Wiederholung sind W. Ronald D. Fairbairns Ausführungen (1943, S. 62) hilfreich: »Das, was ursprünglich verdrängt ist, sind weder schuldbeladene Triebregungen noch unlustvolle Erinnerungen, sondern böse, verinnerlichte Objekte, die nicht zu ertragen sind. Dem entspräche, daß Erinnerungen nur deshalb verdrängt werden, weil die zu ihnen gehörenden Objekte mit bösen verinnerlichten Objekten identifiziert sind; und ähnlich gilt, daß Triebregungen verdrängt werden, weil die Objekte, mit welchen der Betreffende durch diese Triebregungen zu einer Beziehung gedrängt wird, vom Standpunkt des Ichs gesehen, böse Objekte sind.« Dies beschreibt die innere Aneinanderkettung oder Aufpfropfung böser Erinnerungen und die Notwendigkeit ihrer Verdrängung. Ilse Grubrich-Simitis (1979, S. 1007) stellt das Phänomen einer automatisierten Abwehr bei Extremtraumatisierungen als irreversible Armierung des Ichs dar, eine Schale automatisierter Ichfunktionen, die sich späterhin als eine Abstumpfung des Wahrnehmungsvermögen gegenüber äußeren Reizen durch eine globale Verleugnungsarbeit auswirkt, eine dann roboterhafte, mechanische und entseelte Haltung. Dieses erscheint mir geeignet, die Interpretation meiner Bildfolge einzuleiten. »Kunst macht sichtbar«, schreibt Paul Klee in seinen Tagebuchaufzeichnungen. Klapper gestaltet im ersten seiner vier Bilder die Entseelung. Ich versuche, die Verarbeitung des entsetzlichen Erlebnisses »Krieg« in den vier Bildern aufzuzeigen. Voranstellen möchte ich der Abfolge meiner Werkinterpretationen, die einen Prozeß sichtbar machen, zwei über Siegfried Klapper veröffentlichte Aufsätze, von denen einer Interviewcharakter trägt. Die immer noch aktuelle tiefe Betroffenheit des Künstlers Klapper über die Grausamkeit, die Sinnlosigkeit und die Unwiderrufbarkeit der Verletzung oder gar Tötung durch Gewalt, also Kriegsgewalt, ist in diesen Texten ständig zu spüren.

»Siegfried Klappers Wahrheit ist die Stille der Blüte, der Frucht, des Lichts und der Vergänglichkeit: Unendliche Weltzeit, in der die Form lebt und vergeht, in der Leben sich formt und endet. Wer diese Wahrheit annimmt, ist ohne Angst. Es bedarf keiner

Exaltation und keines Geschreis, keiner Deformation und keiner subjektiven Willkür. [...] Siegfried Klapper antwortete mit seiner Malerei zunächst auf den Krieg, an dem er selbst als Soldat hatte teilnehmen müssen. [...] Nach der Katastrophe des Krieges, in dem der alte Anspruch des ›homo sapiens‹ zur Absurdität geworden war, gab es für Klapper keine Möglichkeit mehr, die Existenz des Menschen anders darzustellen als in der Vergangenheitsform: durch die totale Abwesenheit jeglichen Lebens, das Hoffnung böte.

Natur erscheint in den Zeichnungen Klappers nun in der Gestalt der Frucht, deren Substanz und Struktur freigelegt wird durch glatten Schnitt. Kerne und bergendes Fruchtfleisch, Gehäuse und Schalen offenbaren die Verwandtschaft des Organischen, dessen Morphologie Anlässe bietet zur Darstellung des einen durch das andere. Das Prinzip des Lebens von der Geburt bis zum Tod ist darin enthalten.« (Reinhild Müller-Mehlis im Katalog zur Ausstellung »Siegfried Klapper« in der Galerie Brockstedt in Hamburg, November 1973 bis Januar 1974)

Ein Interview für den Katalog der Ausstellung bei Claude Bernard, Paris 1979, leitet Jean Paget mit der Beschreibung des Blicks aus dem Fenster von Klappers Atelier ein:

»Aus dem Fenster von Klappers Atelier sieht man den Mont Ventoux, die höchste Erhebung des kalten französischen Süden. Weiter unten sieht man ockerfarbene Wege und roterdige Felder mit milchig-grauen Farben verschmelzen, die noch nicht dem Winter entronnen sind. [...]

*Klapper, wann sind Sie in den Süden gekommen?*

Es war 1969. Man hatte mir von einem Haus erzählt, das zu mir passen würde. Ich hatte genug von Frankfurt, wo ich lebte. Frankfurt ist durch den Krieg dem Erdboden gleichgemacht und wieder aufgebaut. Aber seither ist es nahezu unerträglich. In der Tat, ich wohnte in einem Kloster im Norden von Frankfurt. [...]

*Sie lieben die Natur?*

Hier im Süden gehe ich oft nachts mit meinen Hunden. Ich habe den Mond entdeckt und die Sterne...

*Seit wann malen Sie?*

Seit sehr langer Zeit. Aber ich habe nie wirklich malen gelernt, nur drei Monate lang. Lernt man schreiben, um Schriftsteller zu werden?

Aus der Arbeit heraus ist mir der Beruf gewachsen. Durch eine unablässige Arbeit und in der Einsamkeit... vor allem am frühen Morgen, wenn mich die Aufgaben des Hauses in Frieden lassen.

*Was denken Sie über Klee?*

[...] Wissen Sie, was ich am meisten von allem liebe? Ich liebe am meisten die Ikonen. Sie sind bewundernswert statisch, ihre Fassungen im allgemeinen großartig. Die Ziselierungen in Silber oder Kupfer sind prächtig... Um auf die Ikonen selbst zurückzukommen, ein Künstler hat das Gesicht gemalt und ein anderer die Hände. Das gibt ihnen in meinen Augen noch mehr Wert. Und, ob falsch oder echt, ich finde sie immer schön, seien sie authentisch oder nicht. Das nimmt für mich nichts von ihrer Schönheit. Ich liebe auch sehr die italienische Malerei des 13. Jahrhunderts. Aber letztlich ist das nicht sehr wichtig, was man liebt. Arbeiten ist eine ganz andere Sache. [...]

*Es gibt ein Bild von Ihnen, eine Katze vor einem Hintergrund aus Schilfrohr, das liebe ich besonders... die Katze scheint zum Sprung bereit zu sein...*

Die Katze ist tot, und das Schilfrohr ist abgehauen...

*Wie?*

Ich sage es, in der Wirklichkeit ist die Katze tot, und das Schilfrohr ist geschnitten... [...]

*Und Ihre Gegenstände?*

Ich kann die Gegenstände aus der Erinnerung malen. Sie sind statisch, und die Erinnerung erstellt sie ganz beständig von selbst wieder. Ich kann sie annehmen, ich kann sie aufgeben, sie bewegen sich nicht. Das ist ein unerschöpfliches Thema.

*Sie arbeiten langsam und minutiös?*

Ja, aber nicht nach der Natur. Selbst was die Früchte angeht. So die Äpfel: Ich pflücke sie und gebe sie meinen Hunden, die sie lieben. Meine Erinnerung bewahrt die Spur von ihren Farbnuancen. Keinen Apfel von heute, nicht die, die wie in Fabriken gezüchtet werden, sondern solche aus den alten Obstgärten, solche aus meiner Kindheit und solche aus gewissen Gärten hier... Einen Moment, schauen Sie sich all die Farbnuancen an, die unter dem Schnitt des Messers auftreten vom sanften Grün über das Rosa und Blaßgelb bis zum Beige... Im Garten meines Vaters gab es vier oder fünf Apfelsorten. Ein Universum. Heute sind die Äpfel rund, vollendet und chemisch. Sie haben nichts mehr zu sagen. [...]

*Sie lieben Ihren Garten?*

Ich bin in den Süden gekommen, um die Ruinenstädte und den Krieg zu vergessen, um die Ruhe zu suchen, um zu arbeiten.

Aber das gelingt mir kaum. Meine momentane Zurückgezogenheit trägt zusätzliche Aufgaben an mich heran: das Dach zu reparieren, den Garten zu pflegen, meine Hecken, meine Bäume; dann nehmen mich meine Hunde in Anspruch, sie loslaufen zu lassen und ihnen ins Feld zu folgen; eine Mauer gegen den Wind zu bauen... Sehen Sie die Mauer da unten, ich habe sie aufgebaut, Stein für Stein... Ich komme zum Malen höchstens nur ein paar Stunden am Tage und, wenn alles still ist... Die Autos sind die Geißel der Städte. Hier fangen auch ihre feindlichen Überfälle an: Sie geben Gas noch den Hohlweg hinauf, und gelegentlich hört man ihr Dröhnen bis an den Fuß dieser Mauer.«

Die Einleitung des Katalogs von 1973 und das Interview mit Klapper von 1979, schließlich vierunddreißig Jahre nach dem Zweiten Weltkrieg, gehen auf traumaspezifische Zusammenhänge aus der Geschichte Klappers ein. In Stimmung und Gefühlen, die an das heutige Weltgeschehen geknüpft sind, scheint unausweichlich eine kriegsähnliche Bedrängnis durch. Das Thema »Krieg und seine existielle Bedrohung« führt zu dem der »Verletzung«. Die Verarbeitung der Verletzung zieht sich mit einem absolut vorrangigen Stellenwert durch das Werk Klappers. Er nennt den Krieg, den zu vergessen ihm nicht gelingt. Gegen die überrollende Bewegtheit und den Lärm des Krieges möchte er die Statik und die Ruhe setzen, er sagt, um zu *arbeiten*. Er nennt die Anstrengungen, diese Ruhe zu finden, die – schon wegen der Anforderungen des Alltags – kaum zu finden ist, und sucht die Statik als den Gegensatz zur Bewegung im ruhenden Objekt oder in der Ausstrahlung der Ikone. Reinhild Müller-Mehlis erspürt, daß hinter dem Objekt sich Menschliches verbirgt. Sie betont seinen Haß auf die Lüge in jeglicher

Gestalt, zum Beispiel wenn Klapper auf die Menschen, die bei der sogenannten Totenehrung mit ihrem Lärm die Toten belästigten, laut aus dem Fenster Flüche ausstieß. Da Klapper ausdrücklich betont, Bewegtheit und Lärm nicht zu tolerieren, legt sich nahe, daß er beides mit Zerstörung, letztlich durch die Kriegsmaschinerie, zusammenbringt. In der Wochenschau vom 6. August 1941[3] hat der grausam triumphale Lärm des Krieges eine Penetranz, der man sich nicht entziehen kann. Musik wird in den Dienst des Krieges gezogen, und dem Sturmmarsch wird eine Glorie gesungen. Die Angriffe stellen sich im nachträglichen Kommentar alle als Überraschungsangriffe heraus, in denen die Gewalt die Menschen unter wahnsinniger Bewegtheit und mit wahnsinnigem Lärm, also im Zustand der äußeren und inneren Schutzlosigkeit, überfällt.

Die *»Rosa Melone«* läßt sich als ein Bindeglied zwischen dem am frühesten entstandenen Bild des »Kriegers« und »La soirée de lune« betrachten. Aus diesem Grunde möchte ich es als erstes interpretieren. Das Bild strahlt die Statik, das Selbstverständliche in der Ruhe aus, die Klapper bei den Ikonen so sehr schätzt. Innehalten bedeutet Ruhe im Gegensatz zur Bewegung. Aus dieser Statik spricht der langwährende innere Verarbeitungsprozeß, der in eine Symbolisierung mündet. Eines ist in der »Rosa Melone« enthalten, das reife Fruchtfleisch unter der beschützenden Schale und die Samen, aus denen wieder eine Pflanze wachsen kann. Generativität im umfassenden Sinne erscheint bei längerer Betrachtung als der innere Ausdruck dieses Bildes. Die Frucht lebt zwischen Himmel und Erde. Obwohl hier so deutlich, ja sogar scharf getrennt, vermittelt das Bild die Berührung der Gegensätze als zwingende Voraussetzung für jedes Wachstum. Die Frucht trägt eine vom Rand her sich dreieckig abhebende Stelle. Dabei handelt es sich zwar um keine äußere oder aktuelle Verletzung der Frucht, aber dennoch um ein auffälliges Merkmal, wenn diese aus der sonstigen Struktur völlig herausfallende Stelle viel tiefer eingraviert, »verletzt« wirkt. Die organische Struktur hat die verletzende Pression aufgenommen und von ihrer Struktur her, so weit es möglich war, beantwortet beziehungsweise in einem eigenen Prozeß darauf reagiert und

3 Am 1. August 1981 vom Dritten Programm des Hessischen Rundfunks gesendet.

assimiliert. Diese Stelle läßt sich in gewisser Weise mit einer Narbe vergleichen. Auch die Wiederholung eines Einbruchs in der Ebene weist nur auf die Dringlichkeit der Aussage als Eindruck, als Verletzung hin. Außerdem zeigt sich die Kontinuität ständig als unterbrochen, wenn die Ebene unaufhörlich Risse aufweist. In anderen Bildern von Klapper aus dieser Zeit und etlichen Jahren zuvor, seinen Stilleben von Früchten, Kannen und Tassen, findet man wirkliche Defekte. Diese Wiederkehr von Defekten an sonst makellosen Gegenständen ist der Wiederholung eines Traumas im Traum vergleichbar, indem der Traum versucht, das Überwältigende zu meistern (Sidney S. Furst, 1967, S. 12, 20, 40). In der Melone ist die ursprüngliche Wunde wie eine Narbe geheilt und in erträglicher Weise der Frucht wieder angeglichen. Die Kontinuität des Bodens ist mit Einbruch und Rissen zwar selbstverständlich, aber nicht absolut. Die Ganzheit bleibt unangetastet, während die Vollkommenheit, eine Art Unversehrtheit des Stillebens, aufgehoben ist. Die »Rosa Melone« stellt also keine »heile und ewigwährende Welt« dar. Sie wurde früh verletzt, doch hat sie die Verletzung überstanden. Auch wenn das als Zeichen für sie bleibend ist, ihre Samen weisen in eine Zukunft.

Auf den ersten Blick ist das Bild des *»Kriegers«* erschreckend und wirkt abstoßend.[4] Seine Entstehung ist dem Trauma des Krieges zeitlich gesehen am nächsten, es weist daher mit seiner Konkretheit noch sehr unmittelbar auf den Ursprung hin. Diese Konkretheit besteht in der Polarisierung zwischen dem attrappenhaft verzerrten Kopf mit Soldatenhelm und dem am Hals beginnenden Umbruch zur Person in Zivil. »Zivil« bedeutet bürgerlich, privat und persönlich. Dieser Bruch verwirrt die gewohnte voneinander geschiedene Vorstellung von Soldat und Zivilperson und weist erschreckend darauf hin, daß jeder Krie-

4 Auf ein in Thema und Ausführung sehr ähnliches Ölgemälde des englischen Kriegsmalers Graham Sutherland sei hingewiesen: »Head II«, Öl/Lwd., 60 x 50,8 cm, 1951, erstmals ausgestellt November bis Dezember 1962 im Musée nationale d'Art Moderne, Paris. Sutherland ist 1903 geboren, und seine Themen waren über Jahre hinweg Kriegsszenen, die insbesondere die Betroffenheit der Zivilbevölkerung darstellten. Bei dem genannten Bild handelt es sich ebenfalls um ein Brustbild eines schädelartigen Kopfes, wobei Hals- und Brustpartie noch nicht skelettiert sind. Der Hintergrund besteht aus den gleichen Farben und Farbverteilungen, wobei die obere Zone des Lila nicht mehrflächig, sondern aufgelöst ist in eine Art denaturalisiertes Fetzen- oder Blätterwerk.

ger eine Privatperson ist oder war. Eigentlich hatte die Privatperson zumindest in den Zeiten, in denen Kriegsführung professionalisiert war, mit dem Krieg nichts zu tun. Gewöhnlich wird ein kriegerischer Mensch von einem privaten Menschen getrennt gesehen. Dieses Bild konfrontiert uns aber mit der Tatsache, daß der Krieg von Menschen gestiftet, ausgetragen und erlitten wird. Klapper zeigt auf dem Bild, daß die, die den Krieg ausführen, den Krieg auch erleiden. Der »Krieger« bleibt eine Person, ein Mensch. Das macht die nahezu wahnsinnige Spannung in diesem Bild aus, die unsere Denkgewohnheit, zwischen Soldat und Mensch zu trennen, aufhebt. Zwischen Kopf- und Brustteil sitzt die Schaltstelle des Umbruchs wie eine Schachtelung. Der Kopfteil kommt wie eine Puppe aus der Puppe des Brusttorsos heraus. Dabei ist die Puppe, die aus der anderen Puppe herauskommt, jeweils die jüngere – eine Art, unterschiedliche Zeitabschnitte in die gleiche Bildebene zu bringen, die René Magritte erstmals gebraucht hat. Der obere Teil des Bildes ist also der geschichtlich jüngere. Der »Krieger« auf Klappers Bild, ein Schwerstverletzter, Deformierter, der kein Mensch mehr ist, ist aus dem Zivilisten, dem »humanen« Menschen hervorgegangen. Aus organischer Substanz, wie sie das Lebendige kennzeichnet, sind die Nerven zu Kabeln geworden. Der Mensch ist automatisiert. Lediglich die Farbigkeit der Kabel könnte über die Monotonie der Ein- oder Ausschaltbarkeit hinwegtäuschen. Maschinen, bis hin zur Computertechnik, kennen keinen Kompromiß, kennen nur ein *Entweder-Oder*, ein *Alles-oder-Nichts*.

In und mit einem zum Soldaten entfremdeten Menschen ist das Chaos entfesselbar. Der »Krieger«, in dieser Weise als Schema gemalt, gespensterhaft und als wesenloses Trugbild, erinnert in seiner aufrechten Haltung daran, daß er doch lebt: Er repräsentiert die Erinnerung. Damit gibt Klapper das Bild als Schreckensfigur des Inneren wieder. Ein äußerer Repräsentant entspricht der inneren Repräsentanz. Das, was dieses Bild eines bis ins Innere so verzerrten Soldaten zu einem »Krieger« macht, ist der Stahlhelm, und das, was an sein menschliches Wesen erinnert, ist das Auge. Während die Starrheit eines Helms Schutz geben soll, ist das im Schrecken erstarrte Auge seines natürlichen Schutzes, der Wimpern und Augenbrauen, selbst des Augenlides, beraubt. Stahlhelm und Auge signalisieren im Kopfteil erneut eine Spannung. Unter dem Stahlhelm nämlich ist Feuer entstanden. Das bekundet das seitlich aus einer Düse herausbrennende Feuer und der Rauch, der aus beiden Düsenöffnungen des Stahlhelms aufsteigt. Dieses Feuer muß im Kopf des Kriegers ausgebrochen sein. Es kann nur darüber entstanden sein, was die Augen sahen, nach innen wie nach außen gerichtet. Doch selbst das verbliebene Auge ist kein gesundes Auge mehr. Es scheint, daß es zuviel gesehen hat, Unfaßbares, worüber es erstarrt und der brennende Wahnsinn im Kopf ausgebrochen ist.

Die beiden Düsen können mit den Hörnern verglichen werden, die Moses aufgesetzt sind. Die Darstellung Moses mit Hörner tritt seit dem 12. Jahrhundert auf und geht zurück auf eine mißverständliche Übersetzung des Urtextes durch die Vulgata, die das nach dem Gesetzesempfang strahlende Antlitz des Moses umschreibt: »Videbant faciem Moysi esse cornutam.« (Exodus 34,29). Die Mosesfigur mit Hörnern von Michelangelo für das Grabmal Julius II. in San Pietro in Vincoli, Rom, bildet einen Höhepunkt innerhalb dieser Moses-Darstellungen. Die Herkunft des Fehlers ist aus dem vorausgehenden Text leicht aufzuspüren. Als Moses die Kinder Israel um das Goldene Kalb tanzen sah, ergriff ihn der Zorn. Mit dem Zorn Gottes über die Kinder Israel rang Moses zuvor bei der ersten Übergabe der Gesetzestafeln. (Exodus 32,10) Die Vorstellung des Zorns muß im Übersetzer nachgeklungen haben, als Moses zum zweiten Mal mit den Gesetzestafeln vom Berg kam, nun mit der Ausstrahlung eines Gekrönten. Michelangelos Moses mit den Gesetzestafeln hat diese Hörner beziehungsweise Hornansätze, die sehr wahrscheinlich den heiligen Zorn kennzeichnen. Zorn entsteht auch aus brennender Spannung. Die Hörner, die bei allen späteren Künstlern außer Barlach Moses aufgesetzt wurden, müssen die innere Spannung, den Zorn, als Ausdrucksmöglichkeit nahelegen. In Klappers Bildern sind die Flammen, die aus den Düsen heraustreten, Zeichen unerträglicher Affekte aus schwerster Erregung, die über Entsetzen zu Wut, Zorn und zum Wahnsinn führen. Der »Krieger« hat die Zerstörung bis hin zur Vernichtung des Lebens und der Ordnung von Werten gesehen: den *Krieg*. Darüber ist offenbar das andere Auge verlorengegangen. Von ihm ist nur eine große, leere Höhle mit dem zentralen Loch verblieben – einstmals für den Sehnerv vorgesehen, seine Verbindung zum Gehirn, dem eigentlichen Ort von Wahrnehmung und Besinnung. Damit drückt Klapper den Abriß für das Bewußtsein über die eigene Fremdartigkeit und das eigene entfesselte Chaos aus.

Gewalt von außen muß den dreieckigen Einbruch im Stahlhelm bewirkt haben, einen Einbruch in der Mitte des Helms, der zur Stirn spitz zuläuft. Der Stahlhelm hat diesem Einbruch, der sicher tödlich gewesen wäre, standgehalten. Aber die Risse dieses drohenden Einbruchs zeugen als Spur von der unmittelbaren Gewalt gegen das einzelne Individuum. Gewalt hat dennoch die Stirn des »Kriegers« unter dem Helm bis zum linken Auge aufgerissen. Es ist die Frage, ob der Ursprung dieser Gewalt allein von außen kam. Das nämlich zeigt sich daran, daß die zerstörte Stelle des Schädels, durch die man eine Leere sieht, unter dem an dieser Stelle unversehrten Stahlhelm liegt. Ein Zeichen für die innere Spannung von zerstörerischem Ausmaß ist das aus dem Helm dringende Feuer. Es ist gleichgültig, ob die zerstörerische Gewalt von innen kam, aus dem »Krieger« selbst, oder ob äußere Gewalt auf ihn einwirkte und Gewalt als Antwort in ihm erzeugte. Gewalt – und das wird hier sichtbar – ist letztlich immer auch selbstzerstörerisch. Sie ging letzten Endes von einem Menschen aus, auch wenn er andere zu Ausführungsorganen brauchte. Im Krieg erzeugt sich eine Spannung, die darin besteht, daß der Soldat das Entsetzliche sieht und das Entsetzliche tun muß oder tut. Diese Spannung kommt hier zum Ausdruck. Ohren hat der »Krieger« nicht mehr, als hätte das Getöse der Kriegsmaschinerie sie ihm weggerissen und ihm damit ein weiteres kommunikatives Sinnesorgan genommen. Der Mund ist auch kein Mund mehr. Mund und Hals sind ein einziges aufgerissenes Loch, ein Schrei wie bei Munch, den niemand mehr hört. Neben seiner Taubheit ist der »Krieger« auch noch sprachlos geworden. Die menschliche Sprache, wesentliches Ausdrucks- und Kommunikationsmittel, ist unmöglich geworden. Wenn die Verbindung zwischen dem Kopf mit seinen Sinneswerkzeugen und dem Körper nur noch als Kabelverbindung mechanisch existiert, bedeutet das, entseelt, entmenschlicht, roboterhaft zu sein, wie es Ilse Grubrich-Simitis für die gebrochene Struktur nach Überleben einer Extremtraumatisierung zusammenfaßt.

Obwohl der »Krieger« Schaden an Leib und Seele genommen hat, spricht die aufrechte Haltung des Mannes dafür, daß er eigentlich lebt, daß er – allerdings nur in dieser Weise – überlebt hat. Als der Krieg zu Ende war, gab es neben dieser jüngeren Ausgabe des Menschen, des »Kriegers«, noch die alte Puppe, den früheren Zivilisten, aus dem der »Krieger« einst hervorgegangen war. Mit dem noch sichtbaren einstigen Menschen ist aber durch den Krieg wesentlich Veränderndes geschehen. Die herabhängenden und für den Kopf zu breiten Schultern deuten auf eine Minderung seiner ganzen Person. Zwei Zeiten sind also in der Zivilperson als verdichtet erkennbar, eine Zeit vor dem Krieg und eine danach: Die Zivilperson, die er einmal war, gepflegt, in individuellen Tönen der Kleidung, und die Zivilperson danach, blutbefleckt. Die steil herabfallenden Schultern sind die Schultern der Gegenwart in einer Kleidung, in die der »Krieger« nach dem Kriege zurückfinden muß, die aber nicht mehr paßt. In dieser Gegenwart drücken die Schultern den Sturz seines Selbstverständnisses, seiner Depersonalisation aus.

Die Zugehörigkeit zu zwei extremen Einstellungen in seinem Leben zeigt der »Krieger« mit dem Kruzifix und dem NSDAP-Abzeichen. Sie haben Bekenntnischarakter. Wenigstens kurz vor und während des Krieges muß er das Parteiabzeichen als Mitglied der Nationalsozialistischen Deutschen Arbeiterpartei getragen haben. Während letzteres nach seiner eigenen menschlichen Deformation ebenfalls deformiert ist, ausläuft und verblaßt, ist das Kruzifix, das er auf der Krawatte trägt, offenbar heil geblieben. Es muß aus einer früheren Zeit wiederaufgetaucht sein, gehört nicht an den Ort, wo es zu sehen ist, hängt schief, bekommt aber an diesem zentralen Platz eine appellative Bedeutung. Der »Krieger« muß einmal im christlichen Sinne gläubig gewesen sein und ist jetzt mit diesem Symbol, das an Gewissen, Reue, Buße und Umkehr gemahnt, konfrontiert. Das aus dem Parteiabzeichen ins Revers auslaufende Rot des Hakenkreuzes und das durch Verblassen der Haken sich auf ein Kreuz reduzierende Zeichen sprechen dafür, daß der Krieg und das nationalsozialistische Regime vorbei sind. Das Auslaufen der Zeichen weist darauf hin, daß der Krieg Blut und Tod gebracht hat, Blut, dessen Spuren auf der Krawatte noch zu sehen sind. Das gleichförmige Kreuz, aus dem Hakenkreuz hervorgegangen, deutet nun auf Tod, Leid und Qualen hin. Mit dem erneut aktuellen, persönlichen Brustteil des »Kriegers« stellt sich gegenüber seinem Kopf die innere Polarisierung dar, eine extreme Gegensätzlichkeit von Haß und Liebe, beide übersteigert, entfesselt und damit deformierend.

Die sogenannten Ziele des »Dritten Reiches« haben sich mit der Kapitulation am Ende des Zweiten Weltkrieges für die, die daran glaubten, in für sie entsetzlicher Weise als Ideologien, als Idole ausgewiesen, eine Erkenntnis, die offenbar auch der »Krieger« gewonnen hatte, sonst erschienen nicht alte Wertordnungen neben neuen, aber zerstörten. Körper und Seele sind zerrissen, deformiert und schuldig. Das ausblutende Abzeichen auf dem Revers und das Blut auf der Krawatte könnten eine doppelte Aussage haben: die Schuld und den persönlichen Schmerz darüber. Damit kommt seelische Lebendigkeit ins Bild zurück, unterstützt durch das Lila in der Krawatte und in der obersten Zone des Hintergrundes, wo das Rot fast ohne spürbaren farblichen Absatz hin in ein Lila übergeht. Lila, eine klerikale Farbe, ist die Farbe der Buße. Buße ist Besinnung, Bereuen und kann somit Neubeginn bedeuten. Die gleiche Bedeutung teilt die Diagnostische Psychologie[5], wenn sie in Lila zunächst eine Farbe der inneren Beunruhigung sieht. Der bisher unerwähnt gebliebene Hintergrund enthält als Farbe das martialische Rot des Krieges. Ein solches Rot und die blau-graue, flirrend erscheinende Stahlfarbe, die sich im Helm noch bis ins Türkis spiegelt, werden als Farbkontraste martialische Farben genannt und finden sich beispielsweise in den Kriegsszenen der Triptychen von Max Beckmann. In ihnen ist eine hohe Spannung durch Farben, Kriegsgerät und die Haltung einzelner Personen erreicht, deren aufrechte und gelassene Haltung weit über den Augenblick hinausweist. Sie besitzen die Statik, die Klapper für die Ikonen beschrieb. Ihre Haltung, ihr Innehalten ist der Schlüssel für die Wirklichkeit der dahinterliegenden Dinge, deren Oberfläche und Realität den Vordergrund füllen.

5 Der Farbpyramidentest (nach Max Pfister), herausgegeben von R. Heiß und H. Hiltmann, Bern 1951

Wenn sich im Hintergrund des »Kriegers« das martialische Rot in seiner Höhe zum Lila wandelt, bedeutet das Lila, für inneren Schmerz stehend, ein wesentlich hoffnungsvolleres weiteres Zeichen für einen Umwandlungsprozeß. In diese Zone reichen die Flamme aus dem Helm und auch der Rauch von beiden Seiten nicht mehr hinein. Diese Zone bleibt unberührt.

Das Bild des »Kriegers« ist in Beziehung zu der »Rosa Melone« zu setzen, das etwa zwanzig Jahre später eine Narbe in der Gestalt wiedergibt, wie sie auf dem Helm des »Kriegers« zu sehen ist. Die Farben Rot im Fruchtfleisch, Grün in der Schale, Azurblau bis Türkis und Violettbraun, letztere im Himmel und in der Erde wiederkehrend, finden sich auch im ersten Bild. Diese Farben sind jedoch in der »Rosa Melone« sanfter. Das entsteht durch den hauchdünnen weißlich-milchigen, sich unmittelbar über Boden und Gegenstand ziehenden Schleier, der ein Abrücken von der martialischen Härte dieser Farben bewirkt. Das in der obersten Zone und in der Krawatte im Bild des »Kriegers« enthaltene Lila, das ich mit Buße und schließlich Hoffnung zusammenbrachte, findet sich bei der »Rosa Melone« in der Erde wieder, die Neues zu erzeugen vermag. Ein wichtiges weiteres Merkmal des Bodens, eigentlich der Erde, auf der die »Rosa Melone« ruht, ist ihre Rissigkeit in einer Art, die die Kontinuität ständig unterbricht und in Frage stellt. Da alle Farben wiederkehren, kann ich formal von einem inneren Zusammenhang beider Bilder ausgehen. Die Form und ihr Ausdrucksgehalt sind in der »Rosa Melone« dagegen völlig neu. Die Ruhe oder Statik dieses Bildes vermittelt Gelassenheit im Gegensatz zur aufschreienden Direktheit des »Kriegers«. Damit verbindet sich Reife und Generativität im Gegensatz zu Zerstörung und entseelter Automatisation. Generativität ist aber nicht ohne Verletzung und Schmerz denkbar. Aus der Abfolge dieser beiden Bilder geht hervor, daß Verletzung überstanden ist. Als Zeichen des einstmaligen gewalttätigen Einbruchs ist eine Narbe wie eine Erinnerung erhalten geblieben.

Vom Bild des »Kriegers«, das den Krieg in die Seele der einzelnen Person verweist, über die »Rosa Melone«, die unübersehbar die Spur einer Gewalt als Erinnerung trägt, komme ich zu *»La soirée de lune«*. Es ist fünfundzwanzig Jahre nach der Fertigstellung des »Kriegers« entstanden, fünf Jahre später als die »Rosa Melone«. Das Bild vermittelt von den gedämpften Farben und dem Inhalt her etwas Traumhaftes und Visionäres. Auffallend ist der vordere, für eine Tasse zu stark ausgebuchtete Rand. Mit Hilfe des Bildes vom »Krieger« läßt sich das Bild entschlüsseln. Der Betrachter muß es umdrehen, um im Körper der Tasse den Stahlhelm mit seiner vorderen Ausbuchtung, Schutz über den Augen, wiederzuerkennen. Der Künstler hat ein Mittel verwandt, das in der Entwicklungsgeschichte der Psyche von der Psychoanalyse als eine der ersten Verarbeitungsweisen bekannt ist: die Umkehrung. In der Traumdeutung fand Freud (1882-1899) die Umkehrung als ein wesentliches Mittel der Darstellung in der Traumarbeit: »Die Umkehrung, Verwandlung ins Gegenteil, ist übrigens eines der beliebtesten, der vielseitigsten Verwendung fähigen Darstellungsmittel der Traumarbeit. Sie dient zunächst dazu, der Wunscherfüllung gegen ein bestimmtes Element der Traumgedanken Geltung zu verschaffen.« (GW II/III, S. 332) »Das ›nicht‹ scheint für den Traum nicht zu existieren. Opposition zwischen zwei Gedanken, die Relation der Umkehrung, findet eine höchst bemerkenswerte Darstellung im Traum.« (GW II/III, S. 674)

Etwas Schmerzhaftes, Sehnsüchtiges, auch Spannungsvolles und zugleich Ruhendes ist in diesem Bild zwischen Mond und Tasse enthalten. Wie bei der »Rosa Melone« findet auch hier eine Begegnung zwischen Himmel und Erde statt, fließender, verschwommener, im Gegensatz zu dem klaren und scharf absetzenden Himmel bei der »Rosa Melone«. Insofern enthält auch dieses Bild eine Polarität, wie das des »Kriegers«und das der »Rosa Melone«. Jetzt, nahezu drei Jahrzehnte später, ist der Schmerz des »Krieger«-Bildes still geworden, verinnerlicht. Der Schmerz schreit nicht mehr in grellen Farben. Der zentrale Inhalt des »Kriegers«, der Stahlhelm, Schutz und Abwehr gegen den Angriff, besitzt eine neue wesentliche Funktion. Er ist zur Tasse geworden und zwar durch den Schritt der Umkehrung in der Form und auch der Farbe. Wasser wurde Verletzten und Sterbenden notfalls aus dem umgekehrten Helm gereicht. Als Attribute hinzugefügt sind lediglich Henkel und Fuß. Die stark vergrößerte Blume, das Vergißmeinnicht, als Dekor auf der Tasse, weist mit der Vergrößerung, einer Steigerungsform, auf eine bestimmte Herkunft und enthält zugleich eine Aufforderung.

In der Umkehrung des Hintergrundes des Bildes des »Kriegers« findet sich der lilafarbene oberste Absatz des Hintergrundes jetzt als Bodenzone türkisfarben wieder, was den inneren Zusammenhang beider Bilder vom Formalen her bestätigt. Die einstmaligen Farben des ersten Bildes sind nur noch für Verzierungen benutzt worden, aber zart und nahezu fahl: so das Blau, Türkis und auch das Lila. Rot ist im fast nicht sichtbaren Strich im Ornament enthalten. Die Türkisfarbe, die vom Helm des »Kriegers« zurückglänzt und im Unterhemd des »Kriegers«, also der Schaltstelle im Bild, auftritt, und das Lila in der Krawatte und Oberzone sind in »La soirée de lune« in ein feines, zartes, in sich sehr deutliches Ornament eingegangen, das jenen Absatz, die Bodenzone, schmückt, auf dem die Tasse steht. Alles Laute ist also still geworden. In der Umkehr zeichnet sich ein weiterer Weg ab, den der Künstler begeht, um schließlich das Überwältigende schöpferisch neu zu gestalten.

Ich habe einleitend zur Interpretation Fairbairn hinzugezogen, der die Aufeinanderlagerung »böser« Erinnerungen erklärt. Das frühe verneinende oder sich entziehende Objekt, das die Lust des Säuglings unterbricht, gehört zu den bösen Objekten, so also gehört die sich entziehende Brust als Partialobjekt, das heißt Objektvorläufer, zu solchen Erfahrungen mit »bösen« Objekten. Objektbeziehung muß zwangsläufig immer wieder abgebrochen werden, eine Form des Scheiterns. Janine Chasseguet-Smirgel (1970) beschreibt sie für den Aussagegehalt des Films »Letztes Jahr in Marienbad« in der Besetzungsschwierigkeit des immer wieder abgebrochenen Aufschwungs. Die ästhetische Form des Films leitet sich nicht aus der Kompensation eines Mangels her, auch nicht aus einem Objektverlust oder einer narzißtischen Wunde (unzweifelhaft häufige Motivationen des künstlerischen Schaffens), sondern es ist das Scheitern, das den organisierenden Mittelpunkt für das Werk wie für die Art der Darstellung bildet. Die »vollkommene Übereinstimmung zwischen Form und Inhalt, die beide eine Wunde, die Kastration, verbergen, in sich schon eine Befriedigung und Reparation« darstellend, sind es nach Chasseguet-Smirgel nicht allein, die wesentliche »Verwandlung geschieht durch das Hinzutreten eines neuen Elements: der Funktion, die der schöpferische Akt für den Künstler besitzt« (1970, S. 825 f.). Wenn nun das sich versagende sogenannte »böse« Objekt als erstes Objekt einstmals die stillende Brust war, von der das Kind passiv abhängig war und abgestillt werden mußte, so bedeutet bereits das ein Abgestilltwerden, die ununterbrochen abbrechende Objektbeziehung und ihre Wiederaufnahme und/oder aber den Weg in eine Autonomie und möglicherweise in eine Sublimierung. Die Tasse, aus der das Kind selbst trinken kann, bedeutet also auch eine Progression in der Entwicklung von der Passivität in die Aktivität, ebenfalls eine Umkehr. Der Künstler schreitet in seiner Darstellung über die beiden Traumen hinaus, das frühe im Scheitern oder Abbruch der Objektbeziehung liegende und das sich darauf später ausbreitende Extremtrauma. Das frühe Trauma, in der das Kind noch völlig hilflos und abhängig war, bildet eine Spur. Das Bild der Tasse in seiner ikonenhaften Statik, bei dem auch die Narbe verschwunden ist, bedeutet nicht nur Bewältigung von Traumatisierung. Es ist zugleich zu einer neuen, noch wesentlicheren Aussage geworden, nicht nur zu einem Gedenken, sondern wie zu einem Mahnmal und einer Vision des Gestilltwordenseins im Sterben. Sterben-Können im Schoß der Amme zeigt Ingmar Bergmans Film »Schreie und Flüstern« (1971). Wenn die »Rosa Melone« ein Stilleben ist, so ist »La soirée de lune« als Stilleben eigentlich ein säkularisiertes Altarbild, das Sterben, Tod und die Aufnahme in die Erinnerung vor den Betrachter stellt. So ist wohl auch der Titel »La soirée de lune« zu verstehen.

Während das Bild der »Rosa Melone« bereits symbolhaft aufzeigt, daß eine schwere äußere Verletzung, eine Traumatisierung, »einheilen« kann, so gilt das in gewissen Grenzen ebenso für das sich im letzten Bild, der Tasse, darstellende Erlebnis einer Traumatisierung der Seele mit der Erschütterung der Gefühle, des Gefühls der eigenen Existenz und Kontinuität. Auch hier hinterbleiben Spuren und Narben als traumartige Bilder, die nicht vergessen werden. Ich versuchte in der Abfolge der drei betrachteten Bilder der ungeheuren Kraft des Menschen Sprache zu verleihen, indem ich dem Trauma und seiner unmittelbaren Auswirkung und Verarbeitung in der bildnerischen Darstellung nachging. Zu den Auswirkungen gehören die folgende Einbettung des Traumas, die *Umgestaltung* und die schließliche *Neugestaltung*, in der eine *neue Sinnfindung* enthalten ist. Nachdem ich diese drei Bilder beschrieben und interpretiert hatte, war mir ein persönliches Gespräch mit dem Künstler möglich. Dabei bestätigte sich für mich, daß die meinerseits gewählte Abfolge der herausgegriffenen Bilder nicht willkürlich war. Meine Frage an den Künstler betraf den Ausdruckssinn des Stahlhelms. Das Foto vom Ölbild »Krieger«, es ist längst nicht mehr im Besitz des Künstlers, rief lebhafte Erinnerungen hervor. Klapper erzählte mir, daß es – wie eingangs von mir erwähnt – mehrere Jahre ständiger Überarbeitung erfordert hatte. Er zeigte mir weitere Bilder, die erstaunlicherweise mit der Bildabfolge meines ihm noch nicht bekannten Aufsatzes übereinstimmten: eine Frucht mit Verletzung und eine Tasse. Das letzte Bild, von dem Klapper noch ein Diapositiv besaß, das er mir dann zeigte, kannte ich von seiner Thematik her nicht. Im Gespräch zwischen uns erbrachte es einen Aufschluß. Ich möchte das Bild beschreiben: Auf einer Wiese stand ein igluartiges rundes braunes Haus mit einer Art Vordach oder Vorhalle. Von der Wiese führten im Vordergrund einige Stufen zum Iglu mit seinem Vordach hinunter. In der Vorhalle, unter dem Vordach also, stand eine wunderschöne Tasse aus weißem Porzellan mit einem aufgemalten Medaillon. Ihr Rand war golden, und innen mußte die Tasse von purem Gold sein; denn die Vorhalle war in einen goldenen Widerschein getaucht. Es war eine Tasse, aus der zu trinken für die Vorstellung eines Kindes die ganze Wonne und Seligkeit bedeuten würde. Das Iglu war eindeutig der umgekehrte Stahlhelm, weshalb der Künstler ihn auch auf meine Frage nach dem Ausdrucksgehalt des Stahlhelms zeigte. Als ich ihn fragend anschaute, sagte er das, was für ihn so selbstverständlich war: »Das ist die Hölle.« Er meinte wohl, daß unter ihm und um ihn herum die Hölle tobt, sie eigentlich unter ihm geboren wird. Im Gegensatz zur Hölle begriff ich die innen vergoldete Tasse, die quasi unter ihrem Vordach stand und dieses erleuchtete, als den Himmel. In diesem Bild, zur Zeit des »Kriegers« gemalt, wird dargestellt, daß es den Himmel nicht ohne die Hölle gibt. Es läßt sich fast die Mahnung ablesen, daß der Versuch, den Himmel einzurichten, bedeutet, schon auf der Schwelle der Hölle zu stehen. Diese Form der Interpretation von Annäherung und notwendiger Auseinandersetzung hat den Inhalt der Aussage von Chasseguet-Smirgel über das permanente Scheitern der Objektbeziehung oder aber, wie es in Klappers Bildern deutlich geworden ist, ist die Unversehrtheit eine Illusion.

Auch in Hölderlins »Hyperion« beispielsweise findet sich – wie in Klappers Bild – eine komplementäre Beziehung zwischen Himmel und Hölle: »Du räumst dem Staat denn doch zuviel Gewalt ein. Er darf nicht fordern, was er nicht erzwingen kann. Was aber die Liebe gibt und der Geist, das läßt sich nicht erzwingen. Das laß er unangetastet, oder man nehme sein Gesetz und schlag es an den Pranger! Beim Himmel, der weiß nicht, was er sündigt, der den Staat zur Sittenschule machen will. Immerhin hat das den Staat zur Hölle gemacht, daß ihn der Mensch zu seinem Himmel machen wollte.«

Zum Schluß möchte ich das vierte Bild von 1984, *»Gefäße I«*, interpretieren. Nach den bisherigen Betrachtungen ist der Leser möglicherweise vorbereitet, mein Verständnis leichter nachzuvollziehen. Wieder imponiert im Vordergrund des Bildes auf der wunderbar mit einer Fadenprägung gezeichneten Vase die Verletzung. Rechts und links auf den Gefäßen findet sich ein dekorierendes Band mit nur einem runden Ornament. Es läßt sich sagen, die Verletzung ist in ein Gegenteil umgeschlagen, eine Dekoration. Das mittlere Gefäß mit seiner Verletzung ist nicht verzerrt, dafür aber sind es die beiden dekorierten Gefäße. In ihnen muß eine Spannung herrschen, wenn einmal Rauch aus der Kanne steigt und beim anderen Gefäß, der Flasche, durch die Schließung mit dem Korken das Austreten des Rauches verwehrt erscheint. Verwehrt ist er, denn die Spannung drückt sich in der Verformung des Gefäßes aus, dessen rechter oberer Abschluß, die Schulter, sich neben der Öffnung ausbeult. Außerdem zeigt der Korken auch schon einen drohenden Defekt. Nur die Vase ragt gerade und offen in die oberste Zone. Der Rauch der Kanne hebt die Klarheit und Abgegrenztheit dieser Zone auf. Wenn Reinhild Müller-Mehlis von den Personen oder dem Menschlichen spricht, das hinter den Gefäßen steht, könnte man die offene Vase als weibliches Element auffassen, mit seiner Verletzung am Bauch. Gleichzeitig birgt die Vase eine enorme, aber gehaltene Bewegung, da sie in ihrer perspektivisch wiedergegebenen und damit bewegten Fadenverzierung am Boden geradlinig abgesetzt ist. Durch dieses Paradoxon springt die Bewegung als ein vorhandenes Potential geradezu entgegen. Schreibt man dann den beiden anderen Gefäßen, die gleichermaßen dekoriert sind, einen männlichen Ausdrucksgehalt zu, dann ließe sich sagen, ihre Verletzung ist zu einem Dekor geworden, was aber der Körper als Ganzes nicht aushält. Er verformt sich, oder Rauch strömt sichtbar werdend aus, der Rauch, der schon aus dem Helm des »Kriegers« hervorquoll. Abheilung in eine Normalisierung ist nicht möglich. Mit den Asymmetrien ihrer Körper, die Kanne hat eine herabhängende Schulter, die der des »Kriegers« unmittelbar vergleichbar ist, haben die männlichen Elemente auf dem Bild im Gegensatz zur Vase ihre Geradheit verloren. Die Versuche der Rückfindung, einmal erscheint ein solcher im schiefhängenden Kruzifix auf der Krawatte des Bildes vom »Krieger«, gelingen nicht wirklich. Dennoch läßt sich in dem Zusammenkommen der Vase und den beiden in sich zwar verformten, an sich aber schönen Gefäßen in ihrer Trinität zu einer Einheit gelangen, die Gegensätze erträgt und dann offen in die oberste Zone hineinreicht, die immer wieder auf Klappers Bildern zu finden ist und die ich als im »Krieger«-Bild unberührt, als Horizont, als eine Zone der Hoffnung, zu beschreiben versuchte.

# Schlußbetrachtung

*»keiner schließlich*
*hat es gewollt*
*jeder schließlich hat es getan*
*das hört sich an wie lüge*
*und ist es auch«*

(Ernst Jandl)

Dieses Buch ist über einen langen Zeitraum entstanden. Viele der Krankengeschichten stammen aus der frühen Zeit meiner analytischen Arbeit. Heute kommen oft schon die Kinder der Kriegs- und Nachkriegskinder, die »dritte Generation«, in die analytische Praxis, deren Geschichten weiterhin allerdings nicht mehr rekonstruierbare Elemente der nationalsozialistischen Ideologie, des Krieges und seiner Folgen enthalten. Auch sie prägt die Reaktion auf die Reaktion ihrer Eltern. Gerade deshalb ist es mir so wichtig, die Herkunft der Schwierigkeiten, mit denen die »zweite Generation« ringt, sichtbar werden zu lassen, solange es noch möglich ist. Nur Erkennen führt aus dem Verkennen und der Bedrängnis. Möglicherweise kann die Erinnerung an die vergessene, mit bewußter und unbewußter Absicht verstellte Geschichte zu einem späteren Zeitpunkt von der Psychoanalyse nicht mehr eingeholt werden. Zu meinen Niederschriften der Krankengeschichten fügte ich oft bereits schon damals meine Gedanken und theoretischen Erwägungen hinzu. Ganz bewußt habe ich jetzt bei der Zusammenstellung der im Laufe der Zeit zusammengetragenen Kapitel diese theoretischen Betrachtungen nicht auf einen etwa heute gültigen Nenner gebracht. Der Charakter dieses Entwicklungsprozesses, eines Weges, wie er der analytischen Praxis und Erfahrung eigen ist, sollte nicht als Zugang zu diesen Erinnerungen beziehungsweise Nicht-Erinnerungen zerstört werden.

Meine Patienten der »zweiten Generation« waren noch vor dem, im oder kurz nach dem Zweiten Weltkrieg geboren und somit noch zu jung, um selbst direkt von der nationalsozialistischen Ideologie geprägt worden zu sein. Sie kamen in die Analyse mit Beschwerden, die sie nicht in eine unmittelbare

Verbindung zu den Schwierigkeiten, Charakteren und Haltungen ihrer Eltern in Verbindung brachten; sie kamen um ihrer selbst willen. Im Verlauf der Analyse zeigte sich jedoch, wie folgenschwer diese Eigenarten der »ersten Generation«, der eine dem nationalsozialistischen Gedankengut angepaßte Einstellung abverlangt oder aufoktroyiert worden war beziehungsweise die diese Ideologie aus freien Stücken, aus Überzeugung mit getragen hatte, für ihre Kinder waren. Selbst der getarnte Widerstand von Eltern hätte von ihnen nur als Doppelleben nachvollzogen werden können. Dennoch trifft es nicht zu, die »zweite Generation« als Opfer hinzustellen. Damit würde die Bürde der Vergangenheit erneut einem Schuldigen zugewiesen. Die nächste Generation macht sich zwangsläufig etwas von ihren Eltern zu eigen. Ein unbewältigt gebliebener Anteil der Eltern bleibt mit den Kindern verwoben und ist in ihrem Unbewußten wirksam. Die zumeist extremen Einstellungen der »ersten Generation« erschienen in der »zweiten« als die paradoxe Struktur von *Opfer und Täter in einem*.

Die Deklaration der »Stunde Null« kennzeichnet den Versuch, Zeit auszustreichen, bedeutet also eine *Verleugnung*. Die bedingungslose Kapitulation als einen Neubeginn zu werten stellt eine Absurdität dar; denn eine übermächtige Idee wie das »Tausendjährige Reich« kann sich nicht von heute auf morgen auflösen, sondern lebt fort. Mit der Deklaration der »Stunde Null« wird versucht, Fakten ad acta zu legen, zum Beispiel die deutsche Vernichtungsstrategie. Täter und Mitläufer hätten nun *er-* und dann auch *be*kennen müssen, daß sie einer schweren Irreführung aufgesessen waren. Doch daß das auch erfolgte, war die Ausnahme. Nicht nur durch einen *Bedeutungsentzug* der Geschichte wie die Deklaration der »Stunde Null«, sondern auch durch das Aufgreifen kurzfristiger Ziele wie dem täglichen Überleben in der unmittelbaren Nachkriegszeit oder der völligen Ausrichtung auf den ja notwendigen Wiederaufbau und auf das Wiedergeltendmachen einer deutschen Qualität (»made in Germany«) wurde das Vorangegangene dem Nicht-sehen-Wollen und Vergessen anheimgegeben. Damit wurden vor allem die von der nationalsozialistischen Ideologie verursachten geistigen und ideellen Verluste abgetan, die Enttäuschung, daß der absolute Gehorsam nicht mit dem versprochenen Paradies belohnt worden war, daß eine ganze Kultur zugunsten von Neid, Gier, Haß und Mord an ganzen Bevölkerungsgruppen einem Wahnsinnigen zum Opfer gebracht worden war, der eigenverantwortliche Menschen hatte verführen, unter Drohung zwingen und zu Handlangern, Hörigen machen können. Die nationalsozialistische Ideologie hatte sogar besagt, daß die Kinder »dem Führer geschenkt« würden. Auf diese enteignende Weise hatte Hitler den Kindern die Eltern, jedenfalls den Vater genommen, den sie in vielen Fällen dann noch einmal auch physisch durch den »Heldentod« verloren. Nachdem der »Führer« selbst »gefallen« war – das heißt sich der Verantwortung durch Selbstmord entzogen hatte – und die Väter ruhmlos aus dem verlorenen Krieg heimgekehrt waren, erlebte die nunmehr »vaterlose« »zweite Generation«, daß die Überlebenden vielfach zur Tagesordnung übergingen, als wäre nie etwas gewesen, nachdrücklich schwiegen und auf gelegentliche Fragen ausweichend oder in pauschal entschuldigenden Standardwendungen antworteten. Auf diese Weise ging die Irreführung der »ersten Generation« als eine *Verwirrung* in das Unbewußte der »zweiten« ein und wurde wieder wirksam. Diese Orientierungslosigkeit beziehungsweise Desorientierung äußerte sich nicht in einfachen und erklärbaren Symptomen, sondern war in Entwicklungen und ihre Identität eingegangen. Die Patienten kamen mit einer *Ahnung*, daß etwas in beziehungsweise mit ihnen nicht stimmt, ohne es in eine spezifische Klage fassen zu können.

Die Suche nach dem eigenen Sich-Verstehen in der Analyse kann den biographischen Hintergrund nicht ausschließen, der dem So-geworden-Sein erst einen Sinn verleiht. Noch wichtiger ist aber die Wiederbelebung alter Verhaltensstile, weil sie unmittelbaren Einblick in die Konfliktstruktur des Analysanden gibt, die sich in seinem Verhalten dem anderen gegenüber äußert. Ein Patient kann in bloßer, nur bloßer Reaktion auf seinen Vater zu einem gegenteiligen Bild streben, was keine eigene Entwicklung darstellt. Diese reaktiven Ausbildungen enthalten immer den drohenden Umschlag: Aus einer passiv-masochistischen Unterwerfung wird zum Beispiel eines Tages der Anspruch und das Bedürfnis, selbst einen anderen zu beherrschen. Dieser unvorhergesehene, meist durch *extremes Verhal-*

*ten* bedingte Umschlag ist das *Unheimliche*, die Doppelgesichtigkeit oder das Zwiespältige. Es sind lange Zeiten des Erkennens und Umarbeitens notwendig, Prozesse, die sich im analytischen Raum und im psychischen Innenraum des Patienten so still und subtil vollziehen, daß sie für Unbeteiligte nicht merkbar und damit meist auch nicht einsichtig werden. Der Analytiker, der weiß, daß vom Nationalsozialismus und Krieg belastete Eltern für die Entwicklung ihrer Kinder eine besondere Bedeutung haben, muß sich hüten, in den Augen seiner Patienten zu einem Verfolger und Aufklärer gerade dieses spezifischen Elementes der Lebensgeschichte zu werden. Analytiker und Analysand müssen lernen, das von den Eltern Übernommene zu sehen, daran zu leiden und es schließlich zu tragen. Sich partiell mit den Eltern, die Schuld und Scham nicht ertragen konnten, zu versöhnen ist für das weitere Leben der »zweiten Generation« wichtig. Dieser Prozeß ist außerordentlich schwierig und meist einseitig, weil das Sprechen über diese Zeit unter einem Tabu steht und das Schweigen oft sogar als Rücksichtnahme ausgegeben wurde. Die »zweite Generation« wuchs in dem Zwiespalt auf, daß sie es besser haben sollte, während ihr das eigentlich Wichtige und Notwendige, nämlich *Verläßlichkeit* und *Aufrichtigkeit*, vorenthalten wurde. Sowohl das Geforderte als auch das Unterlassene waren jeweils in sich zuviel, wie einst die Hoffnung und bedingungslose Treue der Elterngeneration gegenüber dem »Führer«. Dieses Zuviel oder auch Zuwenig äußerte sich als eine die *Gültigkeit des Maßes* verleugnende und sich um den Empfänger dieser Überfrachtung nicht mehr kümmernde *Dramatisierung* und führte zu heilloser *Übersteigerung*, die mit der *Abspaltung* des für einen selbst Unerfüllten und von einem selbst Ungeliebten an einen Anderen vorläufig endet.

Die Aufklärung des Unbewußten in der Analyse, das Akzeptieren der eigenen abgelehnten Anteile, der eigenen Aggression und das Bemeistern dieser eigenen ungeliebten Seiten und die Ausbildung von Sehnsucht im Hinblick auf das, was nicht möglich ist, sind für den Patienten einzig durch eine Analyse zu erreichen. Die Arbeit an sich, um zu sich stehen zu können, und das Ausbalancieren der Extreme bleiben eine lebenslange Aufgabe. Der Analytiker muß weiter erforschen, warum ein

Mensch so leicht verführbar ist, wie ihm eine Ideologie glauben gemacht werden kann, aus welchen Gründen er seine Kritikfähigkeit, sein Gewissen und seine Verantwortung aufzugeben vermag. Solche *Hörigkeitsverhältnisse* verheißen demjenigen etwas, der zu glauben bereit ist, der etwas akzeptiert, ohne den Preis dafür zu kennen, weil der andere das Seine tut, um diesen Preis zu vernebeln. Dieser, ein Führer, Herrscher oder Unterwerfender, kann und will seine Wünsche, seine Ziele nicht allein ausführen, tragen oder auch als Sehnsucht in sich behalten. Er tritt als scheinbar Starker und Wissender auf und stellt andere in seinen Dienst, um seine Ziele zu verwirklichen. Dieser scheinbar so selbstverständlichen, ohne Unrechtsbewußtsein erfolgenden Manipulation gilt es entgegenzutreten.

An meine Ausführungen knüpfe ich die Frage, ob heute nicht die Beziehungen auch zwischen den Generationen sehr viel objektfeindlicher sind, das Verhalten im Alltag nicht viel feindseliger ist, das davon geprägt ist, daß mich die Strategie des anderen in ein Verhältnis zwingt, in welchem mein Nachteil des Anderen Vorteil, meine Unsicherheit des Anderen Sicherheit, mein Nichthaben des Anderen Haben und mein Unglück des Anderen Glück garantiert, wie es in den Übertragungsformen narzißtischer Neurosen deutlich wird. Das würde nichts anderes als jenen in diesem Buch behandelten Verlust des eigenen Selbst bedeuten, das sich in seiner völlig für ihn selbst nicht einsehbaren Verzweiflung zu retten versucht, indem der Andere mit Energie und Sicherheit in die Lücke manipuliert wird, von der dieser sich immer noch glücklich Dünkende denkt, das fülle seine Leere und sichere und definiere seinen Stand. Oft geschah das sogar mit Orden und Ehren. Ich vermute, daß diese Beziehungsstruktur das prägenitale Konfliktmuster an sich ist, in dem es letztlich immer um Leben und Tod geht. Die Veränderung der Übertragungsneurosen und die Verschiebung in eine immer mehr narzißtische Dimension kann am Beispiel der deutschen Geschichte, an ihrem Ein- oder Umbruch durch das »Dritte Reich« mit der Schuld am Zweiten Weltkrieg, besonders deutlich abgelesen werden. Das Ungeheuerliche, Unbewältigte könnte das Erbe von Generation zu Generation sein.

Einmal als Hysterien betrachtet, sind die narzißtischen Neurosen, die jetzt viel näher zu der Grenze von Psychose und

Kriminalität stehen, in viel umfassenderer Weise als mit nur einem Symptom erkrankt. Die Reminiszenzen, an denen definitionsgemäß die Hysterischen leiden, könnten sich als *fremde* Implantate oder Introjekte durch die vorausgegangene Generation ausweisen. Die nachfolgende Generation war durch ein zu schweres Erbe entfremdet und genötigt, eine Inszenierung aufzuführen und in diesen wiederzubeleben, was sie nicht hatte begreifen können. So möchte ich zum Ausblick die Überlegung anstellen, ob an dem Schicksal der »zweiten Generation« der Fremdcharakter solcher aus der vorausgegangenen Generation stammenden Reminiszenzen nicht deutlicher wird als an bei in einigermaßen »normaler« Umgebung[1] herangereiften Übertragungsneurosen, wie sie die Hysterien, Phobien und Zwangsneurosen darstellen. Übertragungsneurosen zeigen sich bei wohlerzogenen Menschen, die eine ausreichende Sorge, Fürsorge und Erziehung erfahren haben. Die Wohltaten einer guten Kinderstube (vgl. Ferenczi, nach: Khan, 1969, S. 111) waren während des Krieges und danach äußerlich nicht mehr vorhanden, ihre inneren Ziele und Werte sind auf eine Sicht von mehreren Generationen zerstört oder pervertiert.

1 Ich erinnere an Freuds »Analyse der Phobie eines fünfjährigen Knaben« (1909), den »kleinen Hans«, der ja in einer seine Entwicklung fördernden und zugleich bewahrten Umgebung aufwuchs. Als der »kleine Hans« Angstanfälle bekam, fürchtete, ihn könne auf der Gasse ein Pferd beißen, schrieb sein Vater an den Professor Freud, eine große Besorgnis um des Kindes Wohlergehen und für jene Zeit ein ungewöhnlicher Weg, ihm zu helfen.

# Literatur


Abraham, Karl (1912): Ansätze zur psychoanalytischen Erforschung und Behandlung des manisch-depressiven Irreseins und verwandter Zustände. In: ders.: Psychoanalytische Studien zur Charakterbildung und andere Schriften. Herausgegeben und eingeleitet von Johannes Cremerius. Band II. Frankfurt am Main: S. Fischer, 1971, S. 146-162

ders. (1919): Über eine besondere Form des neurotischen Widerstandes gegen die psychoanalytische Methodik. In: ders.: Psychoanalytische Studien zur Charakterbildung und andere Schriften. Band II. Frankfurt am Main: S. Fischer, 1971. S. 254-261

ders. (1924): Versuch einer Entwicklungsgeschichte der Libido auf Grund der Psychoanalyse seelischer Störungen. In: ders.: Psychoanalytische Studien zur Charakterbildung und andere Schriften. Herausgegeben und eingeleitet von Johannes Cremerius. Band I. Frankfurt am Main: S. Fischer, 1969. S. 113-184

ders. (1925): Die Geschichte eines Hochstaplers im Lichte psychoanalytischer Erkenntnis. In: ders.: Psychoanalytische Studien zur Charakterbildung und andere Schriften. Herausgegeben und eingeleitet von Johannes Cremerius. Band I: Frankfurt am Main: S. Fischer, 1969. S. 69-83

Adorno, Theodor W. (1967): Erziehung nach Auschwitz. Zum Bildungsbegriff der Gegenwart. Frankfurt am Main: Suhrkamp

ders. (1950): Studien zum autoritären Charakter. Frankfurt am Main: Suhrkamp, 1973

Aichhorn, August (1925): Verwahrloste Jugend. Neuauflage: Bern: Huber, 1951

Andersen, Hans Christian (1831): Der Schatten. In: ders.: Gesammelte Märchen. Auf Grund älterer Übersetzungen herausgegeben und zum Teil neu übersetzt von Fl. Storrer-Madelung. Bd. 1. Zürich: Manesse o. J. S. 532-552

Appy, Gottfried (1987): Einige Gedanken zur »Sprachlosigkeit«. In: DPV-Informationen Nr. 2. S. 33-39

Arendt, Hannah (1958): The Origins of Totalitarism. New York: Harcourt Brace Jovanovich

Balint, Alice (1939): Liebe zur Mutter und Mutterliebe. In: Michael Balint: Die Urformen der Liebe und die Technik der Psychoanalyse. Stuttgart: Huber/Klett, 1966. S. 116-135

Balint, Michael (1959): Angstlust und Regression. Stuttgart: Ernst Klett

Beland, Hermann (1987): Wie verstehen sie sich selbst? In: DPV-Informationen Nr. 2. S. 9-14

Benjamin, Walter (1965): Geschichtsphilosophische Thesen, 9. In: ders.: Zur Kritik der Gewalt und andere Aufsätze. Frankfurt am Main: Suhrkamp. S. 84-85

Benn, Gottfried: Nur zwei Dinge. In: Karl Otto Conrady (Hrsg.): Das Große Deutsche Gedichtbuch. Königstein: Athenäum, 1978

Bergmann, Martin S. and Milton E. Jucovy (editors) (1982): Generations of the Holocaust. New York/London: Basic Books

Bernard, Viola W., Perry Ottenberg, Fritz Redl (1965): Dehumanization: A Composite psychological defense in relation to modern war. In: Milton Schwebel (ed.): Behavioral science and human survival. Science and Behavioral Books. Palo Alto. S. 64-82

Bettelheim, Bruno (1976): The Uses of Enchantment. The Meaning and Importance of Fairy Tales. London: Thames and Hudson

Bion, Wilfred R. (1964): Eine Theorie des Denkens. In: PSYCHE 17. S. 426-435

Bleuler, Ernst (1916): Lehrbuch der Psychiatrie. Berlin: Julius Springer

Börner, Martin, Brigitte Winter-Klemm und Klaus Klemm (1982): Der gefallene Ikaros oder der schwerverletzte jugendliche Motorradfahrer. In: Zeitschrift für Unfallchirurgie 8 (1982). S. 1-7

Brentano, Clemens (1813): Das Märchen von dem Witzenspitzel. In: ders.: Werke. Studienausgabe. Bd. 3. Herausgegeben von Wolfgang Frühwald und Friedhelm Kemp. München: Carl Hanser, ²1978. S. 325-334

Burlingham, Dorothy und Anna Freud (1949): Kriegskinder. Jahresbericht des Kriegskinderheims Hampstead Nurseries. London: Imago

Chasseguet-Smirgel, Janine (1964): Die weiblichen Schuldgefühle. In: dies. (Hrsg.): Psychoanalyse der weiblichen Sexualität. Frankfurt am Main: Suhrkamp, 1974. S. 134-191

dies. (1970): »Letztes Jahr in Marienbad«. Zur Methodologie der psychoanalytischen Erschließung des Kunstwerks. In: PSYCHE 24. S. 801-826

dies. (1975): Das Ichideal. Psychoanalytischer Essay über die »Krankheit der Idealität«. Frankfurt am Main: Suhrkamp, 1981

dies. (1986): Das Paradoxon der Freudschen Methode (De l'abolition de l'aterité à la loi). In: Die Psychoanalyse als Methode. Materialien aus dem Sigmund-Freud-Institut 3. S. 52-75

Deutsch, Helene (1933): Zur Psychologie der manisch-depressiven Zustände, insbesondere der chronischen Hypomanie. In: Internationale Zeitschrift für Psychoanalyse 19. S. 356-371

dies. (1955): The Impostor: Contribution to Ego Psychology of a Type of Psychopath. In: Morton Levitt (ed.): Readings in Psychoanalytic Psychology. London: Staples Press, 1959. S. 124-139

Dohnanyi, Klaus von (1985): Rede zur Eröffnung des 34. Internationalen Psychoanalytischen Kongresses am 28. Juli 1985 in Hamburg. In: PSYCHE 40, 1986. S. 860-863

Domarus, Max (1962): Hitler. Reden und Proklamationen 1932-1945. Kommentiert von einem deutschen Zeitgenossen. 1. Band: Triumph (1932-1938). Würzburg

Edelstein, Elieser (1987): Verleugnung mit kompensatorischen Phanta-

siebildungen bei lebensbedrohenden Zuständen. Vortrag am 5.6.1987 im Sigmund-Freud-Institut. Unveröffentlichtes Manuskript
Ehlert, Martin und Beate Lorke (1988): Zur Psychodynamik der traumatischen Reaktion. In: PSYCHE 42. S. 502-532
Eickhoff, Friedrich-Wilhelm (1986): Identification and its vicissitudes in the context of the Nazi-Phenomenon. In: The International Journal of Psycho-Analysis 67. S. 33-44
Ekstein, Rudolf (1975): Das Residualtrauma. In: PSYCHE 33. 1979. S. 1077-1098
Endres, Elisabeth (1982): 1945-1955. Nach der Stunde Null erst einmal ein Kahlschlag. In: Welt-Literatur heute. Eine aktuelle Bestandsaufnahme. Herausgegeben von Hanns Lothar Schütz und Marlott Linka Fenner. München: dtv
Erikson, Erik H. (1968): Jugend und Krise. Die Psychodynamik im sozialen Wandel. Stuttgart: Ernst Klett, 1970
Faimberg, Haydée (1977): »The Snark was a Boojum«. In: Jahrbuch der Psychoanalyse. Bd. 21. 1987. S. 259-278
dies. (1985): Die Ineinanderrückung (Telescoping) der Generationen. Zur Genealogie gewisser Identifizierungen. In: Jahrbuch der Psychoanalyse. Bd. 20. 1987. S. 114-143
Fairbairn, W. Ronald D. (1943): The Repression and the Return of Bad Objects (with special Reference to the »War Neuroses«). In: ders.: Psychoanalytic Studies of the Personality. London: Tavistock, 1952
Fenichel, Otto (1939): Über Triumph und Trophäe. In: ders.: Aufsätze. Bd. II. Olten/Freiburg: Walter, 1981. S. 159-182
ders. (1946): Psychoanalytische Neurosenlehre. Bd. III. Olten/Freiburg: Walter, 1977
Ferenczi, Sandor (1939): Vulnerabilität der traumatisch-progressiven Fähigkeiten (auch der Wunderkinder). Fragmente und Notizen. In: ders.: Bausteine der Psychoanalyse. Bd. IV. Bern: Huber. S. 273-274
Freud, Anna (1936): Das Ich und die Abwehrmechanismen. München: Kindler, 1964
dies. (1967): Comments on Trauma. In: S. Furst (Hrsg.): Psychic Trauma. New York/London: Basic Books. S. 235-245
Freud, Sigmund, Sandor Ferenczi, Karl Abraham, Ernst Simmel, Ernest Jones (1919): Zur Psychoanalyse der Kriegsneurosen. Leipzig/Wien: Internationaler Psychoanalytischer Verlag
Freud, Sigmund (1885-1935): Gesammelte Werke in 18 Bänden und Nachtragsband (1987). Herausgegeben von Anna Freud, Eduard Bibring, Willi Hoffer, Ernst Kris und Otto Isakower. Frankfurt am Main. S. Fischer [2]1964
ders. (1950): Aus den Anfängen der Psychoanalyse. Briefe an Wilhelm Fließ. 1887-1902. Herausgegeben von Marie Bonaparte, Anna Freud, Ernst Kris. Frankfurt am Main: S. Fischer, 1962
ders. (1985): Übersicht der Übertragungsneurosen. Ein bisher unbekanntes Manuskript. Ediert und mit einem Essay versehen von Ilse Grubrich-Simitis. Frankfurt am Main: S. Fischer

Freud, Sigmund und Karl Abraham: Briefe 1907 bis 1926. Herausgegeben von Marie Bonaparte, Anna Freud, Ernst Kris. Frankfurt am Main: S. Fischer, 1965
Fried, Erich (1946-1957): Befreiung von der Flucht. Gedichte und Gegengedichte. Frankfurt am Main: Fischer Taschenbuch, 1984
Frosch, John (1983): The Psychotic Process. New York: The International Universities Press
Furmann, Erna (1974): Ein Kind verwaist. Stuttgart: Ernst Klett, 1977
Furst, Sidney S. (ed.) (1967): Psychic Trauma. New York/London: Basic Books
Gaddini, Eugenio (1984): Veränderungen bei psychoanalytischen Patienten bis heute. In: Veränderungen bei Analytikern und in der Analytikerausbildung. Herausgegeben von Robert S. Wallerstein. London: Schriftenreihe der Internatiolen Psychoanalytischen Vereinigung. Bd. 4. S. 6-23
Gantheret, François (1981): De l'emprise à la pulsion d'emprise. In: Nouvelle Revue de Psychanalyse 24. S. 103-116
Gebhardt, Bruno (1962): zitiert nach: Hans Adolf Jacobsen und Hans Dollinger (Hrsg.): Der Zweite Weltkrieg. München 1962. Darin: Dokumentation vom 31. August 1939
Goethe, Johann Wolfgang von (1790): Die Metamorphose der Pflanze. In: ders.: Schriften zur Naturwissenschaft. Herausgegeben von Michael Böhler. Stuttgart: Reclam, 1977
ders. (1788-1790): Faust I. Stuttgart: Cotta, 1951
Grant, Michael und John Hazel (1973): Lexikon der antiken Mythen und Gestalten. München: Paul List, 1976
Greenacre, Phyllis (1957): The Childhood of the Artist. Libidinal Phase Development and Giftedness. In: dies.: Emotional Growth. Bd. 2. New York 1971. S. 479-504
dies. (1958a): The Family Romance of the Artist. In: dies.: Emotional Growth. Bd. 2. New York, 1971. S. 505-532
dies. (1958b): The Relation of the Impostor to the Artist. In: dies.: Emotional Growth. Bd. 2. New York, 1971. S. 533-554
dies. (1971): Emotional Growth. Psychoanalytical Studies of the Gifted and a Great Variety of Other Individuals. 2 Bände. New York: International Universities Press
Grimm, Jakob und Wilhelm (1812-1815): Kinder- und Hausmärchen gesammelt durch die Brüder Grimm. Frankfurt am Main: Insel, 1981
Grinberg, León und Rebeca (1984): A Psychoanalytic Study of Migration: Its normal and Pathological Aspects. In: Journal of the American Psychoanalytic Association 32. S. 13-38
Grubrich-Simitis, Ilse (1979): Extremtraumatisierung als kumulatives Trauma. In: PSYCHE 33. S. 991-1023
dies. (1984): From Concretism to Metaphor. Thoughts on some Theoretical and Technical Aspects of the Psychoanalytic Work with Children of Holocaust Survivors. In: Psychoanalytic Study of the Child. Vol. 39. S. 301-319

Grunberger, Bela (1958): Überlegungen zur Oralität und zur oralen Objektbeziehung. In: ders.: Vom Narzißmus zum Objekt. Frankfurt am Main: Suhrkamp, 1976. S. 138-163

ders.: (1959): Untersuchungen der analen Objektbeziehung. In: ders.: Vom Narzißmus zum Objekt. Frankfurt am Main: Suhrkamp, 1976. S. 164-188

Hahn, Ulla (1983): Lied von den sauberen Händen. In: dies.: Spielende. Stuttgart: Deutsche Verlags-Anstalt, S. 92

Hamburger, Richard (1927): Neue Theorie der Wahrnehmung und des Denkens. Berlin: Georg Stilke

Hardtmann, Gertrud (1982): The Shadows of the Past. In: Martin S. Bergmann and Milton E. Jucovy (editors): Generations of the Holocaust. New York/London: Basic Books. S. 228-244

Hausenstein, Wilhelm (o. J.): Giotto. Die führenden Meister. Berlin: Propyläen

Heimann, Paula (1955a): A Contribution to the Re-Evaluation of the Oedipus-Complex – the Early Stages. In: Melanie Klein, Paula Heimann, Roger Ernie Money-Kirle (editors): New Directions in Psychoanalysis: London: Tavistock. S. 23-38

dies. (1955b): A Combination of Defence Mechanisms in Paranoid States. In: Melanie Klein, Paula Heimann, Roger Ernie Money-Kirle (editors): New Directions in Psychoanalysis. London: Tavistock. S. 240-265

dies. (1962): Bemerkungen zur analen Phase. In: PSYCHE 16. S. 420-439

dies. (1975): Sacrificial Parapraxis – Failure or Achievement. In: The Annual of Psychoanalysis. Vol. III. New York: International Universities Press. S. 145-164

dies. (1978): Über die Notwendigkeit für den Analytiker, mit seinem Patienten natürlich zu sein. In: Drews, Sybille und andere (Hrsg.): Provokation und Toleranz. Alexander Mitscherlich zu ehren. Frankfurt am Main: Suhrkamp. S. 215-230

Heiß, Robert (1949): Die Lehre vom Charakter. Berlin: de Gruyter

Heiß, Robert und Hildegard Hiltmann (1951): Der Farbpyramidentest. Bern: Huber

Henseler, Heinz und Albrecht Kuchenbuch (Hrsg.) (1982): Die Wiederkehr von Krieg und Verfolgung in Psychoanalysen. In: DPV-intern. Berlin

Hermann, Carl Hans (1966): Deutsche Militärgeschichte. Eine Einführung. Hrsg. im Auftrag des Arbeitskreises für Wehrforschung. Frankfurt am Main: Bernard & Graefe Verlag für Wehrwesen

Hinze, Eike (1986): The influence of historical events on psychoanalysis: a case history. In: The International Journal of Psycho-Analysis 67. S. 459-467

Hölderlin, Friedrich (1797/99): Hyperion. Hrsg. von Friedrich Beißner. Frankfurt am Main: Insel, 1961

Hoffer, Willi (1947): Hand-Mund- und Ichintegration. In: PSYCHE 18, 1964/65. S. 81-88

Horkheimer, Max und Theodor W. Adorno (1944/47): Dialektik der Aufklärung. Philosophische Fragmente. Frankfurt am Main: Suhrkamp, 1981

Jacobsen, Edith (1957): Depression. Frankfurt am Main: Suhrkamp, 1977

Jandl, Ernst (1973): dingfest. Darmstadt: Luchterhand, 1985

Jandl, Ernst und Jürgen Spohn (1983): Gedichte und Bilder. Darmstadt und Neuwied: Luchterhand

Joseph, Betty (1983): On Understanding and Not Understanding. In: The International Journal of Psycho-Analysis 64, S. 291-298

Kainz, Friedrich (1924): Das Steigerungsphänomen als künstlerisches Gestaltungsprinzip. Eine literaturpsychologische Untersuchung. In: Zeitschrift für angewandte Psychologie. Beiheft 33

Kernberg, Otto F. (1975): Borderline-Störungen und pathologischer Narzißmus. Frankfurt am Main: Suhrkamp, 1978

ders. (1987): Projektive Identifikation – Gegenübertragung und stationäre Behandlung. Unveröffentlichtes Manuskript

Kestenberg, Judith S. (1974): Kinder von Überlebenden der Naziverfolgungen. In: PSYCHE 28. S. 249-265

dies. (1977): Aus Psychoanalysen der Kinder der Überlebenden des Nazi-Massenmords. Unveröffentlichtes Manuskript

dies. (1979): Aus Analysen der Kinder der Verfolgten. Ein Vergleich zwischen Analysen der Erwachsenen und Psychoanalyse und Sozialarbeit. Unveröffentlichtes Manuskript

dies. (1981): Psychoanalysis of children of survivors from the Holocaust. Case presentations and Assessment. In: Journal of the American Psychoanalytic Association 28. S. 774-804

dies. (1982 a): A Metapsychological Assessment Based on the Analysis of a Survivor's Child. In: Martin S. Bergmann and Milton E. Jucovy (editors): Generations of the Holocaust. New York: Basic Books. S. 137-158

dies. (1982 b): Survivor parents and their children. In: Martin S. Bergmann and Milton E. Jucovy (editors): Generations of the Holocaust. New York: Basic Books. S. 83-102

Kestenberg, Judith S. and Ira Brenner (1986): Children who survived the Holocaust. In: The International Journal of Psycho-Analysis 67. S. 309-316

Khan, M. Masud R. (1969): Symbiotische Omnipotenz. In: ders.: Selbsterfahrung in der Therapie. Theorie und Praxis. München: Kindler, 1977. S. 100-113

ders. (1974): Schweigen als Kommunikation. In: ders.: Selbsterfahrung in der Therapie. München: Kindler, 1977. S. 209-225

ders. (1979): Entfremdung bei Perversionen. Frankfurt am Main: Suhrkamp, 1983.

Klein, Melanie (1932): Die Psychoanalyse des Kindes. München, Basel: Ernst Reinhard, 1971

Kleist, Heinrich von (1801): An das Stiftsfräulein Wilhelmine von

Zenge, Hochwürden und Hochwohlgeboren zu Frankfurt a. O., Berlin, den 31. Januar 1801. In: ders.: Sämtliche Werke und Briefe. Hrsg. von Helmut Sembdner. Band II. München: Hanser, [4]1965. S. 617ff.

Klüwer, Rolf (1983): Agieren und Mitagieren. In: PSYCHE 37. S. 828-840

Koeppen, Wolfgang (1951): Tauben im Gras. In: ders.: Drei Romane: Tauben im Gras. Das Treibhaus. Der Tod in Rom. Frankfurt am Main: Suhrkamp, 1972

Kohut, Heinz (1969): Die psychoanalytische Behandlung narzißtischer Persönlichkeitsstörungen. In: PSYCHE 23. S. 321-348

ders. (1971): Narzißmus. Eine Theorie der psychoanalytischen Behandlung narzißtischer Persönlichkeitsstörungen. Frankfurt am Main: Suhrkamp, 1973

ders. (1977): Die Heilung des Selbst. Literatur der Psychoanalyse. Hrsg. von Alexander Mitscherlich. Frankfurt am Main: Suhrkamp, 1979

Kolnai, Aurel (1923): Gontscharows »Oblomow«. In: IMAGO. S. 485-494

Kris, Ernst (1952): Die ästhetische Illusion. Phänomene der Kunst in der Psychoanalyse. Frankfurt am Main: Suhrkamp, 1977

Lampl-de Groot, Jeanne (1961): Ichideal und Überich. In: PSYCHE 17, 1963/64. S. 321-332

Lavant, Christine (1982): Seit heute, aber für immer. In: Frankfurter Anthologie, Frankfurter Allgemeine Zeitung vom 16. 10. 1982

Lebovici, Serge Michel Soulé (1970): Die Persönlichkeit des Kindes. München: Kindler, 1978

ders. (1984): Der Narzißmus und das Streben nach Macht. Vortrag am 22. 9. 1984 in der Sigmund-Freud-Gesellschaft in Wien. Unveröffentlichtes Manuskript

Levitt, Morton (1959): Vorwort zu: Helene Deutsch, The Impostor… In: ders. (Hrsg.): Readings in Psychoanalytic Psychology. London: Staples Press. S. 124

Levy, David M. (1943): Maternal Overprotection. New York: Columbia University Press

Lewin, Bertram D. (1950): Das Hochgefühl. Frankfurt am Main: Suhrkamp, 1982

Limentani, Adam (1972): The assessment of analysability. A major hazard in selection for psychoanalysis. In: The International Journal of Psycho-Analysis 53. S. 351-361

Loch, Wolfgang (1968): Identifikation-Introjektion. Definitionen und genetische Determinanten. In: PSYCHE 22. S. 271-286

ders. (1976): Psychoanalyse und Wahrheit. In: PSYCHE 30. S. 865-898

Loch, Wolfgang und Gemma Jappe (1974): Die Konstruktion der Wirklichkeit und die Phantasien. In: PSYCHE 28. S. 1-31

Lorenzer, Alfred (1965): Ein Abwehrsyndrom bei traumatischen Verläufen. In: PSYCHE 18. S. 685-700

ders. (1970): Sprachzerstörung und Rekonstruktion. Vorarbeiten zu einer Metatheorie der Psychoanalyse. Frankfurt am Main: Suhrkamp
ders. (1981): Das Konzil der Buchhalter. Die Zerstörung der Sinnlichkeit. Eine Religionskritik. Frankfurt am Main: Europäische Verlagsanstalt
ders. (1983): Sprache, Lebenspraxis und szenisches Verstehen in der psychoanalytischen Therapie. In: PSYCHE 37. S. 97-129
Lorenzer, Alfred und Helmut Thomä (1965): Über die zweiphasige Symptomentwicklung bei traumatischen Neurosen. In: PSYCHE 18. S. 674-684
Mahler, Margaret S. (1968): Symbiose und Individuation. Band I: Psychosen im frühen Kindesalter. Stuttgart: Ernst Klett, 1972.
Mahler, Margaret S., Fred Pine, Anni Bergmann (1975): Die psychische Geburt des Menschen. Symbiose und Individuation. Frankfurt am Main: S. Fischer, 1978
McDougall, Joyce (1978): Plädoyer für eine gewisse Anormalität. Frankfurt am Main: Suhrkamp, 1985
Mette, Alexander (1940): Die psychologischen Wurzeln des Dionysischen und Apollinischen. Berlin-Steglitz: Dion
Mitscherlich, Alexander und Margarete (1967): Die Unfähigkeit zu trauern. Grundlagen kollektiven Verhaltens. München: Piper
Mitscherlich, Alexander (1975): Der Kampf um die Erinnerung. München: Piper
Morgenthaler, Fritz (1978): Zur Dialektik der psychoanalytischen Praxis. Frankfurt am Main: Syndikat
Nacht, Sacha (1948): Les manifestations cliniques de l'aggressivité. In: Revue Française de Psychanalyse 12. S. 311-365
Nagera, Humberto (Hrsg.) (1969/70): Psychoanalytische Grundbegriffe. Frankfurt am Main: S. Fischer, 1974
Nedelmann, Carl (1986): Psychoanalyse der Dehumanisierung. Vortrag auf der Jahrestagung der DGPPT am 10. Oktober 1986 in Lindau zum Thema »Psychoanalyse von Dehumanisierungsprozessen«. Unveröffentlichtes Manuskript
Niederland, William G. (1980): Folgen der Verfolgung. Das Überlebenden-Syndrom, Seelenmord. Frankfurt am Main: Suhrkamp, 1980
Nunberg, Hermann (1932): Allgemeine Neurosenlehre auf psychoanalytischer Grundlage. Bern/Berlin: Huber
Ogden, Thomas (1982): Projective Identification and Psychotherapeutic Technique. New York/London: Jason Aronson
Ohlmeier, Dieter (1986): Hamburg – Ein Jahr danach. Kritische Reflexionen zum Internationalen Psychoanalytischen Kongreß 1985 und zur Situation der Psychoanalyse in Deutschland. In: Theorie und Technik in der Veränderung. Hrsg. von Helmut Luft und Günther Maaß. Frankfurt am Main: DER-Congress. S. 215 -218
ders. (1988): Wirkungen unter der Oberfläche. Zur Psychoanalyse

institutioneller und betrieblicher Problemsituationen. Unveröffentlichtes Manuskript
ders. (1989): Das »Es« im Unternehmen. In: Gablers Magazin 3. S. 29-34
Ostow, Mortimer (1986): The psychodynamics of apocalyptic: discussion of papers on identification and the Nazi phenomenon. In: The International Journal of Psycho-Analysis 67. S. 277-287
ders. (1988): Apokalyptische Archetypen in Träumen, Phantasien und religiösen Schriften. In: Jahrbuch der Psychoanalyse. Bd. 23. S. 9-26
Paret, Peter (1981): Die Berliner Secession. Moderne Kunst und ihre Feinde im kaiserlichen Deutschland. Berlin: Severin und Siedler
Petrarca, Francesco (1336): An Francesco Dionigi von Borgo San Sepolcro in Paris. Die Besteigung des Mont Ventoux. In: Dichtungen, Briefe, Schriften. Auswahl und Einleitung von Hanns W. Eppelsheimer. Frankfurt am Main: Insel, 1980
Pines, Dinora (1986): Working with women survivors of the Holocaust. Affective experience in transference and countertransference. In: The International Journal of Psycho-Analysis 67. S. 295-307
Platen, August von (1823): Ghasel Nr. XLIX aus: ders.: Ghaselen. Nach der Ausgabe von 1834. In: Werke Band I: Lyrik. Nach der Ausgabe letzter Hand und der historisch-kritischen Ausgabe mit Anmerkungen, Bibliographie und einem Nachwort hrsg. von Jürgen Link. München: Winkler, 1982
Rangell, Leo (1967): The Metapsychology of Psychic Trauma. In: S. Furst (Hrsg.): Psychic Trauma. New York/London: Basic Books. S. 51-84
ders. (1984): The Roots of Power in Psychoanalytic Theory. Vortrag am 22. September 1984 in der Sigmund-Freud-Gesellschaft in Wien. Unveröffentlichtes Manuskript
Rank, Otto (1914): Der Doppelgänger. In: IMAGO 3. S. 97-164
Reich, Annie (1960): Further Remarks on Countertransference. In: The International Journal of Psycho-Analysis 41. S. 389-395
Reik, Theodor (1935): Der überraschte Psychologe. Leiden: Sijthoff
Reinke, Ellen (1987): Frühe Ichentwicklung und weibliche Selbstentwertung – eine moderne Variante weiblicher Emanzipation. In: Befreiung zum Widerstand. Aufsätze zu Feminismus, Psychoanalyse und Politik. Margarete Mitscherlich zum 70. Geburtstag. Herausgegeben von Karola Brede, Heide Fehlhaber, Hans Martin Lohmann, Detlef Michaelis, Mechthild Zeul. Frankfurt am Main: Fischer Taschenbuch. S. 204-212
Richter, Horst-Eberhard (1986): Amerikanismus, Antiamerikanismus – oder was sonst? In: PSYCHE 40. S. 583-599
Riesenberg, Ruth (1977): Das Werk von Melanie Klein. In: Psychologie des 20. Jahrhunderts. Hrsg. von Dieter Eicke. Bd. 3. Zürich: Kindler. S. 81-120
Rilke, Rainer Maria (1915): »Ach wehe, meine Mutter reißt mich ein.«

In: ders.: Gedichte. Hrsg. von Ernst Zinn. Frankfurt am Main: Insel, 1987
Rosenfeld, Herbert A. (1964): Zur Psychoanalyse psychotischer Zustände. Frankfurt am Main: Suhrkamp, 1981
ders. (1971): Beitrag zur psychoanalytischen Theorie des Lebens- und Todestriebes aus klinischer Sicht. Eine Untersuchung der aggressiven Aspekte des Narzißmus. In: PSYCHE 25. S. 476-493
Rosenkötter, Lutz (1979): Schatten der Zeitgeschichte auf psychoanalytischen Behandlungen. In: PSYCHE 33. S. 1024-1038
ders. (1982): The Formation of Ideals in the Succession of Generations. In: Martin S. Bergmann and Milton E. Jucovy (editors): Generations of the Holocaust. New York/London: Basic Books. S. 176-182
Rotmann, Michael (1978): Über die Bedeutung des Vaters in der »Wiederannäherungs-Phase«. In: PSYCHE 32. S. 1105-1147
Rückert, Friedrich (1896): Kindertotenlieder. In: ders.: Werke in sechs Bänden. Hrsg. von L. Laistner. Stuttgart: Cotta. Bd. 3.
Sandler, Anne-Marie (1985): Die Struktur der Übertragungsdeutung in der klinischen Praxis. In: Die Psychoanalyse als Methode. Materialien aus dem Sigmund-Freud-Institut 3. S. 114-124
Sandler, Joseph und Anne-Marie Sandler (1987): The Past Unconscious, The Present Unconscious and the Vissitudes of Guilt. In: The International Journal of Psycho-Analysis 68, S. 331-341
Sandler, Joseph und Anna Ursula Dreher, Sibylle Drews, René Fischer, Rolf Klüwer, Mario Muck, Horst Vogel, Christiane Will (1987): Psychisches Trauma. Ein psychoanalytisches Konzept im Theorie-Praxis-Zusammenhang. Materialien aus dem Sigmund-Freud-Institut 5
Schumacher, Willi (1970): Bemerkungen zur Theorie des Narzißmus. In: PSYCHE 24. S. 1-21
Simenauer, Erich (1981): Die Zweite Generation – danach. Die Wiederkehr der Verfolgermentalität in Psychoanalysen. In: Jahrbuch der Psychoanalyse. Bd. 12. S. 8-17
ders. (1982): The Return of the Persecutor. In: Martin S. Bergmann and Milton E. Jucovy (editors): Generations of the Holocaust. New York/London: Basic Books. S. 167-176
Simmel, Ernst (1946): Anti-Semitismus. A Social Disease. New York: International Universities Press
Smirnoff, Viktor (1987): Der Psychoanalytiker und sein Vergnügen. In: Informationsschrift. Materialien zur DPV-Tagung in Essen. Frankfurt am Main
ders. (1988): Die Gegenübertragung. So lebt der Analytiker. In: Jahrbuch der Psychoanalyse. Bd. 22. S. 9-35
Spitz, René A. (1964): Vom Dialog. Studien über den Ursprung der menschlichen Kommunikation und ihrer Rolle in der Persönlichkeitsbildung. Stuttgart: Ernst Klett, 1976
Stoller, Robert (1975): Perversion. Die erotische Form von Haß. Reinbek: Rowohlt, 1979

Thomä, Helmut (1985): El influjo de la ideologia nacional-socialista sobre procesos de identificación y de escisión en un caso fronterizo de neurosis obsesiva. Esbozo. In: Revista de Psicoanalisis XLII. S. 883-896

Thomä, Helmut und Horst Kächele (1988): Lehrbuch der psychoanalytischen Therapie. Bd. 2.: Praxis. Berlin, Heidelberg, New York, Tokio: Springer

Viereck, Georg Sylvester (1927): Professor Freud über den Wert des Lebens: Ein Gespräch mit dem großen Gelehrten. Sigmund Freud House Bulletin. Vol. 3/No. 2. Wien, 1979. S. 3-5

Waelder, Robert (1951): The structure of paranoid ideas. In: The International Journal of Psycho-Analysis 32. S. 167-177

ders. (1967): Grundzüge des Totalitarismus. In: PSYCHE 21. S. 854-858

Wangh, Martin (1962): Psychoanalytische Betrachtungen zur Dynamik und Genese des Vorurteils, des Antisemitismus und des Nazismus. In: PSYCHE 16. S. 273-284

ders. (1963): Mobilisierung eines Stellvertreters. In: PSYCHE 17. S. 129-145

Weizsäcker, Richard von (1985): Von Deutschland aus. Reden des Bundespräsidenten. München: dtv, 1987

White, Robert W. (1963): Ego and Reality in Psychoanalytic Theory. A proposal regarding independent ego energies. New York: International Universities Press. Psychological Issues. Vol. III. Nr. 3

Widlöcher, Daniel (1985): Der Identifizierungswunsch und seine strukturellen Wirkungen im Werke Freuds. In: Jahrbuch der Psychoanalyse. Bd. 17. S. 69-103

Wind, Edgar (1981): Mysterium in der Renaissance. Frankfurt am Main: Suhrkamp

Winnicott, Donald W. (1958): Von der Kinderheilkunde zur Psychoanalyse. München: Kindler, 1976

ders. (1959): Reifungsprozesse und fördernde Umwelt. München: Kindler, 1974

# Bildnachweis

Max Ernst, »Die Jungfrau verhaut das Jesuskind im Beisein von drei Zeugen: A. B. (André Breton), P. E. (Paul Eluard) und der Künstler«, 196 x 130 cm, Öl auf Leinwand, 1926.


Siegfried Klapper, »Krieger«, 37 x 35 cm, Öl auf Leinwand, etwa 1948 bis 1954.
Siegfried Klapper, »Rosa Melone«, 15 x 21,5 cm, Gouache, 1974.
Siegfried Klapper, »La soirée de lune«, 16,5 x 11,5 cm, Farbstifte auf Papier, 1977.
Siegfried Klapper, »Gefäße I«, 10,5 x 15,0 cm, Bleistiftzeichnung, 1984.
Der Abdruck der Arbeiten von Siegfried Klapper erfolgt mit freundlicher Genehmigung des Künstlers.

Paul Klee, »Geschwister«, 1930 E 8 (208), 70 x 45 cm, Gemälde, Öl- und Wasserfarben, Leinwand kreidegrundiert, nicht signiert, 1930. Privatbesitz Paris.


Wolfgang Oppermann (Kronberg), »Feuerstuhl«, 60 x 44 cm, Mischtechnik, 1974.
Abdruck mit freundlicher Genehmigung des Künstlers.

# Personenregister

(Verweise auf Personen in den Fußnoten stehen in *kursiver* Schrift)

## suhrkamp taschenbücher wissenschaft
## Psychoanalyse, Psychologie, Sozialpsychologie



210/1/8.90

210/2/8.90

210/3/8.90